DAS GROSSE BUCH DER VERSCHWÖRUNGEN

Impressum

2006 Heel Verlag GmbH
Gut Pottscheidt
53639 Königswinter
Tel.: 02223/9230-0
Fax: 02223/9230-13
Internet: www.heel-verlag.de
E-Mail: service@heel-verlag.de

Alle Rechte, auch die des Nachdrucks, der Wiedergabe in jeder Form und der Übersetzung in andere Sprachen, behält sich der Herausgeber vor. Es ist ohne schriftliche Genehmigung des Verlages nicht erlaubt, das Buch und Teile daraus auf fotomechanischem Weg zu vervielfältigen oder unter Verwendung elektronischer bzw. mechanischer Systeme zu speichern, systematisch auszuwerten oder zu verbreiten.

Englische Originalausgabe:
The 80 Greatest Conspiracies of all Time

Copyright ©1995, 1996, 1998, 2004 by Jonathan Vankin and John Whalen
Chapter 1-30
Published by Arrangement with KENSINGTON PUBLISHING CORP.,
New York, NY, USA

Dieses Werk wurde vermittelt durch die Literarische Agentur
Thomas Schlück GmbH, 30827 Garbsen.

Deutsche Übersetzung: Bernd Perplies, Mainz

Kapitel 31–50:
©2006 Heel Verlag GmbH
Gut Pottscheidt
53639 Königswinter
Autor: Christian Lukas

Titelfotos:
©action press, Hamburg
PhotoCase.com

Satz Gesamtbuch:
Heel Verlag GmbH, Königswinter

Lektorat Gesamtbuch: Juliane Waltke, Antje Schönhofen

Druck: Ebner & Spiegel GmbH, Ulm

– Alle Rechte vorbehalten –

ISBN-13: 978-3-89880-568-1
ISBN-10: 3-89880-568-9

Printed and bound in Germany

DAS GROSSE BUCH DER VERSCHWÖRUNGEN

Jonathan Vankin / John Whalen
mit deutschen Verschwörungen von Christian Lukas

Vom **11. SEPTEMBER** bis zu
den **SCHWARZEN KOFFERN**

HEEL

Inhalt

1. Die Königin der Verschwörer und die G-Men   7
2. Spitzel bei der Presse   15
3. Viele Köche verbrennen den Himmel   20
4. Der Regenmacher   27
5. Der Einsiedler-Milliardär   38
6. Wahlbetrug   45
7. Der Ärger mit Vince   48
8. Die Zauberer   56
9. Anglophobie   60
10. Die Gemstone-Akte   64
11. Die süße Verschwörung   68
12. Cannabiswahn   71
13. Unsere verlorenen Jungs   76
14. Das böse Imperium schlägt zurück   86
15. Ein cleverer Bombenleger   91
16. Das Geheimteam   103
17. Begrüßt den neuen Boss …   107
18. Das ist keine Missionarsarbeit   113
19. Bulgaren und andere Übeltäter   120
20. Die Lincoln-Verschwörung   126
21. 911   132
22. Tödliche Briefe   151
23. Wahlbetrug 2000   162
24. illuminati.com   170
25. Die unglaubliche Reise in einem verrückten Kriegsschiff   174
26. Ein höchst gefährliches Spiel   186
27. Wissen ist Macht   195
28. Krämer vs. Krämer   200
29. Alle Energie dem Volke   209
30. Der LSD-Fall   214

Verschwörungen aus deutscher Sicht
von Christian Lukas

31. Der 11. September	240
32. Die Bielefeld-Verschwörung	255
33. Die Bruderschaft vom Berge Zion	259
34. Charlie Sheen und der 11. September	266
35. CIA-Air – Willkommen an Bord	273
36. 23 – aber warum nicht 42?	278
37. Die Drogen und die Agency	289
38. Die Glühlampen-Verschwörung	301
39. Häfen und seltsame Freundschaften	306
40. Ich gebe Ihnen mein Ehrenwort	313
41. Japaner, Amerikaner und ein panamesischer Präsident	334
42. Der königliche Ripper	339
43. Das Märchen vom Bimbes	345
44. Operation Ajax	351
45. Stalin, der amerikanische Freund	364
46. Technischer Dienst plant den Widerstand	371
47. Tödlicher Kinobesuch	383
48. Vögel des Schreckens	396
49. Weinbergers Schwedenreisen	402
50. Potpourri der Verschwörungstheorien	410

DIE KÖNIGIN DER VERSCHWÖRER UND DIE G-MEN

Am 23. April 1981 fuhren Agenten des Federal Bureau of Investigation vor Mae Brussells Haus im beschaulichen Küstenort Carmel in Kalifornien vor um herauszufinden, was diese über eine Verschwörung wusste, welche die Ermordung von Präsident Ronald Reagan zum Ziel haben sollte.

Es war das erste und einzige Zusammentreffen zwischen Brussell und dem FBI, das zu diesem Zeitpunkt bereits seit 13 Jahren eine Akte über sie besaß.

Sieben Jahre später starb Mae Brussell im Alter von 66 Jahren an Krebs und mit ihrem Tod endete auch eine 17-jährige Laufbahn als Verfasserin diskursiver Radiobeiträge, die – von nichtkommerziellen Sendern der Bay Area ausgestrahlt – praktisch eine ganz neue Dimension politischer Recherchearbeit eingeführt hatten, von der sich der Mainstream noch heute eine Scheibe abschneiden könnte.

Brussell erfand nicht die „Verschwörungstheorie". Diese menschliche Obsession hatte es schon lange zuvor gegeben. Doch sie vertrat als erste die Theorie, dass eine faschistische Intrige – direkt zurückverfolgbar bis ins Dritte Reich – die ultimative Quelle der Macht in den Vereinigten Staaten und der Welt sei. Was sie sowohl faszinierender als auch gefährlicher machte (abhängig vom eigenen Standpunkt) als den gewöhnlichen Verschwörungsanhänger war die Tatsache, dass ihre Ideen nicht ihrer blühenden Fantasie ent-

Die Königin der Verschwörer und die G-Men

sprangen, sondern ihrer Freizeitlektüre. Im Jahre 1964, während sie noch ein Dasein als unscheinbare Vorstadt-Hausfrau führte, hatte sie alle 26 Bände, welche die Beweise der Ermittlungen der Warren Commission im Falle der Ermordung Präsident Kennedys präsentierten, gekauft, gelesen und – über die nächsten Jahre hinweg – katalogisiert und zusammengefasst.

Zum Zeitpunkt ihres Todes wies ihre heimische Bibliothek allein 6000 Bücher auf, dazu Zeitungsausschnitte (sie las täglich sieben Zeitungen) und Magazinartikel aus 20 Jahren. Im Laufe ihres Lebens produzierte sie Hunderte bandaufgenommener Radiosendungen und publizierte verschiedene Artikel zu so unterschiedlichen Themen wie der Verwicklung der CIA in die Entführung von Patricia Hearst, dem Jonestown-Massaker, Watergate, Satanismus und mehr.

Zudem hatte sie eine weltweite Anhängerschaft gefunden, die bei ihrem Tod sicher war, dass ein „Bündnis der Geheimdienste" für den Tod ihrer spirituellen Führerin verantwortlich zeichnete.

Legenden über Mae Brussells Spiel mit dem Feuer gibt es unermesslich viele. Doch die Dokumentenspur ist spärlich. Der Secret Service besaß eine Akte über sie, die jedoch vor allem deshalb eröffnet worden war, weil sich Brussell nicht damit beschied, nur ihre Meinung über den Äther zu verbreiten.

„Mehr als die Hälfte der Akte [144 Seiten] würde nicht existieren", schrieb ein Forscher, der die Akte gelesen hatte, „wenn sie es schlicht unterlassen hätte, Briefe an Präsidenten zu schreiben, verschiedene Polizeiorganisationen anzurufen oder Maureen Reagan zu besuchen." Ein Großteil des Rests der Secret-Service-Akte verdankt sich dem Umstand, dass Brussells Vater, Promi-Rabbi Edgar Magnin, ein persönlicher Freund von Richard Nixon war, den zu kritisieren Brussell niemals müde wurde.

Doch wenn es irgendwo auch nur den Hauch eines Hinweises gibt, dass „Die Behörde" Mae Brussell für jemanden gehalten hätte, der es wert sei, aus dem Weg geräumt zu werden (oder zumindest dass man in seine Privatsphäre eindringt), dann liegt dieser wohl bei der paranoidsten aller amerikanischen Polizeiorganisationen, J. Edgar Hoovers FBI.

Das Gespräch aus dem Jahre 1981 war das erste Treffen zwischen Brussell und dem FBI, dokumentiert in den 83 Seiten ihrer Akte, die unter dem Freedom of Information Act (FOIA) freigegeben wurde. Wenn es andere, möglicherweise weniger offizielle, gab, werden diese nicht erwähnt. Die Behörde vermerkt, dass 16 Seiten der Akte, bestehend aus vier Dokumenten, zurückgehalten wurden, weil „der überwiegende Teil an Informationen in diesen vier Dokumenten andere Individuen betrifft".

Diese „anderen Individuen" in Mae Brussells Leben rekrutierten sich aus einem sehr weit gefächerten und unterschiedlichen Bekanntenkreis. Sie rangierten von ihrem Vater, dem Geistlichen der jüdischen Gemeinde von L. A.,

Die Königin der Verschwörer und die G-Men

bis hin zu Bruce Roberts, dem vermeintlichen Autor der Gemstone-Akte. Man kann nur spekulieren, was diese vertraulichen Seiten enthalten. Möglicherweise gar nichts.

Die offen zugänglichen Seiten erwähnen an einigen Stellen „Scheingrund-Befragungen" über Brussell. Hierbei holt ein Agent oder Informant Erkundigungen ein, indem er vorgibt, jemand anderes zu sein. Hinterhältig, keine Frage, doch das FBI wandte diese Methode bereits seit 1966, also fünf Jahre bevor sie mit ihrem wöchentlichen Allverschwörungsradioprogramm auf Sendung ging, gegen Brussell − oder genauer: ihren Vater − an.

Eine scheinbar isoliert im Raum stehende Fernschreibernotiz mit dem Titel „Ermordung von Präsident John Fitzgerald Kennedy. Sonstiges." trägt das Datum vom 17. September 1967, obwohl sie sich auf Ereignisse aus den ersten zwei Monaten des vorherigen Jahres bezieht. Die Notiz stammte aus dem Büro des FBI in San Francisco und war an den Direktor (Hoover) und die Dienststellen in New Orleans und Dallas gerichtet.

„Akten in San Francisco enthüllen, dass [geschwärzt], Privatmittler, Carmel, Kalif. am 20.01.1966 gemeldet hat, ein Klient hätte angegeben, May [sic] Magnin Brussell habe große Sorge über die Tatsache geäußert, dass die USA dem Faschismus verfalle und ein faschistischer Putsch binnen zwei Jahren zu erwarten sei. Er gab an, dass sie die Tochter des Rabbis Edgar F. Magnin, Wilshire Temple, Los Angeles, sei. [Geschwärzt] gab an, dass sie mit mehreren kleinen Kindern kürzlich ins Carmel Valley gezogen sei und es heißt, sie sei links orientiert und habe keine gute Beziehung zu ihrem Vater." Das Fernschreiben geht weiter mit einem Hinweis auf die „Scheingrund-Befragung" im Hause Rabbis Magnins, einer Prüfung von Brussells Bankverbindungen (die nichts zu ergeben scheinen als den Namen und den Beruf ihres Mannes) und eine Durchsicht der Polizeiakten von Monterey County über Brussell, die „negativ" ausfällt. Die Notiz vermerkt einen Leserbrief, den Mae geschrieben hatte, sowie einen Meinungsartikel, in welchem sie „die Ansicht vertrat, Lee Harvey Oswald sei kein Kommunist gewesen".

Das Fernschreiben endet: „Keine weiteren Schritte von SF eingeleitet".

Unnötig zu sagen, dass das Fernschreiben in Wirklichkeit keineswegs völlig isoliert stand und das nächste Dokument in der Akte, eine Notiz vom „Direktor, FBI" an Dallas gibt ein wenig Aufschluss darüber, was das plötzliche Interesse an der damals noch unbekannten Mrs. Brussell auslöste.

„Aufgrund der Tatsache, dass Mrs. Brussell in New Orleans mit James [sic] Garrison in Kontakt stand und zudem öffentliche Kommentare zu den Ermittlungen abgegeben hat, sind Dallas und San Francisco angewiesen, umgehend die erhaltenen Informationen über sie in ein angemessenes und zur Weitergabe geeignetes Aktenvermerk-Format zu bringen ... Dieser Aufgabe ist absoluter Vorrang einzuräumen."

9

Die Königin der Verschwörer und die G–Men

Das mehr als seltsame Interesse des FBI an der Untersuchung des Kennedy-Attentats durch Bezirksstaatsanwalt Garrison ist gut und ausführlich dokumentiert worden. Indem sie mit Garrison zusammenkam, verfing sich Mae im Netz der Behörde. Doch es steckte noch mehr dahinter, obwohl es anhand der veröffentlichten Dokumente schwer zu sagen ist, was.

Ein Zettel, der an der Antwort des „Direktors" befestigt war, vermerkt ohne weitere Ausführungen, dass am 17. September 1967 der Delta-Airlines-Flug von Dallas nach San Francisco eine Bombendrohung erhalten habe und „Mrs. May [sic] Magnin Brussell, die diesen Flug nach San Francisco nehmen wollte, gab am Flughafen Dallas Love Field an, sie habe Nachforschungen im Falle der Ermordung von Kennedy angestellt und sei drei Tage lang in Konferenz mit Staatsanwalt Jim Garrison aus New Orleans gewesen."

Dieser Implikation nach scheint Mae behauptet zu haben, sie sei das Ziel der Bombendrohung gewesen. Das Interesse des FBI an Brussell im Herbst 1967 muss durch den Delta-Airlines-Zwischenfall geweckt worden sein, angefacht durch die Information, dass sie mit Garrison zusammengewesen war.

Über die Bombendrohung gegenüber Delta und Maes mögliche Verbindung dazu wird in den 83 Seiten im Weiteren kein Wort mehr verloren. Zum Zeitpunkt des nächsten Eintrags in die Akte war Mae Brussell bereits auf ihrem Weg als Erneuerin der amerikanischen Verschwörungstheorie. Sie plante, eine Publikation mit dem Namen *Conspiracy Newsletter* herauszugeben. Ein einseitiges Memorandum mit dem Briefkopf der US-Regierung (an dessen unterem Ende das Bild eines Milizionärs zu sehen ist, zusammen mit dem Slogan „Kaufen Sie regelmäßig U. S. Savings Bonds im Rahmen Ihres Lohnsparplans") zeigt, dass das FBI einmal mehr aktiv wurde.

„Am 19.12.1972", heißt es in der Notiz aus dem Büro in San Francisco, „wurde [geschwärzt] von SA [geschwärzt] unter dem Vorwand angerufen, ein Student zu sein, der gerne eine Ausgabe seiner neuesten Publikation hätte. [geschwärzt] gab an, dass das Erscheinen des *Conspiracy Newsletter* auf unbestimmte Zeit verschoben worden sei. Er gab an, dass weder er noch *MAE BRUSSELL*, welche die Herausgeberin der Publikation sein sollte, im Augenblick die Zeit hätten, daran zu arbeiten.

Angesichts dieser Tatsache gilt die Angelegenheit als abgeschlossen. Allerdings wird San Francisco ein Auge auf die mögliche zukünftige Publikation des *Conspiracy Newsletter* haben."

Es ist in der Tat beruhigend zu wissen, dass die Elite der amerikanischen Gesetzeshüter „ein Auge" auf solche Gefahren für die öffentliche Sicherheit wie die „Publikation des *Conspiracy Newsletter*" hatte. Doch erneut scheint ein Teil des Ganzen in der FOIA-Akte zu fehlen.

Die einzelne Seite in der Akte trägt die Überschrift „Antwort Behörde-

Die Königin der Verschwörer und die G-Men

Brief nach San Francisco, 25.08.1972". Wo ist dieser Brief? Nicht in der Akte. Die einfache Erklärung wäre, dass Mae Brussell in dem Brief nicht namentlich erwähnte wurde, was angesichts der extrem peniblen Arbeitsweise des FOIA-Stabes beim FBI natürlich dazu geführt hätte, dass er ihrer Akte nicht hinzugefügt worden wäre.

Die ersten drei Absätze der „Antwort Behörde-Brief"-Notiz sind geschwärzt, die umfangreichste Tilgung in den veröffentlichten Seiten von Mae Brussells Akte. Gemeinsam mit dem Fehlen des früheren Briefes bleibt der Ursprung des Interesses des FBI an dem *Conspiracy Newsletter* ein Geheimnis.

Das nächste Dokument, datiert auf den 6. November 1976, ist nicht weniger faszinierend, wenngleich aus anderen Gründen. Zu diesem Zeitpunkt war Mae als, sagen wir mal, „alternative" Radiopersönlichkeit bereits weithin bekannt. Woche für Woche verbreitete sie beinahe unverständlich komplizierte Monologe zum Thema Verschwörungen über den Äther.

Mae verständigte einen stellvertretenden Staatsanwalt – der diese Information an das FBI weiterleitete –, dass sie die folgende Korrespondenz erhalten habe (der Brief schien unterschrieben gewesen zu sein, aber der Name wurde geschwärzt):

„Mae, du leidest unter Wahnvorstellungen. Charles Manson ist seit 28 Jahren im Gefängnis und all das pseudowissenschaftliche Geschwätz, das du von dir gibst, ist nur eine Widerspiegelung dessen, wie die Nachrichten und Bücher deine Seele, deinen Geist programmiert haben.

Du wünschst dir Aufmerksamkeit? Es scheint, als würdest du dir den Tod durch die Familie wünschen."

Ein fünf Jahre später verfasstes und in keiner direkten Beziehung zu dem Brief stehendes Dokument verweist zurück auf den Zwischenfall und konstatiert geradeheraus: „Zwischen Oktober und November des Jahres 1975 erhielt sie Drohbriefe von [geschwärzt], einem Mitglied der Manson Family".

Zugegeben, die Mansons verteilten Todesdrohungen mit dem gleichen Eifer, mit dem Politessen Falschparkern Strafzettel aufbrummen. Doch die meisten davon machten sie auch wahr. Wenn es irgendeine Organisation gibt, deren Drohungen, jemanden umzubringen, man Glauben schenken musste, dann wohl Charlies Gefolge. Doch das FBI-Dokument vermerkte: „Stellvertretender Staatsanwalt F. Steele Langford stellte fest, dass der Inhalt des Erpresserbriefs keine unmittelbare Bedrohung nahe lege".

Dank dieser fundierten Einschätzung der Lage ordnete das FBI „keine weiteren Ermittlungen" an. In einem mutigen und entschiedenen Schritt riet das FBI Mae indes dazu, „ihre Telefonnummer in eine unregistrierte Nummer zu ändern und das FBI umgehend zu informieren, sollte sie weitere derartige Briefe erhalten".

Die Königin der Verschwörer und die G-Men

Möglicherweise waren sie zu sehr damit beschäftigt, auf das Erscheinen des *Conspircy Newsletters* zu warten, um sich Sorgen über die Todesdrohungen der Manson Family zu machen, doch diese Passivität des FBI muss im Nachhinein seltsam gewirkt haben, als Mae 1988 starb, nur wenige Monate nachdem sie – nach fast zwei Jahrzehnten – ihre Radiosendung aufgrund einer Todesdrohung eingestellt hatte. (Obwohl ihr Doktor das tödliche Krebsgeschwür als unauffällig beschrieb, spekulierten Maes Anhänger vehement, dass ihre Feinde die Technologie und Motivation gehabt hätten, um die gefürchtete Krankheit absichtlich ausbrechen zu lassen.) Ihr Steckenpferd zu dieser Zeit waren satanische Kulte in den Reihen des Militärs gewesen. Sie vertrat obendrein die Ansicht, dass die Manson-Gang irgendwie mit einer Geheimdienst- oder Militäroperation der Vereinigten Staaten verknüpft sei.

Im Anschluss an all dies umfasst die Akte Maes Korrespondenz mit dem Direktor des FBI Clarence Kelley aus dem Jahre 1976, in der sie darauf beharrt, dass der Körper in Howard Hughes Grab nicht Howard Hughes sei. („Erinnern Sie sich daran, Sie wurden von Richard Nixon eingesetzt, der das Gesetz nach eigenem Gutdünken auslegte. Hat er Sie auf diesen Posten berufen, um à la Watergate zu vertuschen oder werden Sie mir die Namen der Agenten, ihrer Angestellten nennen, welche DIE POSITIVE IDENTIFIZIERUNG VORNAHMEN?") Die letzten 14 Seiten beschäftigen sich ausschließlich mit der Behauptung Maes vom April 1981, dass John Hinckley[1] ihr Haus beobachtet hätte, eine Behauptung, die dazu führte, dass sie von FBI-Agenten persönlich aufgesucht wurde.

Knapp einen Monat nach dem versuchten Attentat auf Präsident Reagan kommend, erzeugte Maes Aussage, die sie übrigens auch rechtzeitig gegenüber den Behörden zu Protokoll gebracht hatte, dass Hinckley sie im Januar des gleichen Jahres besucht habe, verständlicherweise einiges Interesse. Das Ganze begann, als Rudy Giuliani, damals ein Staatsanwalt, später Bürgermeister von New York, Maes Anruf dem FBI übermittelte. Am 23. April befragte das FBI sie in ihrer Wohnung.

Sie erzählte den Agenten, wie sie am 13. Januar einen weißen Sedan bemerkt hätte, der auf der anderen Straßenseite vor ihrem Haus parkte. Sie war sofort der Ansicht, dass die Insassen des Wagens sie ausspionieren würden. Ein Mann und eine Frau saßen in dem Auto und Mae stellte sie zur Rede. Der Mann blieb die meiste Zeit schweigsam. Als Reagan angeschossen wurde, erkannte Mae den beschuldigten Täter auf Fotografien als eben jenen schweigsamen jungen Mann wieder, den sie parkend vor ihrem Haus gesehen hatte.

---

[1] Am 30. März 1981 verübte John Hinckley ein Attentat auf den US-Präsidenten Ronald Reagan, um damit die Schauspielerin Jodie Foster zu beeindrucken. – Anm. d. Übers.

Die Königin der Verschwörer und die G–Men

Nach Maes Tod schaukelten sich viele ihrer Freunde und Anhänger zu einer enormen Paranoia hoch und versteckten ihre Akten an Orten, wo sie die Obrigkeit nicht finden konnte, doch Mae bekniete seinerzeit die FBI-Agenten in ihrem Wohnzimmer regelrecht, sich ihre private Bibliothek genauer anzuschauen.

Laut eines FBI-Reports über den Besuch vom 4. Mai 1981 ging sie sogar so weit, das FBI um eine Task Force zu bitten, die sich durch ihre „Tausenden von Zeitungsausschnitten und Hunderten von Büchern, die sie gesammelt hatte" wühlen sollte.

„Die Behörde sei darauf hingewiesen, dass jeder weitere Kontakt mit Mrs. Brussell in Bezug auf ihre Theorien nicht als sinnvolle Verwendung investigativer Bemühungen angesehen wird", schließt der ungewöhnlich trockene Bericht.

Eine weitere Notiz über den Hinckley-Zwischenfall und Maes aufregende FBI-Besucher enthält die Einschätzung der Agenten: „Mrs. Brussell ist bekannt dafür, geistig instabil zu sein und wird hinsichtlich ihrer Verschwörungstheorien von der örtlichen Gemeinschaft nicht ernst genommen".

Interessanterweise vermerkt die Akte des Secret Service über den Hinckley-Zwischenfall, obschon sie letztlich Maes Behauptungen widerlegt, dass „das Subjekt, Brussell, glaubwürdig scheint".

Maes Brussells Begegnung mit dem FBI endet mit der vermeintlichen Hinckley-Sichtung und der sich daran anschließenden Befragung durch die Agenten, doch Mae verblieb noch sieben weitere Jahre auf der Bildfläche. Hatte das FBI nach 14 Jahren vollständig das Interesse an ihr verloren und sie letztendlich als harmlose Irre abgeschrieben? Hatte sie aufgehört, die Behörde zu kontaktieren und war dadurch ihr Name aus den FBI-Akten verschwunden? Oder ist da noch etwas anderes in den unveröffentlichten Seiten der Akte?

Die Akte endet mit einer kurzen Zusammenfassung des Kontakts des FBI mit Mae Brussell über die Jahre hinweg. Den letzten Zwischenfall, den sie beschreibt, die letzte offizielle Nennung von Mae in den FBI-Akten, betrifft einen Anruf bei der Monterey Resident Agency, den sie im Jahr 1977 tätigte. Die Geschichte ist, auf eine bizarre Weise, eine schmerzliche.

„Sie gab an, dass sie über die Situation einer ihrer Töchter beunruhigt sei. Sie hatte bemerkt, dass ein junger Mann, der gemeinsam mit ihrer Tochter in einem Stück auftrat, ein Auge auf selbige geworfen hatte. Das Individuum schien eine Menge Geld zu besitzen, allerdings ohne irgendwelche sichtbare Unterstützung. Brussell befürchtete, das Individuum könne ein ‚agent provocateur' sein, der vom FBI über ihre Tochter gegen sie gerichtet sei."

Die Königin der Verschwörer und die G-Men

QUELLEN:

Beebe, Greg: „Conspiracy Theorists Ponder the Mae Brussell Question". *Santa Cruz Sential*, 28. Februar 1992.

Despot, X. Sharks: „Mae Brussell: Secret Service Files on the Queen of Conspiracy Theorists". *Steamshovel Press,* Nr. 8 (Sommer 1993).

Vankin, Jonathan: „Conspiracies, Cover-Ups, and Crimes". New York: Dell, 1992.

Whalen, John: „All Things Conspired". San Jose *Metro*, 17. November 1988.

FBI-Akte von Mae Brussell, im Besitz des Autors.

SPITZEL BEI DER PRESSE

Im Jahre 1977 berichtete Carl Bernstein – mit Kollege Bob Woodward durch den Fall Watergate berühmt geworden: „Mehr als 400 amerikanische Journalisten haben ... in den vergangenen 25 Jahren (für die CIA) geheime Aufträge ausgeführt". Die New York Times – nach Bernsteins Quellen eine der wertvollsten Medienkollaborateure der CIA – lenkte die Anklage ein wenig von sich ab, indem sie die Zahl auf „mehr als 800 Organisationen und Individuen aus dem Nachrichten- und öffentlichen Informationswesen" anhob.

Dies war eine erstaunliche Enthüllung. Über zwei Jahrzehnte hinweg hatten Heerscharen angesehener Reporter der CIA Einblick in ihre Unterlagen gewährt. Sie hatten bei der Rekrutierung ausländischer Spione geholfen. Sie hatten als Boten für die Agency im Ausland gedient. Manche von ihnen bezogen sogar einen Gehaltsscheck – mit besten Empfehlungen vom Trenchcoat tragenden Uncle Sam.

Und als wäre diese Erkenntnis, dass die Zunft der Journalisten die Trommel für die Geheimdienste rührte, noch nicht erschreckend genug, hatten viele der Journalistenspione der CIA obendrein im Ausland wissentlich Propaganda verbreitet. Und mehr als einmal fanden die Desinformationen, die in Übersee gesät worden waren, ihren Weg in heimische Gefilde zurück, wo der „Re-Import" oder „heimische Fallout" in den amerikanischen Zeitungen als heilige Wahrheit verkündet wurde. Es ist auch klar, dass die CIA von Zeit zu Zeit „schwarze" Propaganda (oder auch ganz normale) direkt – und illegalerweise – gegenüber amerikanischen Bürgern einsetzte.

Darüber hinaus gelang es der Agency, ihre eigenen Agenten in einige der namhaftesten amerikanischen Nachrichtenbetriebe einzuschleusen. Als „Mit-

Spitzel bei der Presse

arbeiter" der *New York Times* und des *Time Magazine* besaßen Spione der CIA die perfekte Tarnung. In der Rolle neugieriger Reporter konnten die Agenten der Agency überall auftauchen und bohrende Fragen stellen, ohne Misstrauen zu erwecken.

„Ein Journalist ist 20 Agenten wert", verriet ein hochrangiger CIA-Mitarbeiter Bernstein. Die falschen Nachrichtenleute durchliefen sogar ein Training, um wie Reporter zu sprechen und zu handeln. Unterdessen wurden ordentliche Reporter in die hohe Kunst der Spionage eingewiesen: das Übermitteln geheimer Botschaften, Überwachungstechniken und anderes.

Das Organ zur Medienmanipulation innerhalb der CIA nannte man im Agency-Jargon „Propagandamittelbestand". Frank G. Wisner, der Leiter für verdeckte Operationen der CIA, bezeichnete es ganz unbescheiden als „Wisners Wurlitzer", eine Methode, um die öffentliche Meinung überall in der Welt nach seiner Pfeife tanzen zu lassen. Auch wenn Wisner 1961 Selbstmord beging, seine Musik spielte noch mehrere Jahrzehnte weiter. Zusätzlich zu seinen journalistischen Aktivposten und Agenten subventionierte und/oder besaß die CIA um die 50 Zeitungen, Nachrichtenagenturen, Radiosender und Zeitschriften – überwiegend im Ausland, doch auch einige in Amerika. So betrieb die Agency beispielsweise eigene Zeitungen wie den *Rome Daily American*, die *Manila Times* und die *Bangkok Post*.

Dank der geschickten Schachzüge der ehemaligen Direktoren der Agency, William Colby und George Bush sen., denen es gelang, eine Senatsuntersuchung in dieser Sache abzuwürgen, mögen wir niemals das volle Ausmaß der Medienmanipulation durch die CIA erfahren. Bei jedem Schritt behindert und eingeschüchtert, er wäre auf dem bestem Wege zu einer modernen Hexenjagd, entschied der Untersuchungsausschuss des Senats unter Frank Church, die Ergebnisse seiner Ermittlungen in Bezug auf die Verbindungen zwischen CIA und Presse „freiwillig zu begraben", schrieb Bernstein.

Aber wir wissen, dass hochrangige Nachrichtenbosse zu der Rekrutierung von Reportern als Spitzel, Informanten und Propagandisten ihren Segen gaben. Wie drückte es der ehemalige CIA-Direktor William Colby aus: „Lasst es uns nicht auf dem Rücken von ein paar armen Reportern austragen. Schaut hinauf in die Manageretagen. Sie wussten Bescheid." In ihrer Absicht, den „weltweiten Kommunismus" zu bekämpfen, schrieb Bernstein, „ließen Amerikas führende Verleger sich selbst und ihre Nachrichtenbetriebe zu Handlangern der Geheimdienste werden".

Die Liste der Manager aus den Print- und Rundfunknachrichten, die mit der CIA kollaborierten, wies eine exklusive Klientel auf, darunter den ehemaligen *New York Times*-Herausgeber Arthur Hayes Sulzberger, „Columbia Broadcast System"-Präsident William Paly, *Time*- und *Life Magazine*-Gründer Henry Luce und James Copley vom Copley News Service (der bereitwillig

Spitzel bei der Presse

Informationen über Antikriegsgegner und farbige Demonstranten weitergab, von der CIA verfasste Editorials veröffentlichte und mindestens 23 Mitarbeiter an die Agency auslieh). Andere Medienschwergewichte, die sich der CIA anboten, waren etwa ABC TV (es hieß, ein bekannter, ungenannter Korrespondent sei ein CIA-Aktivposten), NBC, die Associated Press, United Press International, Reuters, das *Newsweek Magazine*, Scripps-Howard, Hearst Newspapers und der *Miami Herald*.

Laut Bernsteins CIA- und Senatsquellen waren die *New York Times* und CBS aufgrund ihrer weitgespannten Korrespondentennetze im Ausland die wichtigsten Aktivposten der Agency. Bei der *Times* bewilligte der verstorbene Arthur Hayes Sulzberger für mehr als ein halbes Dutzend CIA-Mitarbeiter Deckanstellungen als *Times*-Mitarbeiter in ausländischen Redaktionen. Obwohl Sulzberger ein enger Freund des damaligen Agency-Direktors Allen Dulles war, unterzeichnete er eine Geheimhaltungsverpflichtung, ebenso sein Neffe, C. L. Sulzberger. Verschiedene CIA-Quellen kolportieren, dass C. L. Sulzberger, der ehemalige Außenpolitik-Kolumnist der *Times*, einmal seine Verfasserzeile auf ein Einsatzbesprechungsdokument der CIA klatschte und dieses dann wortwörtlich veröffentlichte. (Sulzberger nannte diese Anschuldigung „totalen Quatsch".) Die *Times* schickte Artikel an Dulles und später an seinen Nachfolger, John McCone, zur Überprüfung und Absegnung. Mehr als einmal „redigierte" McCone gewisse Informationsschnipsel aus den Geschichten heraus und entschied damit sozusagen für die *Times*, welche Nachricht „bereit war, gedruckt zu werden".

Wie Paley vom CBS und der ältere Sulzberger, war auch Henry Luce, der Gründer der Magazine *Time* und *Life*, ein enger Kumpel von Dulles, der sich oft der Hilfe seines erzkonservativen Freundes versicherte. Luce erlaubte Angestellten, für die CIA zu arbeiten und bot CIA-Beamten Jobs und Empfehlungsschreiben an. Er setzte sogar einen persönlichen Repräsentanten ein, um mit der CIA zu arbeiten, und zwar den Herausgeber des *Life Magazines* C. D. Jackson, der sich einen Namen machte als der CIA-„Sonderberater des Präsidenten für psychologische Kriegsführung". (Berücksichtigt man Jacksons Prominenz als amerikanischer Medienzar, fragt man sich natürlich: *psychologische Kriegsführung gegen wen?* Verschwörungstheoretiker halten das außerordentliche Interesse des *Life Magazines* an dem Zapruder-Filmmaterial des JFK-Attentats jedenfalls für verdächtig. Jacksons Magazin kaufte nicht nur die Rechte an dem Film und hielt ihn dann für Jahre unter Verschluss, es veröffentliche zudem Bilder aus dem berühmten Heimvideo in falscher Reihenfolge und ließ dadurch den irrigen Eindruck entstehen, dass Kennedys Kopf nach vorne geflogen wäre, wie die Warren Commission in ihrem Bemühen, die Öffentlichkeit von einem einzelnen rückwärtigen Schützen zu überzeugen, fälschlicherweise schlussfolgerte.)

Spitzel bei der Presse

Nachgewiesenermaßen wusste auch Henry Luces Frau Clare Boothe Luce von einigen der Undercover-Mitarbeiter der CIA. Madame Luce, eine rechtsgerichtete Angehörige der feinen Gesellschaft, die sich in ominösen Kreisen bewegte, sponserte Anti-Castro-Aktivitäten in Florida und wurde später die Gründungsdirektorin einer Organisation mit dem viel sagenden Namen „Vereinigung ehemaliger Geheimdienstmitarbeiter".

Auch wenn der Austausch von Informationen mit Geheimdienstlern als natürlicher Teil des Gebens und Nehmens zwischen Reportern und ihren Quellen betrachtet wurde, gingen doch manche CIA-Medien-Allianzen weit darüber hinaus. Der bekannte Kolumnist Stewart Alsop etwa, der für die *New York Herald Tribune*, die *Saturday Evening Post* und *Newsweek* schrieb, „war ein CIA-Agent" – so zitiert Bernstein einen hochrangigen Mitarbeiter der Agency. Alsop half dabei, Desinformation in ausländischen Medien zu säen und potenzielle CIA-Aktivposten auszumachen. Alsops Bruder Joseph wiegelte diese Anschuldigungen ab, belastete seinen Bruder aber gleichzeitig wieder, indem er Bernstein erzählte, er selbst stünde der CIA viel näher als sein Bruder Stew.

Die Grenze zwischen Bericht und Propaganda verschwamm noch stärker im Falle von Hal Hendrix, einem der wertvollsten Aktiva der Agency in den 1960ern. Als Lateinamerika-Korrespondent der *Miami News* befand sich Hendrix direkt im Zentrum einer Brutstätte für verdeckte Operationen der Agency. Laut Bernstein enthielten Akten der Agency ausführliche Reporte über Hendrix' Aktivitäten im Namen der CIA. Obwohl Hendrix leugnete, mehr als eine „normale journalistische Beziehung" zur CIA unterhalten zu haben, nannten ihn seine Kollegen „Den Spitzel".

Später hängte Hendrix seinen Job als Reporter an den Nagel und ging zur International Telephone and Telegraph Corporation (ITT) in Chile. Er leistete einen Meineid vor einem Senatsausschuss, der die Verwicklung der CIA und der ITT in die verdeckte Kampagne zur Vereitelung der Wahl des linken Politikers Salvador Allende im Jahre 1970 untersuchte. Über die Herkunft eines Telegramms befragt, das er an den Vizepräsidenten der ITT geschickt hatte, um diesen darüber zu informieren, dass die Nixon-Administration Pläne bewilligt habe, „Allende von der Macht fern zu halten", gab Hendrix an, seine Quelle sei ein chilenischer Freund gewesen. Anschließend tauchte ein CIA-Telegramm auf, das zeigte, dass Hendrix wahre Quelle ein Angestellter der Agency gewesen war. Ups!

Bernstein zufolge wurden Journalisten extensiv in die Bemühungen der CIA eingebunden, Allende zu unterminieren. Reporter gaben Geldmittel an Allendes Feinde weiter. Sie verfassten Anti-Allende-Propaganda in von der CIA kontrollierten Presseorganen. Dass sich diese Propaganda ihren Weg zurück in die amerikanischen Medien bahnte, war kaum ein Zufall. Eine Einschätzung der CIA aus dem Jahre 1970 sprach von einem „kontinuierlichen Rücklauf von auf Chile bezogenem Material" in die amerikanische Presse, darunter in die *New York Times* und die *Washington Post*. „Propaganda-Aktivitäten", fuhr der Bericht fort, „sorgen fortlaufend dafür, dass die Entwicklungen in Chile entsprechend unseren Vorgaben zu diesem Thema ausführlich kommentiert werden."

Es ist nicht zu sagen, wie viele Journalisten nach den Enthüllungen in den späten 1970ern weiterhin im Sold der CIA verblieben. Obwohl die *New York Times* berichtete, dass die CIA all ihre Beziehungen zu Journalisten abgebrochen hätte, hatte die Agency unter George Bush sen. tatsächlich nur *bezahlte* Vollzeitbeschäftigungen verboten, derweil Bush die Hintertür für kostenlose Beratertätigkeiten und Nebenbeschäftigungen offen ließ. 1980 verkündete eine Überschrift der *Los Angeles Times*: „MÄCHTIGER WURLITZER DER CIA ENDLICH VERSTUMMT".

Ende der Geschichte? Vielleicht nicht. Auch wenn die Gründe für die frühere Medien-CIA-Partnerschaft – die „nationale Sicherheit" in der Zeit des Kalten Kriegs – wahrscheinlich tot und begraben sind, legte ein 1992 aufgetauchter, geheimer CIA-Report nahe, dass die Affäre fortbesteht. Der Report zur „Transparenz" der CIA konstatiert, dass die Abteilung für Öffentlichkeitsarbeit der CIA „mittlerweile Beziehungen zu Reportern jeder größeren Nachrichtenagentur, jeder Zeitung, jedes Wochenmagazins und jedes Fernsehsenders der Nation unterhält". Scheinbar haben sich diese Beziehungen für die CIA als fruchtbar erwiesen, denn sie „halfen uns, einige Berichte über ‚Geheimdienstversagen' in ‚Geheimdiensterfolge' zu verwandeln". In vielen Fällen, so fährt der Report fort, „haben wir Reporter überzeugt, Artikel zu verschieben, zu ändern, zurückzuhalten oder sogar zu vernichten, die einen negativen Effekt auf die Interessen der nationalen Sicherheit gehabt hätten".

Das klingt doch sehr, als spiele der mächtige Wurlitzer nach wie vor.

QUELLEN:

Bernstein, Carl: „The CIA and the Media". *Rolling Stone,* 20. Oktober 1977.

Crewdson, John M. und Joseph B. Treaster: „CIA: Secret Shaper of Public Opinion". *New York Times,* 25.–27. Dezember 1977.

Lee, Martin A. und Norman Solomon: „Unreliable Sources: A Guide to Detecting Bias in News Media". New York: Lyle Stuart, 1991.

VIELE KÖCHE VERBRENNEN DEN HIMMEL

In einer Anlage in der Arktis, 200 Meilen östlich von Anchorage in Alaska, hat das Pentagon einen mächtigen Transmitter errichtet, dessen Bestimmung es ist, mehr als einen Megawatt Energie in die oberen Schichten der Atmosphäre zu pumpen. Das 30-Millionen-Dollar-Experiment mit dem Namen Projekt HAARP (High-frequency Active Auroral Research Program) besteht aus dem weltgrößten „Ionosphärenheizer", einem Prototypen, der dazu dient, den Himmel Hunderte von Meilen über der Erde mit hochfrequenten Radiowellen zu beschießen. Doch warum die aufgeladenen Teilchen in der Ionosphäre bestrahlen (die, wenn sie auf natürliche Weise erregt werden, zu einem berühmten und wunderschönen Phänomen bekannt als Polarlicht führen)? Laut der US-Navy und der Air Force, den Co-Sponsoren des Projekts, „um die komplexen natürlichen Vorgänge in der Ionosphäre von Alaska zu erforschen". Dies, so das Pentagon, und um zudem neue Arten von Kommunikations- und Überwachungstechnologien zu entwickeln, die dem Militär ermöglichen sollen, Signale an Atom-U-Boote zu senden sowie tief unter die Erde zu schauen.

Die Gegner von HAARP – eine Koalition aus Umweltschützern, amerikanischen Ureinwohnern, Bürgern Alaskas und, natürlich, Verschwörungstheoretikern – glauben, dass das Militär noch weit größenwahnsinnigere Pläne für sein ungewöhnliches Spielzeug hegt, Anwendungen, die von Raketenverteidigungsprogrammen Marke „Star Wars" über Vorhaben zur Wettermodifikation bis möglicherweise hin zu Experimenten zur Gedankenkontrolle reichen.

Der HAARP-Komplex liegt innerhalb eines etwa 9 Hektar großen Gebiets in einem relativ einsamen Landstrich nahe der Stadt Gakona. Wenn der Endausbau 2007 vollzogen ist, will das Militär 180 Sendetürme errichtet haben, die etwa 22 Meter hoch sind und einen „zusammengeschalteten Hochleistungs-Hochfrequenz-Radio-Sender" bilden, der imstande ist, mit mehr als 3 Megawatt Leistung (3 Millionen Watt) in einem Frequenzbereich von 2,5 bis 10 Megahertz zu arbeiten. Laut der Navy und der Air Force soll HAARP „genutzt werden, um eine kleine, kontrollierte Menge an Energie in eine spezifische Schicht der Ionosphäre zu induzieren", wobei der Radius der betroffenen Fläche irgendwo zwischen einigen Meilen und einigen Dutzend Meilen liegen soll. Kaum überraschend spielt die Pressemitteilung der Navy und Air Force (veröffentlicht auf der offiziellen Website von HAARP in Reaktion auf die schlechte Presse, die das Projekt erzeugt hatte) sowohl die Auswirkungen des Projekts auf das Ökosystem als auch den angeblich offensiven Nutzen dieser Technologie herunter.

Eine Reihe von Patenten, die von dem Rüstungskonzern, der das HAARP-Projekt betreut, gehalten werden, suggerieren indes, dass das Pentagon tatsächlich ambitioniertere Pläne hegt. Eines dieser Patente war sogar während der 1980er von der Navy für mehrere Jahre als geheim eingestuft worden. Das zentrale Papier dieser Sammlung trägt die US-Patentnummer 4.686.605 und wird von HAARP-Kritikern als die so genannte „rauchende Strahlenkanone" eingestuft. Von ARCO Power Technologies Inc. (APTI), einem Subunternehmen von ARCO, gehalten, dem der Auftrag gegeben wurde, HAARP zu bauen, beschreibt dieses Patent einen Ionosphären-Heizer, der dem HAARP-Heizer sehr ähnlich ist. In dem APTI-Patent – später von Gegnern des HAARP im Internet veröffentlicht – beschreibt der texanische Physiker Bernhard J. Eastlund eine fantastische Angriffs- und Verteidigungswaffe, die jeden megalomanischen Superschurken bei James Bond mit Stolz erfüllt hätte. Dem Patent zufolge erhitzt Eastlunds Erfindung Wolken geladener Partikel in der Ionosphäre und ermöglicht es dadurch, einfach ausgedrückt, zielgerichtet „Mikrowellentransmissionen von Satelliten zu stören" sowie „Störungen oder sogar den totalen Zusammenbruch der Kommunikation auf großen Teilen der Erde hervorzurufen". Doch genau wie seine angeheizten Ionen wurde Eastlund damit gerade erst warm. Dem Patenttext zufolge können des Physikers „Methoden und Geräte zur Manipulation einer Region der Erdatmosphäre" zudem:

„Störungen oder sogar den kompletten Ausfall elektronischer Leitsysteme selbst der modernsten Flugzeuge und Raketen erzeugen";

„nicht nur ... die Kommunikation Dritter stören, sondern (auch) einen

Viele Köche verbrennen den Himmel

oder mehrere solcher Strahlen zeitgleich nutzen, um ein Kommunikations-netzwerk zu etablieren. Mit anderen Worten: Was zum Einsatz kommt, um die Kommunikation anderer zu unterbrechen, kann von demjenigen, der diese Technologie beherrscht, gleichzeitig als Kommunikationsnetzwerk verwendet werden";

„die Kommunikationssignale anderer zu Spionagezwecken auffangen";

„die Vernichtung, Abwehr oder Störung von Raketen oder Flugzeugen" ermöglichen, indem große Teile der Atmosphäre „in eine unerwartete Höhe (verschoben würden), sodass Raketen unerwarteten und nicht einkalkulierten Widerstandskräften ausgesetzt wären, mit dem Resultat der Vernichtung oder Ablenkung derselben."

Es ist vermutlich kein Zufall, dass sich Eastlunds Idee wie ein Rezept für das einstige Kalte-Krieg-Wundermittel namens Strategic Defense Initiative (SDI a. k. a. „Star Wars") liest. Das APTI/Eastlund-Patent wurde während der letzten Tage der Reagan-Administration formuliert, als Pläne für ein High-Tech-Raketenabwehrsystem nach wie vor hoch im Kurs standen. Doch Eastlunds Luftschlösser gingen weit über die gewöhnlichen „Star Wars"-Konzepte jener Tage hinaus und legten immer noch mehr ungewöhnliche Einsatzmöglichkeiten für seinen patentierten Ionosphärenheizer nahe:

„Wettermanipulation", so konstatiert das Patent, „wird möglich durch ... den Eingriff in die Luftströmungen der oberen Atmosphäre oder deren Absorptionsrate von Sonneneinstrahlung. Dies wird bewerkstelligt durch die Erzeugung einer oder mehrerer Wolken aus Partikeln, die als Linse oder Fokus dienen." Als Resultat könnte eine künstlich erhitzte Ionosphäre eine „enorme Menge an Sonnenlicht auf ausgewählte Landstriche der Erde" fokussieren.

HAARP-Angestellte leugnen jede Verbindung zu Eastlunds Patenten oder Plänen. Doch verschiedene Details scheinen ihnen zu widersprechen. Zunächst einmal beaufsichtigt APTI, der Halter der Eastlund-Patente, nach wie vor das HAARP-Projekt. Im Sommer des Jahres 1994 verkaufte ARCO APTI an E-Systems, ein Rüstungsunternehmen, das für seine Spionageabwehrprojekte bekannt ist. E-Systems wiederum gehört augenblicklich zu Raytheon, einem der weltgrößten Rüstungskonzerne und Hersteller der SCUD-brechenden Patriot-Raketen. All dies legt den Verdacht nahe, dass auf dem HAARP-Gelände nach wie vor mehr vor sich geht als simple Atmosphärenforschung.

Obendrein hebt eines der APTI/Eastlund-Patente Alaska als idealen Ort für einen Hochfrequenz-Ionosphären-Heizer besonders hervor, denn „magnetische Feldlinien ..., die sich bis in die für diese Erfindung wünschenswerten Höhen erstrecken, kreuzen die Erde über Alaska". APTI bewertet Alaska auch aufgrund seiner Nähe zu reichhaltigen Treibstoffvorkommen zum

Viele Köche verbrennen den Himmel

Betreiben des Projekts als ideale Örtlichkeit: Gemeint sind die gewaltigen Reserven an Erdgas in der North Slope Region - Reserven, die der APTI-Muttergesellschaft ARCO gehören.

Eastlund widerspricht im Übrigen selbst der offiziellen militärischen Version. Er verriet gegenüber National Public Radio, dass in den späten 1980ern ein geheimes Militärprojekt gestartet worden sei, um seine Arbeit weiterzuentwickeln. Und in der Mai/Juni-Ausgabe 1994 der Microwave News befand Eastlund: „Das HAARP-Projekt erinnert ziemlich an den ersten Schritt" in Richtung der Anlage, die er in seinen Patenten umrissen hatte.

Ist HAARP zu all den Dingen auf Eastlunds Wunschliste imstande? Das Militär sagt nein und weist darauf hin, dass die Energie, die in den Transmittern in Alaska eingesetzt wird, zu gering sei, um Eastlunds Ziele zu erreichen. Das mag durchaus der Wahrheit entsprechen – Eastlunds Entwürfe erforderten stärkere Stöße hochfrequenter Radiowellen, als der HAARP-Prototyp imstande sein wird zu produzieren. Allerdings warnt der hauseigene Umwelteinflussreport des Projekts davor, dass die HAARP-Transmissionen eine Gefahr für Flugzeuge in einem Radius von vier Meilen darstellen könnten. Und laut Gar Smith, dem Herausgeber des Umweltmagazins Earth Watch Journal, könnte die Energie, die HAARP antreibt, tausend Mal stärker sein als die stärksten PAVE PAWS Überhorizontradare des Militärs, die „zufällig" Nebenkeulenstrahlung erzeugen, die Herzschrittmacher in bis zu sieben Meilen Entfernung stören und die „unabsichtliche Detonation" von Bomben und Signalleuchtkugeln in vorbeifliegenden Flugzeugen zufolge haben können. Das offizielle HAARP-Datenblatt versichert nervösen Paranoikern, dass der Effekt einer Erhitzung der Ionosphäre stets nach wenigen Minuten abklingt. Doch der gute Soldat Eastlund prahlt in seinem Patent damit, dass die Strahlung „um erhebliche Zeit verlängert werden kann, sodass es nicht nur ein vorübergehender Effekt ist, der von gegnerischen Kräften einfach ausgesessen werden kann".

„Demnach", fährt er fort, „bietet diese Erfindung die Möglichkeit, beispiellose Mengen an Energie an strategischen Positionen in die Atmosphäre der Erde einzuspeisen und diese Energiezufuhr ... auf präzisere Art und Weise und besser kontrolliert zu halten, als es bislang durch die vorige Methode möglich war ... die Detonation von Atombomben verschiedener Sprengkraft und in verschiedenen Höhen."

In seinem Quellennachweis öffnet Eastlunds Patent dann Verschwörungstheorien wahrlich Tür und Tor. So sind zwei der Quellen, die er aufführt, Artikel der *New York Times* aus den Jahren 1915 und 1940, die niemand Geringeren als Nikola Tesla porträtieren, einen Giganten in den Annalen der Verschwörungsgeschichte. Tesla, ein brillanter Erfinder und Zeitgenosse Edisons, entwickelte im Laufe seines Lebens Hunderte von Patenten und oft heißt

Viele Köche verbrennen den Himmel

es, er habe das Radio schon vor Marconi erfunden – wie eine ganze Reihe anderer. Die anerkannte Wissenschaft hat indes Teslas Wirken nie richtig gewürdigt und seine späteren Behauptungen (er schwor, er habe eine Technologie entwickelt, welche die Erde spalten könne) haben ihn in Gefilde geführt, in denen Genie und Wahnsinn nah beieinander liegen. Kaum überraschend haben Randwissenschaften und Verschwörungsgläubige Tesla zu so etwas wie ihrem Schutzpatron erhoben. Wann immer sich Gerüchte im Radio oder Internetdiskussionen vermeintlichen Experimenten der Regierung zur Erzeugung von Erdbeben oder der Wettermanipulation zuwenden, folgen Verweise auf die von Regierungsseite unterdrückten „Tesla-Experimente" garantiert auf den Fuß.

Dem APTI-Patent nach zu urteilen war Tesla für Eastlunds Ionosphärenheizer eine wichtige Inspiration. Der erste Artikel in der *New York Times* vom 22. September 1940 berichtet, dass Tesla, damals 84 Jahre alt, „bereit (sei), der Regierung der Vereinigten Staaten das Geheimnis seiner ‚Teleforce' zu enthüllen, mit welcher man, so sagt er, Flugzeugmotoren auf eine Entfernung von 250 Meilen zum Schmelzen bringen lassen könne, sodass sich eine unsichtbare Chinesische Verteidigungsmauer um das Land herum errichten ließe." Der *Times*-Artikel zitiert Tesla wie folgt weiter: „Diese neue Art von Kraft", sagte Mr. Tesla, „würde durch einen Strahl gerichtet, der nur den hundertmillionsten Teil eines Quadratzentimeters durchmesse und von einem speziellen Kraftwerk erzeugt werden könne, das nicht mehr als 2.000.000 Dollar kosten würde und in ungefähr drei Monaten Bauzeit errichtet wäre." Der zweite *New York Times*-Artikel vom 8. Dezember 1915 beschreibt eines von Teslas bekannteren Patenten, einen Transmitter, der „elektrische Energie jedweder Stärke in jedwede Entfernung projizieren und diese für zahllose Zwecke, sowohl friedlicher als auch kriegerischer Natur, verwenden könne." Die Ähnlichkeiten von Teslas Ideen und Eastlunds Erfindung sind bemerkenswert und, diesen Gedanken weitergedacht, die Überlappungen der Technologien von Tesla und HAARP regelrecht verblüffend.

Scheinbar nehmen APTI und das Pentagon Eastlunds – und damit auch Teslas – Ideen durchaus ernst. Wie die Autoren Nicholas J. Begich und Jeane Manning in ihrem Buch „Angels Don't Play This HAARP" aus dem Jahre 1996 anmerken, umreißt ein weiteres der Eastlund/APTI-Patente eine Technologie zum Einsatz elektrischer Energie im Sinne des tesla'schen Krieg-und-Frieden-Projekts.

Auf der Verschwörungsschiene ist jede Verbindung zwischen Tesla und tesla-artigen Rüstungsplänen und Eastlunds Ionenwolken natürlich ungefähr so explosiv wie ein taktischer Sprengkopf. Doch von hier aus neigen die Spekulationen über HAARP dazu, sich in dünnerer Luft zu bewegen. In „Angels Don't Play This HAARP", das den Untertitel „Advances in Tesla Technoloy"

Viele Köche verbrennen den Himmel

trägt, vertreten die Autoren Begich und Manning die Ansicht, dass die Tesla-HAARP-Technologie des Militärs neben der Wettermanipulation auch für eine Art Massen-Gedankenkontrolle eingesetzt werden könnte.

„Der Einfluss von HF (Hochfrequenz-Transmissionen) auf die menschliche Physiologie", so schreiben sie, „ist der Air Force wohl bekannt und wurde bereits in Publikationen, die bis ins Jahr 1986 zurückdatieren, beschrieben." Wenn auch Begich und Manning schlussendlich keine Verbindung zwischen HAARP und den Regierungsplänen, „Gedankenprozesse zu stören", beweisen können, so graben sie doch einen ganzen Haufen elitären Geschwätzes von kalten Kriegern aus, die davon besessen scheinen, die amerikanischen Massen zu kontrollieren. Zbigniew Brzezinski − der ehemalige Sicherheitsberater von Präsident Carter − schnaufte 1970, dass eine „kontrolliertere und ausgerichtetere Gesellschaft" sich entwickeln würde, eine, in der die „Elite nicht zögern würde, ihre politischen Ziele durch den Einsatz modernster Techniken zur Beeinflussung des öffentlichen Verhaltens und zur strengen Überwachung und Kontrolle der Gesellschaft zu erreichen." Unerhört und empörend, keine Frage. Aber es beweist tatsächlich nicht das Geringste über die Ziele von HAARP.

Noch interessanter, aber trotzdem nicht die schlagenden Beweise, als die sie einige HAARP-Kritiker ansehen, sind die Prophezeiungen von Geophysiker Gordon J. F. McDonald, eines Kalten-Kriegs-Strategen alter Schule, der ein wenig wie Dr. Strangelove auf Speed klingt. Begich und Manning zitieren eine Zusammenfassung McDonalds, in der er elektronische Impulse fordert, die auf ausgedehnte geographische Regionen gerichtet werden. „Dadurch", erklärt McDonald, „könnte man ein System entwickeln, das die Gehirnleistung sehr großer Bevölkerungsgruppen in den ausgewählten Landstrichen über längere Zeit beeinträchtigen könne ... Ganz gleich, wie zutiefst fragwürdig manchem der Gedanke erscheint, im Dienste der Nation die Umwelt zur Verhaltensmanipulation einzusetzen, die Technologie, die dies erlaubt, wird sehr wahrscheinlich innerhalb der nächsten paar Jahrzehnte entwickelt werden." (Niemals ein Freund subtiler Vorgehensweisen übertitelte McDonald ein Kapitel zur Wettermanipulation in einem seiner Bücher: „Wie man die Umwelt zerstört".) Offensichtlich ist die Bewusstseinskontrolle seit den Tagen des CIA-Programms MK-ULTRA der Heilige Gral der analfixierten nationalen Sicherheitsfanatiker gewesen. Und es würde ganz sicher nicht überraschen, wenn herauskäme, dass das Pentagon in Alaska mit dieser Idee spielen würde, auch wenn keine Beweise hierfür vorliegen (bis jetzt).

In den wildesten Spekulationen hat das HAARP bereits den ultimativen Status einer Verschwörungstheorieschablone erreicht, in die wirklich jede Ideologie, Philosophie oder Pathologie ihre eigenen Interpretationen und

Viele Köche verbrennen den Himmel

zurechtgestutzten „Fakten" hineinpressen kann. So ist es kaum verwunderlich, dass die äußeren Grenzen der HAARPologie von UFOs umkreist werden: Manche Theoretiker sagen, dass die HAARP-Frequenzen eben jene Radiowellen sind, die mit UFO-Erscheinungen und Entführungen in Zusammenhang gebracht werden (und deuten damit an, dass außerirdische UFOs eine ähnliche Technologie verwenden oder aber dass UFOs nur eine Täuschung der Regierung sind, die mit HAARP-ähnlicher Hardware bewerkstelligt wird – oder beides). Neben den UFOs behaupten manche Theoretiker, dass das HAARP ein „Todesstrahl" sei, der die nördliche Hemisphäre abdeckte, für verschiedene kürzliche Erdbeben und Stromausfälle im westlichen Teil der Vereinigten Staaten verantwortlich zeichnete, Teil eines Plans darstellte, die menschliche Rasse „genetisch zu reprogrammieren", oder aber letztendlich der Repräsentant einer Schlacht zwischen irdischen Schurken und „erleuchteten Seelen" des New Age aus anderen Dimensionen sei.

Zurück in die Realität: Es bleibt die Tatsache, dass HAARP sicher nicht nur das brave Wissenschaftsprojekt ist, als das es von seinen Pentagon-Betreibern beschrieben wird. Um den Paten des HAARP, Bernard Eastlund, zu zitieren: „HAARP ist der perfekte erste Schritt auf dem Weg, meine Pläne zu verwirklichen ... Die Regierung wird es leugnen, aber wenn es wie eine Ente quakt und wie eine Ente aussieht, besteht eine gute Chance, dass es eine Ente ist."

QUELLEN:

Begich, Nicholas J. und Jeane Manning: „Angels Don't Play This HAARP: Advances in Tesla Technology". Anchorage, Alaska: Earth Pulse Press, 1996.

„HAARP fact Sheet" – vom U.S. Department of the Navy im Internet publiziert.

United States Patent Number 4, 686,605. Erfinder: Bernard J. Eastlund. Bevollmächtigter: APTI, Inc. 11. August 1987. (Im Internet wiederveröffentlicht.)

Zickuhr und Gar Smith: „Project HAARP: The Military's Plan to Alter the Ionosphere." *Earth Island Journal*, Herbst 1994.

4 DER REGENMACHER

Ebenso wie sein berühmter „Cloud-Buster" („Wolken-Fänger" oder „Wolken-Jäger"), eine außergewöhnliche Apparatur aus Metallpfeifen und gewundenen Röhren, dazu bestimmt, Regen zu machen und Wolken zu vertreiben, rief Wilhelm Reich extreme Reaktionen hervor. Ergebene Anhänger hielten und halten ihn für ein gemartertes Genie, einen Mann, dessen revolutionäre wissenschaftliche Entdeckungen seine missgünstigen Feinde – die Regierung, das medizinische Establishment, die Kommunisten – dazu trieben, ihn zu vernichten.

Seinen Gegnern galt Reich als vielerlei, das wenigste davon schmeichelhaft: verrückter Wissenschaftler, medizinischer Quacksalber, exzentrischer Sexologe, paranoider Schizophrener, verwirrter Verschwörungstheoretiker. „Sicherlich", gestand man ihm zu, „einst mochte er ein vielversprechender Psychoanalytiker der ersten Stunde und ein Schüler von Freud gewesen sein, womöglich sogar ein Genie." Doch dann sei er vom Weg abgekommen.

Die Wahrheit liegt natürlich irgendwo zwischen beiden Extremen. Woran es allerdings keine Zweifel gibt ist die Tatsache, dass Wilhelm Reich, der 1957 in Haft verstarb, zuletzt ein wissenschaftlicher Renegat *war*. Seine spektakulären, weitreichenden Theorien über orgastische Impotenz, Krebs, Kernstrahlung, Wetterveränderung, kosmische „Orgon"-Energie und UFOs (um nur einige Forschungsbereiche zu nennen), waren – wie soll man sagen – radikale Abweichungen von der Rechtgläubigkeit seiner Zeit – oder jeder Zeit, um genau zu sein.

Selbst wenn Reich nicht ganz bei Sinnen war, als er behauptete, Opfer einer offensichtlichen Verschwörung von „HIGs" („Hoodlums in Government"; dt.: „Strolchen in der Regierung") und „Roten Faschisten" zu sein – wie er seine Gegner in späten Jahren zu nennen pflegte –, besteht auch

Der Regenmacher

kein Zweifel darüber, dass er durchaus zum Opfer einer sehr viel subtileren „Verschwörung" wurde. Als sturer, unnachgiebiger Ikonoklast war Reich dazu verdammt, mit dem wissenschaftlichen Establishment und der politischen Ordnung immer wieder heftig aneinander zu geraten.

Mit Geringschätzung gegenüber der „Pseudowissenschaft" von Reich handelten die Rechtsgläubigen im Angesicht des Unkonventionellen wie zu erwarten:

Sie marginalisierten den Sonderling, indem sie ihn abwiesen, lächerlich machten und zuletzt rechtlich gegen ihn vorgingen.

Hinsichtlich dieser Feindseligkeit gegenüber seiner Arbeit verwundert es nicht, dass Reich schließlich zum „Verschwörungstheoretiker" wurde. Und auch nicht, dass viele seiner Anhänger bis heute glauben, er sei letztlich ermordet worden.

Aber wir greifen der Geschichte voraus.

Sie beginnt im Wien von Sigmund Freud, wo der junge Willy Reich seine lebenslange Suche nach der einen Sache startet, die zu seinem Heiligen Gral (und zur Ursache seines Verderbens) werden soll: der „lebenserfüllenden" Energie sexueller Potenz. Als aufstrebender Stern am Himmel der akademischen Psychoanalyse wandelte Reich Freuds frühe Libido-Theorie in ein Gedankenkonstrukt um, das er seine Theorie der „orgastischen Potenz" nannte. Wo Freud die Hypothese vertrat, dass unbewusste sexuelle Unterdrückung zu einer Neurose führe, führte Reich diese Theorie zu ihrer logischen, letzten Konsequenz, indem er behauptete, dass jede Neurose aus blockierter orgastischer Energie resultiere. Anders ausgedrückt: Sie muss es bringen und er auch.

Unnötig zu sagen, dass Reichs Ideen zur sexuellen Heilkraft das frigide Wien der 1920er Jahre nicht aufzutauen vermochten. Reich war schlicht und einfach zu radikal für Wiener Verhältnisse und zu sehr Renegat, sogar für den Forschungsbereich der Psychoanalyse. Einst als „Freuds Schoßhund" bekannt, fand sich Reich nun mehr und mehr außerhalb der gelehrten Zirkel „in der Hundehütte" wieder. Er schlüpfte mit einigen seiner weiblichen Patienten unter die Bettdecke und verordnete anderen Masturbation – nicht unbedingt die Art Patientenbetreuung, die Freud vorgeschwebt war, als er die Couch als Behandlungsinstrument eingeführt hatte. Schließlich war es Freuds Entscheidung, die Libido-Theorie komplett aufzugeben (zum Teil als Reaktion auf das Wirken dieses jungen Mannes, der seine sexuellen Metaphern in wortwörtliche Extreme verwandelt hatte), die Reichs Beziehung zur etablierten Psychoanalyse abkühlen ließ.

Mitte der 1930er Jahre, nach einer gleichsam von Hochs und Tiefs geprägten Karriere in der Berliner Kommunistischen Partei (Sie liebten seine Kritik an Hitlers „Geschlechterpolitik", aber Sexualkunde für „die Jugend"

Der Regenmacher

im Alter von acht bis zwölf Jahren? Auf keinen Fall!), war Reich nach Skandinavien gegangen, fort von sexuell frustrierten Marxisten, noch bevor er den sadomasochistischen Nazis hätte begegnen können. In Norwegen machte Reich die erste seiner schonungslosen wissenschaftlichen Entdeckungen, welche seine Theorie der orgastischen Energie stützen sollten: die Entdeckung der „Bione".

Reich fand heraus, dass verrottendes Material – sogar wenn es sterilisiert wurde – in mikroskopisch kleine, blaue, vesikuläre Gebilde zerfiel, die irgendwie „lebendig" waren. Reich nannte diese Partikel „Bione" und glaubte, dass sie „Quasi-Lebensformen" seien, an der Grenze zwischen Anorganischem und Organischem. Einige Bione pulsierten mit einer Art radioaktiver Energie, die Reichs Haut angriff, wenn er sie auf einen Objektträger über seine Hand hielt.

Reich entschied, dass diese Strahlung, welche die Bione antrieb, die „Lebensenergie" darstellte, die er später „Orgon" taufen würde, so genannt, weil sie der sexuellen Energie des Orgasmus gleichzusetzen sei. Nach Reichs eigener Meinung war es ihm gelungen, die Kluft zwischen Psychologie und Biologie zu überbrücken, indem er die Energie isoliert hatte, die sowohl den Geist als auch den Körper in Gang hielt.

Natürlich war das wissenschaftliche Establishment anderer Meinung: Reich sei ein geistesgestörter Dilettant, dessen Hut wohl zu eng säße. Obwohl Reich niemals behauptete, Leben „erschaffen" zu haben (er sei lediglich auf seinen Ursprung gestoßen, sagte er), blieb der Dr.-Frankenstein-Ruf an ihm hängen und wurde nur noch geschürt durch erstaunliche Experimente des Österreichers, in denen er die bioelektrische orgastische Energie küssender Paare maß.

In den Augen der skeptischen Biologen waren Reichs pochende Bione Mikroben aus dem Gartenreich oder die Missinterpretation eines anderen gewöhnlichen Phänomens. Doch Reichs sorgfältige Wiederholungen des Experiments, unter Berücksichtigung dieser Kritikpunkte, erbrachten immer die gleichen Resultate. Und obwohl die breite Wissenschaft es bisher versäumt hat, die Experimente systematisch nachzuahmen, geben moderne Wissenschaftler an, Reichs ungewöhnliche, unerklärliche Mikro-Kreaturen ebenfalls „nacherschaffen" zu haben.

Wie bedeutsam seine Entdeckung auch sein mochte, Reichs unkonventionelles Verhalten war für Norwegens Klatschpresse wesentlich interessanter: Wer war dieser fremde Sonderling, der Patienten in ihrer Unterwäsche untersuchte, ihnen riet, sich unflätig zu berühren, bioelektrische Schmuse-Experimente ausführte und nun gar vesikuläre Gebilde zum Pulsieren brachte? Das provinzielle Oslo war in Aufruhr und als die 1930er Jahre ihrem Ende zugingen, packte Reich seine Siebensachen und machte sich, seine berufli-

Der Regenmacher

chen und politischen Feinde verfluchend, auf nach Amerika, wo er ein (gast-)freundlicheres Klima erwartete.

Reichs Forschung florierte in New York und Orgonon, wie er seine Sommerresidenz in Rangeley, Maine, nach der Orgon-Energie getauft hatte. (Reich liebte es, technische Neologismen zu erfinden, die seinen unakzeptierten Theorien eine Aura der Autorität und wissenschaftlichen Authentizität verliehen. Die Wissenschaft der Orgon-Energie? Ganz klar: Orgonomie. Radium angereichert mit konzentriertem Orgon? Orur.)

1940 formulierte Reich seine Theorie der Orgon-Energie und verkündete, dass die kosmische Lebensenergie nicht nur durch das sexuell gesunde Individuum und zwischen den pulsierenden Bionen strömen würde, tatsächlich sei sie „überall". (In sexuell unterdrückten Menschen jedoch sei die Orgon-Energie blockiert, was emotionale und physische Spannungen bewirke, einen Zustand, den Reich als so genannten „Panzer" bezeichnete.) Reich glaubte fest daran, die bläuliche Orgon-Ladung zwischen den Sternen am Nachthimmel und in einem abgedunkelten Raum sehen zu können.

Reich gelang es, das Orgon-Feld, welches Bione ausstrahlen würde, in einer speziell gebauten Box aufzufangen, die innen mit Metall und außen mit Holz und anderen organischen Materialien verkleidet war.

Er war überzeugt, dass das Metall die Strahlung nach innen reflektieren würde. Diese ungewöhnliche Erfindung nannte Reich den „Orgon-Energie-Akkumulator". Mit diesem sollte er später den Zorn der amerikanischen Food and Drug Administration (FDA), der American Medical Association und des psychiatrischen Establishments auf sich ziehen.

Der Akkumulator schien die Bionenstrahlung zu verstärken und wenn Reich durch ein Bullauge des primitiven Apparates blickte, sah er einige beeindruckende, wie Science-Fiction anmutende Spezialeffekte: bläuliche Dämpfe und flimmernde, gelbe Linien und Punkte. Selbst wenn keine Bione in der Box waren konnte Reich denselben Effekt beobachten, wenn auch in einer reduzierten Form. Wie Reich erklärte, ging das allgegenwärtige atmosphärische Orgon durch die Box hindurch und sammelte sich in ihr an.

Mit seinen Orgon-Akkumulatoren kam Reich zu einigen interessanten Resultaten. Wenn er seine Hand in einen leeren Akkumulator hielt, berichtete er von einem warmen, prickelnden Gefühl. Wenn er die Temperatur im Innern der Box maß, war sie im Durchschnitt einen halben Grad wärmer als die Raumtemperatur, augenscheinlich ein Beweis für die Energieansammlung.

Um seine erstaunliche Entdeckung populär zu machen, arrangierte Reich flugs ein – wie er es nannte – „Treffen unter geistig Gleichsinnten" mit Albert Einstein. Herzlich wie es seine Art war, stimmte Einstein dem Treffen zu. Reich verbrachte fünf Stunden im Haus des berühmten Physikers in

Der Regenmacher

Princeton, erklärte diesem seine Theorien und bat ihn, durch eine hohle Röhre zu blicken, um die Orgon-Energie in einem abgedunkelten Raum sehen zu können. Es ist nicht überliefert, was Einstein wirklich davon hielt, aber er war ein gnädiger Zuhörer. Später schickte Reich ihm einen Akkumulator und Einstein wiederholte das Temperaturexperiment, kam aber zu dem Schluss, dass das Phänomen möglicherweise auf Konvektionsströmungen zurückzuführen sei, die den Raum kühlen würden.

Einsteins Biograph, Ronald Clark, schilderte später, dass der Physiker sich über den fehlgeleiteten Psychoanalytiker amüsiert hätte: „Dieser exzentrische, verwirrte Mensch scheint schon abgerutscht zu sein in Richtung Scharlatanerie und Wahnsinn."

Doch der Reich-Biograph Myron Sharaf berichtet, dass seit den 1950er Jahren mindestens 20 erfolgreiche Wiederholungen von Reichs Temperaturexperiment stattgefunden haben, einige unter präziser Berücksichtigung des Ausschlusses eines Konvektionseffekts.

Einsteins Abfuhr konnte den unbeugsamen Reich nicht wirklich entmutigen und so fuhr er unbeirrt mit seinen Entdeckungen fort. „Es geht hier nicht um Kleinigkeiten", beliebte er in österreichischer Stentorstimme zu sagen.

Er widmete sich fortan der Krebsforschung. Er entdeckte eine weitere Sorte mikroskopischer Bione, die auf verrottender Materie wuchsen: schwarze, stabförmige Organismen, welche die bläulichen, Amöben-ähnlichen Bione bewegungsunfähig machen konnten. Er nannte diese neuen Organismen T-Bazillen. Als er Mäusen T-Bazillen injizierte, starben die Nagetiere, viele davon, nachdem sich bei ihnen Krebs gebildet hatte. Reich fand heraus, dass er zahlreiche Kulturen aus T-Bazillen mit dem Blut von Krebspatienten anlegen konnte und nur wenige mit dem Blut gesunder Personen. Waren die Bione der Schlüssel zum Verständnis von Krebs?

Reich kam zu dem Ergebnis, dass krebskranke Mäuse, die im Orgon-Akkumulator behandelt worden waren, im Durchschnitt sieben Wochen länger lebten als kranke Nagetiere, denen eine solche Therapie vorenthalten worden war. Wen wundert's da, dass Reich und seine Kollegen bald begannen, Akkumulatoren in der Größe von Telefonzellen zu bauen, für sich selbst − und für Krebspatienten.

Von den 15 Krebspatienten im Endstadium, mit denen Reich in den frühen 1940er Jahren zu tun hatte, lebten sechs fünf bis zwölf Monate länger als erwartet, starben dann aber trotzdem. Sechs andere waren noch am Leben, als Reich seine Forschungsergebnisse zwei Jahre später publizierte. Reich behauptete, dass die Orgon-Behandlung ihre Schmerzen und die Größe ihrer Tumore verringert hätte. Doch er behauptete niemals, wie ihm später von der FDA fälschlicherweise vorgeworfen wurde, dass die Akkumulatoren Krebs

31

heilen könnten. Tatsächlich glaubte Reich, dass der Akkumulator alleine nicht die tieferliegende Ursache des Krebs behandeln könnte: Denn dabei handele es sich um aufgestaute Libido, ein Lieblingsthema von Reich. (Reich war in der Betonung von ganzheitlicher Gesundheit und des Zusammenhangs zwischen mentalem und körperlichem Wohlbefinden seiner Zeit weit voraus.)

Schließlich gab es auch noch den Orgon-betriebenen Motor, der Reichs zahlreichen Kritikern Wasser auf ihren Mühlen war. Es *klingt* zweifellos wie die Quintessenz des amerikanischen Schwindels, das Perpetuum Mobile, die ewig laufende Bewegungsmaschine. Gemäß Sharaf, der ein Student und Kollege von Reich war, lief der Motor tatsächlich auf Basis eines Gemischs von Orgon-Energie, konzentriert in einem angehängten Akkumulator, und Elektrizität, die allerdings „derart bemessen (war), dass sie das Räderwerk nicht ohne den Akkumulator antreiben konnte." Der Student, der den Motor gebaut hatte, war eines Tages aus Orgonon verschwunden – mit dem Wundergerät. Ein zunehmend paranoider Reich verdächtigte die Atomic Energy Commission, die Kommunisten oder einen anderen Übeltäter, sein Ingenieurswunderkind unter Druck gesetzt zu haben, um die bahnbrechende Erfindung, die nie wieder auftauchte, geheimzuhalten. (Reich publizierte davor und danach niemals Details über die Apparatur, was Zweifel über seine Authentizität nur noch nährte.)

Sharaf berichtet über Reichs Verschwörungstheorien: „Er war stets bestrebt, verschlungene Pfade zu entschlüsseln, doch diese Tendenz nahm in seinen späten Jahren erheblich zu." Wem Reichs liebgewonnene und gern bemühte Feindbilder zu abgehoben erscheinen sollte bedenken, dass im Nuklearen Zeitalter und im Kalten Krieg Paranoia in Amerika zu wahrer Blüte kam.

1950, als der Koreakrieg die Ängste vor einer globalen nuklearen Katastrophe schürte, hoffte Reich, mit seinem Orgon-Akkumulator bei der Behandlung von Strahlenkrankheit helfen zu können. Somit nahm das dramatische Oranur-Experiment seinen Lauf, jenes Experiment, das viele Reich-Anhänger als Wendepunkt ansehen – sowohl im Kontext der Wissenschaft als auch im Kontext der Verschwörungstheorien um Wilhelm Reich.

Das Orgon spielte verrückt, als Reich ein Milligramm Radium in eine Reihe von Akkumulatoren legte. Nahezu unmittelbar schlugen Geigerzähler aus und sprengten dabei jeweils die Skala. Laborarbeitern wurde schwindelig oder schlecht. Die Atmosphäre wurde als „bedrückend" und „aufgeladen" beschrieben. Doch wenn man das Radium aus dem „Raum" entfernte und im Freien testete, zeigten die Geigerzähler normale Werte an.

Zusätzlich wollte sich die Strahlung im Raum nicht verflüchtigen. Reich, der am nächsten Morgen mit vollständig gebräunter Haut aufwachte, setzte das Experiment trotz allem fort. Als er das Radium wieder zurück in den

Der Regenmacher

Akkumulator beförderte, konnte man durch die Fenster der Apparatur eine bläuliche Wolke sehen. Leute in 27 Metern Entfernung vom Gebäude behaupteten, krank machende Wirkungen gespürt zu haben, ein Gefühl, das über Wochen andauerte. Später, als Reichs erwachsene Tochter ihren Kopf in den leeren Akkumulator steckte, geriet sie in einen komatösen Zustand und wachte erst einige Stunden später wieder auf.

Worum ging es nun also beim Oranur-Effekt (im „Reich-Jargon" ist „Oranur" die Bezeichnung für „antinukleares Orgon")? Reich schlussfolgerte, dass nukleare Strahlung die atmosphärische Orgon-Energie in eine heimtückische Kraft verwandelt hatte, so wie gesunde Bione zu T-Bazillen verkommen konnten. Reich nannte diese negativ aufgeladene Energie „Deadly Orgone Radiation" („Tödliche Orgon-Strahlung"), kurz DOR. Reichs Überzeugung, dass Orgon „Amok gelaufen sei" stützte ein Artikel in der *New York Times* am 3. Februar 1951 – drei Wochen nach dem Experiment. Die *Times* berichtete, dass eine ungewöhnlich hohe Konzentration an Radioaktivität festgestellt worden sei in einem Radius von 500 bis 1000 Kilometern um ... Rangeley, Maine!

Verschwörungsforscher Jim Martin glaubt, dass Reichs nachfolgende Konflikte mit der Rechtsprechung im Zusammenhang mit seiner zufälligen Entdeckung des Oranur-Effektes stehen. „Wilhelm Reich wurde inhaftiert", schreibt Martin, „weil er auf beängstigende Fakten über nukleare Strahlung während der frühen 1950er Jahre gestoßen war, einen Kritikpunkt an der neu entwickelten Industrie." Was war das dreckige Geheimnis, das von Reich gelüftet wurde? „Dass es *keinen wirksamen Schutz* gegen die biologischen Auswirkungen der Nuklearstrahlung gibt", behauptet Martin.

Nukleare Dunkelmänner hin oder her, zur Zeit von Oranur hatten HIG-Vertreter aus der Food and Drug Administration Reich bereits ins Visier genommen. Die Sensoren der FDA waren aktiv, nachdem zwei negative Magazinbeiträge über Reich im *Harper's* und in der *New Republic* erschienen waren. Verfasst von einer freischaffenden Journalistin namens Mildred Brady, die Reichs Krebstheorien im Privaten offen als „Schwachsinn" bezeichnete, stellten die Artikel verschmitzte Vergleiche zwischen dem Sexologen Reich und der nonkonformen „Sexszene" jener Zeit dar. Darüber hinaus zeigte Brady feine Parallelen zwischen Reich und dem stets für Amerikaner alarmierenden Phänomen eines Kultpropheten auf. Bradys Schlussfolgerung war eindeutig: „Der wachsende Kult um Reich" möge, wenn schon nicht reguliert, „vom Staat diszipliniert" zu einem Ende gebracht werde. Am schädlichsten für Reich war Bradys fälschliche Behauptung, Reich würde für sich in Anspruch nehmen, Patienten mit seinen Akkumulatoren „orgastische Potenz" zu bescheren und Krebs zu heilen.

Wieder einmal benötigte Reich einen guten PR-Agenten. Andere Jour-

33

Der Regenmacher

nalisten betätigten sich als Trittbrettfahrer und (unter-)stützten Bradys Zerr-
bild. Im *Collier's* stand zu lesen: „Der Akkumulator kann alles heilen, von einer
gewöhnlichen Erkältung bis hin zu Krebs, so Dr. Reich." Die Zeitschrift *True*
nannte das Gerät nur „die wunderbare Sex-Box", was Reichs kleine technische Apparatur in die Nähe von Woody Allens „Orgasmatron" aus dem Film
„Der Schläfer" rückte. Die Botschaft war unmissverständlich: Reich war ein
gefährlicher Quacksalber. Und vielleicht sogar ein Wegbereiter des Perversen. Falsche Gerüchte begannen sich zu verbreiten: Orgonon sei eine Sex-
höhle oder ein „Nudistencamp", welches sich Zulauf an Kindern aus einem
nahegelegenen Sommerlager besorge. Während „Orgien" würden weibliche
Patienten zur Masturbation gebracht werden.

Reich, der einstige Kommunist, der sich zum Republikaner gewandelt
hatte, war überzeugt, dass seine alten Widersacher, die Stalinisten („Rote
Faschisten"), hinter dem Angriff der *New Republic* steckten: Denn wie jeder
Anhänger des politisch rechten Flügels wusste, bestanden tatsächlich Kontakte zwischen dem Herausgeber des Magazins, Henry A. Wallace, und amerikanischen Kommunisten im Zusammenhang mit Wallaces Präsidentschafts-
kandidatur für die Progressive Partei im Jahr 1948.

Reich-Sympathisant Jim Martin vermutet überdies eine stalinistische
Verbindung. Martin verweist auf die Tatsache, dass der Besitzer von *New
Republic*, Oxford-Abgänger Michael Straight, nicht nur Wallaces Präsident-
schaftskampagne in Gang gebracht hatte, er war überdies ein erklärter (wenn
auch zurückhaltender) sowjetischer Spion. Des Weiteren war die *New Republic* verbunden mit Finanzgrößen aus der Wall Street, was zu den Rockefel-
lers und britischen Internationalisten weiterführte. Ein Zitat von dem dieser
Gruppe wohl gewogenen Chronisten, dem späteren Professor Carroll Quigley: Der „eigentliche Zweck" der *New Republic* bestand aus Sicht der Wall
Street Banker darin, „ein Ventil für die progressive Linke zu sein und diese
nach und nach in eine anglophile Richtung zu lenken." Berücksichtigt man
die Tatsache, dass viele politische Anhänger des rechten Flügels die Großbritannien gewogenen Bediensteten der Wall Street als Knechte der Sowjets ansa-
hen, hatte Reich möglicherweise Recht, als er später Gefängnispsychologen
verriet, dass die Rockefeller Foundation ihn zu einem „Werkzeug ihrer
sozioökonomischen, interpersonellen Verbindungen" gemacht hätte. Vielleicht aber auch nicht.

Reich kam zu einer weniger komplizierten Erklärung, als er sein irgendwie auf sich selbst bezogenes, doch allgemein scharfsinniges Konzept der
„emotionalen Plage" formulierte. Was Reich im Grunde mit dieser Bezeichnung meinte war die Art Intoleranz, die einige Leute dazu treibt, andere zu
„verfolgen", die sie für „unmoralisch" oder andersartig unkonventionell halten. Im Grunde ging es um eine Hexenjagd oder zumindest das Lächerlich-

machen von Andersdenkenden, die somit an den Rand der Gesellschaft gedrängt werden.

Zweifellos bereitete Bradys negative Berichterstattung das Feld für die Kampagne der FDA gegen Reich, die von der American Medical Association und dem psychiatrischen Establishment aufgegriffen wurde. Die Untersuchung zog sich über Jahre hinweg, in denen die FDA versuchte, einen unzufriedenen Akkumulator-Besitzer ausfindig zu machen – Reich hatte die „Gerätschaften" (wie die FDA sie abfällig nannte) nämlich neugierigen Kunden über die ganze Ostküste verteilt zukommen lassen. Gleichzeitig wurden weitere falsche Beschuldigungen verbreitet.

Gerührt, aber keineswegs erschüttert, untersuchte Reich weiter die „Deadly Orgone Radiation" (DOR), die er als globale Bedrohung in Zeiten von Nukleartests ansah. Nach dem Oranur-Experiment hatte er „schwarze" Smog-ähnliche Wolken über der Landschaft wahrgenommen. Überzeugt, dass diese „DOR-Dünste" seien, erfand Reich seinen Cloud-Buster, der wie eine Abflussröhre funktionierte und die DOR aus dem Himmel ableiten sollte. Reich verwendete die Maschine – sie hatte ein futuristisches, minimalistisch technisches Aussehen wie ein Gegenstand aus dem Film „Mad Max" – auch zum Regenmachen. Auf jeden Fall überzeugte er lokale Farmer davon, dass er das Wetter ändern könne. Sie bezahlten ihn, damit er erfolgreich eine Dürre abwendete. Später lud sich Reich den Cloud-Buster auf die Ladefläche eines Lieferwagens und fuhr damit in die Wüste von Arizona. Seiner Meinung nach trug DOR dazu bei, dass sich die Wüsten ausbreiteten und er wollte herausfinden, ob er diesen Trend umkehren könnte.

In der Zwischenzeit warf ihm die FDA den Fehdehandschuh hin. 1954, auf Geheiß der FDA, verfasste der Staatsanwalt von Maine eine Beschwerde gegen Reich und erließ eine einstweilige Verfügung. Die Beschwerde postulierte, dass Reich ein Scharlatan sei und gab viele von Reichs vorsichtigen Äußerungen zu den Akkumulatoren schamlos verzerrt wieder. Reich lehnte stur ab, im Gerichtssaal zu erscheinen, weil er einerseits möglicherweise das amerikanische Rechtssystem nicht vollständig durchschaute und andererseits allmählich unter dem Stress zusammenzubrechen begann. Die FDA war der Sieger der einstweiligen Verfügung, was radikale und weitreichende Konsequenzen hatte: Reich wurde angewiesen, nicht nur alle seine Akkumulatoren zu zerstören, sondern auch jede Form von Literatur, welche für die Akkumulatoren warb *und* seine Theorien über Orgon-Energie. Dies betraf praktisch alles, was er jemals verfasst hatte, und Reich war ein produktiver Schreiberling.

Außer sich vor Wut gab Reich ein Telegramm an die beleidigenden HIGs auf und drohte einen sintflutartigen Wolkenbruch an, den sein Cloud-Buster erschaffen würde: „Während Ihr den Südwesten austrocknet, werden wir den Osten fluten. Man spielt keine Spielchen mit ernsthafter, naturwissenschaftlicher Forschung." Wie Biograph Sharaf zu berichten weiß, „folgten Reichs Wetterexperimenten Schneefälle in Rangeley und heftiger Regen entlang der Küste von Neuengland. Dies geschah unvorhergesehen." Begeistert verfasste Reich ein Telegramm an J. Edgar Hoover und berichtete triumphierend von seiner unheilvollen Errungenschaft.

Zu dieser Zeit war Reich überzeugt, dass Präsident Eisenhower ihn heimlich beschütze, aus Dankbarkeit für eine von seinen weiteren Erfindungen, die „Anti-UFO-Weltraumkanone". Jedes Mal, wenn Luftwaffenjets über ihn hinwegflogen, verstand Reich dies als einen persönlichen Gruß des Präsidenten.

Reich befand sich nämlich inmitten eines einsamen Gefechts. In seinem Buch „Contact With Space" („Kontakt mit dem Weltall") behauptete Reich, dass UFO-Insassen – so genannte „CORE men" („Cosmic ORgone Energy men"; dt.: Kosmische-Orgon-Energie-Männchen) – böswillige Pläne im Hinblick auf unseren Planeten schmiedeten. „Wir können uns der Tatsache nicht verschließen, dass wir uns im Krieg mit einer Macht befinden, die dem Menschen unbekannt ist", schrieb er. UFOs seien die Ursache der zunehmenden „Verwüstung" der Erde, weil ihre Abgase DOR in der Atmosphäre verbreiten würden. Reich verband diese Theorie mit seiner Idee der „emotionalen Plage": Die „emotionale Wüste" des Menschen leistete den UFOs beziehungsweise ihren Insassen Beihilfe in ihrem Bemühen, den Planeten mit DOR zu ersticken.

In Weltraum-fernen Gefilden klagten die FDA und die staatlichen „rotfaschistischen HIGs unter dem Befehl von Moskau (sic)" inzwischen auf Missachtung des Gerichts, als einer von Reichs Kollegen Orgon-Akkumulatoren über Bundesstaatsgrenzen hinweg auslieferte. Reich vertrat sich selbst vor Gericht und versuchte den Fall als eine Verschwörung aufzudecken. Doch der Richter wies ihn darauf hin, dass die Möglichkeit, die Klage auf diese Weise abzuwenden, rechtens lediglich in erster Instanz bestanden hätte. Nichtsdestotrotz weckte Reich das Interesse des Richters, als er darauf hinwies, dass der Hauptankläger ein ehemaliger Kollege aus Orgonon war, was allerlei zwielichtige Beweggründe möglich erscheinen ließ, vom Interessenkonflikt bis zur Intrige.

Doch all dies konnte das unausweichliche Urteil nicht abwenden. Am 7. Mai 1956 wurde Reich zu zwei Jahren Haft verurteilt, ein besonders hartes Urteil für einen kränklichen 59-Jährigen. Im darauf folgenden Sommer überwachten Bedienstete der FDA die Zerstörung von 53 Akkumulatoren. Nach einer erfolglosen elf Stunden andauernden Intervention durch die ACLU („American Civil Liberties Union", eine nichtstaatliche Bürgerrechtsorganisation) beaufsichtigte die FDA die Verbrennung von mehr als sechs Tonnen

Büchern und anderen Publikationen, darunter Reichs „Klassiker" „The Sexual Revolution" („Die Sexuelle Revolution") und „The Mass Psychology of Fascism" („Die Massenpsychologie des Faschismus"), die beide geschrieben worden waren, lange bevor der erste Akkumulator gebaut wurde. Trotz der negativen Implikationen einer Bücherverbrennung – die Reich zuvor in Deutschland erlebt hatte – rührte sich die Presse nicht.

Reich starb am 3. November 1957, nur zwei Monate vor seiner Entlassung, im Gefängnis an Herzproblemen.

Reich-Anhänger verweisen auf einige Ungereimtheiten im Zusammenhang mit seinem Tod: Ein Manuskript, von dem Reich stets behauptete, es zu schreiben, tauchte niemals auf. Reich hatte seiner Frau gegenüber geäußert, dass als er nach Aspirin verlangt hatte, er stattdessen zwei rosa Pillen erhalten hätte. Als sie der Sache nachgehen wollte und Einsicht ins Arzneimittellager verlangte, wurde ihr dies verweigert. Und laut Jim Martin glaubt auch Reichs Tochter Eva, dass an der ganzen Sache etwas faul war.

Doch im Prinzip hatte Reich die beste Erklärung bereits selbst geliefert. Die radikalen Ideen des Doktors, seine brillanten wenn auch fehlerhaften Rückschlüsse und sein ungebrochener Wille und wissenschaftlicher Pioniergeist haben ihn beständig zum Opfer der „emotionalen Plage" gemacht. Sie lastet immer noch auf ihm, wie eine finstere DOR-Wolke, die den Blick auf Reichs zahlreiche wertvolle wissenschaftliche Beiträge versperrt, zur Psychologie und zur Therapieforschung, zur Soziologie, zur Kindererziehung und – wer weiß? – vielleicht auch zur Biologie und zur Physik.

QUELLEN:

Martin, Jim: „Who Killed Wilhelm Reich?" In: „Apocalypse Culture" (erweiterte und verbesserte Ausgabe), herausgegeben von Adam Parfrey. Los Angeles. Feral House, 1990.

Martin, Jim: „Quigley, Clinton, Straight, and Reich." *Steamshovel Press*, Nr. 8 (Sommer 1993).

Sharaf, Myron: „Fury on Earth: A Biography of Wilhelm Reich". New York. St. Martin's Press, 1983.

Wilson, Colin: „The Quest for Wilhelm Reich". Garden City, NY: Anchor Press/Doubleday, 1981.

Dank an Jim Martin von *Flatland* für das recherchierte Material, das in diesem Kapitel verwendet wurde.

DER EINSIEDLER-MILLIARDÄR

Unter all den unvorstellbar reichen Manipulatoren war Howard R. Hughes der Größte. Das Goldhändchen des Milliardärs hatte dabei weniger mit seinem legendären technischen und finanziellen Genie zu tun als mit seinen unzähligen Geheimverträgen und verdeckten politischen Bestechungen. „Ich kann jeden Mann der Welt kaufen", prahlte Hughes gerne. Und tatsächlich entstammt Hughes Autorität auf dem Gebiet der Verschwörungen seiner Fähigkeit – und seinem festen Willen –, die Loyalität von jedermann zu kaufen, selbst die des Präsidenten der Vereinigten Staaten, um seine, na ja, sagen wir mal, eigenwilligen Ideen umzusetzen.

Alles um Hughes herum war überlebensgroß, inklusive seiner paradoxen Legende. Als Erbe eines Houstoner Vermögens, das auf einem Bohrkopfpatent basierte, welches die Erdölindustrie revolutioniert hatte, regte der schneidige junge Hughes während der Jahre der Großen Depression die amerikanische Fantasie an. Als tolldreister Flieger, Hollywood-Playboy, patriotischer Rüstungsindustrieller und erfolgreicher Finanzmann erschien Hughes wie der Held aus einem Comic, dessen Möglichkeiten keine Grenzen gesetzt waren. In seinen späteren Jahren, als sich seine Exzentrizitäten langsam in Wahnsinn verwandelten, kam seine dunklere Seite zum Vorschein: der alte Mann mit dem strähnigen Haar, ein schimpfender Irrer mit einer Todesangst vor Bakterien, brütend in seinem selbst erwählten Penthouse-Exil.

Sein ganzes Leben hindurch manifestierte sich Hughes Kontrollversessenheit in einer Manie für Spionage und Geheimniskrämerei, vor allem, wenn sie dazu diente, seine beträchtlichen Neurosen zu befördern. Doch

38

Der Einsiedler-Milliardär

ungeachtet seiner scheinbaren Omnipräsenz im Auge so manches Verschwörungssturmes wurde Hughes durchaus auch von anderen manipuliert. Spionen als „Der Aktionär" bekannt, bot Hughes die Fassade für manch verdeckte Operation der CIA, mitunter auch unwissentlich; Hughes, der verrückte Einsiedler, sah sein Imperium aus der Ferne manipuliert.

Wir nähern uns der Hughes-Saga gegen Ende der 1950er, zum Zeitpunkt des Erscheinens des schattenhaften und irgendwie schmierigen Robert Maheu, dem Ursprung vieler realer und eingebildeter Hughes-Verschwörungen. In den späten Fünfzigern heuerte Hughes Maheu an, um Möchtegern-Erpresser einzuschüchtern und Dutzende von Hollywood-Starlets auszuspionieren, auf die Hughes Besitzansprüche anmeldete. Maheu war ein ehemaliger FBI-Mann, dessen private Sicherheitsfirma als Fassade diente für ultrasensible (soll heißen: illegale) CIA-Missionen.

Zu dem Zeitpunkt, da er Hughes privater Spitzel wurde, wies Maheu bereits ein beeindruckendes Register auf, etwa als Vertragskidnapper für die CIA und als der wortwörtliche Zuhälter der Agency, der Prostituierte anheuerte, um ausländische Würdenträger und deren eigentümliche sexuelle Gelüste zu befriedigen. Maheus berüchtigtster CIA-Job war als Mittelsmann während eines gescheiterten Attentatsversuchs auf Fidel Castro im Jahr 1960, für den die Mafia als Killer angeheuert werden sollte. Auf freundschaftlichem Fuße mit den naheliegendsten Kandidaten stehend, versicherte sich Maheu der Hilfe von Vegas Mobster John Roselli („Uncle Johnny" für Maheus Kinder), dem Paten von Chicago, Sam „Momo" Giancana, und dem mächtigen Mafiaboss aus Florida, Santos Trafficante.

Scheinbar hatte Hughes nichts mit Maheus freier Mitarbeit bei der CIA zu tun, doch er fand Vergnügen in den Taten und Verbindungen seines Spitzels, die nur einmal mehr den Ruf und Einfluss des Milliardärs steigerten. (Dem Journalisten Jim Hougan zufolge informierte Maheu Hughes über seine Bemühungen, im Auftrag der CIA Castro auszuschalten.) Nach einigem, was man hört, war indes der Aktionär selbst der größte Zuarbeiter. Hughes Erlaubnis gegenüber der CIA, seine Ressourcen zu nutzen, war allerdings nicht gänzlich von selbstlosen Motiven geleitet. Während der späten Sechziger beauftragte er Maheu, der Agency sein Imperium als CIA-Fassade anzubieten. Zu diesem Zeitpunkt war Hughes Vermögen von schweren gerichtlichen Auseinandersetzungen bedroht; der bedrängte Milliardär hoffte, die lästige Rechtsstreitigkeit mit einem „nationalen Sicherheits"-Schild abwehren zu können.

Eine von Maheus Nebenbeschäftigungen, die von Hughes unterstützt wurden, war die erfolgreiche Störung einer „Lasst Nixon fallen"-Bewegung, die den Platz des unsympathischen Vizepräsidenten bei Eisenhowers Wiederwahl 1956 bedrohte. Als Maheu in Nixons Orbit einschwenkte, begann Nixon im Gegenzug Hughes beachtliches Gravitationsfeld zu spüren.

Der Einsiedler-Milliardär

Hughes hielt den Rotenhetzer Nixon für seinen Mann und das kühne Patronat des Milliardärs gereichte Nixons politischen Ambitionen zum Vorteil. Unglücklicherweise ging mit Hughes Geld für Nixon stets eine gewisse Verbindlichkeit einher. Im Vorfeld der Präsidentschaftswahlen des Jahres 1960 berichtete die Presse, dass Hughes Tool Company dem unglücksseligen Bruder Nixons, Donald, (der versuchte, seine den Bach runtergehende Nixonburger Restaurantkette zu sanieren) 205.000 Dollar geliehen habe. Die Aufdeckung des Hughes-Darlehens, das nie zurückgezahlt wurde, schädigte Nixon in den letzten Tagen des Wahlkampfes und verlieh Jack Kennedy den dringend benötigten Schub. Typischerweise erging es Hughes auf seiner Seite des offensichtlichen Quidproquos besser. Weniger als einen Monat nach seinem Kredit für den Bruder des Vizepräsidenten hob die IRS[1] eine frühere Entscheidung auf und gewährte dem Howard Hughes Medical Institute, einer offensichtlichen Steuerzuflucht von zweifelhaftem karitativem Verdienst, den Status einer gemeinnützigen Einrichtung.

Natürlich konnte der erzkonservative Hughes durchaus mit beiden Parteien, wenn es darum ging, die Rädchen der Präsidentschaftsmaschine zu schmieren. So befahl er Maheu, beiden Präsidenten, Johnson und Nixon, eine Bestechung über eine Million Dollar anzubieten, um die Atombombentests in Nevada zu stoppen. Mitte der Sechziger hatte sich Hughes in einem Penthouse in Las Vegas eingegraben und er empfand die Atomtests als persönliche Bedrohung seiner Gesundheit. Maheu behauptet, beide Befehle missachtet zu haben.

Die nächste Bombe, die im Nixon-Hughes-Orbit explodierte, war nunmehr metaphorischer Natur, doch sie erwies sich als politisch fatal für Nixon. Weil der Schatten von Howard Hughes über Watergate hing, waren die Ermittler des Watergate-Senatsausschusses davon überzeugt, dass der phantomhafte Milliardär den Schlüssel zum Verständnis der Affäre darstelle. Doch unter dem Druck einiger Senatoren löschten die Ermittler 46 Seiten ihres abschließenden Berichts, die zu dem Schluss führten, Hughes habe den Einbruch indirekt ausgelöst. Einige vertreten die Ansicht, dass, indem sie die Verbindung zu Hughes vertuschen, der Leiter des Komitees, Sam Ervin, und seine Senatskollegen, von denen viele Empfänger von Hughes-Geldern waren, die Gefahr, persönlich in Verlegenheit zu geraten, von sich abzuwenden versuchten.

Doch welche Rolle, wenn überhaupt, spielte Hughes in der Watergate-Affäre? Der stets in politische Machtspiele verstrickte Milliardär scheint eine auslösende, wenngleich periphere, Präsenz in dem Skandal dargestellt zu haben. Hughes ehemaliger Lobbyist in Washington, Lawrence O'Brien, war

---

[1] IRS = Internal Revenue Service, die oberste Steuerbehörde der Vereinigten Staaten – Anm. d. Übers.

Der Einsiedler-Milliardär

während der Watergate-Ära der Vorsitzende des Democratic National Committee (DNC). O'Brien war im Jahre 1968 auf Hughes Lohnliste gekommen, als „der alte Mann", in seinem Bestreben die Mächtigen und Verbindungsreichen zu kaufen, Maheu anwies, im Rahmen der Nachwirren um die Ermordung Bobby Kennedys die wichtigsten Männer des Senators anzuheuern. Und aus der Sicht des egozentrischen Hughes hieß „Nachwirren", bevor das Blut getrocknet war, nämlich in der Nacht nach der Ermordung.

O'Brien trieb Nixon zu regelrechten Wutanfällen. Er war nicht nur der ehemalige Majordomus des Kennedy-Clans und der höchste Apparatschik der Demokraten, nun steckte O'Brien auch noch in Hughes Imperium mit drin und war zumindest theoretisch in die zahlreichen Deals des Milliardärs mit dem Präsidenten eingeweiht. Zunächst befahl Nixon seinem Stab, sich der Beziehung O'Brien-Hughes anzunehmen und dabei, wenn möglich, Dreck über den DNC-Vorsitzenden auszugraben. Später sorgten sich Angestellte des Weißen Hauses, dass O'Brien im Besitz schädlicher Informationen über Geschäfte zwischen Nixon und Hughes sein könnte. Eine dieser Affären beinhaltete eine ungemeldete Geldspende von 100.000 Dollar des Milliardärs an Nixon. Nixons Bankier und Vertreter, Bebe Rebozo, hatte das Geld in Florida geparkt. Es besteht die Möglichkeit, dass diese geheime und illegale Finanzspritze Teil des berüchtigten Schmiergeldfonds des Weißen Hauses wurde, der schmutzige Machenschaften subventionierte und später das Schweigen der Watergate-Diebe erkaufte.

Aber es gab noch weitere Quidproquos. Hughes großzügige Unterstützung der Nixonregierung fiel mit einer zunehmend vorteilhaften Behandlung (manche würden sagen: zunehmend illegalen Behandlung) in Kartellfragen zusammen, die seine Bestrebungen, den Markt an Hotel-Casinos in Las Vegas zu beherrschen, unterstützten.

Gemäß der traditionellen Sichtweise des Skandals war O'Briens Büro das primäre Ziel beider Einbrüche in den Watergate-Bürokomplex. Eine überzeugende Revisionisten-Theorie vertritt jedoch die Meinung, dass O'Brien nicht das eigentliche Ziel der Diebe war. Tatsächlich widerspricht diese Ansicht nicht notwendigerweise der Tatsache, dass das Weiße Haus unter Nixon von der Verbindung zwischen O'Brien und Hughes besessen war. Es liegt der Verdacht nahe, dass einige der kriminellen Handlanger des Weißen Hauses, darunter der „Installateur" G. Gordon Liddy, getäuscht wurden, um anzunehmen, sie würden O'Briens Telefon verwanzen, „um herauszufinden, was O'Brien an prekären Informationen über uns hatte", wie es Liddy in seinem Buch „Will" aus dem Jahre 1980 ausdrückt.

Dann mag Nixon, möglicherweise aus Furcht vor einem weiteren, von Hughes verschuldeten Wahlverlust, die Watergate-Maschinerie in Gang gesetzt haben, ohne im Detail zu wissen, was Liddy und Co. wirklich machten. H.

41

Der Einsiedler-Milliardär

R. Halderman, Nixons Stabschef, schrieb später: „Was Dinge angeht, die Hughes betreffen, schien Nixon manchmal den Bezug zur Realität zu verlieren. Seine indirekte Verbindung zu diesem mysteriösen Mann mag ihn, aus seiner Sicht, zwei Wahlen gekostet haben."

Es ist natürlich klar, dass Hughes selbst über Watergate im Dunkeln belassen wurde, gerade so, wie er wortwörtlich in „übelriechenden" Hotelzimmern weltweit im Dunkeln saß, sich Kodein spritzte und Valium-„Blue Bomber" in sich hineinschüttete. In den frühen Siebzigern war Hughes ein verwelktes Häuflein aus Neurosen, das alle Gegenstände mit Kleenex-„Isolierung" handhabe, als Prophylaxe gegen Bakterien. Seine verfallenden Zähne, die verwachsenen Zehennägel, das schmierige, schulterlange Haar und der Rip-Van-Winkle-Bart schienen sein gediegenes Erscheinungsbild aus den Dreißigern und Vierzigern zu verhöhnen. Sein menschlicher Kontakt war beschränkt auf seine mormonischen Pflegerinnen.

Hughes scheint bereits eineinhalb Jahre vor den Watergate-Einbrüchen die Kontrolle über sein Imperium verloren zu haben. Während des so genannten Thanksgiving-Coups von 1970 spitzte sich der Kampf um die Kontrolle über den Alten Mann und sein Kapital innerhalb der Hughes-Organisation zu. Der rücksichtslose Verschwörer war sich dabei der dreisten Verschwörung innerhalb seines eigenen Führungsstabes nicht bewusst. Angeführt von Bill Gay, dem mormonischen Verwalter, der auf geschickte Weise die Dienerschaft des Milliardärs handverlesen hatte, ließen die Manager Hughes auf einer Bahre aus seinem Penthouse im neunten Stock des Las Vegas Desert Inn Hotels über die Feuerleiter in einen wartenden Jet verschwinden, der ihn fortschaffte auf die Bahamas.

Der eindeutige Verlierer war Superspitzel Robert Maheu, dessen umstrittener Aufstieg innerhalb des Hughes-Apparates zu einem plötzlichen Halt kam. Gay und seine Leute verübelten Maheu sein unsubtiles Grapschen nach der Macht, seine üppigen Gehälter und Sonderleistungen, die fragwürdigen Geschäftsentscheidungen und seinen Hang, sich selbst als das „Alter Ego" des Alten Mannes zu präsentieren. Im Gegenzug beschuldigte Maheu seine Rivalen, Hughes gegen seinen Willen entführt zu haben.

Der Thanksgiving-Coup zog weitere Verschwörungstheorien nach sich. Ein IRS-Agent berichtete seinen Vorgesetzten, er glaube, dass Hughes 1970 in Las Vegas gestorben sei und dass „Schlüsselfiguren in der Führung seines Imperiums seinerzeit diesen Umstand verschleierten, um ein katastrophales Auflösen seiner Aktienwerte zu verhindern." Laut dem Verschwörungstheoretiker des IRS wurde ein „in Hughes Sprache, Eigenheiten und Exzentrizitäten geschultes" Double eingesetzt. (Tatsächlich verwendete Hughes in den Sechzigern Doubles, um die Horden von der Presse abzulenken, während der reiche und berühmte Invalide auf Bahren geschnallt seine Fluchten unternahm.)

42

Der Einsiedler-Milliardär

Doch Hughes war noch immer am Leben – und anscheinend ein bereitwilliger Dauergast auf den Bahamas, wie er kurz darauf die Welt in einer seiner seltenen Telefon-Pressekonferenzen wissen ließ. In dem gleichen Interview nutzte Hughes die Gelegenheit, Maheu als „nutzlosen, unehrlichen Hurensohn" zu denunzieren, der „mich schamlos bestohlen hat".

Dank Gays Kontrolle über Hughes Pflegerinnen war es den Rivalen Maheus ein Leichtes, das Ohr des Alten Mannes sogar noch vor seinem Exodus aus Vegas zu gewinnen. Hughes auf die Bahamas verschwinden zu lassen, ermöglichte es Gay und seinen Leuten, Maheu von seiner Machtquelle abzuschneiden und Hughes davor zu bewahren, in einem der laufenden Gerichtsverfahren wegen Korruption innerhalb seines Imperiums aussagen zu müssen. Dies war elementar wichtig, denn hätte Hughes in der Öffentlichkeit auftreten müssen, wäre möglicherweise offensichtlich geworden, dass der Kaiser keine Kleider trug und ohne Verstand war – womit er nicht mehr imstande gewesen wäre, seine Geschäfte zu führen.

Berücksichtigt man den Abstieg des reizbaren alten Mannes und seine krankhafte Furcht, Menschen gegenüberzutreten, dann ist es ein wenig überraschend, dass es ihm gelang, verschiedene persönliche Auftritte vor kleinem Publikum zu absolvieren. Während eines kurzen Aufenthalts in Managua traf er den Diktator von Nicaragua, Generalissimo Anastasio Somoza, sowie den US-Botschafter von Angesicht zu Angesicht und später verlangte er gar, zum Entsetzen seines Betreuers, Flugzeuge zu fliegen, wie er es in seinen besten Jahren getan hatte. In Anbetracht dieser plötzlichen Einführung in die Gesellschaft nach Jahren der phobischen Zurückgezogenheit ist die Doppelgängertheorie vielleicht letztlich gar nicht so abwegig, auch wenn Beschreibungen, Hughes habe sich an den Kontrollen nackt ausgezogen und verlangt, in einen furchtbaren Regenguss hineinzufliegen, schwer nach dem Original klingen. Ganz egal, Hughes kurze Ausflüge außerhalb seines muffigen Hotelsanktuariums kamen alsbald zu einem Ende, als er sich bei einem Sturz im Bad die Hüfte brach. Danach blieb Hughes bettlägrig bis zu seinem Tod zweieinhalb Jahre später.

Es ist unklar, wie viel der Aktionär über das Einverständnis seiner Bewacher, als Deckmantel für ein CIA-Projekt zur Bergung eines nordwestlich vor Hawaii gesunkenen sowjetischen U-Boots zu dienen, wusste. Das streng geheime „Projekt Jennifer" schloss den *Glomar Explorer* mit ein, ein riesiges Schiff, das dem Anschein nach Hughes' Summa Corporation gehörte. Angeblich Hughes letztes überdimensionales Unternehmen, sollte der *Glomar Explorer* bahnbrechende Techniken zum Abbau auf dem Meeresgrund testen. Das war zumindest die Geschichte der CIA. In Wirklichkeit war das Schiff dafür gebaut worden, eine stählerne Greifklaue an einem drei Meilen langen Seil zum Meeresboden herabzulassen, um ein sowjetisches U-Boot, das wertvolle Codebücher enthielt, zu heben.

Der Einsiedler-Milliardär

Als die wahren Ereignisse im Pazifik schließlich zur Presse durchsickerten, wurde Hughes einmal mehr als überlebensgroße Figur gepriesen. Tatsächlich war der 1,90 m große Ausnahmefinanzier zu diesem Zeitpunkt eine ausgemergelte 45-Kilo-Hülle und interessierte sich mehr für Darmspülungen als für Spionage. Am 5. April 1976 schließlich landete ein Krankenflugzeug, das Hughes Leiche von Acapulco überführte, in Houston. Das Mysterium um den zurückgezogen lebenden Milliardär war so groß, dass seine Fingerabdrücke genommen und zur Verifikation ans FBI geschickt wurden. Es war in der Tat Howard R. Hughes. Der IRS-Agent hatte falsch gelegen.

Sein Zustand wies auf erbärmliche Vernachlässigung hin. Röntgenaufnahmen enthüllten abgebrochene Injektionsnadeln, die in seinen Armen steckten. Er war unterernährt und dehydriert. Warum hatten ihn Ärzte nicht schon lange in ein Krankenhaus eingewiesen, ungeachtet all seiner Proteste? In Acapulco hatte Hughes drei Tage im Koma gelegen, bevor seine persönlichen Doktoren einen mexikanischen Mediziner hinzugezogen hatten, der über den Zustand des Patienten entsetzt war. Die mexikanische Polizei vermutete ein Verbrechen.

Selbst Maheu hat seine ursprüngliche Entführungstheorie korrigiert – doch war Hughes in gewisser Weise der willige Gefangene seines Stabes? Zweifelsohne hatte ihn sein geistiger und körperlicher Verfall lange vor seinem Tod unfähig werden lassen, seine Geschäfte zu führen. Schon früh hatte sein Rückzug in die Isolation seinem Stab ermöglicht, seinen Umgang mit der Außenwelt zu kontrollieren. Später wurde er mehr oder minder in einem Zustand der Leblosigkeit gehalten, die drogenglänzenden Augen auf die dritte oder vierte Wiederholung von B-Movies mit so ironischen Titeln wie „Der Kopf der nicht sterben durfte" starrend, während seine Angestellten seine Geschäfte verfolgten. In gewisser Weise ist es ein Tribut an Hughes Mythos als Verschwörer, dass der Aktionär der CIA noch als Fassade diente, lange nachdem er zu kaum mehr als einem extrem wohlhabenden Stück Fleisch degeneriert war.

Quellen:

Barlett, Donald L. und James B. Steele: „Empire: The Life, Legend, and Madness of Howard Hughes". New York: Norton, 1979.

Colodny, Len und Robert Gettlin: „Silent Coup: The Removal of a President". New York: St. Martin's Press, 1991.

Drosnin, Michael: „Citizen Hughes". New York: Holt, Rinehart and Winston, 1985.

Hougan, Jim: „Spooks: The Haunting of America – The Private Use of Secret Agents". New York: William Morrow, 1978.

Maheu, Robert und Richard Hack: „Next to Hughes". New York: HarperCollins, 1992.

WAHLBETRUG

Kein politischer Vorgang erfordert einen so hohen Grad an Vertrauen wie das Wählen. Kein Wunder, ist doch der Gang zur Wahlurne für den Normalbürger die eine Chance, die Demokratie aktiv mitzugestalten. Doch was geschieht mit den Stimmen der Wähler, sobald sie ihr X in die entsprechenden Kreise gesetzt haben?

Ken und Jim Collier „entdeckten", dass zumindest während landesweiter Wahlen in Amerika - also dann, wenn die Stimmen wirklich zählen - alle Stimmen von einer zentralen Organisation ausgezählt werden, einem Privatkonzern. Die Besitzer dieses Gebildes sind die gleichen Medien, die auch über den Ausgang der Wahl berichten. Als der News Election Service (NES) 1964 von ABC, CBS, NBC, der Associated Press und United Press International gegründet wurde, wurde das Auszählen damit entweder unter die Schirmherrschaft eines verantwortungsbewussten Medienzusammenschlusses gestellt, dem es darum ging, rasche und genaue Wahlergebnisse zu ermitteln - oder aber in die Klauen eines machthungrigen Kabalen.

Die Colliers halten es mit letzterem, was insofern nicht weiter verwunderlich ist, da sie sich als Autoren des Buches „Votescam" (dt.: Wahlbetrug) zu den selbsternannten, nationalen Verfechtern der Theorie aufgeschwungen haben, alle landesweiten Wahlen, Präsidentschaftswahlen wie auch Kongresswahlen seien manipuliert.

Der News Election Service bietet den idealen Mechanismus zur Täuschung – vor allem in der Cyber-Epoche des computergestützten Wählens. Ein bisschen Herumschrauben an einem einzelnen, zentralen und privaten Stimmenauszählrechner – na ja, das ist doch weitaus sauberer, als Wagenladungen an Wahlscheinen in die Einöde von West Texas zu fahren und sie dort zu verbrennen, wie es Lyndon Johnson in einem frühen Kongresswahlkampf

Wahlbetrug

getan hat. Und es ist auf jeden Fall zivilisierter, als die Toten auszugraben oder zumindest ihre Wahlberechtigungsscheine.

Die Hypothese der Colliers sieht wie folgt aus: Die großen Mediakonzerne nutzen ihren direkten und diskreten Zugriff auf NES, um die Wahlergebnisse im Vorfeld festzulegen. Dies erlaubt ihnen nicht nur, unglaublich akkurate Prognosen abzugeben, sondern, und dies ist weit wichtiger, den Präsidenten und den Kongress zu wählen. Kaum überraschend erweisen sich diese Politiker dann meist als Sklaven der Konzerninteressen.

Die tatsächlichen Wahlergebnisse werden von County-Beamten verifiziert – den einzigen öffentlichen Offiziellen, die für die Stimmauszählung verantwortlich sind. Doch dieser Prozess ist erst Monate später abgeschlossen. Zu diesem Zeitpunkt hat jeder das Interesse an der Sache verloren, die Medien veröffentlichen diese offiziellen Ergebnisse ohnehin nicht und würden sie es tun, bliebe ihnen reichlich Zeit, auch diese Zahlen zu verfälschen.

Die Medienkonzerne hoben NES aus der Taufe, als sie feststellten, dass ihre vorherige Praxis des individuellen Zusammenzählens von Rückläufern mitunter zu peinlichen Diskrepanzen in ihrer Berichterstattung geführt hatte. Heutzutage sind die tatsächlichen Rückläufer praktisch irrelevant. Die Wahlberichterstattung der amerikanischen Medien ergibt sich fast ausschließlich aus so genannten „Exit Polls", bei denen ein Repräsentant einer Gruppe von Wahllokalen, der von einem individuellen Medienkonzern angeheuert wurde, Wähler, die von der Wahlurne kommen, die eine simple Frage stellt: „Wen ham'se gewählt?"

Die Methode der „Exit Polls" wurde weithin (und zu Recht) dafür kritisiert, dass der Wahlprozess aus den Händen der Wähler genommen und in die Hände der Statistiker gelegt wird. Doch zumindest bedeutete es einen kleinen Schritt hin zur Dezentralisierung der Wahlberichterstattung. Einmal mehr standen die Nachrichtenorganisationen zueinander im Wettbewerb - und verringerten auf diese Weise die Chance, dass der nächste Erste Mann im Staat während eines Kaffeekränzchens irgendwo in den Eingeweiden des Rockefeller Plaza gewählt wurde.

1990 schwand diese Hoffnung dahin.

„Die drei größten Fernsehsender und Cable News Network", berichtete die *New York Times* vom 26. Februar 1990, „sind übereingekommen, eine einzige Wahltag-„Exit Poll" der Wähler vorzunehmen, welche dieselben Informationen zur selben Zeit an alle Organisationen liefert."

Diese neue, vereinigte Gruppe nahm ihre Arbeit zu den Kongresswahlen im Jahre 1990 auf. Wahlbetrug wurde zu Umfragebetrug.

Wahlschwindel ist in Amerika so alt wie die amerikanische Demokratie selbst. Die Colliers postulierten seine Existenz schlicht in einem größeren Maßstab als der bisher scheinbar endlosen Zahl an gut dokumentierten lokalen Zwischenfällen. Die Computertechnologie macht das Manipulieren von Wahlergebnissen nur noch einfacher. Die am weitesten verbreitete Wahlsoftware, EL-80, wurde von unabhängigen Computerexperten dabei erwischt, die Namen von Kandidaten ausgetauscht, Stimmen nicht gezählt und Fehlerreports nicht ausgedruckt zu haben. EL-80 ist zudem für jeden, der sich auch nur ein wenig mit Computersprachen auskennt, leicht zugreifbar. Das Programm ist in COBOL geschrieben und jeder, der diese Sprache kennt – und bereits Anfang der Achtziger konnte jeder Student, der dies wollte, sie lernen –, kann das Programm hacken.

Alles zusammengenommen summiert sich in den Worten der Colliers die Zentralisierung der Wahlberichterstattung, die Anfälligkeit des High-Tech-Wählens und die Macht der Konzerne zu einem einzigen düsteren Schluss:

„Es ist das Rezept für den geheimen Diebstahl von Amerika."

QUELLEN:

Collier, James M: „Votescam: The Stealing of America". New York: Victoria House, 1993.

DER ÄRGER MIT VINCE

Die dunkle Spur, die Vincent Foster zu seiner letzten Ruhestätte führte, alle Viere von sich gestreckt unter einem Baum im Ft. Marcy Park in Virginia liegend, ein Loch im Kopf, die Pistole an seiner Seite, mag aus nicht mehr als seiner eigenen Schwermut bestanden haben.

Keine Frage, Foster, die Nummer Zwei unter den Rechtsberatern von Präsident Bill Clinton und ein Mitglied von Clintons innerem Kreis in Arkansas, hatte Probleme. Er hatte sich nie dem sozialen Klima des willkürlichen Hintergehens in Washington anpassen können, geriet ins Kreuzfeuer aufgrund einer vergleichsweise unbedeutenden Affäre um die Reisestelle des Weißen Hauses und war, zumindest am Rande, das Ziel einer Reihe beißender Leitartikel im *Wall Street Journal*. Obendrein stand seine Ehe auf der Kippe und seine langjährige Freundschaft mit der stark im Rampenlicht stehenden Frau des Präsidenten, Hillary, war am Abkühlen.

Genug, um einen Kerl dazu zu bringen, der grausamen Welt Lebewohl zu sagen? In einer Schreibpapier-Kritzelei, die entweder seine letzten Worte oder einfach nur Notizen für ein Kündigungsschreiben hätte sein können, beklagt Foster auf scharfsinnige Art und Weise, dass in Washington „das Ruinieren von Menschen als Sport angesehen wird". Möglicherweise erschüttert von der Erkenntnis, dass sie ihr kleines Spiel ein bisschen zu weit getrieben hatten, sinnierten viele Kritiker über die Bedeutung von Fosters Tod. Ihr Schluss: Wir haben ihn nicht umgebracht! Die Kräfte, die diesen Mann in den Selbstmord trieben, werden für immer ein Geheimnis bleiben.

Wenn es denn Selbstmord war.

Der Ärger mit Vince

Am Nachmittag des 20. Juli 1993 wurde Foster das letzte Mal lebend gesehen. Er hatte soeben sein Mittagessen beendet und dabei an seinem Schreibtisch die Zeitung gelesen. Gegen 13:00 Uhr, nachdem er ein Sandwich und eine Hand voll M&Ms intus hatte, nahm er sein Jackett und sagte seinem Assistenten, er möge beim Rest der mit Zucker überzogenen Schmilzt-im-Mund-Schokolinsen zugreifen. Er würde später wiederkommen. Irgendwann zwischen diesem Zeitpunkt und 19:00 Uhr kam Foster durch einen Kopfschuss ums Leben.

Kurz vor seinem Tod bat der 48 Jahre alte Vince Foster seinen Arzt in Arkansas, eine Apotheke in Washington anzurufen und ihm ein Antidepressivum zu verschreiben. Seine Erscheinung, einst von robuster Gefälligkeit, hatte gelitten. Und er schrieb diese Notiz. Wenn ein Mann mit Fosters Hintergrund mit einer Kaliber .38 auf dem Boden neben ihm unter einem Baum liegend gefunden wird, scheint Selbstmord die logische Erklärung zu sein.

Allerdings waren nach Fosters Tod logische Erklärungen ziemliche Mangelware. Praktisch jedes Detail wurde in einem Sturm von Verschwörungstheorien diskutiert und, das soll nicht unerwähnt bleiben, auch in einigen glaubhaften, investigativen Berichterstattungen. Die meisten Anschuldigungen stammten wenig überraschend von Bill Clintons Gegnern von Rechts, die aus den kaum verschleierten Implikationen, der Präsident habe irgendwie die Ermordung seines eigenen engen Freundes arrangiert, ein makabres Vergnügen zogen.

Das Motiv sollte angeblich sein, dass Foster zu viel über die Verwicklung des Präsidenten in die langwierige Whitewater-Affäre wusste. Doch es gibt durchaus wildere Theorien (und Theorien über diese Theorien). In diesen verwandelt sich der überernste Anwalt aus Little Rock – der einsame Streiter fürs Gute, den das amoralische Spiel um die Macht in Washington in die Verzweiflung getrieben hatte – in einen internationalen Spion und Finanzjongleur, der Millionen an schmutzigem Geld über Schweizer Nummernkonten schleuste. Und vielleicht auch mit der ultimativ tödlichen Schmuggelware handelte: den Startcodes für Atomwaffen.

Diese Verschwörungstheorien oder zumindest ihre Verfechter, erhielten Rückenwind, als Whitewater-Sonderermittler Kenneth Starr den Forensik-Experten Henry C. Lee an Bord holte, um die Beweise rund um Fosters Tod durch den Reißwolf zu drehen. Laut des britischen *Daily Telegraph*, eines der wenigen ernst zu nehmenden Medienorgane auf beiden Seiten des großen Teichs, die sich intensiv mit Fosters Ableben beschäftigten, ist Lee „ein allgemein bekannter Name in den USA".

Nun ja, nicht unter Amerikanern. Aber wir betrachten seine guten Absichten mal als selbstverständlich und stimmen mit dem mitunter allzu begeisterten *Telegraph*-Korrespondenten in Washington, Ambrose Evans-Prit-

Der Ärger mit Vince

chard, überein, der die Ansicht vertrat: „Das Erste, womit er sich wohl beschäftigen sollte, ist die Frage, ob der Obduktionsbericht aus dem Büro des Rechtsmediziners aus Virginia gefälscht wurde oder nicht".

Das wäre sicher ein guter Ansatzpunkt, wenn man schon so an der Sache interessiert ist. Und viele waren es. Doch man musste kein rechter Spinner, Verschwörungsanbeter oder schäumender Clinton-Hasser sein, um zuzugeben, dass es einiges in Bezug auf Fosters letzten Vorhang gab, das nicht ganz koscher wirkte.

Zunächst einmal, so bemerkte Evans-Pritchard eifrig, war Foster für einen Burschen, der sich vorgeblich das Hirn direkt hier unter den Ulmen aus dem Schädel geblasen hatte, reichlich knauserig mit Bluten gewesen. Rettungssanitäter des Fairfax County, die Fosters Leiche einsammelten, bemerkten keine signifikanten Mengen an Blut am Ort des Geschehens und bekamen auch keins auf ihre Kleidung, obwohl sie „den Kopf des Opfers hielten". Und dies trotz der Tatsache, dass der arme Vince sich angeblich ein fast vier Zentimeter durchmessendes Loch in die Rückseite seines Schädels gepustet hatte.

Doch wies Foster überhaupt eine Austrittswunde am Hinterkopf auf? JFK, ich sehe deinen Schatten! Evans-Pritchard behauptete, dass der Kopf mehr oder weniger intakt gewesen wäre. Der Doktor, der Fosters Tod erklärte, erzählte dem Schnüffler vom *Telegraph*, er hätte nie eine Wunde am Hinterkopf Fosters gesehen. Natürlich, so gab der Mediziner zu, habe er „nicht viel Zeit damit verbracht, sich dort hinten umzusehen". Man argwöhnt jedoch, dass eine Wunde von der Größe von Fosters angeblichem Durchschuss nicht viel Suche erfordert hätte, um bemerkt zu werden.

Der britische Reporter zitierte verschiedene andere Ärzte, die den Obduktionsbericht begutachteten und ebenso nicht imstande waren, eine Austrittswunde zu entdecken. Fosters Röntgenbild, stellt Evans-Pritchard fest, sei entweder verschwunden oder erst gar nicht aufgenommen worden. Die Berichte diesbezüglich seien unklar.

Anonyme Quellen zitierend, berichtete Evans-Pritchard, dass der Sonderermittler die Möglichkeit nicht ausschließen würde, dass Fosters tödliche Wunde von einer dezenteren Kaliber .22 herrühren könnte und dass die sechsschüssige .38er, die neben seinem Körper gefunden wurde, dort von einer unbekannten Person oder mehreren Personen platziert worden sei.

Und was hatte es mit all der Konfusion in Clintons Amtssitz auf sich, als man dort schließlich von Fosters Tod erfuhr? Der Nationalgardist aus Arkansas Roger Perry, der daheim in Little Rock saß, gab an, er habe irgendwann zwischen 17:51 Uhr und 18:15 Uhr einen Anruf von einer Helen Dickey, einer niederen Stabsmitarbeiterin im Weißen Haus, erhalten. Das Weiße Haus erfuhr nicht vor 18:30 Uhr von dem Tod, doch Dickey sei am Telefon

Der Ärger mit Vince

„irgendwie hysterisch, am Weinen und wirklich aufgelöst" gewesen, wie sich der Gardist im *Telegraph* erinnerte. „Sie erzählte mir, dass Vince die Arbeit verlassen habe, nach draußen zu seinem Auto auf dem Parkplatz gegangen sei und sich selbst in den Kopf geschossen hätte."

Der erste Bericht des Secret Service besagte, dass Foster in seinem Wagen gefunden worden sei, was ein Fehler gewesen sein muss, denn „offiziell" wurde der Körper auf dem Boden im Park gefunden. Was das betrifft: Die Person, die den Körper fand, bleibt ein Geheimnis, wurde nur als „zufälliger Zeuge" identifiziert.

Und die Anomalien gehen weiter. Chris Ruddy vom *Pittsburgh Tribune-Review* war Evans-Pritchards amerikanisches Gegenstück im Schüren des Zweifels in der allgemeinen Presse. Er berichtete, dass Polaroids, die von Fosters Körper geschossen worden waren, eine „Wunde, Einstichstelle oder andere Blessur" auf der rechten Seite von Fosters Nacken zeigten – und dass einer der Rettungssanitäter (anscheinend eben jene, die nicht mit Fosters Blut bedeckt worden waren) das „Einschussloch einer Kleinkaliberwaffe" an exakt dieser Stelle bemerkt habe.

Ermittler Robert Fiske, der die ersten Berichte über Fosters Tod erstellte, sagte, dass diese Wunden nicht existierten. Doch Ruddy gab zurück, dass Fiske die Originalpolaroids niemals angeschaut hätte. Nur qualitativ minderwertige Kopien der dritten Generation.

Selbst das angebliche Selbstmordschreiben, das in Stücke gerissen sechs Tage später von Fosters Boss gefunden wurde, als die Teile aus Fosters Brieftasche fielen, muss nicht authentisch sein. Im Oktober 1995 bezeichneten drei forensische Handschriftenspezialisten, einer von ihnen aus Oxford, das Schreiben als eine Fälschung. Sie verglichen die Notiz mit zwölf anderen Schreibproben aus Fosters Hand. Sie passte nicht dazu.

Es gibt Dutzende solcher Ungereimtheiten im Fall Foster. Doch wenn Foster tatsächlich ermordet wurde, was war das Motiv? Am 22. Mai 1995 schrieb Evans-Pritchard einen Artikel, der einen seltsamen Umstand aufdeckte, welcher sich als elementar für die Entwirrung des Foster-Rätsels erweisen könnte. Vor seinem Tod hatte Foster zwei Jahre lang Flüge in die Schweiz unternommen, manchmal mit weniger als einem Tag Aufenthalt. Er kaufte ein Ticket nach Genf drei Wochen vor seinem Tod, nutze es aber nicht und erhielt sein Geld zurückerstattet.

Aufzeichnungen, die der britische Journalist enthüllte, zeigen Foster, der am 1. November 1991 ein Ticket in die Schweiz kaufte und dazu einen Rückflug am 3. November – ein Kurztrip, der ihn 1490 Dollar gekostet hatte. Ein Jahr später unternahm er einen weiteren Abstecher in die Schweiz, flog am 17. Dezember 1992 ab und kam am 19. Dezember wieder zurück. Und diese Flüge waren nicht die ersten dieses nicht-so-zufälligen Touristen. Im Dezember 1988 war er in die kurdischen Provinzen der Türkei geflogen und zum Zeitpunkt seines Todes hatte er über 500.000 Meilen auf seinem Vielflieger-konto angesammelt.

Laut Evans-Pritchard verflog Foster dabei allein 197.853 Meilen mit Delta Airlines, wo er viele seiner Tickets zu einem Managerrabatt kaufte, der nur Regierungsbeamten zusteht – und dies deutlich bevor Foster zu einem Regierungsbeamten wurde.

In den Worten Evans-Pritchards: „Es stellt sich die Frage: War Foster ein US-Agent zu der Zeit, als er anscheinend in Litte Rock als freier Anwalt arbeitete?"

James R. Norman glaubte dies jedenfalls. Norman war, neben vielem anderen, ein leitender Redakteur des *Forbes*-Magazines. Und er entwickelte die bis jetzt durchdachteste Verschwörungstheorie zum Tode Fosters. Er schrieb sie als Artikel für das *Forbes* nieder. Das ihn prompt ablehnte.

Okay, man ist nicht wirklich überrascht. Doch diese Ablehnung stützte die Verschwörungstheorie nur noch. Darüber hinaus entwickelte sich Normans Theorie zum Ziel einer eigenen Verschwörungstheorie.

Normans Artikel wurde schließlich in der August-Ausgabe des Jahres 1995 von *Media Bypass* veröffentlicht, einem rechtsgerichteten Magazin voller Verschwörungsthemen, das seinen Namen der Tatsache verdankte, dass es um die allgemeinen *Medien* einen *Bypass* legte. Alles klar? Später schrieb Norman einen weiteren Artikel und verbreitete seine Theorien übers Internet, wo sich ihm der Volkswirt und Software-Unternehmer J. Orlin Grabbe anschloss. Die Hypothese, die beide entwickelten, wurde als Norman-Grab-be-Theorie bezeichnet und im Kern ging es um Folgendes:

Foster war in der Tat nicht eben bester Dinge, allerdings nicht aufgrund irgendwelcher Leitartikel des *Wall Street Journals*. Seine „Mordsangst" rührte vielmehr von seiner Entdeckung her, dass die CIA gegen ihn wegen des Verdachts auf Spionage ermittle. Er sollte für Israel Geld gewaschen und möglicherweise sogar Nukleargeheimnisse an denselben Staat verkauft haben: die Startcodes für Atomwaffen, mit denen sich der Präsident identifizieren muss, bevor er den Befehl gibt, auf den Knopf zu drücken.

Diese Geschichte geht zurück auf den berüchtigten PROMIS-Software-Fall, bei dem das US-Justizministerium einer kleinen Firma namens Inslaw ein wertvolles Stück einer Tracking-Software für polizeiliche Führungszeugnisse gestohlen hatte. Diese Software, so heißt es, konnte modifiziert werden, um praktisch alles zu verfolgen und um eine geheime „Hintertür" einzurichten, die informierten Geheimagenten unsichtbaren Zugriff auf die Daten von PROMIS erlaubte.

Diese Hintertür in PROMIS ermöglichte der National Security Agency, Bankgeschäfte rund um die Welt auszuspionieren. Doch zunächst musste

Der Ärger mit Vince

das Programm natürlich rund um die Welt installiert werden. Und hier beginnt laut Norman-Grabbe die Verbindung Fosters zu den Geheimdiensten. Foster, der für die namhafte Rose-Kanzlei in Little Rock arbeitete, war der geheime Verbindungsmann zwischen der NSA, der CIA und einer Firma zur Bankdatenverarbeitung in Little Rock mit dem Namen Systematics. Norman zufolge bestand Systematics wirkliche Aufgabe darin, Milliarden von Dollar an Schwarzgeld für illegale Waffenverkäufe, Drogenoperationen der CIA und verschiedene andere hässliche Dinge zu verschieben.

Systematics-Aktien standen gerade hoch im Kurs, als Bill Clinton an die Macht kam. Doch kurze Zeit später entdeckte eine Gruppe „Hacker" innerhalb der CIA Fosters geheimes Bankkonto, als sie seinen Namen in einer geheimen Mossad-Datenbank fanden. Ohne Genehmigung der CIA nahmen sie es auf sich, 2,73 Millionen Dollar abzuzweigen und das Geld dem US-Finanzministerium zurückzugeben. Die gleiche fröhliche Bande von Computerspitzeln packte daraufhin ihren Cray Supercomputer in eine Art High-Tech-Van und düste durchs Land, um Geld von den illegalen Konten verschiedener hoher Tiere abzuziehen.

Eines dieser hohen Tiere war der ehemalige Verteidigungsminister Caspar Weinberger, zu diesem Zeitpunkt Herausgeber des *Forbes*-Magazines. Und hier schließt sich der Kreis ...

Eine aufregende Geschichte, aber ist sie wahr? Vieles in Normans ursprünglichem Artikel basiert auf anonymen Quellen – und die Quellen, die genannt werden, sind zweifelhaft. Zu ihnen zählen etwa Michael Riconosciuto, ein selbsternannter ehemaliger Geheimdienstmitarbeiter, der wegen eines Drogendelikts eine Haftstrafe absaß und aus seiner Zelle heraus zu so etwas wie einer Superquelle mutierte, wollte er doch bei praktisch jeder Verschwörung seit 1980 irgendwie seine Finger im Spiel gehabt haben. Zu ihnen zählte ebenso Ari Ben-Menashe, der angeblich einstige israelische Geheimdienstoffizier, der, obschon nicht im Knast sitzend, als ähnliche Superquelle fungierte. Und als seine Schlüsselquelle brachte Norman einen schillernden Charakter namens Charles S. Hayes ins Spiel, bis vor kurzem „einer der gefährlichsten, unberechenbarsten und erfolgreichsten Söldner der CIA".

Journalist Daniel Brandt, der sich auf die Berichterstattung von derlei Dingen spezialisiert hat (seine NameBase-Datenbank ist eine wahre Fundgrube für jede Recherche über verdeckte Operationen und andere Verschwörungen), entwickelte eine Verschwörungstheorie über die Verschwörungstheorie. Er findet, dass die Norman-Grabbe-Hypothese „alle Anzeichen einer Desinformation hat".

Brandt zählt eine Anzahl logischer Inkonsistenzen und Unwahrscheinlichkeiten in der N-G-Verschwörungstheorie auf. Beispielsweise würde „eine Gruppe niederrangiger CIA-Hacker niemals eine unautorisierte Aktion die-

Der Ärger mit Vince

ser Größenordnung durchziehen". Klar, Foster konnte nicht eben zu den Cops gehen und sich darüber beschweren, dass ihm seine geheime Barschaft vom Konto geklaut worden sei, doch wenn er wirklich so eine große Nummer gewesen wäre, hätte er nicht die Art von Beziehungen gehabt, die man braucht, um eine persönlichere Form von Gerechtigkeit walten zu lassen? Und hätte das nicht auch den CIA-Wunderkindern klar sein sollen, die darüber vielleicht ein klein wenig nervös hätten werden sollen?

Selbst wenn die Hacker herumgezogen wären, um in fremde Computer einzubrechen, scheint die Wahrscheinlichkeit, dass der Mossad (oder irgendeine Geheimdienstorganisation) die Namen ihrer Agenten auf einem vernetzten Computer gespeichert hat, äußerst gering. Zu guter Letzt wirkt die Geschichte, dass Foster geheime atomare Startcodes an die Israelis übergeben hätte, geradezu absurd. Die Israelis hätten gewusst, dass solche Codes wertlos sind – und Foster hätte erkannt, dass sie es wissen –, denn hätte das Pentagon auch nur den geringsten Verdacht gehabt, dass diese höchst sensiblen Codes nach außen gelangt wären, „hätte es sofort das gesamte System abgeschaltet und von Grund auf neu eingerichtet", erklärt Brandt.

Die Ironie in Brandts Verschwörungstheorie liegt darin, dass Brandt die Möglichkeit, Foster könne ermordet worden sein, gar nicht ausschließt. Genau genommen, meint er, bestünde hier eine „50-50-Wahrscheinlichkeit". Doch Brandt befürchtete, dass das Norman-Grabbe-Szenario ein Mischmasch aus Fakten und Falschheiten darstelle, das nur dazu diene, ordentliche Ermittler von der Spur abzulenken und den ganzen Mordfall letztlich durch die reine Assoziation mit selbigem zu diskreditieren. (Brandt glaubte nicht, dass Norman und Grabbe direkt in diese Intrige verwickelt gewesen waren. Sie hatten sich „schlicht eines übermäßigen Enthusiasmus schuldig" gemacht und waren dabei vermutlich von ihren Quellen hinters Licht geführt worden.)

Wenn die N-G-Geschichte *selbst* das Ergebnis irgendeiner Geheimoperation war, legt das den Verdacht nahe, dass irgendjemand irgendwo die Ermittler von der Spur um Fosters Tod abbringen wollte. Dabei würde der Umstand, dass Normans und Grabbes Theorie eine Erfindung ist, sogar noch den Verdacht *bestärken*, dass Foster abgemurkst worden sei.

Bill Clintons Gegner waren natürlich rasch bereit, ihn für Fosters Tod verantwortlich zu machen, doch hier ist eine letzte Verschwörungstheorie: Normans Quellen waren allesamt Geheimdienstleute der einen oder anderen Sorte. In anderen Worten: Sie gehörten genau dem Menschenschlag an, der in den 1980ern in die verschiedenen Geheimoperationen der Reagan-Regierung verwickelt gewesen waren. Wenn sie also diejenigen waren, die Fehlinformationen ausstreuten, dann mussten sie gleichzeitig diejenigen sein, die etwas in Bezug auf den Tod von Vince Foster zu verbergen hatten. So gesehen scheint der Mord von Clintons Freund, wenn es denn Mord war, eher eine Konspiration *gegen* den Präsidenten gewesen zu sein, als eine unter seiner Führung. Könnte der Tod von Vince Foster Teil eines teuflischen Planes gewesen sein, Bill Clinton fertigzumachen, besser als es jede Menge an Leitartikeln im *Wall Street Journal* je vermocht hätte?

Oder war Vince Foster schlicht und ergreifend das Opfer des ultrazynischen Washingtons, eher eine tragische Gestalt denn eine düstere, auf der falschen Seite eines Spiels stehend, bei dem der Ruf den Einsatz bildet und das Leben manchmal der Preis der Niederlage ist?

QUELLEN:

Brandt, Daniel: „The Norman-Grabbe Theory Regarding Vince Foster: Why We Should Be Careful". *NameBase,* 19. September 1995.

Evans-Pritchard, Ambrose: „A Death That Won't Die". *The American Spectator,* November 1995.

Evans-Pritchard, Ambrose: „Secret Swiss Link to White House Death". *Daily Telegraph,* 22. Mai 1995.

Fineman, Howard und Bob Cohen: „The Mystery of the White House Suicide". *Newsweek,* 2. August 1993.

Jaynes, Gregory. „The Death of Hope". *Esquire,* November 1993.

Norman, James R.: „Fostergate". *Media Bypass,* August 1995.

Ruddy, Chris: „Foster Death Discrepancies are Abundant: Did His Neck Suffer Trauma?" *Pittsburgh Tribune-Review,* 16. Juni 1995.

Stewart, James B.: „The Last days of Vince Foster". *Newsweek,* 19. März 1996.

Deborah Picker half mit ihren Recherchen an der Arbeit dieses Kapitels.

8

DIE ZAUBERER

Manche Verschwörungstheoretiker hinterfragen nicht so sehr „die Fakten" als vielmehr den Grund selbst. James Shelby Downard war eines dieser wahnsinnigen Genies mit dem Talent, selbst die unwahrscheinlichsten, unmöglichsten, aberwitzigsten und lachhaftesten Spekulationen noch fast glaubhaft erscheinen zu lassen. Downard, der sich selbst als Student der „Wissenschaft des Symbolismus" beschreibt, reißt die rationale Fassade der Geschichte ein und enthüllt einen Abgrund an Verbindungen, die jeder Logik spotten.

Downard beschäftigt sich mit einer Vermischung des Bekannten und des Esoterischen, die seiner Meinung nach das Bild einer politischen Verschwörung zeichnet, deren Ziel weder Geld noch Macht ist, sondern die Alchemie – die mystische Wissenschaft der Transformation. Vor langer Zeit glaubte man, dass die Alchemie durch das Trennen und Verschmelzen der Elemente beinahe jedes Wunder würde bewerkstelligen können (etwa die Verwandlung eines niederen Metalls in Gold).

Von der Antike bis zur Aufklärung waren Wissenschaft und Magie ein und dasselbe. Und was Downard angeht, endete die Ära, in der Wissenschaft von Zauberei nicht zu unterscheiden war, nie. Das Zeitalter der Vernunft und seine industriellen, postmodernen Vorläufer sind nur Fassaden, die eine Traumwelt urweltlicher Bedürfnisse verschleiern, die nur im Schlaf an die Oberfläche dringen.

Nach Downard sind die Verschwörer Freimaurer-Alchemisten, die nach der Herrschaft über das Reich der unkontrollierbaren Impulse streben. Die vergleichsweise zahmen Domänen der Politik, Wirtschaft und Ideologie sind bloße Mittel zu diesem Zweck.

„Lasst euch nicht in den Glauben einlullen", warnt Downard, „bloß weil

56

die entzauberte amerikanische Stadt der furchtbaren Nächte so völlig jedweden Mysteriums entbehrt, so durch und durch geradeheraus, steril und infan-
til ist, so schwer beladen mit dem trügerischen Glanz von Baseball-Hot-Dogs-
American-Pie-und-Chevrolet, dass sie außerhalb der psychosexuellen
Einflusssphäre liegen würde. Das ewige heidnische Psychodrama eskaliert
gerade deshalb unter diesen modernen Lebensumständen, weil der ‚Mann des
20. Jahrhunderts' Zauberei nicht als real akzeptieren kann."

Eine kurze Einführung in den Downardismus scheint schier unmöglich,
ist dabei indes nicht annähernd so abschreckend, wie das Lesen von Downards
eigenen Essays, die der Öffentlichkeit zum größten Teil dank der freundlichen Unterstützung von Verleger Adam Parfrey zur Verfügung gestellt wurden, dessen kleiner, extravaganter Betrieb Feral House Downards Essays zu
einer Hand voll Sammlungen mit konspirativem Inhalt zusammengeführt hat.
Wir vermögen nur an der Oberfläche des Ganzen zu kratzen.

„Die Vereinigten Staaten, die lange als Schmelztiegel bezeichnet wurden,
sollten genauer eigentlich ein ‚Hexenkessel' genannt werden, in welchem die
‚Hierarchie des Großen Architekten des Universums' rituelle Verbrechen und
psychopolitische Psychodramen verantwortet, die gemäß einem Masterplan
vollzogen werden", erklärt Downard.

Dieser Masterplan macht die Durchführung dreier alchemistischer Ritua-
le vonnöten: das Schaffen und die Zerstörung urweltlicher Materie, die Ermordung des Königs und das „Sichtbarmachen all dessen, das unsichtbar ist".

Shakespeares Macbeth ist ein Drama um Königsmord. Macbeth, der seinen König gemäß der (alchemistischen) Intrige dreier Hexen umbrachte
und später selbst getötet wurde, ist Teil eines vergleichbaren Schemas.

Die moderne Neuinszenierung des Macbeth-Rituals, so Downard, war
die Ermordung von JFK am Dealey Plaza, der Stätte des ersten freimaurerischen Tempels in Dallas und ein Ort hoch belastet mit „Dreieinigkeits"-Sym-
bolik. Die *Drei* ist für alle, die in diesen Fragen nicht so bewandert sind, die
magischste aller magischen Zahlen. Downards Beobachtungen beinhalten:

Dallas liegt nur knapp südlich des 33. Breitengrades. Der 33. ist der
höchste Rang bei den Freimaurern.

Kennedys Autokolonne rollte gerade auf den „Triple Underpass" zu, als
er von – manchen Analysten zufolge – drei Bewaffneten erschossen wurde.
Drei Obdachlose wurden direkt nach dem Mord verhaftet. Hiram Abiff, der
Erbauer des Salomon-Tempels und mythischer Begründer der Freimaurerei,
wurde laut freimaurerischer Legenden von drei „unwürdigen Arbeitern"
getötet.

Der Macbeth-Clan aus Schottland wies zahlreiche Variationen seines
Familiennamens auf. Einer war MacBaine oder Baines. Kennedys Nachfolger war Lyndon Baines Johnson, ein Freimaurer.

Die Zauberer

Dea ist das lateinische Wort für Göttin. *Ley* kann im Spanischen Gesetz oder Regel bedeuten. Dealey Plaza war der „Gesetz der Göttin"-Platz.

Für den Mord wurde ein Mann namens Oz (Oswald) verantwortlich gemacht, nach Downard ein „hebräischer Begriff, der Stärke bedeutet". Göttliche Stärke ist integraler Bestandteil des Königsmord-Rituals.

Oz wurde von Ruby umgebracht, genau wie die rubinroten (engl. = ruby) Schuhe Dorothy aus dem Land Oz in „Der Zauberer von Oz" befreiten, das, so Downard, „man zwar als Märchen verlachen kann, das aber dessen ungeachtet die enorme Macht ‚rubinroten Lichts' symbolisiert, auch bekannt als Laser."

Dealey Plaza liegt unweit des Trinity Rivers, der vor der Einführung von Hochwasserschutzmaßnahmen den Platz regelmäßig überflutete. Dealey Plaza symbolisiert also beides, den Dreizack und seinen Träger, den Meeresgott Neptun.

„Zu dieser Neptun-Dreizack-Stätte", schreibt Downard, „kam die ‚Königin der Liebe und Schönheit' und ihr Gemahl, der Sündenbock, für das Ritual der Königstötung, das ‚Ceannaideach' (gälisches Wort für „hässlicher Kopf" oder „verwundeter Kopf"). In Schottland sind das Wappen und die Ikonographie der Kennedys voll der Folklore. Ihr Pflanzensymbol ist die Eiche und ihr Kreuz wird von einem Delphin geziert. Was könnte also weniger zufällig sein als die Tatsache, dass JFK nahe einer Eiche auf dem Dealey Plaza in den Kopf geschossen wurde?" (Für jene hier im Publikum, die noch immer an dem ganzen „Der Zauberer von Oz"-Ding herumknabbern, hier die Übersetzung des letzten Teils: Die „Königin" ist Jackie und „Ceannaideach" ist die gälische Form von Kennedy.)

Eine frühere „Dreieinigkeitsstätte" liegt in New Mexico und war der Schauplatz der ersten Atombombenexplosion. Chaos und Synergie – das Auseinanderbrechen und Zusammenfügen – sind die wichtigsten Prinzipien der Alchemie. Die Atombombe ließ die positiven und negativen (männlichen und weiblichen) Teile, welche die urweltliche Materie formen, auseinanderbrechen. Physiker bezeichnen diese teuflische Tat als „Kernspaltung".

Die „Dreieinigkeit" aus New Mexico liegt auf dem 33. Breitengrad.

Die wahre Bedeutung der Ermordung von Kennedy wurde von der Warren-Kommission unter dem Freimaurer Earl Warren und dem freimaurerischen Öffentlichkeitsprecher Gerald Ford verschleiert. Die Kommission erhielt ihre Informationen vom FBI unter dem Freimaurer J. Edgar Hoover und der CIA, die ihre Informationen durch ihren ehemaligen Direktor, den Freimaurer Allen Dulles, weiterleiten ließ, der auch in der Kommission saß.

Ein Jahrzehnt später wurde Ford, damals selbst Präsident, zum Ziel eines versuchten Attentats und zwar vor dem St. Francis Hotel gegenüber der Mason Street in der Stadt des Heiligen Franziskus, San Francisco. Die Mit-

Die Zauberer

glieder des freimaurerischen „Hell Fire Club", eines Schauplatzes zahlreicher Sexorgien im London des 18. Jahrhunderts, an denen auch solche Größen wie Freimaurer Bejamin Franklin teilnahmen, nannten sich selbst „Friars of St. Francis" (dt.: „Die Ordensbrüder des Heiligen Franziskus").

Das St. Francis Hotel war also der Schauplatz von Sexorgien. Auf seinem Grundstück spielte sich die Vergewaltigung und Ermordung von Virginia Rappe durch den Stummfilmkomiker Roscoe „Fatty" Arbuckle ab. Virginia Rappes Name ist eine Variation von „virgin rape" (dt.: „Jungfrauenschändung"). Die Schändung einer Jungfrau ist ein wichtiges alchemistisches Ritual der Sexualmagie.

Die Schlange ist das freimaurerische Symbol der Königstötung. Die Symbionese Liberation Army, die die Zeitungserbin Patricia Hearst aus San Francisco entführte, hatte eine Schlange in ihrem Wappen.

Das Wort Symbionese bedeutet „zusammengeführt".

Patricia Hearsts Großvater, der Medienmogul William Randolph Hearst, errichtete sich ein weitläufiges Anwesen mit dem Namen San Simeon (St. Simon) auf La Cuest Encantdada, dem Verzauberten Hügel. Auf dem Anwesen gibt es ein „Neptunsbecken" mit einer Statue der Venus, der „Königin der Liebe und Schönheit". Die Hearst-Familie vereinte die *San Francisco Chronicle* und den *Examiner*.

Wie bereits zuvor erwähnt, können wir nur die oberflächlichsten Aspekte der alchemistischen Verschwörung, die sich in den Botschaften James Shelby Downards manifestiert, berühren. Wir haben seinen Hinweis ignoriert, dass Marilyn Monroes Tod auf das Konto der Freimaurer gehen könnte, denn „als sie sterblich war, war sie sexuellen Ausschweifungen unterworfen, so wie es die Unschuldigen sind in magischen Riten."

Auch haben wir uns nicht um Downards Argumentation gekümmert, dass der Werbekrieg „zwischen den Avis und Hertz Mietwagenkonzernen Fruchtbarkeitssymbolismus involviert."

Avis und Hertz? Um Gottes Willen, lasst uns hoffen, dass er fehlgeleitet ist.

QUELLEN:

Downard, James Shelby: „The Call to Chaos". In: *Apocalypse Culture,* erweitert und verbessert, herausgegeben von Adam Parfrey. Los Angeles: Feral House, 1990.

Downard, James Shelby: „King Kill 33 degrees". In: *Apocalypse Culture,* herausgegeben von Adam Parfrey. New York: Amok Press, 1987.

Downard, James Shelby: „Sorcery. Sex, Assassination." In: *Secret and Suppresser,* herausgegeben von Jim Keith. Ortland, OR: Feral House, 1993.

Downard, James Shelby: „„Witches' Plot", photokopiertes Manuskript im Besitz des Autors.

ANGLOPHOBIE

Dieser Tage scheinen sie ein freundlicher und ziemlich komischer Haufen zu sein, die britischen Royals. Ist doch so – wenn ein Kerl dabei erwischt wird, wie er der Geliebten seinen zärtlichen Wunsch gesteht, den Platz ihres Tampons einnehmen zu dürfen, so wie es Prinz Charles gegenüber Camilla Parker-Bowles passierte, dann hat man Schwierigkeiten, ihn ernsthaft als nächstes Oberhaupt einer weitgespannten und bösartigen globalen Verschwörung anzusehen. Doch dies ist genau die Position, die Prinz Charles einnimmt, wenn er den Thron besteigt, zumindest laut dem Zweig konspirativer Theorien, die „die Briten" in den Mittelpunkt des kopernikanischen Universums stellen.

Lyndon LaRouche gehört zu den Berühmtesten dieser Denkschule, soweit sie existiert. LaRouche musste beträchtlichen, und vielleicht nicht ganz unberechtigten, Spott ertragen für seine Anschuldigung: „Die Königin von England dealt mit Drogen."

Doch LaRouche ist nur der gestandenste Selbstdarsteller unter den britischen Verschwörungstheoretikern. Die Gruppe umfasst beispielsweise Lloyd Miller, den Unternehmer hinter A-Albionic Research, das sich selbst als eine Nachrichtengazette im Stile von Kiplingers *Washington Letter* präsentiert – nur statt des Aufzeichnens der vergleichsweise alltäglichen Gerüchte auf dem Capitol Hill verfolgt Miller den Kampf um die Weltherrschaft zwischen der britischen Königsfamilie und dem Vatikan.

Wenigstens bringt Miller eine weitere Gruppierung ins Spiel. Für LaRouche sind die Briten alles. In der definitiven Äußerung des LaRouchismus, „Dope Inc.: Britain's Opium War Against the U.S." (geschrieben „von einem Ermittlungsteam der U.S. Labor Party"), ist LaRouches Herangehensweise an das Thema des Buches, und damit die Weltgeschichte, in Fettbuchstaben gedruckt: „Der Drogenhandel der gesamten Welt wird seit Anbeginn von einer einzigen Familie beherrscht."

Und welche Familie mag das wohl sein?

Doch die LaRouchisten haben auf ihre etwas übertriebene Art nicht ganz Unrecht. Man darf nicht vergessen, dass wir es mit einem Land zu tun haben, das bis vor vergleichsweise kurzer Zeit der größte Kolonisator anderer Länder war, den die Welt je gesehen hat, und das keine wirklichen Vorbehalte dagegen hegte, die Welt mit allen notwendigen Mitteln zu übernehmen, geheim oder offen, und dabei jedem schwarzafrikanischen Schamanen, der zu langsam war, einer Musketenkugel auszuweichen, ihr Kricket, ihre Teekuchen und Marmelade in den Mund zu schieben.

In der Tat, so die Autoren von „Dope Inc.", „würde es einen Missbrauch des Begriffs bedeuten, dies eine ‚Verschwörung' zu nennen ... die britische Oligarchie ist ein solch deutlicher Bestandteil des geschichtlichen Fundaments, dass sie es nicht nötig hat, auf konspirative Art vorzugehen: Ihrem eigenen Verständnis nach ist sie einfach und war schon immer."

Gemäß LaRouche und verwandten Denkern besteht ihre konspirative Zielsetzung in einem „Neuen Mittelalter" (engl. = „New Dark Age", kurz NDA) mit einer durch AIDS, Hungersnöte und den gelegentlichen nuklearen Holocaust auf ihr Minimum reduzierten Weltbevölkerung - bis schließlich gerade genug Soylent Green übrig ist, um die krankhaften Vergnügungen dieser ausgehungerten, sexsüchtigen, schlürfenden, saugenden, doch teuflisch intelligenten Oligarchen zu befriedigen.

Doch selbst die britische Aristokratie kann dies nicht alleine bewerkstelligen. Sie haben einen ganzen Kosmos an Geheimgesellschaften gegründet, privaten Interessensgruppen und untereinander verknüpften Geheimdiensten geschaffen – darunter nicht nur Briten, sondern auch Anglophile aus den USA und Europa –, um die NDA-Agenda durchzusetzen. Darunter finden sich nicht nur die üblichen Verdächtigen – die Bilderberger, die Trilaterale Kommission und das Royal Institute for Internal Affairs –, sondern auch einige weniger bekannte Vereinigungen. Die wichtigste unter den Letzteren ist der Club of Rome (CoR), eine den Bilderbergern ähnliche Körperschaft bestehend aus der politischen, wirtschaftlichen und intellektuellen Aristokratie. Der harmlos benannte Club hat eine ganze Generation an Denkfabriken, Konzernen und anderen respektablen Instanzen hervorgebracht, die unermüdlich daran arbeiten, das Massenbewusstsein mit ihrem New-Age-Geschwätz, Marihuana, Sex und Rockmusik aufzuweichen, zumindest wenn man der anglophobischen Weltanschauung glauben darf.

LaRouche bezeichnet etwa die Grateful Dead als eine „britische Geheimoperation", die den im Auftrag der CIA durchgeführten LSD-Versuchen der Stanford Universität und ähnlich abgehobenen Bay-Area-Insti-

Anglophobie

tutionen höherer Bildung entsprungen sind. „Das war eine typische Operation der Allen-Dulles-Zeit, die zusammen mit den Typen von der Behörde für Okkultismus des britischen Geheimdienstes, wie Aldous Huxley, durchgezogen wurde", bemerkt LaRouche trocken.

„Es ist alles ein Teil dieses satanischen Geschäfts. Nennen Sie es die Gegenkultur. Nennen Sie es das dionysische Modell der Gegenkultur."

Na schön, es ist das dionysische Modell der Gegenkultur.

„Rock ist im Kern eine Wiederbelebung des antiken dionysisch-bacchischen Rituals", fährt LaRouche fort. „Er beeinflusst die Alphawellen im Gehirn. In Verbindung mit ein wenig Alkohol und stärkeren, nennen wir sie, stimmungsfördernden Substanzen, mit der Jugend, mit lustigem Sex, führt dies zu einer Persönlichkeitsänderung der gegenkulturellen Art."

Lustigem Sex?

Dr. John Coleman, nach eigener Beschreibung ein ehemaliger britischer Geheimagent, der (sofern dies überhaupt möglich ist) viele von LaRouches Ansichten noch radikaler, obschon von einer „christlicheren" Perspektive aus verfolgt, geht noch etwas mehr ans Eingemachte.

Die Grateful Dead sind Kinderkram. Coleman geht direkt gegen die größten Jungs vor. Die Beatles, so behauptet er, sind nicht viel mehr als ein Experiment des Club of Rome, ersonnen von zwei berühmten und weithin einflussreichen Denkfabriken: der vom CoR geführten britischen Forschungseinrichtung, bekannt als das Tavistock Institute for Human Relations, und seines amerikanischen Zwillings, dem Stanford Research Institute (SRI).

„Als Tavistock die Beatles in die Vereinigten Staaten brachte, hätte sich niemand auszumalen vermocht, welches kulturelle Desaster ihnen nachfolgen würde", schreibt Coleman. „Das Phänomen der Beatles war keine spontane Rebellion der Jugend gegen die alte Gesellschaftsordnung. Stattdessen war es der sorgsam durchdachte Plan einer nicht identifizierbaren konspirativen Gruppierung, ein höchst destruktives und Uneinigkeit stiftendes Element in eine große Bevölkerungsgruppe einzuspeisen, mit dem Ziel, diese gegen ihren Willen zu verändern."

„Um den Beatles taktische Unterstützung zu bieten", sagt Dr. John, „bereitete" Tavistock zudem einen neuen Wortschatz an „die Akzeptanz von Drogen signalisierenden Codewörtern vor", die von den Fab Four verbreitet werden sollten. Dieses neue Vokabular beinhaltete Worte wie *teenager*, *cool*, *pop music* und *discovered* (dt.: entdeckt).

„Im Übrigen", stellt Coleman fest, „war das Wort *teenager* nie benutzt worden bis kurz vor dem Zeitpunkt, als die Beatles die Bildfläche betraten, mit freundlichen Grüßen vom Tavistock Institute for Human Relations."

Auch wenn Coleman sich nicht gerade als Autorität auf dem Gebiet der Ethymologie erweist, zeigt er doch eine Begeisterung für Rock'n'Roll, die

Anglophobie

Albert Goldman[1] wie Lester Bangs[2] ausschauen lässt. Er zögert, solch „schöne Worte" wie *Musik* und *Gesang* in Bezug auf die Beatles in den Mund zu nehmen, denn „es erinnert mich daran, wie falsch das Wort *Liebende* klingt, wenn es das schmutzige Treiben zwischen zwei sich wie Schweine gebärdenden Homosexuellen beschreiben soll."

Die Briten haben ihre Agenten überall. Was hätten die Beatles jemals ohne die Hilfe des „obszönen Ed Sullivan" erreicht, fragt Coleman.

Und nur für den Fall, dass irgendjemand den Fehler begehen könnte anzunehmen, diese Übung in Massenmanipulation hätte mit dem Erscheinen von Paul McCartneys erstem Solo-Album geendet, versichert uns Coleman, dass „selbst heute die britische Krone" durch seine Geheimdienste „neue sexuell degenerierte Kulte entstehen lässt. Wie wir bereits wissen, sind alle Kulte, die heutzutage in der Welt zu finden sind, das Produkt britischer Geheimdienste, die für ihre oligarchischen Herrscher tätig sind."

Coleman ist allerdings nicht damit zufrieden, die britischen Royals allein als diese „Herrscher" zu etikettieren.

„Dieses einzelne Gebilde", schreibt er, „die Hierarchie der Verschwörer, nennt sich THE COMMITTEE OF 300". (So sehr Coleman Rockmusik hasst, so sehr liebt er die „Caps Lock"-Taste seines Computers.) „Das Komitee der 300 ist die ultimative Geheimgesellschaft und besteht aus einer unantastbaren Herrscherklasse", schreibt er in seinem Buch mit dem vorhersehbaren Titel „Conspirator's Hierarchy: The Story of the Committee of 300".

„Sehen Sie, wie die Queen, Elisabeth II, die zeremonielle Eröffnung des britischen Parlaments vollzieht?", bemerkt Coleman düster. „Hier steht, in seiner vollen Pracht, der Kopf des Komitees der 300."

QUELLEN:

Coleman, Dr. John: „Conspirators' Hierarchy: The Story of the Committee of 300". Carson City, Nev.: America West Publishing, 1992.

U.S. Labor Party Investigating Team: „Dope, Inc.: Britain's Opium War Against the U.S." New York: New Benjamin Franklin House, 1978.

Vankin, Jonathan: „Conspiracies, Coverups, and Crimes". New York: Dell Publishing, 1992.

---

[1] Amerikanischer Professor und Autor, der zwei sehr negative Biographien über Elvis Presley und John Lennon verfasste. – Anm. d. Übers.

[2] Einflussreicher amerikanischer Rockmusikkritiker, der unter anderem für das *Rolling Stone*-Magazin schrieb. – Anm. d. Übers.

DIE GEMSTONE-AKTE

Der Schlüssel zur Gemstone-Akte, die 23-seitige Zusammenfassung eines ursprünglich ungefähr 1000 Seiten dicken Bündels aus Briefen, wurde 1975 von Stephanie Caruana verfasst, einer damals freischaffenden Journalistin, die für das spießige Sammelbecken wohlfeiler Berichterstattung, das *Playgirl*-Magazin, arbeitete. Die ursprünglichen Gemstone-Briefe stammten von einem mysteriösen und mittlerweile längst verstorbenen Kameraden namens Bruce Roberts, der ... na ja, also eigentlich wusste niemand so genau, *wer* er war.

Caruanas *Schlüssel* ist Tausende Male vervielfältigt worden. Die genaue Zahl ist, wie viele Informationen innerhalb der *Gemstone-Akten*, jenseits jeder Verifikation. Der Inhalt ist die klassische Verschwörungstheorie: Fakten, gepaart mit Vermutungen, verschmolzen mit Fehlern und vorgetragen mit absoluter Sicherheit. Dennoch ist das Dokument dermaßen packend und gleichzeitig so obskur – stets den Eindruck erweckend, es sei eine Kopie der 20. Generation –, dass es regelrecht um Gutgläubigkeit bettelt, ja sogar um Nachforschungen.

Aufblende.

1932.

Aristoteles Onassis, eine zentrale Figur in diesem Epos – am bekanntesten als Transportmagnat, der die Witwe von Präsident Kennedy heiratete, in den ersten Zeilen des *Schlüssels* allerdings als „ein griechischer Drogendealer ... der seine ersten Millionen mit dem Verkauf von ‚türkischem Tabak‘ (Opium) in Argentinien machte" bezeichnet –, schließt einen Deal mit den Schwarzhändlern Meyer Lansky, Eugene Meyer und Joseph Kennedy ab, illegalen Fusel nach Boston zu verschiffen. „Dazu gehörte", so Gemstone, „auch ein Heroinhandel mit Franklin und Elliot Roosevelt." (Hmm.)

Die Gemstone-Akte

Die Chronologie zieht sich durch 43 Jahre amerikanischer Nacht-und-Nebel-Politik und endet im April 1975, zu welchem Zeitpunkt, um es in Caruanas typisch feinsinniger Art auszudrücken, „Ford, Kissinger und Rockefeller wie Kröten auf der Leiche von Amerika hockten."

Anscheinend fällt dieses Datum ungefähr mit dem Zeitpunkt zusammen, zu dem der aufgrund einer zweifelsohne verdächtigen Erkrankung bettlägerige Roberts aufhörte, seine Briefe zu schreiben und stattdessen unvermittelt dahinschied.

Unterwegs wirft uns die *Gemstone-Akte* einige reizvolle und manchmal irritierende Einzelheiten hin und stellt einige absonderliche, obschon faszinierende Behauptungen auf. Der rote Faden der Akte betrifft vor allem die dunkle gegenseitige Abhängigkeit der US-Regierung und der Mafia – eine nicht unmöglich erscheinende Hypothese. Doch halt! Diese Mafia erinnert eher an die Erznemesis von James Bond, SPECTRE, als an die sizilianische Geheimgesellschaft aus „Der Pate".

Und das „bekrönte Oberhaupt der Mafia" ist Ari O. persönlich. Tatsächlich hat der Verschwörungsforscher John Judge spekuliert, dass Ian Fleming seinen Überbösewicht Ernst Stavro Blofeld an Onassis orientiert habe, was mit der *Gemstone-Akte* übereinstimmen würde, denn nach Bruce Roberts war Onassis ein kriminelles Genie und ein Drahtzieher, der Präsidenten, Unterweltbosse und Päpste nach seiner Pfeife tanzen ließ.

Nach dem wichtigen Deal mit Kennedy et al. aus dem Jahre 1932 folgten zwei weitere großartige Triumphe in Onassis' Karriere-aus-*Gemstone*-Sicht. 1957 befahl er die Entführung von Howard Hughes und dass dieser bis zu seinem Tode unter Drogen gesetzt werden solle – der Grund für die überlieferte Zurückgezogenheit des exzentrischen Milliardärs. Dank dieses krummen Dings erlangte Onassis die Kontrolle über Hughes ausuferndes Finanzimperium, zusätzlich zu seiner eigenen bereits eindrucksvollen Einflusssphäre.

1963 ergriff Onassis dann vollständig die Macht. John F. Kennedy, der dank der Schuld von Daddy Joe gegenüber „Big O." bereits zuvor unter der Kontrolle von Onassis gestanden hatte, wedelte auf etwas ungeschickte Art mit seinem Präsidentenzepter, als er sich aus den Überfällen auf die Schweinebucht zurückzog, einer Operation der Mafia (d. h. Onassis), um den kubanischen Markt zurückzuerobern. JFK drückte sich vor der Abmachung, also ließ ihn Onassis auf Mafia-Art „ausschalten". Onassis, so *Gemstone*, hielt es nach der „alten Mafia-Regel: Wenn sich jemand vor einer Abmachung drückt, bring ihn um, nimm seine Kanone und sein Mädchen": in diesem Fall Jackie und das Pentagon.

Einige der anderen provokanten „Enthüllungen" der *Gemstone*-Akte: Onassis ließ Lyndon Johnson sofort seinen Einfluss spüren, indem er ihm

Die Gemstone-Akte

eine Nachricht in die Air Force One übermitteln ließ, die auf dem Weg von Dallas war: „Es gab *keine Verschwörung*. Oswald war ein *einzelner irrer Attentäter*. Verstanden, Lyndon? Ansonsten könnte Air Force One auf dem Rückweg nach Washington einen bedauerlichen Unfall haben."

J. Edgar Hoover war im Besitz der *Gemstone*-Akte und drohte, diese zu nutzen, um ans Licht zu bringen, was wirklich in Dallas passiert war, doch er wurde zuvor vergiftet. Jemand schmuggelte „Natriummorphat" (was immer das ist) in seinen Apfelkuchen; Absicht oder nicht: eine stark symbolische Geste.

Katherine Graham, die Herausgeberin der *Washington Post* und Tochter von Eugene Meyer, einem Freund von Onassis, war Bob Woodwards und Carl Bernsteins *Deep Throat*[1].

Die berüchtigte Serie der Zebra-Morde in San Francisco – scheinbar willkürliche Erschießungen von Weißen, angeblich von militanten schwarzen Extremisten begangen – ging in Wahrheit auf das Konto von Onassis/der Mafia, um einen potenziell gefährlichen Zeugen aus dem Weg zu räumen und danach die Aufmerksamkeit vom wirklichen Motiv des Mordes abzulenken und dabei gleichzeitig den Behörden einen Anlass zu liefern, den Druck auf „schwarze Terroristen" zu erhöhen.

Richard Nixon, ein Schoßhund von Hughes, der Onassis' Vasall wurde, nachdem Ari Howard aufs Abstellgleis geschoben hatte, wurde gezwungen zurückzutreten, als Roberts anfing, lautstark herumzuzetern. Die Mafiabosse waren in Sorge, Nixon könnte etwas über Big O. ausplappern. Die 18 Minuten „versehentlich" gelöschter Watergate-Aufnahmen beinhalten Nixons Toben über „dieses Arschloch Roberts".

Nixon handelte einen Deal mit Gerald Ford aus, der es Nixon erlaubte, „jeden umzubringen, der nötig sei", um die Watergate/*Gemstone*-Geschichte (in diesem Universum ziemlich das Gleiche) zu vertuschen.

Der Papst hatte seine Finger bei all dem auch im Spiel.

Wer also war Bruce Roberts und warum sagte er all diese schrecklichen Dinge über den guten Mr. Onassis? Es scheint, er war eine Art Genie, das eine Methode zur Herstellung künstlicher Edelsteine (engl.: gemstones) entwickelt hatte. Er versuchte, diese Erfindung an den Konzern von Howard Hughes zu verkaufen, nur um zu erleben, wie ihn das multinationale Konglomerat über den Tisch zog. Rechtschaffen erzürnt fing Roberts an zu graben – nur um festzustellen, dass „Hughes" in Wirklichkeit gar nicht Hughes war, sondern der sinistre Onassis. So zumindest erzählt Caruana die Geschichte.

---

[1]Der mysteriöse FBI-Informant der beiden Enthüllungsjournalisten, die als Reporter der Washington Post die Hintergründe der Watergate-Affäre aufdeckten und damit Präsident Nixon zu Fall brachten. Tatsächlich am 31. Mai 2005 als Mark Felt identifiziert, den seinerzeit zweithöchsten Mann des FBI. – Anm. d. Übers.

Die Gemstone-Akte

Die zwei Menschen, die behaupten, mit dem geheimnisvollen Roberts in engstem Kontakt gestanden zu haben, sind Caruana und die allgegenwärtige Mae Brussell. Brussell sagte in einer Radiosendung im Jahre 1978, dass Roberts sie aufgesucht und ihr seine Akte übergeben hätte, nachdem er im *Realist* ihren Artikel „Warum wurde Martha Mitchell entführt?" gelesen hatte. Caruana lernte Roberts über Brussell kennen.

Brussell ist natürlich bereits seit mehreren Jahren verstorben, doch Caruana ist nach wie vor am Leben. In einem Interview mit Jim Keith, dem Herausgeber des Standardwerks zu diesem Thema (siehe Quellen), beschrieb Caruana Roberts als einen echten James Bond, während Mae Brussell ihn „Casper Milquetoast"[2] genannt hatte.

Es hat den Anschein, als würden seine Briefe weithin für Diskussionsstoff sorgen, doch außer Brussell und Caruana hat niemals jemand einen Blick auf sie werfen können. Was das angeht, basiert auch Bruce Roberts einstige Existenz als tatsächliches menschliches Wesen allein auf den Aussagen von Brussell und Caruana.

Nichts davon soll heißen, dass *Gemstone* eine reine Erfindung wäre oder dass Roberts Stephanie Caruanas imaginärer Freund war. Wenn Caruana eine Aufschneiderin wäre, dann zumindest eine auffällig unbequeme und reizbare, die ihre Täuschung auf eine Weise geschaffen hätte, die ihr jede nennenswerte öffentliche Resonanz und jeden persönlichen Gewinn vorenthalten hat. Und auch wenn Brussell möglicherweise dafür bekannt war, sich gelegentlich in interessanten Logiksprüngen zu gefallen, war sie doch sicher alles andere als eine Fälscherin. Wenn Roberts schließlich, oder wer auch immer sich als Roberts ausgab, ein Desinformationskünstler war, dann musste er sich auf absolut folgenlose Desinformation spezialisiert haben.

Wenn auch nicht unbedingt eine Täuschung, so ist es doch nach wie vor verführerisch, die *Gemstone-Akte* als das Geschimpfe eines bewundernswert engagierten Spinners abzutun. Doch vielleicht wäre es netter und richtiger, die *Gemstone-Akte* als Geschichtsschreibung mit dichterischer Freiheit zu bezeichnen, als das Vermächtnis eines Mannes, der, wenn auch nur am Rande, zu einem Opfer der Geschichte geworden war.

QUELLEN:

Caruana, Stephanie: „The Skeleton Key to the Gemstone File"; in verschiedenen fotokopierten Versionen unter den Akten des Autors.

Keith, Jim (Hrsg.): „The Gemstone File". Atlanta: IllumiNet Press, 1992.

---

[2]Eigentlich: Caspar Milquetoast. Name einer Comic-Figur, die Harold Webster 1924 für seinen Comic-Strip „The Timid Soul" (dt.: „Der Angsthase") erfand. Synonym für Weichei oder Schwächling. – Anm. d. Übers.

DIE SÜSSE VERSCHWÖRUNG

Wie jeder Reporter, der jemals über eine kleinstädtische Stadtrats-versammlung berichtet hat weiß, spukt der Geist der Fluoridie-rung nach wie vor durch offizielle Tagesordnungen. Stets tauchen irgendwel-che verschrobenen alten Geier auf und schimpfen, einen Stoß Dokumente in der geballten Faust, über die Unreinheit wertvoller Körperflüssigkeiten. Und wir dachten, Dr. Strangelove hätte dieses Thema ein für alle Mal zu einem Ende gebracht.

Im Wesentlichen geht es um die „Reinheit der Körpersäfte", wie es der geistesgestörte General Jack D. Ripper in Stanley Kubricks Streifen aus dem Jahr 1964 (mit dem Untertitel: „How I Learned to Stop Worrying and Love the Bomb"; dt.: „Dr. Seltsam oder wie ich lernte, die Bombe zu lieben") aus-drückt. In den späten 1930ern hatten verschiedene Akademiker, Ärzte und Behörden damit begonnen, offenbar als allgemeine Gesundheitsmaßnahme gedacht, die Anreicherung der öffentlichen Wasserversorgung mit Fluorid zu propagieren, einem Mineral, das Karies vorbeugt.

Zu sagen, dass dieses scheinbar sozial gesinnte Vorhaben auf wenig Gegen-liebe gestoßen wäre, ist eine Untertreibung. In den nächsten 40 Jahren ent-stand eine nicht unbedeutende Lobby, die sich die Ansicht auf die Fahnen geschrieben hatte, dass die Fluoridierung der öffentlichen Wasserversorgung nicht nur unnötig sei, sondern auch potenziell schädlich und obendrein eine heimtückische Intrige, ausgebrütet von der weitweiten kommunistischen Ver-schwörung. Oder so ähnlich. Im besten Fall diente diese Intrige dazu, die ame-rikanische Bevölkerung zu vergiften. Im schlimmsten – um das, was Präsi-

Die süße Verschwörung

dent Kennedy später als amerikanische „Vitalität" bezeichnen sollte, allmählich schwinden zu lassen.

Der psychosexuelle Subtext dieser Furcht brodelte direkt unter der Oberfläche. Irgendwie wurden die Bemühungen, die Zahnhygiene der Nation zu verbessern (flächendeckende Fluoridierung hat das Potenzial, Zahnlöcher so sehr der Vergangenheit angehören zu lassen wie etwa Keuchhusten), als ein Versuch fehlinterpretiert, die Heimat der harten Männer in eine Nation aus Tunten zu verwandeln.

Kubrik nahm die Fluoridparanoia mit seinem General Ripper auf die Schippe, für den die Verschwörung der Roten gegen „unsere wertvollen Körpersäfte" nur eine Entschuldigung für seine eigene Impotenz und implizite Homosexualität war. Doch auch die pointierte Satire *Strangelove* konnte die Anti-Fluoridisierer nicht beirren.

Doch wie immer gibt es auch bei einem Thema, das so lächerlich ist wie dieses, eine andere Seite. Der Nutzen einer von Regierungsseite verordneten chemischen Veränderung der öffentlichen Trinkwasserversorgung ist sicher debattierbar. Doch ist all dies wirklich Teil einer perfiden Intrige?

„Um es in den Worten der Kommunistischen Partei selbst zu sagen", schreibt Phoebe Courtney in ihrem Traktat „How Dangerous is Fluoridation"? (dt.: „Wie gefährlich ist Fluoridierung?") von 1971, „jeder, der für Fluoridierung wirbt und diese unterstützt, kann als ‚Radikaler' eingestuft werden!"

Tatsächlich hieß es in dem Artikel der *Daily World*, den Courtney zitierte: „Alle, die sich selbst als Radikale verstehen, sollten eine so gut dokumentierte und einfache Verbesserung der öffentlichen Gesundheit tatkräftig unterstützen." Es stand nicht dort, dass jeder, der Fluoridierung unterstützt, ein Radikaler sei. Aber Logik war nie eine Stärke der Fluorid-Hetzer.

„Ein unheilvoller Präzedenzfall: Kann die Wasserversorgung für üble Machenschaften missbraucht werden?", fragt Courtney im Titel nur eines der 15 Kapitel ihres 158-seitigen Buchs. Bevor man sich versieht, bedienen sich ruchlose Liberale und kaltherzige Mediziner der Wasserversorgung für eine „gesetzliche Geburtenkontrolle" und die Verbreitung von „Beruhigungsdrogen".

„Vielleicht ist 1984 näher als wir denken", warnt die Autorin. Vielleicht tatsächlich.

Ein paar ihrer anderen Anschuldigungen:

„Fluoridverunreinigung wird zu einem Massensterben von Fischen führen."

„Die Öffentlichkeit bekommt so etwas selten zu hören, doch Fluoride beschädigen Wasserleitungen ebenso wie Menschen ... Automobilkühler wurden von Fluoridkorrosion zerfressen."

Die süße Verschwörung

„Es ist unter Chemikern und Menschen, die sich für dieses spezielle Thema interessieren, allgemein bekannt, dass Fluorid zu den elektronegativ reaktionsfreudigsten Teilchen gehört, die wir kennen."

„Die Behauptung, dass Zahnlöcher um 65 % zurückgegangen sind, ist nicht wahr!"

„In seinem Artikel in der Ausgabe der *American Opinion* vom März 1968 (einem Magazin der John Birch Society) bezeichnet David O. Woodbury Kalziumfluorid als „in hohen Dosierungen aggressiv genug, um als Standard-Rattengift und -Schabenvernichter dienen zu können und ein erstklassiges Pestizid abzugeben.'"

„Mrs. M. H., eine 57 Jahre alte Krankenschwester, und Mrs. E. K., 38 Jahre alt, besaßen die Angewohnheit, vor dem Frühstück ein bis zwei Glas Wasser zu trinken. Aus unerfindlichen Gründen bekamen sie plötzlich Magenkrämpfe und mussten sich übergeben, direkt nachdem sie ihren üblichen Morgentrunk zu sich genommen hatten."

Um der Bedrohung durch Fluoridierung zu begegnen, empfiehlt Courtney, dass man sich „weitere Ausgaben dieses Buches zur persönlichen Weitergabe (kauft). Schicken oder übergeben Sie diese etwa an: Politiker Ihrer Stadt, Leiter von Eltern- und Lehrerverbänden, Frauenverbände, brüderschaftliche oder bürgerliche Vereinigungen, Wählerkreise und patriotische Organisationen, Angestellte der Wasserwerke, den Herausgeber ihrer Lokalzeitung sowie Radio- und Fernsehkommentatoren, ihren Haus- und ihren Zahnarzt."

In diesem Zusammenhang möchten auch wir vorschlagen, dass Leser weitere Ausgaben dieses Buchs hier erwerben, um sie Ärzten, Angestellten von Wasserwerken und Lokalpatrioten zur Verfügung zu stellen.

Wie es sich mit so vielen dieser Geschichten, selbst den abgedrehtesten, verhält, gibt es auch hier zwei Seiten der Medaille. Courtney neigt dazu, die Kommunistenverschwörung herunterzuspielen, um stattdessen einen weit schändlicheren Schuldigen auszumachen:

„Für die Zucker- und Süßigkeitenindustrie war die Fluoridierung ein Vorschlag des Himmels", schreibt Courtney. „Mütter, die von der Ansicht überzeugt sind, dass Fluoride die Zähne ihrer Kinder stärken und widerstandsfähig gegen Karies machen, haben keine Angst mehr, ihnen zu erlauben, so viele Süßigkeiten und Leckereien zu naschen, wie sie wollen. Und genau darauf zielten die Süßigkeitenfabrikanten ab, als sie die Fluoridierung beförderten."

QUELLEN:

Courtney, Phoebe: „How Dangerous Is Fluoridation?" New Orleans: Free Men Speak, Inc., 1971

CANNABISWAHN

Was wäre, wenn es eine Pflanze gäbe, die der ganzen Welt Nahrung und Kleidung geben könnte, die globale Abholzung beenden würde, schmutzige fossile Brennstoffe im Benzintank Ihres Autos ersetzen könnte und eine angenehme Therapie für Dutzende von Leiden wäre? Was wäre, wenn George Washington und Thomas Jefferson sie angebaut hätten, wenn sie per Gesetz dazu verpflichtet gewesen wären sie anzubauen, so nützlich war dieser wundersame Strauch? So gesehen leuchtet es nur ein, dass eine Meute eifersüchtiger Industrieller, geifernder Demagogen und Sensationsreporter auf den Plan treten sollten, um das „Dämonenkraut" auf ewig zu zerstampfen und sein ehrwürdiges Vermächtnis aus den Geschichtsbüchern zu tilgen.

Der Name dieses botanischen Märtyrers? Die Gründerväter, die ihre Unabhängigkeitserklärung auf Papier niedergelegt hatten, das aus dieser Pflanze gemacht worden war, kannten sie als Hanf. Sie mögen sie unter einer ihrer zahlreichen anderen Rufnamen kennen: Indischer Hanf, Nutzhanf, Ruderalhanf, Wilder Hanf, Hemp, Dacha, Daggha, Charas, Cannabis, Haschisch, Knaster, Dope, Njaga, Joint, Kraut, Skunk, Bong, Piece, Haze, Gras, Tee, Pot – kurz *Marihuana*.

Beginnen Sie zu verstehen? In seinem überaus kultivierten Buch „The Emperor Wears No Clothes" (dt.: „Der Kaiser trägt keine Kleider") enthüllt Jack Herer eine „bösartige Verschwörung, um nicht ein ‚Killerkraut', sondern die bedeutendste natürliche erneuerbare Ressource der Welt zum Vorteil einer Hand voll reicher und mächtiger Individuen und Organisationen zu unterdrücken." Herer ist der Gründer einer Gruppe mit dem Namen HEMP (Help End Marijuana Prohibition; dt.: Helft, das Marihuana-Verbot aufzuheben). Für ihn ist der 60-jährige Krieg gegen Pot mehr als ein Kampf gegen

71

Cannabiswahn

das Jointrauchen: Es ist eine neuzeitliche Inquisition, eine traurige Wiederholung des Mittelalters und nicht zuletzt „eine Verschwörung gegen die Menschheit".

Wie so viele Verschwörungen begann auch diese in einem rauchgeschwängerten Konferenzraum – und Sie können wetten, dass es sich nicht um einen sanften Sinsemilla-Dunst handelte. Es war das Jahr 1937 und mit dem Aufkommen der neuen mechanischen Zerfasertechnologie war Hanf nahe dran, ein großes Comeback als die beliebteste und vielseitigste Textilie der Nation zu feiern. Doch, so berichtet Herer, eine unheilige Dreieinigkeit von Hanfgegnern orchestrierte das berüchtigte Verbot dieses „Mitglieds der am höchsten entwickelten Pflanzenfamilie der Erde".

Zunächst allerdings eine kurze Geschichtsstunde, notwendig deshalb, weil die Geschichte des Hanfs in der Tat durch ein halbes Jahrhundert der Unterdrückung verdunkelt worden ist: Vor der Entwicklung der Entkörnungsmaschine für Baumwolle in den frühen 1800ern gab es Hanf-Produkte, hergestellt aus der Faser des schilfähnlichen Stängels der Pflanze, überall in Amerika – und der ganzen Welt. Das Wort *canvas* (dt.: Segeltuch) verdanken wir der niederländischen Aussprache des griechischen Wortes *kannabis*. Vom 5. Jhd. v. Chr. bis ins späte 19. Jhd. waren die Segel und die Takelage von Schiffen aus Hanf gefertigt. Über Tausende von Jahren galten Cannabisfasern als Hauptquelle für Kleidung, Zelte, Teppiche, Seil, Bettzeug und Flaggen auf der Welt – darunter auch Old Glory[1]. Wie uns Herer hilfreich erinnert, wären Washington und seine Truppen im Valley Forge bitterlich erfroren, hätte es das gute Hanfgarn nicht gegeben. Die Conestoga-Wagen, die über die amerikanischen Prärien zogen, waren mit Cannabisplanen bedeckt und die Bibeln der Siedler sehr wahrscheinlich auf Cannabispapier gedruckt. Tausende von Jahren lang leistete Hanfsamenöl als Lampenöl und sogar Nahrungsmittel treue Dienste. Und während des 19. Jhd. wurden patentierte Arzneien, die sich die bekannteren chemischen Eigenschaften der Pflanze nutzbar machten, von gottesfürchtigen Amerikanern aller Couleur eingenommen.

In den späten 1930ern priesen Popular Mechanics und andere Magazine Technologien, die versprachen, Hanf, die stärkste aller Naturfasern, zu einer „neuen Milliarden-Ernte" werden zu lassen. Doch dann fanden sich Verschwörer zusammen, um die glorreiche Geschichte des Hanfs unter einem Berg von Verleumdungen zu begraben, „Marihuana" als das Killerkraut anzufeinden, das von mordlustigen Mexikanern und frechen Negern geraucht wurde.

William Randolph Hearst war nach Herer der erste machtvolle Spieler dieser Anti-Hanf-Triade. Der Millionär bediente sich seiner verbreiteten

---

[1]Die Flagge der Vereinigten Staaten von Amerika. – Anm. d. Übers.

72

Cannabiswahn

Hearst-Zeitungskette, um einen hysterischen Kreuzzug gegen Marihuana zu führen.

Die zweite und unversöhnlichste Figur in dem Komplott, Hanf den Garaus zu machen, war ein korrupter Hypermoralist namens Harry J. Anslinger. Anslinger, in Albert Goldmans Buch „Grass Roots" als „stiernackiger, glatzköpfiger, dickschultriger Cop" mit „dem Talent eines Demagogen zu spruchreifen Sätzen" beschrieben, war der Speerträger in diesem Krieg gegen Hasch. Seine grobe Propaganda, lachhaft aus heutiger Sicht, verbreitete in Artikeln (Hearst) falsche Mythen über Marihuana, mit Überschriften wie *Marihuana – Mörder der Jugend und Marihuana macht aus Jungs Teufel in 30 Tagen: Haschisch treibt Konsumenten zur Blutlust.* Axtmörder, Amok laufende Schützen und selbstmörderische Motorradfahrer waren „verdorbene Kreaturen", befallen vom „Cannabiswahn". In einer gedruckten Ansprache warnte Anslinger: „Wenn das grauenhafte Frankenstein-Monster dem Marihuana-Monster begegnen würde, es fiele vor Schreck tot um." (Wie viele Sittenwächter war auch Anslinger ein Heuchler ersten Ranges. Er gab später zu, den Kommunistenhetzer und drogensüchtigen Senator Joseph McCarthy illegalerweise mit Morphium versorgt zu haben. Während des Zweiten Weltkriegs half Anslinger zudem dem OSS, dem Vorgänger der CIA, bei einem erfolglosen Experiment mit einem Haschischderivat, von dem sie sich erhofft hatten, es als Wahrheitsserum bei Spionen einsetzen zu können.)

Der Dritte im Bunde in Herers Verschwörungstheorie war der einflussreiche „Du Pont"-Konzern. Alle drei hatten ihre Gründe, das glücklose Kraut auszulöschen.

Obwohl die meisten Historiker den Angriff von Anslinger und Hearst auf das Marihuana als Ergebnis der Prohibitionszeit erklärten, als paranoide Furcht vor schleichender Unmoral und althergebrachtem Jim-Crow-Rassismus[2], bringt Herer eine ökonomische Theorie ins Spiel.

Es scheint, dass die Hearst Papierwerke mit ihren ausgedehnten Holzressourcen von einem neuen Mahlprozess bedroht wurden, erfunden vom US-Landwirtschaftsministerium und dazu gedacht, aus den hölzernen Stielen des Hanfs hochwertiges Papier, Pappe und Faserplatten herzustellen. Im Übrigen produzierte das Verfahren weniger giftige Nebenprodukte als die Holzstoffherstellung und schützte Regierungsangaben zufolge etwa eineinhalb Hektar fragilen Waldes für ein gutes Drittel Hektar angebauten Hanfs. Herers Schluss: Was Hearst und die Holz verarbeitende Papierindustrie anging, „musste Cannabishanf verschwinden". Hinsichtlich Du Ponts Motiven ver-

---

[2] Jim Crow (dt.: „Jim, die Krähe") steht in den USA für die Geschichte der Rassendiskriminierung. Jim Crow ist das Stereotyp eines tanzenden, singenden und leicht „schwachsinnigen" Schwarzen, ein beliebtes Thema vor allem in den Minstrel Shows im Amerika des ausgehenden 19. Jahrhunderts. – Anm. d. Übers. (Quelle: www.wikipedia.de)

tritt Herer die These, dass die Naturfaser des Hanfs den wahnsinnigen Traum des Konzerns bedrohte, die Welt in Polyester zu kleiden.

Im Rahmen der Kampagne zur Auslöschung von Hanf schreckten die Papiere Anslingers und Hearsts auch nicht vor Rassenhetze zurück. Der stiernackige Rauschgiftfahnder beschrieb Marihuana-Konsumenten oft als „gelblich-braune Nigger" mit breiten Lippen, deren „satanische" Musik und deren Dämonenkraut weiße Frauen dazu trieb, „sexuelle Affären mit Negern einzugehen". Er warnte den Kongress, dass die meisten Cannabisteufel „Neger und Mexikaner" seien oder, schlimmer noch, „Entertainer". Die Artikel von Hearst zeichneten das Bild träger, Pot rauchender Mexikaner, die sich mit dem Klicken einer zugedröhnten Synapse in gemeingefährliche Irre verwandeln konnten. Laut Herer hämmerte Hearst den (falsch geschriebenen) mexikanischen Slang-Ausdruck *marijuana* mit einer Kampagne ins öffentliche Bewusstsein, die dazu diente, Leute zu verwirren, die ansonsten bemerkt hätten, dass das Dämonenkraut und die historische Faser ein und dasselbe waren.

Der Erfolg stellte sich alsbald ein. Anslingers Bosse beim Schatzamt hielten Treffen hinter verschlossenen Türen ab, die einen raffinierten Gesetzesentwurf hervorbrachten, unregistrierten Händlern die saftige Summe von 100 Dollar für den Verkauf von Hanf aufzubrummen. (Anslinger, so bemerkt Herer, verdankt seinen Job seinem „Patenonkel" Andrew Mellon, dem Besitzer der sechstgrößten Bank in Amerika, der gleichzeitig ... ein „Du Pont"-*Banker* war.) Dank des Einflusses von Robert L. Doughton, dem Leiter des House Ways and Means Committee, einem waschechten (beziehungsweise *30°-Synthetik-Programm*) „Du Pont"-Alliierten, schaffte es das Anti-Marihuana-Gesetz (getarnt als Zollgesetz) spielend durch den Kongress, ungeachtet der schwachen Gegenstimmen von Hanfanbauern und der American Medical Association. Damit war der Marihuana Tax Act von 1937 geboren, der die Droge – und den Rest der Pflanze – innerhalb Amerikas effektiv für ungesetzlich erklärte.

Und, Wunder über Wunder, kurz nach dem Marihuana-Bann von 1937 präsentierte Du Pont seine „Kunstfasern", die begannen, den Markt zu dominieren, der vorher von Hanfprodukten bedient worden war. Im folgenden Jahr ließ sich Du Pont Nylon patentieren wie auch ein neues superschmutziges Holzverarbeitungsverfahren.

Und um Rayon den Hanfnutzern unter die Nase reiben zu wollen, prahlte Lammot Du Pont 1939 im *Popular Mechanics* von der „Bewahrung natürlicher Ressourcen durch die Entwicklung synthetischer Stoffen, welche *die Naturprodukte ergänzen oder völlig ersetzen sollen.*" (Kursivierung hinzugefügt)

Mag sein, dass dies alles nicht unwiderlegbare Beweise sind, doch „The Emperor Wears No Clothes" bemerkt ganz richtig, dass dank des Regierungs-

banns auf Cannabis Du Pont weiterhin der „größte Hersteller von Kunstfasern (der Nation) ist, derweil kein Bürger in den letzten 50 Jahren auf legale Weise auch nur einen einzigen Hektar textilwertigen Hanfs geerntet hat".
Vielleicht ist das der Preis des Fortschritts: Der (Ruf-)Mord an einer vielseitigen, sauberen und erneuerbaren Ressource ebnete den Weg für die „Du Pont"-Dynastie, Dioxin, Kahlschlag und, natürlich, den Leisure Suit.

QUELLEN:

Goldman, Albert: „Grass Roots: Marijuana in America Today". New York: Warner Books, 1979.

Herer, Jack: „The Emperor Wears No Clothes: Hemp and the Marijuana Conspiracy". Van Nuys, CA: Hemp Publishing, 1992.

UNSERE VERLORENEN JUNGS

Die Flagge der amerikanischen POW/MIA-Bewegung[1] erzählt eine provokante Geschichte: Ein niedergeschlagener Soldat siecht hinter einem Stacheldraht dahin, während ein bewaffneter Wachposten in einem fernen Wachturm aufragt. Dieses kummervolle Bild, auf einen schwarzen Hintergrund gesetzt, weht wie ein Glaubensbekenntnis über Veteranenzentren und -häusern in ganz Amerika – doch vielleicht ist es auch das Symbol eines verlorenen Glaubens.

Denn die Flagge transportiert auch eine andere Botschaft: In Vietnam wurden amerikanische Kriegsgefangene zurückgelassen, von ihrer eigenen Regierung „verraten", die aus welchen obskuren Gründen auch immer noch daran festhält, Beweise zu unterdrücken, dass lebende POWs hinter feindlichen Linien existieren. Das Einzige, was auf dieser Fahne fehlt, ist ein meckernd lachender US-Bürokrat.

In den letzten Jahren hat ein langsamer Anstieg dieser Sichtweise die Theorie der „Lost Boys" („Verlorenen Jungs") aus Amerikas konservativem Landesinneren in den Mainstream erhoben. Doch Skeptiker verunglimpfen den „MIA-Mythos" als Massenpathologie, eine Rambo-Fantasie, ein Syndrom des chauvinistischen „Vietnam-Syndroms". Ist er das?

Auf der Sollseite sind in den letzten Jahren keine lebenden POWs aus den Dschungeln von Vietnam, Laos oder Kambodscha aufgetaucht, um erschütternde Geschichten ihres Zurücklassens zu erzählen. Die „Beweise", die es

---

[1] POW = Prisoner of War (Kriegsgefangener), MIA = Missing in Action (im Einsatz verschollen). – Anm. d. Übers.

76

Unsere verlorenen Jungs

regelmäßig in die Zeitungsüberschriften schaffen, werden für gewöhnlich von Regierungs„experten" entkräftet: Die Fotografie dreier alternder MIAs? Eine kaum gelungene Fälschung. Das sowjetische Dokument, das als schlagender Beweis auf um die 700 amerikanische Gefangene verweist, die niemals aus Hanoi freigelassen wurden? Möglicherweise eine Ladung „alliierter" POWs aus Asien, aber kaum echte amerikanische Jungs.

Doch die Gegenstimmen neigen dazu, eine ganze Reihe bizarrer und schwer zu erklärender Details zu ignorieren, Zwischenfälle und Berichte, die tatsächlich eine interessante „Verschwörungs"-These aufstellen.

„Kiss the Boys Goodbye" (dt.: „Verabschiedet euch von den Jungs"), das Buch der ehemaligen „60 Minutes"-Produzentin Monika Jensen-Stevenson und ihres Mannes, dem Spionagethrillerautor William Stevenson, aus dem Jahr 1990 gehört zu den überzeugenderen Argumenten für die „Lost Boys"-Theorie. „Hunderte von Flüchtlingen erzählten davon, in den frühen Nachkriegsjahren Amerikaner in allen Teilen des kommunistischen Südostasiens gesehen zu haben", und dies lange nachdem die Regierung verkündet hatte, dass alle amerikanischen POWs freigelassen worden seien, schreibt sie. Berichten zufolge meldeten die ganzen 1980er hindurch amerikanische Soldaten und Geheimdienstmitarbeiter auf verdeckten Operationen in Indochina weiterhin Sichtungen von US-Gefangenen in Vietnam und Laos. Der ehemalige Leiter der Defense Intelligence Agency (DIA) des Pentagons, General Eugene Tighe, behauptete öffentlich, dass der verschwiegene DIA Informationen besäße, die bewiesen, dass „es lebendige Amerikaner dort drüben *gibt*".

Ein Schlüsseldokument kam von einem Gefreiten der US-Marines mit dem Namen Bobby Garwood, der im Jahre 1965 von den Viet Cong am China Beach gefangen worden war. 14 Jahre später – zu einem Zeitpunkt, an dem es eigentlich keine amerikanischen POWs mehr in Indochina geben sollte – ließ die vietnamesische Regierung Garwood frei. Obwohl Garwood beteuerte, dass weitere lebende POWs in Vietnam existierten, brandmarkte ihn das Militär ziemlich schnell als Verräter und diskreditierte dadurch effektiv seine Geschichte. (Jahre später sollte die Regierung stillschweigend zugeben, dass sie einen Fehler gemacht hatte, indem sie Garwood einen feindlichen Quisling nannte, doch zu diesem späten Zeitpunkt waren seine Beteuerungen bezüglich lebender Amerikaner kaum noch von Wert.)

Wie viele POWs vegetierten im Dschungel dahin? Jerry Mooney, ein Analytiker der National Security Agency, der bis 1976 amerikanische Gefangene überall in Indochina verfolgt hatte (drei Jahre, nachdem Präsident Nixon versichert hatte, dass alle POWs eingesammelt worden wären), behauptete, er habe mehr als 300 ermitteln können.

Douglas Applegate, ein Kongressabgeordneter aus Ohio, verkündete 1984, dass er „äußerst beunruhigende" CIA-Dokumente erhalten hätte, die Hunderte von „Berichten über lebende amerikanische Gefangene in Laos" aufgelistet hätten. Die DIA schritt ein und ließ Applegates Worte aus dem *Congressional Record* streichen, vorgeblich, weil er sich auf Satellitenfotos bezog, die kaukasische Häftlinge zeigten – ein Bruch eines technologischen Geheimnisses.

Als die Familien von POW/MIAs anfingen, freigegebene Dokumente anzufordern, ließ das Militär sie seltsamerweise wieder als geheim einstufen. Es blieb bei der offiziellen Verlautbarung, dass „es keine Beweise gibt, die den Schluss zulassen, dass lebende amerikanische POWs aus dem Indochina-Konflikt nach wie vor existieren".

Unter der Hand schien die Reagan-Administration anscheinend anderer Meinung zu sein. Richard Childress, Reagans Vertreter in Sachen POW-Familien aus dem Nationalen Sicherheitsrat, warnte Jensen-Stevenson, dass ihre Verfolgung dieser Geschichte „die Leben der noch existierenden Gefangenen in Gefahr bringen könnte". Wie bitte? Es gab doch keine POWs und doch brachte Jensen-Stevenson deren „Leben" in Gefahr?

Präsident Reagan selbst widersprach der offiziellen Linie (kaum eine Überraschung), indem er in einem Brief an die Frau eines MIA zugab, dass seine Administration im Jahre 1981 eine militärische Rettungsmission geplant hatte.

1986 fügte das *Wall Street Journal* noch einige Einzelheiten hinzu: Die Rettungsmission war nach einem Angebot Hanois entstanden, 75 *lebende* amerikanische Geiseln den Vereinigten Staaten für vier Millionen Dollar zu verkaufen. Dem Bericht zufolge lehnte die Reagan-Administration das Angebot ab, unwillig, ein Lösegeld für Geiseln zu zahlen – wenn das stimmt, wäre dieses Handeln ein Hohn angesichts der späteren Waffen-gegen-Geiseln-Deals im Rahmen der Iran-Contra-Affäre. Laut dem *Wall Street Journal* schlug Richard Allen, Reagans ausgekochter nationaler Sicherheitsberater, eine Alternative vor: eine Rambo-artige Rettungsmission nach Laos hinein, mit dem Ziel, die lebenden amerikanischen Gefangenen zu retten. Aus irgendwelchen unerfindlichen Gründen jedoch schlug der Überfall fehl.

Einer Gruppe Veteranen zufolge, die Allen zur Rede stellte, nachdem diese Nachricht erschienen war, sagte der Mitarbeiter Reagans: „Ich weiß, dass sie dort sind und ich bin in dem festen Glauben, dass noch immer lebende POWs in Indochina festgehalten werden." Doch zu dem Zeitpunkt, als sich die Mission auf den Weg machte, so erklärte Allen den wütenden Veteranen, waren alle Gefangenen bereits verlegt worden.

Eine Menge Kommandos und Geheimdienstveteranen erzählten allerdings eine etwas andere Geschichte. Ja, es habe 1981 eine von der Regierung genehmigte Aufklärungs- und Rettungsoperation gegeben, doch sie war in der letzten Minute ruiniert – oder sabotiert – worden. Hier kam Colonel James „Bo"

78

Unsere verlorenen Jungs

Gritz ins Spiel, der reale Green-Beret-Rambo, der Sylvester Stallones Action-helden inspiriert hatte. (Ein Unterschied zwischen Realität und Fiktion war indes, dass Stallone keine antisemitischen Sprüche abließ.) Eine Gruppierung für superverdeckte Operationen innerhalb des Pentagons, bekannt als Intelligence Support Activity (ISA), hatte tatsächlich Gritz eine Mission nach Laos finanziert, wo er einen größeren Überfall der Delta Forces unterstützen sollte. Bevor die Delta-Kommandos indes überhaupt abheben konnten, blies das Pentagon die Aktion ab. Dann drehte sie Gritz' Mission den Hahn zu.

Der Zigarren kauende Green Beret hatte allerdings einen Plan B und startete seine Operation *Velvet Glove* trotzdem. Doch wie Gritz und seine Special-Forces-Soldaten später erzählten, mussten sie bei ihrer Ankunft in Laos feststellen, dass ihre Tarnung von der Voice of America, dem Propagandasender der US-Regierung, absichtlich aufgedeckt worden war. Als Gritz dann zurück in die Zivilisation getrottet kam, schmähte ihn die internationale Presse einen randalierenden Renegaten. So erweckte es den Anschein, doch das stimmte einfach nicht. Nach wie vor betonte die ISA, dass ihre Unterstützung von Gritz von den Oberen des Pentagons sanktioniert worden war. Was auch immer: *Velvet Glove* war keine eigenmächtig unternommene Mission gewesen.

Angesichts dieser unklaren Signale, die von Regierungsseiten kamen, schien es kaum ungerechtfertigt, dass Verschwörungstheoretiker anfingen, „paranoid" zu werden. Wie verdreht verhielt sich die Regierung, wenn sie unter der Hand behauptete, es gäbe lebende POWs in Indochina, offiziell aber alles daran setzte, jeden in Misskredit zu bringen, der versuchte, dies zu beweisen? Es scheint, dass jeder respektierte Militärangehörige, kompetente Regierungsangestellte, gradlinige Soldat oder neugierige Reporter, der mit dem Kanon bezüglich POWs brach, unverzüglich zur Persona non grata wurde, oder schlimmer, als „wahrer Gläubiger", Spinner, Irrer, Paranoiker oder gar Unpatriot abgekanzelt wurde.

General Tighe, der ehemalige Chef der DIA, dessen interne Pentagonkommission zu dem Schluss kam, dass amerikanische POWs in geheimen Camps überall in Indochina gefangen gehalten würden, wurde vom Lametta im Pentagon öffentlich scharf kritisiert und unter vier Augen geschmäht, bei ihm sei möglicherweise eine Schraube locker.

Journalisten, die sich hartnäckig an ihre Story klammerten, erhielten Drohanrufe und wurden ziemlich unsubtil schikaniert. Jensen-Stevensons Brieftasche und Notizen wurden an einem Flughafen entwendet, ein BBC-Reporter wurde von DEA-Beamten aufs Korn genommen, die ihm mitteilten, dass ihm jemand eine Warnung senden wolle, eine Journalistin aus Montana, der das verdächtige Ableben eines in eine POW-Mission involvierten Geheimdienstveterans untersuchte, bekam einen Anruf von einem Mann, der

Unsere verlorenen Jungs

sie warnte: „Sie sollten das nicht weiterverfolgen. Aber Sie können es haben, wie Sie wollen. Soll ich vorbeikommen und Sie überzeugen?"

Die Reaktionen auf jeden, der behauptete, es gäbe lebende POWs, waren so giftig, so überzogen, dass sie wie von selbst auch kleine Verdachtsmomente von der Mücke zum Elefanten machten.

Das bringt uns zum berühmtesten aller POW-Jäger, dem texanischen Milliardär und Superpatrioten H. Ross Perot. Seit Nixons Zeiten hatte Perot nach POWs gesucht. 1973 finanzierte er einen Söldnereinfall in Laos und Vietnam, der trotz der Unterstützung der aufrechten Cowboys John Wayne und Clint Eastwood scheiterte. Der *New Republic* zufolge versuchte es Perot 1983 erneut – und scheiterte –, dieses Mal mit Bo Gritz an seiner Seite. (Anderen Berichten zufolge wusste sogar die ISA über die Perot-Gritz-Mission Bescheid, was nicht so überraschend wäre, berücksichtigt man Perots übereifrige Unterstützung der Ollie-North[2]-Geschäfte in den frühen Achtzigern, doch Perot dementierte diese Behauptungen.)

Scheinbar in Anerkennung seiner stets offenen Brieftasche erhielt Ross einen Platz in Reagans Foreign Intelligence Advisory Board. In dieser Funktion hatte er als „Sonderermittler" Einblicke in die POW-Frage und behauptete später, die Regierung habe aktuelle Beweise lebender POWs.

Irgendwann verhielt sich die Reagan-Administration, aus welchen Gründen auch immer, nicht mehr so kooperativ gegenüber dem nervtötenden Perot. Der Nationale Sicherheitsrat verschmähte sein Angebot von „Hundert Millionen Dollar, um Gefangene aus Hanoi zurückzukaufen" und das Weiße Haus wies seinen Vorschlag ab, mit Hanoi ein Geschäft auszuhandeln. Perot flog trotzdem nach Hanoi und feilschte mit den vietnamesischen Apparatschiks. „Sie sagten Dinge zu mir, die direkt zum Kern der Sache vorstießen", erzählte Perot Jensen-Stevenson, „das bewies ... *die Männer waren dort.*" Doch die offizielle Delegation, die Perots Eröffnungsspiel folgte, darunter auch der POW-Beauftragte Richard Childress, steuerte die Verhandlungen in Richtung sterblicher Überreste – Zähne, Knochen, Uniformen – und umging anderen Delegierten zufolge die Frage lebender Gefangener. Perots Vorarbeit schien umsonst gewesen zu sein.

Der letzte Strohhalm für den übereifrigen Perot schien der Vizepräsident George Bush sen. gewesen zu sein. Aus irgendeinem Grund war Perot der seltsamen Ansicht, der gute alte George, der ehemalige Direktor der CIA, sei „ein rechter Pfadfinder", der die Chance ergreifen würde, einem alten Kumpel bei der Rettung der Pee-Oh-Dubble-Yuhs zu helfen. Doch wenn man Perot glau-

---

[2] Ltd. Col. Oliver Lawrence North war eine Schlüsselfigur in der Iran-Contra-Affäre. Als Mitarbeiter des nationalen Sicherheitsrates der USA soll er 1985 und 1986 illegal Waffen in den Iran geliefert und mit dem Gewinn aus diesen Geschäften die Contras in Nicaragua unterstützt haben. – Anm. d. Übers.

Unsere verlorenen Jungs

ben darf, erwies sich Bush als resistent gegenüber H. Ross' unwiderstehlichem Charme.

Perots Zerwürfnis mit seinem Idol Bush über die POW-Frage bereitete 1992 eindeutig die Bühne für den Griff des Milliardärs nach der Präsidentschaft, ein Akt, der sowohl Perots persönliche Rache an Bush war als auch ein Schlag gegen die quastenbeschuhten Verschwörer.

Das Ganze begab sich wie folgt: Perot hatte sich an den sparsamen und zuverlässigen Bush gewandt, um den wahren Stolperstein in der POW-Frage auszuplaudern. „Hör zu, George", hatte Perot erklärt, „ich will nach Gefangenen suchen, doch ich verbringe meine ganze Zeit damit herauszufinden, dass die Regierung Drogen in der Welt herumschifft und in illegalen Waffenhandel verstrickt ist ... Wegen all der Korruption unter unseren eigenen verdeckten Leuten komme ich an die Gefangenen nicht heran."

Das sei es dann gewesen, behauptete Perot. Danach wurde er „instruiert", seine offizielle Funktion als Ermittler des Präsidenten „niederzulegen". Doch laut der *New Republic* regte es Perot besonders auf, dass Bush den Milliardär ignorierte, als dieser den Mann gefunden hatte, von dem er glaubte, dass er die Suche nach den POWs behinderte – Richard Armitage, der zu diesem Zeitpunkt als Staatssekretär im US-Verteidigungsministerium für die POW-Frage verantwortlich war. Sich ein Vorbild am liberalen Christic Institute nehmend glaubte Perot Berichten zufolge, dass Armitage dem Zentrum eines Altherren-Netzwerks aus Geheimdienstveteranen nahestand, das mit Drogen gehandelt, Waffen geschmuggelt und POWs draußen in der Kälte hatte stehen lassen – neben anderen Verschwörungen. (Ein Bundesrichter wies die Klage der Christics, die Armitage und andere nannte, im Folgenden als unseriös ab.)

Drogen und illegaler Waffenhandel in Verbindung mit der POW-Vertuschung? Hatte Perot einen veritablen Dachschaden?

Na ja, möglicherweise. Doch das war exakt die Geschichte, die von einer ganzen Reihe Geheimagenten und Regierungsveteranen unter der Hand gehandelt wurde. Die schmutzige Geschichte hatte ihren Anfang während der Nixon-Administration.

„Wir verhandelten die Gefangenen einfach weg", verriet Roger Shields, der Pentagon-Mann, der zwischen 1971 und 1976 für die POW/MIA-Frage verantwortlich gewesen war. Er wollte nicht in Einzelheiten gehen, aber er riet Jensen-Stevenson, Henry Kissinger, Nixons Außenminister, zu fragen, warum zum Zeitpunkt des Friedensvertrags mit Vietnam 1973 solche Eile an den Tag gelegt worden sei, die Namen vermisster amerikanischer Soldaten und Piloten von den offiziellen POW/MIA-Listen zu streichen. Kissinger hatte behauptet, dass keine lebenden Amerikaner zurückgelassen worden wären.

Doch die Zahlen haben nie ganz gepasst. Die Antworten auf dieses Rätsel, so glauben Perot und andere, liegen nicht in Vietnam, sondern im benachbarten Laos, wo die CIA und das US-Militär fast drei Jahrzehnte lang einen geheimen Krieg gegen die Kommunisten geführt hatten. Obschon die Nordvietnamesen Anfang des Jahres 1973 591 Amerikaner frei ließen, verwiesen sie weiterhin auf Gefangene in Laos, die nicht von Kissingers Verhandlungspaket abgedeckt worden waren. Am Vorabend des Friedensvertrags listeten die Pentagon-Bücher 317 Vermisste in Laos auf, Männer, über die weder tot noch lebendig jemals Rechenschaft abgelegt wurde.

„Wir können nicht verwenden, was wir über diese Verlorenen in Laos wissen, denn der gesamte Krieg war ein Geheimnis", erklärte eine der Quellen, Nick Rowe, ein Army-Colonel und Veteran diverser Spezialoperationen der Geheimdienste.

Die geheimen Kriege der CIA in Laos und Kambodscha sind durchaus dokumentiert. Rowe, Gritz und andere militärische Insider schrieben über den Schattenkrieg, der, wie sie behaupten, die Vermissten hatte entbehrlich werden lassen: Der illegale geheime Krieg in Indochina dauerte selbst nach dem offiziellen Ende des Vietnamkonflikts an – und dies bis weit in die späten 1980er hinein. Viele der Vermissten in Laos verschwanden während heimlicher Operationen, die *nach* dem Waffenstillstand mit Vietnam von 1973 angesetzt worden waren.

Die CIA finanzierte ihren geheimen Krieg in Südostasien unter anderem mit dem Verkauf von Waffen und Rauschgift, das letztere hergestellt auf Opiumfeldern von laotischen Kriegsherren in der Region des Goldenen Dreiecks, Amerikas größter Quelle an geschmuggeltem Heroin. (Die Verstrickungen der CIA in die südostasiatischen Drogenbetriebe sind über die Jahre gut dokumentiert worden.) Laut Ed Wilson, einem CIA-Agenten, der für den Verkauf von Sprengstoffen und Waffen nach Lybien verurteilt wurde, mussten all jene, die in der MIA-Angelegenheit herumschnüffelten, zwangsläufig auf alle möglichen befremdlichen Projekte stoßen: Heroinschmuggel, ausländische Bankkonten der CIA zur Finanzierung „privatisierter" Geheimoperationen, etwa Ollie Norths Iran-Contra-Netzwerk, die Bewaffnung antikommunistischer Partisanen usw.

Die offiziellen Bemühungen der Regierung in Sachen POW/MIA – mit ihren Büros und Mitarbeitern auf südostasiatischem Grund und Boden – mögen als Deckmantel für die Fortführung der Schattenkriege und des Drogenschmuggels gedient haben, der ihre Stellvertreterarmeen finanzierte. Dies könnte erklären, warum mehrere militärische Rettungsmissionen während der frühen 1980er abgeblasen wurden, bevor sie in Aktion treten konnten.

Die Regierung von Thailand unterstützte die Vorwürfe eines Schattenkrieges noch durch ihre Behauptung, dass sie als Aufmarschgebiet für die geheime Ausbildung von Partisanen durch das CIA-Militär benutzt würde.

Unsere verlorenen Jungs

Anfang 1993 beendete der Sonderausschuss zur POW/MIA-Frage unter Senator John Kerry seine jahrelange Recherche nach dem Schicksal amerikanischer POWs. Ihr ergebnisloses Resultat – dass sie keine Beweise lebender POWs gefunden hatten, doch dass sie die Theorie auch nicht hatten widerlegen können – wurde von den Verschwörungsgegnern als der letzte Nagel im Sarg der Verschwörungstheoretiker empfunden.

Allerdings fand der Senatsausschuss Beweise, die einen Teil dessen, was die Anhänger des Konspiratismus schon von Anfang an gesagt hatten, unterstützte: dass die Reagan-Administration in ihrem Eifer, den weltweiten Kommunismus „zurückzudrängen", die POW/MIA-Frage als Deckmantel für die Finanzierung eines geheimen Partisanenkriegs in Laos verwendet hatten. Schlimmer noch, die Senatsermittler vermuteten, dass eine private Hilfsorganisation für POW-Familien – mit dem Rückhalt von Childress und anderen Reagan-Offiziellen – privates Geld aufgebracht hatte, um unter dem Vorwand, POW-Aufklärungsmissionen zu finanzieren, einen illegalen Krieg in Laos zu führen.

Auch wenn Perot und Konsorten nicht hundertprozentig korrekt lagen mit ihren Verdachten, so waren sie zumindest auf der richtigen Spur. Was zu einer alternativen Verschwörungstheorie führt, die von Linken favorisiert wurde, die nicht so sehr dazu neigen, Ideale des Landesinneren, wie Nationalismus, Tapferkeit und den gefallenen Krieger zu verherrlichen. Nämlich: *Es gab niemals irgendwelche überlebenden POWs.* Die Reagan-Bush-Administrationen schoben ihrer Wählerschaft, der patriotischen Rechten, den Mythos der „Lost Boys" unter, eine zynische Täuschung mit der Absicht, Geld und einen Deckmantel für nur einen weiteren geheimen Dschungelkrieg zu erhalten.

Wenn man dieser Theorie Glauben schenken will, fallen die Quellen, die behaupten, Kenntnisse über lebende POWs zu besitzen, in zwei Kategorien: offene Betrüger, die Fehlinformationen streuen, und irregeführte, doch von aufrechten Motiven angetriebene Gläubige. Sicher, es bewegten sich einige fragwürdige Superquellen in den POW/MIA-Gewässern, darunter Scott Barnes, ein selbsterklärter CIA-Kontaktmann, der behauptete, die abgebrochene Bo-Gritz-Mission aufgenommen zu haben. Laut Barnes fanden er und sein Partner amerikanische POWs in Laos – und wurden angewiesen, die „Ware zu liquidieren", ein Befehl, den sie verweigerten. Barnes Partner wurde aufgrund dieser Insubordination umgebracht, doch wie es das Glück so wollte überlebte Barnes, um die Geschichte zu verbreiten.

Barnes, eine semi-allwissende Quelle, die mit einer ganzen Reihe konspirativer Geschichten hausieren ging, wurde als Scharlatan und sich selbst beweihräuchernder Betrüger bloßgestellt. Doch er fand bei vielen POW-Jägern ein offenes Ohr, darunter auch dem Kabalenschnüffler Perot. Was inte-

Unsere verlorenen Jungs

ressanterweise dazu geführt haben mag, die Anwärterschaft des bodenständigen Milliardärs auf den Präsidentenposten zunichte zu machen. Denn Barnes war es, der Perot davon überzeugte, dass er das Ziel einer republikanischen Schmutzkampagne sei, einer Nachrichtensendung, die Perots Ruf als paranoiden Neurotiker besiegeln sollte, der davon überzeugt sei, dass GOP[3]-Übeltäter Lesben in Fotografien von seiner Tochter einmontierten. Nach Perots selbstzerstörerischem Auftritt in „60 Minutes" schienen die Wähler entschieden zu haben, dass er vielleicht doch nicht der Mann war, den sie gerne mit dem Finger am „roten Knopf" hätten. Die Implosion von Perots Glaubwürdigkeit war zweifellos eine gute Nachricht für Bush, was Barnes zu einem sehr interessanten Charakter werden ließ. Es gibt einen Anlass zur Frage, wer wohl von Barnes kaum zu glaubenden Geschichten über die POW-Doppelspiele wirklich profitierte.

Was nicht bedeuten soll, dass alle Beweise von der POW-Front nichts als plumper Schwindel waren, so wie es die Linken und die Gemäßigten in ihrer Herabsetzung der Lost-Boys-Theorie gerne behaupten. Als der Co-Autor von „Kiss the Boys Goodbye", William Stevenson, bei den vietnamesischen Behörden anrief, um sie über Gefangene zu befragen, schienen diese ziemlich geradeheraus zu sein. „Wir hatten Tausende von Amerikanern nach den Freilassungen von 1973", gab der ehemalige Chef der Geheimpolizei an. „Bis 1985 wusste ich von Gruppen von Amerikanern an verschiedenen Orten."

Und Truong Chinh, einst die graue Eminenz hinter Ho Chi Minh unterbreitete: „Es ist möglich, dass wir eines Tages die amerikanische Regierung in Verlegenheit bringen, indem wir einige zurückschicken."

Allgemein wird die Ansicht vertreten, dass die Entdeckung alternder amerikanischer Soldaten in Vietnam sich als unangenehm für beide Länder erweisen würde, derweil diese versuchen, ihre Beziehungen zu normalisieren. Wie drückte es der ehemalige vietnamesische Chef der Geheimpolizei gegenüber Stevenson aus: „Es würde heutzutage niemandem helfen, weder uns noch den Amerikanern, jetzt gefangene Soldaten freizulassen. Sie gelten besser als tot." Selbst wenn die Theorie der Lost Boys wahr ist, sind doch inzwischen mehr als 30 Jahre seit dem (offiziellen) Rückzug der USA aus dem Vietnamkrieg vergangen. Selbst wenn die Regierung vor 20 Jahren gelogen hat, als sie sagte, dass es keine lebenden amerikanischen POWs in Südostasien gibt, würde sie es heute wiederholen, könnte sie sehr wohl die Wahrheit damit sagen.

---

[3]Grand Old Party = die republikanische Partei. – Anm. d. Übers.

QUELLEN:

Blumenthal, Sidney: „Perotonia: The Strange Journey of Ross Perot". *New Republic,* 15. Juni 1992.

Jensen-Stevenson, Monika und William Stevenson: „Kiss the Boys Goodbye: How the United States Betrayed Its Own POWs in Vietnam". New York: Dutton, 1990.

Parfrey, Adam: „Bo Gritz Interrogated". *Flatland,* Nr. 10, 1993. „Evidence Hints at Reagan Bid to Aid Laos Rebels". *San Jose Mercury News,* 24. Januar 1993.

DAS BÖSE IMPERIUM SCHLÄGT ZURÜCK

A ls die Reagan-Phase des Kalten Krieges gerade in ihrem heißesten Stadium war, leistete sich ein sowjetischer Abfangjägerpilot einen wahrlich schlecht getimten Lapsus. Er jagte eine Rakete in eine Korean Air 747 und schickte das Flugzeug mit seinen 269 Passagieren trudelnd hinab in die eisige Schwärze des Japanischen Meers.

Die Maschine war 365 Meilen vom Kurs abgekommen und überquerte nicht nur sowjetisches Territorium, sondern obendrein einige der sensibelsten Militärinstallationen der UdSSR. Es war der frühe Morgen des 1. Septembers 1983.

In der Sowjetunion war Juri Andropow, der Chef des gefürchteten und verhassten KGB, zum Premierminister aufgestiegen. In Amerika klangen noch immer Ronald Reagans Phrasen vom „bösen Imperium" in den Ohren und die MX-Raketen erwarteten ihre Bestätigung durch den Kongress. Die Finanzierung des neuen Raketensystems schien etwas in Schwierigkeiten zu stecken, doch nach dem Abschuss der KAL glitt sie so sanft durch die Instanzen wie ein Flugzeug durch den stillen asiatischen Morgen.

Binnen weniger Stunden nach der Tragödie präsentierten Reagan, Staatssekretär George Shultz und die UN-Botschafterin und Vorzeige-Antikommunistin Jeanne Kirkpatrick der Öffentlichkeit die amerikanische Sicht der Dinge: Kaltblütig hatten die Sowjets auf eine Zivilmaschine geschossen, ohne auch nur den Versuch zu unternehmen, die Besatzung des Flugzeugs zu warnen. Wenn rechte Amerikaner zu diesem Zeitpunkt noch weitere Bestätigung für die gleichgültige Geringschätzung menschlichen Lebens durch die Sow-

Das böse Imperium schlägt zurück

jetkommies gebraucht hatten: Hier war sie.

Wie immer, wenn die Regierung eine Instant-Orthodoxie erschafft, bildete sich auch umgehend eine abweichende Meinung. Dieser Theorie zufolge war die KAL 007 Reagans *Lusitania* des Kalten Krieges: ein Zivilfahrzeug, das, in militärischer Mission ausgesandt, den Feind herausfordert, absichtlich in Gefahr gebracht und dessen unausweichliche Zerstörung durch die eigenen aggressiven Absichten der Regierung gerechtfertigt wird.

Mit anderen Worten: eine Provokation.

Es existierten frühere Fälle dieser Art. Seymour Hersh, einer der anständigsten und zugleich hartnäckigsten Enthüllungsreporter in Sachen Geheimdienst- und Militäroperationen, führt eine lange Liste amerikanischer Einsätze in den Sowjetluftraum auf, die dazu dienten, die Verteidigung der Sowjets zu testen. Wie sowohl Hersh als auch Verschwörungsgläubiger R. W. Johnson (ein Politikwissenschaftler der Oxford University) berichten, war das Abweichen eines koreanischen Linienflugzeugs in den sowjetischen Luftraum aus unerfindlichen Gründen keineswegs ohne Präzedenzfall. Bereits fünf Jahre früher war eine Maschine abgeschossen worden.

Es gab sogar ein Motiv für die KAL, sich an so etwas zu beteiligen. Korean Air, deren finanzielles Überleben zu großen Teilen von besonderen Gefälligkeiten der US-Regierung hinsichtlich der Vergabe von Flugrouten und Landerechten abhing, war stets bereit, mit Uncle Sam gemeinsame Sache zu machen. Laut Melvin Belli, dem Schadensersatzankläger, der die Angehörigen einiger der Passagiere vertrat, sagte der 007-Pilot zu seiner Frau kurz vor seinem Abflug: „Nie wieder. Das ist der letzte Trip. Das ist zu gefährlich."

Eine seltsame Aussage für einen erfahrenen Flugpiloten über einen Routinehüpfer von Alaska nach Seoul (eine Korean Air 747 fliegt noch immer einmal am Tag diese Route, doch der Flug trägt nicht mehr die Flugnummer 007).

Ohne Frage konspirierte die US-Regierung in dieser Sache, um eine Geschichte zu präsentieren, die die Sowjets so teuflisch wie möglich erscheinen ließ – Scheiß auf die Fakten. Selbst wenn die KAL 007 absichtlich vom Kurs abgebracht worden wäre, rechtfertigte nichts den Abschuss eines Zivilflugzeugs (auch wenn sich die US-Regierung mit dieser nach außen vertretenen Haltung ein wenig in die Bredouille brachte, als fünf Jahre später ein amerikanisches Kriegsschiff einen iranischen Airbus abschoss – aber das ist eine andere Verschwörung).

Doch wenn die Vereinigten Staaten die KAL 007 mit Absicht über die Sowjetunion steuerten, dann erscheinen die Aktionen der Sowjets eher wie todbringende Inkompetenz denn als wahre Bosheit. Die Vereinigten Staaten müssten eine Teilschuld am gewaltsamen Tod ihrer eigenen Bürger auf sich nehmen.

Das böse Imperium schlägt zurück

Die einzige Information über den Flug und das Schicksal von KAL 007, die gesichert scheint, ist, dass ein Sowjetjäger sie abschoss – ungeachtet einiger Verschwörungstheorien, die der Ansicht sind, dass die Vereinigten Staaten das Flugzeug vorsätzlich in die Luft sprengten (Robert Cutlers im Selbstverlag erschienenes Werk „Explo-007" vertritt diese Hypothese). Mehr als 20 Jahre nach dem Angriff sind die meisten Fragen bezüglich Flug 007 nach wie vor offen: Warum flog die Maschine in diese gefährlichste Zone aller militarisierten Lufthoheitsgebiete hinein?

War es ein Unfall, wie Hersh und viele Jahre später ein von Murray Sayle im *New Yorker* veröffentlichter Magazinartikel argumentieren? Oder war das Flugzeug, wie Johnson glaubt, in einer dunklen, geheimen und letztlich katastrophalen Mission unterwegs?

Laut Johnson wurde die KAL 007 auf Geheiß der unter der Reagan-Administration stehenden CIA ausgeschickt, um die Verteidigungsmaßnahmen der Sowjets auszulösen. Dies sollte zahlreichen US-, NATO- und japanischen Überwachungsposten, die den fernen Osten beobachten, ein Stück Globus, das mit den fortschrittlichsten aller elektronischen High-Tech-Datensammlerstationen regelrecht übersät war, ermöglichen, einen guten Eindruck von der Roten Maschinerie in Aktion zu erhalten.

Nicht alle Beobachtungsposten waren erdgebunden. Ein Überwachungssatellit befand sich zum Zeitpunkt des Abschusses im Orbit über dem Japanischen Meer und – kurios – auch das Space Shuttle Challenger, das zwei Jahre später ein verfrühtes Ende fand, überquerte während des Flugs der KAL 007 viermal die besagten Gewässer.

Aus irgendeinem Grund war die Fracht der Challenger, ein 3,5 Tonnen schwerer Satellit, in letzter Minute durch einen „Dummy Satellit" des gleichen nicht unerheblichen Gewichts ersetzt worden. Johnson hat keine Beweise über diesen „Dummy", aber er ist der Ansicht, dass es sich in Wirklichkeit um irgendeine Art militärischer Überwachungstechnologie gehandelt hatte.

Die CIA verhielt sich seltsam, nachdem sie von dem Absturz erfahren hatte. Obwohl sie bereits wusste, dass das Flugzeug bei den Fischen war, gab die Agency die Nachricht an Verwandte der toten Passagiere weiter, dass der Flug auf der sowjetisch kontrollierten Insel Sachalin sicher gelandet sei.

Das verführerischste Gegenargument zu der Provokationstheorie (es sollte darauf hingewiesen werden, dass Johnson nur der deutlichste und glaubwürdigste Verfechter dieser Theorie ist; ihre Popularität war weit verbreitet und wurde von diverser recht schamloser Sowjetpropaganda auch noch befördert) kam nach dem Ende des Kalten Krieges auf, als die ehemaligen sowjetischen Geheimdienst- und Militärorganisationen plötzlich eine erfrischende Offenheit an den Tag legten.

In einem Versuch, diese Verschwörungstheorie endlich zu begraben, prä-

Das böse Imperium schlägt zurück

sentierte Murray Sayle den „Fehler"-Fall in seinem *New Yorker*-Artikel vom 13. Dezember 1993 mit dem Titel „Ein Fall des Kalten Krieges abgeschlossen". Im Gegensatz zu Johnson und Hersh hatte er beim Schreiben dabei Zugriff auf sowjetische Informationen.

Sayles Artikel zufolge hatten die Sowjets die „Black Box" des Flugzeugs, also den Flugschreiber, geborgen (der übrigens, wie Sayle beinahe zufrieden bemerkt, grell-orange gewesen sei). Die Sowjets hatten immer geleugnet, den Flugschreiber gefunden zu haben, doch mit dem Anbrechen der neuen Zeit unter Boris Jelzin fanden die Aufzeichnungen ihren Weg an die Öffentlichkeit.

Natürlich würde niemand behaupten, dass sich nicht auch Jelzin ein wenig auf Lug und Trug verstehen würde, doch Sayle hinterfragte die Authentizität der Bänder nicht.

„Die Stimmen können nur die echten sein", verkündete er in einem Tonfall, der keinen Widerspruch duldete. Er verfolgte die Möglichkeit einer Täuschung nicht weiter.

Nachdem jeder Einspruch abgelehnt worden war, berichtete Sayle, dass die Bänder eine müde, unaufmerksame Crew enthüllten, die sich träge über das Abendessen und die Vor- und Nachteile des Devisentauschs am Flughafen unterhielten. Nicht gerade der Stoff eines Frederick-Forsyth-Romans.

Doch natürlich ist kein noch so wohlwollend gesonnener Reporter des *New Yorker* qualifiziert, den Inhalt eines Flugschreibers zu analysieren, daher beruhte Sayles „der Fall ist abgeschlossen" vor allem auf Schlussfolgerungen eines französischen Ermittlerteams, das für die International Civil Aviation Organisation (ICAO) arbeitete.

Das ICAO-Team entschied, dass das ganze tragische Problem auf das Versagen des Captains, das Inertiale Navigationssystem (INS) des Flugzeugs zu aktivieren, zurückging, wodurch er schlaftrunken dem „selbstmörderisch unzuverlässigen" magnetischen Kompass der 747 die Führung des Flugzeugs überlassen hatte.

Dieser Fehler ist selbst erfahrenen Piloten nicht unbekannt. Doch er ist ziemlich ungewöhnlich, ungeachtet der irreführend formulierten Behauptung Sayles, dass bei „mehr als hundert Navigationsfehlern von Fluglinien im Zusammenhang mit dem INS zwischen September 1978 und Mai 1983" fast zwölf Prozent aufgrund der Tatsache zustande gekommen wären, weil dem Kompass statt dem INS selbst die Führung der Flugmaschine überlassen worden sei.

In anderen Worten passierte der Fehler, den sich die KAL 007 Crew erlaubte, in einem Zeitraum von fünf Jahren, während dem Hunderttausende Flüge kommerzieller Fluglinien unterwegs waren, ungefähr zwölf Mal.

In seinem Buch „Shootdown" (dt.: „Abschuss") behandelte Johnson die

Das böse Imperium schlägt zurück

„Müdigkeits"-Frage lange bevor die Black-Box-Bänder verfügbar wurden. Er behauptet, dass die Crew mehr als ein Blinklicht hätte übersehen müssen, um das Flugzeug mehr als 300 Meilen vom Kurs abweichen zu lassen.

Die Piloten hätten eine bewundernswerte Lässigkeit an den Tag legen müssen, berücksichtigt man ihre Flugroute durch das vielleicht am strengsten überwachte Gebiet der Welt. Um den Fehler unkorrigiert zu lassen, hätten sie das Bodenradar ihrer Maschine ignorieren müssen, das ihnen angezeigt hätte, dass das Flugzeug über Festland flog statt übers Meer wie im Flugplan vorgesehen.

Laut Johnson machte das Passagierflugzeug eine scharfe Wende, als die sowjetischen Abfangjäger sich näherten, vermutlich von dem zufälligen Impuls dieser hoch improvisationsfreudigen Mannschaft ausgelöst, genau in diesem Moment den Flugcomputer zu reprogrammieren.

Wenn sie gewusst hätte, dass sie in Gefahr schwebt, hätte die Crew diesen Umstand der Bodenkontrolle mitgeteilt. Das tat sie nicht. Zu diesem Zeitpunkt nicht und ebenso wenig, nachdem sie getroffen worden war und dem Wasser entgegenzutrudeln begann.

Der Pilot sagte nicht nur weder „Ups", er ließ auch kein „Oh oh" hören.

Zudem führte Johnson letzten bizarren Beweis ins Feld: ein verrauschtes Band, dessen Analyse die Stimme des Ersten Offiziers der KAL ergab, der in den letzten Sekunden der Existenz von KAL 007 mit Tokyo sprach.

Der Inhalt des Bandes ist kaum verständlich und nach wie vor unklar, doch manche Analytiker glauben, dass sie den Offizier nicht nach einem Fluglotsen fragen hören, sondern nach einem „Leiter", wie in „Einsatzleiter". Nur ein militärischer oder ein Geheimdienstflug haben einen „Leiter". Die Stimme auf dem Band verweist weiterhin auf „bogies", ein militärischer Terminus für feindliche Flugzeuge.

Doch am erschreckendsten von allem sind die letzten Worte auf dem Band, die den Analytikern zufolge 38 Sekunden nach dem Einschlag der Rakete aufgezeichnet wurden und von dem Ersten Offizier, oder, Johnsons Meinung nach, von jemandem in einem nahen Flugzeug, der die Konfrontation beobachtete, mit furchtbarer Ruhe ausgesprochen werden:

„Das wird ein Blutbad", sagt die flache Stimme. „Darauf können Sie wetten."

QUELLEN:

Hersh, Seymour: „The Target Is Destroyed". New York: Random House, 1986.

Johnson, R. W.: „Shootdown". New York: Viking Penguin, 1987.

EIN CLEVERER BOMBENLEGER

Wenn der in einem Wohnwagen hausende Naturbursche Ted Kaczynski wirklich die „terroristische Gruppe FC" war, als die sich der Unabomber in seinen Botschaften an die Medien bezeichnete, dann bot er einen interessanten Ansatz, wie man dem FBI entgeht: einfach an einem Ort bleiben. Wenn der belesene Bombenleger und der eremitenhaft, wenn nicht gar völlig abgeschottet lebende Ex-Mathematikprofessor Theodore John Kaczynski tatsächlich ein und dieselbe Person waren, dann lebte dieser meistgesuchte Flüchtling gut 25 Jahre in derselben Hütte in Montana. Für ziemlich genau die letzten 18 dieser Jahre hatte der Unabomber Dinge und, zum großen Unglück, auch Menschen in die Luft gesprengt, die er als Repräsentanten der bösen, technischen Industriegesellschaft ansah. Bis Anfang 1996 tappten die Behörden ziemlich im Dunkeln, was die Identität oder den Aufenthaltsort des Unabombers angingen. Am 3. April 1996 verhafteten sie Ted Kaczynski in seiner Hütte – die jedweden modernen Annehmlichkeiten entbehrte, sogar einer Toilette –, nachdem sie ihn dank einem Tipp von Kaczynskis jüngerem Bruder über mehrere Wochen überwacht hatten.

Einige Monate später, am 25. Juni 1996, erschien Kaczynski in Sacramento, Kalifornien, vor Gericht, um sich gegen die ihm zur Last gelegten Anklagepunkte zu verteidigen. Einige Tage vor der Anhörung war er offiziell vier der 16 Unabomber-Attentate angeklagt worden, darunter zwei der drei tödlichen Anschläge.

Er plädierte auf nicht schuldig. Dies war das erste Mal, dass er eine öffentliche Aussage irgendeiner Art zu seiner Schuld oder Unschuld machte

Ein cleverer Bombenleger

– und genau genommen machte er sie nicht einmal. Es war sein Anwalt, der für ihn sprach. Kaczynski ist, gelinde gesagt, ein rätselhafter Bursche. Die Einzelheiten seines Lebens wurden durchaus ausführlich beschrieben, doch niemand vermag genau zu sagen, wieso er zum Unabomber wurde. Verschiedenen Spekulationen zufolge hatte ihn die Abweisung einer Angebeteten verbittert werden lassen, ein Journal hatte einen Artikel von ihm nicht veröffentlichen wollen und er war von Joseph Conrads Roman „The Secret Agent" (dt.: „Der Geheimagent") inspiriert worden (in dem ein Universitätsprofessor seinen Beruf an den Nagel hängt, um Bomben zu bauen). Er blieb auch im Gewahrsam so sehr ein Mysterium, wie es der Unabomber vor Kaczynskis Festnahme gewesen war.

Der Unabomber, der seinen Namen aufgrund seiner bereits früh erkennbaren Tendenz, Universitäten und Airlines zu treffen, erhielt (was voraussetzt, dass alle Attentate, die das FBI miteinander verbindet, tatsächlich das Werk desselben Täters waren), begann seine „Terrorherrschaft", wie es die Medien gerne nannten, am 26. Mai 1978, als eine Bombe, die für einen Universitätsprofessor aus dem Nordwesten des Landes gedacht gewesen war, einen Sicherheitsmann verletzte. Danach hatte es 15 weitere Bombenanschläge oder versuchte Bombenanschläge gegeben, die dem Unabomber zugeschrieben wurden. Die Bomben töteten drei Menschen, wenngleich der erste Todesfall nicht vor 1985 eintrat.

Zu den Opfern des Bombenlegers zählten ein Werbefachmann, ein Lobbyist der Holzindustrie, eine Reihe Akademiker und der Besitzer eines Computergeschäfts. Zum wirklichen Medienstar avancierte der Bomber 1995, als er – sozusagen – an die Öffentlichkeit trat, indem er eine Reihe Botschaften an die Medien schickte. Im Juni drohte er, ein Flugzeug am Los Angeles International Airport in die Luft zu jagen, nur um kurz darauf in einem weiteren Schreiben das Ganze als Scherz zu bezeichnen.

Der Publizitätsblitzkrieg erreichte seinen Höhepunkt, als die *Washington Post* (gemeinsam mit der *New York Times*) in die Forderung des Bombenlegers einwilligte, einen Text, der als „Das Unabomber-Manifest" bekannt wurde, abzudrucken. In Wirklichkeit trug die 35.000-Wörter-Monographie den Titel „Die Industrielle Gesellschaft und ihre Zukunft", umriss eine primitivistisch-anarchistische Philosophie als Gegenentwurf zu allen Formen der modernen Technologie und verfocht die Abschwörung von der modernen Industriegesellschaft. Würde dies tatsächlich umgesetzt, würde die ganze Welt so leben, wie es Kaczynski getan hatte.

Der Bombenleger identifizierte sich selbst stets als eine „Gruppe" – die bereits vorher erwähnte „FC", was nach eigener Aussage des Bombers für „Freedom Club" stand. Er gravierte diese Buchstaben in seine Bomben ein und stellte so sicher, dass sie die Explosion überstehen würden. Doch die

Ein cleverer Bombenleger

Behörden gingen immer davon aus, dass die aufwieglerische Kampagne das Werk eines einzelnen Mannes war.

Das FBI hatte den Unabomber als hochgebildet eingeschätzt und Kaczynski entsprach dieser Annahme genau. Im Alter von 16 schrieb er sich in Harvard ein, bevor er 20 wurde machte er bereits seinen Abschluss und mit 25 war er schon ein aufsteigender Stern an der Mathematischen Fakultät der U. C. Berkley. Er verließ Berkley unvermittelt und unter unklaren Umständen. Einige Presseberichte zitieren Kollegen, die sich daran erinnerten, dass Kaczynski gesagt habe, er wolle sich „sozialen Sachen" widmen, auch wenn sich niemand daran erinnern konnte, welchen Sachen (Dinge hochzujagen mag sich oder mag sich nicht als „Sache" qualifizieren).

Und auch wenn er alleine im Wald hauste lebte er keineswegs im Untergrund. In Lincoln, Montana, war er durchaus bekannt, auch wenn niemand von sich behaupten konnte, ihn wirklich gut zu kennen. Oft saß er in der Stadtbibliothek und ab und zu besuchte er örtliche Läden zum Einkaufen. Derweil sein zurückgezogener Lebensstil – er lebte praktisch von seinem Garten und dem Wild und den Stachelschweinen, die er mit seiner Kaliber .22 schoss – ihn nicht unwesentlich vor neugierigen Augen bewahrte, lässt er doch zugleich die Frage noch mysteriöser erscheinen, wie dieser mittellose Harvard-Abgänger, der zum Grizzly Adams[1] mutierte, imstande war, überall im Land unterwegs zu sein, um Bomben in die Post der Bay Area einzuwerfen oder sie sogar persönlich hinter einem Computergeschäft in Utah zu platzieren (der Vorfall, der zu dem berühmten Unabomber-Phantombild führte).

Kaczynski bleibt ein seltsamer Verbrecher, ein Aspekt seines Falles jedoch war kaum seltsam, und zwar der Strom an Informationen, den die Behörden an die Medien durchsickern ließen. Die Regierung trug ihr Beweismaterial gegen Kaczynski in der Presse zusammen. Kaum verwunderlich.

Bis irgendetwas, das der wahren Geschichte des Unabombers ähnelte, ans Tageslicht kam, sollte noch einige Zeit ins Land gehen. Bis zum Ende des Gerichtsverfahrens gegen Kaczynski blieb das Ausmaß der Beweise, welche die Regierung tatsächlich gegen den verrückten Professor in der Hand hatte, ein Geheimnis. Diese Beweise mochten durchaus unanfechtbar sein. Immerhin hatte die Regierung fast zwei Jahrzehnte Zeit gehabt, sie zu sammeln.

Doch solange diese Beweise nicht öffentlich zugänglich waren, fragte man sich, ob das FBI tatsächlich irgendetwas in der Hand hatte, um Ted Kaczynski festzunageln. Ab dem Moment, da Kaczynski verhaftet wurde, leckte es Informationen aus dem Inneren des FBI und Dutzende von ihnen erwiesen

---

[1]Grizzly Adams ist der populäre Protagonist des Films „The Life and Times of Grizzly Adams", ein Förster, der des Mordes angeklagt wird, in die Berge flieht und dort ein naturverbundenes Leben als Trapper beginnt. 1977 entstand eine TV-Serie nach dem Film. – Anm. d. Übers.

Ein cleverer Bombenleger

sich als unzuverlässig oder schlicht als falsch. Wenn das FBI wirklich harte Beweise gegen Kaczynski besaß, wieso fanden so wenige von diesen ihren Weg nach außen, während der Strom an Falschinformationen schier endlos zu sein schien?

Die Antwort zu dieser Frage könnte in der Ungeeignetheit der übereifrigen Presse liegen. Wie auch immer es sich in Wahrheit verhielt, es bestand zweifelsohne die Tendenz zum „vorschnellen Urteil" (um diesen uralten Verschwörungsslogan mal wieder auszugraben), die Unabomber-Taten Kaczynski anzuhängen.

Die durchgesickerten Informationen waren so häufig und so ungeheuerlich, dass Kaczynskis Pflichtverteidiger bei einem Richter den Antrag stellte, den Fall komplett fallen zu lassen, mit der Begründung, dass alle potenziellen Geschworenen durch die Schmutzkampagne des FBI gegen Kaczynski vergiftet worden wären. Der Richter lehnte dies ab, wies aber deutlich darauf hin, dass es eine Menge undichte Stellen gegeben habe.

Ein Sprecher des Justizministeriums erzählte der *Washington Post*: „Es gibt Momente, in denen wir unter der Hand versuchen zu verhindern, dass etwas, das völlig falsch ist, gedruckt oder gesendet wird, doch in diesem Fall, so schien mir, hatte ich nicht mal das geschafft."

Laut der *New York Times* und anderen großen Nachrichtenorganen fanden den die Ermittler ein „Original" des Unabomber-Manifests in der winzigen Holzhütte in Montana. Was Indizienbeweise anbelangt, wäre es das dann wohl gewesen. Doch als das FBI eine Auflistung der über 700 Gegenstände, die es in Kaczynskis mickriger Bleibe sicherstellte, veröffentlichte, war das Manifest nicht aufgeführt, ebenso wenig wie irgendwelche Originale der Unabomber-Korrespondenz. Die Liste führte durchaus „Dokumente" auf. Doch das konnte alles heißen.

Natürlich vermochte niemand in den Medien davon zu berichten, die sichergestellten Manuskripte mit eigenen Augen gesehen zu haben. Alle Berichte basierten auf namenlosen Quellen innerhalb der Behörde.

Zwei Tage nach der Festnahme von Kaczynski meldete die Associated Press (gemeinsam mit den meisten anderen großen Nachrichtenorganen), dass eine Schreibmaschine in der spartanischen Behausung des Eremiten gefunden worden sei, die „eben jene zu sein scheint, die der Unabomber verwendete, um seine Briefe zu schreiben sowie sein großes Manifest über das Böse der Technologie", so ein Bundesbeamter.

Ganz gleich, ob es ein „Bundesbeamter" sagte oder nicht, die belastende Behauptung hätte - vor allem so rasch geäußert - zumindest einen Hauch von Unglauben hervorrufen müssen. Dennoch berichtete die *New York Times*: „Komplizierte Tests, die an zwei recht früh während der Durchsuchung der Holzhütte in Montana gefundenen Schreibmaschinen durchgeführt wurden,

Ein cleverer Bombenleger

führten sie zu der Ansicht, dass es unwahrscheinlich sei, dass mit einer der Maschinen das Unabomber-Manifest verfasst worden wäre." Oh.

Anscheinend muss es die *Times* und ihre Kollegen bei den großen Nachrichtenorganen überrascht haben, dass in der Tat „komplizierte Tests" notwendig sind um festzustellen, ob ein bestimmtes Dokument mit einer bestimmten Schreibmaschine aufgesetzt wurde. Einfaches Augenmaß genügt da nicht.

Doch siehe da, die Beamten fanden eine dritte Schreibmaschine unweit der Stelle, an der sie auch das Unabomber-Manuskript entdeckt hatten. „Offizielle Stellen meldeten am Freitag, sie seien erleichtert, dass erste Tests ergeben hätten, dass die Type der dritten Maschine mit dem Schriftbild der Manuskripte übereinstimme", berichtete die *Times* am 8. April 1996.

Wie sahen diese „ersten Tests" aus? Das verrät die *Times* nicht. Während es auf der einen Seite so aussah, als hätte das FBI ihren Mann gefunden, darf man nicht vergessen, dass Medienberichte mitunter von fragwürdiger Zuverlässigkeit sind und die Regierung – so sehr sie aufgrund der ständigen Lecks an die Medien auch scheinbar mit den Zähnen knirschte – sich wohl bewusst war, dass es wichtig ist, in der Presse eine solide Beweislage aufzubauen, um einen Fall vor Gericht haltbar aussehen und das FBI gut dastehen zu lassen.

Unter der Führung von *Times*-Reporter Davin Johnson brachten die meisten Tageszeitungen am 8. April Artikel, die besagten, dass Kaczynski von einem Hotelmanager in Sacramento in dem Zeitraum gesehen worden sei, als zwei Bomben von der kalifornischen Hauptstadt aus verschickt wurden. Das FBI erklärte unterdessen, konfrontiert mit Anfragen der Medien, einige der versiegelten Akten in dem Fall zu öffnen, dass die Freigabe derartiger Beweise für die Öffentlichkeit Zeugen „beeinflussen" könne. Als Beispiel zitierte das FBI den Hotelmanager, der Kaczynski identifiziert hatte. Bei einer früheren Befragung durch G-Men, so kam heraus, war er nämlich nicht imstande gewesen, ein Foto des vermeintlichen Unabombers zu identifizieren. Nachdem die Artikel erschienen waren, suchte das FBI den Mann erneut auf, nur um festzustellen, dass „er keine Aufzeichnungen" besaß, welche die Behauptungen, die in der Presse abgedruckt worden waren, untermauern würden. Er „erzählte dem FBI, er habe keine Aufzeichnungen der Übernachtungen im Hotel".

Die *Los Angeles Times* vergrub die Widerrufung des Hotelmanagers tief in einem Artikel, der anführte, dass das FBI ein „Kapuzenshirt und eine Fliegersonnenbrille" gefunden habe, die genau wie jene aussahen, die von dem Schuldigen auf dem berühmten Unabomber-Phantombild getragen worden seien. Na, wenn das keine Beweise waren!

Gerade zu Beginn der Ermittlungen, als Kaczynskis Foto so weit über die Printmedien und Fernsehsender (ganz zu schweigen vom Internet) verbreitet wurde, dass er an Bekanntheit O.-J. Simpson Konkurrenz machte, meldete sich genau genommen niemand, der mit einer zuverlässigen Sichtung von ihm in der Nähe einer der Örtlichkeiten, wo Bomben platziert wurden, hätte dienen können. (Es meldeten zwar eine ganze Menge Leute Sichtungen, doch keine konnte als zuverlässig bezeichnet werden.)

Eine Kleinigkeit, die Forscher Ross Getman auf der „Truth is Redacted"-Website (dt.: „Die Wahrheit wird veröffentlicht") bemerkte, lässt einen am Kopf kratzen: Laut dem Anschriftenverzeichnis der Harvard-Alumni war Kaczynski 1982 in Afghanistan. Vielleicht war die Angabe dieser Adresse nur Teds Vorstellung von einem Witz. Doch wenn dies wahr gewesen wäre, hätte ihn dies möglicherweise als Unabomber disqualifiziert - zumindest in Bezug auf zwei Bombenattentate, die UNABOM in diesem Jahr zugeschrieben wurden sowie vielleicht zwei versuchte Attentate der Jahre 1980 und 1981.

Zu den anderen Informationen, die beim FBI durchsickerten, zählte etwa: die angebliche Entdeckung und Entschärfung einer tatsächlichen Bombe in Kaczynskis Holzhütte durch das FBI wie auch der Fund von Tonnen von Chemikalien, mit denen man Bomben herstellen konnte, Büchern übers Bombenbauen und „akribischen" (dieses Wort wurde ziemlich oft verwendet) Notizen zur Herstellung von Sprengstoff. Keiner dieser belastenden Gegenstände war jemals zuvor von irgendjemandem bemerkt worden, der Kaczynskis Hütte in den Bergen einen Besuch abgestattet hatte, darunter ein Volkszähler und ein Jägerkollege namens Glen Williams, der von sich selbst meinte, dass wenn Kaczynski so etwas wie einen Freund gehabt hätte, er dieser wohl gewesen sei.

Laut Williams, der von der Zeitung *Boston Herald* interviewt worden war, verließ Kaczynski seine Bleibe nur einmal für mehr als ein paar Tage und dies war Mitte der 1980er. Natürlich mögen die Erinnerungen dieses „Freundes" unvollständig sein und vermutlich hing er auch nicht rund um die Uhr mit Kaczynski zusammen, doch wenn seine Erinnerung der Wahrheit entspricht, hätte das dem angeblichen Bombenleger wenig Zeit für seine Ausflüge in die Bay Area gelassen.

Laut AP stellten die Behörden außerdem fest, dass Kaczynski „mindestens 25 Mal" in einem Hotel im etwa 50 Meilen entfernten Helena[2] eingekehrt sei, wobei „vier der Aufenthalte grob mit fünf der Bombenattentate zusammenfielen, derer der Unabomber angeklagt ist". Allerdings wurden die Bomben nicht von Helena aus verschickt (zumindest trugen sie nicht den dortigen Poststempel), insofern bedurften die Verbindungen zwischen Kaczynskis Hotelaufenthalten und den Bombenattentaten − über den bloßen zeitlichen Zusammenfall hinaus − noch zusätzlicher Klärung. Und was

---

[2] Hauptstadt des Bundesstaats Montana. − Anm. d. Übers.

Ein cleverer Bombenleger

war übrigens mit den anderen 21 Malen, in denen er in dem Hotel übernachtete, die nicht mit einer Attacke des Unabombers „grob zusammenfielen"?

Niemand in der Öffentlichkeit vermochte damals mit Sicherheit zu sagen, ob Kaczynski wirklich der gefürchtete Autor der besten anarcho-ludditischen Schmährede war, die jemals in der *New York Times* und *Washington Post* erschienen ist (nämlich: „Die Industrielle Gesellschaft und ihre Zukunft"), doch den Berichten der Presse zufolge sah die Zukunft für den 53-jährigen Essayisten nicht unbedingt rosig aus. Aber das FBI musste noch ein paar Antworten auf wirklich knifflige Fragen finden. Einige der Schlüsselfragen, wie es der *Boston Globe* bezeichnete, lauteten etwa: „wie ein einsiedlerischer, ehemaliger Professor, der ohne Strom, Auto oder Telefon in einem der abgelegensten Teile Amerikas lebte, die geplanten Ziele seiner Attentate verfolgen, Zutaten für komplizierte Sprengstoffe in seinen Besitz bringen und diese dann in Umschlägen auf die Reise schicken konnte, die im Allgemeinen Poststempel von der Westküste trugen." Keine unberechtigten Fragen. Der *U.S. News and World Report* berichtete, dass Kaczynskis Familie ihm jedes Jahr „Tausende von Dollars" schickte, was erklärt hätte, wie er das ganze Reisen hätte finanzieren können – doch nicht, wie er imstande gewesen wäre, seine Zielobjekte so selektiv auszuwählen, wie er es scheinbar getan hatte. Kaczynski selbst soll Berichten zufolge den wenigen Leuten, mit denen er über solche Dinge sprach, erzählt haben, dass er mit 300 Dollar im Jahr hatte auskommen müssen. Über 25 Jahre hinweg hätte sich dies zu einer Summe von 7500 Dollar addiert, was nominell als „Tausende" durchgehen würde, aber kaum genug gewesen wäre, um seine wiederholten Abstecher quer durchs Land zu bezahlen.

Eine Spekulation, die in den frühen Presseberichten nicht besonders verbreitet war, es aber in die dem Unabomber gewidmete Internet-Newsgroup *alt.fan.unabomber* geschafft hatte, war, dass Ted the K. einen Komplizen besaß. Er kaufte seinen Besitz in Montana mit der Hilfe seines kontaktfreudigeren Bruders David, dem Burschen, der den Unabomber letztendlich ausgeliefert hatte. David Kaczynski hatte selbst in einer Zurück-zur-Natur-Blockhütte gelebt, unten in Texas, bis er einige Jahre zuvor nach Schenectady, New York (nahe Albany) gezogen war, um seine Highschool-Liebe zu heiraten. Das soll natürlich keineswegs implizieren, dass David Kaczynski Unabomber II gewesen wäre – nichts läge ferner –, doch die Möglichkeit eines Komplizen konnte nicht mit Sicherheit ausgeschlossen werden. In seinen Briefen an die Medien hatte sich der Unabomber stets selbst als „Gruppe" bezeichnet, was entweder nicht mehr als ein lahmer Versuch gewesen war, die Behörden auf die falsche Spur zu locken, oder aber das Wunschdenken eines unglaublich einsamen Geistes.

Ein cleverer Bombenleger

Berechtigte Zweifel am Fall Kaczynski gab es einige (die Ermittler mochten eine Menge Indizienbeweise gefunden haben – sogar, wie sie behaupteten, eine echte Bombe –, doch Kaczynski mit einem spezifischen Bombenanschlag in Verbindung zu bringen, war eine ganz andere Sache). Jedwede Spekulationen hinsichtlich seiner möglichen Spielkameraden indes waren regelrechte Schüsse ins Blaue. Eine Richtung, die Verschwörungstheoretiker neugierig machte, waren die Thesen, die Ross Getman im Internet verbreitete. Einige Monate vor der Verhaftung Kaczynskis verbreitete Getman seinen Text „Der Unabomber und der geplante Marsch auf Skokie", in dem er spekulierte, dass der Bomber Verbindungen zur neonazistischen National Socialist Party of America haben könnte. Diese Gruppe hatte 1978 einen „Marsch durch Skokie, Illinois, den überwiegend von Juden bewohnten Vorort von Chicago, der Heimat von mehr als 7000 Holocaust-Überlebenden" organisiert.

Der erste Angriff des Unabombers fand mitten in der Hochzeit der Aufregung über diesen geplanten Nazi-Marsch statt. 1995 besuchte das FBI auf der Spur des Unabombers eine Highschool in Skokie. Interessant auch, dass die ersten vier Anschläge in der Gegend um Chicago stattfanden. Die ersten beiden richteten sich gegen die Northwestern University, wo laut Getman „zwei Jahre früher ein Dozent der Computer- und Ingenieurswissenschaften ein kontroverses Buch geschrieben hatte, das argumentierte, der Holocaust sei eine Lüge". Dann wurde eine Bombe in einem Flug der American Airlines von Chicago nach Washington platziert. Die vierte wurde dem Präsidenten von American Airlines, Percy Wood, an seine Heimadresse in der Gegend von Chicago zugeschickt.

Die National Socialist Party of America wurde von einem Frank Collin angeführt (man beachte die Initialen). Getman bemerkte zudem einen deutlichen Gebrauch „nordischer Symbolik" im Werk des Unabombers, darunter wiederholte Verweise auf Holz und Eis. Der Bombenleger stellte seine Bomben nicht nur aus Holz her und sandte in einem Fall einen Kirschzweig in seinem Paket mit, er schickte 1980 auch eine Bombe an den bereits zuvor erwähnten Fluglinienmanager Mr. Wood. Die Bombe war in einem Buch mit dem Titel „Ice Brothers" versteckt. Frühere Bombenpakete waren mit Briefmarken von Eugene O'Neill beklebt worden – der für sein klassisches Stück „The Iceman Cometh" (dt.: „Der Eismann kommt") bekannt ist. Der Bomber benutzte erneut O'Neill-Briefmarken auf seiner Bombe an Wood.

Der Roman „Ice Brothers", so erklärt Getman, spielt während des 2. Weltkriegs auf einem Patrouillenboot namens *Valkyrie* (dt.: *Walküre*), eine Referenz an den *Ring-Zyklus* des Proto-Nazi-Komponisten Richard Wagner, eine epische Oper, die auf den gleichen teutonischen Mythen basierte, welche später auch einen wichtigen Eckpfeiler von Hitlers mystischer Philoso-

Ein cleverer Bombenleger

phie bildete. In derselben Mythologie ist der Rabe ein heiliger Vogel. „Hitler verabschiedete ein spezielles Gesetz zum Schutz von Raben", schreibt Getman. Der Unabomber benutzte einmal „Ravenswood" als Rücksendeadresse auf einer Bombe.

„Die versuchte Anwendung von Chaos und Anarchie hat unter Antisemiten eine lange Tradition", erklärt Getman, der die Theorie vertrat, dass der Unabomber „ein krankes Individuum sei, welches das Vermächtnis Frank Collins weitertrage".

Doch passte Ted Kaczynski in diese Beschreibung? Zum Zeitpunkt des Verhandlungsbeginns sprach er jedenfalls nicht darüber und trotz einiger sehr gründlicher biographischer Artikel in verschiedenen Magazinen blieben die Ursprünge seiner politischen Vorlieben ein völliges Geheimnis.

Ein weiterer höchst spekulativer Verschwörungsgedanke, so unwahrscheinlich er auch sein mag: War Kaczynski der Buhmann für irgendeine schräge Verschwörung, die das Ziel verfolgte, einen Nagel in Bäume nagelnde, radikale Ökogruppen wie Earth First! zu schlagen? Am 5. April 1996 berichtete ABC News, dass Kaczynski 1994 bei einem EF-Treffen an der Universität von Montana in Missoula aufgetaucht war. Laut ABC wanderte er zu diesem Zeitpunkt auf die Liste verdächtiger Personen beim FBI. Eine so genannte Todesliste, die in der radikalen Öko-Zeitung *Live Wild or Die* veröffentlicht wurde, hätte die Quelle des Unabombers zum Finden seiner Opfer sein können, so glaubten die Ermittler – doch die Liste wurde 1990 publiziert und nur vier der 16 Bombenattentate stammten aus der Zeit danach.

Im Mai 1990 wurden die Earth-First!-Aktivisten Judi Bari und Darryl Cherney durch eine Rohrbombe in ihrem Auto verletzt. Das FBI legte die Explosion den beiden Earth-First!lern selbst zur Last, auch wenn es niemals irgendwelche Beweise vorbrachte, um diese Behauptung zu untermauern und auch nie irgendwelche Anklagen erhob. Earth First! hingegen beschuldigte das FBI, die Öko-Aktivisten-Gruppe hereinlegen und diskreditieren zu wollen, die am besten für ihre Vorgehensweise bekannt ist, Metallstifte in Bäume zu schlagen, um Holzfäller daran zu hindern, sie abzuholzen. Oder vielleicht war die Bombe, schlimmer noch, ein Mordanschlag, den das FBI entweder stillschweigend oder explizit sanktioniert hatte.

Wo wir gerade dabei sind, hätte man den Unabomber genauso gut mit der CIA in Verbindung bringen können. All diese Spekulationen bewegten sich auf ziemlich dünnem Eis. Vor allem die Gerüchte im Vorfeld von Kaczynskis Verhaftung hätten auch nur gezielte Informationslecks der Strafverfolgung sein können, um den Eindruck zu erwecken, das FBI sei an seinem Mann näher dran, als es seinerzeit der Fall gewesen war. Am 30. Juli 1995 berichtete die *New York Times*, dass der 48-jährige Flüchtende James William

Ein cleverer Bombenleger

Kilgore ein „möglicher Verdächtiger" (wie vage ist das denn?) im Unabomber-Fall sei.

Kilgore, so lässt das Blatt wissen, „ist am besten bekannt für seine Verbindungen zur Symbionese Liberation Army."

Dem Wirklichkeitsverständnis der Verschwörungstheoretikerin Mae Brussell zufolge hatte mit der SLA die ganze Zeit schon irgendetwas nicht gestimmt, selbst bevor sie Patty Hearst entführt hatte. Ihr Anführer, Donald „Generalfeldmarschall Cinque" DeFreeze – Vollzeitgauner und Informant des LAPD – entstammte der kalifornischen Strafanstalt Vacaville Medical Facility, wo er, laut Brussell, von dem für die CIA arbeitenden Spezialisten für psychologische Kriegsführung Colston Westbrook unter die Fittiche genommen worden war. Westbrook rekrutierte DeFreeze für seine Black Cultural Association. Er bot Kurse in „Kommunismus" an, wobei er allerdings die Aufmerksamkeit der Häftlinge dadurch ablenkte, dass er im Klassenraum eine Reihe, wie er es nannte, „flotte Bienen" präsentierte. Für gewöhnlich dienten die Frauen nur als Anschauungsobjekte, doch es heißt, dass DeFreeze später erlaubt wurde, ehelichen Besuch durch Frauen seiner Wahl zu empfangen – eine Vergünstigung, die in den meisten Fällen ausschließlich verheirateten Häftlingen zusteht.

Der bewaffnete Räuber DeFreeze wurde vorzeitig aus Vacaville entlassen, da er der Gefängnisleitung „einen Gefallen" erwiesen hatte. Brussell erklärt, dass „ein Gefallen in der Vacaville Medical Facility normalerweise die Teilnahme an medizinischer Gehirnforschung bedeutete". War DeFreeze ein weiterer geistesmanipulierter Dumpfbolzen, fragt sich Brussell. „Wurden Elektroden oder Transponder in DeFreezes Gehirn eingesetzt?"

Es ist wahr, dass Brussell 1974 in ihrem vor rhetorischen Fragen strotzenden Artikel „Warum wurde Patricia Hearst entführt?" nicht wirklich ihre Theorie beweisen konnte. Aber sie stellte ein paar unbequeme Tatsachen fest. Die SLA schien aus dem Nichts heraus entstanden zu sein, ohne Verbindungen zu überhaupt irgendeiner radikalen Gruppe oder Bewegung. Tatsächlich wurde unter Aktivisten der Bay Area gemunkelt, die SLA sei eine Bande von Provokateuren der Polizei.

Ihre überwiegend weißen Mittelklasse-Mitglieder entbehrten praktisch jeder vorherigen politischen Erfahrung gleich welcher Art. Manche entstammten dem Militär, darunter der Mitmörder Fosters[3], Joseph Remiro. Andere waren Heimatlose, drogenverwirrte „gute Kinder", die aus der Bahn geworfen worden waren, ähnlich wie auch die Jünger von Charlie Manson. Der leicht zu beeindruckende Typ. Und dann war da Donald „Cinque" DeFreeze mit

---

[3] Am 6. November 1973 ermordete die SLA in Oakland, Kalifornien, Dr. Marcus Foster, einen farbigen Mitarbeiter des Schulamts aufgrund seines – gemäßigten! – Planes, Identi-Cards in Oaklands Schulen einzuführen. Der Mord wurde auch innerhalb der Aktivistenszene als kontraproduktiv angesehen. – Anm. d. Übers.

Ein cleverer Bombenleger

seinem CIA-Mentor und den kuscheligen Verbindungen zu Gefängnisleitungen in Kalifornien.

Wenn irgendeine schattenhafte Regierungsbehörde, der es nicht genügte, existierende linksgerichtete Bewegungen zu infiltrieren, ihre eigene falsche „radikale Terroristen"-Gruppe würde gründen wollen, sie sähe möglicherweise aus wie die SLA.

Wenn Kilgore also wirklich irgendeine Verbindung zum Unabomber gehabt hätte und wenn die SLA in der Tat nur eine Fassade für die CIA gewesen wäre – nun ja, die verschwörungstheoretischen Implikationen wären sehr verwirrend.

Doch das war auch alles ziemlich weit hergeholt. Laut der *Los Angeles Times* war das FBI Kilgore nie besonders dicht auf den Fersen, „sehr zur Enttäuschung einiger Kritiker der UNABOMBER-Untersuchung". Sein Name tauchte erstmals im April 1995 in einem Fernsehbericht auf, welchen das FBI „dementierte", derweil sie Kilgore trotzdem als jemanden anführte, „mit dem sie gerne einmal sprechen würde".

Der Ex-SLA-Mann war zum Zeitpunkt von Kaczynskis Verhaftung seit 21 Jahren auf der Flucht gewesen, der Unabomber seit 18 Jahren aktiv. Kilgore stand wegen dem illegalen Besitz von Sprengstoff unter Anklage und es heißt, seine Fingerabdrücke wären von einer Rohrbombe aus SLA-Herstellung genommen worden. Er kommt aus Marin County. Das FBI hatte vermutet, dass der Unabomber sich irgendwo in der Bay Area oder dem nahen Sacramento verborgen gehalten hatte. Kilgore ist der Sohn eines Holzhändlers. Viele der Anschläge des Unabombers hatten „Holz" zum Thema gehabt. Kilgore entsprach angeblich der physischen Beschreibung des Unabombers – auch wenn das schwer zu sagen ist, denn seit 1976 hatte ihn praktisch niemand mehr gesehen. Na ja.

Ted Kaczynskis Gerichtsverfahren als Unabomber war fast so dramatisch wie sein Leben zuvor. Als der Vorprozess 1996 voranschritt, stand Kaczynskis geistige Gesundheit im Vordergrund. Sowohl die Staatsanwaltschaft als auch die Verteidigung verwiesen auf Kaczynskis Tagebucheinträge, seine Isolation und persönlichen Aussagen, um eine Geistesstörung aufzuzeigen. Wütend protestierte Kaczynski gegen seine Pflichtverteidiger (da diese planten, aufgrund von Wahnsinn auf nicht schuldig zu plädieren) und forderte, sich während des Verfahrens selbst verteidigen zu dürfen. In der Zwischenzeit wurde über die Anwendung der Höchststrafe diskutiert, gegen die sich sein Bruder David aufs Heftigste verwahrte (er hatte Ted unter der Bedingung ausgeliefert, dass ihm nicht die Todesstrafe drohen würde). Während des Streits darüber, ob oder ob nicht die Staatsanwaltschaft auf die Todesstrafe pochen würde, unternahm Ted Kaczynski im Gefängnis einen Selbstmordversuch. Nach einem psychologischen Gutachten wurde festgestellt, dass

101

Ein cleverer Bombenleger

Kaczynski imstande sei, das Verfahren durchzustehen, dass er aber tatsächlich möglicherweise ein schizophrener Paranoiker sei, wie es seine Anwälte ursprünglich behauptet hatten. Am Ende lehnte der Richter Kaczynskis Ersuchen, sich selbst zu verteidigen, ab. Am 22. Januar 1998 plädierte Kaczynski auf schuldig und wurde zu lebenslanger Haft verurteilt.

QUELLEN:

Informationen über die Beweise gegen Ted Kaczynski entstammen Pressezugängen aus den Wochen nach seiner Verhaftung.

Douglas, John: „Unabomber". New York: Pocket Books, 1996.

Viele Informationen über Kaczynski stammen aus Dutzenden von Presseartikeln. Die wichtigsten sind:

Associated Press, „Kaczynski's Spiral – Boy Genius to 60s Wallflower to Embittered Hermit." 20. April 1996.

Howe, Rob: „The Lone Stranger". *People*, 15. April 1996.

Johnston, David: „Long Twisted Trail Led to Unabom Suspect's Arrest". *New York Times*, 5. April 1996.

Mc Fadden, Robert D.: „From a Child of Promise to the Unabom Suspect". *New York Times*, 26. Mai 1996.

Müller, Mark: „Friend: I Liked Having Him Around". *Boston Herald*, 6. April 1996.

Talbot, David: „Kaczynski Linked to Radical Group". *Boston Herald*, 6. April 1996.

Thomas, Even: „Probing the Mind of a Killer". *Newsweek*, 15. April 1996.

Thomas, Even: „Blood Brothers". *Newsweek*, 22. April 1996.

Van Biema, David: „The Mounting Evidence". *Time*, 22. April 1996.

DAS GEHEIMTEAM

Als ein echtes Zeitstück und Dokument einer Ära inspirierte das Daniel-Sheehan-Affidavit sogar eine Graphic Novel – durchaus angemessen, ist das Dokument doch weniger ein Gerichtspapier als ein Kunstwerk; ein an Francis Ford Coppola erinnerndes Epos voller Geheimnisse und Täuschungen und allgegenwärtiger Gefahr.

Das Affidavit (eine eidesstattliche Erklärung) wurde im Dezember 1998 von Daniel Sheehan abgegeben, einem langjährigen Aktivistenverteidiger – er hatte beispielsweise am Karen-Silkwood-Fall gearbeitet und für die amerikanischen Ureinwohner, die am Wounded Knee belagert worden waren. Mitte der Achtziger war er Chefberater des in Washington, D. C. ansässigen Christic Institute, „einer glaubensübergreifenden und politisch engagierten Anwaltskanzlei".

Mithilfe des schwer in den Griff zu kriegenden Racketeer Influenced and Corrupt Organizations Statut (RICO), das für gewöhnlich von Staatsanwälten eingesetzt wird, um Mafiabosse festnageln zu können, versuchte Sheehan, ein komplettes „Geheimteam" aus Spionen, Söldnern, Waffenschmugglern und ihren Kontakten im Weißen Haus dranzukriegen, indem er sie mit dem Bombenanschlag auf die Pressekonferenz eines abtrünnigen Contra-Anführers in La Penca auf Costa Rica in Verbindung brachte.

Der Contra, Eden Pastora, war der De-facto-Kontrolle der Anti-Sandinista-Rebellion durch die CIA überdrüssig geworden. Er rief die Pressekonferenz ein, um seine Gründe für den Bruch mit anderen Contra-Gruppen darzulegen, die sich mehr der CIA verpflichtet fühlten als der Sache. Kaum hatte Pastora angefangen zu sprechen, machte es „Bumm"!

Die Klienten des Christic waren zwei Journalisten, die in der Explosion verwundet worden waren. Mit dem sehr allgemein gehaltenen RICO-Sta-

Das Geheimteam

tut hätte Sheehan, wenn er den Bombenanschlag den Aktivitäten dieses Geheimteams hätte zuschreiben können, die gesamte Schattenregierung stürzen können.

Das Affidavit erschien ungefähr zur gleichen Zeit, als die Iran-Contra-Affäre in den Zeitungen die Runde machte und als sich der Skandal ausweitete, erwiesen sich einige der Schüsselfiguren als Männer, die auch auf der Liste der 29 Angeklagten des Christic Institute standen. Namen wie Richard Secord, Oliver North, John Hull und Theodore Shackley, Thomas Clines, Albert Hakim, John Singlaub und Edwin Wilson – alles CIA-Agenten, Militäroffiziere, Waffenschieber und manchmal auch Kombinationen davon – bevölkerten die Gegenrealität Sheehans.

Das Affidavit, das Sheehans eigenen Auswertungen von 70 Quellen entsprang, erzählt die Geschichte einer Waffen-für-Drogen-für-Gewehre-für-Geld-Unternehmung, die sich von den fernen Gestaden des Südostasiens der 1960er bis ins Mittelamerika der 1980er erstreckte. Die Erzählung beginnt vor einem an „Godfather Part II" (dt.: „Der Pate II") erinnernden Panorama des wilden Havannas um 1959, das gerade von der sozialistischen Revolution überrollt wird. Verschwörungen entstehen aus dem Nichts heraus. Richard Nixon trifft sich mit dem Sicherheitsspezialist-cum-Privatdetektiv Robert Maheu, um Methoden der Unterminierung der neuen kubanischen Regierung zu besprechen.

Maheu kontaktiert die Elite der Unterwelt: John Roselli, Sam Giancana, Santos Trafficante. Die versammeln ein Team aus Attentätern, um die supergeheime „Operation 40" des Nationalen Sicherheitsrats zu „unterstützen", die das Ziel hat, Castro zu stürzen.

Mitglieder von Operation 40 schmuggeln nebenbei Drogen aus Kuba in die Vereinigten Staaten. Der Einsatz der Mafia führt dabei zwar zu einigen „Kontrollproblemen", doch die Operation läuft weiter.

Einige Jahre später zieht die Führung von Operation 40 nach Laos um, eine neue Spielwiese. Der „Blonde Geist" der CIA, Shackley, und sein Chefleutnant Thomas Clines bilden eine neue Attentäter-Schwadron aus laotischen Hmong-Stammesangehörigen.

Der Kommandant dieser Todesschwadron ist General John Singlaub, später der Gründer der ultrarechten World Anti-Communist League. North und Secord dienen beide unter Singlaub.

Die Einheit unterstützt einen Opiumlord namens Van Pao in einem Territorialstreit gegen zwei Wettbewerber im laotischen Dschungel.

Der glückliche Mr. Pao geht, mit ein bisschen Hilfe von seinen Freunden, siegreich aus diesem Konflikt hervor, nachdem seine Rivalen um den Drogenhandel „mysteriöserweise" das Zeitliche gesegnet haben. Schon bald trifft sich Van Pao in einem Hotel in Saigon mit Santos Trafficante und, laut

Das Geheimteam

Sheehans Behauptungen, ein weiterer Kontrakt zum Drogenimport wird geschlossen.

Derlei Aktivitäten ziehen sich durch die ganze Vietnam-Ära hindurch, die meiste Zeit mit irgendeiner Art offizieller Erlaubnis durch die CIA oder das Militär. Das Phoenix-Programm, während dem 40.000 vietnamesische regionale und kommunale Anführer ermordet wurden, war ein solches voll genehmigtes Projekt von mehr als fragwürdigem ethischem Status. Doch alle guten Dinge haben ein Ende. Als Phoenix das Ende seines Mandats erreichte, entwickelten Shackley, Clines und Richard Armitage – den das Affidavit als den „Schatzmeister" dieses ungewöhnlichen Quasi-Konzerns bezeichnet – „einen hoch geheimen und nicht vonseiten der CIA autorisierten Plan, um ihr eigenes, privates, antikommunistisches Programm für Attentate und unkonventionelle Kriegsführung auf die Beine zu stellen".

Das Geheimteam war geboren.

So zumindest lautet die Geschichte nach Dan Sheehan. Geld aus Opiumverkäufen, das „von Richard Secord und Thomas Clines im Verborgenen in großen Koffern aus Vietnam herausgeschmuggelt und nach Australien gebracht wurde, wo man es auf einem geheimen, privaten Bankkonto deponierte", lieferte die erforderlichen Mittel für die „Unternehmen des Teams".

Das Affidavit enthält eine Menge schwerer Anschuldigungen gegen diese Männer – die, unnötig darauf hinzuweisen, sie alle ad infinitum von sich gewiesen haben. Es beschuldigt Secord, durch den Mittelsmann Albert Hakim Waffensysteme in Länder des Nahen Ostens verkauft und auf diese Art und Weise es dem Geheimteam ermöglicht zu haben, Profite der Regierung abzuschöpfen und in noch mehr Spielchen des Teams zu stecken.

Illegal? Klaro! Aber ein gutes Geschäft. Und als die Reagan-Administration auf die „tolle Idee" kam, überteuerte Artillerie den „islamischen Fanatikern" im Iran unterzujubeln – die damals in ein Massenschlachten mit dem Irak verwickelt war – und den Gewinn dann den „Freiheitskämpfern" in Nicaragua zu schicken, bekam natürlich das Geheimteam den Job.

Mit Kriegsgewinnen allein nicht zufrieden, widmeten sich die Geheimteamleute zudem ihrer alten Reserve, dem Drogengeld. Flugzeuge, die Waffen zu den Contras brachten, segelten voll gepackt mit kolumbianischem Kokain in die Heimat.

Unter den Todesgütern, mit denen das Geheimteam handelte, waren auch großzügige Ladungen eines Plastiksprengstoffs namens C-4, der (neben anderen charmanten Kunden) an lybische Terroristen verkauft wurde. C-4 war der Stoff der Wahl für eine Fülle von terroristischen Akten, darunter der Bombenanschlag auf Pan Am 103. Sheehan schwört, dass seine Beweise darauf hindeuten, dass ein solcher Lybier C-4, das ihm vom Geheimteam geliefert worden war, in dem La-Penca-Bombenattentat verwendet hatte.

Das Geheimteam

Noch ungleich seltsamer als die Verschwörung, die in der Klageschrift des Christic Institute beschrieben wird, war die offizielle Reaktion auf die Schrift selbst. Selbst von seinen ideologischen Verbündeten wurde Sheehans Fall kritisiert, er enthalte Ungenauigkeiten und strebe nach einer übermäßig „konspirativen" Sichtweise der jüngeren Weltgeschichte. Aber Sheehan erhielt nie die Chance, seinen Kritikern in dem einen Forum zu antworten, wo seine Theorien hätten verifiziert werden können: dem Gerichtssaal.

Stattdessen wies Richter James King vom Bundesgericht den Fall der Christics im Februar 1989 ab und er ging sogar noch einen Schritt weiter: Er erhob eine Strafgebühr von einer Million Dollar gegen das unterbezahlte Christic Institute – wegen der „unverschämten" Natur der Anklage. Angesichts der prekären Finanzlage der Non-Profit-Gruppe kam dieses Urteil einem Todesstoß gegen das Christic Institute gleich – bis ein anonymer Spender das Geld aufbrachte.

Der Einspruch der Christics wurde ebenso abgelehnt. Obwohl das Institut mit knapper Not weiterbesteht, ist es von übler Nachrede regelrecht aus dem Geschäft gedrängt worden, womit es die gleiche Behandlung erleidet, die, wie es scheint, beinahe jeden trifft, der eine deutliche Herausforderung an die Hintermänner verdeckter Operationen der USA schickt. Der Fall bietet ein lehrreiches Beispiel dafür, weshalb Verschwörungstheorien in der Regel genau das bleiben: Theorien.

„Wenn wir zurück in Vietnam wären, in einem Feuergefecht", bemerkte General Singlaub einmal über seine angeblich allzu frechen Rechtsstreit-Gegner, „dann würde ich einen Luftangriff anfordern, um die Bastarde wegzublasen."

QUELLEN:
Affidavit of Daniel P. Sheehan, 12. Dezember 1986.

BEGRÜSST DEN NEUEN BOSS ...

Die Präsidentschaft von Bill Clinton war, wie die des vorherigen Demokraten im Weißen Haus, Jimmy Carter, ein gefundenes Fressen für rechte Verschwörungstheoretiker. Sie wissen schon, jene verschrobenen, zornigen, realitätsfremden Männer wie etwa der Oppositionsführer und Präsidentschaftskandidat Bob Dole.

Geradezu schamlos, berücksichtigt man die Iran-Contra-Verirrung der Republikaner, forderte Dole die Einberufung eines Sonderermittlers, um die so genannte Whitewater-Affäre zu untersuchen. Benannt nach einem Grundstücksgeschäft, in welches das Ehepaar Clinton ungefähr ein Jahrzehnt, bevor Mr. Bill nach Washington ging, mit einigem Verlust investiert hatte, umschwebten dunkle Behauptungen den Fall für Monate – von Einflussnahme bis hin zu Mord –, doch irgendwie konnte niemand dem Präsidenten und seiner angeblich gleichermaßen schuldigen Ehefrau irgendetwas anhängen.

Am 24. Januar 1994 erklärte die *Newsweek* mit bemerkenswerter Freimütigkeit: „In der Whitewater-Affäre mag Clintons wahres Problem darin liegen, dass seine Frustration sein Urteil trüben lässt". Was, zumindest nach den meisten gängigen Gesetzgebungen, noch keine strafbare Handlung darstellt.

Einige Monate später, am 27. März, nahm ein Artikel der *New York Times* auf der Suche nach Ungereimtheiten die Steuererklärungen der Clintons genauer unter die Lupe. Clintons Rechtsanwalt und sogar Clinton selbst hatten zugegeben, einen Fehler in der Angabe der Whitewater-Verluste gemacht zu haben. Erneut keine große Sache. Das Beste, was die *Times* daraus machen konnte, war festzustellen, dass der Fehler „neue Fragen aufkommen lässt, wie

107

die Clintons 1992 auf potenziell schädliche Nachrichtenberichte reagiert haben, die nahelegten, dass Whitewater möglicherweise ein fragwürdiges Geschäft gewesen sei."

„Fragen" über „potenziell" schädliche Nachrichtenberichte, die „nahelegten", dass irgendetwas „möglicherweise" irgendwie faul hätte sein können: nicht gerade das, was man „eine hieb- und stichfeste Story" nennen würde, doch genau darauf lief die „Affäre" hinaus – nicht auf die Frage nach den Missetaten der Clintons, sondern wie das Präsidentenpaar mit ihrer schlechten Presse umging. Whitewater erweckte mehr den Anschein einer Verschwörung gegen den Präsidenten, als einer, an der er beteiligt gewesen war.

Nichtsdestoweniger stimmte der Senat im Juni 1994 zu, eine begrenzte Zahl von Anhörungen in der Whitewater-Affäre durchzuführen. Die Demokraten blockten damit die republikanische Forderung nach zeitlich unbegrenzten Anhörungen und erlaubten nur eine Befragung in einigen speziellen Detailfragen – darunter der Selbstmord des Clinton-Begleiters Vincent Foster, den manche auf der Rechten (ihnen voran der einstige Führer der moralischen Mehrheit Jerry Falwell) in Wirklichkeit für eine von Clinton sanktionierte Auslöschung hielten.

Die überwiegende Aufregung in der Whitewater-Sache kam von der Oppositionspartei, den Republikanern, die sich nach zwölf Jahren aus dem Weißen Haus verdrängt und im Kongress zahlenmäßig unterlegen sahen. Doch die Vorwürfe zeugten von deutlicher Doppelmoral, angesichts der Jahre ihrer selbstgerechten Haltung in der erheblich grundlegenderen und ernsteren Iran-Contra-Affäre. Das Widerstreben der Republikaner, diese noch immer schwärende Wunde wieder zu öffnen, mag die Erklärung dafür sein, warum sie sich nicht auf eine weitere Sünde Clintons stürzten, die Whitewater im Vergleich wie einen Witz anmuten lässt – eine, die Clinton mit Iran-Contra in Verbindung hätte bringen können.

Derweil der friedliebende Wehrdienstverweigerer Clinton keineswegs mit der Olli-North-Clique per Du war, gibt es doch einen bemerkenswerten Fall, der ihn mit einer Waffen-für-Drogen-Operation zusammenbringt. Es scheint, dass eine der geheimen Start- und Landebahnen, von denen aus die CIA – oder sonst jemand – ihre Flugzeuge nach Mittelamerika starten ließ, um Waffen zu den Contras nach Nicaragua zu bringen und, anscheinend, Kokain zurück in die Vereinigten Staaten, in einer kleinen Stadt in Arkansas namens Mena lag.

Von dieser Flugpiste aus hob im Oktober 1986 ein Flugzeug ab, das Eugene Hasenfus an Bord hatte. Über Nicaragua abgeschossen, überlebte Hasenfus und verriet die Teilnahme der CIA an dem Contra-Aufstand (der bis dahin der Öffentlichkeit von der Reagan-Administration als die verzweifelten

Begrüßt den neuen Boss ...

Bemühungen einer bunt zusammengewürfelten Truppe freiheitsliebender Patrioten verkauft worden war).

Doch die Koks-Schmuggeloperation von Mena war real. Der Senats-Unterausschuss des Senators von Massachusetts John Kerry sichtete die Beweise und beschied sie für „hinreichend, um eine Anklage wegen Geldwäscherei zu erheben". Clinton war der Gouverneur von Arkansas, während diese verdeckte Operation stattfand. Daran ist erst einmal nichts Verdächtiges. Doch dem Anschein nach wusste er über Mena Bescheid und unternahm keine Schritte dagegen – tatsächlich sagt man ihm nach, er habe der Vertuschung des Ganzen Vorschub geleistet.

„Ich habe nie eine Vertuschungsaktion wie in diesem Fall erlebt", sagte der Kongressabgeordnete aus Arkansas Bill Alexander, der, in einer Aktion, die auch als Publicity Stunt ausgelegt werden könnte, dem Iran-Contra-Ermittler Lawrence Walsh zwei Kisten mit Ermittlungsakten der Staatsanwaltschaft zum Fall Mena zuschickte. „Hier gibt es eine Verschwörung größten Ausmaßes und sie wurde nicht verfolgt."

Von Alexander dazu gedrängt, gab Clinton, als er sich 1991 auf den Präsidentschaftswahlkampf vorbereitete, seinen ersten öffentlichen Kommentar zum Thema Mena ab. Er behauptete, im Jahre 1988 bereits eine Anweisung über 25.000 Dollar für eine gerichtliche Ermittlung des Falles Mena genehmigt zu haben. Doch die Ermittler, die dieses Geld hätten erhalten sollen, verneinten, dass ihnen eine solche Budgetzuordnung angeboten worden wäre und selbst das Büro des Gouverneurs war gezwungen einzuräumen, dass keinerlei Aufzeichnungen einer solchen Zahlungsgenehmigung existierten. Nach Clintons Aussage und deren anschließendem Scheitern, der Realität standzuhalten, forderte Alexander, dass das Bundesjustizministerium die 25.000 Dollar anweisen sollte. Einem Bericht der *Village Voice* zufolge wurde das Geld den Behörden von Arkansas bewilligt, doch es erreichte nie die Polizeidienststellen, die mit der Ermittlung beauftragt worden waren.

Was mag Clinton getrieben haben, an der Vertuschung der Mena-Operation teilzuhaben und dann anscheinend eine Geschichte, die seinen Hals aus der Schlinge zieht, zu erfinden? Das bleibt der Fantasie überlassen, denn es konnte keine weitere Verbindung zwischen dem damaligen Gouverneur und der Drogen-und-Waffen-Operation durch eindeutige Beweise jemals belegt oder auch nur angedeutet werden. Es ist jedenfalls schwer zu glauben, dass er George Bush Sr. schützen wollte, der vermutlich die eine oder andere Sache über Mena wusste.

Die vielleicht beste Antwort stammt von Mark Swaney, einem graduierten Studenten und Leiter einer Gruppe der politischen Basis, der einst eine mit 1000 Unterschriften signierte Petition einreichte, die forderte, dass der Staat sich der Mena-Geschichte annehmen solle. Swaneys Hypothese, wie sie

Begrüßt den neuen Boss ...

in der *Voice* wiedergegeben wird, dreht sich um einen Larry Nichols, einen Contra-Begeisterten, den Clinton, aus gleichermaßen unbekannten Gründen, zum Kopf der Arkansas Development Finance Authority (ADFA) gemacht hatte. Gemäß Swaneys Informationen, die von einer Reihe im Dunkeln bleibender Informanten stammten, welche möglicherweise Geheimdienst-Verbindungen aufwiesen, soll die ADFA unter Nichols Führung versucht haben, aus Schwarzgeld finanzierte Regierungsprogramme nach Arkansas zu ziehen. Diese Politik hätte die staatlichen Behörden mit den verdeckten Mitarbeitern in Mena verstricken können.

Die ADFA soll zum Waschen von Drogengeld gedient haben, was für Clinton und seine Frau, deren Anwaltskanzlei die ADFA betreute, eindeutig ein PR-Problem dargestellt hätte.

Am Ende feuerte Clinton Nichols, weil dieser angeblich unautorisierte Telefongespräche mit seinen Kumpels in Mittelamerika geführt und dem Staat die Rechnung zugesteckt habe. Nichols verklagte im Gegenzug Clinton aufgrund übler Nachrede und aus diesem Rechtsstreit heraus entstanden Enthüllungen über Clintons außereheliche Liebelei mit einer billigen Blondine, die im *Penthouse*-Magazin später die „Zungenfertigkeit" des Gouverneurs lobte.

In der Tat, alles sehr interessant. Doch vielleicht hätte der Öffentlichkeit mit dem Beleuchten von Clintons bizarrem Verhalten in der Mena-Affäre ein noch größerer Dienst erwiesen werden können.

Im Rahmen von Mena hatten die Republikaner keinen Piep von sich gegeben, doch als Whitewater aufkam, rief der Führer der Republikaner Dole ziemlich scheinheilig sofort nach dem Generalstaatsanwalt, um gegen den Präsidenten zu ermitteln, „für den Präsidenten und die Integrität der Behörde des Generalstaatsanwalts".

Vergleichbare Appelle suchte man von republikanischer Seite (und übrigens auch von demokratischer Seite) in den Tagen von George Bushs an Gesetzesübertretungen beileibe nicht armer Amtszeit übrigens vergeblich. Zusammen mit dem Sperrfeuer kleingeistiger Anklagen sexueller Eskapaden, die aus verschiedenen dunklen Ecken auf Clinton abzielten (und dabei an Geschichten erinnerten, die Gary Hart zu Fall brachten, der 1988 die besten Chancen hatte, Bush zu besiegen), weckt Doles salbungsvolle Proklamation in einem die Frage, ob nicht Clintons Präsidentschaft das Opfer einer Sabotage werden sollte – er selbst hintergangen von eben jener Kabale, der anzuschließen er sein ganzes Leben lang für gearbeitet hatte.

Clinton akzeptierte seinen Aufstieg in diese Kreise in seiner Rede, die er 1992 anlässlich der Annahme seiner Nominierung zum Präsidentschaftskandidaten beim Parteitag der Demokraten hielt, indem er Professor Carroll Quigley und Präsident Kennedy als die zwei wichtigsten Einflüsse innerhalb seines politischen Werdegangs bezeichnete und damit seine Affinität zur weltweiten Finanz-und-Geschäfts-Elite zugab, die doch danach strebt, die Welt zu beherrschen – zumindest in den Köpfen von John-Birch-Anhängern und denen, die deren Sicht folgten – und die Quigleys Opus Magnum „Tragedy and Hope" (dt.: „Tragödie und Hoffnung") als den Beichtstuhl ansieht, der ihre Verschwörungspläne vollendet.

Quigley war ein Gelehrter, ein Mann des Wortes, und Clintons Lieblingsprofessor während seiner Zeit an der Georgetown University. Es gibt nicht viele Politiker, die eine der wichtigsten Ansprachen ihrer Karriere nutzen würden, einen Autoren zu preisen, dessen Meisterwerk die Belange einer Geheimorganisation zum Thema hat, welche darauf hinarbeiten soll, „ein weltweites System finanzieller Kontrolle in privaten Händen zu schaffen, das imstande ist, das politische System jedes Staates wie auch die Ökonomie der Welt als Ganzes zu beherrschen". Doch Clinton tat dies.

Dasselbe vermeintliche „Angloamerikanische Establishment" (um den Titel eines anderen wichtigen Werks Quigleys zu zitieren) brachte Bush hervor, der Birch-Anhänger nicht im geringsten überraschte, als er plötzlich eine Obsession zu der Phrase der „neuen Weltordnung" entwickelte.

Anhänger der Rechten wurden nie müde, gegen die „neue Weltordnung" zu wettern. Der verstorbene Gary Allen, Autor des Birch-Klassikers „None Dare Call It Conspiracy" (dt.: „Keiner nennt es Verschwörung"), übertitelte seine letzte broschierte Abhandlung „Say ‚No' to the New World Order" (dt.: „Sagt ‚Nein' zur neuen Weltordnung"). Das war 1987, als die Präsidentschaft von Bush sen. kaum mehr als ein Funkeln in Georges verschlagenem Auge hervorrief.

Die Paranoia der Rechten war nicht nur vorherwissend, sondern auch begründet. Der Rat für auswärtige Beziehungen und die ihm verbundenen blaublütigen Kabalen plädieren in ihren Journalen und Symposien seit Jahren für eine „neue Weltordnung". Quigley war der selbsternannte und hochgradig zugeneigte Historiker dieser Meta-Aristokratie. Und Clinton verkündete der Welt, dass er diesen Kerl liebe. New World Order Redux.

Schon immer hatte Clinton mehr mit Bush sen. gemeinsam, als er zugeben wollte. Zugegeben, er trat als Außenseiter gegen Bush an. Doch während Bush einst ein Mitglied des Rats für auswärtige Beziehungen und der Trilateralen Kommission gewesen war, kann Clinton diese beiden plus die berüchtigte Bilderberger-Gruppe auf seinem Curriculum Vitae verzeichnen. Der Unterschied liegt allein darin, dass Bush in das Ostküsten-Establishment hineingeboren wurde, sein adrettes Portfolio bereits vorgefertigt, während Clinton, der aus einer Kleinstadt mit dem Namen Hope abstammt, mit einem Trinker als Vater und einer Horde unehelicher Geschwister an der Seite, eindeutig ein „gemachter Mann" ist.

Begrüßt den neuen Boss…

Selbst Clintons Rhodes-Stipendium sieht in diesem Kontext fragwürdig aus. Cecil „Rhodesia" Rhodes, der superreiche Imperialist, der dieses Stipendium über eine Stiftung finanzierte, begründete seinerzeit den Round Table, einen britischen Vorgänger des Rats für auswärtige Beziehungen. Die Idee hinter den Stipendien war die Festigung der britisch-imperialen Vorherrschaft, indem man die Besten und Klügsten aus den Kolonien in Oxford mit britischen Werten vertraut machte und sie dann zurück in die Heimat schickte, damit sie den Empire-Gedanken unter ihren Landsleuten verbreiten würden.

Diese Stipendien waren „Teil eines Planes Rhodes', eine Weltregierung zu schaffen", schreibt der Verschwörungsforscher Jim Martin.

Whitewater mag an ihm nicht hängen geblieben sein, doch Clintons Ruf als Weltenvereiner ist über jede Skepsis erhaben.

QUELLEN:
Bainerman, Joel: „The Crimes of a President". New York: S. P. I Books, 1992.

Martin, Jim: „Quigley, Clinton, Straight and Reich." *Steamshovel Press,* Nr. 8 (Sommer 1993).

Snepp, Frank: „Clinton and the Smugglers' Airport." *Village Voice,* 4. April 1992.

Kenn Thomas hat Recherchen zu diesem Kapitel beigesteuert.

DAS IST KEINE MISSIONARSARBEIT

Von Costa Rica bis Kambodscha, von Italien bis Irak, von Ecuador bis
Australien – wenn Sie einen Merian-Reiseführer darüber finden können, bestehen gute Chancen, dass auch die CIA ihren Weg dorthin gefunden hat.

Viele ausländische Politiker, manche in freien Wahlen zur Macht gekommen, manche nicht, sind bereits ihrer Verantwortung – und gelegentlich auch
der Bürde ihres Lebens – enthoben worden – mit freundlichen Grüßen von
ihrem guten Nachbarn Uncle Sam. Die verschiedenen Intrigen der CIA
gegen Fidel Castro schlugen alle fehl und dienten vor allem dazu, das Bild
der bescheidenen Keystone-Agenten zu befördern, als die sich die CIA gerne
präsentiert: Denn es ist besser blöd zu wirken als bösartig. Zumindest, wenn
man um Kongressgelder wetteifert oder versucht, es sich nicht mit diesen läs-
tigen Aufsichtskomitees zu verderben.

In Ecuador halfen von den Amerikanern angezettelte Verschwörungen
dabei, zwei Regierungschefs zu stürzen, einmal 1961 und dann in einer
expliziten Wiederholung des ersten Falles 1963. In Nicaragua steuerten Reagans Spießgesellen einen Bürgerkrieg, der letztendlich die Bevölkerung so
sehr ausbluten ließ, dass sie ihre ansonsten durchaus gern gesehene Sandinis-
ta-Regierung abwählten. In Griechenland finanzierte Washington einen Mili-
tärputsch, für den Präsident Lyndon Johnson den Griechen folgende überzeugende Rechtfertigung lieferte: „Ich scheiße auf Euer Parlament und auf
Eure Verfassung."

Stets bot Washington Nationen eine helfende Hand, wenn diese von der

Das ist keine Missionsarbeit

Entschlossenheit ihrer Regierungen, Entscheidungen ohne vorherige Rücksprache mit Washington zu treffen, „bedroht waren", sei es in El Salvador, Angola, Deutschland, Korea, den Philippinen und sonst wo. Die Einstellung der USA wurde am besten in einer weiteren Perle vom Zitatenmeister Henry Kissinger zusammengefasst – die erklären sollte, warum die Vereinigten Staaten zuerst die irakischen Kurden finanziert hatten, die Regierung dieses Staates durch einen Bürgerkrieg zu destabilisieren, nur um sie dann Saddam Husseins Völkermord zu überlassen, kaum dass sie ihren Zweck erfüllt hatten.

„Außenpolitik", so Hank the K.s geistreiche Bemerkung, „sollte nicht mit Missionarsarbeit verwechselt werden."

Die Trümmer gestürzter Regierungen übersäen den Globus. Ein Putsch gegen Chiles gewählten Präsidenten Salvador Allende im Jahre 1973 war nur der Gipfel jahrzehntelanger Bemühungen, Allende von der Macht fernzuhalten. 1958 schrammte der beliebte marxistische Politiker nur um wenige Prozentpunkte am Wahlsieg vorbei. Die CIA trat auf den Plan und übernahm im Geheimen die Kontrolle über die Wahlkampagne 1964, eine Wahlmanipulationsoperation, die ein Geheimdienstmitarbeiter als „allzu offensichtlich und beinahe obszön" bezeichnete.

Einsatz pro Wähler gerechnet toppten die 20 Millionen Dollar des chilenischen Wahlbudgets der CIA das der beiden Wahlkampagnen von Lyndon Johnson und Barry Goldwater zusammen. Ein Großteil des Geldes wurde für Propaganda ausgegeben, die sich Allendes „gottlos atheistischen Kommunismus" zum Thema gemacht hatte.

Johnson wurde damals von Staatsseite gerügt, weil er in seinem „Daisy"-TV-Spot impliziert hatte, dass Goldwater danach strebe, Kleinkinder in einem nuklearen Mahlstrom zu verbrennen. Doch in Chile zahlte die CIA für eine Radiowerbung für Allendes Gegner. In der Werbung ratterte ein Maschinengewehr und eine Frau schrie gepeinigt auf: „Sie haben mein Kind getötet – die Kommunisten!"

Die Dollars amerikanischer Steuerzahler subventionierten zudem Zeitungs- und Zeitschriftenartikel sowie ihre verstohlene Platzierung in Chiles großer Presse. Dazu stieg die CIA gleich ins Zeitungsgeschäft selbst ein, mit verschiedenen aufstrebenden Magazinen, eines davon vom Außenministerium als grafisch „hervorragend" beschrieben, „ein Madison-Avenue-Produkt weit über den Standards chilenischer Publikationen." Allende erlitt einen kapitalen Schiffbruch bei der Wahl 1964, rückblickend ein weit milderes Schicksal als ihm und der chilenischen Bevölkerung zukünftig zuteil werden sollte. Nach Allendes Wahlsieg 1970 trafen sich die wichtigsten Männer des Exekutivzweigs der USA in Washington zum außerprotokollarischen Plausch: Präsident Richard Nixon, der Nationale Sicherheitsberater Henry Kissinger,

Das ist keine Missionsarbeit

Generalstaatsanwalt John Mitchell und CIA-Chef Richard Helms. Helms machte ein paar Notizen: „Chile retten ... Risiken kein Grund zur Sorge ... 10.000.000 Dollar verfügbar ... Wirtschaft brechen." Schließlich rekrutierte die CIA einige Lamettaträger aus dem chilenischen Militär in einen Putschkader, ein Projekt, das durch die, wie es die CIA beschrieb, „verfassungsorientierte Unbeweglichkeit" der chilenischen Armee behindert wurde. Verfluchte verfassungsorientierte Unbeweglichkeit!

Doch am 11. September 1973 rissen sich die Putschisten am Riemen. Allende wurde ermordet und eine Militärdiktatur übernahm die Macht, die schon bald durch ihre Massenexekutionen, den freizügigen Einsatz von Folter und naziartige Bücherverbrennungen international von sich reden machte.

„Ich sehe nicht ein, dass wir untätig danebenstehen und zusehen sollen, wie ein Land kommunistisch wird aufgrund der Verantwortungslosigkeit seines eigenen Volkes", bemerkte der stets prägnante Kissinger dazu.

Was das betrifft, sollten die Vereinigten Staaten auch nicht einfach danebenstehen, wenn einer ihrer engsten Verbündeten die Nase voll von den Machenschaften der CIA hat und versucht, den Laden dicht zu machen. Deshalb feuerte Sir John Kerr, Australiens Generalgouverneur und Repräsentant der Königin von England, unter dem Druck der CIA den Premierminister des Landes Edward Whitlam.

Strenggenommen war Kerrs Coup d'État legal. Whitlam hatte sich geweigert, das Parlament aufzulösen, nachdem der von der Opposition kontrollierte Senat es in einem gleichfalls beispiellosen Schritt abgelehnt hatte, den neuen Haushalt zu verabschieden. Unverfroren versuchte der Senat, Whitlam zum Abdanken zu zwingen, doch der weigerte sich zu gehen.

Whitlams wahre Übertretung war die Auflösung der US-Geheimdienstoperationen in Australien und die Trennung des australischen Geheimdienstes von der CIA (oder zumindest der Versuch desselben). Die zwei hatten an verschiedenen Krisenherden gemeinsam operiert, darunter in Chile. Gleichzeitig war die CIA auch in Australien selbst aktiv, sowohl mit sanktionierten Aktivitäten wie dem Betreiben von Spionagesatelliten von australischen Bodenstationen aus wie auch mit fragwürdigeren, etwa der Infiltrierung von Gewerkschaften.

Kerr selbst hatte für einige CIA-Tarnunternehmen gearbeitet, bevor er Australiens Generalgouverneur wurde. Die CIA nannte ihn „unseren Mann".

„Wir" hatten auch verschiedene Leute in Japan. Jüngst freigegebene Berichte belegen, dass US-Geheimdienste Geschäfte mit mutmaßlichen Kriegsverbrechern machten, die später einige der mächtigsten Männer in der japanischen Politik wurden. Das Programm der Einmischung in die japanische Politik verzerrte nach dem Krieg Japans erste Schritte auf dem Weg zur

Das ist keine Missionsarbeit

Demokratie, indem es die unpassend benannte Liberaldemokratische Partei unterstützte – die den Sicherheitsvertrag zwischen Japan und den USA befürwortete sowie strikt antikommunistisch blieb – und die Opposition der Sozialdemokratischen Partei von Japan unterminierte, die mehr zur Linken tendierte und gegen den Sicherheitsvertrag war.

Wie so viele Programme ließ auch das japanische Unterfangen die CIA einige Allianzen mit, sagen wir mal, fragwürdigen Gestalten eingehen. Die drei zentralen Figuren dieser Operation waren, auf japanischer Seite, zwei *kura maku* (ein japanischer Begriff, der Männer meint, die hinter den Kulissen die Fäden ziehen) und ihr Freund, ein Premierminister.

Alle drei – Yoshio Kodama, Ryoichi Sasakawa und Nobusuke Kishi – waren nach dem Zweiten Weltkrieg als Kriegsverbrecher ersten Ranges eingesperrt worden, doch im Dezember 1948 wurden sie unvermittelt und unerklärlicherweise freigelassen. Kodamas CIA-Verbindung kam vor Jahren im Rahmen des Lockheed-Skandals, in dem er eine wichtige Rolle gespielt hatte, ans Licht. Zusätzlich zu seiner Arbeit für die CIA war Kodama ein Lockheed-Lobbyist, der dem multinationalen Rüstungskonzern dabei half, seine Waren auf nicht ganz korrekte Art und Weise nach Japan zu verkaufen. Er war zudem eine treibende Kraft in der *yakuza*, Japans organisiertem Verbrechen, und hatte vor dem Krieg mit seiner von Shanghai aus operierenden Kodama Kikan ein Vermögen mit Drogen, Waffen und anderer Schmuggelware gemacht. Die Kikan war gleichzeitig eine Basis für Japans Geheimdienstoperationen, daher war Kodama Regierungsspionage nicht fremd.

Ein weiterer milliardenschwerer Spieler um die Macht war Sasakawa. 1992 wurde er in einer *Frontline*-Dokumentation des PBS als wichtiges Gründungsmitglied der „Munies" Vereinigungskirche bezeichnet, die wiederum, wie es heißt, ein Zweig der koreanischen CIA ist. Die KCIA schließlich wurde damals 1961 zum Großteil von der CIA der USA gegründet.

Im Januar 1995 fand der japanische Kyodo Pressedienst Dokumente, die belegen, dass der einst unter dem Verdacht, Kriegsverbrechen begangen zu haben stehende Sasakawa vom militärischen Geheimdienst als Informant eingesetzt wurde. Dies geschah im Februar 1948, nur zwei Monate nach Sasakawas Entlassung aus dem Gefängnis und weniger als ein Jahr nachdem ein internes Memo des Militärs Sasakawa als „einen Mann, der Japans politischer Zukunft potenziell gefährlich werden könnte" eingestuft hatte.

Mehr Dokumente kamen ans Tageslicht, diesmal über Kishi. Japans größte Zeitung, der *Yomiuri Shimbun*, weiß zu berichten, dass die Dokumente beweisen, dass Kishi für eine Unterstützung durch die USA ausgewählt worden war, weil er selbst in einer Zeit, als zu befürchten stand, dass Japan China in den Hintern kriechen könnte, unverrückbar Widerstand gegen den Kommunismus leistete.

Das ist keine Missionsarbeit

Niemand ist sich bis heute des Ausmaßes der CIA-Operation in Japan sicher, doch sie war groß. Ende 1994 wurden Schriftstücke gefunden, die mindestens 60 CIA-Agenten innerhalb der politischen Bühne Japans enthüllten, die vor allem die Sozialistische Partei, die zweitgrößte politische Organisation Japans, ausspioniert und behindert hatten.

Im Oktober 1994 fand die *New York Times* Unterlagen, die über einen Zeitraum von drei Jahrzehnten Bezahlungen „in Millionenhöhe" an die LPD, Japans herrschende Partei, belegten.

„Selbstverständlich war dieses Vorgehen für mich akzeptabel", zitierte die *Times* U. Alexis Johnson, den ehemaligen amerikanischen Botschafter in Japan. „Wir finanzierten eine Partei, die auf unserer Seite stand."

In der Dominikanischen Republik war Rafael Trujillo „auf unserer Seite" – und dann haben wir ihn erschossen. Genau wie im Falle von Manual Noriega in Panama Jahrzehnte später wurde Washington einfach seines Despotismus überdrüssig. Gegen 1961 stellte Trujillos ständige Präsenz eine Bedrohung für die Pläne der USA dar und dies aus zwei Gründen: Erstens hatte Castro gerade den befreundeten Tyrannen Batista in Kuba entmachtet und Washington fürchtete eine Wiederholung, es sei denn es gelänge, einen „verantwortungsbewussteren" Diktator auf den Thron zu setzen.

Zweitens entwickelten Präsident Dwight Eisenhower und einige seiner hohen Tiere für die Außenpolitik einen gewissen Grad an Verlegenheit angesichts der zunehmend offenkundigen Tatsache, dass die Vereinigten Staaten zwar wild entschlossen gegen linksgerichtete Regierungen vorgingen, Rechte indes an der sehr losen Leine hielten. Dieses Problem wurde später von der Reagan-Administration gelöst, die auf clevere Art und Weise zwischen „autoritären" (Rechten) und „totalitären" (dreckigen Kommies) Regierungen unterschied und mit einer gewissen Caprice erklärte, dass letztere schlimmer wären.

Die Jungs um Eisenhower waren nie so erfindungsreich. Für sie sah es so aus, als sei ihre einzige Option, Trujillo abzusägen. Es sollte allerdings bis zur Regierung Kennedy dauern, bis dieser Plan in Erfüllung gehen konnte, indem eine Gruppe Rechter den Diktator mit Schrotflinten über den Jordan pustete.

Der Reporter Jim Hougan von *Credentials* beschrieb Trujillo als „einen dekadenten Paranoiker, dessen sinnliche Gelüste nur von den sadistischen Exzessen seines Lieblingsohnes Ramfis übertroffen wurden, einem Psychopathen, der sich am Leid anderer Menschen aufgeilte."

Ein charmantes Paar. Vielleicht, so mag man denken, hatte Trujillo den Schrotmunitionshagel doch verdient. Doch halt! Kein anderer als der liebe kleine Ramfis kam aus Paris angeflogen, um die Zügel in die Hand zu nehmen. Zum Glück für die Dominikaner und den Rest der Welt musste der

Das ist keine Missionsarbeit

Verrückte schließlich seine Machtposition aufgeben und gab bei einem Autounfall den Löffel ab.

Doch nicht alle Irren genügen den amerikanischen Standards. 1953 legte Staatssekretär John Foster Dulles einen Plan vor, „den Wahnsinnigen Mossadegh" aus seinem Amt als Premierminister des Irans zu vertreiben. Zugegeben, Mossadegh gehörte zur exzentrischen Sorte, doch dessen ungeachtet fühlte er sich einer Art von Demokratie verpflichtet. Schlimmer noch, er fühlte eine Verpflichtung, ausländische Ölkonzerne zu nationalisieren, deren Geschäfte im Iran zu den ertragreichsten überhaupt gehörten.

Eines Nachts unternahm der junge Schah, eigentlich nur eine Galionsfigur des Staates, angestachelt von der CIA einen Putschversuch, der allerdings nur mit spöttischem Gelächter von dem gut gelaunten und ebenso gut gestellten Mossadegh quittiert wurde. Der Schah floh nach Europa, doch der CIA-Mitarbeiter Kermit Roosevelt (ein Enkel Theodores), der auch den Dulles-Plan ausgearbeitet hatte, nannte den Staatsstreich einen Erfolg.

Es sollte bewusst eine sich selbst erfüllende Prophezeiung werden. Die CIA brachte den Schah zurück ins Land und nach einer neunstündigen Schlacht zwischen den Armeen der Pro- und der Anti-Mossadegh-Fraktionen ergriff der Monarch die absolute Macht. Nicht dass es Mossadeghs Truppen an Entschlossenheit gefehlt hätte. Doch die Kräfte des Schahs waren hervorragend ausgerüstet. Ihr Kampfgerät war ihnen, wie ein amerikanischer Militäroffizier vor dem Kongress aussagte, „im Rahmen des militärischen Verteidigungshilfsprogramms gestellt worden".

Wie zuvorkommend.

Na ja, in letzter Zeit war das Leben der einst so unkonventionellen, übermütigen CIA jedenfalls nicht mehr so sorgenfrei. Ein kleiner Teil ihres Werks kam jüngst über Guatemala zu ihnen zurück, um der rührigen Agency Albdruck zu erzeugen. Dass die Agency über einen langen Zeitraum das randalierende und sadistische Militär von Guatemala unterstützt hatte, ist kein Geheimnis, doch als ein US-Kongressabgeordneter herausfand, dass ein Kontaktmann der CIA in diesem mittelamerikanischen Land höchstpersönlich einen amerikanischen Bürger sowie einen guatemaltekischen Revolutionsführer, der mit einer Amerikanerin verheiratet war, um die Ecke gebracht hatte, nun, da war die Kacke ziemlich am Dampfen.

Im Juli 1995 fand der demokratische Abgeordnete von New Jersey, Robert Torricelli – der im House Intelligence Committee saß – heraus, dass Col. Julio Alberto Alpirez auf der Lohnliste der CIA stand und dass er, ganz zufällig, der Mörder von Michael DeVine gewesen war, einem Amerikaner, der im Regenwald von Guatemala eine Bar betrieben hatte. Alpirez war zudem in das Abschlachten von Efrain Bamaca Velasquez verwickelt gewesen, einem Partisanenführer und Ehemann der US-Rechtsanwältin Jennifer Harbury.

Das ist keine Missionsarbeit

Die CIA reagierte auf diese Enthüllung mit der üblichen Zerknirschung. Ihr eigener Generalinspektor verfasste einen 700-seitigen Bericht, der die Agency von der Komplizenschaft in beiden Morden freisprach. Der Bericht vertrat sogar die Ansicht, dass Alpirez möglicherweise gar nicht der Mörder war, obwohl Informationen aus der Agency selbst ihn als solchen belastet hatten. Mit anderen Worten: Die Agency wählte das kleinere von zwei Übeln, indem sie lieber aussagte, dass einer ihrer Mitarbeiter falsche Schlüsse gezogen hatte, als dass sie bestätigte, dass einer ihrer Agenten einen Amerikaner umgelegt hätte.

Der Skandal entfernt sich dann irgendwie von dem Umstand, dass die CIA, entweder durch eine Unterlassung oder durch direkten Auftrag, die Hände bei dem Mord eines amerikanischen Bürgers im Spiel gehabt hatte, hin zu dem beschämenden Verhalten Torricells, der diese Fakten publik gemacht hatte. Die Verbindung zwischen der CIA und den Morden war, kaum überraschend, als geheim eingestuft gewesen. Niemand, am wenigsten die Überwacher der Nachrichtendienste im Kongress, darf geheime Daten ausplaudern. Der Mann, von dem angenommen wird, dass er Torricelli die Ermittlungsakten zugespielt hatte, der Berater Bill Clintons Richard Nuccio, fand sich daher plötzlich inmitten polizeilicher Ermittlungen wieder. Die Ethikkommission des Senats spielte unterdessen eine Weile mit dem Gedanken, Torricelli zu maßregeln, entschied sich dann aber dagegen.

QUELLEN:

Blum, William: „The CIA: A Forgotten History". London: Zed Books, 1986.

Hougan, Jim: „Spooks". New York: Bantam Books, 1978.

Marchetti, Victor und John Marks: „The CIA and the Cult of Intelligence". New York: Dell, 1975.

BULGAREN UND
ANDERE ÜBELTÄTER

An einem Frühlingstag im Jahre 1981 brach der allmächtige Kalte Krieg über den Petersplatz im Vatikan herein. Mehmet Ali Agca, ein 23 Jahre alter türkischer Terrorist und international Gesuchter erhob seine Pistole über die Köpfe der Gläubigen und feuerte 9-mm-Kugeln auf den Heiligen Vater, Papst Johannes Paul II, ab. Zweimal in die Brust getroffen brach der Papst unter schwerem Blutverlust. Rasch entwendete die Polizei Agca die Pistole und schnappte sich den Möchtegern-Attentäter.

Wie so viele internationale Zwischenfälle während des Kalten Krieges brachte auch die versuchte Ermordung Johannes Paul II rivalisierende Verschwörungstheorien hervor. Version eins verkündete, befördert von einem Konsortium aus Antikommunisten, ergrauten westlichen Geheimagenten und „Terrorologisten", dass hinter dem Angriff eine sowjetische Intrige stecke. Version zwei, angeboten von linken Kritikern (die vom Rausch der amerikanischen Medien, Version eins zu bestätigen, außen vor belassen wurde), argumentierte, dass wenn es eine Ost-vs.-West-Verschwörung gäbe, sie nicht von den Kommunisten angezettelt worden wäre, sondern *nach* dem Mordversuch von einem Klüngel westlicher Kalter Krieger: eine Desinformationskampagne, um den Sowjets die Schuld in die Schuhe zu schieben.

Welche Version nun war der Wahrheit näher?

Anfänglichen Berichten der internationalen Presse zufolge hatte Agca scheinbar nichts mit den Sowjets zu tun. Genau genommen wiesen der Hintergrund und die Verbindungen des Terroristen alle ziemlich deutlich in Richtung eines Netzwerks aus neofaschistischen Türken – den Terroristen,

120

Bulgaren und andere Übeltäter

die hinter Agcas früherer Ermordung eines liberalen türkischen Journalisten und vielleicht auch der mysteriösen Flucht des verurteilten Killers aus dem Gefängnis standen.

Erst über ein Jahr nach dem Anschlag auf dem Petersplatz begannen die Vorstellungen einer roten Konspiration wieder aufzuleben. Zu diesem Zeitpunkt fing der in einem italienischen Gefängnis einsitzende Agca an auszusagen. Drei Bulgaren, die in Rom lebten, hätten ihn auf die ruchlose Tat angesetzt, behauptete er. Die antikommunistische Fraktion sprang auf den Zug auf und nannte die Affäre „The Bulgarian Connection", ein griffiger Titel, der einem Robert-Ludlum-Spionageroman würdig gewesen wäre.

Worum es ging: Der böse Kreml plante durch seine Helfershelfer im kommunistischen Bulgarien, den Papst zu ermorden, um a) die Türkei und die NATO zu destabilisieren oder b) das hochnäsige Polen zu demoralisieren, das von Kommunisten verseuchte Heimatland des Heiligen Vaters. Dieser Theorie zufolge hatten die Bulgaren Agca und seine faschistischen Kader aktiviert, um den Plan durchzuführen und es den Sowjets zu ermöglichen, jedwede Beteiligung abzustreiten.

Doch abgesehen von Agcas ziemlich spätem „Geständnis" gab es wenig glaubwürdige Beweise, um die Hypothese um die Bulgaren zu untermauern. Tatsächlich begünstigte die objektive Betrachtung der Beweislage Verschwörungstheorie Nummer zwei: Die Rote Konspiration war ein Ablenkungsmanöver.

Erst einmal wiesen die beiden wichtigsten „Journalisten", welche die so genannte „Bulgarian Connection" in den amerikanischen Medien propagiert hatten, einen Hintergrund als rechtsgerichtete Verbreiter von Desinformationen auf. „Terrorologin" Claire Sterling hatte für das von der CIA finanzierte Nachrichtenblatt *Rome Daily American* gearbeitet und selbst Veteranen der Agency bezeichneten ihre Bücher, welche die Sowjetunion mit dem „internationalen Terrorismus in Verbindung bringen", notorisch unzuverlässig und naiv überladen mit Falschmeldungen aus der CIA-Gerüchteküche.

Der andere Werber für die „Bulgarian Connection" war Paul Henze, ein „ehemaliger" Propagandist und CIA-Veteran, der Operationszentren der Agency in Äthiopien und der Türkei geführt hatte.

Doch selbst vor der Beschwörung der Rückkehr der Roten Flut durch Henze und Sterling hatte die Bulgaren-KGB-Theorie suspekte Ursprünge gehabt: Nur sechs Tage nach dem Anschlag Agcas auf den Papst brachte Italiens korrupter Geheimdienst SISMI ein Dokument zum Vorschein, das behauptete, ein sowjetischer Würdenträger habe während eines Treffens der Warschauer-Pakt-Mächte verkündet, Agca sei in der Sowjetunion ausgebildet worden. Das Papier erwies sich später als Fälschung, aber es half dabei, der anti-sowjetischen Verschwörungstheorie Auftrieb zu geben.

121

Bulgaren und andere Übeltäter

Andere Beweise waren gleichermaßen fantastisch. Sterling berief sich auf ein melodramatisches Ensemble ungenannt bleibend wollender „Insider", wie den mysteriösen bulgarischen „Colonel X", dessen „wissendes Ost-Auge jedwedes verräterische Anzeichen" einer Kommie-Konspiration zu erspähen vermochte. Mit anderen Worten war sich Colonel X sicher, dass die Russen Schuld gewesen waren. Henzes angebliche Belege umfassten vage Gerüchte, die in Italien die Runde machten, Verdächtigungen, dass der Vatikan Moskau für schuldig hielte und Versicherungen, dass ein zukünftiger Überläufer mit profunder Kenntnis der Intrige „mit hoher Wahrscheinlichkeit in den nächsten Tagen auftauchen wird". (Ach, hätten nur unentdeckte, theoretische, zukünftige Beweise vor Gericht irgendeine Gültigkeit.)

Selbstverständlich wurden weder Henze noch Sterling von den tatsächlichen, *existierenden* Beweisen beirrt, die nahelegten, dass Agcas Mordversuch von den neofaschistischen Grauen Wölfen ausgegangen war, dem jugendlichen Arm der rechtsextremen türkischen Partei der Nationalistischen Bewegung. Agcas neonazistische Mitbrüder statteten ihn großzügig mit Geld *und* der Waffe aus, die gegen den Papst zum Einsatz kam. Von diesen erdrückenden Beweisen keineswegs verschreckt, spekulierten Henze und Sterling (ohne auch nur die Spur eines Beweises), dass hochrangige Mitglieder der Grauen Wölfe, einer faschistischen Organisation, deren Motto „Tod den Kommunisten" lautet, entschieden hatten, ihrer fanatischen Ideologie den Rücken zu kehren und mit den bulgarischen Kommies gemeinsame Sache zu machen.

Letztlich war da stets Agcas Geständnis, auf das man zurückgreifen konnte. Oder war auch dies suspekt? Tatsächlich existierten viele Beweise, die in der amerikanischen Presse so gut wie keine Verwertung fanden, aber nahelegten, dass Agca dazu überredet und bestochen worden war, die Bulgaren mit hineinzuziehen.

Verschiedenen Quellen zufolge setzten Mitarbeiter des notorisch verschlagenen SISMI Agca bei Besuchen im Gefängnis unter Druck. Während des von 1985 bis 1986 andauernden Gerichtsverfahrens gegen die Bulgaren, die Agca belastet hatte, beschuldigte ein Zeuge ehemalige SISMI-Mitarbeiter, einen Plan ausgeheckt zu haben, um Agca dazu zu zwingen, die Bulgaren mit hineinzuziehen. Einer der genannten SISMI-Agenten, Francesco Pazienza, leugnete jede Komplizenschaft, bestätigte aber, dass *andere* SISMI-Mitarbeiter in der Tat Druck auf Agca ausgeübt hatten.

Druck, die Sowjets zu beschuldigen, kam Berichten zufolge auch aus anderen Ecken, darunter dem katholischen Gefängniskaplan. (Einmal feuerte Agca einen scharfen Brief in Richtung Vatikan ab, in dem er sich über Todesdrohungen von einem vatikanischen Abgesandten beschwerte.) Auch ein im gleichen Gefängnis einsitzender Mafiaboss soll gewisse Überzeugungsmethoden angewandt haben (er gab an, dass der SISMI ihn gezwungen hätte,

Bulgaren und andere Übeltäter

Agca zu bedrohen), ebenso wie der italienische Magistrat, der den Fall gegen die Bulgaren vorbereitete.

Trotz Agcas Kooperation (oder vielleicht gerade wegen ihr) erwies sich die lang erwartete Gerichtsverhandlung gegen die Bulgaren als eine Enttäuschung für die Verfechter der Theorie einer Roten Verschwörung. Agca gab gleich zu Beginn den Tonfall der Verhandlungen an, indem er verkündete, Jesus Christus zu sein. Er fuhr damit fort, seinem früheren Geständnis zu widersprechen, es zurückzuziehen und zu ändern, so wie er es schon die ganze Zeit gemacht hatte.

Ein Beispiel aus vielen: Vor dem Gerichtsverfahren hatte Agca behauptet, an einem Treffen bei Sergej Antonow, einem seiner vermeintlichen bulgarischen Bosse, in dessen Apartment in Rom teilgenommen zu haben. Agca beschrieb dieses Apartment bis in alle Einzelheiten. Bei der Befragung vor Gericht drehte Agca seine Geschichte um und gab an, Antonows Apartment niemals gesehen zu haben. Seltsam war nur, dass er Antonows Wohnung perfekt beschrieben hatte – mit Ausnahme eines hervorstechenden baulichen Details, das in jedem anderen Apartment des Wohnkomplexes zu finden war, abgesehen von Antonows. Wenn also Agca niemals chez Antonow gewesen war, wie er nun behauptete, wie war es ihm dann zuvor gelungen, es zu beschreiben? Der Umstand, dass er ein so wichtiges Detail falsch in Erinnerung gehabt hatte, legt den Verdacht nahe, dass Agca von jemandem informiert worden war, der eine der benachbarten Wohnungen ausgekundschaftet hatte.

Letztendlich ließ das Gericht den Fall gegen die Bulgaren aus schierem Mangel an Beweisen fallen. In der Berichterstattung über das juristische Fiasko kommentierte eine große italienische Zeitung: „Nur eine Sache ist klar: Agca ist ein Lügner."

Genau genommen lassen die konzentrierten Bemühungen von rotenhetzerischen Journalisten und Ermittlern, den Sowjets die Schuld anzuhängen, eine Propaganda-Operation vermuten, die darauf abzielte, die antikommunistische Stimmung weltweit und vor allem in Polen zu schüren, wo die aufstrebende Solidaritätsbewegung von der kommunistischen Regierung unterdrückt worden war. Obwohl Kalte Krieger in der CIA die Theorie der Russkieverschwörung beförderten, legte ein Aufgebot an Agency-Analytikern, das alle Daten gesichtet hatte, dar, dass es wenige bis gar keine Beweise für eine sowjetische Beteiligung gab. (Der zukünftige CIA-Direktor Robert Gates geriet ziemlich in Bedrängnis, als im Rahmen seines Bestätigungsverfahrens im Senat herauskam, dass er den Bericht der Analytiker in seinem Bestreben, das Böse Imperium zu dämonisieren, falsch referiert hatte.)

Was Agcas Motive für den Anschlag auf den Papst angehen, so glauben manche, dass die ultranationalistischen Grauen Wölfe beabsichtigt hatten,

Bulgaren und andere Übeltäter

Terror und Chaos in der Türkei und im Ausland zu verbreiten, um dadurch Unterstützung für einen faschistischen Putsch zu bekommen. Interessanterweise war dies auch der Modus Operandi von Italiens eigenem neonazistischem Untergrund, der eine so genannte „Strategie der Spannung" verfolgte, in deren Rahmen Neofaschisten Bahnhöfe in die Luft jagten und andere Terrorakte vollzogen, die dann der Linken in die Schuhe geschoben wurden, um der extremen Rechten Zulaufer zu bescheren.

In der Tat gibt es viele Berichte von Treffen zwischen Mitgliedern der Grauen Wölfe und Italiens rechtsextremen Terrorgruppen, darunter der P2, einer quasi-freimaurerischen Bewegung, und der Ordine Nuova (Neue Ordnung). Ferner mussten die Italiener Mitte der 1980er erfahren, dass sich P2-Mitglieder in bedeutende Positionen innerhalb der Presse, der Regierung und insbesondere des SISMI eingenistet hatten, Letzterer eben jener italienische Geheimdienst, dem vorgeworfen worden war, Agca gezwungen zu haben, mit dem Finger auf die Russen zu zeigen. Der terroristische Bombenanschlag auf den Bahnhof von Bologna im Jahr 1980, der ursprünglich der Linken zur Last gelegt worden war, endete schließlich in der Anklage von P2-Größen wie Francesco Pazienza (dem Ex-SISMI-Mitarbeiter, der beschuldigt worden war, bei der Vorbereitung Agcas geholfen zu haben) und Italiens Staatsfeind Nummer eins, dem Terrorist und Neonazi Stefano della Chiaie.

Auf der Flucht vor den italienischen Behörden wurde Pazienza später in den Vereinigten Staaten festgenommen. Beamten der US-Zollbehörde erzählte er von einem Meeting in Miami im April 1981, einen Monat vor dem Anschlag auf den Papst. Laut Pazienza besuchten auch Graue Wölfe das Treffen, darunter Oral Celik – von dem es heißt, er habe Agca auf den Petersplatz begleitet – und Stefano della Chiaie.

Obwohl Pazienzas Aussagen nicht erhärtet werden konnten, macht die versuchte Ermordung des Papsts im Kontext einer „Strategie der Spannung" der Ultrarechten in Italien durchaus Sinn: Wie im Falle des Bombenanschlags in Bologna war es eine neofaschistische Provokation gewesen, die der Linken zur Last gelegt worden war.

Zuletzt existieren einige Hinweise, dass westliche Geheimdienste bereits ein gewisses Vorwissen über Agcas Plan gehabt hatten – doch nichts taten, um ihn zu verhindern. Verschiedene Berichte geben an, dass die CIA die Grauen Wölfe gründlich infiltriert hatte. Die Behörden in Westdeutschland und der Schweiz hatten Agcas Telefonanrufe überwacht, als er durch ihre Länder gereist war – und interessierten sich anscheinend nicht dafür, den Flüchtenden festzunehmen. Am interessantesten jedoch ist, dass Count Alexandre de Marenches, der rechtsgerichtete Chef des französischen Auslandsgeheimdienstes, in den Monaten vor Agcas Angriff Berichten zufolge das Gerücht verbreitet hatte, dass eine Ostblock-Intrige darauf abziele, den Papst zu ermorden. Wusste de Marenches bereits über den Plan der Grauen Wölfe Bescheid oder dass Kalte Krieger infolgedessen versuchen würden, das Ganze den Sowjets anzuhängen?

Es gibt keine endgültigen Beweise, die belegen, dass westliche Agenten weggeschaut oder sogar die Intrige der Grauen Wölfe unterstützt haben, doch es ist klar, dass Ideologen das Ergebnis für ihre Zwecke ausgeschlachtet haben. Und es nach wie vor tun. Ein Satz, den der Propagandist und CIA-Veteran Henze über die Sowjets schrieb, mag auch andersherum gelesen werden: „Desinformationen haben eine lange Halbwertszeit."

QUELLEN:

Henze, Paul B.: „The Plot to Kill the Pope". New York: Charles Scribner's Sons, 1985.

Herman, Edward S. und Frank Brodhead: „The Rise and Fall of the Bulgarien Connection". New York: Sheridan Square Publications, 1986.

Herman, Edward S. und Noam Chomsky: „Manufacturing Consent: The Political Economy of the Mass Media". New York: Pantheon Books, 1988.

DIE LINCOLN-
VERSCHWÖRUNG

Wie uns die konventionelle Geschichtsschreibung zu berichten weiß, wurden die Verschwörer, die das Attentat auf Präsident Abraham Lincoln ausgeheckt hatten, ihrer gerechten Strafe zugeführt und entweder erschossen oder aufgeknüpft. John Wilkes Booth, der Schauspieler, der Lincoln aus nächster Nähe eine Kugel ins Hirn gejagt hatte, wurde zwei Wochen nach dem Verbrechen im Ford Theater von Soldaten in der Nähe von Bowling Green, Virginia, erschossen. Und später starben vier von Booths Mitverschwörern am Galgen.

So weit, so gut. Doch seit dem Präsidentenmord an jenem nieseligen Karfreitag kursieren Gerüchte über die wahren Hintergründe des Attentats. Hatte die Regierung Kenntnis von Booths Plänen? War Booth nur ein Bauernopfer in einem Spiel, dessen Spielführer hochrangige Offizielle waren? Fakten, Halbwahrheiten und Spekulationen sind 125 Jahre nach dem Verbrechen im 19. Jahrhundert unvermeidlich eng miteinander verwoben und schwer auseinanderzuhalten. Trotz allem bleibt Amerikas erste Präsidentenermordung angesichts der Fülle an seltsamen Zufällen und verwunderlichen Zugeständnissen der Beteiligten bis heute ein rätselhaftes Ereignis.

In Booths Komplott, welches gleichsam die Tötung von Staatssekretär William H. Seward (er überlebte) und die Exekution von Vizepräsident Andrew Johnson (welche niemals zur Ausführung gebracht wurde, weil ein Mitverschwörer kalte Füße bekam) einschloss, waren neun Tunichtgute aus den Nordstaaten verwickelt (unter ihnen Booth), die Sympathien für den

Die Lincoln-Verschwörung

Süden hegten. Da aber der amerikanische Bürgerkrieg zwischen den Nord- und den Südstaaten gerade erst zu einem vorläufigen Ende gekommen war, gab die Regierung der Nordstaaten dem Süden die Schuld an der Intrige und klagte dabei auch den Präsidenten der Konföderierten, Jefferson Davis, an. Natürlich ließen sich die Nordstaaten dabei wegen einer so unwichtigen Kleinigkeit wie fehlender Beweise nicht beirren. Beim Prozess gegen Booths Bande wurden Zeugenaussagen manipuliert, um die Angeklagten als dreckige „Rebs" darstellen zu können.

Neben all den erfundenen Beweisen hatte Booth allerdings tatsächlich gewisse Kontakte zu hohen Tieren in den Südstaaten. Als fanatischer Befürworter der Konföderation (dennoch unwillens, eine Uniform zu tragen und in den Kampf zu ziehen) nutzte der egozentrische Schauspieler seinen Status als Berühmtheit, um heimlich dringend benötigte Medizin in den Süden zu schmuggeln. Einige Historiker haben daraus geschlussfolgert, dass Booth ein Geheimagent der Konföderation war.

Während eines Trips ins kanadische Montreal im Oktober 1864 traf sich Booth mit Jacob Thompson, dem Chef des Geheimdienstes der Konföderation. Zur selben Zeit bereitete Booth die Geiselnahme von Lincoln vor, den er anschließend gegen konföderierte Kriegsgefangene eintauschen wollte. „Erzählte Booth Jacob Thompson von seinem Plan, Lincoln zu kidnappen?" fragte einst der Historiker Theodore Roscoe. „Wahrscheinlich. Schlug er gleichzeitig die Ermordung von Lincoln vor ...?" Roscoe hielt auch dies für möglich.

Ein Dokument, das gerne als Beweismittel für eine Beteiligung des Südens ins Feld geführt wird, ist ein Zettel, der zwischen Booths Sachen gefunden wurde und von einem (oder einer) „Sam" unterschrieben wurde. Die Nachricht auf dem Zettel benennt ein unspezifisches Ereignis und spekuliert über diesbezügliche Reaktionen aus beziehungsweise in Richmond, der Hauptstadt der Konföderation.

Im 19. Jahrhundert erschienen zahlreiche Pamphlete, die Booth mit den Copperheads („Kupferköpfen") in Zusammenhang brachten – Demokraten aus dem Norden, die als Sympathisanten des Südens galten. Diese unterhielten einen Geheimbund, „Die Ritter des Goldenen Kreises". Was Jack Ruby bei der Ermordung Kennedys war, war Boston Corbett im Fall von Lincoln. Boston Corbett, der Soldat, der Booth in einer brennenden Scheune erschoss, war offenkundig ein religiöser Schwachkopf, der sich selbst kastriert hatte, um spirituelle Reinheit zu erlangen. Obwohl er später in eine Irrenanstalt weggesperrt wurde, entkam er und verschwand schließlich ohne jede Spur. Welcher Religion opferte der langhaarige Corbett seine ewige Unschuld? Der Religion der russischen Skopzen-Sekte, eines heidnischen Göttinnen-Kultes, dessen Priester Frauenkleidung trugen. Eines heidnischen Kultes? Da fal-

127

Die Lincoln-Verschwörung

len einem doch gleich die Illuminaten ein. Und tatsächlich fragen sich Verschwörungsforscher, die den machtvollen bayerischen Geheimbund aus dem 18. Jahrhundert gerne in Zusammenhang mit den schlimmsten Geschehnissen der Weltgeschichte bringen, ob „die Erleuchteten" nicht ihre Hand im Spiel um den Mord an Lincoln hatten. Und wenn dem so ist, können wir dann noch sicher sein, dass Bruder (oder sollten wir besser sagen: Schwester) Corbett Booth tatsächlich tötete?

Die langlebigsten – und bodenständigeren – Theorien vermuten, dass Booth im Auftrag von Verrätern in Lincolns eigenem Kabinett handelte, dass er mit ihrer Hilfe entkam, und dass der verwegene Schauspieler bis ins hohe Alter von einer staatlichen Pension der Regierung lebte.

„Es gab einen Mann, der hauptsächlich von Lincolns Ermordung profitierte", verkündete Historiker Otto Eisenschiml im Jahr 1937. „Dieser Mann war sein Kriegsminister, Edward M. Stanton." Als Mitglied der Fraktion der Radikalen Republikaner, die entschieden gegen Lincolns nachsichtige Pläne zum Wiederaufbau des Südens waren, beabsichtigte Stanton, seine Machtposition zu konsolidieren, wenn der Norden eine strenge militärische Besetzung der südlichen Gebiete bevorzugen würde.

In den Augen von Eisenschiml und anderer Historiker war Stantons Verhalten unmittelbar vor dem Attentat und auch danach höchst verdächtig.

Stanton widersprach einem Gesuch von Lincoln, den Assistenten des Kriegsministers, Major Thomas Eckert, als Begleitung zur schicksalhaften Vorführung im Ford Theater mitzunehmen. Eisenschiml folgert daraus, dass Stanton etwas wusste, was Lincoln verborgen blieb.

Trotz der Vielzahl an Todesdrohungen gegen Lincoln – und eines früheren Kidnappingversuchs durch Booth, in dessen Verlauf der Schauspieler den berühmten Kaminzylinder direkt von Abes Haupt geschossen hatte – begleitete lediglich ein Bodyguard den Präsidenten zum Ford Theater. Und dieser war gewiss kein herausragender Vertreter seiner Zunft, hatte er doch seinen Präsidenten in der Stunde der Not im Stich gelassen, um sich in einer nahegelegenen Kneipe einen zu genehmigen. Diese grobe Fahrlässigkeit wurde dem Bodyguard anscheinend niemals zur Last gelegt.

In der Nacht des Attentats fielen in Washington Telegraphenleitungen für den Handel – die zu Kriegszeiten von der Regierung kontrolliert wurden – kurzzeitig aus, was zur Folge hatte, dass die Meldung über Booths Entkommen verspätet verbreitet wurde. Einige sehen in diesem mysteriösen Ereignis einen Beweis dafür, dass Insider der Regierung den Attentäter bei seiner Flucht unterstützten.

Und dann ist da noch Booths Tagebuch, das nach dem Attentat in einem Safe von Stanton verschwand. Erst einige Jahre nach der Verhandlung über das Attentat wurde das Tagebuch der Öffentlichkeit zugänglich gemacht, was

Die Lincoln-Verschwörung

einen Sturm politischer Entrüstung auslöste. Erstaunlicherweise fehlten mindestens 18 Seiten. Lafayette C. Baker, der intrigante Chef der National Detective Police (NDP), der Vorgängerorganisation des Secret Service, bezeugte, dass alle Seiten intakt gewesen seien, als seine Leute das Tagebuch an Stanton ausgehändigt hätten.

Andere vermuteten hinter dem Verschwinden von Booths Tagebuch eine weniger spektakuläre Verschwörung. Thomas Reed Turner vermutet, dass die Regierung das Tagebuch, welches auch detaillierte Angaben zu den fehlgeschlagenen Kidnappingversuchen beinhaltete, unter Verschluss hielt, um peinlichen Fragen im Hinblick auf ihre eigene Untätigkeit angesichts Booths offenkundiger Verbrechenspläne zu entgehen. Gemäß Turner „bestand mehr als ein vager Verdacht, dass die Regierung von Booths Plänen wusste. ... Die Tatsache, dass die Regierung den Tätern so schnell auf die Schliche kam, lässt vermuten, dass sie deren Gruppierung bereits längere Zeit beobachtet hatte." Falls dies der Wahrheit entspricht, bleibt dennoch eine entscheidende Frage ungeklärt: Warum hat die Regierung *nichts* unternommen, Booth und seine Bande außer Gefecht zu setzen, bevor es zu spät war?

In einer seltsamen chiffrierten Nachricht, die der Chef der NDP Baker (selbst das Objekt zahlreicher Verdächtigungen) drei Jahre nach dem Attentat verfasste, formulierte der korrupte Polizeichef ein Gedicht, das viele für ein Geständnis halten: „In Neu-Rom wandelten drei Männer, ein Judas, ein Brutus und ein Spion. Jeder von ihnen plante König zu werden, wenn Abraham sterben sollte. ... Als der gefallene Mann im Sterben lag, kam der Judas zu ihm und zollte dem, den er hasste, Respekt. Und als er diesen schließlich sterben sah, sagte er: ‚Nun hat ihn die Ewigkeit und die Nation gehört mir.'" Als „Judas" ist offenkundig Stanton beschrieben, der seinerzeit zum Tatort geeilt war und dort seine berühmten Worte gemurmelt hatte: „Nun gehört er der Ewigkeit an." Brutus mag sich auf Booths Vater beziehen, den berühmten Schauspieler Junius Brutus Booth, auf Booth höchstselbst oder Lincolns nahen Freund, Ward H. Lamon. Der U. S. Marshal von Washington hatte Lincoln oftmals vor Attentaten gewarnt, war an dem verhängnisvollen Abend aber nicht in der Stadt gewesen. *Und du,* Lamon? Was auch immer es tatsächlich bedeuten mag, Bakers Gedicht endet folgendermaßen: „Falls sich jemand fragt, was aus dem Spion geworden ist, so kann ich ihm sagen, dass ich derselbe war. Lafayette C. Baker, 02.05.68." Selbst Historiker wie Thomas Reed Turner, die Verschwörungstheorien skeptisch gegenüberstehen, kommen zu dem Schluss, dass der Text und die Unterschrift authentisch sind.

Baker verstarb einige Tage, nachdem er dieses Kryptogramm verfasst hatte, „im robusten Alter von 24 Jahren". Seine Frau war der Überzeugung, dass er von Handlangern der Regierung vergiftet worden war.

Tote plaudern nicht, ganz klar.

Die Lincoln-Verschwörung

Schick Sunn Classic Productions, eine Produktionsfirma, die sich auf Dokumentationen über Themen wie Bigfoot und Noahs Arche spezialisiert hatte, erfüllte die Rätsel und Ungereimtheiten mit neuem Leben. „Die Lincoln-Verschwörung", so der Titel eines 1977 erschienenen Buches und eines Films, liefert allerdings weniger Fakten – was das eigentliche Ziel sein sollte – als vielmehr Spekulationen über mögliche Hintergründe des Attentats. Mit Verweis auf kontroverse, „niemals zuvor veröffentlichte Dokumente" entwarfen die Autoren David Balsiger und Charles E. Sellier das Bild einer Superverschwörung, in die vier unterschiedliche Gruppierungen als Hintermänner von Booths Kidnapping- und Attentatsplänen verwickelt waren: Stanton und seine Parteigenossen von den Radikalen Republikanern, welche die Regierung mit Hilfe von Baker übernehmen wollten, Jacob Thompson, der Herr und Meister der konföderierten Spione, und seine Vorgesetzten in Richmond, Bankleute aus dem Norden und Baumwollspekulanten, die sich zu Kriegszeiten mit Schmuggelware eine goldene Nase verdienten und dieses profitable Geschäft fortführen wollten, und Farmer aus Maryland, denen Lincolns gutmenschelnde Position zur „Negerfrage" zuwider war.

Balsiger und Sellier schmückten ihre ambitionierte Theorie auch mit der beständigen Legende von Booths Überleben und seiner erfolgreichen Flucht. In „Die Lincoln-Verschwörung" behaupten sie, dass der Mann, der in dem Schuppen auf der Garrett-Farm getötet wurde, nicht Booth war, sondern ein weiterer Flüchtiger, der eigentlich nichts mit Booths Komplott zu tun hatte. Sein Name war Captain James William Boyd. Ein Mann, dem zum Verhängnis wurde, dass „er Booth auffallend ähnlich sah".

Zu Booths Glück bestanden einige weitere praktische Gemeinsamkeiten zwischen ihm und diesem unglaublichen Körper-Double (das allerdings 15 Zentimeter größer als Booth war): beispielsweise die Initialen J.W.B., die – noch praktischer – auf Boyds Arm tätowiert waren. Laut Balsiger und Sellier humpelten beide J.W.B.s aufgrund schwerer Beinverletzungen. (Booth hatte seines gebrochen, als er aus der Loge des Präsidenten auf die Bühne vom Ford Theater sprang; Boyd wurde wieder von einer alten Kriegsverletzung geplagt.) Und wie es der Zufall wollte, wurden beide Männer jeweils von einem weiteren Flüchtling begleitet, die sich ebenfalls erstaunlich ähnelten. Und nicht nur das, tatsächlich war Boyds Begleiter einer von Booths Mitverschwörern.

Als der Chef der NDP Baker Stanton mitteilte, dass seine Leute Boyd, und nicht Booth, getötet hatten, ging die Vertuschung los. Diese Theorie kreist wie viele andere, in denen Booth überlebt, um seltsame Vorgänge bei der Identifikation und der Entsorgung der Leiche, welche beide unter strenger Geheimhaltung stattfanden. Nur wenige bekamen den Leichnam zu Gesicht. Ein offizielles Foto des toten Körpers tauchte nie wieder auf. Und Booths

Die Lincoln-Verschwörung

eigener Arzt hatte Schwierigkeiten, seinen ehemaligen Patienten zu identifizieren, weil dieser *niemals* zuvor rote Haare hatte. (Die Jungs von Sunn Classic behaupten, dass Boyd hingegen ... rotes Haar hatte!)

Die Behauptungen von Balsiger und Sellier bezüglich Körper-Doubles und simultanen Gehbehinderungen erscheinen etwas weit hergeholt, ähnlich unglaubwürdig wie ihre „neu entdeckten" Dokumente, die Transkriptionen (wohlgemerkt nicht die Originale) der fehlenden Seiten von Booths Tagebuch umfassen.

So unwahrscheinlich sie auch sein mag, die Legende von Booths Überleben ist zweifellos langlebig. In den 1920er Jahren wurden die mumifizierten Überreste eines einsamen Malers namens John St. Helen als die von Booth deklariert und kamen dadurch zu bizarrer, kurzweiliger Berühmtheit. Vor diesem Ereignis kursierten in der zweiten Hälfte des 19. Jahrhunderts zahlreiche Berichte über einen alternden Booth, der aus Europa, Indien oder entfernteren Winkeln der Erde zurückgekehrt sei, um Verwandte zu besuchen, oder auf dem Todesbett an sonst langweiligen Orten wie Enid, Oklahoma, „Geständnisse" ablegte.

Um es in leichter Abwandlung mit den Worten von Booth möglichem Verbündeten, dem Ehrfurcht gebietenden Kriegsminister Stanton, zu sagen: Nun gehört die Lincoln-Verschwörung der Ewigkeit an.

QUELLEN:

Balsiger, David und Charles E. Sellier, Jr.: „The Lincoln Conspiracies". Los Angeles: Schick Sunn Classic Books, 1977.

Howard, Michael: „Secret Societies: Their Influence and Power in World History". Rochester, VT: Destiny Books, *1989*.

Roscoe, Theodore: „The Web of Conspiracy: The Complete Story of the Men Who Murdered Abraham Lincoln". Englewood Cliffs, NJ: Prentice-Hall, 1960.

Turner, Thomas Reed: „Beware the People Weeping: Public Opinion and the Assassination of Abraham Lincoln". Baton Rouge, LA: Louisiana State University Press, 1982.

21
911

Als am 11. September 2001 die Twin Towers des World Trade Centers (WTC) in Manhattan nach den Luftangriffen der Terroristen in sich zusammenfielen, schleuderten sie eine Wolke aus undurchdringlichem Staub in den Himmel. Die Gebäude lösten sich praktisch in Staub und Asche auf und Millionen Tonnen Schutt legten sich über das Bankenviertel von Manhattan. Doch die kataklysmischen Angriffe, die heute überall unter dem Schlagwort „911" bekannt sind, wirbelten eine weitere Schmutzwolke auf, eine Wolke der Verschwörungstheorien und Spekulationen, die aus dem schieren Unglauben heraus entstanden, dass etwas derart Tödliches, Grausames und Traumatisches selbst den Vereinigten Staaten von Amerika widerfahren kann.

Eine Vielzahl an Verschwörungstheorien kamen auf, doch die meisten waren, offen gesagt, furchtbarer Unsinn – mitunter sogar gefährlicher Unsinn. Ein kurzer Blick auf die Websites, die sich diesem Thema verschrieben haben, enthüllt unter anderem:

Die vier entführten Flugzeuge wurden nicht entführt, sondern via Fernsteuerung geflogen.

Das WTC wurde durch im Vorfeld platzierte Bomben zum Einsturz gebracht oder aber durch einen Laserstrahl.

Das Pentagon wurde überhaupt nicht von einem Flugzeug getroffen, sondern von einer Rakete oder einer Truckbombe.

Für jeden, der ernsthaft daran interessiert war, in den Trümmern des 11. Septembers nach der Wahrheit zu graben, stellte diese Verbreitung von dummen, irrsinnigen oder schlicht fehlgeleiteten Verschwörungstheorien ein Hindernis bei der echten Ermittlung realer Verschwörungen der US-Regierung dar, einer vertuschten Nationalgeschichte, die ihren Anteil an 911 gehabt haben mag und bis in die dunklen Tiefen des Wahnsinns der Reagan-Ära zurückreicht, als der Eifer, das „Böse Imperium" der Sowjets zu besiegen, so glühend war, dass er zu einer bizarren Intrige führte, im Rahmen derer die CIA sogar den KGB finanzierte.

Warum brachte der 11. September ein solches Übermaß an Konspirationen hervor? Die einfache Antwort lautet: je größer eine Katastrophe, desto größer die Verweigerungshaltung, sie unhinterfragt hinzunehmen. Und es hatte nie eine größere Katastrophe als den 11. September gegeben. Die schwierigere Antwort ist, dass viele Verschwörungstheorien überhaupt keine „Theorien" waren, sondern Propaganda. 911 zerschmetterte in mehrerer Hinsicht unser Weltbild. Ein gewisser Teil der Verschwörungsgemeinde hat sich dem Weltbild verschrieben, dass die USA niemals das Opfer in globalen Konflikten sind, sondern stets der Unterdrücker oder Aggressor. Natürlich entbehrt dieses Weltbild nicht völlig jeder Grundlage, doch als der Spieß plötzlich umgedreht wurde, als sich die Vereinigten Staaten plötzlich in der Opferrolle sahen, konnte diese Gruppe das Resultat schlicht und ergreifend nicht verarbeiten. Wenn das eigene Weltbild bedroht wird, gibt es darauf nur zwei Antworten: Man ändert das eigene Weltbild oder man ändert die Fakten, sodass sie sich in das eigene Weltbild einfügen – verdreht die Wahrheit, bis sie dem eigenen Blickwinkel entspricht.

Viele Verschwörungstheoretiker entschieden sich für die zweite Variante und entwickelten Theorien, nach denen die Vereinigten Staaten irgendwie an den Anschlägen beteiligt gewesen waren, sie vielleicht sogar selbst verübt hatten oder – in den extremsten Fällen – es die Anschläge überhaupt nicht gegeben hätte! Der 11. September nichts als ein gewaltiger Betrug. In jedem dieser Fälle haben wir indes nicht eine „Theorie" vor uns, sondern Blödsinn.

Im Zeitalter des Internets materialisieren Verschwörungstheorien, vor allem seit dem Absturz von TWA Flug 800 und dem Tod von Prinzessin Diana, sich scheinbar aus dem Nichts heraus, völlig spontan. Wie abzusehen war, brauchte es kaum eine Woche, bevor die grundlegende Parteilinie zum Thema 911 entstanden war. Die Website *Voxnyc.com* veröffentlichte am 19. September die textverarbeitete Version:

Eine gründliche wissenschaftliche Analyse dieses Wirbels an Ereignissen, Menschen, Nationen, Motivationen, Propaganda, Persönlichkeiten und Geschichtsschreibungen, die in diesen augenblicklichen Punkt der Geschichte verwickelt sind, führt zu nur einem Schluss: dass verborgene Mächte, die mit George Bush sen. im Bunde sind, planen, die US-Bevölkerung anzugreifen, diese islamistischen Terroristen in die Schuhe zu schieben und die Anschläge zum Vorwand zu nehmen, die Meinungsfreiheit, grundlegende Bürgerrechte und normale demokratische Prozesse radikal einzuschränken, um in der Verwirrung, die daraufhin folgen wird, ungehindert den Krieg in den Irak und andere Nationen, islamisch oder nicht, tragen zu können, die über natürliche Ressourcen und vor allem Ölreserven verfügen, nach denen es dieser schattenhaften Gruppe aus Erdöl- und Rüstungsindustriellen dürstet.

Wie genau eine „gründliche wissenschaftliche Analyse dieses Wirbels an Ereignissen, Menschen, Nationen, Motivationen, Propaganda, Persönlichkeiten und Geschichtsschreibungen" in weniger als acht Tagen geleistet werden konnte, bleibt unklar.

Der Versuch, diese Instant-Theorien zum 11. September einer sinnvollen Debatte zuzuführen ist, wie es ein Journalist ausdrückte, „verlorene Liebesmüh". Wie soll man mit Menschen diskutieren, die darauf bestehen, dass alle Argumente, gleich ob für oder wider, auf ihrer Seite sind? Einerseits behaupten sie (mit durchaus solider Begründung), dass die US-Regierung zahlreiche Warnungen, Osama bin Laden plane einen Schlag gegen ein bedeutendes Ziel in Amerika durchzuführen, ignoriert hat. Andererseits behaupten sie (praktisch ohne Begründung), dass bin Laden unschuldig sei.

Der kanadische Autor und College-Professor Michel Chossudovsky (Autor des Buches „War and Globalisation: The Truth Behind September 11", (dt.: „Der Krieg und die Globalisierung: Die Wahrheit über den 11. September"), einer der Großen im 911-Verschwörungsspiel, folgt der „Osama ist unschuldig"-Richtung, indem er feststellt: „Einige Stunden nach den Terroranschlägen auf das World Trade Center und das Pentagon kam die Bush-Administration ohne entsprechende Beweise zu dem Schluss, dass Osama bin Laden und sein Al-Qaida-Netzwerk unter dringendem Tatverdacht stehen." Ohne entsprechende Beweise? Die ungezählten Warnungen *waren* die Beweise. Wenn man ein halbes Jahrzehnt lang Warnsignal über Warnsignal empfängt, dass die Organisation bin Ladens plane, einen zu treffen und man dann getroffen wird, wer war's dann wohl?

Verschwörungstheorien dieser Art sind Tautologien, in denen Beweise, welche der Theorie glatt widersprechen, als „Desinformation" bezeichnet werden und somit als *Bestätigung* derselben gelten. Eine Theorie, die durch *alles* bestätigt wird, kann überhaupt nicht bestätigt werden. Entweder erhielten die Vereinigten Staaten diese Warnungen oder nicht. Doch ganz gleich, wie es sich verhielt, gemäß dieser speziellen Verschwörungstheorie ist bin Laden unschuldig.

Diese Art der Beweisführung lässt nur einen Schluss zu: Die Person, die selbige Argumentation vorlegt, hat sich ihre Meinung schon im Vorfeld gebildet. Und wenn die Realität dieser Meinung widerspricht, wird die Realität einfach ignoriert! Viele der Verschwörungstheorien zum 11. September verdienen es überhaupt nicht, „ *Verschwörungstheorien*" genannt zu werden. Sie sind einfach Verleugnungen und unterscheiden sich damit in ihrer Form (und verstörenderweise manchmal auch ihrem Inhalt) nicht wesentlich von Holocaust-Verleugnungen.

Wenn es den Anschein erweckt, als wären wir verärgert über diese neuen Theorien, dann deshalb, weil wir es sind. Einst, vor nicht allzu langer Zeit, waren Verschwörungstheorien eine Herausforderung gegenüber festgefahrenen, „etablierten" Ansichten. In den letzten paar Jahren haben wir eine neue Generation von Verschwörungstheorien aufkommen sehen, die in sich selbst festgefahren sind, ebenso monolithisch und unantastbar durch anderslautende Ideen wie der medienindustrielle Meinungskomplex selbst.

Wenn wir es nicht besser wüssten, würden wir glauben, dass die Regierung selbst diese Nonsense-Theorien verbreitet hat, als Desinformation, um jeden zu diskreditieren, der gerechtfertigte Fragen über die Ereignisse vom 11. September zu stellen wagt. Die Bush-Administration hat sich auch nicht eben bemüht, diese verrückten Theorien zu verurteilen. Als Bush im November 2002 niemand Geringeren als Henry Kissinger ernannte, eine „unabhängige Untersuchung" in Sachen 911 zu leiten, schrien nicht nur einige Verschwörungstheoretiker „Warren Commission III!", sondern auch einige der Kommentatoren in den „Mainstream"-Medien. Kissinger trat von diesem Posten dann auch lieber ziemlich rasch zurück, als eine Liste der Klienten seiner Beratungsfirma Kissinger Associates aufzudecken. Er wäre gezwungen gewesen, diese wohl behütete Liste der Öffentlichkeit zu zeigen, denn zu Kissingers Kunden gehörten potenziell Regierungen, die mit den Terroristen vom 11. September in Verbindung standen.

Letztlich entschied Kissinger, dass es ihm wichtiger sei, seine Klienten zu schützen, als sein Land. Er bezichtigte sich selbst der Befangenheit und lehnte eine Untersuchung der Rätsel rund um den 11. September ab. Wie Bush überhaupt auf die Idee gekommen war, dass Kissinger unter allen Menschen genau der Richtige sei, um all dem auf den Grund zu gehen, ist für sich selbst genommen schon ein Rätsel.

Die ermüdenden und frustrierenden Verleugnungstheorien erreichten derweil nichts weiter, als dass ein Ereignis, das an sich schon so verwirrend und widersprüchlich erschien, dass die JFK-Ermordung sich dagegen wie ein Modell an Unzweideutigkeit ausnimmt, sich in ein noch irritierenderes Durcheinander verwandelte. Unser kleiner öffentlicher Aufruf daher an dieser Stelle: „Bitte theoretisieren Sie *verantwortungsvoll.*"

Dieselben Personen – etwa der zuvor genannte Professor Chossudovsky –, die uns erzählt haben, dass es „keine Beweise" gäbe, die eine Anklage von bin Ladens Netzwerk stützen würden, lassen uns gleichzeitig in schöner Ausführlichkeit wissen, dass bin Laden irgendwie die Marionette der CIA war. (Und wollen damit wieder beides zugleich: Wen kümmert es, ob er von der

CIA eingesetzt wurde, wenn bin Laden unschuldig ist?) Der überaus produktive Jared Israel von der Website *Emperors-Clothes.com* verrät uns: „Bin Laden und Konsorten waren Angestellte der CIA und erhielten über viele Jahre hinweg das beste Training, Waffen, Einrichtungen und eine Menge Geld." Tatsächlich? Bin Laden ein Angestellter der CIA? „Das zumindest berichtete die *(New York) Times* am 24. August 1998", sagt Israel.

Beeindruckende Recherchearbeit, nur durch den Umstand geschmälert, dass die *New York Times* so etwas nie geschrieben hat. Was die Zeitung damals berichtete und was auch in dem Jahrzehnt vor 911 (wie auch danach) ausführlichst dokumentiert worden war, ist die Tatsache, dass die CIA während des afghanischen Bürgerkriegs und der sowjetischen Invasion von 1979 bis 1989 den afghanischen Mudjahedin-Guerilla-Kämpfern, die verzweifelt versuchten, die sowjetische Militärmaschinerie abzuwehren, Geldmittel zukommen ließ.

Bin Laden, der Millionen von Dollars zu seiner Verfügung hatte und obendrein die Bereitschaft des Fanatikers besaß, in Berghöhlen zu hausen, wenn es der Sache dienlich war, war eine prominente Gestalt innerhalb dieser Widerstandsbewegung.

Dieser Möchtegern-Syllogismus – die CIA finanziert die afghanische Opposition, bin Laden ist Teil der afghanischen Opposition, daher finanziert die CIA bin Laden – wurde als Glaubensgrundsatz und Eckpfeiler der meisten Verschwörungstheorien zum 11. September akzeptiert. Doch kann so etwas möglich sein? Könnte die CIA wirklich mit dem Welt größten Terroristen unter einer Decke stecken, dem Mann, der an einem Tag mehr amerikanische Zivilisten umbrachte als jeder Feind in der ganzen Geschichte Amerikas? Ist die Behörde wirklich so böse?

Selbst namhafte Autoren haben festgestellt, dass die CIA bin Ladens Kräfte, die manchmal auch als „die muslimischen Söldner der CIA" bezeichnet werden, „ausgebildet" habe. Eine kleine Zeitung in Kanada, der *Vancouver Courier*, brachte am 1. Oktober 2001 einen Artikel, in dem es hieß, dass die „USA den radikalen Islam genährt" hätten. Es dauerte nicht lange, bevor *dieser* Artikel überall im World Wide Web verbreitet war.

Die Situation ist aber um einiges düsterer, als es die Verschwörungstheoretiker ausschauen lassen und ganz sicher unklarer als es Apologeten der US-Politik (auf der anderen Seite der informationstechnischen Medaille) die Welt glauben machen wollen.

In den 1980ern gab es wenigstens sechs verschiedene Fraktionen afghanischer Widerstandskämpfer, die gegen die Sowjets im Feld waren. Keineswegs alle von ihnen waren „islamistische Fanatiker" oder „Terroristen", auch wenn einige sicher zu diesem Personenkreis zählten. Da gab es etwa die „Afghanischen Araber", bin Ladens Gruppe. Der „afghanische" Teil ihres

Namens bezog sich dabei allein auf ihre geographische Lage sowie die Sache an sich. Die meisten von ihnen waren Araber und andere Muslime aus Ländern wie Saudi Arabien, bin Ladens Heimat. Die Afghanischen Araber waren ausgesprochen fanatisch und haben sich seitdem in bin Ladens Terrornetzwerk Al-Qaida verwandelt. Sie kamen als Söldner nach Afghanistan, doch ihre Motivation war nicht Geld, sondern religiöser Extremismus. Sie sahen es als ihre heilige Pflicht an, die heidnischen Sowjets aus dem islamischen Land Afghanistan zu vertreiben.

Einige der einheimischen Mudjahedin teilten diesen religiösen Eifer, die meisten jedoch wollten einfach nur ihr Land zurück. Sie wollten, dass die Sowjets aufhörten, ihre Leute abzuschlachten und dass sie nach Hause gingen. Diese „gemäßigten" (in Ermangelung einer besseren Begrifflichkeit) Afghanen konnten mit den Afghanischen Arabern relativ wenig anfangen, die im Gegenzug noch weniger mit ersteren anfangen konnten.

Bin Ladens Agenten töteten Ahmad Shah Massoud, den afghanischen General, der am erfolgreichsten gegen die Sowjets vorging. Massouds Miliz hatte im Laufe des 10-jährigen Krieges neun verschiedene sowjetische Offensiven abgewehrt, doch zwei Tage vor den Anschlägen des 11. Septembers wurde er von Selbstmordattentätern getötet.

Die CIA hätte in den 1980ern 100 Prozent ihrer Unterstützung Massoud zuteil werden lassen können, doch sie tat es nicht. Massoud war nicht unbedingt Thomas Paine, was das Verfechten demokratischer Werte anging, doch wie sagte es der TV-Nachrichtenmann Richard Mackenzie, der monatelang mit Massouds Truppen unterwegs gewesen war, so schön: „Er hätte sich für einen gerechteren und demokratischeren Staat in Afghanistan stark gemacht."

Massoud selbst machte keinen Hehl aus seiner Abscheu gegenüber bin Ladens freiwilliger Fundamentalistentruppe. „Wir brauchen keine bewaffneten Araber, die in unserem Land herumspazieren", erklärte er Mackenzie. „Hier ist kein Platz für sie. Sie sollten gehen."

Derweil die CIA Massoud weitgehend sich selbst überließ, ging ein Großteil der in diese Region fließenden Gelder der amerikanischen Steuerzahler an den extremsten islamischen Fundamentalisten von allen afghanischen Milizführern, einen Mann, der dem Journalisten Peter Bergen zufolge mit bin Laden „eng zusammenarbeitete". Warum?

Die Operation der CIA in Afghanistan war verschachtelt. Die CIA eröffnete eine Operationsbasis in Pakistan und schleuste ihr Geld in Pakistans schattenhaften und zwielichtigen Geheimdienst, den Inter-Services Intelligence (ISI). In einzigartig kurzsichtiger Art und Weise überließen die CIA-Agenten vor Ort auf Befehl von Präsident Ronald Reagans CIA-Direktor William Casey die gesamte Operation ihren pakistanischen Kollegen.

„Indem sie dem ISI einfach um die 3 Milliarden Dollar amerikanischer Steuergelder in die Hand drückte", schreibt Bergen, „überließ die CIA den Pakistanis die komplette Kontrolle über die Verwendung des Budgets."

Die Pakistanis schenkten dem afghanischen Warlord Gulbuddin Hekmatyar ihre Unterstützung, der ohne Frage ein islamischer Extremist war und der im Gegenzug Zia-ul-Haq unterstützte, Pakistans eigenen islamistischen Diktator zu jener Zeit. Hekmatyar erhielt 600 Millionen Dollar an amerikanischen Steuergeldern und das waren „die zurückhaltendsten Schätzungen", berichtet Bergen.

Die Reagan-Leute waren so blind besessen von der Auslöschung der sowjetischen Bedrohung, dass sie leichtfertig über die Bedrohung hinwegsahen, die ihnen aus Hekmatyar und seiner extrem-islamistischen Bagage erwachsen konnte. Der blutdurstige Warlord kämpfte selten gegen die Sowjets. Er zog es vor, seine afghanischen Mitbrüder zu ermorden. Hekmatyar war stets ein islamistischer Ultrafanatiker gewesen. Er hatte keine „Lektion" in dieser Weltsicht von der CIA gebraucht und es ist eine unglaubliche Übertreibung zu sagen, die CIA habe ihn „erschaffen". Was die CIA durch ihre Allianz mit dem pakistanischen ISI allerdings erreichte war, Hekmatyar weitaus mehr Einfluss und Macht zu verleihen, als er jemals hätte erhalten sollen. In einer afghanischen Lebenswirklichkeit des totalen Krieges, in welcher der Kerl mit der größten Kanone den Siegerkranz erhielt, sorgte der ISI dafür, dass Hekmatyar dieser Kerl war. Und die CIA unter Reagan und danach Präsident George Bush sen. gab niemals einen Laut des Protests von sich.

Nachdem die Sowjets abgezogen waren, bildete eine Koalition aus afghanischen Fraktionen eine Regierung in der Hauptstadt des Landes Kabul. Hekmatyar wurde zum Premierminister ernannt, doch die größte Leistung während seiner Amtszeit war es, die Hauptstadt mit Raketen zu beschießen. Dabei handelte es sich übrigens um genau die Raketen, die ihm der ISI mit dem Geld der CIA gekauft hatte. Die Angriffe waren ein Versuch, Massoud aus seiner Machtposition in Kabul zu verdrängen.

In einem Fall massakrierten Hekmatyars Streitkräfte Berichten zufolge 1800 Menschen in einer einzigen Stadt und an einem einzigen Tag. Bis 1996 war Hekmatyar angeblich für den Tod von 50.000 seiner Landsleute verantwortlich.

Als die Taliban 1996 das Regime in Afghanistan übernahmen, schloss sich Hekmatyar ihnen an, wandte sich dann aber bald gegen sie – nur um sich ihnen wieder anzuschließen, als die Vereinigten Staaten in der Nachfolge des 11. Septembers in Afghanistan einfielen. Zuletzt war es an der CIA unter Präsident George W. Bush, den Schaden, den der Empfänger ihrer Freigiebigkeit angerichtet hatte, wieder zu beheben. Im Mai 2002 feuerte die CIA eine seiner eigenen Raketen auf Hekmatyar ab, aber verfehlte. Es war ein klassischer Fall von Blowback: Die CIA versuchte, einen Killer umzubringen, der einen Großteil seiner Macht der CIA verdankte. Bis heute ist Hekmatyars Aufenthaltsort unbekannt, ebenso wie der von bin Laden.

Die absolute Ironie der Beziehung zwischen der CIA und Hekmatyar mag gewesen sein, dass Letzterer die ganze Zeit eher für die Sowjets gearbeitet hatte als gegen sie. The Revolutionary Association of Women of Afghanistan (RAWA) (dt.: *Die Revolutionäre Vereinigung der Frauen Afghanistans*) glaubt, dass Hekmatyar die ganze Zeit über auf der Lohnliste des KBG gestanden hatte und dass eine Verschwörung des sowjetischen Geheimdienstes und des islamistischen Warlords hinter der Ermordung der RAWA-Anführerin im Jahre 1987 steckte. Dokumente, die 2002 von einem ehemaligen sowjetischen Archivar veröffentlicht wurden, bestätigen diese Hekmatyar-KGB-Verbindung nicht (zumindest laut der *Washington Post*), doch sie belegten durchaus, dass der KBG viele afghanische Milizeinheiten unterwandert und dazu provoziert hatte, sich gegenseitig zu bekämpfen. Der Bruderkampf war, kaum überraschend, ein schweres Hindernis im afghanischen Kampf gegen die Sowjets und kein afghanischer Kommandant tötete seine afghanischen Brüder mit größerer Begeisterung als Hekmatyar.

Die CIA bezahlte also, wenn die Behauptungen der RAWAs korrekt sind, letztendlich die Störung des anti-sowjetischen Widerstands, den sie gleichzeitig so eifrig unterstützte. Das sind wohl die Folgen allzu verdeckter Operationen. Manchmal sind die echten Verschwörungen eben noch verrückter als jede Verschwörungstheorie.

Wie auch immer, nur weil eine Theorie paranoid ist, heißt das noch nicht, dass sie verrückt sei. Wenn dieses Buch irgendetwas beweist, dann, dass eine Theorie falsch sein kann, ohne völlig abgedreht zu sein. Die Trennung der lachhaften Theorien rund um den 11. September von den echten Rätseln erweist sich als mehr als schwierig, denn oft beinhalten lachhafte Theorien echte Rätsel dieses klaren blauen Morgens des 11. Septembers 2001, als vier Passagierflugzeuge in die WTC Twin Towers im Bankenviertel von Manhattan, in das Pentagon und in ein offenes Feld im ländlichen Pennsylvania krachten.

Wie ziemlich rasch klar wurde, waren die Flugzeuge entführt worden. 19 arabische Terroristen hatten sie übernommen, denen es irgendwie gelungen war, die völlige Kontrolle über die Jets, ihre Besatzung und die Cockpits zu erlangen, bewaffnet dabei nur mit einem Teppichmesser, einer Art Rasiermesser.

Die Terroristen töteten mehr als 3000 Menschen und auch sich selbst. Die Anschläge auf das WTC beherrschten damals alle Medien. (Der Anschlag auf das Pentagon wie auch der Absturz des United Airlines Flug 93 fanden ohne Beisein von Fernsehkameras statt.) Als das zweite Flugzeug mit Höchstgeschwindigkeit in den Südturm donnerte und dabei in einem gewaltigen

Feuerball verging, war das Fernsehen live vor Ort und übertrug den Schrecken weltweit.

Das anfängliche Spektakel der Zerstörung wurde dann ungefähr eine Stunde später noch übertroffen, als beide Türme des WTC – drei Jahrzehnte lang die 400 Meter hohen Wahrzeichen der Skyline von Manhattan – kollabierten und dabei eine gigantische, die Sonne verdunkelnde Wolke beißenden Staubs in den herbstlichen Himmel über New York schleuderten. Innerhalb von Minuten verwandelte sich der WTC-Plaza in „Ground Zero", einen aufragenden Hügel verbogenen Metalls und eine Grabstätte für Tausende.

Die Verantwortung für diese Anschläge wurde von offizieller Stelle sehr schnell dem zuvor behandelten bin Laden angehängt, einem multimillionenschweren Exilanten aus Saudi Arabien, der in den vergangenen Jahrzehnten sein übervolles Bankkonto dazu verwendet hatte, ein globales Netzwerk aus „heiligen Kriegern" zu erschaffen und zu finanzieren, das als Al-Qaida bekannt wurde und sich – laut bin Ladens eigenen öffentlichen Aussagen – dem Ziel verschrieben hatte, so viele Amerikaner und Juden wie möglich abzuschlachten. Bin Laden war der Kopf hinter verschiedenen Terroranschlägen in den 1990ern gewesen, doch all diese hatten im Ausland stattgefunden – die blutigsten von ihnen die beinahe gleichzeitigen Bombenanschläge auf die US-Botschaften in Kenia und Tansania am 7. August 1998.

Die erste offizielle Position der US-Regierung war, dass sie von den Anschlägen des 11. Septembers völlig unvorbereitet getroffen worden sei. Selbige hätten sie wortwörtlich wie ein Blitz aus heiterem Himmel getroffen. Präsident Bush bekräftigte diese Position, als er am 16. September sagte: „Niemals dachte irgendjemand darüber nach, wie man Amerika beschützen könne, niemals hätten wir uns vorstellen können, dass die Übeltäter nicht eine, sondern gleich vier Linienmaschinen in sensible US-Ziele hineinfliegen würden. Niemals."

Auch die zwei Männer, denen es oblag, die nationale Sicherheit der USA gegen Gegner aus dem Inneren und von außen zu gewährleisten – FBI-Direktor Robert Mueller und CIA-Direktor George Tennet – stärkten dem Präsidenten den Rücken.

Zitat Mueller: „Es hieß niemals irgendwo ‚Es ist irgendetwas in den Vereinigten Staaten geplant'."

Ähnliche Beteuerungen hilfloser Ignoranz ließ auch Tenet verlauten, der (in einer Aussage vor dem Senate Intelligence Committee) hinzufügte, dass er nicht wirklich der Meinung sei, dass diese massive und absolut unerwartete Attacke innerhalb des Staatsgebiets der Vereinigten Staaten ein „Versagen" von US-Geheimdienstoperationen bedeute. „Versagen bedeutet keinen Fokus zu haben, keine Aufmerksamkeit, keine Disziplin", erklärte er.

Jeder begründete Verdacht oder jede konspirative Spekulation beginnt mit diesen Aussagen jener Männer, die hätten wissen müssen, dass ein Anschlag der Größenordnung vom 11. September sich anbahnte, denn Bush, Mueller und Tenet haben sich alle selbst freiwillig als Trottel hingestellt.

Bereits seit 1998 existierten Dutzende von Hinweisen und sogar einige sehr direkte Warnungen, dass ein Anschlag der 911-Größenordnung in Planung war. Hier nur einige aus dem Bericht des Kongress-Ermittlungsausschusses, der im September 2002 angefertigt wurde:

Juni 1998: Der US-Geheimdienst erfährt, dass bin Laden Anschläge innerhalb der Vereinigten Staaten selbst plant, wobei Washington, D. C. und New York als mögliche Ziele genannt werden.

August 1998: Spionagebehörden leiten Informationen an das FBI und die Federal Aviation Administration (FAA) weiter, dass eine Gruppe Terroristen aus dem Nahen Osten plane, ein mit Sprengstoff beladenes Flugzeug aus dem Ausland einzufliegen und in das WTC stürzen zu lassen.

Dezember 1998: Ein Geheimdienstbericht über bin Laden vermerkt, dass der Terroristenführer „sehr daran interessiert (ist), die USA auf ihrem eigenen Grund und Boden zu treffen".

März 2001: Eine Quelle berichtet dem US-Geheimdienst, dass eine Gruppe von bin Ladens Agenten einen Anschlag innerhalb der Vereinigten Staaten im April dieses Jahres plane.

Juni 2001: Das Counter-Terrorism Center der CIA erfährt, dass Schlüsselfiguren in bin Ladens Operation sich „auf den Märtyrertod vorbereiten".

August 2001: Beamte der Einwanderungsbehörde in Minneapolis nehmen Zacarias Moussaoui fest, der bei einer Flugschule angemeldet ist und dessen verdächtiges Verhalten die FBI-Agenten vermuten lässt, dass er einen Terroranschlag geplant habe.

September 2001: Am 10. September fängt die National Security Agency einige Funksprüche im Ausland ab, in denen es um einen unmittelbar bevorstehenden Terroranschlag geht. Am 12. September sind diese übersetzt.

Derselbe Bericht listete zudem eine ganze Reihe anderer Geheimdienstberichte auf, in denen es um Terroristen ging, die beabsichtigt hatten, Flugzeuge als fliegende Bomben zu missbrauchen und über Gebäuden und öffentlichen Plätzen abstürzen zu lassen. Bereits 1994 hatten algerische Islamisten eine französische Passagiermaschine entführt und damit gedroht, sie in den Eiffelturm stürzen zu lassen. 1995 wurde der damals flüchtige WTC-Bomber Ramzi Yousef (aus dem Bombenanschlag von 1993) mit Plänen in der Tasche erwischt, ein Flugzeug in das CIA-Hauptquartier stürzen zu lassen. Im Jahr 2000 berichtete eine Quelle dem FBI, dass sie gemeinsam mit Mitgliedern der Al-Qaida in Pakistan ein Training durchlaufen hatte und Teil eines Plans war, eine 747 zu entführen, wobei zu den Entführern auch ausgebildete Piloten gehören sollten. Im August 2001 fand der US-Geheimdienst heraus, dass bin Laden einen Flugzeugabsturz auf die US-Botschaft in Nairobi in Kenia geplant hatte.

„Ungeachtet dieser Berichte", so der Kongress-Ermittlungsausschuss, „gab es vonseiten der Geheimdienste keine spezielle Einschätzung hinsichtlich der Wahrscheinlichkeit, dass Terroristen Flugzeuge als Waffen missbrauchen würden".

(Ein interessantes Detail nebenbei: Ein alternativer Plan sah die Bombardierung der Botschaft in Nairobi aus der Luft vor. Als die Al-Qaida 2002 ein israelisches Ferienhotel in Kenia angriff, wurden anscheinend neben den mit Bomben beladenen Selbstmordlastern, die in die Lobby des Hotels rasten, zusätzliche Bomben aus einem vorbeifliegenden Flugzeug abgeworfen.)

Es gab weitere Warnungen. Am 10. Juli 2001 kam aus der FBI-Dienststelle in Phoenix, Arizona, das (passende) „Phoenix Memo". Es alarmierte das FBI-Hauptquartier über zahlreiche Männer aus dem Nahen Osten mit mutmaßlichen Verbindungen zu terroristischen Gruppierungen, die in Flugschulen innerhalb der Vereinigten Staaten ausgebildet wurden. Hätte das FBI diesem Memo Beachtung geschenkt, wären die zukünftigen Entführer, die in der Tat an amerikanischen Flugschulen eingeschrieben gewesen waren, mit an Sicherheit grenzender Wahrscheinlichkeit entdeckt und der Plan für den 11. September zerschlagen worden.

Bush selbst gab durch seinen Sprecher Ari Fleischer später zu, dass seine zuvor zitierte Unkenntnis der Absichten der „Übeltäter" nicht ganz der Wahrheit entsprach. Bush war, so bestätigte Fleischer, im August 2001 darüber informiert worden, dass Anhänger bin Ladens amerikanische Linienmaschinen zur Entführung ins Ziel nahmen. Die frühere Ableugnung, so Fleischer, habe sich nur auf spezifische Warnungen in Bezug auf einen geplanten Selbstmordangriff am 11. September bezogen, für den es keine gegeben hatte.

Am schockierendsten war laut einem Bericht in der Londoner *Independent*-Zeitung vom 7. September 2002 die Tatsache, dass die Vereinigten Staaten eine Warnung aus den Reihen der damals Afghanistan beherrschenden Taliban Junta erhalten habe. Der Außenminister des Regimes hatte im Juli 2001 erfahren, dass bin Laden einen massiven, spektakulären Angriff innerhalb der Vereinigten Staaten plane, einen Angriff, von dem die Oberen der Taliban befürchteten, er könne zu einem militärischen Vergeltungsschlag und der Zerstörung der Taliban selbst führen. Und er hatte absolut Recht damit. Laut der Geschichte der britischen Zeitung schickte er daraufhin einen Abgesandten, um die amerikanischen Behörden in Pakistan davon zu unterrichten und danach die Repräsentanten der Vereinten Nationen in Kabul. Der

Abgesandte bat um eine Operation „Mountain Storm", um die Al-Qaida aus Afghanistan zu vertreiben, ähnlich der Operation „Desert Storm", die den Irak ein Jahrzehnt früher aus Kuwait vertrieben hatte.

Der Zeitung zufolge nahmen die Offiziellen der USA und der UN nicht nur seine Bitte um einen Eingriff der USA nicht ernst, sie wischten auch seine Warnungen eines katastrophalen terroristischen Anschlags beiseite. Die Warnungen wurden niemals weitergeleitet.

Die Vereinigten Staaten waren offensichtlich so beklagenswert unvorbereitet auf den Angriff, den vorherzusehen sie zahlreiche Gründe gehabt hätten, dass als er tatsächlich eintrat selbst ihre letzte Verteidigungslinie nirgendwo zu sehen war. Air-Force-Abfangjäger des North American Aerospace Defense Command (NORAD) eilen regelmäßig zur Stelle, um auf verdächtige Luftfahrtereignisse zu reagieren. Laut NORADs eigener Aussage erfuhr es um 8:40 Uhr von der FAA, dass der American Airlines Flug 11 – das erste Flugzeug, welches das WTC treffen sollte – entführt worden sei, erteilte seinen Jägern aber erst um 8:46 Uhr eine Starterlaubnis. Zu diesem Zeitpunkt war das Flugzeug bereits in den ersten Turm gestürzt.

Um 8:52 Uhr hoben die F-15-Jäger – die eine Höchstgeschwindigkeit von fast 1900 mph erreichen – schließlich ab. Sie starteten von der Otis Air National Guard Base in Massachusetts und flogen (erneut nach NORADs eigener Aussage) direkt auf das 153 Meilen entfernte New York zu. Selbst wenn sie im Mittel nur die Hälfte ihrer Höchstgeschwindigkeit geflogen wären, hätten sie noch immer Sekundenbruchteile vor dem grauenvollen und live im Fernsehen übertragenen Einschlag von United Airlines Flug 175 in den zweiten Turm vor Ort gewesen sein sollen.

Unverständlicherweise trafen die Jäger erst acht Minuten später ein, um 9:10 Uhr. Wenn NORADs Zeitangaben korrekt sind, flogen die Flugzeuge unerklärlicherweise nur mit 510 Meilen pro Stunde.

„Ich habe mich lange Zeit gefragt, was passiert wäre, wenn wir rechtzeitig vor Ort gewesen wären", sagte einer der Piloten ein Jahr später in einem Interview mit dem BBC. „Ich weiß nicht, was wir hätten tun sollen, um schneller dort zu sein."

Na ja, wie wäre es damit gewesen: *schneller fliegen*?!

Ein Offizier des NORAD gab an, dass die Maschinen zwischen 1100 und 1200 mph geflogen wären. Das hätte sie mehr als eineinhalb Minuten vor dem Einschlag des zweiten Flugzeugs beim WTC eintreffen lassen – mehr als genug Zeit, um den Irrflug der Passagiermaschine zu stören oder sie aus dem Himmel zu blasen.

Warum die Jäger nicht rechtzeitig beim WTC ankamen, um den zweiten Turm zu retten – oder um wenigstens die Chance zu haben, den zweiten Turm zu retten – bleibt ein Geheimnis. Entweder flogen sie in unverständlich gemächlichem Tempo oder NORADs Zeitangaben sind inkorrekt. Wenn aber NORADs Zeitangaben fehlerhaft sind, muss es eine gewaltige Verzögerung gegeben haben, bevor die Maschinen in der Luft waren. Keine dieser beiden Möglichkeiten ist sonderlich erbaulich.

Abgesehen davon erklärt keines der beiden Szenarien, weshalb die FFA 18 Minuten zu debattieren hatte, bevor sie NORAD überhaupt informierte. Den ersten Hinweis darauf, dass etwas nicht stimmte (der Flug hörte auf, sein normales Peilsignal zu senden), hatte es bereits um 8:20 Uhr gegeben.

Die Jäger hatten weniger Zeit, das Pentagon-Flugzeug, United Airlines Flug 77, abzufangen. Um 9:24 Uhr wurde NORAD von der Entführung dieser Maschine unterrichtet und hatte seine Flieger sechs Minuten später in der Luft. Sieben Minuten darauf krachte die Passagiermaschine ins Pentagon. Die Jäger waren Richtung New York gestartet und dann Richtung Washington abgeschwenkt, doch es dauerte weitere *zwölf Minuten*, bis sie eintrafen.

Es hatten also nicht nur die Geheimdienste vor dem 11. September versagt, auch das nationale Verteidigungsnetz versagte, als sich die Ereignisse an diesem Tag überschlugen. War dieses zweifache Debakel das Ergebnis von Inkompetenz, Nachlässigkeit und bürokratischer Unbeweglichkeit? Oder waren dunklere Kräfte am Werk? Verschwörungstheoretiker würden uns sagen, dass die Fehler überhaupt keine Fehler waren: Die Anschläge sollten *absichtlich* gelingen!

Aber warum? Die Antwort hängt von dem jeweiligen Verschwörungstheoretiker ab. Hier ein paar:

Die Bush-Regierung benötigte eine Ausrede, um Afghanistan den Krieg zu erklären, um eine zukünftige Erdgas-Pipeline zu sichern.

Rechtsorientierte innerhalb der Regierung brauchten einen Vorwand, um die Bürgerrechte der Amerikaner zu beschneiden, zum Schutze der „nationalen Sicherheit". Die Vereinigten Staaten versuchen für ihren Schützlingsstaat Israel Völkermord an den Arabern und Muslimen zu begehen und die falschen Terroranschläge geben ihnen einen Grund, dies anzugehen.

Oder schlimmer noch: Israel selbst zeichnete für die Anschläge verantwortlich.

Zwar sind all diese Spontanspekulationen ohne jede Beweislage, aber sie dienen den Verschwörungstheorien nichtsdestoweniger als Rückgrat. Gerade die letzte ist ohne Zweifel die übelste, der Punkt, an dem sich 911-Verleugnung und Holocaust-Verleugnung treffen. Ganz gleich, was man über den Konflikt zwischen Israelis und Palästinensern denken mag, die Vorstellung, dass Israel einen Akt des totalen Krieges gegen seinen engsten Verbündeten auf der ganzen Welt verüben könnte, kann nur als absurdes Gerücht bezeichnet werden. Woher kommt dieser Schwachsinn? Kurz nach dem Anschlag kursierte für kurze Zeit die Geschichte im Internet, dass 4000 Israelis irgendwie gewarnt worden seien, an diesem Tag nicht zu ihrer Arbeit im WTC zu gehen. Sie alle meldeten sich krank.

Die „4000 Israelis" wurden umgehend zu einem urbanen Mythos, der sich mit Cybergeschwindigkeit verbreitete. Natürlich ist die Geschichte – kaum überraschend – völlig aus der Luft gegriffen, was jedem von vorneherein hätte klar sein sollen, geht sie doch von dem unwahrscheinlichen Fall aus, dass 4000 Israelis tatsächlich im WTC arbeiteten.

Das Gerücht kam sechs Tage nach dem Anschlag bei einem libanesischen Fernsehsender auf und wurde von einer pakistanischen Zeitung wie auch dem russischen Nachrichtenorgan *Pravda* aufgenommen (das sich übrigens nachher dafür entschuldigte, die Story gebracht zu haben). Beide veröffentlichten die Nachricht auch auf ihrer Website. Die seltsam exakte Ziffer „4000" entstammte möglicherweise Aussagen des israelischen Konsulats, das im Hinblick auf den 11. September Besorgnis über die Lage der *in ganz New York* arbeitenden 4000 Israelis zum Ausdruck gebracht hatte.

Eine weitere Geschichte wird als Beweis des „Israel war es"-Mythos angeführt: Am 11. September wurden fünf Israelis festgenommen, angeblich wegen „befremdlichen Verhaltens". Es heißt, dass diese fünf feiernd und lachend – und mit ihrer Videokamera filmend – auf einem nahen Dach gesehen wurden – während die Twin Towers brannten.

Die Fakten: Es wurden fünf Israelis an diesem Tag verhaftet, allerdings auf der George Washington Bridge. Es hatte kein Dach etwas mit dieser Sache zu tun und die Israelis hatten es übrigens auch nicht. Zwei Wochen lang wurden sie unter Bedingungen, die, wie sie anführten, „einem Albtraum" glichen, festgehalten. Sie wurden von der Polizei verprügelt und mit dem Tode bedroht. Einmal öffnete eine Wache eine Zellentür, um andere Häftlinge in die Zelle zu lassen, in der einer der Israelis einsaß. Die Wache erzählte den anderen Insassen, dass der Israeli „der Terrorist, der für das World Trade Center verantwortlich ist" sei und brachte sie dadurch dazu, die Zelle zu stürmen.

Die Israelis waren aufgegriffen worden, weil das FBI nach eigener Aussage eine Warnung erhalten hatte, nach der jemand in einem weißen Van die Brücke in die Luft jagen wollte. Diese fünf Israelis fuhren in einem weißen Van über die Brücke. Falsche Zeit, falscher Ort, falsche Hautfarbe.

Man ist kaum verwundert, dass die Organisation von Lyndon LaRouche das „Israel ist schuld"-Szenario sehr attraktiv findet. Ende August 2002 „berichtete" LaRouches ehrwürdiges Hausorgan *Executive Intelligence Review*, dass der israelische Premierminister Ariel Sharon „sich anschickt, einen geheimen, dem 11. September ähnelnden Terroranschlag gegen die Vereinigten Staaten zu lancieren – um Präsident George W. Bush in einen Krieg gegen den Irak zu verwickeln." Keines der „Israel ist schuld"-Szenarien widmet sich in irgendeiner auch nur entfernt glaubwürdigen Art und Weise der Frage, weshalb Israel einen derart groß angelegten Terroranschlag gegen seinen treusten und besten Verbündeten verantwortet haben sollte. Selbst wenn die Idee dahinter gesteckt haben könnte, die Schuld den Arabern in die Schuhe zu schieben, hätte das Risiko den Nutzen wettgemacht? Müssten diese hypothetisch bösen Israelis nicht darüber in Sorge sein, enttarnt zu werden? Hätten sie nicht gewusst, dass wenn ihre Teilnahme an einer solchen Tat durchsickern würde (wie es garantiert der Fall gewesen wäre, wenn sie 4000 ihrer eigenen Bürger gewarnt hätten und fünf ihrer „Agenten" nachlässig genug gewesen wären, sich lachend auf einem nahen Dach sehen zu lassen, derweil das WTC brannte), dies ein für alle Mal das Ende des Staates Israel bedeuten würde?

Derweil es einfach ist, und auch sehr wahrscheinlich korrekt, die Begründungen jener, welche die „Israel ist schuld"-Theorien in die Welt setzten, anzufechten, machen andere Versionen des „Osama ist der Sündenbock"-Paradigmas kaum mehr Sinn.

Die Hypothese zum Ziel, dass es „keine Selbstmordpiloten" an Bord der vier entführten Flugzeuge gab, beginnt Carol A. Valentine – die den Posten der „Kuratorin" des Waco Holocaust Electronic Museum innehat (einer Website, die Verschwörungstheorien rund um den Überfall des FBI auf die Ranch der Davidianer-Sekte nahe Waco aus dem Jahre 1993 gewidmet ist) – mit einer Auflistung einiger grundlegender Daten über die Northrop Grumman Global Hawk, ein unbemanntes High-Tech-Spionageflugzeug „mit der Spannweite einer Boeing 737". (Obwohl es stimmt, dass die Global Hawk tatsächlich sogar eine etwas größere Spannweite hat als eine 737, handelt es sich doch um ein deutlich kleineres Flugzeug, nur etwa halb so lang, und es ist erheblich kleiner als eine 757 oder eine 767, von denen jeweils zwei am 11. September entführt und zum Absturz gebracht worden waren.)

Valentine führt weiterhin eine Reihe von Artikeln an und äußert dabei die Meinung, dass es mit der heutigen Technologie möglich sei, ein kommerzielles Passagierflugzeug via Fernsteuerung zu fliegen und zu landen. Nach dem 11. September verlangte Präsident Bush, dass dieses System in Linienmaschinen eingebaut würde. Es sollte der Bodenkontrolle erlauben einzugreifen, sozusagen ein entführtes Flugzeug zurückzuentführen und damit die Pläne von Terroristen, selbiges in wichtige Gebäude stürzen zu lassen, zu durchkreuzen. Eine tolle Idee, abgesehen davon, dass die Installation eines derartigen Systems in der gesamten Flotte existierender Linienmaschinen um die 300 Milliarden Dollar kosten würde.

„Technisch gesprochen", schreibt Valentine, „könnten wir ein ‚Selbstmord'-Flugzeug haben, das ohne einen Selbstmordpiloten in ein Gebäude fliegt. Die Robotik und die Technologie zum Fernsteuern sind mittlerweile so weit entwickelt, dass eine hoch fliegende Global Hawk (oder eine niedrig fliegende Tomahawk Cruise Missile) zur Kollision auf ein Ziel hin gelenkt werden könnte, ohne dass ein Pilot im Cockpit sitzt."

Und damit ward die harte Beweisführung zu einem Ende geführt und den verdächtigen Suggestivfragen, die als Beweise gelten sollen, Tür und Tor geöffnet. Wie formuliert es eine andere Verschwörungsseite (Die Zerstörung des World Trade Centers und der so genannte Krieg gegen den Terrorismus): „Da es möglich ist, eine Boeing 757 oder 767 via Fernsteuerung zu lenken, könnten nicht die Jets, welche die Twin Towers und das Pentagon trafen (in der Annahme, dass mehr als eines traf), ferngesteuert worden sein?" Vielleicht wurden ja auch die Twin Towers selbst via Fernsteuerung zerstört!

„Ließ eine Laserwaffe das World Trade Center einstürzen?", fragte sich Christopher Bollyn auf der Website *American Free Press*. „*American Free Press* hat einen deutschen Physiker interviewt, der glaubt, dass eine Laserwaffe auf der Basis von Infrarottechnologie, welche ursprünglich in der Sowjetunion entwickelt worden war, den Einsturz der Türme hervorgerufen haben könnte", fährt er fort.

Und wenn es so etwas Cooles wie ein Laserstrahl nicht war, wie wäre es stattdessen mit Bomben? Irgendwann vor dem 11. September war jemand in das WTC eingedrungen und hatte an neuralgischen Punkten Sprengladungen angebracht. Aufgrund einer „kontrollierten Explosion" wurden die Gebäude dann zum Einsturz gebracht.

„Die Twin Towers wurden errichtet, um dem Einschlag einer Boeing 707 standzuhalten, die der Boeing 767 sehr ähnlich ist", bemerkt Peter Meyer als Vertreter der Bombentheorie. Schön und gut, sieht man davon ab, dass eine 767 um einiges größer ist und um die 25.000 Kilogramm mehr wiegt. Abgesehen davon vermag niemand mit Sicherheit zu sagen, ob die Twin Towers selbst dem Einschlag einer 707 standgehalten hätten. Sie wurden nie von einer 707 gerammt. Die Architekten der Gebäude gaben damals zweifelsohne ihr Bestes, doch die Technologien, die sie vor mehr als drei Jahrzehnten beim Bau einsetzten, konnten einfach noch nicht mit Sicherheit voraussagen, welcher Art von Stress die Gebäude würden widerstehen können. Die ursprünglichen Entwickler des WTC gaben zu, dass der Einsturz hätte verhindert werden können, wenn sie in den späten 1960ern schon gewusst hätten, was sie heute wissen.

Abgesehen von der Tatsache, dass die Bombentheorie jedem gesunden Menschenverstand widerspricht, ganz zu schweigen vom Ökonomieprinzip (je einfacher eine Theorie, desto wahrscheinlicher, dass sie wahr ist), fragt man sich natürlich, warum die Verschwörer die Bomben nicht direkt nach dem Einschlag der Flugzeuge gezündet haben. Wäre es nicht weitaus dramatischer gewesen, ungefähr 30.000 Opfer zu erzeugen, statt schäbige 3000? Wenn die bösen Jungs im Gegensatz dazu einfach nur die Gebäude zerstören wollten und dies unter einem Minimum an Verlusten, warum haben sie dann nicht eine weitere Stunde oder so gewartet, bis alle das Gebäude verlassen hatten? Überhaupt, was hätte in dem Fall der ganze Spaß mit den in die Gebäude stürzenden Flugzeugen für einen Sinn gehabt? Warum wurden sie nicht einfach in die Luft gejagt? Man hätte nach wie vor „arabische Terroristen" als Sündenböcke ausmachen können, wenn das der Plan gewesen wäre.

Thierry Mayssan, der Autor des französischen Bestsellers „L'Effroyable Imposture" (dt.: „Die furchtbare Lüge") setzt für die Anhänger der Bomben-im-WTC-Theorie noch eins drauf. Sein Buch „Pentagate" „dokumentiert" seine These, nach der auch das Pentagon von Bomben, statt von einem abstürzenden Jet, beschädigt wurde – tatsächlich war überhaupt kein Jet hineingestürzt! Wie sein Buch zu einem Bestseller wurde ist das weitaus größere Mysterium als die Geschehnisse am Pentagon, das – sorry, aber es ist einfach so – von einer Boeing 757-200 mit ungefähr 350 mph Reisegeschwindigkeit getroffen wurde, wie im Übrigen zahlreiche Zeugen belegen. Und dabei reden wir nicht von Zeugen, die glauben, einen Schuss drüben auf dem grasbewachsenen Hügel gehört zu haben – oder war es doch bei der Lagerhalle gewesen? Wir sprechen hier über Zeugen, die dastanden und zusahen, wie ein 115.000 Kilogramm schweres, 47 Meter langes Flugzeug in eines der bedeutsamsten Gebäude des Landes krachte.

Doch Meyssan präsentiert eine Reihe von Fotos, die der „offiziellen" Erklärung anscheinend widersprechen. Er legt ein Foto der zerstörten Außenfassade des Pentagons vor und fragt (diese bösen Suggestivfragen wieder!): „Können Sie erklären, wie eine Boeing 757-200 ... nur die Außenfassade des Pentagons zu Schaden brachte?" Die Antwort ist einfach. Tat sie nicht. Das Flugzeug beschädigte den gesamten Komplex, drang tief ins Innere des Pentagons ein und verging in einem höllischen Feuerball. Dies erklärt auch das scheinbare Fehlen von Flugzeugtrümmern auf dem Rasen des Pentagons, ein weiteres höchst belastendes Beweisstück laut Meyssan. Tatsächlich sind auf einigen Fotos durchaus Trümmer zu sehen, nur nicht auf denen, die Meyssan ausgewählt hat, zumindest für die Veröffentlichung auf seiner Website. Ein Großteil des übrigen Flugzeugs drang in das Gebäude ein und wurde höchstwahrscheinlich von dem Flammensturm vertilgt, ähnlich wie die WTC-Maschinen.

Meyssan und seine Jünger sind offenbar der Ansicht, dass ein Jumbo Jet, der mit hoher Geschwindigkeit in ein massives und extrem verstärktes Stahlbetongebäude rast, zu großen Teilen unbeschädigt bleibt. Man muss sich nur die Fotos von nahezu allen Flugzeugunglücken anschauen – von denen wenige (wenn überhaupt eines) Zusammenstöße mit Gebäuden beinhalten – und man wird sehen, dass selten viel von den Maschinen übrig ist. Meist bleiben von einem abgestürzten Flugzeug und, tragischerweise, seinen Passagieren nur noch kaum erkennbare Trümmer übrig. Vermischt mit dem Schutt eines zertrümmerten Gebäudes bleibt am Ende nur ein einziges Durcheinander. Es ist unverständlich, wie irgendjemand, der auf die Fotografie einer Katastrophe von den Ausmaßen des Pentagon-Einschlags schaut, überhaupt irgendeine definitive Aussage treffen kann.

Man fragt sich, was ein ansonsten respektabler Journalist wie Meyssan eigentlich glaubt, was er da tut, seine Ideen jedenfalls haben die gleiche intellektuelle Qualität wie die Holocaustleugnung oder, freundlicher ausgedrückt, die Verleugnung der Mondlandung. (So weit wir wissen folgt Meyssan keiner dieser beiden Lügen.) Das Gleiche gilt auch für die Anhänger der Bomben-im-WTC-Theorie. Ohne auch nur den geringsten tatsächlichen Beweis, um die eigene Ansicht zu untermauern, können diese nichts anderes tun, als die Glaubwürdigkeit jedweden Beweises, der die „offizielle" Geschichte unterstützt, infrage zu stellen.

Als beispielsweise jemand in einer E-Mail an Peter Meyers Website Meyer bittet zu erklären, warum Flugzeugtrümmer auf dem Rasen vor dem Pentagon fotografiert wurden, wenn doch in Wirklichkeit gar kein Flugzeug das Pentagon traf, so lautet die Antwort: „Dieses Stück ‚Beweis' ist offensichtlich ziemlich verdächtig ... Es ist nicht auszuschließen, dass diese Trümmer vor Ort platziert wurden, um genau den ‚Beweis' zu liefern, dass das, was das Pentagon traf, ein American Airlines Jet gewesen war." Die Tatsache, dass Flug 77 entführt wurde, dass Passagiere mit ihren Handys aus dem Flugzeug heraus anriefen, um zu beschreiben, was vor sich ging, dass Dutzende von Menschen, die nichts davon gehabt hätten zu lügen, bezeugt haben, dass sie ein Flugzeug auf das Pentagon zufliegen und dann einschlagen sahen – all diese Beweise bedeuten gar nichts. Das Flugzeug wurde nie entführt. Es war eine ferngesteuerte Drohne. Die Handyanrufe waren gefälscht. Die Zeugen mögen irgendetwas gesehen haben, aber sie wissen nicht, was es war. Die Zeugen irren sich.

Diese willentliche, ja geradezu fanatische Abwendung von aller Rationalität ist gelinde gesagt zum Verzweifeln. Als diese Passagiermaschinen in das WTC einschlugen, brachen die Türme in sich zusammen und begruben unter sich nicht nur alles in ihrer Umgebung, sondern zugleich eine hohe amerikanische Tradition des kreativen Argwohns. Die größten Verschwörungstheorien, die in diesem Buch vorgestellt werden, repräsentierten stets die ernsthafte Suche nach der Wahrheit, durchgeführt von Geistern, die sich weigern, der Parteilinie zu folgen, selbst wenn die Parteilinie der einzige Weg durch das Dunkel zu sein scheint. Nach dem 11. September hat die Verschwörungstheorie ihre eigene Parteilinie gebildet. Die ernsthafte Suche nach der Wahrheit hinter dem größten zivilen Trauma seit einem Menschenleben geht dabei verloren – und das ist schlicht und ergreifend eine Tragödie, eine unter Tausenden, die uns der 11. September beschert hat.

QUELLEN:

Alexander, Yonah, und Michael S. Swetnam: „Usama bin Laden´s al-Qaida: Profile of a Terrorist Network". Ardsley, NY: Transnational Publishers, 2001.

Bergen, Peter: „Holy War, Inc.: Inside the Secret World of Osama bin Laden". New York: The Free Press, 2001.

Bodansky, Yossef: „Bin Laden: The Man Who Declared War on America". Roseville, CA: Prima Publishing, 2001.

Cooley, John K.: „Unholy Wars: Afghanistan, America and International Terrorism". London: Pluto Press, 1999.

Labeviere, Richard: „Dollars for Terror: The United States and Islam". New York: Algora Publishing, 2000.

Reeve, Simon: „The New jackals: Ramzi Yousef, Osama bin Laden and the Future of Terrorism". Boston: Northeastern University Press, 1999.

TÖDLICHE BRIEFE

16 Monate nach den Anthrax-Terrorbriefen aus dem Jahre 2001 schien das FBI sich im Kreis zu bewegen. Die G-Men hatten eine „interessante Person" ausgemacht – der Euphemismus des Justizministeriums für „Verdächtiger" in der Post-Richard-Jewel-Ära – und hatten die gesamte Ferienzeit damit verbracht, ihr auffällig hinterherzuschnüffeln, während diese verschiedene gewöhnliche Einkäufe in und um die Vororte von Maryland tätigte.

Zumindest oberflächlich passte der Verdächtige – äh, die *interessante Person* – in die „Verhaltenseinschätzung", die das FBI von dem Anthrax-Terroristen angefertigt hatte, dieser Personen (oder diesen Personen), die unerkannt die bereits traumatisierte amerikanische Nation in den Wochen nach dem 11. September 2001 völlig in Panik versetzt hatte, indem sie mindestens vier Briefe verschickte, die tödliche Milzbranderreger enthielten. Abgesehen davon, dass sie fünf Menschen das Leben kosteten und mehr als ein Dutzend weitere erkranken ließen, riefen die berüchtigten Briefe eine weit verbreitete Furcht hervor, die an Hysterie grenzte und es nötig machte, wichtige Regierungsgebäude zu evakuieren, die das US-Postwesen zeitweise zum Erliegen brachte und Cipro[1] zum Wort in jeder Munde werden ließ.

Schon zu Beginn der Ermittlungen hatte das FBI ausländische Terroristen von der Liste der Verdächtigen gestrichen. Stattdessen setzten sich die Söhne J. Edgar Hoovers auf die Spur der Sorte von Gesetzesübertretern, mit denen sie sich immer am liebsten beschäftigt hatten: dieser Spezies des asozialen, erwachsenen, amerikanischen Mannes, besser bekannt unter dem Schlagwort „einsamer Irrer". In einer Betonung der eigenen Annahme, dass

---

[1] gemeint ist Ciprofloxacin (Handelsname: Ciprobay®), ein Antibiotikum – Anm. d. Übers.

Tödliche Briefe

der Schuldige ein Einheimischer war, hatte das FBI seiner Untersuchung den Namen „Amerithrax" gegeben. Das Verhaltensprofil, das auf der Website des FBI veröffentlicht wurde, beschrieb den vermutlichen Schuldigen als jemanden mit „wissenschaftlichem Hintergrund", dem es nichts ausmacht mit gefährlichen Stoffen umzugehen und der eine Arbeit hat, die ihm Zugang zu Anthrax verschafft.

Diese Beschreibung passte mehr oder weniger auf Steven J. Hatfill, einen 48 Jahre alten Wissenschaftler, der auf dem Feld der Abwehr von Biowaffen forschte und im Winter 2002/2003 zum deutlichsten Zielobjekt für die Ermittlungen des FBI geworden war. Bezeichnenderweise hatte Hatfill zwischen 1997 und 1999 für zwei Jahre in Fort Detrick in Maryland als ziviler Forscher am U. S. Army Medical Research Institute of Infectious Diseases (USAMRIID)[2] gearbeitet. Fort Detrick ist das renommierteste Bioabwehrforschungszentrum der Army und zufällig die Haupt-Lagerstätte für den Ames-Stamm des *Bacillus anthracis* der Army, eben jene rein-amerikanische „Marke" der ansteckenden Bazillenart, die auch in den Terrorbriefen von 2001 gefunden worden war.

Gegen Ende 2002 hatte das FBI bereits zweimal Hatfills Wohnung durchsucht, ihn einem Lügendetektortest unterzogen, ein Familienanwesen in Florida durchkämmt und Löcher in einen gefrorenen Teich nahe seiner Wohnung gebohrt, um darin nach weggeworfener Laborausrüstung zu suchen. Laut Hatfill, der mit seinem Ärger an die Presse ging, befand sich das FBI ständig in seinem Rückspiegel.

Das FBI hatte unterdessen bereits 80 Wissenschaftler in Fort Detrick und 200 weitere vom Dugway Proving Grund[3] der Army in der Wüste von Utah befragt und Polygrafentests unterzogen. Doch gegenüber Hatfill zeigten sie besonderes „Interesse".

Außerhalb der betonierten Festungswälle des J. Edgar Hoover Buildings stimmten in dieser Sache nur Wenige überein. Tatsächlich war der Mangel an Spuren, Hinweisen und greifbarem Beweismaterial in den kreativen Gemütern von Amateurdetektiven, findigen Reportern und praktisch jedem mit Zugang zu Web-Blog-Technologie zu einer Vielzahl alternativer Theorien gereift. Die Spekulation, so scheint es, verabscheut das Vakuum.

Vor der Spekulation hingegen standen die grundlegenden Fakten des Falles, die größtenteils nie infrage gestellt worden sind. Ungefähr eine Woche, nachdem die Al-Qaida-Terroristen entführte Flugzeuge in das World Trade Center (WTC) gelenkt hatten, warf jemand Anthrax-verseuchte Briefe in einen Briefkasten in Trenton, New Jersey. Zwei dieser Briefe, so wurde spä-

---

[2] dt. etwa Medizinisches Forschungszentrum für Infektionskrankheiten der US-Army – Anm. d. Übers.
[3] einem Testgelände für biologische und chemische Waffen der US-Army, kurz DGP – Anm. d. Übers.

Tödliche Briefe

ter herausgefunden, waren in Druckbuchstaben an den Nachrichtensprecher von NBC News Tom Brokaw adressiert respektive an die *New York Post*. (An den nachfolgenden Ausbrüchen gemessen, kann es gut sein, dass zeitgleich Anthrax-Briefe an Dan Rather, Peter Jennings und die American Media, Inc. geschickt wurden – den Herausgeber von *The National Enquirer*, *The Sun* und anderer Boulevardzeitungen –, obwohl an diesen Orten weder Briefumschläge noch Notizen gefunden wurden.)

Jeder der beiden Umschläge enthielt eine kleine Menge bräunlichen, feinkörnigen Anthrax-Sporenstaubs. Zudem befand sich in jedem Umschlag eine einseitige Notiz. Bei beiden handelte es sich um Fotokopien derselben handgeschriebenen und nicht unterzeichneten Botschaft in Druckbuchstaben. Nach der Überschrift „09-11-01" las sich die satzzeichenfreie Nachricht wie folgt:

DIE NÄCHSTE RUNDE
NEHMEN SIE JETZT PENACLIN (*sic*)
TOD AMERIKA
TOD ISRAEL
ALLAH IST GROSS

Am 3. Oktober, 15 Tage nach dem Poststempel der Briefe, tauchte der erste bestätigte Fall von Anthrax-Kontamination in Boca Raton in Florida auf. Bei einem Fotobearbeiter von *The Sun* war die seltene, die Atemwege befallende Form der Krankheit diagnostiziert worden. Zwei Tage später war er tot – der erste bestätigte Tod durch Lungenmilzbrand in den Vereinigten Staaten seit 1975. Ungefähr zur gleichen Zeit infizierte sich ein weiterer Mitarbeiter von American Media – dieser arbeitete in der Poststelle – mit Lungenmilzbrand. Unterdessen hatten sich bereits andere mit Infektionen krank gemeldet, die später als eine etwas weniger virulente, die Haut befallende Form von Milzbrand diagnostiziert werden sollten. Zu den Opfern gehörte ein weiterer Mitarbeiter von American Media, zwei Postangestellte in verschiedenen Poststellen von New Jersey, ein Redaktionsassistent bei der *New York Post*, Brokaws Assistent und der sieben Monate alte Sohn eines ABC-Nachrichtenredakteurs.

Am 9. Oktober, vier Tage nach dem ersten Toten in Florida, schickte jemand zwei weitere Anthrax-Briefe von Trenton aus. Diese an den Vorsitzenden der demokratischen Senatsmehrheit Tom Daschle und an den demokratischen Senator Patrick Leahy adressierten Umschläge enthielten ebenfalls Milzbrandsporen vom Ames-Stamm. Diesmal allerdings war das Pulver besser verarbeitet und erwies sich als noch gefährlicher als die erste Sendung. Aufgrund einer falschen Weiterleitung über die Poststelle des State Depart-

Tödliche Briefe

ment in Sterling, Virginia, verzögerte sich Leahys Brief (und setzte somit zusätzliche Postwege und Regierungsbehörden den Sporen aus, die so fein waren, dass sie durch die mikroskopischen Poren des Umschlags durchsickerten). Am 15. Oktober öffnete jemand in Daschles Büro den an den Senator adressierten Umschlag. Der Absender auf dem Umschlag schien völlig harmlos zu sein: „4. Klasse, Greendale School, Franklin Park, NJ 08852". Eine solche Schule gibt es in Franklin Park nicht. Die Botschaft, die in Druckbuchstaben von derselben Hand geschrieben worden war wie die Briefe an die Medien (wenngleich diesmal mit Satzzeichen) war diesmal etwas ausführlicher als es die Medien-Briefe gewesen waren:

09-11-01
SIE KÖNNEN UNS NICHT AUFHALTEN.
WIR HABEN DIESES ANTHRAX.
SIE WERDEN NUN STERBEN.
HABEN SIE ANGST?
TOD AMERIKA.
TOD ISRAEL.
ALLAH IST GROSS.

Der Brief an Leahy, der später gefunden wurde, enthielt Berichten zufolge exakt die gleiche Notiz (neben 23.000 Milzbrandsporen, die ausreichen, um 100.000 Menschen zu töten). Seltsamerweise hielt sich das FBI damit zurück, Fotografien dieser Nachrichten zu veröffentlichen, was viele Verschwörungstheoretiker zu Spekulationen verleitete, dass die Behörden in dem Fall etwas zu verbergen hätten. Darauf werden wir gleich zurückkommen.

Gegen Mitte Oktober waren 28 Fälle von Milzbrandinfektionen bestätigt. Ende des Monats hatte es vier weitere Tote gegeben, womit deren Zahl insgesamt auf fünf gestiegen war: zwei Postangestellte aus Washington, ein Krankenhausangestellter in New York City und eine 94 Jahre alte Frau in Oxford, Connecticut. Alle hatten sich Lungenmilzbrand zugezogen, höchstwahrscheinlich durch Kreuzkontamination innerhalb der Post. Viele andere Mitarbeiter des Hart Senate Office Building wurden den Anthrax-Sporen ausgesetzt, doch sie nahmen ihr Cipro-Antibiotikum und erholten sich entweder oder sie zeigten überhaupt keine Symptome.

Anfang November hatten sich dann verschiedene, miteinander konkurrierende Schulen an Anthrax-Verschwörungstheorien herausgebildet:

Die Kerl-mit-dem-ausländischen-Akzent-Theorie: Obwohl in vielerlei Hinsicht die sicher schwächste aller rivalisierenden Vermutungen erwies sich die Theorie, dass Al-Qaida-Terroristen oder Agenten aus dem Irak (oder

Tödliche Briefe

beide) hinter den Anthrax-Verschickungen stecken könnten, als die hartnäckigste aller groben Annahmen. Und dies aus offensichtlichen Gründen: (1.) Osama bin Ladens Al-Qaida-Netzwerk hatte nur wenige Wochen vor den Anthrax-Briefen den vernichtendsten Terroranschlag in der Geschichte der Menschheit verübt. Für besorgte Briefkastenbesitzer mussten die Anthrax-Anschläge geradezu den Anschein erwecken, Phase Zwei von „911" zu sein. (2.) Die Anthrax-Briefe trugen die Überschrift „09-11-01" und wiesen antiamerikanische Slogans im fanatisch-islamistischen Stil auf. Und (3.) gehörten die Verfechter dieser Theorie überwiegend der Gruppe aufgeblasener Experten für internationale Konflikte an, der Sorte ergrauter Herren, die ein Monopol auf die Gästesessel in Morgenmagazinen am Sonntagvormittag halten. Entsprechend hatten ihre Ansichten, obschon genauso spekulativ und aus dem Bauch heraus entwickelt, wie die aller anderen Verschwörungstheoretiker, natürlich mehr Gewicht bei der Bildung der öffentlichen Meinung.

Das FBI und die CIA verbrachten Monate damit, eine Verbindung ins Ausland zu finden, doch erfolglos. Ein anonymer „hochrangiger Geheimdienstmitarbeiter" erklärte gegenüber der *New York Times*: „Wir hielten die Augen nach jedem Fitzel von Beweis und jeder denkbaren ausländischen Quelle offen, die uns in dieser Sache hätte weiterbringen können. Es gibt sie einfach nicht."

In Ermangelung tatsächlicher Beweise zauberten die Befürworter dieser Theorie eine Reihe fragwürdiger „Belege" aus dem Hut. Beispielsweise hatte Ahmed Alhaznawi, einer der künftigen 911-Selbstmord-Flugzeugentführer, im Juni 2001 einen Arzt in Florida aufgesucht, der eine dunkle Läsion am Bein des Mannes behandelte. Nachdem es die Anthrax-Briefe in alle Schlagzeilen gebracht hatten, suchten die Bundesermittler den Arzt auf, der, obschon er bei Alhaznawi keinen Milzbrand diagnostiziert hatte, mutmaßte, dass die Läsion „auch hätte Hautmilzbrand sein können". Das war bestenfalls eine Annahme, doch im Folgenden wurde sie zu einem grundlegenden Beweis in der Ausländer-Theorie. Aber selbst wenn Alhaznawis Wunde von Anthrax verursacht worden wäre, erklärt das noch längst nicht, wer die Anthrax-Briefe verschickt hatte, nachdem die WTC-Terroristen tot und unter einer Tonne Schutt begraben waren.

Also weiter zur Rechter-Bürgerwehr-Spinner-Theorie: Berücksichtigte man die jüngste Geschäftigkeit aktiver Regierungsfeindlichkeit vonseiten der nativistisch-rechten Szene, so schien der Gedanke nicht allzu weit hergeholt, dass eine Schwadron hartgesottener „Patrioten" die Anthrax-Briefe von ihrem Wochenend-Kriegerheim oder einem hasserfüllten Kaffeeklatsch aus in die Welt gesetzt hatten. Dieser Theorie zufolge sollten die islamistischen Parolen auf den Briefen nur eine absichtliche Ablenkung sein, möglicherweise der rassistische Versuch, die Schuld „wertlosen Ausländern" anzuhängen.

Tödliche Briefe

Wichtiger noch, für die Ziele der Briefaktion – TV-Nachrichtensprecher und zwei liberale Senatoren der Demokraten – ist in den Herzen der rechtsradikalen Aktivisten seit jeher ein besonderer Platz reserviert.

Dem FBI gefiel diese Theorie bereits von Anfang an (und es mag sich immer noch dafür erwärmen können). Als jedoch eine genetische Analyse der Sporen des Anthrax-Pulvers die hochgradig verarbeitete Sorte des Ames-Stammes ergab, verlor die Theorie privater Hassprediger plötzlich deutlich an Boden. Die geheimen wissenschaftlichen Erkenntnisse, die nötig sind, um waffenfähige Sporen zu gewinnen und zu verarbeiten schien ländliche Revolutionäre als Täter zu disqualifizieren.

Das bringt uns zur Theorie einer militärisch-industriell-geheimdienstlichen Verschwörung: Anhänger der „interne Angelegenheit"-Glaubensrichtung stellten die Theorie auf, dass das Militär, die CIA, die George-W.-Bush-Regierung oder Rüstungskonzerne – oder eine explosive Mischung aus selbigen – die Schandtat begangen hatten. Ihr Motiv? Die Nation in eine defensive, anti-terroristische und pro-militärische Position zu drängen und dadurch eine neue Ära der Einschränkung der Bürgerrechte, der Kriegsunternehmungen, der Verteidigungshaushaltsaufstockung usw. einzuleiten. Selbstredend hatten ultrawachsame Kabalenaufspürer zuvor bereits versucht, die Katastrophe vom 11. September mit dieser Theorie in Deckung zu bringen. Offen gesagt erfordert es ziemlich viel Fantasie, dieser Theorie Glauben zu schenken (selbst von fantasievollen Menschen wie uns).

Eine interessante Folgetheorie kombiniert die Hypothesen um den „einsamen Irren" und die um die „Regierungsverschwörung". Womit der Kreis geschlossen ist und wir wieder bei der „interessanten Person" Steven J. Hatfill angelangt wären:

Ende 2001 versicherte eine Mikrobiologin namens Barbara Hatch Rosenberg während einer Rede auf einer internationalen Bio- und Giftwaffen-Konferenz in Genf, dass die jüngsten Anthrax-Anschläge „von einem Amerikaner im Besitz von einem waffenfähigen, biologischen Erreger" verübt worden seien. Rosenbergs Theoretisieren – nur eine weitere Note in dem anschwellenden „Arpeggio an Instant"-Hypothesen – hätte ohne Beachtung bleiben können, wäre sie nicht die Vorsitzende der Arbeitsgruppe für biologische Waffen der Federation of American Scientists gewesen.

Nach ihrer Rückkehr in die Vereinigten Staaten ging Rosenberg in einer Reihe von Postings auf der Website der Federation of American Scientists ins Detail und beschrieb den vermutlichen Übeltäter als „einen amerikanischen Mikrobiologen, der Zugang zu kürzlich waffenfähig gemachtem Anthrax hat oder aber die Expertise und das Material besitzt, um solches herzustellen". Er arbeite möglicherweise im USAMRIID in Fort Detrick, spekulierte Rosenberg, und seine Motive „sind nicht notwendigerweise zu töten, son-

Tödliche Briefe

dern öffentliche Angst zu erzeugen und so den Komplex der (biologischen Kriegsführung) ins Bewusstsein zu heben". Mit anderen Worten handelte es sich bei dem Schuldigen um einen einsamen Eiferer, begierig, die Amerikaner von der Notwendigkeit eines starken Biowaffenabwehrprogramms zu überzeugen, samt all der Gelder, die dafür nötig sind, selbst wenn dies bedeutete, *selbst* ein Bioterrorist zu werden, um diese Botschaft zu transportieren.

Rosenbergs These nach war die US-Regierung durchaus ein Komplize, zumindest indirekt, indem sie dem Schuldigen die „unabsichtliche Unterstützung durch ein fortschrittliches Regierungsprogramm" hatte zuteil werden lassen.

Mit dem sukzessiven Aktualisieren ihrer Beiträge wurde langsam deutlich, dass Rosenberg einen bestimmten Biochemiker im Kopf hatte. Dieser namenlose Biochemiker war eine Person, „die dem FBI-Profil weitestgehend entspricht", so schrieb sie. Später sollte sie zu Protokoll geben, dass sie und mindestens fünf „Experten aus dem inneren Kreis" dem FBI den Namen dieser „einen, bestimmten Person, dem wahrscheinlichsten Verdächtigen" genannt hatten. Im Februar 2002 beschuldigte Rosenberg das FBI die Verfolgung dieser Spur zu „verschleppen" und ihre Spekulationen bekamen einen konspirativeren Dreh: Könnte der Verdächtige, so fragte sie sich, als Mitarbeiter des USAMRIID „etwas wissen, das den Vereinigten Staaten so viel Schaden zufügen kann, dass er für das FBI unangreifbar wird?" Dieses verbotene Wissen, so schien Rosenberg anzudeuten, könnte geheime US-Projekte zur bakteriologischen Kriegsführung umfassen, die seit der Biological and Toxin Weapons Convention von 1972 ausdrücklich verboten sind. Rosenberg unterstellte weiterhin, dass das FBI oder andere Behörden der US-Regierung möglicherweise in eine Vertuschungsaktion verstrickt seien, die den Übeltäter im Austausch für sein Schweigen laufen lassen würde.

Zu Rosenbergs regelmäßigen Lesern gehörten auch Journalisten, die anfingen, ihre Theorien an die Presse weiterzuleiten. Sie nannten zwar niemals Rosenbergs bevorzugten Verdächtigen, doch sie ließen genug Hinweise auf dem Weg fallen, um deutlich zu machen, wen sie wohl im Sinn hatte. Der Leitartikelschreiber der *New York Times* Nicholas D. Kristof sagte in seiner Kolumne vom 24. Mai 2002 praktisch alles – außer das Kind beim Namen zu nennen –, indem er Rosenbergs Beschreibung paraphrasierte und den Schuldigen beschrieb als „einen Amerikaner mittleren Alters, der im militärischen Biowaffenabwehrprogramm der Vereinigten Staaten gearbeitet hat und Zugang zu den Laboren in Fort Detrick, Md., hatte. Seine Anthrax-Schutzimpfungen sind auf dem neusten Stand, er besitzt fraglos die Fähigkeit, Anthrax des höchsten Reinheitsgrades herzustellen und er war in der Zeit vor den Anthrax-Anschlägen unzufrieden mit der Regierung der Vereinigten Staaten."

Tödliche Briefe

In einem Update ihrer Arbeit als Online-Profiler im Juni enthüllte Rosenberg weitere Details, darunter ihre Spekulationen hinsichtlich eines möglichen Motivs. Im Sommer 2001, so schrieb sie, „erlebte der Verdächtige einen Karriereknick, der seinen hohen Ambitionen zuwider lief und ihn zugleich wütend und niedergeschlagen sein ließ." Vielleicht, so meinte Rosenberg, hatte er die Anthrax-Anschläge als Rache gegenüber der Regierung verübt.

Natürlich handelte es sich bei Rosenbergs Lieblingsverdächtigem um Steven J. Hatfill, den Biochemiker, der zwei Jahre im USAMRIID gearbeitet hatte. Sicherlich war es Hatfills Lebenslauf und Hintergrund als offensichtlich begeisterter Militär, der seine liberalen Kritiker nervös werden ließ. Seinem eigenen Lebenslauf zufolge hatte Hatfill im U.S. Army Institute of Military Assistance gedient, während er sich gleichzeitig dem Special Air Service der rassistischen weißen Regierung in Rhodesien[4] anschloss. Laut seinem eigenen Curriculum Vitae hatte Hatfill zudem in den von Weißen geführten Anti-Aufruhr-Kräften, den Selous Scouts, gedient und seinen medizinischen Abschluss im Südafrika der Apartheid-Ära gemacht, in dem er anschließend beim Medizinischen Corps des südafrikanischen Militärs diente. Einige von Hatfills Kollegen geben an, er habe damit geprahlt, Doppelagent in Südafrika gewesen zu sein, für wen allerdings (Rhodesien? Die US-Army? Die CIA?) hatte er offensichtlich nicht verraten.

Egal, ob es alles nur leere Aufschneiderei eines zurechtfrisierten Lebenslaufs war oder nicht, Hatfills selbst beschworene Aura des Geheimnisvollen sollte bald auf ihn zurückfallen. Mittlerweile nämlich war Rosenberg bei den dunkleren Beweggründen angekommen. „Vielleicht waren die Briefe in Wirklichkeit ein offizieller Auftrag", schrieb sie, ein von der Regierung finanziertes Experiment oder eine politische Provokation. Was uns wiederum zu der mittlerweile bekannten und klaustrophobischen Theorie einer militärisch-industriell-geheimdienstlichen Verschwörung führt.

Im Juni 2002 unterrichtete Rosenberg Stabsmitglieder der Senatoren Daschle und Leahy von ihren Verdachten und kurz darauf wurde dem kollektiven G-Man sprichwörtlich Feuer unterm Hintern gemacht. Binnen weniger Tage fuhren die zuvor verschlafenen Special Agents auf Hatfill hernieder. Bevor es allerdings seine Wohnung durchsuchte, war das FBI geistesgegenwärtig genug, die Presse und ihre Action-News-Helikopter einzuladen und sei es nur, um ein für alle Mal klarzustellen, wann Schluss mit lustig (und der Verschlepperei) ist.

Die Durchsuchung brachte keine belastenden Beweise zutage, doch der Presserummel, den sie erzeugte, ließ Hatfills Leben regelrecht zur Hölle wer-

---

[4] heute Simbabwe – Anm. d. Übers.

Tödliche Briefe

den. Hatten die Medien Hatfills Namen bis dahin noch kollektiv unter Verschluss gehalten, fühlte sich nun die *New York Times* dazu berufen, ihn auch Schwarz auf Weiß mit Namen zu nennen. Danach war sein Leben, wie es Hatfill ausdrückt, „zerstört". Den Rest des Sommers wurde er rund um die Uhr von Reportern gehetzt, im Internet verunglimpft (eine Website bezeichnete ihn als „Steven ‚Mengele' Hatfill, Nazi-Schwein") und landesweit im Fernsehen und in Radiosendungen diskutiert.

Im August beraumte ein ungehaltener Hatfill eine Pressekonferenz an, um alle Anschuldigungen, er habe auf irgendeine Weise mit den Anthrax-Briefen zu tun, abzuleugnen und Rosenbergs Behauptungen über ihn zu widerlegen:

Er habe niemals mit Anthrax gearbeitet, noch es kultiviert, weder in Fort Detrick noch sonst irgendwo, sagte er. In Wirklichkeit sei sein Spezialgebiet die Virologie, nicht die Bakteriologie.

Seine Anthrax-Wiederholungsimpfungen seien *nicht* auf dem neusten Stand, vielmehr habe seine letzte Anthrax-Impfung im Dezember 1998 stattgefunden.

Er sei nicht, wie Rosenberg angedeutet hatte, im Sommer des Jahres 2001 verärgert, wütend oder niedergeschlagen gewesen. Rosenberg hatte sich auf einen „Karriereknick" bezogen und tatsächlich hatte Hatfill nach einem CIA-Lügendetektortest seine Sicherheitsstufe verloren. Zu diesem Zeitpunkt war Hatfill bei Science Applications International angestellt gewesen, einem Biowaffenkonzern, der für Regierungsbehörden arbeitete, darunter die CIA. Als Voraussetzung für die Teilnahme an einem CIA-Projekt hatte Hatfill sich einem Polygraph-Test unterzogen. Anscheinend war die CIA mit seinen Antworten auf Fragen zu seinem Lebenslauf – dem Lebenslauf – nicht zufrieden gewesen. Auch wenn er keine Freigabe erhalten habe, so beharrt Hatfill, hätte er doch weiterhin an unklassifizierten Projekten der privaten Firma mitgearbeitet.

Das FBI weigerte sich, Hatfills Widerlegungen nach der Pressekonferenz zu kommentieren, daher gibt es keine Möglichkeit, den Wahrheitsgehalt seiner Gegenaussagen abzuschätzen. War Hatfill der falsche Mann, eine leicht exzentrische Gestalt, deren Hintergrund übereifrige Kritiker die falschen Schlüsse hatte ziehen lassen? Oder war er ein regelrechter Sündenbock, der von den wahren Übeltätern vorgeschoben worden war? Diese Möglichkeit schien auch dem FBI aufzugehen, das Rosenberg diesbezüglich befragte, als es sie im August 2002 besuchte, kurz bevor es Hatfills Wohnung ein zweites Mal auf den Kopf stellte. „Sie fragten mich immer wieder, ob ich der Ansicht wäre, es könne eine Gruppe innerhalb der Biowaffenabwehrgemeinschaft geben, die versuche, Hatfill die Schuld zuzuschieben", erzählte Rosenberg einem Reporter der *Washington Times*.

Tödliche Briefe

Das ist eine interessante Frage, denn zu den angeblichen „Beweisen" gegen Hatfill gehörte auch ein falscher Anthrax-Brief, der Ende 2001 von London aus an Senator Daschle geschickt worden war. Dieser Brief, mit dem Poststempel von London, war in den Medien als „fast wie ein echter" beschrieben worden, was immer das heißen mag. Wie Rosenberg eilfertig zu berichten wusste, war Hatfill am selben Tag in England gewesen (aber nicht in London), um an einer wichtigen britischen Biowaffenabwehrkonferenz teilzunehmen. Wenn Hatfill tatsächlich diesen Scherzbrief abgeschickt und dadurch eine offensichtliche Spur hinterlassen hätte, würde ihn das zum vermutlich dümmsten Terroristen aller Zeiten machen. Wenn allerdings jemand anders den Brief geschickt hatte, in dem Wissen, dass dieser anscheinend Hatfill belasten würde, nun, dann wird die Frage nach einer Verschwörung umso interessanter.

Wo wir gerade von falschem Spiel sprechen mag eine andere bizarre Episode einen potenziellen Schlüssel zu dem Rätsel der Anthrax-Briefe liefern. Im September 2001, noch bevor irgendjemand bemerkt hatte, dass der erste Anthrax-Brief innerhalb des US-Postwesens sein Unwesen trieb, schickte jemand einen anonymen Brief an die Marine Corps Base Quantico und zeigte einen ägyptisch-stämmigen, ehemaligen USAMRIID-Wissenschaftler aus Fort Detrick als potenziellen Bioterroristen an. Nachdem es die Milzbrandausbrüche in die Schlagzeilen geschafft hatten, befragte das FBI diesen Wissenschaftler, Ayaad Assaad, erklärte ihn aber für unschuldig und den Brief vermutlich für einen schlechten Scherz. Später erzählte Assaad dem *Hartfort Courant*, dass er glaube, jemand habe ihn hereinlegen wollen und dass das Timing dieses Briefes den Autor zu einem Verdächtigen in Sachen Anthrax-Anschlägen mache. Dem *Courant* zufolge nahm Assaad an, dass die „Einzelheiten seiner Arbeit, die in dem Brief aufgeführt worden waren, bedeuten, dass der Autor ein ehemaliger Kollege aus Fort Detrick sein muss".

Rosenberg hat diesen möglichen Versuch, Assaad etwas anzuhängen, nur als ein weiteres Beweisstück gegen Hatfill ausgelegt, der im selben Jahr beim USAMRIID die Arbeit aufnahm, in dem Assaad aufgrund von „Abbaumaßnahmen" entlassen wurde. Doch der *Hartford Courant* brachte einige interessante Fakten zum Vorschein, die das Feld der „interessanten Personen" deutlich ausweiten. 1992 ergab eine interne Inventur am USAMRIID, dass 27 Proben, darunter Anthrax-Sporen, Ebola-Viren, Hanta-Viren und zwei klassifizierte Erreger verschwunden waren. Anscheinend wurde nur eine der verlorenen Proben jemals wiedergefunden. Die gleiche Prüfung enthüllte einige Fälle verdächtiger Aktivitäten in den Laboren, darunter „unautorisierter Forschung" spät in der Nacht und die Manipulation von Ausrüstung, um den Umstand zu vertuschen, dass sie benutzt worden war.

Laut dem *Hartford Courant* belegten Dokumente dieser Ermittlung, dass einer der unautorisierten nächtlichen Besucher Lieutenant Colonel Philip Zack gewesen war, ein ehemaliger Angestellter, der zu diesem Zeitpunkt bereits nicht mehr in Fort Detrick arbeitete. „Eine Überwachungskamera nahm auf, dass Zack am 23. Januar 1992 gegen 20:40 Uhr eingelassen wurde, anscheinend von Dr. Marian Rippy, einer Laborpathologin und engen Freundin von Zack", berichtete der *Courant*. Zack hatte Fort Detrick 1991 unter dem Vorwurf freiwillig verlassen, dass er, Rippy und andere in der pathologischen Abteilung „eine Gruppe gebildet hatten, die beschuldigt wurde ... Assaad belästigt zu haben, der später mit der Anschuldigung der Diskriminierung gegen die Army vorging."

Das Rätsel um die Anthrax-Briefe besteht weiter, scheinbar höchst resistent gegenüber den Bemühungen sowohl professioneller als auch privater Ermittler, nicht unähnlich dem scheußlich widerstandsfähigen Krankheitserreger selbst.

QUELLEN:

Dolan, Jack und Dave Altimari: „Anthrax Missing From Army Lab." *Hartford Courant,* 20. Januar 2002.

FBI: „Amerithrax Investigation"-Website, *www.fbi.gov/anthrax/amerithrax-links.com*

Gugliotta, Guy und Gary Matsumoto: „FBI's Theory on Anthrax Is Doubted." *Washington Post,* 27. Oktober 2002.

Jackman, Tom: „Ex-Army Scientist Denies Role in Anthrax Attacks." *Washington Post,* 11. August 2002.

Johnston, David: „Search of Biologist Is Uneventful." *New York Times,* 26. Juni 2002.

Lake, Ed: „The Anthrax Cases"-Website, *www.anthraxinverstigation.com*

Kristof, Nicholas D.: „Connecting Deadly Dots." *New York Times,* 24. Mai 2002.

Rosen, Laura: „Who Is Steven Hatfill?" *The American Prospect Online,* 27. Juni 2002, *www.prospect.org*

Rosenberg, Barbara Hatch: „Analysis of the Anthrax Attacks." „Federation of American Scientists"-Website, *www.fas.org/bwc/news/anthraxreport.htm*

United Press International: „FBI Is Tracking Hatfill." *Newsmax Wires,* 24. Dezember 2002.

WAHLBETRUG 2000

Die US-Präsidentschaftswahlen des Jahres 2000 dauerten so lange, als wären sie von Viagra gesponsert worden. Allerdings endeten sie nicht mit einem Paukenschlag, sondern mit höchstrichterlichem Katzenjammer. Und direkt nach den 37 Tagen, die zwischen der Wahl und der endgültigen Entscheidung vergangen waren – wenn man das Beenden der Stimmzettelauszählung „endgültige Entscheidung" nennen darf –, erhob das amerikanische Volk als statistisches Kollektiv die Stimme, um ein schnelles und entschiedenes Urteil abzugeben. So läuft das im Zeitalter von Blitzbefragungen. In diesem Fall wurde das amerikanische Volk von 633 Erwachsenen repräsentiert, deren Meinung über Nacht von einer Befragung durch CNN-Gallup erhoben worden war.

Im Namen von 250 Millionen anderen Amerikanern akzeptierten kolossale 80 Prozent dieser Erwachsenen Berichten von CNN zufolge George W. Bush als „den rechtmäßigen Präsidenten". Nicht ganz so überwältigende, aber noch immer bemerkenswerte 53 Prozent stimmten mit der Entscheidung des Obersten Gerichtshofs der Vereinigten Staaten überein, die Tausende von unausgezählten Stimmzetteln, die von anderen erwachsenen Amerikanern ausgefüllt worden waren, hinfällig werden ließen und Bush die Präsidentschaft zusprachen.

Was diese 633 Erwachsenen möglicherweise nicht realisierten war, dass für die Amtseinsetzung Bushs als Präsident die Amerikaner offiziell und legal ihres Wahlrechts entzogen worden waren. Vielleicht war das aber auch nur gerecht, war doch Bushs eigener Vater acht Jahre zuvor durch einen entscheidenden Stimmenvorsprung (Clintons) seines Amts enthoben worden.

Wenn wir schon dabei sind: Die Amerikaner haben bis heute kein Recht und zwar gar keines, ihre „Wahlmänner" zu wählen, die dann tatsächlich den

Wahlbetrug 2000

Präsidenten im Rahmen des archaischen und leicht obskuren Systems, genannt „Wahlmännerkollegium", ernennen. Das jedenfalls war das Edikt des obersten Gerichts des Landes, des letztgültigen Schiedsmannes in allen Rechts- und Verfassungsfragen der Vereinigten Staaten.

„Der einzelne Bürger hat keinen verfassungsrechtlichen Anspruch darauf, die Wahlmänner für den Präsidenten der Vereinigten Staaten zu wählen", schrieb das Gericht in seiner seltsamerweise nicht unterzeichneten Beurteilung, „es sei denn und bis die staatliche Legislative entscheidet, eine landesweite Wahl als Methode der Ausübung seiner Macht durchzuführen, um die Mitglieder des Wahlmännerkollegiums zu berufen." Das Gericht hat Recht. In der Verfassung steht kein Wort über das Recht zu wählen. In den frühen Tagen der Republik erwählte der Kongress den Präsidenten völlig unter Ausschluss der Öffentlichkeit. Nun hätte man annehmen mögen, dass die letzten über 200 Jahre an Geschichte, während denen das Recht zu wählen in der amerikanischen, politischen Tradition durchaus einen Fuß in die Tür bekommen hatte, irgendetwas bedeuten würden. Anscheinend nicht. Der Gerichtshof hat uns zurück ins 18. Jahrhundert geworfen.

Demokratie, wir haben dich kaum gekannt.

Wie konnte das passieren? Die Kurzfassung liest sich wie folgt: Der Demokrat – Vizepräsident Al Gore – und der Republikaner – der texanische Gouverneur und gleichnamige Sohn des ehemaligen Präsidenten George Bush – boten der amerikanischen Wählerschaft vergleichsweise wenig Auswahl. Während der gesamten Wahlkampagne im Jahr 2000 lagen die beiden in Umfragen Kopf an Kopf. Und diesmal behielten die Umfragen tatsächlich Recht. Als in der Nacht des 7. Novembers die Wahllokale schlossen, war das Ergebnis zu knapp, um eine Aussage treffen zu können.

Das hielt den schattenhaften, monopolistischen Voter News Service (VNS) und seine Kunden von den Fernsehanstalten nicht zurück, ein Ergebnis zu verkünden. Doch dies ist Teil einer großen Verschwörung, der wir uns weiter unten ausführlicher widmen werden. Für den Moment ist nur wichtig, dass das Wahlergebnis, welches den nächsten Präsidenten festlegen würde, von einem Bundesstaat abhing: Florida.

Diesbezüglich war es natürlich günstig, dass der Gouverneur des Staates Florida Jeb Bush war, der Bruder von George W. Bush, der, sollte sich die Wahl in Florida zu seinen Gunsten entscheiden, der Präsident werden würde. Für G. W. Bush bedeutete die Übernahme des höchsten politischen Amts im Staate den Abschluss einer der erschreckendsten und scheinbar unerklärlichsten Aufstiege in der Geschichte der amerikanischen Politik: vom gescheiterten Ölindustriellen über den Mitinhaber eines Baseballteams zum Gouverneur von Texas zum Präsidenten in weniger als 15 Jahren.

Da lag also Bushs Schicksal in der Hand seines eigenen Bruders. Reiner

163

Wahlbetrug 2000

Zufall? Vielleicht. Doch selbst in der freundlichsten und jede Verschwörung zurückweisenden Auslegung handelte es sich um einen glücklichen Zufall für Bush. Bereits lange vor dem 7. November glaubten Politexperten, dass Florida das Zünglein an der Waage in dieser Wahl sein würde. Diese 25 Wahlmännerstimmen in einem Staat, der politisch zwischen konservativen Alteingesessenen und liberalen aus dem Nordosten Zugezogenen aufgeteilt ist, sollten die Wahl entscheiden. Und jeder wusste es. Deshalb verbrachte Gore die letzten 30 Stunden seiner Kampagne damit, schlaflos durch diesen Bundesstaat zu stapfen. Zur gleichen Zeit schlummerte George Bush.

Als die Wahllokale an diesem Tag öffneten, mochte Bush seine Augen noch nicht einmal aufgemacht haben und Gore mochte darum kämpfen, seine am Zufallen zu hindern, doch in Florida begannen die seltsamen Ereignisse in aller Frühe und sie zogen sich durch den ganzen Tag hindurch.

In dem sicher geglaubten Gore-Wahlkreis Palm Beach erwies sich das Design, der so genannte „Schmetterlings"- oder „Doppelseiten"-Stil der Lochkartenwahlscheine als „irritierend". Als Ergebnis davon stempelten Tausende von Wählern, die meisten von ihnen Demokraten und Juden, für Pat Buchanan, den Kandidaten einer Drittpartei, der zugleich der oberste Verteidiger von beschuldigten Nazi-Kriegsverbrechern im Staate ist. Entweder das, oder sie stempelten ihre Wahlscheine zweimal, indem sie einmal fälschlicherweise für Buchanan stimmten und dann ein zweites Loch neben Gores Namen hinzufügten. Ein Stimmzettel mit zwei Stimmen zählt indes für keine und damit hatten sich die Wähler selbst disqualifiziert.

In den Folgetagen hatten Talkshow-Moderatoren und Experten quer durch Amerika großen Spaß daran, sich über die asthmatischen, von Alzheimer befallenen jüdischen Wähler von Palm Beach County lustig zu machen – sind ältere jüdische Mitbürger nicht zum schießen? –, niemand allerdings stellte infrage, dass diese Wähler beabsichtigt hatten, Gore zu wählen. Mit anderen Worten gewann Bush Palm Beach County – und daraus resultierend den Bundesstaat und die Präsidentschaft – aus einem Irrtum heraus.

Doch war es ein Irrtum? Radio- und Fernsehinterviews mit den Wählern von Palm Beach County erbrachten eine Beschreibung des Stimmzettels, der nicht mit dem Stimmzettel übereinstimmte, der in den Medien abgedruckt worden war. Es scheint, als hätten die Löcher, wenn man den Rechnerkarten-Stimmzettel in seine Haltevorrichtung steckte, sich nicht an der Stelle befunden, wo sie hätten sein sollen. Anscheinend überprüft niemand solche Dinge.

In anderen Countys gab es Anschuldigungen, dass afro-amerikanische Wähler, sehr wahrscheinliche Stimmen für Gore, von der Polizei eingeschüchtert worden seien, die Straßensperren nahe deren Wahllokalen errichtet hatte. Mehr als ein Jahr nach der Wahl von 2000 verkündete Bushs eige-

164

nes Justizministerium, es würde Anklagen nachgehen, nach denen schwarze Wähler von den Wahllokalen ausgeschlossen worden seien.

Doch kehren wir einen Moment nach Palm Beach County zurück. Von den 28.000 Stimmzetteln, die als ungültig eingestampft wurden, stammten nahezu die Hälfte aus Bezirken mit überwiegend schwarzer oder älterer Bevölkerung. In den meisten schwarzen Nachbarschaften wurden nahezu 16 Prozent der Stimmzettel nicht gezählt, insgesamt das Doppelte von jenen in weißen Bezirken. Die London *Times* berichtete, dass viele der doppelt gelochten Stimmzettel in Wirklichkeit schon vorgelocht worden waren, bevor jemand mit ihnen seine Stimme abgab. Die *Times* zitierte demokratische Offizielle, die sagten, dass wenn dies der Wahrheit entspräche, die Anschuldigung des Vorlochens auf „organisierte Korruption" hinweisen würde. Also so etwas!

Und wie sieht es mit der an die *X-Akten* erinnernden Geschichte von Volusia County aus, in dem die Stimmauszählung von der *Washington Post* als „eine tragikomische Folge von Fehlern" bezeichnet wurde? Gegen 22 Uhr in dieser ach-so-schicksalhaften Nacht fiel Gores Zähler unvermittelt um 16.000 Stimmen, derweil gleichzeitig der Kandidat einer obskuren sozialistischen Partei 10.000 Stimmen für sich verbuchen konnte. Noch seltsamer: Diese ganze Verschiebung der Machtverhältnisse vollzog sich in einem einzigen Wahlbezirk, der gerade einmal 600 Wähler hatte.

Die auffällige Schicksalswende wurde als „Computerfehler" abgetan. Doch es sollte nicht der einzige Fehler in Volusia County bleiben. In einem Bezirk verschwand ein Wahlhelfer mit zwei uninspizierten Säcken voller Stimmzettel. Während einer Nachzählung am folgenden Tag kam ein anderer Wahlhelfer mit einem Sack voller Stimmzettel herein, die er über Nacht in seinem Auto gelassen hatte. Einige Tage später fanden Arbeiter einen unversiegelten Sack mit Stimmzetteln, einen mit einem gebrochenen Siegel und einen dritten, der sogar offen war und aus dem Stimmzettel hervorquollen. Und um dieser Posse noch eins draufzusetzen, beschwerten sich viele afroamerikanische College-Studenten, dass sie von den Wahllokalen ausgesperrt worden seien, obwohl sie als ordentliche Wähler registriert waren.

Einer von Bushs eigenen Rechtsanwälten regte sich darüber auf: „Von einem praktischen Standpunkt aus gesehen hat niemand Vertrauen in dieses System". Unterdessen prophezeite ein Anwalt von Gore, dass es „Fernsehfilme" darüber geben würde, wie „die Wahl in Volusia County gestohlen wurde" und dass der Landkreis zu einem neuen „Grashügelschützen" für Verschwörungstheoretiker werden würde.

Vielleicht. Auf der anderen Seite konnte ein guter Verschwörungsanhänger eine ganze Armee an Grashügelschützen in Bushs Coup im Jahr 2000 entdecken.

Da gab es beispielsweise den zuvor genannten Jeb Bush, den Gouverneur des entscheidenden Bundesstaats. Oder Katherine Harris, die Innenministerin von Florida, eine Republikanerin und aktive Bush-Unterstützerin, deren Aufgabe es war, die Wahlergebnisse zu „beglaubigen". In der Mitte des Nachzählprozesses im November, derweil noch Tausende von Stimmen unklar waren, „beglaubigte" sie das Wahlergebnis zugunsten von Bush. Rechtlich war ihr eine Deadline gesetzt worden, doch sie hätte die Macht gehabt, diese Deadline zu überziehen. Sie tat es nicht. Nachdem sie zu Bushs Gunsten entschieden hatte, war die Wahl effektiv vorbei. Im schlechtesten Falle hätte Bush eine Menge Munition gegen weitere Nachzählungen oder rechtliche Schritte gehabt – ganz abgesehen davon gewann er dadurch die Oberhand in der laufenden PR-Schlacht.

Dann gab es noch James Baker, der schon häufiger mit dem *Paten* verglichen worden war, als dass irgendjemand mitgezählt hätte. Er ist der „Consigliere der Bush-Familie". Die Metapher ist nicht unpassend. Als vertrauter Berater (und Außenminister) von Präsident George Bush dem Älteren erschien Baker wie aus dem Nichts, um die Nachzählung in Florida für die Bush-Kräfte zu „überwachen". Er war gerade im Begriff, mit dem ehemaligen Präsidenten Bush gen Europa aufzubrechen, als ihn der Anruf erreichte. Sofort war er vor Ort, erschien auf Bühnen und ließ, in einem weitgehend erfolgreichen Versuch, die menschlichen Nachzählungen von Computerstimmzetteln zu diskreditieren, Sprüche hören, dass Maschinen besser wären als Menschen.

Und wie sieht es mit John Ellis aus, dem Chef des „Entscheidungstisches" bei dem eher konservativen Fox News Channel? „Fair and balanced" (dt. etwa „fair und unparteiisch") sollte seine Berichterstattung sein (so verspricht es der viel zitierte Slogan von Fox), doch tatsächlich ist Ellis ein Cousin ersten Grades der Bush-Brüder. Sie haben ihn in dieser Wahlnacht häufig angerufen und er gab Informationen an sie weiter, bevor diese gesendet wurden, womit er der Glaubwürdigkeit der Berichterstattung in den Network News in diesem ganzen Schlamassel nicht eben einen Dienst erwies.

Derselbe übermittelte zudem Daten an das VNS, die entweder eine Verschwörung der Inkompetenz darstellten oder eine vorausgeplante Intrige. Könnte jemand so schlau oder so dumm sein, die surrealen Umstände dieser Nacht in böswilliger Absicht zusammenzufügen?

VNS ist der direkte Ableger des News Election Service, der von den Verstorbenen Jim und Ken Collier die Achse des Bösen in einer Verschwörung zur Manipulation von Wahlen seit 1960 genannt wurde. Diesmal indes schien sich der VNS eher der völligen Blödheit schuldig gemacht zu haben, statt vorsätzlich geplanter Vergehen. Noch vor 20 Uhr (also bevor die Wahllokale geschlossen hatten); reagierten die Fernsehsender auf Informationen aus VNS-Wahlbefragungen und nannten Florida einen Sieg für niemand anderen als

Wahlbetrug 2000

Al Gore. Dieser Fehler schlich sich ein, als jemand bei VNS ein Wahlergebnis von „4302" für Gore als „43023" aufzeichnete. Obendrein leistete sich VNS zahlreiche Patzer bei der Tabellierung seiner eigenen Wahlbefragungsergebnisse. Kurz darauf wiederriefen VNS und die Fernsehsender ihre „Gore gewinnt"-Proklamation. Sechs Stunden später war für sie Florida erneut gewonnen. Diesmal durch Bush. (Es war vielleicht kein Wunder, dass die Medienkonzerne, die VNS finanzierten, nach einem erneuten Versagen während der Midterm Elections im Jahre 2002, während der VNS überhaupt keine Prognosen zur Wahlnacht produzierten, schließlich einen Schlussstrich zogen und das Konsortium auf Eis legten.)

Und dabei war all dieses Chaos nur das Vorspiel der Anarchie, die in den kommenden fünf Wochen einsetzen sollte, eine Anarchie, die Bushs Wahlteam erheblich geschickter auszunutzen wusste als dessen Konkurrenten im Gore-Lager. Kaum war Bush als Sieger vorausgesagt und beglaubigt worden, war die oberste Priorität der Bush-Schwadron klar: *Stoppt die Stimmauszählung!* Das bedeutete, Tausende von Menschen aus dem demokratischen Prozess auszuschließen, doch Bush, Baker und der Rest der Garnison unter ihrem Kommando scherten sich nicht um die Wähler, nur um das Ergebnis.

Obwohl ihr Kandidat landesweit nicht die meisten Wählerstimmen erhalten hatte und auch die Wahl durch das Wahlmännerkollegium verloren hätte, wenn nicht 20.000 Gore-Wähler aus Versehen ihre Stimme für Buchanan abgegeben hätten, ließ sich Bushs Team in seinem Griff nach der Macht nicht aufhalten. Die Umstände mögen nicht vorsätzlich geplant gewesen sein, der Griff nach der Macht selbst war es. Bushs eigene Leute gaben zu, dass wenn Gore die Wahl durch das Wahlmännerkollegium gewonnen hätte, allerdings landesweit nicht die meisten Wählerstimmen erhalten hätte, sie vorgehabt hatten, mithilfe einer massiven Talk-Radio- und Werbe-Kampagne einen öffentlichen Aufruhr gegen das System des Wahlmännerkollegiums anzufachen. Scheiß auf die Verfassung.

Es braucht hier keine Verschwörungstheorie. Die Verschwörung lag offen vor aller Augen da. Während die Nachzählungen unbeirrt weitergingen, organisierte Bushs Team „Demonstrationen" und Beinahe-Ausschreitungen, um selbige zu stoppen – durch Einschüchterung, wenn sonst nichts funktionieren würde. In Miami-Dade County brüllte John Sweeney, ein republikanischer Abgeordneter aus New York, in einem County-Gebäude und direkt außerhalb des Raumes stehend, in dem die Nachzählung stattfand, einem republikanischen Mob Kommandos entgegen. „Macht den Laden dicht!", befahl Sweeney und genau das tat der aufgepeitschte Pulk.

Das letzte Husarenstück des Staatsstreichs fand nicht auf der Straße oder in den überfüllten Hallen irgendeines Bürogebäudes einer County-Administration statt, sondern im Obersten Gerichtshof der Vereinigten Staaten. Am

Wahlbetrug 2000

13. Dezember stimmten fünf der neun Richter dafür, alle Nachzählungen abzubrechen und Bush zum nächsten Präsidenten zu ernennen. Eine Grundlage für diese Entscheidung war, rechtlich gesprochen, praktisch nicht vorhanden. Ihre Entscheidung berief sich vor allem auf die „equal protection"-Klausel des 14. Verfassungszusatzes, eine Argumentation, welche die Richter in einem vorläufigen Urteil zuvor selbst abgelehnt hatten.

Dieser Staatsstreich war unglaublich, wurde er doch vor aller Augen durchgeführt. Im Gegensatz zu den meisten pikanten Verschwörungen machten sich die Intriganten hier keine Gedanken über Geheimhaltung oder Täuschungsmanöver oder verborgenes Vorgehen irgendeiner Art. Die fünf Richter, die für Bush gestimmt hatten, boten keine Entschuldigung dafür an, dass sie den Gerichtshof ganz offen in eine Verlängerung der Bush-Kampagne verwandelt hatten. Ihre eigenen Protokolle bestätigen dies. So schrieb Richter Antonin Scalia, dass es Bush „irreparablen Schaden" zufügen würde, wenn man erlaube, die Nachzählungen fortzusetzen, „denn es würde einen Schatten auf die von ihm behauptete Rechtmäßigkeit seiner Wahl werfen".

Auf gut Deutsch: Wenn die Nachzählungen weitergegangen wären, hätte Bush möglicherweise verloren. Sie mussten beendet werden.

Ist es übertrieben, Bushs Aufstieg zur Präsidentschaft einen „Coup" zu nennen? Paranoid? Hysterisch? Das American Heritage Dictionary definiert einen „Coup d'Etat" als „ein plötzliches, entschiedenes Ausüben von Macht, während dem die bestehende Regierung ohne das Einverständnis des Volkes umgewälzt wird".

Wenn Stimmen, die von tatsächlichen Menschen abgegeben wurden, ignoriert werden und eine Wahl von einem Gerichtshof entschieden wird, der öffentlich zugibt, dass er einen Kandidaten bevorzugt, wie sollte man das sonst nennen, wenn nicht ein „plötzliches, entschiedenes" Machtergreifen? Bushs Verteidiger und Medienleute, die verzweifelt versuchten, „unparteiisch" zu erscheinen, haben Gore beschuldigt, die gleichen rücksichtslosen, konspirativen Methoden an den Tag gelegt zu haben wie Bush. Das mag stimmen. Es kann sein, dass Gore schlicht überflügelt wurde. Doch das ändert nichts an der Tatsache, dass Bush aus reiner Machtgier alles in seiner Macht stehende getan hatte, um den Prozess demokratischer Wahlen umzustürzen und zu unterminieren.

Es mag ein Zufall gewesen sein, der die Bush-Anhänger in die Position brachte, Stimmauszählungen zu stoppen und die Gore-Gruppe in die Position, Stimmauszählungen fortzusetzen, bis nichts mehr zum Zählen da war. Doch ganz gleich, was 80 Prozent von 633 erwachsenen Amerikanern Stunden nach der Entscheidung des Obersten Gerichtshofs verkündeten, dieser Zufall macht diese Wahl nicht rechtens.

Quellen:

ABCNews.com Staff: „Irregularrities Alleged". *ABCNews.com*, 8. November 2000.

Ackerman, Bruce A. (Hrsg.): „Bush vs. Gore: The Question of Legitimacy". New Haven, CT: Yale University Press, 2002.

Bugliosi, Vincent: „The Betrayal of America: How the Supreme Court Undermined the Constitution and Chose Our President". New York: Thunder's Mouth Press/Nation Books, 2001.

Greenberg, David: „Was Nixon Robbed?" *Slate*, 16. Oktober 2001.

Jensen, Elizabeth: „In This Ballot, Voter Service Is the Loser". *Los Angeles Times,* 14. Januar 2003.

Kaplan, David: „The Accidental President". New York: William Morrow und Company, 2001.

Milbank, Dana: „Tragicomedy of Errors Fuels Volusia Recount". *Washington Post,* 12. November 2000.

Tapper, Jake: „Down and Dirty: The Plot to Steal the Presidency". New York: Little, Brown & Co., 2001.

24
ILLUMINATI.COM

Das Internet ist eine wahre Fundgrube, wenn man auf der Suche nach Überwachungskameras oder Pornographie ist, seine Schulden refinanzieren oder eine Penisverlängerung vornehmen lassen möchte. Ebenso wird behauptet, dass es ein hervorragendes Forum zum Austausch von Wissen sei. Was aber, wenn die Prophezeiung einer schönen, neuen Pixel-Welt der individuellen „Aneignung von Informationen" nur über den wahren Zweck des World Wide Webs hinwegtäuschen soll, einen Plan, der sehr viel verwegener ist als die Absicht, Harry Knowles zu einem echten Job zu verhelfen?

Wir haben alle schon einmal von den besonderen „Geburtsumständen" des Internets gehört, das als ein Projekt des U. S. Verteidigungsministeriums im Jahr 1969 begann: Im Falle eines Atomkrieges, wenn nuklearer Aschenregen über der unfruchtbaren Ödnis des ehemals reichen Nordamerikas niedergehen würde, wollte das Militär sichergehen, dass die hohen Tiere per E-Mail miteinander in Verbindung würden treten können. Natürlich hatte 1969 noch niemand die leiseste Ahnung, was E-Mails sind. (Wir reden hier von einer Zeit, in der GAP, ein freies, hilfreiches Softwarepaket zur Computeralgebra, noch lange nicht im Umlauf war.) Aber voller Optimismus und Zuversicht erfanden die Jungs vom Verteidigungsministerium kurzerhand diese technische Neuerung. Selbstverständlich trug die Erfindung damals noch eine andere, kompliziertere Bezeichnung, „IP-based ASCII text messaging" (dt.: „IP-basierte ASCII-Text-Nachrichtenübermittlung"). So weit so gut, doch über welchen Kanal oder Träger sollte diese neuartige „E-Mail" von einem Ort zum anderen übermittelt werden? Nun, natürlich über das Internet. Also wurde *dieses* auch gleich miterfunden.

Paranoide Intellektuelle, die „das große Ganze im Blick haben", betrachten die militärischen Ursprünge des Internets als verdächtigen Tatbestand; für sie handelt es sich um eine Verschwörung, die über das schäbige Eindringen in die Privatsphäre der Menschen, indem die Verwendung ihrer Kreditkarten registriert wird, hinausgeht.

„Jene, die meinen, dass man ihnen nichts vormachen könne", vermuten hinter den Verschleierungen eine finstere Gruppe von Geschäftsleuten, Politikern und Intellektuellen, die weltweit Ereignisse manipulieren und auf das Ziel einer quasi-faschistischen Weltregierung hinarbeiten. Die Hintermänner dieser Intrige haben einen Namen: nein, nicht „AOL"! Es geht um die Illuminaten.

Da sie hinter so vielen großen Entwicklungen stecken sollen – darunter dem Zeitalter der Aufklärung, der modernen Demokratie und den lustigen Hüten der Freimaurer –, ist es nur logisch, dass die Illuminaten ebenfalls hinter dem Internet stecken, oder? Aber warum?

Hier sind ein paar Begründungen, die uns zu Ohren gekommen sind:

Um Sie auszuspionieren: „Ihr Ziel", behauptet Anthony Hilder, der Hunderte von Videos und Audiokassetten produziert hat, die sich mit den bösartigen Plänen der Illuminaten auseinandersetzen, „ist keine passive Kontrolle, sondern der unbeschränkte Zugang zu den Informationen aller Menschen, die über das Internet Auskünfte erteilen, die gegen sie verwendet werden könnten."

Um Ihren Geist mit Unzüchtigkeiten zu vernebeln: Die Überzeugung, dass die Illuminaten sexuelle Symbolik verwenden, um den menschlichen Geist zu manipulieren und zu kontrollieren, ist ein weiteres Schlüsselelement der Verschwörungstheorie. Und das Internet ist voller „sexueller Symbole" (zumeist in Form von Videodateien). Selbst „WWW" ist ein sexuelles Symbol. „Wie bitte?", mag man fragen. Doch die Sachlage ist eindeutig: „W ist der 23. Buchstabe im Alphabet", bemerkt Robert Sterling, dessen Internetpräsenz *Konformist.com* eine der besten Informationsquellen bezüglich Verschwörungstheorien und ihrer Erforschung ist. „Und 23 mal drei ergibt natürlich 69. Bezüge zum Psycho-Sexuellen sind somit klar ersichtlich."

Um Satan zu huldigen: Sind die Illuminaten Jünger des Antichristen, des „Biests", das in der Bibel angekündigt wird und welches uns das Ende der Welt bescheren wird? Einige Forscher glauben, dass die „Zahl des Biests", 666, von den Illuminaten als ein Zeichen für ihre wahre Zielsetzung verwendet wird. Aaron Johnson, ein Verschwörungsforscher aus Südkalifornien und ein überzeugter „Patriot", ist der Ansicht, dass die Buchstabenfolge „WWW" den Hinweis liefert: „Der Buchstabe W ist der sechste Buchstabe des Hebräischen Alphabets", so Johnson. „Die drei Ws – World Wide Web. Das ist kein Zufall. Für mich heißt das 666. Es handelt sich hierbei um einen weiteren Aspekt in der Infrastruktur der Kontrolle unserer Gesellschaft und der Welt."

Illuminati.com

(Es sei angemerkt, dass im hebräischen Alphabet Buchstaben numerische Werte zugeordnet werden, und „Vav", das dem Buchstaben „W" ähnlich ist, tatsächlich mit der Nummer 6 versehen ist. Aber in der hebräischen Numerologie steht „Vav-Vav-Vav" nicht für „666" sondern für „18", dem numerischen Wert des Wortes „Chai", was „Leben" heißt. Tatsächlich ist 18 eine der wichtigsten „Glückszahlen" in der jüdischen Religion.)

Wenn wir schon beim Thema „Fenster zur Hölle" sind (Na? Fenster? Windows? Klingelt's?), sollten wir nicht allerwelts liebsten Internetdämon vergessen: Bill Gates. Prophecy Central ist eine fundamentalistische, christliche Website, deren Macher den Nerd-Großmeister als einen finsteren Strippenzieher in einem Spiel sehen, das zu einem Ende biblischen Ausmaßes führen würde. Die „Bill Gates Watch" (dt.: „Bill Gates Überwachungstruppe") der Organisation behauptet, dass der Herrscher von Microsoft ein interessantes Zielobjekt für Studenten von Prophezeiungen sei, die erwarten, dass in naher Zukunft ein weltweites Computernetzwerk die ökonomische Diktatorenherrschaft des Antichristen ermöglichen würde. ANMERKUNG: Hier liegt der Fokus auf konkreten Vorgängen, nicht auf der Person Bill Gates. Mit anderen Worten: Obwohl Gates nicht zwingend der Teufel in Menschengestalt ist, stellt er gewissermaßen einen Indikator des Bösen dar und ist somit zu überwachen.

Auf einer anderen Website, die eine Abneigung gegenüber Microsoft und eine Affinität zu Jesus Christus artikuliert, verweist ein wachsamer Beobachter von Gates auf eine sachdienliche Passage aus Jack B. Ottos Buch „World War III: Coming Soon To Your Neighborhood" (dt.: „Der Dritte Weltkrieg: Bald auch in Ihrer Nachbarschaft"). Laut Otto „wissen wenige Freimaurer, dass Albert Pike, der ‚Souveräne Großmeister', ebenso der Anführer der Palladisten war, einer weiteren halb-geheimen Gruppierung, die Satan verehrte." Und wie lautet der Name von Microsofts einst hochgelobtem Kopierschutzsystem? Palladium. Zitat des Webmasters: „Weil die Bekloppten der geheimen Elite so verrückt nach Symbolen sind, ist es nicht allzu abwegig zu glauben, dass Gates oder seine Elite ihre Software konsequenterweise ‚Palladium' nennen würden. Wie passend für ein System, das eines der totalen Kontrolle über jeden Einzelnen zu sein scheint, der einen Computer besitzt, im Internet surft oder E-Mails schreibt (wenn sie erst einmal ihre ‚Neue Weltordnung' errichtet haben)." Aber wir schweifen ab, ganz so wie die meisten Leute, die ihre Meinungen ins (Illuminaten-kontrollierte) Internet stellen. Zurück zur Liste von Begründungen, warum die Illuminaten das Internet kontrollieren wollen:

Um Sie zu betäuben und somit zu unterwerfen: Sterling schrieb den Artikel „The Web and the Pentagon" (dt.: „Das Internet und das Pentagon"), in dem er die Erfindung des Internets mit dem vom Militär gut dokumentierten Gebrauch von LSD in Experimenten zur Bewusstseinskontrolle verglich. „Kann es sein, dass das Internet nur der Zwillingsbruder von LSD ist?", fragt Sterling in dem Artikel, der in der Anthologie „Cyberculture Counterconspiracy" (dt.: „Die Gegenverschwörung der Cyberkultur") im Band 2 erschien. „Die letzte Ingredienz zu einem okkulten Projekt mit der Absicht, die existierende Ordnung zu zerstören und eine neue herzustellen?"

Sterling hat trotz allem weniger gemein mit „patriotischen" Verschwörungstheoretikern wie Hilder und Johnson als mit dem verstorbenen Guru des psychedelischen Timothy Leary, der glaubte, dass das Internet, wie zuvor LSD, eher eine befreiende Kraft als eine unterdrückende darstelle, ungeachtet der möglichen verschwörerischen Entstehung.

„Natürlich ist das Internet ein Komplott", behauptet Sterling. „Es wurde vom Verteidigungsministerium entwickelt. Aber das Verteidigungsministerium hat auch LSD entwickelt. Und das bedeutet ja nicht zwangsweise, dass Du deswegen keinen Gebrauch davon machst."

QUELLEN:

Bill Gates Watch Website: *www.bible-prophecy.com/pcu8.htm#article*

Freeworld Alliance Website: *www.freeworldalliance.com*

Konformist Website: *www.konformist.com* und *www.konformist.com/hilder/ nwotapes.htm*

Sterling, Robert: „The Web and the Pentagon." Reprinted in „Cyperculture Counterconspiracy", Vol. 2, herausgegeben von Kenn Thomas. Escondido, CA: Book Tree, 2000.

DIE UNGLAUBLICHE REISE IN EINEM VERRÜCKTEN KRIEGSSCHIFF

Wenn Sie bis heute noch nicht im Flüsterton vom so genannten „Philadelphia-Experiment" gehört haben, dann kann das zumindest nicht an der mangelnden Lautstärke der Flüsterer liegen. 60 Jahre nach einem Ereignis, das so stattgefunden haben mag – oder nicht, nämlich der Geschichte eines Kriegsschiffs der US-Navy, das von Philadelphia nach Norfolk in Virginia und zurück „teleportiert" wurde, hat sich selbiges im amerikanischen Kollektivgedächtnis eigentlich recht nachhaltig eingenistet. Man muss nur durch die dortigen Bildungskanäle zappen, um früher oder später auf einen Beitrag über das geheime Unsichtbarkeitsexperiment aus der Zeit des Zweiten Weltkriegs zu stolpern, das bereits früher von Heerscharen von Parawissenschaftlern, Großdruck-Autoren, Augenzeugen mit überraschenden Erinnerungsschüben und Hobby-Relativitätstheoretikern ausgeschlachtet worden ist.

Sei sie nun wahr oder erfunden: Die Geschichte der fantastischen Reise der *USS Eldridge* hat die mythischen Dimensionen einer modernen Volkssage angenommen. Wie Roswell – ein weiterer Prüfstein „unterdrückter" Geschichte des 20. Jahrhunderts – haben die Berichte über das Philadelphia-Experiment über die Jahre hinweg deutlich an Detailreichtum gewonnen und

Die unglaubliche Reise in einem verrückten Kriegsschiff

Dutzende wortreicher Erzählungen hervorgebracht, manche davon fantasievoller als andere.

Die grundlegende Geschichte indes ist relativ unberührt geblieben: So erzählt man sich, dass im Jahre 1943 das Office of Naval Research (ONR) ein supergeheimes Experiment mit einer „elektronischen Tarnvorrichtung" in der Marinewerft von Philadelphia durchgeführt habe. Die Meinungen gehen auseinander, ob das Ziel des Projekts eine einfache Unsichtbarkeit auf dem Radar gewesen sei oder aber die ungleich futuristischere Unsichtbarkeit für das bloße Auge, die so häufig in Comics und kurzlebigen Fernsehserien beschworen wird. Worüber man sich jedoch einig ist: Statt den ultrasensiblen Test innerhalb der sicheren Einzäunung eines abgeschiedenen Laborkomplexes durchzuführen, entschied sich die Navy, ein Experiment am hellen Tage und inmitten einer zu Kriegszeiten auf Hochbetrieb laufenden Werft durchzuführen – zahllose Augenzeugen inklusive. So viel zur „Geheimhaltung" des Militärs.

Unter der Leitung namhafter Wissenschaftler (darunter Albert Einstein und Nicolai Tesla) bestückte das ONR einen bemannten Geleitzerstörer – die Eldridge – mit mehreren Tonnen hoch geheimer, elektronischer Ausrüstung. Zur gegebenen Stunde wurde ein Hebel umgelegt und „magnetische Resonanzgeneratoren" irgendeiner Art fingen an, ein starkes elektronisches Kraftfeld um das Schiff zu legen. Das Feld gewann rasch an Stärke und hüllte die Eldridge und seine Männer in einen unheimlichen, grünen Nebel ein, bis das Schiff und seine Mannschaft schließlich komplett verschwanden – und nur der unverkennbare Geruch von verbranntem Ozon zurückblieb.

An diesem Punkt überschritt das Experiment plötzlich die Grenze zwischen einer Entdeckung von historischen Ausmaßen und einem Fall von *Heilige Scheiße!*: Einen oder zwei Augenblicke nachdem sie in Philadelphia verschwunden war, tauchte die *Eldridge* 230 Meilen entfernt in einem Hafen von Norfolk, Virginia, auf. Offensichtlich hatte die Navy weit mehr erhalten, als sie sich erhofft hatte – Unsichtbarkeit ist eine Sache, aber die physikalische Teleportation vieler Tonnen von Materie eine ganz andere, ganz gleich, für was für einen abgebrühten Veteranen man sich hält. Jedenfalls verschwand die *Eldridge* wieder, bevor die entgeisterte Mannschaft ihren ungeplanten Aufenthalt in Norfolk nutzen konnte, nur um im gleichen Moment – oder so ungefähr – wieder daheim in Philadelphia zu rematerialisieren.

Kaum überraschend hatte dieser rasche Transit durch den Äther einige bizarre Nebenwirkungen: Den meisten Berichten zufolge war die Mannschaft am Ende dieses seltsamen Ausflugs „komplett durchgedreht" – das normale Ergebnis paranormaler Katastrophen. Zumindest schien der Wahnsinn das angenehmere von zwei Schicksalen zu sein, denn einige andere Matrosen waren anscheinend inmitten der massiven Stahlschotten des Schiffs remate-

Die unglaubliche Reise in einem verrückten Kriegsschiff

rialisiert. Die Lamettaträger bei der Navy gaben sich bestürzt über die unbeabsichtigten Folgen und das Projekt wurde rasch eingemottet. Die Regierung überstellte die vollkommen übergeschnappten Seeleute in entsprechende Einrichtungen, legte ein Siegel des Schweigens über die ganze Affäre und widmete sich fürderhin klugerweise der Entwicklung vernünftigerer und weniger unsicherer Geheimwaffen, etwa der Atombombe.

So zumindest erzählt man sich das Ganze.

Selbstredend hat das Marineministerium jedwede Beschäftigung mit irgendwelchen Unsichtbarkeits- oder Teleportationsprogrammen, ganz gleich ob in Philadelphia, Norfolk oder an irgendeiner anderen Koordinate im Hyperraum, beharrlich geleugnet. Und in einem Musterbeispiel an militärischer Effizienz hat die Abteilung für Öffentlichkeitsarbeit der Navy schon vor langer Zeit einen Formbrief für neugierige Geister erstellt, der das so genannte Experiment als ein „Märchen" abtut, das besser in der „Welt der Science-Fiction" aufgehoben ist als im übervollen Dementi-Terminkalender eines vielbeschäftigten PR-Offiziers. (Sie können sich Zeit und Porto sparen, wenn Sie den Formbrief im Internet abrufen.)

Um das klarzustellen: Die tatsächlich greifbare Beweislage, die das Philadelphia-Experiment untermauern würde, ist so dunstig wie das verschwindende Schiff selbst. Es gab in der Tat in der Zeit des Zweiten Weltkriegs einen Zerstörer mit dem Namen USS *Eldridge*, der Versorgungskonvois durch den von U-Booten verseuchten Atlantik begleitete. Doch die Navy weist darauf hin, dass es keine offiziellen Unterlagen gibt, die davon zeugen, dass die *Eldridge* 1943, zum Zeitpunkt des Experiments, in Philadelphia gewesen sei. Zudem wurde der ONR überhaupt erst 1946 aus der Taufe gehoben, drei Jahre *nachdem* er der Erzählung nach das vom Pech verfolgte Unsichtbarkeitsprojekt verantwortet hatte.

Vielleicht bringt es mehr, die Ursprünge der Legende zurückzuverfolgen. Die erste öffentliche Erwähnung dieser Geschichte von überhaupt irgendjemandem scheint von einem ziemlich kauzigen Herumtreiber namens Carlos Miguel Allende (a. k. a. Carlos Miguel Allenda a. k. a. Carl M. Allen) zu stammen. Allende trat durch einen Schriftverkehr mit dem UFO-Forscher Morris K. Jessup auf die Bildfläche. Jessup, ein Teilzeit-UFOloge und Wenn-noch-Zeit-verbleibt-Autoteileverkäufer, hatte kurz zuvor das Buch „The Case for the UFO", eine ernsthafte Abhandlung über das damals neuartige Phänomen der fliegenden Untertassen, herausgebracht. In einer Reihe weitschweifender, handgeschriebener Briefe, die ganz sicher „paranormal" waren – im grammatischen Sinne – erfreute Allende Jessup mit einer Geschichte, die er als „WAHRHEIT ZU GROSS, ZU FANTASTISCH, UM NICHT ERZÄHLT ZU WERDEN" beschrieb.

Und in der Tat, Allendes Geschichte hielt, was seine Großbuchstaben ver-

Die unglaubliche Reise in einem verrückten Kriegsschiff

sprachen. Im Oktober 1943, so behauptete Allende, sei er Augenzeuge eines Navy-Experiments geworden, das im „kompletten Verschwinden eines Schiffes der Zerstörer-Klasse und seiner *gesamten* Mannschaft" gemündet habe. (Kursivierung durch Allende). Laut Allende hatte er das Ganze vom Deck der *SS Andrew Furuseth* aus beobachtet, einem Handelsschiff, das zum Zeitpunkt des Experiments in denselben Wassern herumdümpelte.

Und nur für den Fall, dass der starke Einstieg Jessup nicht sofort in seinen Bann schlagen sollte, war Allendes Geschichte mit anschaulichen Details, bekannten Namen und eindrucksvollem Tech-Babble ausgeschmückt: Basierend auf einigen totgeschwiegenen praktischen Anwendungen von Einsteins einheitlicher Feldtheorie, die „im Privaten" von „Dr. B. Russell" – man fühle sich an den berühmten Logiker Bertrand Russell erinnert – bekräftigt wurden, erzeugte das Experiment ein „Kraftfeld" von „abgeplattet sphäroidischer Form" um das Schiff. Abgesehen davon, dass es die Mannschaft „völlig durchdrehen, herumlallen, WAHNSINNIG werden" ließ, sollten sich weitere, dramatische Komplikationen ergeben. So neigten die betroffenen Seeleute beispielsweise noch Jahre nach dem Experiment dazu, in der „ZEIT einzufrieren" – das heißt in schönster Schaufensterpuppenmanier stehen zu bleiben und keinen Muskel mehr rühren zu können. Andere, so beteuerte Allende, erlebten, wie sie zu den unpassendsten Momenten unsichtbar wurden. Ein verfluchter Seemann „spazierte einfach unter den Augen von Frau & Kind & zwei Mannschaftskameraden ‚durch' die Wand seiner Kabine (und) WARD NIE MEHR GESEHEN." Zwei andere Männer gingen unvermittelt in Flammen auf und „BRANNTEN 18 TAGE LANG". Alles in allem war es anscheinend eine ziemlich üble Sache.

So weit es Jessup und nachfolgende Forscher feststellen konnten, hatte Allende 1943 in der Tat auf einem Handelsschiff namens *Andrew Furuseth* gedient und das Schiff war zu dieser Zeit auch in Philadelphia gewesen. Doch das war auch der einzige Teil der Geschichte, der stichhaltig genug war, um bestätigt werden zu können. Die anderen „Fakten" erwiesen sich als so schwer fassbar wie Allende selbst, dessen Briefe häufig eine Adresse in Pennsylvania als Absender angaben, allerdings dem Poststempel nach zu urteilen von Texas, Mexiko oder anderen südlichen Gefilden abgeschickt worden waren. Man muss Jessup zugute halten, dass er bis zum Frühjahr 1957 bestenfalls vorsichtig interessiert an Allendes Geschichte war. Dann jedoch geschah etwas Ungewöhnliches und Jessup sah sich zunehmend in Allendes erzählerisches Kraftfeld hineingezogen, ein Umstand, der letztlich tragisch enden sollte.

Dieses Ungewöhnliche war ein Brief des ONR, der Jessup nach Washington einlud. Als Jessup im ONR-Hauptquartier eintraf, wurde ihm eine zerlesene Taschenbuchversion seines Buches präsentiert. Darin waren in drei ver-

Die unglaubliche Reise in einem verrückten Kriegsschiff

schiedenen Farben ausführliche handschriftliche Anmerkungen gemacht worden, so als ob drei verschiedene Personen Jessups Text in einer Art Diskussion kommentiert hätten. Der Kommentator oder die Kommentatoren behaupteten, umfangreiches Wissen über UFOs, ihr Antriebssystem, unterseeische Alienstädte und andere fantastische Dinge zu besitzen. Auf der Höhe des Kalten Kriegs und der UFO-„Aufregung" der 1950er glaubte das ONR offensichtlich, dass die extravaganten Kritzeleien – die voller Ernst von „Mutterschiffen", „Scoutschiffen", „Telepathie" und anderen Konzepten der Pulp-Science-Fiction sprachen – von Bedeutung für die nationale Sicherheit sein könnten.

Die ONR-Offiziere erklärten, dass ihnen das Buch 18 Monate zuvor anonym zugeschickt worden sei (abgestempelt in Texas). Als sie ihn darum baten, dazu Stellung zu nehmen, bemerkte Jessup, dass die Handschrift der Allendes sehr ähnelte. Die Navy wollte den Briefverkehr sehen und Jessup gab ihn ihr. Anscheinend stimmte die Navy der Einschätzung zu, dass die Randnotizen von Allende seien. Im Folgenden veröffentlichte die Navy Jessups Buch inklusive der seltsamen Anmerkungen in einer limitierten Auflage zur internen Verteilung im ONR. Das von der Varo Manufacturing Company, einem Vertragspartner der Navy mit Sitz in Texas, gedruckte und mit einer Spiralbindung versehene Buch enthielt zudem Allendes Briefe an Jessup über das verschwundene Schiff. (Ein wütender Allende sollte später in die Büros von Varo platzen und seinen Anteil an den Einnahmen aus „meinem Buch" verlangen.)

Ganz gleich, ob man daran glaubt, dass das Philadelphia-Experiment tatsächlich stattgefunden hatte oder nicht, das deutliche Interesse der Navy an Allendes Kritzeleien hob die ansonsten eher obskure Geschichte jedenfalls in eine ganz andere Liga. Die Navy erwies sich mit dieser Aktion einen Bärendienst, wurde die seltene „Varo Edition" doch bald zum heiß begehrten Sammlerobjekt unter UFOlogen und von vielen als Beweis aus erster Hand in Bezug auf die Verbindungen der Navy zu dem gerüchteweise durchgeführten Philadelphia-Experiment angesehen. Viele Autoren und Vortragsredner aus der Fortschen[1]-Ecke fingen an, Allendes Briefe und das den Hyperraum streifende Schiff zu erwähnen und beriefen sich dabei auf die Varo Edition als schlagenden Beweis.

Unglücklicherweise hatte das Interesse der Navy an Allendes Geschreibsel auch einen nachhaltigen Effekt auf Jessup. Mit dem offiziellen Stempel

---

[1]Charles Fort (1874 bis 1932) war ein amerikanischer Schriftsteller mit besonderem Interesse an paranormalen Phänomenen. 30 Jahre lang sammelte er Berichte seltsamer Phänomene (Teleportation, Poltergeister, Kornkreise usw.) Als einer der Ersten brachte er das Verschwinden von Menschen mit dem Wirken von Außerirdischen in Verbindung. Viele dieser Phänomene werden heute unter dem Begriff „Forteana" subsummiert. – Anm. d. Übers.

Die unglaubliche Reise in einem verrückten Kriegsschiff

(sozusagen) des ONR auf Allendes UFO-Notizen, fing Jessup plötzlich an, seinen wandernden Brieffreund ernster zu nehmen. Seinen Freunden und Kollegen zufolge verrannte sich Jessup zusehends in die fixe Idee, einen Sinn hinter Allendes Theorien zu entdecken oder sie zumindest mit seinen eigenen Ansichten abgleichen zu müssen. Natürlich war dieses Unterfangen zum Scheitern verurteilt und infolgedessen schien er zunehmend depressiv zu werden.

Ivan Sanderson, ein Kollege unter den UFO-Forschern und ein enger Freund, beschrieb Jessup als „einen überschäumenden Enthusiasten ... fast zu begeistert und überzeugt von seinen Theorien", der allerdings nach den Allende-Briefen „plötzlich alles in Zweifel zu ziehen" schien, darunter auch seine eigenen Fähigkeiten als UFO-Theoretiker. Ein befreundetes Medium brachte es knapper auf den Punkt: Seine „Schwingungen", so beobachtete sie, „haben ... eine Art astraler Übernahme erlitten." Zusammen mit einer Reihe persönlicher Rückschläge, darunter die Scheidung von seiner Frau, die Ablehnung diverser Buchmanuskripte durch seinen Verleger und einen schweren Autounfall, schien die Allende-Affäre offensichtlich dazu angetan, für Jessup emotional das Fass zum Überlaufen zu bringen.

Am 20. April 1959 fuhr Jessup in einen Naturpark nicht weit von seinem Haus in Coral Gables, Florida, entfernt, steckte das eine Ende eines Gartenschlauchs an den Auspuff seines Wagens und führte das andere Ende durchs Seitenfenster ins Innere. Die offizielle Todesursache war eine selbst herbeigeführte Kohlenmonoxidvergiftung, was eindeutig mit dem Brief übereinstimmte, den Jessup nur wenige Tage vorher einem Freund geschickt hatte. Der Freund beschrieb diesen als „unzweideutigen Abschiedsbrief".

Jessups Ableben führte natürlich nur noch zu weiteren Spekulationen in den einschlägigen Verschwörerkreisen – etwa die, dass er „selbst gemordet" worden sei, um Stillschweigen zu bewahren. Die Beweise hinter diesen Annahmen waren überaus vage und drückten sich nicht selten im Passiv aus. („Vielleicht wurde ihm erlaubt zu sterben", meinte ein misstrauischer Bekannter.) Wie auch immer, eine gute Verschwörungsgeschichte braucht einen Märtyrer und Jessup hatte diese Rolle unfreiwillig vorzüglich ausgefüllt.

Vielleicht hätte sich Jessup für einen anderen Weg entschieden, hätte er lange genug gelebt, um zu hören, wie sein umherstreunender Brieffreund seine Geschichten zurücknahm. Ein Jahrzehnt später, im Sommer 1969, stürmte Allende in die Büros einer Bürgervereinigung für UFO-Forschung in Arizona und erklärte, dass seine Briefe an Jessup und die Anmerkungen der Varo Edition Unsinn seien. Verärgert, dass praktisch jeder Chronist des Unerklärlichen aus „seiner" Geschichte des verschwundenen Navy-Schiffes Kapital geschlagen habe – jeder außer ihm zumindest –, hatte Allende sich entschlossen, der ganzen Sache ein Ende zu bereiten. Er behauptete, dass es

179

Die unglaubliche Reise in einem verrückten Kriegsschiff

ihm bei dem Scherz nur darum gegangen sei, „Jessup zu Tode zu erschrecken". Als neue Anmerkungen in eine der begehrten Ausgaben der Varo Editionen gekritzelt, bezeichnete das von Allende verfasste Schuldeingeständnis seine Beschreibungen der Folgeschäden der Matrosen als „die irrsten Lügen, die ich jemals niederschrieb". Ganz im Sinne der Sache war Allendes „Geständnis" allerdings schon wieder in sich selbst widersprüchlich und nahm etwa die Behauptung des verschwundenen Schiffes selbst nicht explizit zurück. Diese Auslassung sollte zukünftigen Referenten der Geschichte ein Schlupfloch sein, groß genug, um einen ganzen Geleitzerstörer hindurchdampfen zu lassen.

Verkrüppelt, aber keineswegs tödlich verwundet, schleppte sich die Legende durch ein weiteres Jahrzehnt, etwa als Randbemerkung in Büchern, die sich um Bermudadreiecke und derlei drehten. Dann jedoch erschien 1979 „The Philadelphia Experiment: Project Invisibility", um die Geschichte aus dem Dunstkreis von Bigfoot- und Atlantis-Lehren zu erretten. Von William L. Moore, einem Schullehrer und „Erforscher des Unerklärlichen" aus Minnesota „unter der Beratung" von Charles Berlitz, dem Autor des Bestsellers „The Bermuda Triangle", geschrieben, verkaufte sich das Buch wie unidentifizierte fliegende Toastscheiben – oder was immer das paranormale Äquivalent von warmen Semmeln ist. Schon bald folgte ihm ein Hollywoodfilm nach, der wiederum eine ganz neue Generation von „Augenzeugen" ermutigte „vorzutreten", der bevorzugten Bewegungsrichtung von Informanten (mehr zu selbigen weiter unten).

Moore und Berlitz boten einen kurzen Überblick über die bekannte Geschichte um Allende und Jessup, doch sie würzten einen bereits dicken Brei mit zusätzlichen Zutaten, darunter einer ordentlichen Prise extraterrestrischer Aktivitäten. So heißt es, dass um 1970 herum ein mysteriöser Informant in einem Park auftauchte, um zwei jungen Fliegern spontan von dem „Unsichtbarkeitsexperiment" der Navy zu Kriegszeiten zu erzählen. Dieser spezielle Fremde meinte, dass einige Matrosen „in eine andere Welt übergetreten" seien und dort „seltsame, fremdartige Wesen gesehen und gesprochen" haben könnten. Ein gut informierter Zimmermann aus Kanada hatte derweil von hochrangigen US-Offiziellen erfahren, dass die amerikanische Regierung seit 1943 in Kontakt mit außerirdischen Lebewesen stand, wobei „der Erstkontakt anscheinend während eines Navy-Experiments zur Radarunsichtbarkeit stattgefunden" habe. Zukünftige Philadelphia-Experiment-Theoretiker sollten diese neu entdeckte UFO-Verbindung noch viel, viel weiter treiben.

Ein Großteil der neuen Quellen, die in diesem Buch vorgestellt wurden, fielen in die Kategorie „der Freund eines Freundes (mittlerweile verzogen)". Doch Moore und Berlitz gelang auch ein echter Coup, indem sie den schwer zu fassenden Allende aufspürten, der anscheinend von seiner früheren Gegen-

Die unglaubliche Reise in einem verrückten Kriegsschiff

darstellung wieder voll genesen war. Tatsächlich zeigte sich Allende jetzt bereit, weitere Einzelheiten preiszugeben, und er behauptete, er sei dem Experimentalschiff nah genug gewesen, um einen Arm in das Kraftfeld zu stecken (und, so ist wohl anzunehmen, dabei der geistigen Beeinträchtigung zu entgehen).

Die beinahe übernatürlichen investigativen Fähigkeiten der Autoren führten diese auch zu einer dramatischen, Deep-Throat-ähnlichen Gestalt namens „Dr. Rinehart". Dies war, so erklärten Moore und Berlitz, „ein Name, der ihm in der fiktionalisierten Version des Philadelphia-Experiments, die kurz zuvor veröffentlicht wurde, verliehen worden war". Okay, jetzt wird es ein bisschen verwirrend: Moore und Berlitz bezogen sich auf den Spannungsroman „Thin Air" (dt. „Spurlos verschwunden"), der von George E. Simpson und Neal R. Burger, ein ganzes Jahr bevor Moores und Berlitz' Werk in den Belletristikdrehständern landete, geschrieben und veröffentlicht worden war. Ganz offensichtlich von der Erzählung Allendes inspiriert, erzählt „Thin Air" die mittlerweile bekannte Geschichte von einem Geleitzerstörer, der im Rahmen eines geheimen Navy-Experiments 1943 zum Verschwinden gebracht wird.

An einer Schlüsselstelle des Romans spürt ein unerschrockener Marineermittler (unser Held) einen zurückgezogen lebenden alten Wissenschaftler namens Rinehart auf, der zuvorkommend seine Rolle in dem Unsichtbarkeitsexperiment von 1943 eingesteht. Moore und Berlitz vermochten nie zu erklären, wie zwei Schundromanschreiber von dem geheimen Treffen Moores mit dem echten Rinehart erfahren und diese Szene, bis hin zu dem Detail, dass Rinehart nervös aus dem Fenster seiner Hütte schaut, nacherzählen konnten – und dies ein Jahr, bevor das Ganze passiert sein sollte! Vielleicht gibt es Erklärungen für diese bemerkenswerte Synchronizität, die einfacher erscheinen als, sagen wir mal, *bibliotheksreferenzielle Zeitreisen*, aber wir wollen hier keine Spekulationen riskieren. Es sollte jedenfalls nicht das letzte Mal in dieser sich immer weiter entwickelnden Saga um das verschwindende Schiff sein, dass die Trennlinie zwischen Fiktion und Realität „unsichtbar" zu werden drohte.

Wenn sich ein Leser nun nach dem Durchackern von zwei Dritteln des Buches von Moore und Berlitz dachte: „Schön und gut, aber wo ist hier denn nun die bahnbrechende neue Erkenntnis bei all dem?", so hatten Moore und Berlitz eine Antwort prompt parat! „Jetzt", so erklären sie auf Seite 244, „mit dem Verfassen dieses Buches, ist es endlich möglich, eine bahnbrechende neue Erkenntnis ... in Bezug auf das Geheimnis zu verkünden." Moore und Berlitz hatten von einer anonymen Quelle eine seltene Fotokopie eines undatierten Ausschnittes einer unidentifizierten Zeitung erhalten, die nun gut verschlossen in „einem sicheren Schließfach" an einem Ort, den sie klugerweise geheim hielten, aufbewahrt wurde. Und in diesem unangreifbaren Tresorfach

Die unglaubliche Reise in einem verrückten Kriegsschiff

liegend, hat der Ausschnitt, wie Moore und Berlitz glücklich zu berichten wussten, „allen Anstrengungen, seine Authentizität anzuzweifeln, erfolgreich widerstanden".

Unter der Überschrift „KNEIPENSCHLÄGEREI UNTER SELTSAMEN UMSTÄNDEN" bestätigte der Zeitungsausschnitt anscheinend eine Kernbehauptung in den ursprünglichen Briefen Allendes an Jessup. Soll heißen: Allende hatte Jessup geraten, nach einem Zeitungsartikel zu forschen, den er sich erinnerte, zum Zeitpunkt des Experiments gelesen zu haben. Er vermochte sich weder an das genaue Datum noch den Namen der Zeitung zu erinnern, doch der Artikel hatte irgendetwas über randalierende Matrosen erwähnt, die in einer Spelunke an den Docks unvermittelt verschwunden waren. Jessup war es nie gelungen, diesen Zeitungsartikel in seine Hände zu bekommen, doch Moore und Berlitz hatten ihn vor der Manuskript-Deadline. Laut dem Transkript von Moore und Berlitz fand eine Patrouille der Hafenwacht, die losgeschickt worden war, um der Prügelei in der Bar Einhalt zu gebieten, den Schuppen „völlig frei von Gästen" vor. Eine „sehr nervöse Kellnerin" berichtete der Militärpolizei, dass zwei Matrosen „sich irgendwie in Luft aufgelöst haben ... genau vor meinen Augen", wobei sie hinzufügte „und ich hab auch kein Bier getrunken!" Es mag der Geschichte an einem Erscheinungsdatum mangeln, doch sie wies auf jeden Fall den angemessenen 1940er Jahre hardboiled Stil auf; ein Zweifler wischte die Behauptungen der Kellnerin als „einen Haufen Mist von den dämlichen Puppen da unten" zur Seite.

Heutige Skeptiker mögen dazu neigen anzunehmen, dass „The Philadelphia Experiment: Project Invisibility" selbst die eine oder andere Fuhre „Mist" enthält. Schon bald sollten sie weitere Gründe finden, die Berichte von Moore und Berlitz nicht ganz für bare Münze zu nehmen. Nachdem er an einem viel umstrittenen Buch über Roswell mitgeschrieben hatte, fand sich Moore Mitte der 1980er im Zentrum einer Majestic-12-(MJ-12-) Kontroverse wieder. Diese wüste Debatte betraf acht Seiten eines angeblich durchgesickerten Regierungsdokuments, das „bewies", dass Präsident Harry Truman eine geheime Sondereinheit aus zwölf Mitgliedern gegründet habe, um Verträge mit außerirdischen Rassen zu schließen. Diese Dokumente mögen oder mögen nicht gefälscht gewesen sein. (Oberskeptiker Phillip Klass ging so weit, Moore zu beschuldigen, die Papiere selbst gefälscht zu haben – womit der notorisch großspurige Spielverderber indes vermutlich übers Ziel hinausschoss.) Die Diskussion tobt weiter, zumindest dort, wo sich Untertassengläubige versammeln. Ende der 1980er besiegelte Moore dann seinen Ruf als schwarzes Schaf der UFOlogie, indem er auf einer UFO-Convention gestand, dass er im Auftrag der Regierung absichtlich Falschinformationen über UFOs gestreut habe.

Die unglaubliche Reise in einem verrückten Kriegsschiff

Nichts von all dem scheint der Legende um das Philadelphia-Experiment indes einen Dämpfer verpasst zu haben. Hollywood sicherte sich die Filmrechte an dem Buch von Moore und Berlitz und brachte 1984 einen billigen Science-Fiction-Streifen mit dem gleichen Namen auf den Markt, gefolgt von einem Sequel ein Jahrzehnt später. Wenn auch Hollywoods „The Philadelphia Experiment" (I und II) schneller aus den Lichtspielhäusern verschwand als das echte Schiff in seinem wässrigen Wirbel, so schlug es zumindest bei einem Zuschauer doch hohe Wellen: Nachdem er 1988 den ersten Film gesehen hatte, fing ein ehemaliger Elektroingenieur namens Al Bielek an, bis dato vergessene Erinnerungen in sich zu entdecken, die sich um seine *eigene* Rolle in dem tatsächlichen non-VHS-Philadelphia-Experiment von 1943 drehten. Unglücklicherweise für Bielek lag sein eigenes Geburtsdatum so, dass er 1943 kaum 17 gewesen wäre, ein zartes Alter, das er in seinen Erinnerungen garantiert an der Highschool verbracht hatte. Das war zwar ein logistischer Stein des Anstoßes, keine Frage, doch das war dem hereinstürzenden Flug wiedergewonnener Erinnerungen keineswegs gewachsen. Denn in Wirklichkeit, so entdeckte Bielek bald, war er ein völlig anderer Mann: Edward A. Cameron II.

Versuchen Sie mitzuhalten, aber Vorsicht, ab hier wird der Landungssteg ein bisschen rutschig: Geboren 1916 als Edward A. Cameron II war der Mann, der später zu Al Bielek werden sollte, 1943 ein in Harvard ausgebildeter Physiker, der Seite an Seite mit Tesla an dem „Radarunsichtbarkeitsprojekt" der USS *Eldridge* arbeitete. Cameron überlebte die Schrecken der versehentlichen Teleportation des Schiffes, doch er verlor einen Bruder, der 1943 „verschwand" und *in der Zeit vorwärts reiste* ins Jahr 1983. Nach dem Krieg fand sich Cameron in einer Militärbasis bei Montauk Point auf Long Island wieder, wo er an einer Fortsetzung des versehentlichen Unsichtbarkeits-Teleportations-Zeitreise-Projekts arbeitete.

Noch immer dabei? Dann bringen wir jetzt Bielek ins Spiel: „Von dort aus", so erklärte er dem *Connecting Link*-Magazin, „wurde ich ins Jahr 1983 versetzt. Dort angekommen, erhielt ich eine Super-Gehirnwäsche − alle Erinnerungen wurden gelöscht. Außerdem wurde ich einer Altersregression unterzogen (der Reduktion des Alters und der Größe eines 30-Jährigen hin zu einem ungefähr 1-Jährigen) und dann, in einem physischen Alter von einem Jahr zurück in der Zeit ins Jahr 1927 geschickt, um einer neuen Familie als Ersatz für ihren toten Sohn übergeben zu werden. Diese neue Familie − die Bieleks − waren meine einzigen Eltern für mehr als ein halbes Jahrhundert!"

Wenn Sie jetzt völlig verwirrt sind, raten wir Ihnen, sich die DVD von „The Philadelphia Experiment" auszuleihen. Es hat schließlich bei Bielek/Cameron funktioniert. Genau genommen haben die Versionen der

Die unglaubliche Reise in einem verrückten Kriegsschiff

Legende vor dem Film niemals von Zeitreisen gesprochen. Das war eine Erfindung Hollywoods – und offenbar eine extrem akkurate, denn in dem Film werden auch zwei Matrosen durch die Zeit vom Jahr 1943 ins Jahr 1983 versetzt. Genau so, wie sich Bielek/Cameron im Folgenden der realen Geschehnisse erinnerte!

Erneut fing die Trennlinie zwischen Realität und Fiktion an zu „flimmern" – und vielleicht reiste sie sogar versehentlich in die Zukunft, wer weiß? Bielek schrieb an einem Buch über seine Zeit-und-Gedanken-verdrehenden Abenteuer mit, dann driftete er in die Kreise der New-Age-Literatur ab, wo er nach wie vor zu finden ist.

Wenn der erzählerische Brei in den 1980ern bereits drohte, ein Zu-viele-Köche-Problem zu entwickeln, erinnerte das Ganze in den 1990ern an eine Party, bei der jeder Gast etwas zum Buffet beitragen durfte. Bieleks wiedergewonnene Erinnerungen schienen ansteckend zu sein, denn plötzlich lief eine ganze Armada an Augenzeugen in den Hafen ein. Die ersten, die ihre zurückerlangten Erinnerungen dem Buchmarkt überantworteten waren Preston B. Nichols und Peter Moon. 1992 veröffentlichte das Duo „The Montauk Project: Experiments in Time" (dt.: „Das Montauk-Projekt: Zeitexperimente"), dem sie drei Fortsetzungen nachfolgen ließen. Die Geschichte an der Stelle aufnehmend, wo Bielek sie verlassen hatte, erinnerten sich Nichols und Moon, dass auch sie an dem Projekt mitgearbeitet hatten, nachdem es von Philadelphia nach Montauk Point umgezogen war. Und wie Bielek waren sie Opfer einer Super-Gehirnwäsche geworden, die ihnen all ihre Erinnerungen an den Job genommen hatte.

Dabei erwiesen sich Nichols und Moon als großzügig genug, Bielek/Cameron in ihre durch die Zeiten springende Chronologie mit aufzunehmen, ebenso wie auch seinen zuvor erwähnten, zeitreisenden Bruder, der zum obersten Medium in Montauk wurde und mithilfe seines computergestützten Geistes Zeittore zu öffnen und zu schließen vermochte.

Inmitten all dieser fantastischen Episoden war die Einstein'sche nicht die einzige „einheitliche Feldtheorie", die hier ihre Wirkung entfaltete. Dank ihrer Fähigkeit zur Zeitreise gelang es Nichols und Moon, eine einheitliche Feldkarte aller Verschwörungstheorien zu entwerfen. Gleich um welche Vertuschung es ging, sie waren mitten ins schlagende Herz hineinteleportiert. Die Pyramiden auf dem Mars? Dort gewesen, Marsmenschen getroffen. Nazi-UFOs? Fotografiert. Alien-UFOs? Nachgebaut. Massenentführungen von Kindern? Yup, auch für verantwortlich. (Um die armen Heimatlosen als entbehrliches Zeitreise-Team zu rekrutieren.) Der Grundtenor wird wohl deutlich.

Wenn die Legende des Philadelphia-Experiments (und seiner Folgen) zum Beginn des 21. Jahrhunderts unter dem Gewicht seiner eigenen Erfin-

Die unglaubliche Reise in einem verrückten Kriegsschiff

dung nachzugeben droht, dann zeigt sich daran nur, was es immer war: eine Erfindung. Im Vorwort von „The Montauk Project: Experiments in Time" steht eine Art Disclaimer. Dieser könnte stellvertretend für den gesamten Mythos stehen, der vor vielen Jahren von einem gewissen Allende geschaffen worden war: „Dieses Werk wird in der Form eines Sachbuchs präsentiert ... Es kann allerdings auch als reine Science-Fiction gelesen werden, wenn dies dem Leser eher zusagt."

QUELLEN:

Moore, William L. und Charles Berlitz: „The Philadelphia Experiment: Project Invisibility". New York: Fawcett Crest, 1991.

Nicholas, Preston B. und Peter Moon: „The Montauk Project: Experiments in Time". New York: Sky Books, 1992.

Simpson, George E. und Neal R. Burger: „Thin Air". New York: Dell Publishing, 1978.

Steiger, Brad, Alfred Bielek und Sherry Hanson Steiger: „Philadelphia Experiment and Other UFO Conspiracies". New Brunwick, NJ: Inner Light Publications, 1990.

Vallee, Jacques: „Revelations: Alien Contact and Human deception". New York: Ballantine Books, 1991.

EIN HÖCHST GEFÄHRLICHES SPIEL

Vier Mal schlug er binnen eines Jahres zu. Dabei tötete er nur fünf Menschen – was natürlich fünf Menschen zu viel sind. Doch die Zahl seiner Todesopfer war bei weitem nicht so ungeheuerlich wie die vieler anderer Serienmörder, die trotzdem ungleich weniger im Rampenlicht standen. Wie also gelang es dem Zodiac-Killer, zu einer Ikone des amerikanischen Bösen aufzusteigen, über die, 30 Jahre nachdem er sein letztes bekanntes Verbrechen verübt hat, zwei neue Bücher geschrieben wurden und ein Hollywoodfilm produziert wird?

Er wurde nie gefasst. Das ist ein guter erster Schritt, um zu einer Legende des Bösen zu werden. Noch wichtiger für diese Legende und zudem schlichtweg noch böser sind die 20 Briefe, die er überwiegend an Zeitungen schrieb, nicht nur, um sich selbst zu nennen („Hier spricht der Zodiac …“), sondern auch, um sich mit einem Markenzeichen zu versehen, indem er jede Botschaft mit einem Kreuz über einem Kreis signierte, ähnlich einem Fadenkreuz – oder so etwas. In seinem Blockschrift-Gekrakel, das voller falsch geschriebener Wörter, seltsamer Formulierungen und Paraphrasen aus „The Mikado“ war, berichtete Zodiac schadenfroh über kleinste Details seiner Verbrechen, drohte, Schulkinder zu erschießen und schien sich über die erfolglosen Bemühungen der Polizei, ihn zu fassen, königlich zu amüsieren.

Seine Bosheit wurde noch durch die verschiedenen komplizierten Rätsel untermauert, die Zodiac verschickte und die sich als beinahe unmöglich zu knacken erwiesen. Zodiac versprach, dass die Rätsel seine wahre Identität preisgeben würden, doch als sie gelöst waren, ergaben sie gar nichts. Sie

Ein höchst gefährliches Spiel

dienten schlichtweg dazu, das Geheimnis rund um Zodiac zu befördern, seinen Ruf als makabren Geist – und vermutlich hatte er einfach Spaß an ihnen. Wenn das nicht böse ist.

Wie es so mit Ikonen des Bösen geht, ist Zodiac zum Zentrum zahlreicher Verschwörungstheorien geworden. Diese reichen vom Gewöhnlichen – er hatte einen Komplizen – bis hin zum völlig Abgedrehten. War Zodiac ein „agent provocateur", eingesetzt, um im Rahmen einer „Strategie der Spannung" Schrecken zu verbreiten und damit den Weg für eine für Recht und Ordnung sorgende, faschistische Übernahme zu bereiten?

Diese Verschwörungstheorie könnte Sinn ergeben, wenn wir sie mit einer weiteren Theorie (aus dem ersten Buch „Die 50 größten Verschwörungen aller Zeiten" vom HEEL Verlag) verschmelzen, denn eine der verbreitetsten Zodiac-Verschwörungstheorien will uns glauben machen, dass Zodiac ein Mitglied der Manson-Family war.

Verschwörungstheoretikern würde dies völlig neue Perspektiven eröffnen. Die Verschwörungstheorie über die Manson-Family wurde (in dem ersten Buch) wie folgt umrissen: Die Family sollte mit dem Drogengeschäft, dem organisierten Verbrechen und sogar Geheimdiensten in Verbindung stehen. Die Verknüpfung von Zodiac mit Manson könnte im Rahmen dieses Überverschwörungsszenarios der Theorie bezüglich verdeckten Operationen Glaubwürdigkeit verleihen. Wenn Manson von jemandem, der mit einem Geheimdienst zu tun hatte, seine Befehle empfing und Zodiac seine Befehle von Manson bekam, dann fängt der paranoide Geist an durchzudrehen. Wir dringen gleich tiefer in dieses verrückte Dickicht aus Verstrickungen ein. Doch zunächst sollen die bekannten und eindeutigen Fakten zur Terrortour von Zodiac präsentiert werden.

Zodiac schlug erstmalig am 20. Dezember 1968 zu. Er erschoss ein junges Mädchen und ihren Freund bei ihrem ersten Date, während sie auf der Lake Herman Road parkten, einem beliebten Treffpunkt für Pärchen in Vallejo (einer kleinen Stadt nördlich von San Francisco). Zodiac tötete sie beide, erschoss sie mit kaltblütiger Präzision, und dies, obwohl es eine stockfinstere Nacht war. Monate später erklärte er in einem Brief, dass er eine Taschenlampe am Lauf seiner Pistole befestigt hatte. Doch direkt nach dem Anschlag war nichts von dem Killer zu hören.

Am 5. Juli 1969 eröffnete Zodiac nur Minuten nach Mitternacht auf einem anderen „Parkplatz" für junge Pärchen in Vallejo (außerhalb des „Blue Rock Springs"-Golfplatzes) das Feuer auf ein weiteres junges Pärchen. Er war ihnen gefolgt, als sie auf den Parkplatz gefahren waren. Darlene Ferrin starb. Ihr Freund, Mike Mageau, überlebte. Eine halbe Stunde später rief der Killer bei der Polizei von Vallejo an, um einen „Doppelmord zu melden", wobei er hinzufügte: „Ich habe auch diese beiden Kinder letztes Jahr umgebracht."

187

Er ließ den Hörer neben dem Apparat liegen und die Polizei verfolgte den Anruf bis zu einer Telefonzelle zurück, einen Block von der Polizeiwache von Vallejo entfernt und direkt gegenüber von Ferrins Haus.

Am 31. Juli schickte Zodiac einen Brief dazu. Drei Briefe, um genau zu sein, vollgestopft mit technischen Einzelheiten, die nur der Killer wissen konnte: der genauen Anzahl an abgefeuerten Schüssen, der Marke seiner „Muni" und Beschreibungen der Kleider der Opfer.

Zudem fügte er jedem Brief einen Teil eines dreiteiligen Codes bei. Eine Highschool-Lehrerin aus Salinas in Kalifornien löste ihn. In der Nachricht stand etwa: „Ich mag es, Menschen zu töten, weil es so viel Spaß macht ... weil der Mensch letztlich das gefährlichste Tier ist, das man erlegen kann." Der Code beschrieb das Töten von Menschen als „die aufregendste Erfahrung überhaupt ... noch besser, als sich mit einer Braut die Seele aus dem Leib zu vögeln". Er erklärte, dass Zodiac glaube (oder behaupte zu glauben), dass seine Opfer „Sklaven für mein Leben nach dem Tod" seien.

Ein weiterer Brief, der noch mehr vertrauliche Einzelheiten präsentierte, folgte eine Woche später. Der Killer gab sich selbst einen Namen. Der Brief wurde mit den Worten eingeleitet, die zu seinem Standardgruß werden sollten: „Hier spricht der Zodiac". Er unterschrieb seine Briefe mit einem Kreuz-in-Kreis-Symbol.

Zodiac verübte seinen dritten und abscheulichsten Anschlag am 27. September 1969. Er änderte seine Methode, indem er ein junges Pärchen, Cecilia Shepherd und Bryan Hartnell, am helllichten Tage am Ufer des Lake Berryessa fesselte und dann niederstach.

Die zwei College-Studenten faulenzten auf einer Landzunge unter einem Baum, als sich ihnen ein Mann näherte, der ein sorgfältig angefertigtes Kostüm trug, ähnlich wie der Bösewicht aus einem Comic. Der wichtigste Teil war eine tiefschwarze Kapuze, in die Augenlöcher geschnitten worden waren, die von einer aufsteckbaren Sonnenbrille bedeckt waren. Der vordere Teil der Kapuze hing bis zum Gürtel des Mannes herab und auf die Brust war in Weiß das Kreuz-in-Kreis-Symbol von Zodiac eingestickt. Er hatte eine Pistole in der Hand.

Seltsamerweise erzählte Zodiac den beiden, er sei „ein entflohener Häftling aus Deer Lodge, Montana".

Zodiac fesselte das Paar mit einem Kabel, das er an seinem Gürtel trug. Dann verkündete er mit monotoner Stimme: „Ich werde euch beide niederstechen." Siebenmal rammte er ein Jagdmesser in Hartnells Rücken. Dann wandte er sich dem Mädchen zu, ließ ein seltsam keuchendes Geräusch hören und stach zehnmal auf sie ein, darunter einmal in die Leistengegend und einmal in die Brust. Hartnell erholte sich, aber Shepherd starb. Bevor er den Schauplatz verließ, schrieb Zodiac die Datumsangaben der zwei vorhe-

Ein höchst gefährliches Spiel

rigen Morde und das von dieser Attacke auf die Tür von Hartnells Kombi, gefolgt von dem Wort „mit einem Messer".

Das letzte Mal – zumindest das letzte bestätigte Mal – tötete Zodiac am 11. Oktober 1969. Erneut änderte er seine Vorgehensweise. In San Francisco rief er sich ein Taxi, fuhr mit ihm zu einem Ziel im oberen Presidio-Bezirk und exekutierte dann den Taxifahrer, den 29 Jahre alten Paul Stine, kaltblütig mit einem einzelnen Schuss in die Schläfe. Völlig ruhig begab sich Zodiac in den vorderen Teil des Taxis, wo er ein Stück des blutgetränkten T-Shirts von Stine abschnitt. Später sollte er Stoffproben aus dem blutigen Shirt ausschneiden und sie der Polizei zuschicken.

Es gibt noch weitere Morde, die Zodiac zugeschrieben werden. Autor Robert Graysmith, der nicht nur eines, sondern gleich zwei Bücher über den Killer verfasste, listet insgesamt 49 „mögliche" Zodiac-Opfer auf. In seinen Briefen übernahm Zodiac gelegentlich die Verantwortung für Verbrechen, die er nicht begangen hatte. Er gab eine Zahl an Todesopfern an, die mit jedem Brief anstieg und am Ende bei 37 lag. Es gibt allerdings keine eindeutigen Beweise, die Zodiac mit irgendwelchen Verbrechen in Verbindung bringen, abgesehen von den vier bereits genannten Übergriffen.

Graysmith glaubt, dass hinter Zodiac Arthur Leigh Allen steckte, ein ehemaliger Lehrer und verurteilter Pädophiler, der in Santa Rosa gelebt hatte und 1992 im Alter von 58 Jahren an Komplikationen, die aus seiner Diabetes resultierten, verstorben war. In beiden seiner Bücher türmt Graysmith Gigabyte an Indizienbeweisen auf, die Allen mit den Verbrechen in Verbindung zu bringen scheinen. Allen entsprach sehr genau den Beschreibungen der Augenzeugen und obendrein, so berichtet Graysmith, gab er Menschen, die ihn kannten, deutliche Hinweise darauf, dass er in Wirklichkeit der Zodiac-Killer sei.

Es gibt keinen schlagenden Beweis, aber betrachtet man die Indizien, die Graysmith gesammelt hat, sieht es wirklich so aus, als sei Allen der Zodiac Killer gewesen. Doch selbst in Graysmiths Arbeit lassen offene Fragen, Hinweise und Annahmen darauf schließen, dass Allen möglicherweise nicht alleine gehandelt habe. In Interviews sagte Graysmith, er habe lange geglaubt, dass Allen einen Komplizen gehabt haben könnte.

Dieser Verdacht erhärtete sich, nach Meinung von Graysmith, als das Labor der Polizei von San Francisco im Oktober 2002 schließlich unvollständige DNS-Proben aus einigen von Zodiacs 37 Jahre alten Briefumschlägen gewinnen konnte. Es besaß zudem Allens DNS aus einem Stück seines Gehirns, das nach seinem Tod konserviert worden war.

Die DNS stimmte nicht überein.

Neuere Darstellungen der Angelegenheit stellten entsprechend fest, dass die DNS-Tests Allen als Verdächtigen ausgeschlossen hätten. Tatsächlich schlie-

Ein höchst gefährliches Spiel

ßen die Tests ihn jedoch nur als Verfasser der Briefe aus. Und genau genommen stimmte die Handschrift Allens ohnehin nie mit der aus den Briefen überein, ebenso wenig wie die anderen Verdächtigen der Polizei, von denen Schriftproben genommen worden waren. Allen war zum Zeitpunkt der Morde ein stämmiger, rundgesichtiger Mann Mitte Dreißig – genau wie Zodiac in der Augenzeugenbeschreibung. Doch es wurde auch ein anderer Mann im Zusammenhang mit Zodiac beschrieben: Anfang 20 und schlank. Kurz vor dem Mord an Stine war ein anderer Taxifahrer in San Francisco von diesem anderen Mann beraubt, aber nicht getötet worden. Abgesehen vom Durchziehen des Abzugs fand die Polizei die Methode der beiden so ähnlich, dass sie annahm, es handele sich bei dem Räuber um Zodiac selbst.

Graysmith vertritt die Hypothese, dass Zodiac einen „jungen Komplizen" besaß, der nichts mit den Morden zu tun hatte, aber für Allen „Besorgungen machte". Obendrein vermerkt Graysmith, dass die Briefe von Zodiac häufig mit seltsamen Leerstellen zwischen den Wörtern verfasst worden seien, so als wären sie dem Schreiber diktiert worden. In seinem Buch „This is the Zodiac Speaking: Into the Mind of a Serial Killer" (dt.: „Hier spricht der Zodiac: Die Seele eines Serienmörders") aus dem Jahr 2002 kommt der Psychologe David Van Nuys nach einer Analyse der Verlautbarungen Zodiacs zu dem Schluss, dass Zodiac unter multipler Schizophrenie litt. Doch würde es, statt zu postulieren, dass diese unbekannte Gestalt an einer sehr seltenen Geisteskrankheit leide, die den Anschein erweckt, sie sei mehr als eine Person, nicht viel mehr Sinn machen, einfach anzunehmen, dass Zodiac mehr als eine Person war?

Bevor wir uns der Manson-Verbindung widmen, lassen Sie uns einen kurzen Exkurs zu der, wie wir sie nennen, „Verschwörung des Einen"-Theorie machen. Diese besagt, dass Zodiac zwar eine Person war, aber zwei verschiedene Killer. Denn der Zodiac-Killer war gleichzeitig der Unabomber.

Könnte Theodore John Kaczynski, der berüchtigte Bombenleger, der fast zwei Jahrzehnte lang Wissenschaftler und Konzernmanager mit Briefbomben terrorisierte, der gleiche Mann sein, der in den späten 1960ern die Bay Area unsicher gemacht hatte? Kaczynski lebte zu dieser Zeit in der Bay Area (er war Professor an der University of California in Berkeley). Beide, der Unabomber und Zodiac, standen im häufigen Schriftkontakt mit den Medien, was darauf hindeutet, dass ihre Verbrechen von dem verzweifelten Bedürfnis nach Aufmerksamkeit motiviert waren. Kaczynski lebte extrem isoliert und war sexuell frustriert, was auch auf die wahrscheinliche Psyche des Zodiac zutrifft. Man bedenke: Für Zodiac war das Töten von Menschen „besser als sich mit einer Braut die Seele aus dem Leib zu vögeln". Das hört sich verdächtig nach einem Menschen an, der sich niemals mit einer Braut „die Seele aus dem Leib gevögelt hat".

Ein höchst gefährliches Spiel

Kaczynski erzählt davon, um 1966 den Wunsch entwickelt zu haben, jeden, der ihn nervt, umzubringen. Er baute Bomben und ließ sie gegen Ende der 1970er hochgehen, mehrere Jahre, nachdem Zodiac von der Bildfläche verschwunden war. Zodiac schrieb über das Bauen von Bomben und zeichnete sogar ein Diagramm der Bombe, die er angeblich konstruiert hatte.

Diese oberflächlichen Ähnlichkeiten sind indes als Zufälle abgeschrieben worden. Kaczynski passte nie auf die Beschreibung von Zodiac und die Art ihrer Verbrechen war völlig unterschiedlich. Kaczynski war ein kühler Intellektueller, der sich extreme Mühe gab, seine Morde zu rechtfertigen, indem er eine komplexe politische Weltanschauung entwickelte, die in seinem 40.000-Worte-„Manifest" kulminierte, mit der Absicht, die Logik hinter seiner Freizeitbeschäftigung des kaltblütigen Mordens aufzuzeigen.

Zodiac auf der anderen Seite tötete, „weil es so viel Spaß macht". Er hielt sich nicht mit irgendwelchen Entschuldigungen auf. Im Gegenteil. Ihm ging es die ganze Zeit darum, so viel Aufmerksamkeit wie nur möglich zu erregen. Er tötete aus direkter Nähe und persönlich, bettete sogar den blutigen Kopf Stines in seinen Schoß, nachdem er dem Taxifahrer das Gehirn rausgepustet hatte. Der auf eine kalte Art losgelöste Kaczynski zog es vor, den Tod per Fernbedienung zu bringen. Er war Hunderte von Meilen entfernt, wenn seine Bomben explodierten.

Charles Manson und seine Jünger waren alles andere als auf eine kalte Art losgelöst. Es machte ihnen Spaß, ihre Hände im Blut ihrer Opfer zu baden. Manson-Braut Susan „Sadie" Atkins, die Mörderin von Sharon Tate, erklärte, dass sie einen phänomenalen Orgasmus erlebt habe, während sie ihr Messer immer und immer wieder in Tates schwangeren Körper versenkte. Wenn das kein intimer Akt ist ...

Der Autor und Selbstverleger Howard Davis und sein christlich-konservativer Co-Autor und Websitebetreiber Bill Nelson sind die wichtigsten Vertreter der Zodiac-Manson-Hypothese. Dieser Theorie nach war Bruce Davis, die „Nummer Eins" von Manson, Zodiac. Weiterhin heißt es, die Zodiac-Morde seien Teil von Mansons krudem Masterplan gewesen.

1972 wurde Davis wegen zweier „anderer" Manson-Morde, die nichts mit dem berühmten Tate-LaBianca-Massaker zu tun hatten, verurteilt. Er sitzt noch heute deswegen im Gefängnis. Unglücklicherweise, für die Fantasievollen unter uns, sind die Beweise, die den mörderischen Davis mit Zodiac in Verbindung bringen, knapp.

Der Autor Davis belegt, dass der Killer aus der Manson Family Davis (nicht verwandt oder verschwägert) eine bemerkenswerte Ähnlichkeit mit den zwei unterschiedlichen Phantombildern aufweist, die nach Augenzeugenberichten von Zodiac angefertigt wurden. Auf Howard Davis' Website befindet sich ein handgeschriebener Brief des einstigen Mansoniten Larry Mel-

191

Ein höchst gefährliches Spiel

ton, in dem Melton sagt, dass Manson-Anhängerin Sandra Good das am Lake Berryessa getragene Zodiac-Kostüm für Davis genäht habe. Der Brief ist allerdings neueren Datums und eine Antwort auf Behauptungen, die Nelson aufgestellt hatte, sodass eine hohe Wahrscheinlichkeit besteht, dass Melton Nelson einfach nach dem Mund redet.

Nelson selbst behauptet derweil auf seiner eigenen Website, dass „tatsächliche Utensilien der Zodiac-Morde lokalisiert und dann in einer Überraschungsaktion unter Bruce M. Davis' Hab und Gut sichergestellt" werden konnten.

Wenn dies der Wahrheit entspräche, wäre diese Entdeckung ziemlich belastend – um es milde auszudrücken. Doch Nelson fügt hinzu: „Dies wird nicht offiziell publik gemacht, bis ein gewisser Ordnungshüter, der diese Geschichte erzählt hat, in den Ruhestand geht!"

Na dann.

Es ist zwar typisch für viele Verschwörungstheorien, sich auf die Beweiskraft unenthüllter Beweise zu stützen, aber das ändert nichts daran, dass sie unwirksame Beweise sind. Darüber hinaus beruht die Verbindung zu Davis, wie auch die zu Kaczynski, auf einer Reihe sehr willkürlicher Übereinstimmungen. Beispielsweise verwendete Zodiac in seinen Briefen gewisse Phrasen, die als typisch britisch erkannt wurden, was einige Ermittler zu dem Schluss führte, er sei ein Anglophiler. Bruce Davis reiste derweil im Auftrag Mansons nach England.

Einer der Zodiac-Briefe war auf den 5. Oktober 1970 datiert, Bruce Davis' 28. Geburtstag.

Manson und die Family wurden am 12. Oktober 1969 verhaftet (wegen Autodiebstahl). Obwohl Davis nicht bei ihnen war, wurde auch er am gleichen Tag verhaftet. Der Mord an Paul Stine fand am 11. Oktober 1969 statt.

Die henkersähnliche Aufmachung Zodiacs während des Überfalls am Lake Berryessa erinnerte an Kostüme, die von Satanisten und anderen Okkultisten getragen werden. Manson wiederum stand (wie im zuvor erwähnten Buch genannt) angeblich in Verbindung mit der Satanic Process Church of the Final Judgement sowie, laut des „Familien"-Autors Ed Sanders, mit einer okkulten Gruppierung im nördlichen Kalifornien, die angeblich Menschenopfer praktizierte.

Zweifellos war Zodiac von okkulten Strömungen beeinflusst. So behauptete er in einem Brief, dass der Zweck seiner Morde darin läge, Seelen zu sammeln, die im „Paradies (sic)" seine Sklaven werden sollten.

Das ist die Art von „Beweisen", die Howard Davis und Bill Nelson als Fundament ihrer „Bruce Davis ist Zodiac"-Hypothese präsentierten. Wie bereits ausgeführt, bringt Ermittler Maury Terry Mason und die Process Church mit den Son-of-Sam-Morden der Jahre 1975 und 1976 in New York

192

Ein höchst gefährliches Spiel

in Verbindung, die gewisse Ähnlichkeiten zu der Orgie von Zodiac sechs Jahre früher an der anderen Küste aufweisen: das Töten junger Frauen in parkenden Autos und aus nächster Nähe, die Ortswechsel, die höhnischen Botschaften an die Polizei und die Medien und ein Killer, der sich selbst einen unheimlichen Rufnamen gegeben hatte.

Es scheint allerdings unwahrscheinlich, dass Manson mit Zodiac verknüpft werden kann. Die Verbindungspunkte Terrys zwischen Manson und Son of Sam sind fragwürdig genug. Doch wenn, nur mal angenommen, die Verbindungen tatsächlich existieren, was war dann das Motiv hinter dieser andauernden Verschwörung des wahllosen Terrors?

Laut Mae Brussell und ihrem Schüler Dave Emory sehen wir hier den nationalen Sicherheitsstaat in Aktion. Es geht darum, Angst und Schrecken in der Bevölkerung zu verbreiten und dadurch eine Bewegung ins Leben zu rufen, die mehr Macht für die Polizei fordert und eine stärkere Kontrolle der allgemeinen Öffentlichkeit.

Zitat Emory: „Man nehme eine Gesellschaft und lasse all diese furchtbaren, geistesgestörten Killer auf sie los – oder Killer, von denen man uns einredet, sie seien geistesgestört. Das hat zur Folge, dass sich das politische Spektrum Richtung ‚rechts‘ verschiebt. Die Menschen wollen ‚Recht und Ordnung‘. Sie wollen strengere Gesetze, mehr Polizisten, mehr Gefängnisse, rascher greifende Höchststrafen. Ganz allgemein erzeugt es eine innere Haltung, das Unglaubliche zu akzeptieren. Nach dem Motto: ‚Mann, bei all den *Irren* da draußen weiß man nie, wer noch was anstellen wird.‘"

Im Oktober 2002 ging das Szenario des geistesgestörten Killers in die nächste Runde, drei Jahrzehnte nach Zodiac. Der Beltway-Sniper terrorisierte die Gegend um Washington D. C., schoss scheinbar wahllos Menschen nieder und ließ diesen Taten feindselige Drohbriefe an die Polizei folgen. Es gab sogar einen Hauch von Okkultem, denn anscheinend hat der Killer am Schauplatz mindestens einer Hinrichtung eine „Tod"-Tarotkarte hinterlassen.

Das Ergebnis: Das Militär wurde in die Ermittlungen mit einbezogen, es gab Gespräche darüber, die Nationalgarde auf den Straßen patrouillieren zu lassen und im Rahmen einer Großfahndung wurden Autofahrer angehalten und verhört.

Und fast jeden Tag wurde der Scharfschütze im Fernsehen von mindestens einem der allwissenden Experten mit Son of Sam oder Zodiac verglichen. Nationale Sicherheit? Als sie schließlich einen Verdächtigen verhafteten, stellte sich heraus, dass es sich um einen Ex-Soldaten handelte.

QUELLEN:
Davis, Howard: „The Zodiac/Manson Connection". Costa Mesa, CA: Pen Power Publications, 1993.

Gorightly, Adam: „The Shadow Over Santa Susana: Black Magic, Mind Control and the Manson Family Mythos". Lincoln, NE: iUniverse, 2001.

Graysmith, Robert: „Zodiac". New York: Berkley Books, 1987.

Graysmith, Robert: „Zodiac Unmasked: The Identity of America's Most Elusive Serial Killer Revealed". New York: Berkley Books, 2002.

Kelleher, Michael D. und David Van Nuys: „This Is the Zodiac Speaking: Into the Mind of a Serial Killer". Westport, CT: Praeger Publishers, 2002.

Manson Murders Website: *www.mansonmurders.com*

Zodiac Killer Website: *www.zodiackiller.com*

The Zodiac-Manson Connection Website: *www.zodiacmurders.com*

WISSEN IST MACHT

In irgendeinem der zahlreichen Winkel des Pentagons – nehmen wir uns die dichterische Freiheit, ihn einen dunklen zu nennen – befindet sich der Sitz einer Einrichtung, deren Logo das „Allsehende Auge" ist. In bester Illuminati-Manier hängt das Auge schwerelos über einer Pyramide und blickt gottgleich hinab auf ein schwebendes Abbild des Planeten Erde. Ein vom Auge ausgehender Strahl taucht die Erde in sanftes Licht.

Dieses Logo wäre nichts weiter als eine Kuriosität, wäre es nicht das offizielle Symbol einer Geschäftsstelle mit einem an Orwell gemahnenden Namen: dem Information Awareness Office[1] (IAO). Die Aufgabe dieser neuen militärischen Einrichtung ist noch verwirrender als ihr Logo oder ihre Bezeichnung. Diese Aufgabe besteht im Sammeln aller möglichen Informationen über jeden einzelnen U. S. Bürger. Ihre Benutzung von Kreditkarten, ihre medizinischen Angaben, ihre Reiseinformationen, ihre Telefonrechnungen, ihre Führungszeugnisse und ihre Angaben zum Fahrverhalten. Was immer der Einzelne getan hat, das Allsehende Auge der IAO interessiert sich dafür.

Die Einrichtung wurde zu Beginn des Jahres 2002 ins Leben gerufen, im Zuge eines neuen Programms, das sich als Reaktion auf die Ereignisse vom 11. September 2001 angeblich die Ausrottung des Terrorismus zur Aufgabe gemacht hat. Das Programm wurde „Total Information Awareness"[2] (TIA) getauft. George Orwell lässt abermals grüßen.

TIA startete, offiziell, im Januar 2002, aber die Öffentlichkeit bekam erst später im Jahr Wind davon, als die *New York Times* und andere Publikationen darüber berichteten.

---

[1]frei übersetzt: „Amt für Informationsbeschaffung"
[2]frei übersetzt: „Totale Informationsbeschaffung"

Wissen ist Macht

Erst im Januar 2003 erkannte der Kongress die Besorgnis erregenden Möglichkeiten von TIA. Der Kongressabgeordnete Ron Wyden aus Oregon (ein Demokrat) sprach sich für einen diesbezüglichen Gesetzeserlass aus, der ohne Veto verabschiedet wurde, und verlangte, dass die Initiatoren von TIA in einem Report vorlegen sollten, welches die Ziele und Fähigkeiten des Programms seien. Als der Kongress diese offensichtlich notwendige Maßnahme verabschiedete, hatte TIA bereits die experimentelle Phase verlassen und sich zu einem funktionstüchtigen Prototypen entwickelt.

Bemerkenswerte Aspekte des Programms waren nicht nur seine potenziellen, Paranoia weckenden Fähigkeiten, sondern auch Hintergrundinformationen über den Mann, den Präsident George W. Bush als den „Meister der Totalen Information" benannte: Admiral John Poindexter, den Verantwortlichen der Iran-Contra-Militäroperation, der zugegeben hatte, dass er dem Präsidenten Informationen über seine geheimen, illegalen Aktionen vorenthalten hatte. Später war Poindexter angeklagt worden, in diesem Zusammenhang den Kongress belogen zu haben. (Die Anklage wurde wegen Verfahrensfehlern fallengelassen.)

Als Privatmann trat Poindexter Syntek Technologies bei, einem Verteidigungsunternehmen, das unmittelbar mit der „Defense Advanced Research Projects Agency"[3] (DARPA), am besten bekannt als Erfinder des Internets, zusammenarbeitete. Das IAO ist eine Sektion der DARPA.

Poindexter leitete das Team von Syntek, das Genoa erschuf, ein Computerprogramm, das andere Rechner ausspioniert. Genoa infiltriert ungeschützte Laufwerke und saugt, einem „Informationsvampir" gleich, Hinweise und Angaben in seine eigene, riesige Datenbank. Bush ernannte Poindexter, diesen Meister des Geheimen, zu einem Offizier, dessen Aufgabe es ist, in den Angelegenheiten anderer Leute herumzuschnüffeln. Poindexter ist Amerikas Arsch-Kriecher vom Dienst.

Wie Total Information Awareness im Einzelnen plant, die angestrebte Totalität der selbst gewählten Aufgabe zu gewährleisten, bleibt natürlich ein Geheimnis. Man mag annehmen, dass die spezielle Software, an deren Entwicklung Poindexter beteiligt war, den größten Teil der Arbeit erledigen wird. Doch es mag auch noch eine andere Möglichkeit geben. Nämlich, dass sich das Büro des Allsehenden Auges in Zukunft auf das Allsehende Computer-Netzwerk verlassen wird, das streng geheime, internationale, technische Spionagesystem, dessen Name unter Eingeweihten nur geflüstert wird: *Echelon.*

---

[3]frei übersetzt: „Behörde zur Entwicklung von Forschungsprojekten zur Verteidigung". Die Defense Advanced Research Projects Agency (DARPA) ist die Agentur des Verteidigungsministeriums der Vereinigten Staaten, die Hightech-Projekte für das US-Militär durchführt, u. a. auch Weltraumprojekte. – Anm. d. Übers. (Quelle: Wikipedia)

Wissen ist Macht

Echelon fängt angeblich jeden Telefonanruf, jedes Fax, jede E-Mail ab und speichert sie in einem riesigen Netzwerk von High-Tech-Computern, die „Dictionaries" („Wörterbücher") genannt werden. Die Dictionaries durchsuchen die abgefangenen Mitteilungen nach bestimmten Schlüsselwörtern. So würde beispielsweise eine E-Mail mit dem Inhalt „Bmb NYC tmw, Allah B przd" die Dictionaries in Aufruhr versetzen. Ganz wie die National Security Agency (NSA) – Amerikas ominöse, mit Schwarzgeldern finanzierte Behörde der weltweiten elektronischen Überwachung – bleibt auch Echelon im Geheimen verborgen. Doch der Schleier wurde seit den späten 1990er Jahren nach und nach gelüftet, wenn auch zögerlich.

Wie sich allmählich herausstellt, handelt es sich bei Echelon um einen der Fälle, in denen die Realität nahezu ebenso verwirrend und verstörend ist wie die zugehörige Verschwörungstheorie. Tatsächlich geht das System, das als „Echelon" bekannt wurde, zurück auf das „United Kingdom-USA Communications Intelligence Agreement"[4] (UKUSA). Unterzeichnet im Jahr 1947, schuf dieser Pakt die Grundlage zur Zusammenarbeit zwischen den elektronischen Nachrichtendiensten der Vereinigten Staaten und Großbritannien. Australien, Neuseeland und Kanada schlossen sich später an.

„Die bedeutendsten Englisch sprechenden Nationen der Welt wurden in einer hochgeheimen Vereinbarung zusammengeschlossen, mit der gemeinsamen Zielsetzung, den Rest der Welt zu belauschen, sei es Freund oder Feind", erklärt James Bamford, Autor gleich zweier Standardwerke über die NSA. „Genauso wie zu einem souveränen Staat zahlreiche Gesetze gehören, gehören zur UKUSA-Allianz zahlreiche Geheimnisse."

Diese Geheimnisse betreffen nicht nur die riesigen Mengen an Informationsdaten, die von den Mitgliedern des UKUSA-Bündnisses angesammelt werden, sondern auch die Regeln und Vorschriften der High-Tech-Voyeure, ihre Codewörter, ihre „Beitrittsschwüre" – alles.

In seinem treffend betitelten Buch „Body of Secrets" (dt.: „Körperschaft der Geheimnisse") berichtet Bamford, dass Amerikas NSA in den 1970er Jahren beabsichtigte, die Nachrichtendienste des UKUSA zu einer „virtuellen Völkergemeinschaft" zusammenzuführen, in der nicht nur Informationen ausgetauscht würden, sondern zusammen an einem gewaltigen einzelnen Computernetzwerk gearbeitet werden sollte. Das Netzwerk erhielt den Codenamen „Platform" (dt.: „Plattform") und umfasste 52 ehemals unverbundene Computersysteme auf der ganzen Welt. Nun benötigte man ein besonders ausgeklügeltes Softwareprogramm, das die Computer dazu bringen sollte, dergestalt zusammenzuarbeiten, dass – gemäß Bamford – „jeder daran teil-

---

[4]frei übersetzt: „Geheimdienstvereinbarung über den Informationsaustausch zwischen Großbritannien und den Vereinigten Staaten von Amerika"

Wissen ist Macht

haben könne – seine elektronische Schöpfkelle in den riesigen Topf voller abgefangener Informationen tauchen und herausfischen könne, was ihn interessiere." Der Codename der neuen Software: Echelon.

Und damit nahm die Legende von Echelon, dem Allsehenden Auge im Himmel, ihren Lauf.

Es gibt in der amerikanischen Rechtsordnung Gesetze, die der NSA verbieten, U. S. Bürger innerhalb der Vereinigten Staaten auszuspionieren, aber für Großbritannien und die anderen Partner des UKUSA gelten solche „häuslichen" Regulierungen nicht. In der Verwendung von Echelon scheint es für die NSA ein Leichtes zu sein, die diesbezüglichen Gesetze zu umgehen (vorausgesetzt, ihnen wird überhaupt Folge geleistet), indem sie „ihre Schöpfkelle eintaucht" in die gesammelten Informationen der Briten, Australier oder Kanadier. Die anderen Länder, in denen vergleichbare restriktive Gesetze gegen das Ausspionieren der eigenen Bürger bestehen, könnten ebenso vorgehen.

Im Buch „Spyworld" (dt.: „Welt der Spione") behauptet der ehemalige kanadische Nachrichtendienstmitarbeiter Mike Frost, dass die britische Premierministerin 1983 genau dies tat. Als Margaret Thatcher an der Integrität einiger hoher Regierungsbeamter zweifelte, wandte sie sich an Kanadas Äquivalent zur NSA, das „Communications Security Establishment", und ließ die Kanadier ihre schmutzige Arbeit verrichten.

Als in den 1980er Jahren die Regierung unter Reagan ein besonders wachsames Auge auf Nicaragua geworfen hatte, fing die NSA Telefonate vom Kongressabgeordneten Michael Barnes aus Maryland und von Offiziellen aus Nicaragua ab. Die Gesetzgebung erlaubt der NSA, internationale Telefongespräche abzuhören, doch wie Barnes seinerzeit beanstandete „ist die Verwendung der Informationen zu inländischen politischen Zwecken absolut empörend und vermutlich illegal." Nach einem Artikel im Londoner *Observer* aus dem Jahr 1992 hat UKUSA auch internationale Aktivistenorganisationen wie Amnesty International und Greenpeace ins Ziel genommen. Angeblich war auch der *Observer* selbst ein Opfer von UKUSA und wurde während der Thatcher-Ära ausspioniert, nachdem ein Artikel veröffentlicht worden war, der behauptete, dass Thatchers Sohn Mark Schmiergeld für einen Waffenhandel mit Saudi-Arabien erhalten habe.

Die NSA wurde ebenfalls, auf Befehl des Präsidenten, zur Wirtschaftsspionage eingesetzt. Wie später auch in den Medien bekannt wurde, benutzte Bill Clinton die NSA (und die CIA), um japanische Autohersteller auszuspionieren. Die Informationen, welche die Spione zusammentrugen, gingen nicht nur nach Washington, sondern auch nach Detroit. Und sie gingen auch an U. S. Handelsvertreter Mickey Kantor, der daraufhin japanische Automobilkonzerne bei Handelsabkommen in der Hand hatte. Clinton machte spä-

Wissen ist Macht

ter Gebrauch von der NSA, um Vertreter der „Asia-Pacific Economic Conference" (dt.: der „Asiatisch-Pazifischen Wirtschaftskonferenz") während ihres Treffens in Seattle im Jahr 1997 zu belauschen.

Clinton war bei weitem nicht der einzige Regierungschef, der seine Spionagebehörden auf ausländische Geschäftemacher ansetzte. 1990 benutzte George Bush von der NSA „aufgeklaubte" Daten, um der japanischen Firma NEC Teile eines riesigen Satellitenvertrages zu entreißen und in die Hände des amerikanischen Unternehmens AT&T zu spielen. Wirtschaftsspionage von den Schnüfflern, die eigentlich damit beschäftigt sein sollten herauszufinden, wann der nächste Terroranschlag stattfindet, oder andere Aufgaben zur nationalen Sicherheit ausüben sollten, geht zurück bis mindestens in die Regierungszeit von Nixon. Ebenso die Verwendung des gleichen High-Tech-Spionageapparates, um ein allsehendes Auge auf politische Störenfriede, Aktivisten und andere unliebsame Unruhestifter zu haben.

Nichtsdestotrotz schien bis heute die Vorstellung einer UKUSA-Echelon-Überwachung von Privatpersonen, die nicht im politischen Geschehen, in Aktivismus und internationalem Handel involviert sind, vermutlich mehr paranoide Phantasie als tatsächliche Wirklichkeit. Sicher hatte UKUSA lange Zeit die Möglichkeit, Ihre Telefonate abzuhören und Ihre Faxe zu lesen. Aber aus welchem Grund?

Nun, mittlerweile gibt es einen Grund. Oder zumindest wird uns das eingeredet. Der Grund ist die Bekämpfung des Terrorismus. „Total Information Awareness" unter der Leitung des zwielichtigen John Poindexter schickt sich offenbar an, diese Argumentation unverblümt zu übernehmen. Wenn TIA erst einmal in Gang ist, geht jeder Informationsschnipsel, den Echelon oder wer auch immer über Sie in Erfahrung bringt, in diese Datenbank ein. Vermutlich so oder so. Die lateinische Inschrift unter dem Auge in der Pyramide, welche für das IAO steht, lautet: „*Scientia Est Potentia*".

Auf Deutsch: *Wissen ist Macht.*

QUELLEN:

Bamford, James: „Body of Secrets: Anatomy of the Ultra-secret National security Agency". New York: Doubleday, 2001.

Manjoo, Farhad: „Total Information Awareness: Down But Not Out". *Salon*, 28. Januar 2003.

Poole, Patrick: „Echelon: America´s Secret Global Surveillance Network". *Free Congress Foundation Report,* 2000.

Rosen, Jeffrey: „Total Information Awareness" *New York Times,* 15. Dezember 2002.

Sutherland, John: „No More Mr. Scrupulous Guy". *The Guardian,* 18. Februar 2002.

28
KRÄMER VS. KRÄMER

Schon immer wollten konspirative Geister gerne wissen: Wer genau ist eigentlich Fritz Krämer? Der außerhalb der inneren Zirkel Washingtons kaum bekannte deutschstämmige Militärstratege erwarb sich während des Kalten Krieges den seltenen Status einer Grauen Eminenz unter Amerikas militärischer und politikmachender Elite. Denen zufolge, die seinen Rat suchten, hatte Krämer einen „enormen Einfluss" auf die Generäle im Pentagon, die hohen Tiere im Weißen Haus und „Hunderte von Armee-Offizieren". Als Planungsoffizier des Stabschefs der Armee und überzeugter Antikommunist drückte er diesem kritischen Kapitel der Geschichte Amerikas seinen Stempel auf.

Zur gleichen Zeit war er sehr darum bemüht, so wenig Fingerabdrücke wie möglich in öffentlichen Aufzeichnungen zu hinterlassen. Erst als seine Karriere in den 1970ern auf ihrem Höhepunkt angelangt war, begann das Wissen um Krämers Rolle in der amerikanischen Geschichte des Kalten Kriegs zu einer breiten Öffentlichkeit durchzusickern. In einem beinahe ehrfürchtigen Porträt aus dem Jahre 1975 nannte die *Washington Post* Krämer „den Eisernen Mentor des Pentagons" und beschrieb ihn als.einen Mann, der innerhalb des Zentrums der militärischen Intelligenz Amerikas „selbst eine Institution" sei. Männer wie Henry Kissinger und Alexander Haig waren von ihm „geformt" worden. („Henry kommt nicht zu mir, um Rat zu ersuchen", tönte Krämer gegenüber der Post, „er kommt, um Absolution zu erbitten!") Management-Guru Peter F. Drucker, eine alte Hochschul-Bekanntschaft, geht sogar noch weiter und preist den Respekt einflößenden Teutonen, den er erstmals in Weimar in Deutschland traf, als niemand anderen als „den Mann, der Kissinger erfand".

Kommentatoren aus der kritischeren Ecke sind weniger freundlich mit ihm umgesprungen. Die verstorbene Verschwörungsjägerin par excellence Mae Brussell fühlte, wie sich während der Lektüre des *Washington Post*-Artikels ihr Sechster Sinn meldete. Die Geschichte in der Ausgabe vom 2. März 1975 – der Mittelteil des Sonntagsmagazins der *Post* – präsentierte die Bilderbuchkarriere eines exzentrischen, aber anscheinend brillanten preußischen Flüchtlings aus dem Vorkriegs-Nazideutschland, dessen Flucht nach Amerika seinen meteoritenhaften Aufstieg innerhalb des militärischen Establishments von Amerika einleitete.

Seine Geschichte liest sich wie ein surreales amerikanisches Märchen. Da war der Monokel tragende, aristokratische, 34 Jahre alte „Doktor der Rechtswissenschaft", der als ein Außenstehender in die US-Armee rekrutiert wurde. Da war Krämer, der mit seinem Offiziersstöckchen herumfuchtelte und in der Stentorstimme, die eher zu einem preußischen Offizier als zu einem einfachen Gefreiten passen wollte, seine Soldatenkameraden über das Böse des Nationalsozialismus belehrte. Da war Private Krämer, der einen grünen Rekruten namens Heinz „Henry" Kissinger unter seine Fittiche nahm und dabei rasch vom Grenadier zum Militärgeheimdienstoffizier aufstieg (seinen neuen Protegé mit sich nehmend), der auf heldenhafte Art und Weise Deutsche in Frankreich jagte, eigenhändig die Kapitulation einer Stadt am Rhein erzwang, Nazis während der Ardennenoffensive verhörte, nach dem Krieg Gestapo-Offiziere aufspürte und endlich wieder mit seiner Frau und seinem Sohn vereint wurde, die er in Deutschland hatte zurücklassen müssen. Zuletzt kehrte er mit einem Bronze Star und einem Schlachtfeld-Offizierspatent nach Amerika zurück, um Kissingers berühmte Karriere zu befördern, Präsidenten Rat zu erteilen und die Vereinten Stabschefs in brenzligen Fragen strategischer Kalter-Kriegs-Politik zu beraten.

Und dann war da Brussell, die den Presseoffizieren des Pentagons mit ihren Anfragen um ein Foto dieses phänomenalen, doch seltsam schwer greifbaren militärischen Genies, dieses Horatio Alger mit dem deutlichen deutschen Akzent, die Hölle heiß machte. Was Brussell hatte aufhorchen lassen waren, neben dem unglaublichen Lebenslauf, eine Reihe seltsamer Parallelen zwischen dem Reiseverlauf von Fritz G. A. Krämer – dem zukünftigen Eisernen Mentor des Pentagons – während des Krieges und dem eines anderen, gleichzeitigen Fritz Krämer.

Dieser andere Krämer war zuletzt im Frühsommer 1946 als Häftling Nr. 33 bei den berühmten Dachauer Prozessen als Kriegsverbrecher in historischen Aufzeichnungen aufgetaucht. Dieser gewisse Krämer – Brigadeführer Krämer, Stabschef von Adolf Hitlers 6. Panzerarmee – war unter den 27 Offizieren der Waffen-SS, die des kaltblütigen Mordes an mehr als 70 unbewaffneten amerikanischen Gefangenen während der Ardennenoffensive angeklagt wurden, einer Tat, die später auch als das „Malmedy-Massaker" in den Ardennen in

Belgien bekannt werden sollte. Während das Militärtribunal über einige der deutlicher involvierten Nazi-Offiziere die Todesstrafe verhängte und andere zu lebenslänglicher Haft verurteilte, kam Brigadeführer Krämer mit zehn Jahren Haft im Landsberger US-Armeegefängnis in Deutschland vergleichsweise glimpflich davon. Seltsamerweise, zumindest Brussells Ansicht nach, war dies das letzte, was die Welt von Brigadeführer Krämer hören sollte.

Das heißt, bis Brussell auf den Plan trat. Als selbst ernanntes Ein-Frau-Kriegsverbrechertribunal ging sie in ihrer wöchentlichen Radiosendung auf Programm, um die leicht suggestive Frage zu stellen: „Wann werden die Fingerabdrücke von Monokelträger Fritz Krämer genommen und mit denen von Hitlers SS-Krämer verglichen?" Immerhin hatten das US-Militär und die Geheimdienste nach dem Krieg begeistert Nazi-Wissenschaftler, Spione und regelrechte Kriegsverbrecher importiert, um sie während des damals aufkommenden Kalten Krieges einzusetzen. Warum also nicht einen brillanten Militärtaktiker mit direkter Erfahrung im Kampf gegen die Sowjets?

Brussell stürzte sich in die Recherche, um mehr über die Leben der beiden Krämers in Erfahrung zu bringen. Auch wenn sie keine eindeutigen Hakenkreuze finden konnte, so entdeckte sie doch einige ungewöhnliche biographische Lücken, wie auch einige interessante geographische Überschneidungen in der Geschichte der zwei Krämers.

Zunächst einmal fand Brussell die scheinbar aus Bescheidenheit erwachsende Abneigung des amerikanischen Krämers gegen jedwede Publicity ziemlich verdächtig. In dem Artikel der *Washington Post* stand unter einem seltenen (und unscharfen) Foto Krämers folgende Bildunterschrift: „Dr. Fritz Krämer weigerte sich, für diesen Artikel fotografiert zu werden oder irgendwelche Fotos zur Verfügung zu stellen, denn seiner Ansicht nach sollte ein Diener des Staats nicht das Rampenlicht suchen. Seltsamerweise konnte keine der überprüften Quellen im Pentagon mit Bildern von Krämer dienen." Für Brussell war Krämers Scheu vor der Kamera nur „Show". Was hatte er zu verbergen?

Auch die offiziellen Aufzeichnungen über Brigadeführer Krämer fand Brussell seltsam lückenhaft vor. Obwohl die Alliierten eine Menge offizieller Aufzeichnungen über die meisten verurteilten Nazi-Kriegsverbrecher angesammelt hatten, dokumentieren die über Krämer verfügbaren Papiere nur die Zeit seiner Karriere zwischen 1943, als er ein Oberst in der 1. SS-Panzer-Division war, und 1946, dem Zeitpunkt seiner Verurteilung als Kriegsverbrecher, im Detail. Dieser Mangel an Informationen wirkt insofern besonders seltsam, weil Krämer nach seiner Verhaftung mit der US-Armee zusammengearbeitet hatte, für die er verschiedene, hoch gelobte Analysen deutscher Schlachtfeldtaktiken während der Ardennenoffensive verfasste. Eines dieser Manuskripte enthält einen kurzen biographischen Abschnitt, der eini-

Krämer vs. Krämer

ge Hintergrundinformationen liefert, darunter seinen Geburtsort und Geburtstag (12. Dezember 1900 in Stetten, Pommern – heute in Polen), seine Vorkriegskarriere (Polizeileutnant in Stettin und später Berlin) und das Jahr, in dem er sein zweijähriges Studium an der Preußischen Kriegsakademie in Berlin begann (1934).

Mehrere Texte der Militärgeschichtsschreibung beschreiben Brigadeführer Krämer als einen talentierten, „fähigen" und „vornehmen" Ex-Wehrmachtsoffizier, dessen Übernahme in die Waffen-SS mehr damit zu tun hatte, dass das Nazi-Oberkommando verzweifelt professionelle Soldaten an den Frontlinien benötigte, als dass Krämer ein ideologischer Eiferer gewesen wäre.

Wie bereits angeführt, erschien das Verschwinden von Brigadeführer Krämer nach seiner Verurteilung in Dachau im Jahre 1946 aus allen öffentlichen Aufzeichnungen Brussell und nachfolgenden Verschwörungsaposteln irgendwie nicht ganz koscher. Andererseits ist es sicher kaum verwunderlich, dass ein ehemaliger Nazi-Kriegsverbrecher angesichts des Stigmas, das mit solch einem Vermächtnis im damaligen Nachkriegsdeutschland einherging, in den letzten Jahren seines Lebens ein unauffälliges Dasein geführt hatte. Verschiedene Militärgeschichtsbücher wissen zu berichten – ohne in Einzelheiten zu gehen – dass der ehemalige SS-General nach seiner Freilassung aus dem Gefängnis bis zu seinem Tod am 23. Juni 1959 in Höxter in Deutschland lebte. Und das ist so ziemlich alles, was über den Nazi Krämer bekannt ist.

Die Lebensgeschichte des amerikanisierten Fritz Krämers indes fand Brussell ungeachtet der Abneigung des Mannes gegenüber Publicity in strahlendem Technicolor beschrieben. Sowohl das Porträt in der *Washington Post*, das von dem verstorbenen Journalisten Nick Thimmesch verfasst worden war, als auch Druckers Memoiren „Adventures of a Bystander" (dt.: „Die Abenteuer eines Zuschauers") zeichneten einen bereits überlebensgroßen Mann in breiten Strichen. (Einst musste er gar laut Thimmesch „ein lukratives Angebot von MGM, sein Leben zu verfilmen", ablehnen, so filmisch war die Geschichte von Krämers Leben.)

Der 1908 oder 1909 vermutlich im Ruhrgebiet in Deutschland (die Meinungen gehen hier auseinander) geborene Fritz konnte sich als Junge einer privilegierten, wenn auch unkonventionellen Erziehung erfreuen. Seine Mutter, eine Ikonoklastin, die ein Kinderheim in Wiesbaden führte, hatte von ihrem Vater, einem erfolgreichen Hersteller von Paraffin und chemischen Färbemitteln, ein Vermögen geerbt. Einen Großteil seiner Jugend verbrachte Krämer in Internaten in England, Deutschland und der Schweiz, wo seine natürliche Intelligenz gefördert wurde, er ein halbes Dutzend Sprachen lernte und einen, einem Patrizier schmeichelnden Sinn für *Noblesse oblige* entwickelte.

Krämers Vater, obschon aus plebejischen Kreisen, erwies sich als ambitionierter Anwalt, dem es gelang, durch seine Frau in das angenehme Leben

203

Krämer vs. Krämer

eines Staatsdieners von mittelmäßiger Bedeutsamkeit aufzusteigen. Als anscheinend „strenger Monarchist" und Verehrer von Kaiser Wilhelm II machte er später mit der aufstrebenden Nazi-Bewegung gemeinsame Sache. Es heißt, dass der junge Fritz die Nazis verabscheut habe (und deshalb auch seinen Vater, der sich bereits wenige Jahre nach der Heirat von seiner Mutter getrennt hatte). Im Deutschland der Weimarer Zeit stellten die aufwieglerischen Nazis einen Affront gegen Krämers Elitedenken dar – proletarische Schläger, angeführt von diesem „erbärmlichen Bohemienkorporal" und offenbar unfähig, ihren niederen Stand im Leben mit einer gewissen Würde anzunehmen. Wenn es überhaupt eine Gruppierung gab, gegen die er sogar noch mehr Abneigung empfand, dann war es dieser andere Mob aus staatszersetzenden Revolutionären, die Kommunisten.

Alle Berichte stimmen darin überein, dass Fritz zu einem vergleichsweise frühen Zeitpunkt in seinem Leben eine leicht romantische Obsession für den ritterlichen Konservatismus entwickelt hatte, der für ihn von dem alten – und damals längst vergangenen – preußischen Kaiserreich verkörpert worden war. Dabei handelte es sich sowohl um sein Selbstverständnis als auch seine politische Philosophie, die ihm beide sein ganzes Leben hindurch erhalten bleiben sollten. Er ging so weit, den Stil und die Manierismen eines aristokratischen preußischen Offiziers anzunehmen: Er trug ein Monokel und Reiterstiefel und schwenkte eine Gerte, einen Säbel oder einen Offiziersstab. Laut Drucker gewöhnte er sich den „trägen Akzent" eines preußischen Wachmanns an und belehrte alles und jeden in Hörreichweite energisch über die Tugenden des Konservatismus der alten Welt, lutheranischen Stoizismus und die Treue zum alten Deutschen Reich.

Der junge Fritz schien ein märchenhaftes Leben geführt zu haben. Er studierte an der London School of Economics, verdiente sich seinen Doktortitel in Internationalem Recht an der Universität von Frankfurt und bereitete sich dann auf eine vielversprechende Karriere als Rechtsanwalt im deutschen Staatsdienst vor. Doch 1933 ergriff „dieser erbärmliche Bohemienkorporal" die Macht. Ohne zu zögern packte Krämer seine Koffer und seine junge Braut, eine Schwedin namens Britta, und verließ Deutschland in Richtung Italien. Krämers „Ehrenkodex", so Drucker, „erlaubte es ihm nicht, in irgendeine Art von Beziehung zu einem solch ehr- und gesetzlosen Regime zu treten." Die nächsten fünf Jahre verbrachte Krämer damit, an der Universität von Rom seinen Doktor in Politikwissenschaft zu machen und für die Vereinten Nationen zu arbeiten. Doch Benito Mussolinis Allianz mit Hitler im Jahre 1937 ließ den ehrgebundenen Krämer erneut packen – diesmal sollte es nach Amerika gehen. Seltsamerweise brachte Krämer Britta und ihren kleinen Sohn Sven zuerst zurück nach Deutschland, um bei seiner Mutter zu bleiben, bis er ihnen in Amerika ein neues Leben eingerich-

204

tet habe. Seine Geliebten zurück in die Höhle des Löwen zu schicken, scheint eine seltsame Entscheidung für einen Gentleman zu sein, der auf erhabenen antifaschistischen Prinzipien stand wie geringere Männer auf einer Trittleiter. Krämer sollte seine Entscheidung gegenüber dem Journalisten Thimmesch später als nur eine weitere aufopferungsvolle, moralische Standpunktbestimmung rechtfertigen. „Ich wusste, dass die Alliierten eines Tages Deutschland beschießen und bombardieren würden und dass meine Familie dort sein würde. DOCH DER NATIONALSOZIALISMUS WAR ETHISCH FALSCH FÜR DEUTSCHLAND, DIE USA UND DIE WELT! DAS WAR KEIN NETTER TANZTEE! ICH MUSSTE AUF DER SEITE KÄMPFEN, DIE RECHT HATTE!" (Anscheinend neigte Krämer dazu, ausschließlich in Großbuchstaben zu sprechen.) Wie auch immer, jedenfalls brach kurz darauf in Europa der Krieg aus und Britta und Sven waren in Nazi-Deutschland gestrandet.

Und das ist nur die Hintergrundgeschichte, wie man in Hollywood sagen würde. Im zweiten Teil der Krämer-Chronik verdichtete sich die Handlung, als ihn sein bereits erwähnter Weg als Soldat der US-Armee durch Europa ungewöhnlich nah an Brigadeführer Krämer heranführte. Es mag alles nicht mehr als ein purer Zufall sein. Denn, wie Drucker in seinem Tribut an seinen Freund bemerkte: „Krämer ist ein ziemlich häufiger deutscher Name." Dennoch schienen die zwei Krämers mehr zu teilen als nur den Namen:

Private Krämer erreichte Europa in den Nachwirren des D-Day ungefähr zur gleichen Zeit, zu der Brigadeführer Krämer von der Ostfront abgezogen wurde, um an der Westfront gegen die Alliierten zu kämpfen.

Im Dezember 1944 wurden die Gefreiten Kissinger und Krämer – die jetzt beide für den Militärgeheimdienst arbeiteten – Berichten zufolge mitten in die Ardennenoffensive entsandt, um Nazitruppen, die sich als Amerikaner ausgaben, zu verhören. Brigadeführer Krämer befand sich zum exakt gleichen Zeitpunkt auf der anderen Seite inmitten der Gefechte und bot der Operation Greif strategische Unterstützung, einen Geheimplan, bei dem es um Nazitruppen ging, die sich als Amerikaner ausgaben.

Nach dem Krieg wurden sowohl der amerikanisierte Krämer als auch Kissinger der Spionageabwehr des US-Militärs zugeteilt, wobei sie zunächst am Entnazifizierungsprogramm mitarbeiteten und später Ex-Nazi-Geheimdienstler rekrutierten, um die Sowjets und andere Kommunisten auszuspionieren. Es scheint nicht allzu weit hergeholt, dass ein dekorierter, erfahrener Ostfrontgeneral vom Kaliber Brigadeführer Krämers von Männern wie Kissinger rekrutiert werden würde.

Die vielleicht interessanteste Verbindung zwischen den beiden Krämers ist jedoch diese: Drucker zufolge war der amerikanisierte Krämer zum Ende des Krieges in nur wenigen Monaten vom Gefreiten zu „entweder einem

Colonel oder einem Brigadegeneral in (General George S.) Pattons Stab" aufgestiegen. Diese Ungenauigkeit in Druckers Berichterstattung ist sehr interessant, vor allem wenn man berücksichtigt, dass der feindliche Krämer ebenso den einem amerikanischen Brigadegeneral entsprechenden Rang innehatte. Das Ganze wird allerdings noch spannender, denn auf gewisse Weise war der gefangene, feindliche Krämer ebenso in Pattons Stab. Laut dem Buch „The Last Days of Patton" (dt.: „Pattons letzte Tage") von Ladislas Farago war der berühmte General angewiesen worden, eine Reihe historischer Berichte über Schlachtfeldtaktiken und Techniken, die von beiden Seiten in den letzten Tagen des Krieges angewandt wurden, zusammenzustellen. In einem Dorf 30 Kilometer nördlich von Frankfurt hatte Patton „die großen Anführer der ausgelöschten deutschen Armee" versammelt, „wobei er die hellsten Köpfe der Wehrmacht auswählte", darunter „Helden wie den ehemaligen Panzergeneral ... Fritz Krämer".

Patton hätte also beide Krämers gekannt – oder, wie es Brussell glaubte, den einen wahren Krämer. Thimmesch zufolge bat der amerikanisierte Krämer Patton um die Erlaubnis, seine Familie aus Wiesbaden zu holen. Er traf sie gesund und vom Nazipöbel unberührt an, eine regelrecht wunderbare Fügung, berücksichtigte man, dass seine Mutter, wie Krämer behauptete, während des Krieges in ihrer Schule jüdische Kinder auf der Flucht beherbergt hatte.

Drucker erzählt, dass Krämer aus dem Militärdienst ausschied, um „politischer Berater für Europa für den Stabschef der US-Armee" zu werden. (Eine Aufgabe, für die auch der gefangene Brigadeführer Krämer, der gegen die Sowjets an der Ostfront gekämpft hatte, höchst geeignet gewesen wäre, vielleicht sogar noch mehr als der relativ unerfahrene „Doktor der Rechtswissenschaft", der zum Army-Gefreiten geworden war.)

Seinem Bedürfnis nach Unauffälligkeit Respekt zollend nahm sich Krämers offizieller Titel vergleichsweise bescheiden aus: Senior Political Analyst. Doch wie formuliert es Drucker so schön: „‚Politanalytiker' schickt man nicht ans U. S. War College; das ist was für Offiziere oder Besseres". Und Krämer besuchte nicht nur die prestigeträchtige Offiziersschule, er unterrichtete an ihr – eine ziemlich bemerkenswerte Leistung für einen ehemaligen Soldaten mit beschränkter militärischer Erfahrung.

Auch wenn sein Büro im Pentagon klein und schmucklos war, seine Lage straften die Unwichtigkeit des Politanalytikers für den militärischen Komplex des Kalten Krieges Lügen: Eine Privattür verband Krämers Raum direkt mit dem Büro des Stabschefs der Army.

Brussell ist natürlich der Ansicht, dass der amerikanische Patriot und Antikommunist Krämer genau dieselbe Person war. Brussell glaubte, dass der wechselhafte Lebenslauf von Fritz G. A. Krämer nichts mehr war als eine aus-

Krämer vs. Krämer

gefeilte Geschichte, erfunden, um die Reisen des Mannes durch Nachkriegsdeutschland zu begründen. Brussell nahm zudem an, dass die Verbindung zwischen Kissinger und Krämer durch die Arbeit des Ersteren als Geheimdienstmann der Army, der Ex-Nazis rekrutierte, zustande gekommen war. Wieder und wieder werden in der offiziellen Geschichte Krämers Kissingers Beförderungen im Krieg (und auch seine Nachkriegskarriere) als dem Einfluss seines onkelhaften, Monokel tragenden Mentors geschuldet gehandelt. Wie groß kann der Einfluss eines Armee-Gefreiten mit minimaler Erfahrung innerhalb eines ausufernden militärbürokratischen Apparats während des Durcheinanders eines größeren Krieges gewesen sein? Hätte der junge Kissinger hingegen seinen Stern an einen wertvollen deutschen „Überläufer" gehängt, erscheint es nicht unwahrscheinlich, dass sich für den unerfahrenen und linkischen Burschen plötzlich einige Türen geöffnet hätten. „Der Mann, der Kissinger erfand" − in der Tat.

Natürlich waren alle Beweise Brussells Indizienbeweise und ihr leicht keifendes „Ich klage an" hoch spekulativ.

Letztendlich erhielt sie doch eine Antwort auf ihre Anfrage nach einem Foto von dem kamerascheuen Pentagonmitarbeiter Fritz Krämer. Es war das 20 x 25 cm große Schwarz-Weiß-Pressefoto eines hochdekorierten Army-Offiziers, der eine Ehrentafel an einen Zivilisten mittleren Alters überreichte, der an Erich von Stroheim mit über den Scheitel gekämmten Haaren erinnerte. Auf der Tafel stand geschrieben „Department of the Army / Decoration for Exceptional Civilian Service / Dr. Fritz G. A. Kraemer".

Auch wenn Brussell der Ansicht war, dass der Mann im Pentagon deutliche Ähnlichkeit mit dem auf offiziellen Fotografien abgebildeten Häftling Nr. 33 der Dachauer Prozesse aufwies, so teilten doch nicht alle diese Meinung. Beispielsweise hatte der Häftling Nr. 33 schräge, fast spitze Ohren ohne Ohrläppchen. Der Mann auf dem Bild des Pentagons besaß runde Ohren mit großen Ohrläppchen. Und der hervorragende Zinken des Exemplars auf dem Pentagonfoto schlug den breiten Riechkolben des gefangenen Brigadeführers um Längen. Natürlich sind in der Welt der Verschwörungen Fotos nur dazu da, um verfälscht zu werden. Brussell machte also weiter und forderte öffentlich den unzweideutigen Beweis der Fingerabdrücke.

Krämer überlebte Brussell, die 1988 an Krebs starb. Er selbst starb am 8. September 2003, nachdem er im Alter ein unauffälliges Leben in der Gegend von Washington geführt hatte. Sein Sohn Sven erwies sich übrigens als ganz der Vater. In den 1970ern arbeitete er für Kissinger im Nationalen Sicherheitsrat, in den er seine leidenschaftlich antikommunistischen Ansichten einbrachte. Später war er in die Iran-Contra-Affäre der Reagan-Administration verwickelt und hielt damit − zumindest in den aufmerksamen Augen der Anhänger Brussells − das Erbe der Verschwörerdynastie der Krämers hoch.

207

QUELLEN:

Drucker, Peter F.: „Adventures of a Bystander". New York: Harper & Row, 1979.

Eisenhower, John S. D.: „The Bitter Woods". New York: Putnam, 1969.

Farago, Ladislas: „The Last Days of Patton". New York: McGraw-Hill, 1981.

Information Network Against War and Fascism: „Fritz Kraemer: WCPL 504". San Francisco: Gebundene Dokumentensammlung, Datum der Veröffentlichung unbekannt.

Thimmesch, Nick: „The Iron Mentor". *Washington Post*, 2. März 1975.

Verschiedene Dokumente aus den Nationalarchiven im Besitz des Autors.

Whiting, Charles: „Ardennes: The Secret War". New York: Dorset Press, 1985.

ALLE ENERGIE
DEM VOLKE

Der Sommer des Jahres 2001 war kein besonders heißer in Kalifornien. Die guten Leute des Golden State stellten keine außergewöhnlichen Anforderungen an ihre Air-Condition oder andere Gerätschaften. Warum also war 2001 der Sommer der „ständigen Black-outs"? Warum suchte eine plötzliche „Energiekrise" Kalifornien heim und drohte, das ganze Land lahm zu legen? Und warum verschwand der „Engpass" ebenso schnell und unverständlich, wie er aufgekommen war, nichts als absurd überteuerte Energiepreise und mit Recht missgelaunte Kunden zurücklassend?

Wir alle brauchen natürlich Energie. Wir brauchen sie rund um die Uhr und wir brauchen sie wirklich dringend. Energie macht jeden von uns zu einem kleinen Kind. Wir wollen am Busen der gigantischen Energiekonzerne gesäugt und wir werden nie entwöhnt werden. Menschen brauchen Energie und das macht Energiekonzerne zu den machtvollsten Konzernen überhaupt. Weil Energie eine so universell gefragte Handelsware ist, können diese riesigen Konzerne praktisch tun und lassen, was sie wollen. Dabei war ihnen stets klar, dass es besser ist, nicht miteinander zu konkurrieren, ist doch genug Geld für alle Spieler da. Aus diesem Grund funktioniert die Energieindustrie, mehr als alle anderen, wie eine Verschwörung. Die falsche „Krise" in Kalifornien war zum großen Teil das Ergebnis einer solchen – ihre Behebung auch.

Kein Konzern illustriert die dunklen Machenschaften der Energiewirtschaft innerhalb der Politik deutlicher als ein texanisches Gebilde bekannt als Enron, das eine wichtige Rolle in der Vorbereitung der kalifornischen „Krise" spielte. Die Freunde Enrons saßen sowohl im Weißen Haus selbst als auch auf Hun-

209

Alle Energie dem Volke

derten von Sitzen im Kongress. Im Gegensatz zu den meisten Mächtigen erhielt Enron seine wohlverdiente Strafe, doch wie es innerhalb der Welt der Energie immer so ist, hatten wir alle den Preis dafür zu zahlen. Alle, das heißt abgesehen von den Managern von Enron, die mit ihren fantastischen Reichtümern ungeschoren davonkamen.

Enrons spektakuläre Finanzexplosion erschütterte die gesamte Wirtschaft der Vereinigten Staaten. Enron wurde zur Definition einer Verschwörung: Eine kleine Gruppe elitärer Insider, die hinter den Kulissen tätig ist und am Rande der Legalität für ihren eigenen Profit und Machtzuwachs arbeitet – und der Rest der Welt geht ihr am Arsch vorbei.

Die unmittelbarsten Opfer des unerhörten Korruptionsvorfalls bei Enron waren die breite Masse der eigenen Angestellten. Deren Altersvorsorge war von Enron im großen Stil in die eigenen Aktien investiert worden, was schon dumm genug war. Dann überquerten die Top-Manager bei Enron die Grenze von „dumm" zu „bösartig", indem sie ihren Angestellten verweigerten, ihren Aktienanteil abzustoßen, obwohl sie genau wussten, dass die Papiere ein One-Way-Ticket in Richtung Wertlosigkeit darstellten. Die in Houston ansässige Energie-und-andere-Dinge-Handelsgesellschaft schlidderte in Richtung des größten Bankrotts in der Geschichte der amerikanischen Wirtschaft.

Die industriellen Steuermänner bei Enron hetzten zu ihren goldverzierten Rettungsbooten und zwangen die Mannschaft, mit dem Schiff unterzugehen. In den vier Jahren vor der Katastrophe bei Enron stieß der Vorsitzende des Konzerns Kenneth Lay 205 Millionen Dollar eben der Aktien ab, die zu verkaufen seinen Angestellten verboten war. Die Mitarbeiter verloren alles.

Enrons Geschichte fing als Pipeline-Gesellschaft an, ein beständig ertragsreiches Geschäft. Doch in der aufgedunsenen New-Economy-Blase der 1990er entschied Enron, dass es besser – oder zumindest sexier – sei, eine „Handels"-Gesellschaft zu werden. „Handel" bedeutet in der heutigen Wirtschaft, dass man Dinge kauft und verkauft, die man nicht besitzt, und zwar mit Geld, das man nicht hat.

Den überwiegenden Teil der späten 1990er operierte Enron auf mafiose Art und Weise, hatte überall die Finger im Spiel und vertuschte gewaltige Verluste durch Scheinkonten und fingierte „Partnerschaften", die nur dafür existierten, Geld zu waschen.

Die ausgebooteten Angestellten müssen voller Begeisterung gewesen sein, als sie erfuhren, dass einige der Enron-Top-Manager diese Geld verschiebenden „Partnerschaften" kontrollierten und mit ihnen immense Profite einfuhren. Allein Enrons Finanzmanager Andy Fastow bezog aus nur zwei dieser Partnerschaften, die von ihm geführt wurden, 50 Millionen Dollar. Gleichzeitig verschob Enron sein verlorenes Kapital, Hunderte von Millionen Dollar, zu diesen nicht in den Büchern auftauchenden Partnerschaften und verbarg damit

Alle Energie dem Volke

vor seinen Aktionären und Regulierungsbeamten die potenziell beunruhigende Tatsache, dass der Konzern dem Untergang geweiht war. In Enrons Unternehmensbüchern selbst sah alles rosig aus. Es schien ohnehin so, als würde Enron mächtig Profit einfahren. Doch es gibt einen Haken bei der Sache. Trotz seiner „Profite" nahm Enron praktisch überhaupt kein Geld ein!

Wie das? Durch eine Art Verbuchungspraxis, die als „Marktbewertung" bekannt ist und die es Enron erlaubte, mit einem reinen Schuss ins Blaue abzuschätzen, wie viel Geld der Konzern in den kommenden Jahren einnehmen würde und diese Schätzsumme bereits *jetzt* als Einnahmen zu zählen. Willkommen in der verrückten Welt der Hochfinanz.

Präsident George W. Bush stieg aus dem Enron-Skandal schneller aus als irgendjemand sonst. Enron-Boss Lay war bei Bush, mit dem ihn eine vertrauliche Männerfreundschaft verband, nur als „Kenny Boy" bekannt. Mr. Boy und seine Kollegen bei Enron ließen Bushs Wahlkampagne so viel finanzielle Unterstützung zukommen, dass Bush seine Präsidentschaft Enron mehr verdankt als allem anderen (mal abgesehen von den fünf Richtern des Obersten Gerichtshofs der Vereinigten Staaten – siehe Kapitel WAHLBETRUG 2000). Doch kaum, dass der Enron-Skandal bekannt wurde, und das Ausmaß der fragwürdigen Finanztransaktionen des Konzerns an die Öffentlichkeit kam, wollte Bush nichts mehr von seinem alten Freund wissen. Er behauptete, ohne zumindest absichtlich mit der Wimper zu zucken, dass Lay seinen *demokratischen Gegner* unterstützt habe, als er, Bush, 1994 für den Gouverneursposten in Texas kandidiert hatte.

Was Bush und sein noch ungleich stärker in das Geflecht der Energieindustrie verstrickter Vize Dick Cheney verschwiegen war die Tatsache, dass Top-Manager von Enron Schlüsselrollen in der Formulierung der amerikanischen Energiepolitik gespielt hatten, Treffen, die natürlich hinter verschlossenen Türen stattgefunden hatten. Später sollte Cheney sich weigern, die Aufzeichnungen dieser Treffen herauszugeben.

Als es zu der Energiekrise kam, präsentierte sich Cheney als der lautstarke Untergangsprophet. Nur sieben Monate, bevor Enron seinen letzten, keuchenden Atemzug tun sollte (das Unternehmen meldete am 2. Dezember 2001 Konkurs an), erklärte Cheney, dass die Energiesituation wie eine „dunkle Wolke am Horizont" aussähe und er sagte voraus, dass die Nation in den kommenden Jahren wie bereits Kalifornien von wiederkehrenden Stromausfällen geplagt werden würde.

Cheneys Lösung zu diesem angeblichen Problem: Wir brauchen mehr Energie! Bohrt mehr Ölquellen! Fördert mehr Kohle! Teilt mehr Atome! Und so weiter. (Laut Cheney bedeutete das nicht, dass man Strom sparen müsse, etwas, das er eher als eine „private Tugend" betrachtete.)

Cheney nahm damit keine überraschende Position ein, berücksichtigt man,

Alle Energie dem Volke

dass er, bevor er Vizepräsident wurde der Halliburton Inc., einem texanischen „Öllieferanten" vorgestanden hatte. Unter seiner Führung war Halliburton zum größten Unternehmen seiner Art auf der Welt geworden. Was gut fürs Ölgeschäft ist, ist gut für Halliburton und Energiekrisen sind definitiv gut fürs Ölgeschäft. Interessanterweise verdankte Halliburton sein Wachstum unter Cheney – der als Verteidigungsminister für Präsident George Bush 1991 den Krieg gegen den Irak führte – durch Geschäfte mit der irakischen Ölindustrie.

Als er im Rahmen seines Wahlkampfes um das zweithöchste Amt im Staate zu seinen Irakgeschäften befragt wurde, log Cheney einfach. Er behauptete, es habe keine gegeben. (Die Geschäfte wurden allerdings von der Londoner *Financial Times* dokumentiert.)

Cheney und seine Helfershelfer hatten ein eindeutiges Interesse an der Erzeugung einer „Energiekrise", welche die Ölpreise in die Höhe schießen lassen und maßlose Bohrarbeiten zur Folge haben würde. Also schufen sie eine. „Als Land haben wir mehr und mehr Energie benötigt", verkündete Cheney, „doch wir haben es versäumt, die Infrastruktur bereitzustellen, um diesen Bedarf zu decken." Klingt erschreckend, doch keine geringere Quelle als das *Forbes Magazine*, die selbst ernannte „Bibel des Kapitalismus", wies darauf hin, dass Cheney mal wieder Ammenmärchen verbreitete.

„Zwischen 1980 und 2000", berichtete das Magazin, „stieg der Energiekonsum trotz eines 90-prozentigen Anstiegs des faktischen Bruttoinlandsproduktes nur um 25,6 Prozent." Die Vereinigten Staaten, so stellt sich heraus, sind eine extrem energieeffiziente Nation. Die „Krise" in Kalifornien war nicht das Ergebnis von „Treibstoff-Engpässen, sondern ein unausgegorener Vorstoß zur Abschaffung von Regularien."

Doch der „unausgegorene Vorstoß" war mehr als nur eine lachhafte juristische Schweinerei. Die erreichte Deregulierung öffnete den Energiemarkt für vorsätzliche Manipulationen durch skrupellose Energiekonzerne. Der Hauptakteur, wer sonst? Enron.

Gegen Ende 2002 begannen Beweise für die Enron-Energieverschwörung in schriftlicher Form an die Öffentlichkeit durchzusickern. Ein ehemaliger Enron-Händler bekannte sich „einer Verschwörung mit dem Ziel des Wertpapierbetrugs" für schuldig und gab im Rahmen dieses Schuldeingeständnisses zu, dass er (wie in der *L.A.Weekly* nachzulesen war) über die Menge an für Kalifornien verfügbarer Energie und darüber, wie viel seine Firma, Enron, liefern könne, gelogen hatte.

„Die künstlichen Engpässe", schrieb die *Weekly*, „trieben die Energiepreise dermaßen in die Höhe, dass sie schließlich beim 10-fachen der Herstellungskosten lagen."

Etwa zur gleichen Zeit gab das von Enron kontrollierte Elektrizitäts-Versorgungsunternehmen in Oregon in öffentlichen Schreiben zu, dass es gefälsch-

Alle Energie dem Volke

te Aufträge für Kalifornien aufgegeben habe, um eine „Überlastung" des Netzes zu erzeugen. Enron verlangte daraufhin saftige „Überlastungsgebühren", um zur Rettung zu eilen.

Und wie sah es derweil bei Bush aus, dem erfolglosen Ölhändler, der seine politische Karriere Enron verdankte? Ein Jahr vor Enrons finalem Brennschluss hatte Bush nach Angaben des *Time*-Magazines „in aller Stille dem texanischen Unternehmen eine ganze Reihe politischer Sterbesakramente" gespendet. Darunter:

die Energiepolitik, die Vizepräsident Dick Cheney 2001 nach einem Treffen mit Enron-Oberen skizziert hatte, wobei Teile daraus direkt der Wunschliste Enrons zu entstammen schienen; überall in der Bush-Administration wurden Ex-Manager und Berater von Enron untergebracht, vom Armeeminister Thomas White bis zum US-Handelsrepräsentanten Robert Zoellik. Zudem wählte Bush Pat Wood – einen Mann aus dem Dunstkreis von Lay – zu seinem obersten Energiepreisregulator.

1973 hatte die Welt ihre erste „Energiekrise" erlebt, als die OPEC-Staaten die Ölversorgung einstellten. Dieser „Engpass" führte zu vielen Aufschreien – drei Jahrzehnte später von Cheney wieder aufgenommen –, dass der Erde ihre Energieressourcen ausgehen würden. Damals wie heute ist das nicht wahr. Vielmehr sieht sich die Welt einem Energiemarkt gegenüber, der durch Länder, Kartelle und Konzerne wie Enron in Zusammenarbeit mit ihren Verbündeten in der Regierung, festgelegt ist wie ein Mafia-Kartenspiel. Viele dieser Verbündeten bezogen einst Lohnschecks von Enron und anderen Energiekonzernen. Der andauernde Energiebetrug mag ein weiterer Fall sein, in dem sich niemand traut, von einer Verschwörung zu reden. Doch ganz gleich, ob man es „Verschwörung" oder „Tagesgeschäft" nennt, es läuft auf die gleiche Sache hinaus: Die Macht liegt in den Händen der *pezzonovante* (wie es Michael Corleone sagen würde). Der Rest von uns leert seine Geldbörsen an den Zapfsäulen und dreht die Raumkühlung auf ein bezahlbares Maß runter.

QUELLEN:

Ackman, Dan: „There Is No Energy Crisis". *Forbes.com,* 2. Mai 2001.

Bryce, Robert: „Pipe Dreams: Greed, Ego and the Death of Enron". New York: Public Affairs, 2002.

Cruver, Brian: „Anatomy of Greed: The Unshredded Truth From an Enron Insider". New York: Carroll and Graf, 2002.

Duffy, Michael und John F. Dickerson: „Enron Spoils the Party". *Time,* 4. Februar 2002.

Fineman, Howard und Michael Isikoff: „Lights Out: Enron's Failed Power Play". *Newsweek,* 21. Januar 2001.

Pappleye, Charles: „A Switch for Enron". *L. A. Weekly,* 25. Oktober 2002.

30
DER LSD-FALL

Niemand sah, wie Frank Olson aus dem 13. Stockwerk des Statler Hotels in New York zu Tode stürzte. Niemand jedenfalls, der bereit gewesen wäre, dies zuzugeben. Etwa der Mann von der CIA, der mit Olson in Raum 1018A war, als der 43 Jahre alte Biochemiker und Vater von drei Kindern durch ein geschlossenes Fenster mit heruntergelassenem Rollo brach und dem kalten Bürgersteig tief unter ihm entgegenfiel. Wenn man dem CIA-Mann Glauben schenkte, war er entweder irgendwann nach Mitternacht in seinem Bett aufgewacht, nur um seinen Zimmergenossen auf das Fenster zurennen und sich durch das dicke Spiegelglas werfen zu sehen, oder, wie er an anderer Stelle berichtete, er erwachte, nachdem sich Olson bereits aus dem Fenster gestürzt hatte, aus dem Schlaf gerissen von dem splitternden Glas.

Der CIA-Mann mit der etwas unklaren Geschichte war Robert Lashbrook, der Stellvertreter des Zauberers der Gedankenkontrolle und exotischen Tötungsarten bei der CIA. Ungeachtet der zahlreichen Inkonsistenzen wurde der CIA-Report der Ereignisse, die sich in den frühen Morgenstunden des 28. Novembers 1953 abspielten, zur offiziellen Geschichte von Olsons Tod: Es war ein bedauerlicher Selbstmord, ausgelöst durch eine kleine Dosis LSD, die Olson bei einem fehlgeschlagenen Experiment zur Gedankenkontrolle heimlich verabreicht worden war.

50 Jahre nach dem Ereignis wertet die Geschichtsschreibung Olsons Tod als die vielleicht berüchtigtste Nachwirkung von MK-ULTRA, dem illegalen Bestreben der CIA, „das Verhalten eines Individuums durch verdeckte Methoden" zu manipulieren, darunter Hypnose, Elektroschockbehandlungen und psychotrope Drogen wie LSD. Dieser Sicht der Dinge nach war Olsons tödlicher Sturz das Ergebnis eines „üblen Trips", die tragische, wenngleich unbeabsichtigte Konsequenz aus dem feuchten Traum der CIA zu Zeiten des

214

Der LSD-Fall

Kalten Krieges, ein magisches Elixier zur Gehirnwäsche zu entwickeln.

Doch könnte es für die Olsongeschichte auch eine simplere, wenngleich dunklere Erklärung geben? Könnte es sein, dass das Szenario des versehentlichen Todes – wie peinlich auch immer für die CIA zum Zeitpunkt seiner Enthüllung Mitte der 1970er – nur als Deckmantel für eine ungleich verstörendere Wahrheit diente? Soll heißen: Wurde Olson vielleicht ermordet?

Zwei Jahrzehnte nach der bizarren Tragödie begann Olsons ältester Sohn, Eric, die offizielle Version infrage zu stellen. Seine Suche nach der Wahrheit sollte letztendlich drei Jahrzehnte andauern und sich zu einer persönlichen Besessenheit entwickeln, die seine Ersparnisse auffressen, seine Beziehungen zerstören und seine einst aussichtsreiche Karriere, als in Harvard ausgebildeter Psychologe, den Bach heruntergehen lassen sollte. Kein Widerstand sollte ihn von seiner Mission abbringen, nicht einmal das Tabu der Exhumierung der Knochen seines Vaters. (Die Parallelen zu Shakespeare sollten dem gebildeten Eric dabei nicht entgehen. „Denke, Hamlet", so pflegte er zu sagen, „doch denk in Jahren, nicht in Monaten.") Schließlich sollte Eric furchtbare Beweise enthüllen, die nahelegten, dass sein Vater, weit davon entfernt, das Opfer eines „fehlgeschlagenen Drogenexperiments" gewesen zu sein, vielmehr als der sprichwörtliche Mann, der zu viel wusste, umgebracht worden war.

Doch weder direkt im Anschluss an das tragische Thanksgiving-Wochenende des Jahres 1953 noch für betäubende 20 weitere Jahre sollte der Familie Olson überhaupt jemals eine Erklärung in Bezug auf Olsons mysteriösen Todesfall gegeben werden.

Es war noch dunkel draußen, als zwei grimmig dreinschauende Besucher das Haus der Olsons in Frederick, Maryland, erreichten, zwei Tage nach Thanksgiving. Alice Olson holte ihren neunjährigen Sohn Eric aus dem Bett und brachte ihn ins Wohnzimmer. Der verschlafene Junge erkannte die beiden Männer sofort als den Hausarzt der Familie und als Lieutenant Colonel Vincent Ruwet, den Vorgesetzten seines Vaters im U. S. Army Camp – später Fort Detrick –, das gerade die Straße hinunter unweit des Hauses der Olsons lag.

Ruwet überbrachte schreckliche Neuigkeiten: Alices Mann war tot. Früher am Morgen war Olson aus dem Fenster eines Hotelzimmers in New York City „gefallen oder gesprungen", wie sich Ruwet ausdrückte. Ruwet nannte es einen „Arbeitsunfall" und versicherte der Familie, dass sie eine Entschädigung von der Regierung erhalten werde. (Auf dem Schadenersatzantrag, den er kurz darauf für die Familie ausfüllte, schrieb Ruwet, dass Olson an einer „klassifizierten Krankheit" gestorben sei.)

Der LSD-Fall

Woran genau Olson zum Zeitpunkt seines „Unfalls" gearbeitet hatte, kam bei dem morgendlichen Besuch nicht zur Sprache. Alice, eine 38-jährige Hausfrau, hatte nur vage Vorstellungen von der geheimen Arbeit ihres Mannes in Camp Detrick, wo er der Direktor der Abteilung für Planung und Evaluation der U. S. Army Chemical Corps' Special Operations Division (SOD) war. Sie wusste, dass als Biochemiker im Zweiten Weltkrieg die luftübertragene Verbreitung von Biokampfstoffen und Bakterien, darunter auch Anthrax, Olsons Spezialgebiet gewesen war. Noch vor dem Ende des Krieges hatte aber ein schmerzhaftes Magengeschwür Olson dazu gezwungen, sich aus medizinischen Gründen vom Dienst in der Armee befreien zu lassen. Er war allerdings als Zivilist in Camp Detrick geblieben.

Während er die Olsons tröstete, verlor Ruwet kein Wort über die Art der Arbeit in Camp Detrick. Auch LSD oder die CIA erwähnte er nicht.

Während Eric mit sich rang, diese schrecklichen Neuigkeiten zu verdauen, beruhigte sich Alice soweit, dass sie ihren zwei anderen Kindern, der 7-jährigen Lisa und dem 5-jährigen Nils mitteilen konnte, dass ihr Vater nicht mehr nach Hause kommen würde. Die völlige Unverständlichkeit der Tragödie verschlimmerte das Gefühl des Schocks für die Familie dabei nur. Dass Olson sich das Leben genommen haben sollte schien so überhaupt nicht zu dem Bild des treuen Ehemanns und fürsorglichen Familienvaters zu passen, den sie alle kannten. Es schien keinen Sinn zu ergeben. Und mit dem Ausbleiben einer sinnvollen Erklärung – des fehlenden Wie und Warum – begann eine Art von Betäubung einzusetzen. Eric sollte sich später erinnern: „In dem Augenblick, als ich erfuhr, dass mein Vater durch ein Fenster gegangen und gestorben war, fühlte es sich an, als sei der Stöpsel aus dem Becken meines Geistes gezogen worden und ein lebenswichtiger Teil meines Bewusstseins hinausgelaufen." Alice indes wusste, dass ihrem Mann in der letzten Zeit irgendetwas zu schaffen gemacht hatte. Als tief moralischer und religiöser Mensch hatte Olson mit einem ethischen Dilemma gerungen, das mit seiner Arbeit zu tun gehabt hatte. Wann immer eine Gruppe Laboraffen nach der Beendigung eines erfolgreichen Experiments starb, kehrte Olson depressiv und abwesend heim. Einmal meinte er ziemlich rätselhaft zu Alice: „Hätten die Deutschen den Zweiten Weltkrieg gewonnen, wären meine Kollegen und ich als Kriegsverbrecher verfolgt worden."

Der Sarg, über den eine amerikanische Flagge gelegt war, blieb während des Begräbnisses vier Tage später verschlossen. Die Regierung erklärte der Familie, dass, obwohl man den Leichnam einbalsamiert hatte, er aufgrund des Sturzes doch stark verunstaltet sei. Unter den Trauergästen waren auch zwei CIA-Leute: Lashbrook und sein Boss, Sidney Gottlieb, der Schöpfer des MK-ULTRA-Programms der CIA und der führende Kopf der Spionagebehörde in Sachen exotischer Tötungstechniken, die etwa den Einsatz tödlicher Biokampfstoffe von Anthrax bis zu Muschelgiften umfassen.

Als der Sarg in die Erde hinabgelassen wurde mögen diese CIA-Männer ein seltsames Gefühl der Erleichterung verspürt haben. Olson würde das Geheimnis um seinen Tod – und, vielleicht, um seinen Mörder – mit ins Grab nehmen.

22 Jahre blieb dieses Geheimnis wortwörtlich begraben. In Ermangelung eines richtigen „Abschlusses" lebte auch das Trauma der Olsons unter der Oberfläche weiter, in einem Stadium der unausgesprochenen Verleugnung. Eric sollte später erklären: „Der Schock, den unsere Familie durchlebte, war so groß, dass wir nicht einmal imstande waren zu trauern. Es schien so, als sei überhaupt nichts geschehen." Doch wie sie es oft tun, strafte auch hier die scheinbar ruhige Oberfläche die reißenden Strömungen in der Tiefe Lügen. Um 1960 litt Alice unter einem Alkoholproblem, das schließlich dazu führte, dass sie ihren Beruf als Lehrerin verlor und am Weihnachtsabend wegen Trunkenheit hinterm Steuer verhaftet wurde. Unfähig über den Tod ihres Vaters mit ihrer Mutter zu sprechen, mussten die Olson-Kinder auf sich allein gestellt mit einem Erbe aus Scham und Schmerz ringen. Ihren Freunden erzählten sie, dass ihr Vater an einem „tödlichen Nervenzusammenbruch" gestorben sei.

Erst lange nachdem die Olson-Kinder herangewachsen waren – und Alice ihren Alkoholismus überwunden hatte – sollte der Geist des Vaters zurückkehren. Am 11. Juni 1975 fand Alice auf ihrer Türschwelle alarmierende neue Erkenntnisse vor – in der Morgenausgabe der *Washington Post*. Die Story auf der Titelseite war übertitelt „Selbstmord enthüllt" und beschäftigte sich mit einem Aufsehen erregenden Teil des soeben veröffentlichten Berichts der Rockefeller-Kommission, der ersten der Untersuchungen von Missetaten der CIA nach Watergate. Dem Artikel zufolge war ein „Wissenschaftler der Army" 1953 aus dem Zimmer im 13. Stock eines Hotels in New York City in den Tod gesprungen, nachdem ihn die CIA mit LSD vollgepumpt hatte.

Auch wenn der Artikel den Namen des Opfers nicht erwähnte, erkannte die Familie ihren Vater an der Beschreibung wieder. Eine Nachfrage bei Ruwet bestätigte den Verdacht.

Laut des Artikels der *Washington Post* – der auf offiziellen Ergebnissen einer internen CIA-Ermittlung basierte, die nach dem Unfall durchgeführt worden war – war einem „zivilen Mitarbeiter" der Army während eines Arbeitstreffens der Regierung im westlichen Maryland LSD verabreicht worden. Die Rockefeller-Kommission fasste den Vorfall wie folgt zusammen: „Das Individuum wurde nicht darauf aufmerksam gemacht, dass man ihm LSD gegeben hatte, bis zu einem Zeitpunkt, der 20 Minuten nach der Verabreichung lag. Der Mann zeigte schwere Begleiterscheinungen und wurde mit

Der LSD-Fall

einer CIA-Eskorte zur psychiatrischen Behandlung nach New York geschickt. Mehrere Tage später sprang er aus einem Fenster seines Zimmers im 10. Stockwerk und kam dabei zu Tode." (Genau genommen handelte es sich um Raum 1018A im 13. Stock.)

Niemand aus der Regierung dachte in den Wochen nach Erscheinen des Artikels in der *Washington Post* daran, die Olsons zu kontaktieren. Frustriert und verständlicherweise ungehalten hielt die Familie – gemeinsam mit ihren Anwälten – in ihrem Garten eine Pressekonferenz ab. Plötzlich hatte die bizarre Geschichte einen Namen und ein Gesicht und die Reporter kamen in Scharen zu diesem Ereignis. Eric, mittlerweile ein 30 Jahre alter, graduierter Student, der in Harvard auf seinen Doktortitel in klinischer Psychologie hinarbeitete, erinnert sich daran, mit Leuten wie Hunter S. Thompson vom Rolling Stone Magazin und Leslie Stahl von *CBS News* Seite an Seite gestanden zu haben. Abwechselnd verlasen die Olsons ein Statement der Familie, in dem sie eine lückenlose Aufdeckung der Affäre von der Regierung einforderten. „Wir sind der Ansicht, dass uns die CIA in zweierlei Hinsicht Schaden zugefügt hat", erklärte Eric. „Erstens wurden auf illegale und höchst nachlässige Art und Weise an Frank Olson Experimente durchgeführt. Und zweitens wurden die wahren Umstände seines Todes 22 Jahre vor uns geheim gehalten ... Wir erzählen unsere Geschichte, um dafür Sorge zu tragen, dass weder der persönliche Schmerz, den diese Familie erlitten hat, noch die moralische und politische Empörung, die wir verspüren, unter den Teppich gekehrt werden." An diesem Abend und auch am folgenden Tag beherrschten Geschichten über Frank Olson und seine Familie die Fernsehnachrichten und die Titelseiten der Zeitungen. Plötzlich fingen Informationen, die so lange verweigert worden waren, an, zur Familie Olson durchzusickern. Zwei Tage nach der Pressekonferenz kontaktierte Armand Pastore die Familie. 1953 war Pastore der Nachtportier des Statler Hotels gewesen. Er erzählte, dass am 28. November dieses Jahres gegen zwei Uhr in der Nacht eine Hilfskraft ihn panisch hinaus zum Bürgersteig vor dem Hotel gerufen habe. Auf dem Asphalt lag, blutüberströmt und mit zerschmetterten Knochen, Frank Olson. Pastore blickte nach oben und sah 13 Stockwerke über sich eine herabhängende Jalousie durch das offene Fenster schlagen. Erstaunlicherweise war Olson noch am Leben. „Er versuchte, irgendetwas zu murmeln", erzählte Pastore später Reportern, „doch ich konnte es nicht verstehen. Es war alles verstümmelt und ich versuchte nur, seinen Namen zu erfahren." Pastore rief nach einem Priester und einem Krankenwagen. Als der Krankenwagen eintraf, war Olson tot.

Pastore erinnerte sich, dass direkt nach dem Vorfall jemand von Olsons Raum aus eine Nummer in Long Island angerufen hatte. Der Telefonistin zufolge, die mitgehört hatte, war es ein kurzes Gespräch, das aus nur zwei Sätzen bestand:

Der LSD-Fall

„Er ist tot", hatte ein Mann in dem Hotelzimmer gesagt.

„So ein Pech", hatte ein Mann am anderen Ende der Leitung geantwortet und dann eingehängt.

Pastore gab gegenüber Alice zu, dass ihn die „ungewöhnlichen Umstände" des Todes ihres Mannes immer beschäftigt hatten. Gegenüber Reportern führte er später genauer aus: „In all den Jahren, die ich im Geschäft bin, ist mir niemals ein Fall untergekommen, wo jemand mitten in der Nacht durch ein geschlossenes Fenster gesprungen wäre, bei dem Jalousien heruntergelassen und Vorhänge vorgezogen waren."

Pastore war nicht der Einzige, der die jüngsten Nachrichten bemerkte. Nicht einmal zwei Wochen nach ihrer Garten-Pressekonferenz wurden die Olsons zu einem persönlichen Treffen mit Präsident Gerald Ford ins Weiße Haus gebeten. Im Oval Office entbot er ihnen eine offizielle Entschuldigung der Regierung. Auf einer Fotografie, die 1975 während des Treffens geschossen wurde, wirken Alice und ihre erwachsenen Kinder – Eric 30, Nils 27, Lisa 29 – entspannt und, wichtiger noch, als sei eine Last von ihnen genommen, während sie an der Seite des Präsidenten stehen. Zu diesem Zeitpunkt muss es eine bestärkende, ja sogar berauschende Erfahrung gewesen sein. Nach Jahren des Schweigens vonseiten der Regierung in Bezug auf den Tod von Frank Olson hatte die Familie endlich Anerkennung erhalten und, am wichtigsten, das Versprechen, dass der Fall vollständig aufgedeckt würde.

Die Olsons hatten darüber nachgedacht, rechtliche Schritte einzuleiten, doch Juristen im Weißen Haus rieten der Familie ab, indem sie ihr, wie sich Eric erinnert, erzählten, dass „das Gesetz nicht auf unserer Seite sei." Stattdessen versprachen die Regierungsanwälte, dass das Weiße Haus einen Initiativantrag im Kongress unterstützen würde, um der Familie eine Entschädigung zu bezahlen. Die Familie unterschrieb eine Verzichtserklärung, in der sie die CIA von jeder Haftung freistellte, und im Gegenzug erhielten die Olsons schließlich 750.000 Dollar als Kompensation. Die Entscheidung der Familie, keine Klage zu erheben, die aus Respekt vor dem Wunsch Alices, den 22-jährigen Leidensweg zu einem Ende zu bringen, getroffen wurde, sollte sich als ein Fehler herausstellen.

Seinerzeit allerdings glaubte die Familie, dass eine volle Aufdeckung des Falles endlich in greifbare Nähe gerückt sei. Fünf Tage nach ihrem Besuch im Oval Office traf die Familie Olson im CIA-Hauptquartier in Langley, Virginia, auf den Direktor der Spionagebehörde, William Colby. Während eines üppigen Mehrgängemenüs im Speisezimmer des Direktors direkt neben seinem Büro im siebten Stock bot auch Colby den Olsons seine Entschuldigung an. Die Stimmung des Treffens war so unbehaglich wie die Speisen erlesen. In seinen Memoiren bezeichnete Colby diese Begegnung später als „eine der schwierigsten Aufgaben, der ich mich jemals zu stellen hatte". Am Ende

Der LSD-Fall

der Stunde übergab der CIA-Chef der Familie eine zentimeterdicke Akte frei-
gegebener Dokumente, die er das komplette Dossier über den Tod von Frank
Olson nannte.

Obschon stark bearbeitet, bot die Akte doch einige Einzelheiten zu der
grundlegenden Geschichte, die von der Washington Post veröffentlicht worden war. Am 19. November 1953 hatte sich Olson neun Kollegen für ein drei-
tägiges Arbeitstreffen in der Deep Creek Lodge, einer rustikalen Blockhütte
in abgeschiedenen Wäldern des westlichen Marylands, angeschlossen. Fünf der
Teilnehmer waren SOD-Leute aus Camp Detrick, darunter Olson und sein
Boss Ruwet. Die übrigen vier waren CIA-Agenten vom Technical Services
Staff (TSS), innerhalb der CIA auch gemeinhin als „dirty tricks department"
(dt.: „Fiese-Tricks-Abteilung") bekannt. Der offizielle Anlass der Versamm-
lung war es, über MK-NAOMI zu sprechen, eine hoch geheime Kooperation zwischen dem SOD und dem TSS, mit dem Ziel, bakteriologische Waffen zu entwickeln, um gegnerische Feinde im Feld damit zu infizieren. Um
absolute Geheimhaltung zu gewährleisten waren alle Teilnehmer angehalten
gewesen, all ihre Camp-Detrick-Plaketten von ihren Wagen zu entfernen und
die berufliche „Tarnidentität" von Sportjournalisten anzunehmen.

Gottlieb, der Kopf der TSS Chemical Division, leitete, von seinem Stellvertreter Lashbrook assistiert, die Sitzungen im kastaniengetäfelten Wohnzimmer der Hütte, ihm gegenüber ein flackerndes Feuer in einem Steinkamin.
Als brillanter Chemiker mit genügenden Persönlichkeitsticks, um den Hunger eines Schreibenden nach dem Anormalen zu sättigen (Norman Mailer
und Barbara Kingsolver haben ihn in ihren Romanen unsterblich gemacht),
war Gottlieb zu dieser Zeit noch nicht als „der Dr. Strangelove der CIA"
bekannt. Doch ein paar Jahrzehnte emsiger Arbeit – und ein oder zwei
Untersuchungen durch den Kongress – später sollte dieser Lapsus schließlich
behoben sein.

Der mit zwei Klumpfüßen geborene Gottlieb verbrachte einen Großteil
seines Lebens damit, sich beinahe zwanghaft an die Außenwelt anzupassen.
Seinem Cousin zufolge schrie Gottliebs Mutter, als das Laken, das seine Füße
verdeckte, im Krankenhaus zurückgeschlagen wurde. Unfähig zu laufen, verbrachte er die ersten Jahre seines Lebens in ihren Armen. Als Kind unterzog
er sich drei Fußoperationen. Obwohl er sein Leben lang behindert bleiben
sollte, kompensierte er seine Schwäche, indem er sich selbst beibrachte, ein
eleganter Squaredancer zu werden. Der Gewohnheitsstotterer Gottlieb bewies
den gleichen Eifer zur Selbstverbesserung und persönlichen Neudefinition
in allen anderen Aspekten seines Lebens. Er brillierte in seinen Studien und
erwarb schließlich am California Institute of Technology seinen Doktortitel
in Chemie.

Nach seinem Eintritt in die CIA 1951 erwies er sich rasch als leiden-

Der LSD-Fall

schaftlicher Kalter-Kriegs-Patriot. Sein CIA-Rekrutierer sollte später bemerken: „Er fühlte immer eine gewisse ‚Schuld' in sich … weil er wegen seiner Klumpfüße nicht imstande gewesen war, während des Zweiten Weltkriegs zu dienen, wie all seine Zeitgenossen, deshalb legte er eine ungewöhnliche Menge an patriotischem Einsatz an den Tag, um diesen Mangel wettzumachen." Als Mitarbeiter in der chemischen Abteilung der CIA beeindruckte Gottlieb seine Vorgesetzten als ein einfallsreicher, erfinderischer Verwalter.

Bereits Anfang 1953 wurde Gottlieb die Kontrolle über MK-ULTRA übergeben, das frisch aus der Taufe gehobene Gedankenkontrollprogramm der CIA. Zur gleichen Zeit hatte er Forschungsreihen in bakteriologischer Kriegsführung am Laufen, die in Camp Detrick durchgeführt wurden. Später sollte er der Experte der CIA in neuen Tötungsmethoden durch angewandte Chemie werden. Seine Kollegen betrachteten Gottlieb in seinem durch nichts von seinem Ziel abzubringenden Feuereifer für seine Arbeit als eine Art „Wahnsinnigen".

In weniger als einem Jahr als Mann am Steuer von MK-ULTRA hatte Gottlieb bereits eine ziemlich verrückte und eher unwissenschaftliche Methodologie entwickelt, zu der etwa gehörte, nichts ahnenden CIA-Mitarbeitern in Langley LSD zu verabreichen und dann zu beobachten, wie sie ausflippten. Der offiziellen Version der CIA zufolge hatte Gottlieb das gleiche Experiment an den Männern in Deep Creek Lodge durchgeführt.

In der zweiten Nacht gab Gottlieb oder einer seiner CIA-Leute nach dem Abendessen heimlich LSD in sieben Gläser Cointreau. Wenn man Gottlieb und Lashbrook Glauben schenken darf, bekam jeder der sieben Männer die vergleichsweise moderate Dosis von 70 Mikrogramm. (Zehn Jahre später sollten Hollywood-Größen wie Cary Grant und James Coburn unter der Überwachung einer Hand voll Psychiater aus Los Angeles, die sich kurzzeitig in LSD-Therapie versuchten, regelmäßig Dosen von 200 Mikrogramm zu sich nehmen.) Das Treffen löste sich rasch in Gelächter und willkürlich psychedelische Zusammenhanglosigkeit auf. Auch wenn Gottlieb es schließlich gelang, seinen Meerschweinchen zu vermitteln, dass sie unter Drogen gesetzt worden waren, wollte doch bei einigen Männern das Unbehagen nicht aufhören. Olson erlebte Berichten zufolge den schlimmsten Trip. Der SOD-Kollege des Biochemikers, Ben Wilson, erzählte später dem Autor John Marks: „Olson litt unter einer Psychose. Er verstand einfach nicht, was geschah. Er glaubte, jemand spiele seine Spielchen mit ihm."

Olson und einige andere verbrachten unter dem Einfluss der Droge eine schlaflose Nacht. Am nächsten Morgen lagen die Nerven blank und die Männer entschieden früh, das Ganze zu vertagen. Als Olson nach Hause zurückkehrte, erlebte Alice ihren Mann ungewöhnlich einsilbig. Nach einem schweigsamen Abendessen erzählte er seiner Frau, dass er bei dem Arbeits-

Der LSD-Fall

treffen einen „furchtbaren Fehler" gemacht habe. Er weigerte sich, in Einzelheiten zu gehen, und erzählte auch nichts darüber, dass Gottlieb ihn unter Drogen gesetzt hatte.

Während des Wochenendes war Olson still und emotional abwesend, seine Gedanken so undurchdringlich wie der dichte Novembernebel, der über der Landschaft vor den Fenstern hing. Einen Großteil des Wochenendes verbrachten er und Alice auf der Couch, Hände haltend und schweigend aus dem Fenster hinaus auf den alles verdeckenden Nebel blickend. Einmal fragte Alice Olson, ob er Falschinformationen verbreitet hätte. Er sagte, das habe er nicht. Als sie ihn dann fragte, ob er ein Staatsgeheimnis verraten habe, erwiderte er: „Du weißt, dass ich so etwas nie tun würde." Auch wenn er wenig mehr preisgeben wollte, teilte er seiner Frau doch mit, dass er plane, seine Arbeit zu kündigen und eine Umschulung zum Zahnarzt zu machen. Alice sagte, dass sie seine Entscheidung unterstützen würde, wenn er glaube, dies sei notwendig.

Am Sonntagabend schaute sich das Paar einen Kinofilm an, „Martin Luther", das gerade erschienene Biopic über den protestantischen Reformator des 16. Jahrhunderts. Später sollte Alice feststellen, dass es angesichts der Stimmung ihres Mannes vielleicht nicht die beste Filmwahl gewesen war. Der Film, der Luthers Kampf gegen die moralische Korruption der katholischen Kirche und seinen letztendlichen Bruch mit dem Katholizismus zeigte, brachte Olson sehr aus der Fassung. Am Ende des Films nagelt Luther seine 95 Thesen an das Tor der Schlosskirche von Wittenberg und durchtrennt damit offiziell seine Bande zur katholischen Kirche.

Früh am nächsten Morgen erschien Olson im Büro seines Chefs, um seine Kündigung einzureichen. Ruwet versicherte Olson, dass er während des Arbeitstreffens nichts falsch gemacht habe und er überredete seinen Angestellten zu bleiben. Doch am nächsten Morgen stand Olson, noch immer aufgewühlt und entschlossen zu kündigen, erneut in Ruwets Büro. Laut Ruwet sagte Olson, er fühlte sich „völlig durcheinander" und zweifle an seiner Fähigkeit, seine Aufgaben erfüllen zu können. Ruwet entschied, dass Olson „psychiatrische Hilfe" brauche. Doch statt ihn ins Hospital der Basis zu schicken, rief er Lashbrook bei der CIA an.

Eiligst arrangierten Lashbrook und Gottlieb einen Termin für Olson bei Harold Abramson, einem Doktor und Allergologen aus New York, der aus seiner Faszination für verhaltensmodifizierende Drogen einen lukrativen Arbeitskontrakt mit MK-ULTRA geschlossen hatte. (In einem seiner „Experimente" verabreichte Abramson Goldfischen LSD, um ihre Reaktionen zu beobachten.) Der Umstand, dass Abramson kein Psychiater war, schien Gottlieb nicht zu stören, der die befremdliche Patientenüberweisung später mit Gründen der Nationalen Sicherheit zu rechtfertigen versuchte, dieser stets

Der LSD-Fall

letzten Ausflucht in Panik geratender Staatsdiener: Abramson, der über beträchtliche Erfahrung mit der Verabreichung von LSD an sich selbst und andere im Auftrag der CIA verfügte, besaß bereits eine Sicherheitsfreigabe.

Am Dienstag rief Ruwet Alice an, dass er und ein Kollege ihren Ehemann zu einer Behandlung nach New York bringen würden, da sie besorgt seien, „dass Frank dir gegenüber gewalttätig werden könnte". Eric zufolge traf diese Nachricht „meine Mutter wie aus heiterem Himmel, denn sie hatte auch nicht die geringsten Anzeichen für so etwas wie eine Tendenz zur Gewalt bemerkt". Heute glaubt Eric, dass Ruwet gelogen hatte, um Alice zu ängstigen und nebenbei „der Möglichkeit entgegenzuwirken, dass sie seinen Plänen auf irgendeine Weise hätte widersprechen können".

Im Laufe des Tages fuhr Alice mit Olson nach Washington, D. C., wo er gemeinsam mit Ruwet und Lashbrook einen Flug nach New York nehmen sollte. Das Paar hielt an einem Coffee Shop kurz vor der Hauptstadt, doch Olson sollte seinen Kaffee nicht anrühren. „Ich kann das nicht trinken", sagte er. Er fürchtete, dass jemand an dem Getränk herumgespielt habe, eine nicht völlig aus der Luft gegriffene Sorge, berücksichtigte man seine frühere geheime Verabreichung von LSD. Eine halbe Stunde später ging Olson an Bord des Fluges nach New York. Dies war das letzte Mal, dass Alice ihn sehen sollte.

Die CIA-Akte gibt an, dass Olson Abramson zum ersten Mal später an diesem Tag traf. Zu diesem Zeitpunkt war Olson bereits zunehmend „paranoid" geworden, wie es der CIA-Bericht ausdrückte, und er war überzeugt davon, dass die CIA ihm Benzedrin oder ein anderes Stimulansmittel in seinen Kaffee schüttete, um ihn wach zu halten.

Am nächsten Tag brachten Lashbrook und Ruwet Olson zu dem Haus von John Mulholland, einem professionellen Magier, den der TSS angeheuert hatte, ein Handbuch zur Anwendung „magischer Tricks bei verdeckten Operationen" zu verfassen. Gottlieb hatte Mulholland damit beauftragt, Taschenspielertricks zu entwickeln, mit denen CIA-Agenten unbemerkt Drogen in Getränke geben könnten. Auch wenn Lashbrook später angab, er habe nur versucht, Olson aufzuheitern, hatte das Ganze den genau gegenteiligen Effekt: Es machte ihn fast wahnsinnig vor Angst. Wenn irgendjemand einen Mann, der bereits überzeugt war, dass man ihm gegen seinen Willen Drogen verabreichen würde, völlig irre machen wollte, hätte er es vermutlich kaum cleverer anstellen können, als eine spontane Zaubervorstellung von einem bekannten Mixer von CIA-Mickey-Finns[1] darbieten zu lassen.

---

[1]Mickey Finn (oder auch nur Mickey) ist ein amerikanischer Slangausdruck für einen mit Drogen versetzten Drink, der jemandem ohne sein Wissen untergeschoben wird. – Anm. d. Übers.

223

Der LSD-Fall

Lashbrook und Ruwet kürzten den Besuch bei Mulholland ab und brachten Olson zurück in Abramsons Praxis auf Long Island. Der CIA-Allergologe sprach ungefähr eine Stunde mit Olson, dann gab er ihm die Erlaubnis, Thanksgiving mit seiner Familie zu verbringen. Nun mussten Olson und seine zwei Begleiter irgendwie den Abend totschlagen, denn ihr Rückflug nach Washington würde erst am nächsten Morgen gehen, also entschlossen sie sich, ein „Rodgers und Hammerstein"-Musical anzuschauen. Doch mitten im ersten Akt wurde Olson unruhig, denn er glaubte, so Ruwet, dass vor dem Theater Leute auf ihn warten würden, um ihn festzunehmen. Ruwet brachte Olson zurück ins Statler Hotel. Während er im Bett nebenan schlief, schlich Olson in dieser Nacht aus dem Zimmer und wanderte durch die Straßen von New York. Ruwet zufolge riss er dabei sein Papiergeld in Stücke und warf seine Geldbörse weg, anscheinend der Wahnvorstellung verfallen, damit irgendwelche Befehle auszuführen. Ruwet und Lashbrook behaupteten, Olson am nächsten Morgen in der Lobby des Statler Hotels sitzend gefunden zu haben.

Ruwet und Lashbrooks Version der Ereignisse zufolge flogen die drei Männer später am Morgen nach Washington zurück. Während der Rückfahrt vom National Airport nach Frederick, Maryland, wurde Olson angeblich zunehmend unruhig. Wenn man Ruwet Glauben schenken darf, sagte Olson, dass er sich „schäme", seine Familie in seinem momentanen Zustand zu sehen und dass er fürchte, er könne den Kindern gegenüber gewalttätig werden. Lashbrook kontaktierte Gottlieb, unterbrach dadurch das Thanksgiving-Essen seines Bosses und die beiden Männer entschieden, dass es wohl das Beste sei, Olson zurück zu Abramson nach New York zu bringen. Ruwet erklärte sich bereit, nach Frederick zurückzukehren und die Familie davon zu unterrichten, dass Olson über den Feiertag nicht nach Hause kommen würde.

Später am Tag eskortierte Lashbrook Olson zu Abramsons Praxis und der Quacksalber entschied endlich, Olson qualifizierte, professionelle Hilfe zukommen zu lassen. Laut der CIA-Version der Ereignisse erklärte sich Olson bereit, sich in die Chestnut Lodge einweisen zu lassen, ein Sanatorium in Maryland, in dem es Psychiater gab, die eine spezielle Sicherheitsfreigabe besaßen. (Tatsächlich sollte Eric später herausfinden, dass die Ärzte der Chestnut Lodge keineswegs spezielle Sicherheitsfreigaben besaßen, ein Umstand, der die Frage aufwirft: Warum hat die CIA hier gelogen?) Laut Lashbrook war es ihm und Olson unmöglich, einen Abflug vor dem Wochenende zu bekommen, also begaben sie sich für ein Thanksgiving-Essen in einen „Horn & Hardard"-Automaten, dann checkten sie in Zimmer 1018A im Statler Hotel ein.

Irgendwann am Freitag – dem letzten Tag in Olsons Leben – tauchte Abramson mit einer Flasche Bourbon und dem Beruhigungsmittel Nembutal im Hotel auf. Dies war, gelinde gesagt, eine komische Behandlungsme-

Der LSD-Fall

thode für einen Mann, der bereits glaubte – begründet oder nicht –, dass die CIA versuche, ihn unter Drogen zu setzen. Der CIA-Bericht bietet keine weiteren Einzelheiten über Olsons Taten an diesem Freitag. Wir wissen allerdings, dass Olson am Freitagabend seine Frau anrief. Es war das erste Mal seit drei Tagen, dass sie miteinander gesprochen hatten und Alice war erleichtert zu hören, dass sich seine Stimmung verbessert hatte (ein Gemütszustand, der in deutlichem Kontrast zu dem von Ängsten erfüllten Mann stand, den die CIA porträtierte). Sie sprachen mehrere Minuten lang und Olson sagte seiner Frau, dass er sich freue, sie und die Kinder am nächsten Tag wiederzusehen. Am Samstag um zwei Uhr in der Frühe, nur wenige Stunden nach dem Telefonanruf und Stunden vor seinem geplanten Rückflug nach Washington, war Olson tot.

Als die Polizei am Tatort ankam, fand sie Lashbrook auf der Toilette von Raum 1018A, den Kopf in die Hände gestützt. Der CIA-Mann fing praktisch sofort an, Lügen zu erzählen. Zunächst behauptete er, er arbeite fürs Verteidigungsministerium. Dann versteifte er sich darauf, keine Ahnung zu haben, warum Olson gesprungen sei, doch er fügte, unnötigerweise, hinzu, dass der tote Mann „an Geschwüren gelitten" habe. Die Polizei vermutete eingangs Totschlag mit homosexuellem Hintergrund, doch sie ließ die Sache fallen, nachdem Ruwet und Abramson Lashbrooks Geschichte bestätigt und geheime Regierungsverbindungen angedeutet hatten.

Derweil die Sicherheitsabteilung der CIA an die Arbeit ging, um New York von jedem verräterischen Beweis, der Olsons Tod mit dem CIA in Verbindung bringen würde, zu säubern, sprachen Lashbrook und Abramson ihre eigenen Geschichten ab. Lashbrook diktierte die Einzelheiten von Olsons angeblichen Symptomen einer Geisteskrankheit, während Abramson Notizen machte. Lashbrook ging so weit zu behaupten, Alice habe ihren Mann Monate vor der LSD-Verabreichung gedrängt, einen Psychiater aufzusuchen – eine infame Lüge, laut Alice.

Trotz Lashbrooks erbärmlichen Versuchen, die Schuld von sich zu weisen, indem er mit einer falschen Krankengeschichte für Olson auftrumpfte, schloss der Generalinspektor der CIA Lyman Kirkpatrick offiziell (wenngleich hinter verschlossenen Türen), dass Olsons „Selbstmord" durch das LSD „ausgelöst" worden sei. Kirkpatrick empfahl, gegenüber Gottlieb und seinen direkten TSS-Vorgesetzten, einen ernsten Tadel auszusprechen, doch CIA-Direktor Allen Dulles schritt ein und reduzierte die Maßregelung auf einen leichten Klaps hinter die Ohren, der Gottliebs Karriere als der Kalte-Kriegs-Alchemist der CIA keinen Schaden zufügte.

Obwohl die CIA-Dokumente, die Colby der Familie Olson ausgehändigt hatte, einige Einzelheiten ans Licht brachten, warfen sie doch so viele Fragen auf, wie sie behaupteten zu beantworten. Tatsächlich nannte die *New*

Der LSD-Fall

York Times die Akte „lückenhaft, uneinheitlich und widersprüchlich". Sie war, so schloss die Zeitung, „ein Durcheinander an Tilgungen, gegenläufigen Aussagen [und] unverständlichen Passagen". Obwohl beispielsweise LSD dazu neigt, bei unausgeglichenen Individuen außergewöhnliche Reaktionen hervorzurufen, schien Olsons Trip – eine einwöchige Psychose, die in einen Selbstmord gipfelte – in keinem Verhältnis zu der geringen Dosis zu stehen, die er angeblich geschluckt hatte. Zudem fanden sich verschiedene, widersprüchliche Aussagen von Abramson in dem Bericht. In einer Notiz schrieb er, dass Olsons „Psychose ... sich aus dem (LSD-) Experiment herauskristallisiert zu haben (scheint)". In einem anderen Dokument bezeichnete er die LSD-Dosis als „therapeutisch" und als eine Menge, die „kaum irgendeine tragende Rolle in den darauf folgenden Ereignissen gespielt haben" könnte.

Als noch irritierender erwiesen sich die zahlreichen Referenzen an das CIA-Projekt ARTICHOKE – wobei alle Details geschwärzt worden waren. Als Vorgänger von MK-ULTRA hatte sich ARTICHOKE auf die Suche nach einer „Wahrheitsdroge" konzentriert, die in Verhören zum Einsatz kommen sollte. Doch das hoch geheime Programm hatte auch andere Verhörmethoden umfasst, darunter Folter und Versuche, in „aufgeflogenen Agenten", die zu viel wussten, eine künstliche Amnesie zu erzeugen. Wenn Olsons Tod tatsächlich die unbeabsichtigte Folge eines MK-ULTRA-Experiments war, wie der Bericht letztlich feststellte, wieso existierten all diese kryptischen Verweise auf ARTICHOKE innerhalb des Dokuments?

Unbeantwortete Fragen hin oder her, die Familie wollte glauben – musste einfach glauben –, dass der Rechtfertigung und Gerechtigkeit Genüge getan worden war. Es war an der Zeit weiterzumachen. Doch es schien, als wolle der Fluch der Vergangenheit sie nicht loslassen. 1976 hoben Erics Schwester Lisa, ihr Mann und ihr zwei Jahre alter Sohn mit einem kleinen Flugzeug von Frederick in Richtung Adirondacks ab, wo sie planten, Lisas Anteil des Schmerzensgeldes in eine Holzmühle zu investieren. Das Flugzeug stürzte ab und keiner überlebte.

Im selben Jahr zog Eric nach Schweden, in das Geburtsland der Eltern seines Vaters, in der Hoffnung, ein wenig Abstand zwischen sich und den Familienfluch zu bringen. In Stockholm arbeitete er daran, die psychotherapeutische Methode, die er in Harvard zu entwickeln begonnen hatte, zu verfeinern: die „Collagetechnik", einen Prozess, bei dem es darum ging, Bilder auszuschneiden und sie zu Fotomontagen zusammenzustellen. Eric hatte entdeckt, dass Patienten, die eine Sammlung nonverbaler Bilder zusammenstellten, häufig wichtige Einblicke in unterdrückte Emotionen und Erinnerungen erhielten. (Erics eigene Collagen zeigten häufig Männer, die von Gebäuden fielen.) Während seines Forschungsjahrzehnts in Schweden zeugte Eric einen Sohn, Stephan, mit einer Frau, die er nicht heiratete.

Der LSD-Fall

Doch sein neues Leben im Ausland bot ihm wenig Abstand von der Vergangenheit. Ironischerweise festigte Erics Rückzug in ein „neutrales und sehr ruhiges Land" nur noch seine Entschlossenheit, die alten Familiengeister zu exorzieren. „Schweden bot mir ein gutes Stück Distanz von dem ganzen CIA-Geschäft", erklärte er. „Und es war genau diese neu gefundene Ruhe, die es mir ermöglichte zu erkennen, dass die CIA-Version der Ereignisse objektiv betrachtet keinen Sinn ergab. Dabei war es gar nicht meine Absicht, an dieser Sache festzuhalten, sondern sie hinter mir zu lassen. Das Problem war nur, dass jedes Mal, wenn ich einen weiteren Stein umdrehte, ich eine Schlange darunter vorfand."

Die Schlangen waren die Details. In seiner Freizeit führte Eric seine Bemühungen fort, die Bedeutung der Colby-Dokumente zu „entschlüsseln". Es war ein Prozess, seiner Collagetechnik nicht unähnlich: das Zusammensetzen scheinbar fragmentarischen Materials, das oft unvermittelt tiefere oder verborgene Verbindungen enthüllte.

In den Vereinigten Staaten hatten einige dieser tieferen Verbindungen derweil bereits begonnen, von selbst ihren Weg an die Oberfläche zu finden. Ende 1975 kehrte Gottlieb, vom US-Senat vorgeladen, aus seinem Halbruhestand als freiwilliger Krankenhausmitarbeiter in Indien zurück (er widmete sich im letzten Teil seines Lebens wohltätigen Zwecken, fast als wolle er für frühere Sünden Buße tun). Bei einer geheimen Anhörung vor dem Church Committee of Assassinations des Senats gestand der ehemalige CIA-Chemiker, eine Schlüsselrolle in CIA-Mordintrigen gegen ausländische Politiker gespielt zu haben. 1960 hatte Gottlieb beispielsweise eigenhändig eine „Attentats-Ausrüstung" an den Leiter die CIA-Außenstelle Kongo übergeben, zusammen mit Instruktionen, dass diese verwendet werden solle, um den kongolesischen Politiker Patrice Lumumba umzubringen. Die Ausrüstung bestand aus einem tödlichen Gift – möglicherweise Anthrax –, das in einer Tube Zahnpasta versteckt worden war. Als das Church-Komitee seine Erkenntnisse veröffentlichte erkannte Eric, dass Gottlieb in weitaus fragwürdigere Dinge verstrickt gewesen war als nur „experimentalen Drogenkonsum".

1978 kam ein noch weitaus größerer Schock ans Tageslicht: In seinen Memoiren gab der ehemalige CIA-Chef William Colby zu, dass Olson mehr als nur ein „Wissenschaftler der Army" gewesen sei, wie es die offizielle Geschichte behauptete. Zum Zeitpunkt seines Todes sei Olson vielmehr ein vollwertiger „CIA-Mitarbeiter" und ein „CIA-Agent" gewesen.

Ganz offensichtlich hatte die CIA in ihrer Ermittlung nach seinem Tod versucht, die Tatsache zu vertuschen, dass er einer der ihren gewesen war. „Doch warum?", fragte sich Eric. Er durchstöberte die Colby-Dokumente zum x-ten Mal und stieß dabei auf einen neuen, möglicherweise bedeutsamen Hinweis. Einer der Berichte, die Abramson, der CIA-Allergologe, abge-

227

Der LSD-Fall

geben hatte, beschrieb die Drogeneinnahme in der Deep Creek Lodge als „ein Experiment, (das) durchgeführt worden (war), um (Olson) eine Falle zu stellen". Diese Beschreibung der schicksalhaften Sitzung als „Falle" widersprach ganz offensichtlich der offiziellen CIA-Geschichte, dass Olson eines von sieben menschlichen Meerschweinchen in einem simplen LSD-Experiment gewesen war. Angesichts der vielen Verweise in dem Colby-Dokument auf ARTICHOKE fing Eric an, sich zu fragen, ob die Drogenverabreichung in der Deep Creek Lodge Teil eines Verhörs gewesen war, das seinen Vater im Visier gehabt hatte.

1984 kehrte Eric in die Vereinigten Staaten zurück. Seine erste Amtshandlung war ein Besuch in Zimmer 1018A im Statler Hotel (das mittlerweile in Pennsylvania Hotel umbenannt worden war). Während er in dem winzigen Raum stand, erkannte Eric erst die physikalische Unmöglichkeit des offiziellen Szenarios. Es gab einfach nicht genug Platz für Anlauf und das Fenstersims war hoch und von einem Heizkörper blockiert. Eric ist sich sicher: „Ich weiß, dass mein Vater nicht durch dieses geschlossene Hotelfenster hätte springen können, selbst wenn er es gewollt hätte." Im gleichen Jahr besuchten Eric, Nils und Alice Gottlieb in seinem einsamen Farmhaus in Rappahannock County in Virginia. Der 66 Jahre alte, ehemalige Meister-Assassine hatte sich nun zweien seiner wahrscheinlich weniger tödlichen Passionen gewidmet, der Ziegenzucht und dem Gemeindeleben. Er grüßte die Olsons vorsichtig. „Oh, mein Gott", sagte er, „ich bin so erleichtert, dass Sie nicht alle eine Pistole in der Hand halten." In der Nacht zuvor, so erzählte er ihnen, habe er geträumt, dass die Olsons ihn erschossen hätten. Die Familie wollte Antworten, doch Gottlieb, ganz seiner Spionageausbildung treu, blieb ausweichend. Er sagte, dass er den Vorfall bedauert habe, aber leugnete, dass Olson aus dem Fenster gestoßen worden sei. Am Ende des Treffens blaffte Gottlieb Eric an: „Ich sehe schon, Sie werden noch immer vom Tod Ihres Vaters verfolgt. Ich rate Ihnen, einer Selbsthilfegruppe für Kinder, deren Eltern Selbstmord begangen haben, beizutreten."

Die Familie rief auch den mittlerweile im Ruhestand lebenden Lashbrook in seinem Haus in Ojai in Kalifornien an. Eric erinnert sich, dass Lashbrook unkommunikativ und nervös wirkte und behauptete, er habe entscheidende Einzelheiten vergessen. Die einzige nützliche Information, die er beisteuern konnte war, dass Gottlieb und Olson eine Woche vor seinem Tod in New York gewesen waren, ein Umstand, den Gottlieb wohl vergessen hatte zu erwähnen.

Verhielt sich die kultische Geheimhaltungspolitik der CIA wie eine unverrückbare Mauer des Schweigens, so hatte sich Eric in den frühen 1990ern zu einer unaufhaltbaren Dampframme entwickelt. Erics Hobby war zur fixen Idee geworden, die seine Karriere überflügelt hatte: Als er endgül-

Der LSD-Fall

tig nach Amerika zurückgekehrt war, gab er seine Arbeit als klinischer Psychologe auf, um sich ganz dem Fall seines Vaters widmen zu können. Um seine Ermittlungen zu finanzieren, entwickelte er sich zu einem Experten in der Kunst der Mittelbeschaffung für Non-Profit-Unternehmungen. Außerdem lieh er sich Geld von Freunden und der Familie, reizte ein halbes Dutzend Kreditkarten aus und begann, in Schulden zu versinken. Freundschaften gingen in die Brüche. Es kam zu Reibereien zwischen Eric und Nils, einem erfolgreichen Zahnarzt, der zunächst Eric finanziell bei seiner Suche unterstützt hatte, aber nun anfing, sich Sorgen zu machen, dass Eric langsam am Durchdrehen sei.

Die Sorge um seine Mutter, die Anfang der 1990er an Bauchspeicheldrüsenkrebs erkrankt war, hielt Eric davon ab, den nächsten logischen Schritt zu tun. Doch nachdem Alice 1993 gestorben war, entschied Eric, mit der Einwilligung von Nils, den Körper seines Vaters exhumieren zu lassen. Im Juni 1994, 41 Jahre nach Olsons Begräbnis, sah Eric dabei zu, wie ein Bagger begann, die Erde über dem Grab seines Vater wegzuschaufeln. Professor James Starrs, ein Kriminologe und Experte für Forensik an der George Washington Universität, der bereits zuvor die Leichen von Jesse James und Carl Weiss, dem angeblichen Mörder von Senator Huey Long, exhumiert und untersucht hatte, war aufsichtführend bei der Unternehmung. Nach zwei Stunden des Grabens beförderten Starrs Männer den verrosteten Sarg aus der Grube und brachten ihn zu einem nahen Polizeilabor.

Als er sich anschickte, den Deckel zu öffnen, warnte Starr Eric nicht hinzuschauen. Der Anblick der eingefallenen Leiche seines Vaters könne ihn verstören. „Ich will das sehen!", schoss Eric zurück. Als Starr den Deckel anhob, war Eric überrascht, wie gut der Körper Olsons erhalten geblieben war. Die Haut war braun und verschrumpelt, aber das Gesicht war noch immer erkennbar.

Nachdem Eric das Labor verlassen hatte, begann Starr mit seiner Autopsie. Rasch erkannte er, dass der Bericht des New Yorker Leichenbeschauers von 1953 völlig falsch war. Der Bericht hatte multiple Schnittwunden im Gesicht beschrieben, die durch den Aufprall auf das Glas entstanden waren. Doch Starr blickte auf ein unverwundetes Gesicht, frei von Schnitten. Und weitaus bemerkenswerter als das, was er nicht fand, war das, was Starr *fand*: eine große Wunde über Olsons linkem Auge, die Starr den Eindruck vermittelte, als sei dem Opfer auf den Kopf geschlagen worden, *bevor* es durch das Fenster stürzte. Starr zog daraus den Schluss, dass die forensische Beweislage „krass und eindeutig auf einen Mord hinwies".

„Ich bin außerordentlich skeptisch, dass Frank Olson aus eigener Kraft durch dieses Fenster ging", sagte Starr am Ende seiner Ermittlung. Die Beweise legten den Schluss nahe, dass jemand Olson eins übergezogen habe, ent-

Der LSD-Fall

weder während dieser geschlafen habe oder während eines Kampfes, und ihn dann aus dem Fenster geworfen habe.

Drei Jahre später entdeckte Eric, dass ein CIA-Tötungshandbuch, das Ende 1953 verfasst worden war, also genau zum Zeitpunkt des Todes seines Vaters, exakt diese Technik beschrieb. Das Handbuch, dessen Geheimhaltung 1997 von der CIA aufgehoben worden war, enthielt die folgende, unheimliche Passage: „Die effizienteste Unfallart bei einem einfachen Attentat ist ein Fall aus 25 Metern Höhe oder mehr auf eine harte Oberfläche. Aufzugschächte, Treppenhäuser, ungeschützte Fenster und Brücken sind denkbar ... Der Akt kann durch ein plötzliches, kräftiges (Wegziehen) der Knöchel vollzogen werden, der das Zielobjekt über die Kante kippen lässt." Das Handbuch empfiehlt einen harten Schlag gegen die Schläfe des Opfers: „In Verfolgungsfällen wird es für gewöhnlich notwendig sein, das Zielobjekt zu betäuben oder unter Drogen zu setzen, bevor man es fallen lässt." Eric hatte noch andere Gründe anzunehmen, dass sein Vater das Opfer eines CIA-Attentats geworden war. Der Enthüllungsschreiber H. P. Albarelli jr., der eigene Nachforschungen im Todesfall Olson angestellt hatte, behauptete, in Florida in Kontakt mit einigen CIA-Agenten im Ruhestand zu stehen. Diesen ungenannten Quellen zufolge hatte die CIA Auftragskiller aus dem Umfeld von Mafiaboss Trafficante angeheuert, um Olson in Zimmer 1018A umzubringen. Unter Verweis auf Geheimhaltungsabkommen mit der CIA haben diese Quellen sich bislang geweigert, mit ihren Behauptungen an die Öffentlichkeit zu gehen.

Obwohl er einen Berg an Indizienbeweisen angesammelt hatte, wurde Eric durch die Verzichtserklärung ausgebremst, die er und seine Familie unterschrieben hatte und durch die sie versprochen hatten, die CIA nicht zu verklagen. Außerstande, den Fall zivilrechtlich weiterzuverfolgen, wandte er sich dem Strafjustizsystem zu. 1996 bat Eric den Bezirksstaatsanwalt (D. A.) Robert Morganthau, eine neue Ermittlung einzuleiten. Morganthau willigte ein und übergab den Fall seiner Abteilung für „ungelöste Kriminalfälle". Fast augenblicklich musste die Ermittlung jedoch einen größeren Rückschlag einstecken. Eine Woche, nachdem der Fall neu aufgerollt worden war, verschwand mit William Colby ein wichtiger Zeuge. Nach einer intensiven zehntägigen Suchaktion auf dem Wicomico River im südlichen Maryland, wo er zuletzt beim Kanufahren gesehen worden war, wurde der Körper des ehemaligen CIA-Chefs ans Ufer gespült. Sein Tod wurde als Unfall zu den Akten gelegt.

Unterdessen wehrte sich der Ex-CIA-Mann Robert Lashbrook gegen Morganthaus Versuche, ihn zu befragen, schließlich beugte er sich einer eidesstattlichen Aussage. Doch die Versuche des D. A., Sidney Gottlieb zu befragen, der zu einer zentralen Person der Ermittlung wurde, erledigten sich endgültig, als der kränkelnde Gottlieb 1999 verstarb; welche Geheimnisse auch immer er noch hütete, er nahm sie mit sich ins Grab.

Der LSD-Fall

Auch wenn die kalte Spur zunehmend kälter zu werden schien, gelang es dem Büro des D. A. doch, eine Reihe interessanter Hinweise aufzutun. Vor allem eine Quelle mit Verbindungen zum israelischen Geheimdienst, die den Ermittlern erzählte, dass der israelische Auslandsgeheimdienst Mossad den Fall Olson im Rahmen seines Agenten-Ausbildungsprogramms jahrelang als Schulbeispiel für den „perfekten Mord" verwendet hätte.

Doch als das neue Millennium anbrach, wurde Eric klar, dass der D. A. von New York anfing, das Interesse zu verlieren. Täglich überschwemmte Eric die Abteilung für „ungelöste Kriminalfälle" mit neuen Hinweisen, doch nur wenige davon wurden weiterverfolgt. Anfang 2002 ließ der D. A. zu Erics Bestürzung und Frustration den Fall stillschweigend fallen (das Büro des D. A. von New York weigerte sich unter Berufung auf das Justizgeheimnis, die Angelegenheit zu kommentieren). In einem wütenden Brief an Morganthau beschuldigten Eric und Nils das Büro des D. A., als „korrumpiert und ... dem Druck der Behörden nachgebend, sich mit der wirklichen Überprüfung der (mit dem Fall Olson in Zusammenhang stehenden) Fakten und Motive zurückzuhalten." In einem weiteren Brief an den Stellvertretenden D. A. Stephen Saracco schrieb Eric: „Ich weiß, dass Sie Grund zu der Annahme haben (nein – das ist zu schwach formuliert; „dass Sie es wissen" trifft es wohl eher), dass mein Vater ermordet wurde. Das haben Sie mehr als deutlich zu verschiedenen Gelegenheiten betont ... Wenn ich zurückblicke, erkenne ich, dass sich alles änderte, als sie aus Kalifornien zurückkehrten (um Lashbrooks Aussage aufzunehmen). Sie haben aufgehört, die Initiative zu ergreifen, Sie hörten auf, Beweise zu sammeln."

Für Eric war die Niederlegung des Falles durch den D. A. nur ein weiterer in einer langen Reihe von Verraten seitens der Regierung. Doch selbst die schlimmsten Rückschläge können lehrreich sein. Endlich erkannte er, dass er naiv gewesen war anzunehmen, Gerechtigkeit von derselben Regierung erwarten zu können, die das fragliche Verbrechen begangen hatte. Seine zynische Beobachtung: „Die CIA ist in diesem Land noch nie eines Verbrechens für schuldig befunden worden."

Ironischerweise mag der Fall Olson tatsächlich eine wichtige Rolle in der Stärkung der Fähigkeiten der CIA gespielt haben, ungestraft Straftaten begehen zu können – dem Äquivalent einer Freikarte aus dem Gefängnis. Später entdeckte Eric eine offizielle „Vereinbarung zur Zusammenarbeit" zwischen der CIA und dem Justizministerium, welche die CIA im Kern davon freistellte, Verbrechen, die ihr eigenes Personal begangen hatte, zu melden, sofern dies „hoch geheime und komplexe verdeckte Operationen" gefährde.

Der Zeitpunkt des Memorandums war interessant. Es war Anfang 1954 entworfen worden, kurz nach Olsons Tod, zeitgleich mit der internen Untersuchung der CIA in der Olson-Affäre und in einer Vorwegnahme der damals

231

Der LSD-Fall

anstehenden Gesetzesregelung, die Regierungsbehörden in die Pflicht nahm, kriminelle Verstöße ihrer Angestellten dem Justizministerium zu melden.

Das Memo blieb für Jahrzehnte verschlossen und offiziell inexistent, bis der Fall Olson 1975 erneut in die Schlagzeilen kam. Am Tag, nachdem sich Präsident Ford bei den Olsons im Oval Office entschuldigt hatte, versammelte sich ein Subkomitee des Kongresses unter der Leitung von Bella Abzug, um Lawrence Houston zu befragen, den ehemaligen Chefsyndikus der CIA, der 1954 das Memo ausgearbeitet hatte. In einem Transkript der Anhörung zwingt Abzug den ehemaligen CIA-Anwalt, die Entstehung des Papiers zu erklären. Als der Anwalt herumdruckst, fragt ihn Abzug erstaunlicherweise, ob das Memo irgendetwas mit der Vertuschung des Mordes im Falle Olson zu tun habe.

ABZUG: Wenn wir es mit einem Verbrechen zu tun haben, mag es sich hierbei sehr wohl um ein Vergehen gegen den Staat gehandelt haben. Wurde (der Fall Olson) jemals der Polizei von New York oder den Bundesbehörden zur Ermittlung übergeben?

HOUSTON: Nicht, dass ich wüsste.

ABZUG: Mit anderen Worten gab diese Vereinbarung zur Zusammenarbeit Ihrer Meinung nach der CIA das Recht ... Individuen Immunität zu gewähren, die von der CIA zu allen möglichen Arten von Verbrechen herangezogen wurden, darunter möglicherweise Mord.

In Ermangelung einer klaren Antwort übte die unbezwingbare Kongressfrau stärkeren Druck aus und schließlich gab Houston nach:

HOUSTON: Das wäre denkbar, ja.

ABZUG: War es so?

HOUSTON: In gewissen Fällen, ja.

Zu dem Zeitpunkt, als Eric die Transkripte der Anhörung ausgegraben hatte, war Abzug bereits verstorben. Man kann also nicht mit Sicherheit sagen, ob sie bestimmte Gründe hatte – anstatt nur einem gesunden Argwohn gegenüber der CIA –, anzunehmen, dass Olson ermordet worden sei.

Später fragte sich Eric, ob Houstons „Vereinbarung zur Zusammenarbeit" oder irgendeine andere Absprache hinter verschlossenen Türen eine Rolle in dem Abbruch der Ermittlungen durch das Büro des D. A. von New York

Der LSD-Fall

gespielt haben könnte. Wie hatte Professor Starr das Rätsel einmal zusammengefasst: „Wenn Du an dem Fall Olson zu ziehen beginnst, spürst Du, dass etwas sehr Großes dagegenhält." Verbittert, zynisch, frustriert und absolut unbeirrt trieb Eric seine eigenen Nachforschungen weiter. Er lebte nun alleine in dem Haus der Familie, das sein Vater erbaut hatte, und umgab sich mit Stapeln aus Dokumenten und Beweisstücken, die er in seiner jahrzehntelangen Suche nach Gerechtigkeit angesammelt hatte. Das wenige Geld, das er zusammenzukratzen vermochte, ließ er in die Ermittlung fließen. In der Zwischenzeit war das Heim der Olsons in Ermangelung ordentlicher Pflege dem Verfall preisgegeben worden, die Farbe blätterte von den Wänden ab und das Dach leckte. In gewisser Weise war es ein Geisterhaus, von seiner eigenen dunklen Vergangenheit verfolgt.

Obwohl Eric davon ausging, dass sein Vater das Opfer eines Mordanschlags der CIA geworden war, war das denkbare Motiv für einen Mord lange Zeit die Schwachstelle seiner Theorien gewesen. Doch dann tauchten neue Quellen auf. Eine von ihnen war ein ehemaliger CIA-Zuhälter namens Ira „Ike" Feldman. Feldman, ein quadratischer, muskulöser Bursche, der vom Scheitel bis zur Sohle den harten Mann mimte, war in den 1950ern ein Agent der Bundesdrogenbehörde gewesen. Zu fragwürdigem Ruhm, wenn auch nur als üble Fußnote der Geschichte, war er vor allem durch seine Arbeit als Freischaffender gekommen, der Prostituierte einsetzte, um arglose „Johns" zu einem Safehouse der CIA in San Francisco zu lotsen, wo die unwissentlichen Vergnügungssuchenden dann mit MK-ULTRA-Acid zugedröhnt wurden. Feldman erzählte Eric, dass Olson ermordet worden sei.

In einer Dokumentation aus dem Jahr 2002, die im deutschen Fernsehen ausgestrahlt wurde, verriet Feldman: „Meine Quellen waren die Polizei von New York City, Agenten der Bundesdrogenbehörde und sogar CIA-Agenten selbst. Sie alle sagten das Gleiche: dass (Olson) aus dem Fenster geschubst worden sei und nicht gesprungen war. Leute, die ihn aus dem Weg haben wollten, sagten, er rede zu viel und er erzähle Leuten von Dingen, die er getan habe, die aber amerikanische Geheimnisse sind. Wenn man an einem hoch geheimen Regierungsding dran ist ... und es sickert an Leute durch, die davon nichts wissen sollten, gibt es nur einen Weg, damit umzugehen: umbringen!" Sicherlich war Olson als CIA-Wissenschaftler, der während des Kalten Krieges an einigen der geheimsten Projekte der Nation mitarbeitete, in der Position, Dinge zu wissen, die, sollten sie der Öffentlichkeit zur Kenntnis gebracht werden, sich als sehr unangenehm für die Regierung herausstellen würden. Doch was, so fragte sich Eric, könnte sein Vater gewusst haben? Ein weiterer Hinweis fand sich ein, als ein europäischer Rechercheur und Journalist Eric kontaktierte und ihm von einer Reise seines Vaters nach England, Deutschland und Skandinavien im Sommer 1953 erzählte. Der Recher-

233

Der LSD-Fall

cheur hatte William Sargant interviewt, den englischen Psychiater und Berater britischer Geheimdienste (wie auch Autor eines Buchs über Gehirnwäsche). Olson hatte Sargant getroffen, um mit ihm über ein moralisches Dilemma zu sprechen: Er hatte voll Grauen mitansehen müssen, wie die CIA „tödliche Experimente" an menschlichen Subjekten vollzog: Nazi-Gefangenen und Spionen, an denen unterschiedliche, manchmal tödliche, ARTICHOKE-Verhörtechniken ausprobiert worden waren.

Olsons spezieller Diplomatenpass bestätigte, dass er in diesem Zeitrahmen tatsächlich in Regierungsgeschäften Europa bereist hatte. Eric erinnerte sich an Erzählungen innerhalb der Familie über Olsons Gemütszustand nach seiner Rückkehr von dieser Europa-Spritztour. Laut Erics Onkel, der mit Olson im Sommer 1953 gesprochen hatte, hatte dieser an einer Art ethischer Krise gelitten. Einmal hatte Olson gegenüber seiner Frau gemeint, dass die Amerikaner genauso verantwortlich für „Kriegsverbrechen" seien wie es die Deutschen gewesen waren.

Im Frühjahr 2001 hörte Eric von einem der Kollegen seines Vaters in Camp Detrick, Norman Cournoyer, einem Mann, von dem Eric geglaubt hatte, er sei tot. Cournoyer hatte mit Olson während des Zweiten Weltkriegs an der Entwicklung von Schutzkleidung gearbeitet, die von amerikanischen Soldaten während des Sturms auf die Normandie getragen wurde. Er blieb Erics Vater auch nach dem Krieg verbunden, als Olson in die CIA rekrutiert worden war. Cournoyer hatte kurz zuvor einen Artikel über Eric im *New York Times Magazine* gelesen. „Eric", sagte er, „du hast praktisch alles in der Hand, außer einer Sache."

„Was wäre das?", erwiderte Eric.

„Den historischen Kontext."

Eric bat ihn, das näher zu erklären, doch der alte Mann äußerte Bedenken. „Ich bin 82 Jahre alt und ich habe keine Angst mehr", sagte er. „Ich werde dir die Wahrheit sagen. Aber ich will es nicht am Telefon tun."

Eine Woche später flog Eric nach Massachusetts, um Cournoyer in seinem Haus zu besuchen. Der Mann, der ihn an der Türschwelle begrüßte, war körperlich gebrechlich, seit einem Schlaganfall an einen Rollstuhl gefesselt, doch er hatte noch immer einen wachen Geist. Cournoyer führte Eric in sein Esszimmer und wies ihn an, alle Gemälde von der Wand abzunehmen, um für den knapp drei Meter langen Zeitstrahl Platz zu schaffen, den Eric mitgebracht hatte, eine chronologische Collage.

Cournoyer kam gleich zur Sache: „Ja, dein Vater arbeitete für die CIA. Das hat er mir persönlich gesagt." Cournoyer erklärte, dass Olson irgendwann 1946–1947 enthüllt hatte, dass er „einen neuen Weg beschreite" – als CIA-Angestellter. Dieser „Weg" umfasste auch die „Informationsbeschaffung", ein Geheimdiensteuphemismus für Verhörtechniken, die im Rahmen des Projekts ARTICHOKE entwickelt wurden.

234

Der LSD-Fall

Cournoyer bestätigte, dass Olson in diesem Sommer des Jahres 1953 „aufgewühlt" aus Deutschland zurückgekehrt sei. In der im deutschen Fernsehen ausgestrahlten Dokumentation ging Cournoyer später in Einzelheiten, indem er sagte, dass „die Menschen, die (Olson) in Deutschland sah (im Verhörzentrum der CIA), bis zum Extrem gingen. Er sagte: ‚Norm, hast du jemals einen Menschen sterben sehen?' Ich sagte: ‚Nein.' Er sagte: ‚Ich schon.'"

Olson erzählte Cournoyer, dass die Verhörspezialisten der CIA experimentelle Techniken anwandten, die erstmals in Drogenexperimenten der Nazis während des Krieges zum Einsatz gekommen waren. Jetzt testeten die Amerikaner dieselben Techniken an gefangenen Deutschen und anderen. „Sie benutzten Nazis", sagte Cournoyer, „sie benutzten Gefangene, sie benutzten Russen."

Doch tödliche ARTICHOKE-Experimente waren nicht das Einzige, das im Sommer des Jahres 1953 schwer auf Olsons Gewissen lastete. Cournoyer deutete auf eine Zeitspanne in den frühen 1950ern auf Erics Zeitstrahl und bemerkte nur lakonisch: „Korea ist der Schlüssel." Das war der historische Kontext, auf den er sich während des Telefonats bezogen hatte.

„Dein Vater", erläuterte Cournoyer, „war entsetzt, als er erkannte, dass die Amerikaner in Korea biologische Kriegsführung einsetzen."

Laut Cournoyer hatte Olson durch seine Arbeit in Camp Detrick direktes Wissen über illegale Experimente in biologischer Kriegsführung erlangt, die von den Streitkräften der USA und der CIA an koreanischen Soldaten und Zivilisten durchgeführt wurden. Einer der ansteckenden Erreger, die eingesetzt wurden, war nichts anderes als luftübertragener Milzbrand, Olsons Spezialgebiet. Cournoyers Ausführungen brachten in Eric eine Saite zum Klingen. Er erinnerte sich, dass ihm seine Mutter erzählt hatte, Olson sei besorgt gewesen, dass die Vereinigten Staaten Biowaffen in Korea einsetzen könnten.

Die US-Regierung hat alle Anschuldigungen immer von sich gewiesen, die behaupteten, dass koreanische Soldaten mit Anthrax besprüht und eine Reihe anderer tödlicher Erreger der bakteriologischen Kriegsführung, darunter mit Beulenpest infizierte Fliegen, im Kriegsgebiet abgeworfen worden seien. Diese Anschuldigungen haben sich indes als hartnäckig erwiesen und gelten vor allem dank einer internationalen Studie in dieser Angelegenheit aus dem Jahr 1952 überall in der Welt, außerhalb der 202 Ortskennzahlzone, generell als bewiesen.

War Olson – der aus seinem zunehmenden ethischen Dilemma kaum ein Geheimnis machte – zu einem Sicherheitsrisiko geworden? Fürchteten seine Vorgesetzten, er könne zum Verräter werden und gefährliches Wissen über die Anwendung von Tötungsmethoden aus dem Repertoire deutscher und japanischer Kriegsverbrecher durch Amerika preisgeben? Cournoyer glaub-

Der LSD-Fall

te dies. „Das", so verriet er Eric, „war sehr wahrscheinlich der Grund, warum Dein Vater ermordet wurde."

Während Eric mit dem alten Freund und Kollegen seines Vaters sprach, unterbrach sie auf einmal Cournoyers Gärtner. „Da draußen ist etwas", sagte er und deutete auf das Fenster, das zum Garten hinausführte. Die Männer gingen ans Fenster. Hinter einem Baum, der mitten auf dem Rasen stand, tauchte ein mächtiger Berglöwe auf. Mit langsamen Schritten überquerte er den Hof, während die Männer voller Erstaunen zuschauten. Ein drittklassiger Romanschreiber hätte keine deutlichere Metapher heraufbeschwören können: Die Katze war in der Tat aus dem Sack.

Im weiteren Zusammensetzen seiner Post-Mortem-Collage begegnete Eric auch Zeichen und Symbolen, die weniger fantastischer Natur waren.

So existierte eine seltsame Notiz in Olsons persönlicher Akte in Camp Detrick, die andeutete, dass die CIA ihn in der Tat als Sicherheitsrisiko angesehen hatte. 1994 entdeckte ein Reporter der *Associated Press* die maschinengeschriebene Notiz, die einen früheren, handschriftlich verfassten Vermerk zitierte, der 1975 von einer, nur als „Army im Ruhestand und DAC im Ruhestand" (Army-Abkürzung für „Department of the Army Civilian) beschriebenen Person nach Camp Detrick weitergeleitet worden war. Der handschriftliche Vermerk mit dem Titel „RE – DR. F. W. OLSON" empfahl eine weitere Untersuchung von Olsons Lebenslauf in Verbindung mit seinem Tod. Ein Punkt auf der Liste riet, dass jemand sich die folgende Sache anschauen solle: „Reise nach Paris und Norwegen 1953 (?) und mögliche Furcht einer Sicherheitsübertretung. Quellen – F. W. Wager, H. T. Eigelsbach, Robert Lashbrook und Dr. (Abramson)."

Dass die CIA viel zu verbergen hat, erwies sich im Sommer 2001 auf dramatische Art und Weise, als Eric einige Dokumente aus der Gerald Ford Präsidentenbibliothek aus Ann Arbor in Michigan erhielt. Unter diesen Papieren befanden sich auch Memos von hohen Mitarbeitern des Weißen Hauses und Anwälten, die sich besorgt über die Möglichkeit einer Anklage durch die Familie Olson und die unvermeidbar damit einhergehenden, öffentlichen Enthüllungen äußerten. Der Jurist im Weißen Haus, Roderick Hills, schrieb an den Stellvertretenden Stabsdirektor Dick Cheney (jawohl, der Dick Cheney): „Dr. Olsons Arbeit (war) so sensibel", dass die Regierung sich in einem Gerichtsverfahren weigern würde, sie darzulegen.

Eine der anderen Notizen, diesmal verfasst von Cheney und zwar am 11. Juli 1975, dem Tag nach der Pressekonferenz der Familie Olson, und adressiert an seinen Boss Donald Rumsfeld (jawohl, *der* Donald Rumsfeld) äußerte Besorgnis über die Möglichkeit, dass es im Rahmen eines Gerichtsverfahrens oder gesetzlicher Anhörungen notwendig werden könnte, hoch geheime Informationen der nationalen Sicherheit bekannt zu geben.

Der LSD-Fall

Solch eine Enthüllung sollte um jeden Preis verhindert werden, erklärte die interne Korrespondenz. Worum genau handelte es sich bei den „hoch geheimen Informationen der nationalen Sicherheit"? MK-ULTRA? Was dieses Programm anging, war die Enthüllung bereits in vollem Gange. War das große Geheimnis, dass Olson ein CIA-Mitarbeiter war? Das scheint kaum sonderlich erschütternd im Kontext einer versehentlichen LSD-Verabreichung. Genau genommen wäre es von der PR her wesentlich weniger skandalös gewesen, wenn ein CIA-Mitarbeiter in einem vergeigten CIA-Drogenexperiment gestorben wäre als ein unschuldiger Army-Zivilist, der zum Sündenbock gemacht wurde. Wenn allerdings das „hoch klassifizierte" Geheimnis sich um einen von der CIA angeordneten Mord an einem der ihren drehen sollte, dann fängt die jahrzehntelange, aggressive Vertuschungspolitik langsam an, Sinn zu ergeben.

50 Jahre nach der Tat kam Eric zu dem Schluss, er habe endlich das sorgsam gehütete Staatsgeheimnis um den Tod seines Vaters gelüftet. Im Sommer 2002 waren er und Nils endlich bereit, ihren Vater, und das Rätsel, zur letzten Ruhe zu betten. Neun Jahre nach der Exhumierung von Olsons Körper übergaben Eric und Nils die verfluchten Knochen ihres Vaters wieder der Erde (die Kleidung blieb in Professor Starrs Labor). Nun liegen sie in einer Parzelle neben den sterblichen Überresten von Alice, der gemeinsamen Tochter Lisa, deren Ehemann und deren Kind.

Am Tag vor dem erneuten Begräbnis hielten die überlebenden Olsons eine letzte Pressekonferenz in ihrem Garten ab. Es war nicht unbedingt das Ende, das sich die Familie Olson so viele Jahre lang erhofft hatte; so war beispielsweise niemand vom Büro des D. A. anwesend, um irgendein offizielles Ergebnis zu verkünden oder gar eine Ermittlung durch den Kongress einzufordern. Und keine Regierungsstelle sollte einen Bericht veröffentlichen, der anerkannte, dass Frank Olson ermordet worden war. Nichtsdestoweniger war es eine Art von Gerechtigkeit – hart erkämpft und selbst errungen.

„Frank Olson starb nicht infolge eines fehlgeschlagenen Drogenexperiments", sagte Eric vor einem kleinen Pulk Fernsehkameras. „Er starb aufgrund von Sicherheitsbedenken bezüglich abgeleugneter Programme rund um todbringende Verhörmethoden sowie den Einsatz von Biowaffen in Korea. Dieses Geheimnis war so wichtig, dass das Weiße Haus sich selbst 22 Jahre später in der Pflicht fühlte, es zu bewahren."

Endlich war der Fall, der 49 Jahre zuvor begonnen hatte, vorbei. Er hatte die Familie in einer Art Limbus schweben lassen, als Gefangene ihrer eigenen unentdeckten und ungelösten Vergangenheit. Und wie Körper, die um einen fernen, gewaltigen und kaum sichtbaren Gegenstand kreisen, schien ihr Schicksal stets unter ihnen wegzufallen. Doch an dem Tag, als Eric seinen Vater zum zweiten Mal zur Ruhe bettete, schien auch der Sohn wieder

Der LSD-Fall

festen Boden unter den Füßen gefunden zu haben. „Heute", verkündete er, „erreichte Frank Olson endlich den Boden." Eric Olson hätte genauso gut über sich selbst sprechen können.

QUELLEN:

Albarelli Jr., H.P. und John Kelly: „The Strange Story of Frank Olson". *Weekly Planet,* 6. Dezember 2000.

Briefwechsel und Unterhaltungen mit Eric Olson.

Fischer, Mary A.: „The man Who Knew Too Much". *Gentlemen's Quarterly,* Januar 2000.

Olson, Eric: Frank Olson Project Website, *www.frankolsonproject.org.*

Gup, Ted: „The Coldest Warrior". *Washington Post Magazine,* 16. Dezember 2001.

Ignatieff, Michael: „What Did the CIA Do to Eric Olson's Father?" *New York Times Magazine,* 1. April 2001.

Koch, Egmont R. und Michael Wech: „Codename: ARTICHOKE". Egmont R. Koch Filmproduktion. Zum ersten Mal am 12. August 2002 im deutschen Fernsehen ausgestrahlt.

Marks, John: „The Search for ‚The Manchurian Candidate'". New York: Norton 1991.

VERSCHWÖRUNGEN AUS DEUTSCHER SICHT

von Christian Lukas

DER 11. SEPTEMBER

„Deutschland weint mit Amerika", schrieb die *Bild*-Zeitung am 12. September 2001 in ihrer Mittwochsausgabe. Deutschland befand sich ebenso im Schockzustand wie der Rest der westlichen Welt, eine treffendere Überschrift für einen Artikel, der das Befinden der Deutschen an diesem Tag wiedergab, konnte es kaum geben. Millionen hatten den Einschlag des zweiten Flugzeugs in den zweiten Turm des WTC live an ihren Fernsehgeräten verfolgt. Und genau dies war das Ziel der Attentäter, verliefen ihre Anschläge doch nach einer perversen, aber perfekten Choreographie. Flugzeug Nummer 1 flog ins Word Trade Center, um die Presse auf den Plan zu rufen. Und als die Kameras aufgebaut auf den Dächern der Stadt standen, um das brennende Hochhaus zu filmen, knallte das zweite Flugzeug ins Gebäude. Keine Wackelbilder, keine Unschärfen. Ein perfektes Bild für die Nachrichten. Und die Weltöffentlichkeit war direkt zugeschaltet.

Auf Seite 2 der Tageszeitung *Die Welt* lernte die deutsche Öffentlichkeit am Tag nach den Anschlägen den meist gehassten Mann in den USA kennen: Osama bin Laden. „Reflexartig fällt der Verdacht auf Osama bin Laden, den milliardenschweren Terroristenführer unter dem Schutz der Taliban", schrieb der Autor des Artikels und hielt eine aus heutiger Sicht wohltuende Distanz zu den Ereignissen. „Reflexartig", genau das ist das richtige Wort. Noch bevor die ersten stichhaltigen Untersuchungsergebnisse auf dem Tisch lagen, berichteten die Medien, egal welcher Art und welcher politischen Ausrichtung, dass eigentlich nur Osama bin Laden für die Anschläge verantwortlich sein konnte. „Nach Angaben aus US-Regierungskreisen stehen hinter den Anschlägen möglicherweise Personen um den international gesuchten saudi-arabischen Terroristen Osama bin Laden. Einige Anzeichen sprächen dafür, dass mit bin Laden oder seiner Organisation El Kaeda (sic!) in Verbin-

Der 11. September

dung stehende Personen verantwortlich sein könnten, es sei aber noch zu früh für eine Schuldzuweisung." So das *Handelsblatt* am Tag nach den Anschlägen auf Seite 1.

Während auch die deutsche Öffentlichkeit vollkommen schockiert die umfangreichen Live-Berichterstattungen der nächsten Tage verfolgte und in einer seltsamen Form der Lethargie verweilte, betitelte die *Mittelbadische Presse* am Samstag, den 15. September, den Aufmacher ihrer Wochenendausgabe mit dem Zitat: „Wir gewinnen den ersten Krieg des 21. Jahrhunderts". Das Zitat stammt von Donald Rumsfeld, dem amerikanischen Verteidigungsminister. Im weiteren Verlauf des Artikels hieß es: „Der US-Kongress bewilligte außerdem ein 40 Milliarden Dollar (...) umfassendes Sonderprogramm zum Kampf gegen den Terrorismus." 40 Milliarden Dollar, vier Tage nach den Anschlägen! Zu diesem Zeitpunkt wurde nur noch Osama bin Laden als Schuldiger in den Medien genannt. Andere Spuren wurden in der Öffentlichkeit nicht mehr diskutiert. Nur wenige Journalisten sprachen sich zu diesem Zeitpunkt noch für eine zurückhaltende, wohl überlegte Reaktion aus. Zu diesen wenigen Journalisten gehörte Friedemann Diederichs, US-Korrespondent besagter *Mittelbadischen Presse*: „Der Begriff Krieg gehört seit 48 Stunden zum Alltags-Repertoire. Länder wie Afghanistan, der Irak, Sudan und sogar Pakistan dürfen sich zum Kreis künftiger Gegner [der USA] rechnen." Und weiter: „Man möchte einige Minuten der Besinnung auch den Verantwortlichen im Weißen Haus wünschen, die bereits die Nationen dieser Welt vor die klare Wahl gestellt haben: Steht mit uns gemeinsam gegen den Terrorismus und verweigert diesem Unterstützung und Herberge – oder stellt Euch auf tausendfachen Tod und geballte Zerstörung ein."

Von den 19 Terroristen stammen die meisten aus Saudi-Arabien. Hätte Amerika also tatsächlich Rache für den 11. September nehmen wollen, hätte das Weiße Haus folglich eigentlich Riad ein wenig näher in Augenschein nehmen müssen. Pakistan, in den Augen der amerikanischen Sicherheitsdienste einst ein Hort des Terrorismus, gehört heute zu den liebsten Freunden Washingtons – seit die USA bei ihren Angriffen auf Afghanistan in den Monaten nach dem 11. September den pakistanischen Luftraum quasi nach Belieben nutzen durften.

Die Invasion Afghanistans als erste Strafaktion!

Die Invasion des Landes am Hindukusch durfte zwar durchaus als Erfolg betrachtet werden, noch vor Ende des Jahres 2001 wurden die in dem Land regierenden Fundamentalisten der Taliban geschlagen, doch fehlte diesem Sieg die richtige Symbolkraft. Also musste ein anderer Feind dran glauben, einer, den die Welt kannte, hasste, verabscheute: Saddam Hussein. So marschierte die US-Armee in den Irak ein. Keine Frage: Machthaber Saddam Hussein war ein gefährlicher, menschenverachtender Diktator, man muss ihm keine

241

Der 11. September

Tränen nachweinen. Aber mit dem 11. September, der den USA die Rechtfertigung für ihr Handeln lieferte, hat er, wie man heute weiß, schlicht und ergreifend nichts zu tun gehabt. Die Stimmen jedoch, die in den Tagen der Kriegsvorbereitungen etwas anderes behaupteten, wurden von den Steigbügelhaltern der amerikanischen Bush-Administration scharf attackiert. Man erinnere sich an die politischen Debatten in Deutschland im Vorfeld des Irak-Krieges: Die Regierung aus SPD und Grünen, die sich vehement gegen einen Krieg aussprach und eine deutsche Beteiligung kategorisch ausschloss auf der einen Seite – und auf der anderen Seite die Opposition aus CDU und FDP, die zwar nicht gerade mit Hurra deutsche Soldaten ins Getöse schicken wollte, die Regierung aber aufgrund ihrer „starren" Haltung scharf kritisierte und zumindest einen Einsatz deutscher Soldaten nicht kategorisch ausschließen wollte. Antiamerikanismus wurde der Regierung vorgeworfen, die Meinungsverschiedenheit glich nicht selten einer dreckigen Schlammschlacht, in der Macht- und Wirtschaftsinteressen den Streit dominierten und nicht die Menschen, da man fürchtete, US-Investoren würden lieber in Ländern investieren, die sich am Einmarsch beteiligten. Ungeachtet der Tatsache, dass sich die überwiegende Mehrheit der deutschen Bevölkerung gegen einen Krieg aussprach, unabhängig von Alter, Religionszugehörigkeit und Parteienpräferenz.

Aus der Ablehnung entwickelte sich schließlich ein regelrechter Trotz. Es bürgerte sich zum Beispiel der Begriff der „Administration Bush" ein. Eine Regierung als Administration, als Verwaltungsbehörde, zu bezeichnen, ist in Deutschland eigentlich ungewöhnlich, da sie eine gewisse Missachtung gegenüber den gewählten Volksvertretern erkennen lässt. Andererseits, argumentierten die Kritiker der amerikanischen Regierung 2003, sei die Administration Bush nicht viel mehr als eine Verwaltungsbehörde – sie verwaltete die amerikanischen Öl-Interessen. Der Irak besitzt einige der sprudelndsten Öl-Quellen der Welt und dass eine US-Regierung noch nie gezögert hat, auch demokratische Regierungen zu stürzen, wenn sie ihre Öl-Interessen gefährdet sah, ist ja kein Gerücht oder gar eine Verschwörungstheorie (siehe auch OPERATION AJAX).

Antiamerikanismus.

Ein böses Wort. Und dennoch: Seit dem Jahr 2003 hat Deutschland seine Unschuld verloren. Konnten früher in Deutschland-West für anti-amerikanisches Gedankengut die 68er, die Anti-Atomkraftbewegung oder die Friedensbewegung verantwortlich gemacht werden – von der DDR und ihrem zur Staatsdoktrin erhobenen Anti-Imperialismus, für den als Negativbild grundsätzlich die USA herhalten mussten, ganz zu schweigen – hat der Antiamerikanismus seit 2003 auch die deutschen Stammtische, das so genannte Kleinbürgertum, erreicht. Der Frömmler George W. Bush und seine Öl-

242

Der 11. September

Lobby-Wirtschafts-Repräsentanten, genannt „Minister", haben es fertiggebracht, selbst ihre treuesten Freunde zu vergraulen. Mit ihrer „Wer nicht für uns ist, ist gegen uns"-Politik haben sie alte Verbündete vor den Kopf gestoßen. Sie begannen 2003 einen Krieg im Irak, der auf Beweisen beruhte, die im wahrsten Sinne des Wortes gefälscht waren. (Zur Erinnerung: Saddam Hussein sollte angeblich die Möglichkeit besitzen, Massenvernichtungswaffen im großen Stil herzustellen, die Unterlagen der Geheimdienste beruhten allerdings auf Vermutungen, gezielten Lügen und Fehlinterpretationen.) Mit ihrem rüden, abwertenden, oft zynisch-verächtlichen Ton gegenüber all ihren Kritikern, auch den gut meinenden, zurückhaltenden, die mit weitaus weniger Getöse gegen die amerikanischen Invasionspläne intervenierten als die deutsche Bundesregierung, zerbrach die amerikanische Regierung Porzellan. Nicht nur ein oder zwei Tassen: George W. Bush und seine Regierungsmannschaft führten sich außenpolitisch auf wie eine Elefantenherde in einer Porzellanfabrik. Da blieb keine Tasse heil, da stand am Ende kein Porzellanpüppchen mehr aufrecht.

Die West-Deutschen waren es gewohnt, Amerikas Liebling zu sein. Nach dem Zweiten Weltkrieg nahmen die Amerikaner die Deutschen wieder in die Weltgemeinschaft auf, Rosinenbomber versorgten das eingeschlossene Berlin mit Lebensmitteln und Kohlen, Elvis sang „Musi denn zum Städle hinaus", Kennedy erklärte, ein Berliner zu sein, Reagan ging mit Helmut Kohl sogar auf einen Soldatenfriedhof, um alle Toten des Krieges – auch die deutschen Soldaten und Zivilisten – zu ehren und nahm dafür sogar Ärger mit seinen eigenen Leuten in Kauf, da auf dem besagten Friedhof auch SS-Leute ihre letzte Ruhe gefunden hatten. Die Amerikaner und die Deutschen: zwei dicke Kumpanen. Dann – eine einzelne, etwas lautere Meinungsverschiedenheit und schon rappelte es im Karton?

Eigentlich hätte George W. Bush ein Präsident nach dem Geschmack eines sehr großen Teils des deutschen Volkes sein müssen: Bush trat den Angreifern gegenüber entschlossen auf, quasselte kein intellektuelles Zeug, sprach Tacheles. Dies sind Eigenheiten, die normalerweise gut ankommen.

Ach, wenn es doch so einfach wäre.

In den Wochen vor dem Angriff der Alliierten auf den Irak machte der Spruch die Runde, der „Antiamerikanismus" sei an den Stammtischen angekommen. Solch einen verächtlichen Nonsens können nur Chef-Redakteure mit einem sechsstelligen Jahres-Salär schreiben, die ebenso in Elfenbeintürmen sitzen wie manche Politiker, Soziologen und andere Befindlichkeitsforscher. Die Deutschen, wenn man denn einfach einmal alle 80 Millionen als „die Deutschen" bezeichnen möchte, sind nicht mehr oder weniger antiamerikanisch gesinnt als ihre europäischen Nachbarn. Als die rot-grüne Bundesregierung 2003 dem Krieg eine klare Abfuhr erteilte, signalisierte sie nach

243

Der 11. September

Washington, dass die Bundeswehr nicht als freie Verfügungsmasse für unsinnige Einsätze zur Verfügung stünde. Dies formulierten sie bestimmt und ohne einen Zweifel daran aufkommen zu lassen, dass man von dieser Meinung noch abrücken würde. Die Amerika-Kritiker zum Beispiel aus dem publizistischen Milieu, wie der ehemalige CDU-Staatsminister Jürgen Todenhöfer, artikulierten definitiv keinen Antiamerikanismus. Im Gegenteil: Sie sprachen nur berechtigte Sorgen aus.

Der bestimmte Protest der Bundesregierung zusammen mit der leisen Kritik der Mahner ließ nun einen Damm brechen: Eine bereits seit Jahren brodelnde Unzufriedenheit mit dem großen Freund auf der anderen Seite des Atlantiks entlud sich in ungewohnt scharfer Kritik – auch und gerade in der deutschen Bevölkerung. Diese Stimmung antiamerikanisch zu nennen, verkennt die Gründe, die zu diesem Meinungsumschwung in der Bevölkerung geführt haben. Galten die USA vor dem Irak-Krieg neben Frankreich als wichtigster Freund Deutschlands, haben die Amerikaner ganz einfach in den letzten Jahren Sympathien verspielt.

Dabei stellen der Irak-Krieg und die harsche Kritik der Amerikaner an den Deutschen nur jenen Tropfen dar, der das Fass zum Überlaufen brachte. Ihre Sympathien verspielt haben sich die USA auf einer ganz anderen Ebene, jenseits der großen Politik, die große Gesetze verabschiedet oder gar Soldaten in einen Krieg schickt. Um darzustellen, wie es zu diesem Bruch zwischen den zwei einstmals besten Freunden gekommen ist, muss man die Ebene der Politik verlassen und den Weg an die Basis suchen, den Blick von Berlin, Frankfurt oder München, den großen, wichtigen Metropolen, abwenden und in die so genannte Provinz schauen. Es ist ein Blick auf einfache Menschen. In unserem Beispiel sind es Menschen in Witten an der Ruhr.

In Witten existierte fast 100 Jahre lang ein international erfolgreiches Unternehmen für Sicherungstechnik. Dieses Werk arbeitete global, lieferte seine Qualitätsarbeit in aller Herren Länder. Bis die neuen amerikanischen Besitzer des Werkes zunächst die Produktionsstätten nach China auslagerten, die Rücklagen des Werkes auspressten und schließlich den Standort Witten dicht machten. Und in diesem Augenblick war für die betroffenen Mitarbeiterinnen und Mitarbeiter Amerika gar nicht mehr fern. Eine Entscheidung, die in einem Provinzkaff in den USA getroffen wurde, betraf mit einem Mal Hunderte von Menschen in einer kleinen Stadt im Ruhrgebiet. Sie verloren ihre Arbeit. Die meisten von ihnen hatten Familien. Die Stadt verlor Steuern, vom Kaufkraftverlust, der wieder den Einzelhandel traf, redet doch schon niemand mehr.

Wie reagieren in einem Fall wie diesem – und Witten steht ja nur als ein Beispiel für viele – die Betroffenen, wenn geld- und profitgeile Nadelstreifenanzugträger wie die Heuschrecken über ihre Arbeit herfallen und ihre Arbeitsplätze vernichten?

Der 11. September

In einem solchen Fall unterscheiden die Betroffenen nicht zwischen diesen Heuschreckenschwärmen, die losgelöst von jeder Marktethik und Moral, unterstützt von einer Regierung, die jeglichen Kontakt zu den einfachen Menschen verloren hat, den Gott des Mammons anbeten auf der einen Seite – und den amerikanischen Durchschnittsbürgern, die unter diesen Brachialkapitalisten ebenso zu leiden haben wie ihre deutschen Kolleginnen und Kollegen. Für die Betroffenen hierzulande sind die Bösen einfach nur „die Amis".

Diese Animositäten sind natürlich nicht in ein oder zwei Jahren entstanden. Aber in dem Moment, in dem die USA Deutschland im Zuge des geplanten Irak-Krieges von der Liste der befreundeten Staaten strich und Verteidigungsminister Rumsfeld die deutsche Position sogar mit der Libyens verglich, einem Land, das viele Jahre lang aktiv den internationalen Terrorismus gefördert hat, da war einfach der Moment gekommen, in welchem dem so genannten einfachen Mann der Kragen platzte. Möglich, dass Rumsfeld die Befindlichkeit der Deutschen falsch eingeschätzt hat. Es ist gar nicht auszuschließen, dass er glaubte, nun würden die konservativen Kräfte Druck auf die Regierung ausüben. Besagte CDU und FDP, die den Kurs der deutschen Regierung scharf und die offene Konfrontation mit den USA noch schärfer kritisierten! Es ist gar nicht auszuschließen, dass Rumsfeld die Befindlichkeit der Parteispitzen von CDU und FDP tatsächlich auf die gesamte konservative Bevölkerungsmehrheit reflektierte und glaubte, nun würde ein Ruck für die USA durchs Land gehen – denn bis dato galt die überwiegende Mehrheit der Deutschen schließlich als extrem US-freundlich. Doch es passierte einfach nicht, denn auch die konservative Basis verweigerte den USA dieses Mal die Gefolgschaft.

Gut.

Aber was hat das alles eigentlich mit Verschwörungen zu tun?

Den Deutschen Antiamerikanismus vorzuwerfen, ist unsinnig. Aber kritischer sind die Deutschen geworden. Und wo Kritik wächst, wächst auch die Kluft zwischen zwei Völkern. Der Ton verschärft sich, Ressentiments nehmen zu, der Umgang miteinander kühlt ab. Wo früher eine herzliche Umarmung stattfand, muss heute ein der Etikette entsprechender, höflicher Händedruck als Zeichen des gegenseitigen Respekts ausreichen. Es entsteht ein nahrhafter Boden für Empfindlichkeiten. Und es ist nicht selten, dass man geradezu nach Dünger ausschaut, der diesen Boden nahrhaft hält. Kein Urteil ist schließlich langlebiger und gegenüber Umwelteinflüssen robuster als das Vorurteil. In einer solchen Gemengelage haben es auch Verschwörungstheorien leichter wahrgenommen zu werden.

Gegeben hat es Verschwörungstheorien auch in der Bundesrepublik Deutschland schon immer, in den letzten Jahrzehnten aber nisteten sie mehr oder weniger ihr Dasein in einer dunklen Ecke – oder dienten als Stoff für unterhaltsame Fernsehabende. „Akte X" lässt grüßen.

245

Der 11. September

Anders sah dies im Fall des 11. Septembers aus. 2003, just in der Phase, in der sich die USA und Deutschland ferner als je zuvor nach dem Zweiten Weltkrieg standen (wenn man die ehemalige DDR einfach einmal aus diesem Vergleich ausklammert), erschienen in Deutschland zwei Bücher, die für Aufsehen sorgten: „Operation 9/11" von Gerhard Wisnewski und „Die CIA und der 11. September" von Andreas von Bülow.

Beide Bücher gehen im Grundkontext davon aus, dass es noch eine Wahrheit jenseits der offiziellen Regierungserklärungen zum 11. September gibt.

Gerade das zweite Buch überraschte nicht nur das Feuilleton, sondern auch die Nachrichtenredaktionen. Andreas von Bülow war von 1980 bis 1982 nämlich Bundesforschungsminister und vorher Staatssekretär im Bundesverteidigungsministerium gewesen. Was in anderen Ländern nur als ein Schmankerl zur Kenntnis genommen worden wäre – ein ehemaliger Minister, der offen über Verschwörungen nachdenkt – das hatte es in Deutschland einfach noch nicht gegeben. Deutsche Minister haben in ihren Herzen Beamtenseelen zu sein. Sie gehören Ausschüssen an, beschließen Gesetze, vor allem aber legen sie Akten an. Viele Akten, Kilometer von Akten. In Deutschland ist man daran gewöhnt, dass sich anhand der Aktenlage Vorgänge erklären lassen. Oder zumindest Akten vorliegen, die Vorgänge erklären könnten, wenn man denn Zeit und Lust hätte, Tausende von in Juristendeutsch verklausulierten Aktenseiten zu studieren.

Über Verschwörungen aber gibt es keine Akten. Und worüber es in Deutschland keine Akten gibt, das gibt es demnach auch nicht. Nun ist das Buch von Andreas von Bülow keine Offenbarung. Der ehemalige Minister begeht letztlich den gleichen Fehler, den viele Verschwörungstheoretiker begehen: Er stellt Vermutungen als Wahrheiten dar und präsentiert nicht selten zweifelhafte Quellen als Beweise für seine Vermutung, dass der amerikanische Geheimdienst bei den Anschlägen auf das World Trade Center seine Finger im Spiel hatte. Dennoch zeugte der Umgang der Presse mit seinem Buch nicht gerade von Souveränität. Kein Wunder, dass da manch ein Berufsparanoiker gleich wieder eine Verschwörung schnupperte. Eine Verschwörung der Presse gegen die Meinungsfreiheit – und natürlich gegen die Wahrheit.

Es ist eine Sache, einem Autor sachliche Fehler nachzuweisen und damit seine Arbeit in den Fokus einer öffentlichen Kritik zu stellen. Wäre dies geschehen und damit von Bülows Arbeit in Frage gestellt worden, niemand würde sich heute noch an das Buch erinnern. Eine solche sachliche Auseinandersetzung aber fand nicht statt. Stattdessen wurde von Bülow beispielsweise Antisemitismus vorgeworfen. Es ist wahr, dass er ziemlich harsch mit dem israelischen Geheimdienst und seinen angeblichen Verwicklungen in die Vertuschung der „wahren Hintergründe" des 11. Septembers umgeht, aber

246

Der 11. September

antisemitische Äußerungen im Sinne von antijüdischen Ressentiments, die sich gegen den jüdischen Glauben, Menschen jüdischen Glaubens und die aus dem Glauben hervorgegangene Kultur richten, die gibt es in seinem Buch nicht. Seine Kritik bleibt am Geheimdienst als staatliche, überkonfessionelle Einrichtung verhaftet, ebenso, wie er die CIA oder die amerikanische Bundespolizei FBI harsch angeht, ohne in seinem Buch „die Amerikaner" zu verdammen.

Das Problem des 11. Septembers in der deutschen Presse besteht darin, dass am 12. September die Linie feststand: Die Attentäter konnten nur in den Reihen muslimischer Extremisten zu finden sein, Drahtzieher war Osama bin Laden, von nun an ging es nur noch darum, Nuancen zu klären. Mit seinem Buch beschritt von Bülow einen ganz anderen Weg. Er entfernte sich von jeder offiziellen Linie, behauptete Dinge, die so, wie sie kolportiert wurden, einfach nicht stimmen konnten. Es wurde zum Halali geblasen.

Diese fehlende Souveränität überrascht, sind die Gedanken doch eigentlich frei. Immerhin: Entlädt man von Bülows Buch von allen Verschwörungstheorien und den Daten und Fakten, die nicht stimmen oder zumindest fragwürdig bleiben, bleibt immer noch ein Werk, das die Geschichte eines unglaublichen Geheimdienstversagens beschreibt, ein Buch, das von Spuren berichtet, die nicht verfolgt wurden – oder von Hinweisen, die bereits im Vorfeld der Anschläge vorlagen und nicht weiter ernst genommen wurden. Dies hätte zumindest nachdenklich stimmen müssen.

In den Tagen nach den Anschlägen entwickelte sich in den USA Tom Clancy zu einem begehrten Interviewpartner. Clancy ist in Deutschland vor allem als Autor von Spannungsromanen bekannt. Er hat die Romanvorlagen zu erfolgreichen Spielfilmen wie „Jagd auf Roter Oktober" oder „Der Anschlag" geliefert, politisch gilt Clancy als extrem konservativ. In den USA ist Clancy auch als erstklassiger Kenner der US-Army bekannt, man schätzt ihn aber auch als Geheimdienst- und Pressekritiker. Wenn Tom Clancy Geheimdienste kritisiert, dann nicht etwa aufgrund von etwaigen Gesetzesübertretungen oder gar konspirativer Absichten, die er ihnen unterstellen würde. Wie gesagt: Clancy gilt als extrem konservativ, die CIA stellt für ihn, wie alle anderen Geheimdienste auch, eine für den Staat überlebensnotwendige Einrichtung dar, deren Aufgabe im Schutz der amerikanischen Interessen auch im Ausland besteht. Zweifel an der Existenzberechtigung der CIA gibt es in seiner Gedankenwelt nicht.

Was Clancy aber in den Tagen nach den Anschlägen öffentlich bemängelte, war die fehlende Effektivität der Geheimdienste in Bezug auf die Aktivitäten von Extremisten in den USA. Zu sehr, polterte er, sei man bei den Diensten mit sich selbst und eigenen Machtspielchen beschäftigt gewesen, weshalb man die eigentlichen Aufgaben viel zu lange vernachlässigt habe. Dass

247

Der 11. September

von 20.000 CIA-Mitarbeitern gerade einmal 1000 tatsächlich als Agenten arbeiteten, beklagte er, sei zu wenig.

Die (amerikanische) Presse kritisierte er wiederum scharf, sich mit Themen wie dem internationalen Terrorismus bis zu den Anschlägen nicht auseinandergesetzt zu haben – um nach den Anschlägen schnelle und möglichst einfache Antworten zu präsentieren. Statt die Komplexität und Widersprüchlichkeit des Terrorismus darzulegen und sich mit der Entstehung von Terrorismus zu befassen, sei die US-Presse nur darauf aus gewesen, einen Schuldigen zu präsentieren: Osama bin Laden. Aus dieser Vereinfachung der tatsächlichen Fakten, folgerte er, würden viele Wahrheiten über den 11. September möglicherweise niemals an die Öffentlichkeit gelangen, da es den (amerikanischen) Medien einfach zu umständlich sei, einen komplizierten Sachverhalt entsprechend aufzuarbeiten.

Wie hätte die deutsche Presse wohl reagiert, wenn ihr ein Autor von Unterhaltungsromanen derart die Leviten gelesen hätte?

Natürlich hat Clancy mit seinem Rundumschlag auch Medien getroffen, die sich sehr wohl um eine dezidierte Berichterstattung bemüht haben – vor und nach den Anschlägen. Aber Clancy wurde von niemandem für seine laute Kritik abgestraft. Von Bülow hingegen erhielt in Deutschland die volle Breitseite an Kritik verpasst. Eine Kritik, die ihn als Person diskreditieren sollte. Unter anderem von Hans Leyendecker von der *Süddeutschen Zeitung*, der in einem Radiointerview mit dem RBB die Frage stellte, wie ein solcher Mann jemals Mitglied einer Regierung sein konnte?

Erreicht wurde mit einer solchen Berichterstattung aber letztlich das Gegenteil, nämlich das Gefühl, dass er vielleicht doch Recht haben könnte?!

Die deutschen Verschwörungstheorien zu den Anschlägen vom 11. September gehen in der Regel in die Richtung, dass die amerikanische Regierung und der Geheimdienst CIA nicht direkt in die Anschläge verwickelt gewesen sind, sehr wohl von diesen Anschlägen in Kenntnis gesetzt waren und sie haben geschehen lassen.

Aus welchem Grund?

Um an die Öl-Quellen des Iraks zu kommen. Es ist, so die Verschwörungstheoretiker, den Amerikanern nie um chemische Waffen gegangen. All das waren von Anfang an nur fadenscheinige Erklärungen, mit denen die Weltöffentlichkeit hingehalten werden sollte, bis amerikanische Truppen gefechtsbereit vor den Toren des Iraks standen. Unterstützt von einer Koalition der Willigen ebneten die amerikanischen und alliierten Truppen den Öl-Konzernen dann den Weg nach Bagdad. Dies aber konnte die Administration Bush nur erreichen, wenn sie einen hinreichenden Grund hatte, um in der Region präsent werden zu können. Also ließ sie die Anschläge stattfinden. Sie entlarvte die Al Qaida als Anstifter. Die Al Qaida saß in Afghanistan

Der 11. September

- also wurde Afghanistan angegriffen. Indem das Regime der Taliban beseitigt wurde, konnten die alliierten Truppen sogar als Befreier auftreten - während die USA Afghanistan zum Stützpunkt für den nächsten Angriff, dieses Mal auf den Irak, ausbaute. Die Zusammenarbeit mit internationalen Truppen diente den Amerikanern nur als Feigenblatt, um dem Krieg nach außen hin Legitimität zu verleihen. Gleichzeitig stellt die Invasion des Iraks den amerikanischen Versuch dar, den Nahen Osten neu zu sortieren und die eigenen Truppen besser zu positionieren, als dies bislang der Fall gewesen ist.

Dies ist die in Deutschland bekannteste Verschwörungstheorie in Bezug auf den 11. September. Sie ist zum Beispiel per Kettenbrief im Internet hunderttausendfach verbreitet worden. Es ist auffällig, dass in der deutschen Variante der Verschwörungstheorie zum 11. September – zumindest in der öffentlichen (Internet-)Diskussion – der Anschlag auf das Pentagon und der Absturz des vierten Flugzeuges am 11. September nicht existent sind, womit natürlich die Frage auch nicht weiter diskutiert wird: Welchen Nutzen hätte der amerikanische Geheimdienst aus einem Anschlag auf das Pentagon gezogen? Dieser Anschlag macht keinen Sinn – zumindest nicht, wenn man im Vorfeld von ihm gewusst und ihn trotzdem hätte geschehen lassen. Dafür war das Ziel zu schwierig. Wenn das Flugzeug nur etwas langsamer runtergekommen wäre, wäre es möglicherweise in einem Trakt von höchster sicherheitspolitischer Präsenz gelandet.

Wobei deutsche Verschwörungsbuch-Autoren auf eine Frage eingehen, die schon seltsam erscheint: Warum gibt es bis heute eigentlich keine scharfen Filmaufnahmen von dem Flugzeug, das ins Pentagon raste? Das Pentagon und sein Umfeld sollten doch eigentlich mit Überwachungskameras gespickt sein, das Herz der amerikanischen Militärpolitik müsste sich im Visier von Hunderten von Kameras befinden. Sollte man meinen. Dennoch: Die einzigen Fotos, die direkt nach dem Absturz, noch vor dem Eintreffen der Feuerwehr vor Ort, entstanden sind, stellen Amateurbilder eines Skaters dar, der gerade mit dem Auto unterwegs war, als es krachte. Seine Bilder sind nur Sekunden nach dem Aufprall entstanden und im Internet unter *http://criticalthrash.com/terror.html* zu finden. Dennoch ist auch auf diesen Bildern kein Flugzeug zu sehen (auch wenn der Hobbyfotograf unter anderem in einem Interview mit dem WDR davon berichtet hat, wie nur wenige Meter über der nahegelegenen Autobahn ein Flugzeug donnerte). Am 17. Mai 2006 gab das Pentagon, allerdings erst nach einem durch eine Bürgerrechtsgruppe erwirkten Gerichtsbeschluss, einige von einer Überwachungskamera aufgenommene Bilder frei. Sie zeigen die gewaltige Explosion und auf dem ersten Bild soll die „Nase" des Flugzeugs zu sehen sein. Die Bilder sind allerdings äußerst grobkörnig und unscharf, sodass sie die Verschwörungstheorien eher anstacheln als zum Verstummen bringen.

249

Der 11. September

Aber zurück zu den deutschen Verschwörungstheorien: Während also das Pentagon und der Absturz der vierten Maschine in der deutschen Verschwörungstheorie keine große Rolle spielen, werden sie in den Büchern von Andreas von Bülow und Wisnewski nicht unterschlagen. Dabei geht Wisnewski mit seinen Vermutungen viel weiter als von Bülow. Bemerkenswerterweise hat Wisnewski nicht nur ein Buch zum Thema geschrieben, der WDR produzierte sogar ein Feature fürs ARD-Abendprogramm von Wisnewski und Willy Brunner zum Thema. Für Wisnewski handelt es sich bei dem Anschlag auf das Pentagon um eine reine Showveranstaltung, in deren Rahmen eine Rakete auf das Gebäude abgefeuert worden ist – und zwar absichtlich auf einen Abschnitt des Gebäudes, in dem Renovierungsarbeiten stattfanden, weshalb weitaus weniger Menschen ums Leben kamen, als in anderen Trakten ums Leben gekommen wären. Daher ist seiner Ansicht nach auch kein Flugzeug in das Gebäude gerast, denn, so schreibt er, die Flügelspanne des betreffenden Flugzeugtyps passe mit den Spuren am Gebäude nicht überein. Wisnewskis Verschwörungstheorie geht davon aus, dass die Anschläge unter anderem ferngesteuert stattfanden, dass der US-Geheimdienst direkt in die Anschläge verstrickt war und dass der Tod von Tausenden von Menschen einkalkuliert wurde, um größere Ziele zu erreichen. Um seine Thesen zu untermauern, führt er Fragen auf, die sich nicht leicht beantworten lassen. Die Flugschreiber und Cockpit-Voice-Recorder sind allesamt angeblich nicht auffindbar oder nicht lesbar. Und das bei vier Flugzeugen, von denen eines „nur" abgestürzt ist! Oder warum übernahm das FBI die Ermittlung an den Absturzstellen und nicht das eigentlich zuständige NTSB (National Transportation Safety Board)? Und er stellt die Frage, die niemand je hat beantworten können: Wie nämlich im amerikanischen Luftraum, dem vermutlich am besten abgesicherten und kontrollierten Luftraum der Welt, gleich vier Flugzeuge teilweise für Stunden vom Radar verschwinden konnten? Ein Flugzeug – okay. Vielleicht sogar zwei. Aber vier Stück?

Mit seiner Verschwörungstheorie, ferngesteuerte Flugzeuge wären ins World Trade Center gelenkt worden und es habe nie eine Verschwörung arabischer Studenten gegeben, hat sich Wisnewski keine Freunde gemacht. Aber generell wird, wer den 11. September 2001 in der Form, wie er von den Medien verbreitet worden ist, in Frage stellt, für die überwiegende Mehrheit der Medien in Deutschland offenbar zum Freiwild. Bereits im Herbst 2002, also noch vor dem Erscheinen von Wisnewskis Buch, setzte sich *Der Spiegel* mit den Verschwörungstheorien auseinander. In der Ausgabe 42/02 steht zu lesen: „Die Aktivisten dieser Weltanschauung begreifen die Attentate des 11. September nicht als Anschlag aufs eigene Denken, sondern machen daraus ein Komplott all der machtbesessenen Täuscher, denen sie schon zu Schulzeiten nicht über den Weg trauten. Dabei will es den Zweiflern heute plau-

Der 11. September

sibler vorkommen, dass der gesamte Regierungsapparat der USA, das Militär, die staatlichen zivilen Institutionen von Luftüberwachung bis Feuerwehr in einen gemeinschaftlichen Massenmord verstrickt sind, als dass die USA attackiert wurden von einer islamistischen Terroristenbande." Bis zu diesem Punkt ist die Kritik nachvollziehbar. Natürlich arbeitet der Autor mit Spitzfindigkeiten, aber der Artikel, der die Überschrift „Mythen: Die Septemberlüge" trägt, ist letztlich weniger eine Reportage als vielmehr ein Kommentar. Und ein Kommentar darf natürlich mit Spitzfindigkeiten arbeiten. Doch die Art und Weise, wie der Autor im Anschluss an diese Kritik die Verschwörungstheoretiker angreift, ist schlicht und ergreifend unanständig: „Was für manchen Rechten die ‚Auschwitz-Lüge‘ ist", fährt er fort, „könnte für manchen Linken die ‚September-Lüge‘ werden. Eine verdrängte Wahrheit, um die Weltanschauung nicht verändern zu müssen."

Das hat gesessen. Weil man also die offizielle Stellung der US-Regierung hinterfragt, die ein Jahr nach Erscheinen dieses Kommentars selbst mit gezinkten Karten den Irak-Krieg vorbereitete, wird man als Fragender gleich in eine Ecke mit jenen rechten Kräften gestellt, die den millionenfachen Mord an Männern, Frauen und Kindern leugnen. Statt der Frage nachzugehen, wie es sein kann, dass in einem an sich aufgeklärtem Land wie Deutschland solche Verschwörungstheorien entstehen können, wird ein Frontalangriff auf all jene gestartet, die sich mit den Erklärungen der US-Regierung nicht zufrieden geben. Das Spektrum der Fragenden reicht vom leisen Zweifler, der Nuancen hinterfragt und auf Ungereimtheiten aufmerksam machen möchte, bis hin zu Personen wie dem Journalisten Gerhard Wisnewski, der mit seiner Verschwörungstheorie selbst nur einen Teil der Fragenden repräsentiert. In der Berichterstattung der Jahre 2002 und 2003 aber wurden sie alle in einen Topf geworfen. „Der 11. September ist, wie er ist", echauffierte sich Hans Leyendecker im Interview mit dem RBB. Eine seltsame Einstellung für einen Journalisten. Ein Journalist soll Fragen stellen. Er soll Dinge versuchen zu verstehen. Er ist dafür da, die Geschichten hinter den Geschichten zu ergründen. Gab es nicht tatsächlich Verbindungen der CIA zu Widerstandskämpfern im Afghanistan der 80er Jahre, in der Zeit, in der sowjetische Truppen das Land besetzt hielten? Diese Frage wird heutzutage gar nicht mehr gestellt, sondern als Wahrheit betrachtet. Ja, es gab diese Verbindungen. Und wie viele Freiheitskämpfer, die in den 80er Jahren logistische und finanzielle Hilfe des amerikanischen Geheimdienstes erhalten haben, gelten heute als Terroristen, weil sie in den 90er Jahren aufseiten der Taliban kämpften oder sich gar der Al Qaida anschlossen? Eben genau der Al Qaida, die 2001 für die Anschläge auf das WTC verantwortlich gemacht wurde?

Um diese Fragen zu stellen und sich somit näher mit Hintergründen des 11. Septembers zu beschäftigen, die den Amerikanern heute möglicherwei-

Der 11. September

se peinlich sind, muss man nicht paranoid oder verschroben sein. Dies sind
einfache Fragen. Oft ist der Grat zwischen einer gewagten, aber allseits akzeptierten Frage und dem Aufstellen einer Verschwörungstheorie ein schmaler
Grat, auf dem man sich als Journalist bewegt. Und es ist nur allzu mensch-
lich, wenn viele Journalisten lieber erst gar keine Fragen stellen, die sie in
Misskredit bringen könnten. Auch Journalisten haben Familien, Hypotheken,
ein Leben jenseits des geschriebenen Wortes. Da ist der Ruf schnell ruiniert,
wenn man sich mit abseitigen Themen beschäftigt. Und ein ruinierter Ruf
kann sich sehr schnell kontraproduktiv auf zu zahlende Hypotheken auswir-
ken. Geld verdient auch ein Journalist nur, wenn er Abnehmer für seine Themen findet. Das ist keine Verschwörungstheorie, sondern langjährige Berufs-
erfahrung.

Seltsam erscheint rückblickend auf das Jahr 2003 die Kluft zwischen den
Journalisten, die die Autoren von Verschwörungsliteratur im Herbst des Jahres teilweise recht persönlich angriffen, ohne die Distanz des Berichterstat-
ters zu wahren – und dem Interesse der Bevölkerung an eben diesen Verschwörungstheoretikern und ihren Werken.

Der Herbst 2003. Der Höhepunkt der deutschen September-Verschwö-
rungen?

Möglich, ja. Ins Rollen brachte die Welle allerdings der ehemalige *taz*-
Kulturkritiker Mathias Bröckers bereits ein Jahr zuvor mit seinem Buch
„Verschwörungen, Verschwörungstheorien und die Geheimnisse des 11. Sep-
tember", das sich, laut seines Verlags Zweitausendeins, zum erfolgreichsten
Titel des Verlags seit Jahren entwickelte.

Bröckers befremde der Ton der Berichterstattung in den Medien: Statt
investigativen Journalismus zu betreiben, lasen sich die meisten Berichte wie
offizielle Stellungnahmen des Weißen Hauses. Also begann er, selbst nachzu-
forschen. Über ein Jahr bevor Michael Moores Agitprop-Werk „Fahrenheit
9/11" die Kinokassen klingeln ließ und die erstaunte Weltöffentlichkeit davon
in Kenntnis setzte, dass zwischen den Familien Bush und bin Laden beste
Geschäftsverbindungen bestanden und bestehen, schrieb der deutsche Bröckers über dieses seltsame Faktum bereits im Jahr 2002. Im Fokus: immer wieder die Familie Bush. Von Großvater Prescott, der als Bankier großzügig die
Nazis unterstützte, da sich mit ihnen so wunderbar Geschäfte machen ließen. Sohn George, der als CIA-Chef aktiv Saddam Hussein unterstützte. Und
schließlich Enkel George W., der seine ersten großen Geschäftserfolge einem
Mitglied der bin Ladens zu verdanken hat. Ja, er spinnt Verschwörungstheorie an Verschwörungstheorie – und benennt sie auch so: Theorien. Im Gegensatz zu Wisnewski und von Bülow, die sich vermutlich dagegen wehren würden, als Verschwörungstheoretiker bezeichnet zu werden, schmückt sich
Bröckers direkt mit diesem Begriff, wie noch einmal ein Blick auf die Web-

252

Der 11. September

site von Zweitausendeins belegt, wo er wie folgt zitiert wird: „Ohne ange-
messene Verschwörungstheorien lässt sich unsere hochgradig komplexe und
konspirative Welt gar nicht mehr verstehen." Eine leichte Paranoia als Grundstein des Verstehens komplexer Strukturen?

Die Deutschen und der 11. September: im Jahr 2003, dem Jahr der Ver-
schwörungsbücher ein Thema, bei dem man sich schnell eine blutige Nase
holen konnte. Die Bandagen, mit denen gekämpft wurden, waren hart, persönliche Beleidigungen keine Seltenheit. Hier sollte ein Exempel statuiert
werden: Wer sich auf Verschwörungstheorien einlässt, hat den Pfad des gesunden Menschenverstandes verlassen. Als Wahrheit gilt, was die seriösen Nachrichten präsentieren. Für alternative Fragestellungen, in welcher Form auch
immer, gibt es keinen Platz. Dabei ist gerade die Meinungsfreiheit das zentrale Gut der Demokratie, das diese Staatsform von anderen Staatsformen so
wunderbar abhebt: Das Recht zu sagen, was man denkt, selbst wenn das
Gesagte auf andere Menschen wirr und seltsam erscheinen mag. Kritik ist
erlaubt und erwünscht, persönliche Animositäten stehen einer seriösen
Berichterstattung diametral gegenüber.

Verschwunden sind die Verschwörungstheorien nicht. Im Gegenteil: Seit
dem Einmarsch der US-Truppen in den Irak, der Entlarvung jener Geheimdienstberichte, die diesen Einmarsch rechtfertigen sollten, als ein komplexes,
wenngleich wenig intelligentes Lügengebäude, die Folterskandale in amerikanischen Gefängnissen im Irak, dem hemmungslosen Aussaugen der irakischen Öl-Quellen durch amerikanische Unternehmen wie Halliburton, deren
ehemaliger Vorstandsvorsitzender ganz zufällig US-Vizepräsident zum Zeitpunkt des Einmarsches in den Irak war, haben die Vorbehalte gegenüber „den
Amis" nicht gerade relativiert oder gar zurückgefahren. Im Gegenteil: Der
Boden, auf dem heute in Deutschland Verschwörungstheorien in Bezug auf
den 11. September und seine Folgen reifen, dürfte sogar noch fruchtbarer
geworden sein. Und in gewisser Weise sogar gesellschaftlich hoffähig. Am 5.
Juni 2005 strahlte Radio Bremen den *Tatort* „Scheherazade" aus, der die
Geschichte einer jungen Frau erzählt, die davon überzeugt ist, dass ihr Freund
an den Vorbereitungen des 11. Septembers beteiligt war. Was zunächst kaum
mehr als der Fieberwahn einer jungen, offenbar drogensüchtigen Frau zu sein
scheint, entpuppt sich nach und nach als wahre Geschichte – und unglaubliche Verschwörung: Der Freund der jungen Frau wurde von amerikanischen
Agenten erschossen. Agenten, die ihn für den 11. September ausbildeten, sich
dann aber seiner entledigen mussten.

Eine Geschichte, so „... absurd, dass sie keinen weiteren Kommentar
wert sei", wie Robert A. Wood, Sprecher der US-Botschaft in Berlin, verlauten ließ. Ein Hit wurde „Scheherazade" trotzdem: Sieben Millionen Zuschauer verfolgten den Bremer *Tatort*.

Der 11. September

QUELLEN:

Aust, Stefan und Cordt Schnibben (Hrsg.): „11. September 2001. Geschichte eines Terrorangriffs". München: Dtv, 2004.

Bülow, Andreas von: „Die CIA und der 11. September". München: Piper, 2003.

Diederichs, Friedemann: „Zeit zur Besinnung". In: *Mittelbadische Presse*, Offenburg, 15. September 2001.

Dietrich, Alexander: „Unser Stich wird Amerika ins Herz treffen". In: *Die Welt*, Berlin, 12. September 2001.

Fichtner, Ullrich: „Die September-Lüge". In: *Der Spiegel* 42/02, Hamburg 2002.

o. A.: „Deutschland weint mit Amerika". In: *Bild*, Berlin, 12. September 2001.

o. A.: „Angriff auf Amerika". In: *Handelsblatt*, Düsseldorf, 12. September 2001.

o. A.: „Wir gewinnen den ersten Krieg des 21. Jahrhunderts". In: *Mittelbadische Presse*, Offenburg, 15. September 2001.

Wisnewski, Gerhard: „Operation 9/11". München: Knaur, 2003.

DIE BIELEFELD-VERSCHWÖRUNG

Kennen Sie jemanden, der schon einmal in Bielefeld gewesen ist? Was? Sie kennen Bielefeld? Moment, Sie kennen sogar jemanden aus Bielefeld? Sie sind Bielefelder? Klar. Und ein Ei aus dem Konsum, wie man einst im Ruhrgebiet sagte. Bielefeld gibt es nicht. Dies ist inzwischen ein Faktum. Oder möchte jemand widersprechen?

Bitte? Es fährt sogar ein ICE durch Bielefeld? Stimmt. Der Autor dieses Artikels ist sogar schon mehrfach durch Bielefeld, oder besser gesagt der Station, von der behauptet wird, sie sei der Hauptbahnhof von Bielefeld, mit dem ICE gefahren. Aber er ist dort nicht ausgestiegen. Zugegeben: Auf diese Art und Weise hätte er darüber Aufschluss erhalten können, ob es Bielefeld möglicherweise doch gibt und die Gebäude, die man vom Zug aus sehen kann, echt sind und nicht bloß eine Holografie, mit der der harmlose Reisende getäuscht werden soll. Doch wenn Bielefeld wirklich nicht existiert und all die Bilder eben doch nur Holografien darstellen sollten – was dann? Wer hat ein Interesse daran, der Welt die Illusion zu vermitteln, in Ost-Westfalen gäbe es eine Stadt namens Bielefeld? Zu befürchten hat der Reisende, der aussteigt, offenbar nichts. Zumindest muss er nicht um sein Leben fürchten. Stattdessen wird der Reisende in das Spiel einbezogen, indem er eine Gehirnwäsche erfährt, während der ihm suggeriert wird, er sei tatsächlich in Bielefeld gewesen. Wenn der Reisende dann wieder in den Zug gesetzt wird, trägt er das Märchen von Bielefeld sogar hinaus in die Welt und – ohne dies zu beabsichtigen – wird er zum Helfershelfer der Verschwörer.

Bielefeld: nördliche Breite 52 Grad 01 21, östliche Länge (von Green-

Die Bielefeld-Verschwörung

wich) 8 Grad 31 58. Zehn Stadtteile, 328.673 Einwohner (31.12.2005). Dies sind Daten, die die Existenz Bielefeld beweisen sollen. Besucht man im Internet *Wikipedia* und gibt als Suchbegriff „Bielefeld" ein, erscheint ein riesiger Artikel, der nicht nur eine komplette Stadtgeschichte erzählt. Der Artikel enthält sogar eine Auflistung aller Museen, Kinos, ja sogar Friedhöfe. Und genau dies ist der Fehler des Artikels: Keine andere Stadt wird so ausführlich beschrieben wie Bielefeld, es fehlen einfach die Widersprüche. Gerade in Bezug auf die frühe Entstehungsphase einer Stadt widersprechen sich Quellen oft, nicht selten verzweifeln Heimatforscher an den unterschiedlichen Daten, die ein und dasselbe Ereignis darstellen sollen, daher gibt es de facto keine Stadtbeschreibung, die so lückenlos und plastisch das Werden einer Stadt dokumentiert wie die Bielefelds. Ein Beweis dafür, dass es sich um reine Phantasie handelt.

Aber Moment – gibt es nicht sogar einen Fußballverein namens Arminia Bielefeld, der seit den 70er Jahren im bezahlten Fußball mitspielt? Ja, diesen Verein gibt es. Er besteht sogar aus einem echten Spielerkader, für den sogar echte Fußballprofis angeworben wurden, um die Illusion einer echten Fußballmannschaft zu erzeugen. Zu allen Auswärtsspielen reisen so genannte Fans (Schauspieler!) in fremde Städte, ihr eigenes Stadion, die Alm, ist eine perfekt gestaltete Kulisse, irgendwo in der Region, in der sich angeblich auch Bielefeld befinden soll. Über ein ausgeklügeltes System von Autobahnabfahrten und Landstraßen werden Fußballfans, die von außerhalb nach Bielefeld reisen wollen, dann tatsächlich zu einem Fußballstadion geleitet, von dem sie glauben, es stünde in Bielefeld. Aber fragen Sie einmal einen dieser Fans, ob er auch in Bielefeld gewesen sei. In der Stadt – und nicht nur im Stadion!

Die Illusion, die in den letzten Jahrzehnten aufgebaut wurde, ist beachtlich. Die bekannte Schriftstellerin Hera Lind behauptet beispielsweise aus Bielefeld zu stammen, der Sportreporter und Drehbuchautor Oliver Welke („Der Wixxer") sagt dies ebenso von sich, der liebenswerte TV-Comedian Ingo Oschmann macht sogar Witze über Bielefeld. Und Gerhard Schröder, immerhin sieben Jahre lang Bundeskanzler der Bundesrepublik Deutschland, behauptet bis heute, 1965 das Westfalen-Kolleg in Bielefeld besucht zu haben.

Wer aber hat ein Interesse daran, eine Stadt zu erschaffen, die es gar nicht gibt?

Die Antwort ist leicht: SIE. So werden sie immer wieder genannt. Aber wer sind SIE?

Im Internet – unter *www.bielefeldverschwoerung.de* – werden mehrere Mutmaßungen aufgestellt, die sich allesamt durchaus plausibel anhören. SIE, das könnte eine Gruppe um den Weltenlehrer Ashtar Sheran sein, der von sich behauptet, der Menschheit den Frieden bringen zu wollen. Sheran sagt über sich selbst, Kommandant einer Raumschiffflotte zu sein, die die Menschen

Die Bielefeld-Verschwörung

ins Paradies geleiten soll. Ist Bielefeld möglicherweise der Raumport, der für seine Raumschiffe errichtet wurde? Der Bau eines gigantischen Raumports inmitten einer Region, in der Millionen Menschen leben, hätte für Aufsehen gesorgt. Wurde der Raumport also einfach unter den Augen einer desinteressierten Öffentlichkeit errichtet, einer Bevölkerung, der einfach vorgegaukelt wurde, am Ort der Bauarbeiten befände sich eine Stadt namens Bielefeld, die so langweilig ist, dass sich ein Besuch nicht lohnen würde?

Gedeckt soll diese Arbeit vom schwedischen Geheimdienst worden sein, der seit dem Palme-Mord (siehe auch TÖDLICHER KINOBESUCH) in Sachen Verschwörungen seinem Schwesterdienst in den USA mindestens ebenbürtig ist.

Andererseits könnte genau diese CIA hinter der angeblichen Existenz von Bielefeld stecken. Die CIA ist ja die Mutter aller Geheimdienstverschwörungen. Ist Bielefeld nichts anderes als ein großes Internierungslager für Präsidenten wie Kennedy, die bei den Verschwörungen des Dienstes nicht mitmachen wollten? Oder für die NASA-Astronauten, die nicht mehr mit der Lüge, angeblich den Mond betreten zu haben, leben konnten?

Auch die Theorie, dass Bielefeld eine Erfindung der Atlanter ist, die dort den Einstieg in ihr ganz und gar nicht untergegangenes Reich bewachen, steht zur Diskussion.

Dies sind nur drei der Theorien, die belegen, dass das Rätsel um Bielefeld keinesfalls zum Schmunzeln Anlass geben sollte. Viel zu ernst ist der Verdacht, dass offenbar fremde Mächte deutschen Boden nutzen, von hier aus ihren Plänen nachzugehen. Dabei ist die Tarnung, die SIE erschaffen haben, grandios. Eine ganze Stadt, erschaffen in der Phantasie von Verschwörern. Eine Stadt mit Geschichte und Geschichten.

Seit die Tatsache, dass Bielefeld nur eine Verschwörung fremder Mächte darstellt, publik geworden ist, sind die Verschwörer vorsichtig geworden und kolportieren Ideen wie die, die Verschwörungstheorie sei nur ein Studentenspaß gewesen. Und dieser Spaß begann am 16. Mai 1994, als ein Kieler Informatikstudent namens Achim Held im Usenet, und zwar in der Newsgroup *de.talk.bizarre*, die Geschichte der Bielefeldverschwörung postete. Dem ZDF erzählte Achim Held 2004, als dieser Ulk angeblich seinen zehnten Geburtstag feierte, die Idee sei auf einer Studentenparty entstanden, die in der Wohnung eines Freundes stattfand, der Esoterik-Magazine abonnierte. So kam das Gespräch irgendwann von Esoterik auf das Thema Verschwörungen und ein Freund, der sagte, er stamme aus Bielefeld, musste sich plötzlich anhören: „Ach Bielefeld! Das gibt es doch gar nicht." Held dachte sich, dass sich diese Idee gar nicht so dumm anhörte. Bielefeld gehört immerhin zu den 20 größten deutschen Städten, aber irgendwie kannte er niemanden, der jemals von sich behauptet hätte, in Bielefeld gewesen zu sein – abgesehen von den Bielefel-

257

Die Bielefeld-Verschwörung

dern selbst. So begann er einige vollkommen abstruse Ideen zu sammeln, bis daraus ein Text entstand, den er schließlich ins Usenet stellte, wo sich die Geschichte zu einem echten Hit entwickelte. Und nicht nur dort. Im (in Deutschland) noch jungen Internet entwickelte sich die Bielefeldverschwörung zu einer der beliebtesten Verschwörungstheorien, lange bevor Verschwörungstheorien über Ufos, Kennedysichtungen oder gefälschte Mondlandungen das Netz zum Bersten brachten.

Das Problem an dieser Erklärung: Sie klingt so verdammt plausibel!

Die Bielefeldverschwörung selbst hat sich nicht nur in der Welt der Verschwörungstheorien einen Platz erstritten, auch als Großstadtlegende hat sie inzwischen einen festen Platz in den Almanachen der Geschichte erobert. So wurde sie zum Forschungsobjekt verschiedenster Mythenforscher, die, bevor Achim Held als Verfasser bekannt wurde, ihre Herkunft ergründen wollten. So ging unter Mythenforschern die Idee um, es habe mit dem Anschluss ans Internet zu tun. Die Universität in Bielefeld gehörte zu den ersten Universitäten in Deutschland, die ans Internet angeschlossen wurden, weshalb Bielefelder Studenten nie in alternativen Netzen wie dem FidoNet oder MausNet anzutreffen waren, jenen virtuellen Plätzen, an denen sich andere deutsche Studenten herumtrieben. Manche glaubten auch, der alte Ruhrgebiets-Spaßreim „Und seh'n wir uns nicht in dieser Welt, so seh'n wir uns in Bielefeld" sei Ursprung der Bielefeldverschwörung gewesen. Auch dass die Autobahn A2 nicht durch Bielefeld verläuft, sondern in einer Distanz von mehreren Kilometern an der Stadt vorbei, dachte man, habe die Bielefeldverschwörung hervorgerufen.

Tja, und dann kam es an Tageslicht: ein Studentenulk. Oder vielleicht doch nur eine Ablenkung von einer unglaublichen Verschwörung?

QUELLEN:
http://www.zdf.de/ZDFheute/drucken/1,3733,2130442,00.html
http://www.bielefeldverschwörung.de

DIE BRUDERSCHAFT VOM BERGE ZION

Wie kaum eine andere Verschwörungstheorie hat die Geschichte des Klosters Zion in den letzten Jahren die Phantasie vieler Autoren beflügelt. Peter Berlings „Die Kinder des Grals" und seine Fortsetzungen basieren auf der Geschichte der französischen Priorei, Wolfgang Hohlbeins Roman „Das Blut der Templer" basiert auf den angeblichen Geschehnissen rund um das Kloster, Helene-Luise Köppels „Die Erbin des Grals" basiert auf Ideen, die auf den angeblichen Geschehnissen rund um die „Prieuré de Sion" ranken – und natürlich Dan Browns Megaseller „Sakrileg" bezieht sich direkt auf die Legenden, die über das französische Kloster kolportiert werden.

All die Geschichten finden ihren Ursprung in einem französischen Stift nahe der Stadt Orléans, dem „Prieuré de Sion", das von etwa 1100 bis 1627 existierte. Während im Katholizismus normalerweise Maria als Mutter Gottes angebetet und verehrt wird, verehrten die Mönche des französischen Klosters im Besonderen Maria Magdalena, „Unsere Frau von Zion". Maria Magdalena spielt im Neuen Testament eine besondere Rolle. Sie ist eine der wenigen Frauen, die nicht über ihren Mann definiert wird als „Schwiegermutter des Petrus" oder „Mutter des Apostels ...". Tatsächlich erscheint ihr Name in allen Evangelien, im Laufe der Jahrhunderte gab es in Bezug auf ihre Person allerdings einige Irritationen. So nannte sie Papst Gregor I. eine Prostituierte, da er in ihr die Frau sah, die Jesus die Füße wusch, wie im Evangelium des Lukas berichtet wird. Andere sahen in ihr Maria von Bethanien, die Tochter von Jesus Freund Lazarus, tatsächlich aber handelt es sich wohl um Maria von Magdala, eine Jüngerin von Jesus. In der Orthodoxie wird ihre

Die Bruderschaft vom Berge Zion

Person am 22. Juli eines Jahres gefeiert. Für viele ist sie eine Apostola, eine Frau, die Jesus folgte und sein Wort nach seinem Tod verkündete. Zwar berichtet die Bibel nur von zwölf Aposteln, allesamt Männer, die Jesus folgten und, heute würde man sagen, seinen engsten Stab bildeten; aber es gab weitaus mehr Gläubige, die sich Jesus und seinen Aposteln anschlossen, ihm folgten, seinen Worten lauschten und diese weiter hinaus in die Welt trugen – und Maria Magdalena war eine von ihnen.

Das Phillipusevangelium geht allerdings einen ganzen Schritt weiter. Die Spruchsammlung, die nicht in den Kanon der Bibel aufgenommen wurde, sehr wohl aber als frühchristlicher Text weite Verbreitung fand und noch im späten Mittelalter sehr bekannt war, bezeichnet Maria Magdalena als Lieblingsjüngerin von Jesus und im Vers 32 steht definitiv zu lesen, dass Maria Magdalena als seine Gefährtin bezeichnet wurde.

Die Frau von Jesus Christus?

Es mag sich in den Ohren vieler bibeltreuer Christen wie ein Hohn, ja Blasphemie anhören, wenn man die Behauptung aufstellt, Christus sei verheiratet gewesen. Doch er lebte als Mensch unter Menschen.

Die Verschwörungstheorie setzt an genau diesem Punkt an und wendet sich vor allem gegen den Katholizismus. Rom, dem Vatikan, der Kirche wird vorgeworfen, die Wahrheit über Jesus verschleiert und so zurechtgebogen zu haben, wie sie dies für richtig hielt. Jesus wurde seiner jüdischen Identität beraubt, Schriften, die der offiziellen Kirchendoktrin entgegenstanden, wurden aus dem Kanon, der schließlich das Neue Testament bilden sollte, ausgeschlossen, letztlich hat die Kirche in Bezug auf Jesus Christus viel mehr Lügen fabriziert als Wahrheiten ausgesprochen.

In der Verschwörungstheorie heißt es nun, dass Jahrhunderte später ein Geheimbund entstand, der sich *Prieuré de Sion* nannte – in Anlehnung an das Kloster, ohne mit diesem jedoch identisch zu sein – und der es sich zur Aufgabe gemacht hatte, die Lügen der Kirche aufzudecken, weshalb die Katholische Kirche mit diesem Orden einen geheimen Krieg führt. Dieser Orden nämlich bewahrt ein Geheimnis, das alle Kirchenlehren ad absurdum führen könnte, würde dieses Geheimnis offenbart und vor allem auch bewiesen. Und dieses Geheimnis lautet: Jesus starb nicht am Kreuz und vor allem – er war mit Maria Magdalena verheiratet und hatte mit ihr mindestens einen Sohn.

Die Verschwörungstheorie erfährt nun in zwei Versionen ihre Fortsetzung. In der einen Fassung wird Jesus gekreuzigt, Maria Magdalena zieht mit ihrem Sohn schließlich nach Europa. In einer anderen Fassung überlebt Jesus die Kreuzigung sogar und flüchtet mit seiner Familie in die Region des heutigen Orléans.

Hier wuchs die Familie an und ab 447 stellten die Merowinger, die aus dem Geschlecht Christus hervorgegangen sind, die Könige Frankreichs. Bis

Die Bruderschaft vom Berge Zion

sie 751 von den Karolingern abgelöst wurden. Nur ausgestorben sind die Merowinger nicht. Sie leben bis heute unter uns: direkte Nachfahren von Jesus Christus.

Über die Jahrhunderte zwischen dem Ende der Merowinger-Dynastie und dem 12. Jahrhundert ist nicht viel über die angeblichen Nachfahren von Jesus Christus bekannt, um 1120 aber erschien die „Arme Ritterschaft Christi vom salomonischen Tempel" erstmals auf der Bildfläche, ein während der Kreuzzüge entstandener Ritterorden, der die Ideale des Rittertums mit denen des Mönchdaseins verband. Ihr Mut galt schon bald als legendär; im Gegensatz zu den meisten europäischen Rittern, die zwar Ruhm und Ehre für sich proklamierten, aber in der Regel nicht einmal des Lesens und Schreibens mächtig waren, galten die Mitglieder des Ordens als gebildet, viele von ihnen lernten während der Kreuzzüge Arabisch, selbst unter ihren Feinden genossen sie Achtung und Respekt. Sie galten als geschickte Diplomaten, mutige Krieger, wissbegierige Forscher und nebenher auch noch als gute Kaufleute. So soll die Erfindung des „Schecks" auf sie zurückgehen.

Die „Arme Ritterschaft Christi vom salomonischen Tempel" ging in die Geschichte des Christentums als „Templerorden" ein.

Aufgrund ihrer Geschäftstüchtigkeit und ihres vergleichsweise bescheidenen Lebensstils wurden die Templer reich – und mit dem Reichtum wuchs ihr Einfluss auf die Politik. Zum Missfallen der Aristokratie. Im Jahr 1307 wurden sie auf Druck des französischen Königs Philipp IV. (Philipp der Schöne) verboten. Dem König missfiel die politische Macht des Ordens, er setzte den als schwach geltenden Papst Klemens V. unter Druck, das Verbot auszusprechen. Am 13. Oktober 1307 wurde das Verbot rechtskräftig. Der 13. Oktober war ein Freitag, es ist anzunehmen, dass der Glaube, dass ein Freitag, der 13. Unglück bringt, aus diesem Ereignis resultiert.

Die Templer wurden ermordet, massakriert, gefoltert, abgeschlachtet. Sie wurden der Teufelsanbetung für schuldig erklärt, der Homosexualität, der Sodomie. Verbrechen, die der 23. und letzte Großkomtur des Ordens Jacques de Molay schließlich nach Wochen der Folter und Demütigungen zugab (siehe auch DREIUNDZWANZIG – ABER WARUM NICHT 42?).

Nach dem Mord an mehreren Tausend Templern nahm sich der französische König ihres Vermögens an, natürlich nicht ohne den Papst mehr als großzügig an den Reichtümern der Templer partizipieren zu lassen.

Der Geheimbund Prieuré de Sion, heißt es nun, sei aus den Resten des Templerordens entstanden, andere Theorien behaupten, der Bund hätte zu diesem Zeitpunkt längst existiert und sei nun zur Heimat der überlebenden Templer geworden.

Der letzte König der Merowinger hieß Theoderich, aber über ihn ist nicht viel bekannt. Doch mit dem Untergang des Templerordens widmeten

Die Bruderschaft vom Berge Zion

sich die überlebenden Templer nun einzig und allein einer Aufgabe: dem Schutz der merowingischen Nachfahren – und damit den Nachfahren von Jesus Christus.

Daher befinden sie sich in einem dauernden Krieg mit dem Papst, denn der ist zwar der höchste christliche Würdenträger auf Erden (zumindest für die Anhänger des katholischen Glaubens), doch ist er nicht der Nachfolger Christi. Er ist der Nachfolger von Petrus, eines Menschen und Apostels. Würde nun ein direkter Nachfahre von Jesus den Heiligen Stuhl für sich einfordern – stünde ihm genau dieser Stuhl zu, denn Petrus war nur der Erste Jünger.

In der Verschwörungstheorie heißt es nun, dass die Katholische Kirche nicht nur seit Jahrhunderten Lügen in Bezug auf die Person Christi verbreite, sie würde auch alle Beweise, die ihre Lügen entlarven könnten, verschwinden lassen. So ist über die Jahrhunderte ein Netzwerk aus Geistlichen, wissenschaftlich arbeitenden Theologen, Historikern, aber auch Publizisten und Laienorganisationen entstanden, die, oft unterstützt von katholischen Geheimbünden, jedes Momentum des Zweifels an den kirchlichen Lehren im Keime ersticken. Durch Unterschlagung von Beweisen, aber auch mit Hilfe von wissenschaftlichen Expertisen, die etwaige veröffentlichte Beweise als Märchen oder Fehlinterpretationen deuten.

Als Beweis für ihre Behauptungen führen die Verfechter der Verschwörungstheorie das Judas-Evangelium an, das äußerst komplex die Geschichte von Jesus erzählt – und definitiv den Anspruch von Petrus auf den Platz des Ersten Jüngers in Frage stellt.

Im Jahr 180 entdeckte ein gewisser Irenäus von Lyon das Buch in einer frühchristlichen Gemeinde in Gallien, dem heutigen Frankreich. Irenäus stammte vermutlich aus Kleinasien (man glaubt, aus der Region des heutigen Izmir). Sein Lehrer Polykarp von Smyrna war seinerseits ein Schüler des Apostels Johannes. Irenäus galt als ungewöhnlich gebildet, die Idee, die viele Christen heute verfolgen, nämlich dass alles Dasein nach einem göttlichen Plan verläuft, geht unter anderem auf Irenäus zurück.

Dass dem Judas-Evangelium vor allem von katholischer Seite her keinerlei Bewandtnis zuerkannt wird, wird unter anderem damit erklärt, dass Irenäus das Buch 180 entdeckt habe, das Neue Testament aber, so wie wir es heute kennen, zwischen 50 und 130 entstand. In diesem Zusammenhang ist anzumerken, dass Irenäus selbst die Schrift, die er in Händen hielt, auf das Jahr 150 datierte, also auf eine Zeit, in der die Kanonisierung des Neuen Testaments bereits abgeschlossen war.

Der Anhänger einer Verschwörungstheorie wird nun sagen, dass sich die Kirche genau dieser Methoden bedient, um unliebsame Beweise für die unrechtmäßige Beanspruchung ihrer Glaubensvertretung zu diskreditieren.

Die Bruderschaft vom Berge Zion

Sie jongliert mit Zahlen und weist schließlich noch darauf hin, dass ein Buch wie das Judas-Evangelium vor allem unter Gnostikern Anhänger fand. Irenäus selbst, der als einer der Väter des Christentums in seiner heutigen Form gilt, lehnte die Schrift strikt ab; es ist überliefert, dass die Kirche alles daran setzte, das Evangelium zu bekämpfen – bis sich seine Spur im 6. Jahrhundert verlor. 1978 tauchte es wie durch ein Wunder wieder auf. Die Anhänger der Verschwörungstheorie gehen davon aus, dass es nicht ganz zufällig aufgetaucht ist, sondern vielmehr die Nachfahren der Templer das Buch an ihrem Fundort in Mittelägypten nahe der Stadt al-Minya platzierten, um langsam, aber sicher an den Fundamenten der Kirche zu rütteln. Eine Institution wie die Katholische Kirche bringt man nicht innerhalb einiger Tage zum Einsturz, argumentieren sie: So etwas dauert Jahrzehnte. Wenn nicht noch länger. Bei al-Minya entdeckten Historiker ein in koptischer Sprache verfasstes, 62-seitiges frühchristliches Dokument, das sich als Evangelium des Judas herausstellen sollte. Im Februar 2002 erwarb die Baseler Maecenas-Stiftung die Schrift und ließ sie übersetzen. 2006 erschien dann eine Buchausgabe der Übersetzung. Wird im Neuen Testament Petrus als Erster Jünger genannt, sieht dies im Judas-Evangelium anders aus. Nicht Petrus, sondern Judas wird hier als Erster Jünger genannt. Jesus bittet Judas schließlich, ihn zu verraten, denn nur durch seinen Tod und seine Wiederauferstehung werden die Menschen Erkenntnis (Gnosis) erlangen, argumentiert Jesus. Auf die Frage von Judas, was er für diesen Verrat zu erwarten habe, antwortet ihm Christus, dass ihn die Welt auf ewig für sein Handeln hassen wird. Aber am Himmel wird er dafür als besonders heller Stern leuchten.

Eine Gesellschaft mit dem Namen „Prieuré de Sion" hat es übrigens ganz offiziell gegeben. 1956 gründete ein gewisser Pierre Plantard eine katholische Laienbewegung dieses Namens. Die Idee, dass Jesus Nachkommen gezeugt habe, die es nach Gallien verschlug, ist keine Legende unserer Tage. In Teilen Frankreichs ist sie Jahrhunderte alt, auch die Merowinger spielen in diesen Legenden stets eine zentrale Rolle. In der Kirche von Rennes-Le-Château in Südfrankreich kann der Besucher zum Beispiel ein bunt bemaltes Relief bewundern, das zeigt, wie ein blutender Jesus mitten in der Nacht von Männern getragen wird.

Aber warum mitten in der Nacht? In der Welt, in der Jesus lebte, wurden nachts keine Beerdigungen vorgenommen. In welcher Kultur werden überhaupt nachts Menschen zu Grabe getragen? Heißt das also, dass das Relief gar nicht zeigt, wie Jesus in sein Grab getragen – sondern aus einem Grab herausgeholt wird? In der Nacht, unbeobachtet von etwaigen Zeugen?

Ein lebender Jesus?

Der Mythos von Rennes-Le-Château. Plantard machte sich diese Legende zu Eigen und nutzte den bekannten Namen der „Prieuré de Sion", wenn-

263

Die Bruderschaft vom Berge Zion

gleich in abgewandelter Form. Wurde die Bruderschaft bis dato einem kirchenfeindlichen Milieu zugeschrieben, führte Plantard seine Vereinigung direkt in den Schoß der Katholischen Kirche. Plantard, der sich wegen Betrugs und Unterschlagung 1953 vor Gericht verantworten musste, verfolgte einen vollkommen abstrusen Plan: Er begann in den 60er Jahren Dokumente zu fälschen, die belegen sollten, dass eine Geheimgesellschaft – eben die „echten" Prieuré de Sion – das Geheimnis der Merowinger hüteten. Da er die Echtheit der von ihm vorgelegten Dokumente mit Expertenzertifikaten belegen konnte (die ebenfalls aus seiner Fälscherwerkstatt stammten), ging sein Plan nach und nach auf. Er konnte belegen, dass die Merowinger niemals ausgestorben sind – und selbstverständlich war er einer ihrer Nachkommen. Aus diesem Grund änderte Plantard seinen Namen und nannte sich fortan Pierre Plantard de Saint-Clair. Und als „Nachfahre" der Merowinger erklärte er dreist, er sei der rechtmäßige Erbe des verwaisten französischen Throns!

Sein Plan ging, so abstrus dies klingen mag, auf. Der Mythos der kleinen Ortschaft Rennes-Le-Château zog auch in den 60er Jahren des 20. Jahrhunderts die Menschen in seinen Bann. Zumindest konnte Plantard von seinen Behauptungen ganz gut leben.

Erst 1989 gab Plantard zu, gelogen zu haben. Im Rahmen einer Ermittlung der Pariser Polizei, die den Tod eines Geschäftsmannes namens Roger-Patrice Pelat untersuchte, erklärte Plantard unter Eid, er habe sich all die Merowinger-Geschichten nur ausgedacht oder er habe sich einfach am französischen Legendenschatz bedient und die alten Geschichten kreativ interpretiert. Das Prekäre: Der Geschäftsmann Pelat verfügte über beste Beziehungen zu den regierenden Sozialisten, er galt gar als persönlicher Freund François Mitterrands, des französischen Präsidenten. Bei ihren Ermittlungen stellte die Polizei fest, dass Pelat als Großmeister der Prieuré geführt wurde – und damit Angehöriger eines Geheimbundes war. Plantard wurde verhört und bekam kalte Füße. Er gab zu, sich alles nur ausgedacht zu haben. Und der arme Pelat wusste nichts über die Ehre, die ihm zuteil geworden war: Plantard hatte einen Stammbaum der angeblichen Ordens-Großmeister entworfen. Demnach standen dem Orden unter anderem Größen wie Isaac Newton, Nostradamus und natürlich auch Leonardo da Vinci vor (Dan Brown hat diese Idee in seinem Roman „Sakrileg" aufgenommen – daher auch der englische Originaltitel: „The Da-Vinci-Code"). Tja, und auch Pelat gehörte als bedeutender, einflussreicher Geschäftsmann der Gegenwart auf diese Liste. Nur wusste er nichts von der Ehre, die Plantard ihm hatte angedeihen lassen. Plantard wurde 1993 – nachdem sich Pelats Ableben als Selbstmord herausgestellt hatte – vor Gericht gestellt. Er kam jedoch mit einem blauen Auge davon. Der Richter schickte den inzwischen 73-Jährigen nach Hause mit der Auflage, er solle sich keine Merowinger-Geschichten mehr ausdenken.

264

Die Bruderschaft vom Berge Zion

Welche Teile der großen Verschwörungstheorie auf Plantard zurückgehen – und welche Teile der Verschwörungstheorie auf älteren, überlieferten Legenden beruhen, ist heute schwer zu sagen, denn Plantard und seine Helfer haben ein fantastisches Netz aus Lügen, Halbwahrheiten und Legenden erschaffen. Ähnlich dem Netz, das die Verschwörer in Dan Brown „Sakrileg" aufbauen. Nur im Falle Dan Browns wissen wir mit Bestimmtheit: Seine Merowinger-Legende ist ein Unterhaltungsroman. Nicht mehr – aber auch nicht weniger.

QUELLEN:

Baigent, Michael: „Die Gottes-Macher". Bergisch-Gladbach: Lübbe, 2006.

Baigent, Michael und Richard Leigh: „Verschlusssache Jesus". München: Droemer, 1991.

Baigent, Michael, Richard Leigh und Henry Lincoln. „Der Heilige Gral und seine Erben". Bergisch-Gladbach: Lübbe, 2004.

Brown, Dan: „Sakrileg". Bergisch-Gladbach: Lübbe, 2004.

Dimde, Manfred: „Die Johannes-Verschwörung". München: Knaur, 2000.

Grundmann, Walter und Johannes Leipoldt: „Umwelt des Urchristentums – II". Berlin: Evangelische Verlagsanstalt, 1971.

Lehmann, Johannes: „Das Geheimnis des Rabbi J". Hamburg: Rasch & Röhrig, 1985.

Rosa, Peter de: „Gottes erste Diener". München: Heyne, 2005.

Schreiber, Hermann und Georg Schreiber: „Geheimbünde von der Antike bis heute". Augsburg: Weltbild Verlag, 1993.

CHARLIE SHEEN UND
DER 11. SEPTEMBER

Charlie Sheen ist ein Kind der 80er Jahre. In dieser Zeit feierte er als junger Schauspieler seine größten Erfolge. Er sah gut aus, seine Fönfrisur verlieh ihm den Look des Schwiegermutterlieblings, sogar als Charakterdarsteller erlangte er kurzzeitig Ruhm als Hauptdarsteller des Vietnam-Epos Platoon. Mit der politischen Diskussion, die rund um den Film begann, hatte Sheen nicht viel zu tun. Diese Diskussion wurde vielmehr von Regisseur Oliver Stone genutzt, um sich zu profilieren und seine Weltsicht zu publizieren. Die Darsteller dienten da nur als Staffage, mehr eigentlich nicht.

Statt auf den politischen Seiten der seriösen Presse bewunderte man Sheens Konterfei eher in den Klatschspalten des Boulevards. Ob seine unzähligen Frauengeschichten, seine frühe Vaterschaft mit 19, Drogenmissbrauch und Entzug, oder später dann, im neuen Millennium, seine medienwirksame Ehe mit der Schauspielerin Denise Richards: Im seichten Wasser der Klatschpresse fühlte sich Sheen offenbar gut aufgehoben. Im Gegensatz zu seinem Vater, dem Schauspieler Martin Sheen, einem bekennenden Bürgerrechtsaktivisten, brachte man Charlie Sheens Namen nicht unbedingt mit politischen Themen in Verbindung. Bis er im März 2006 in die Schlagzeilen geriet und in den USA plötzlich auch in den so genannten seriösen Medien diskutiert wurde. In Deutschland berichteten nur einige wenige Blätter und Onlinemedien über Sheens Radio- und Fernsehauftritte in diesem Monat und wenn ja, dann handelte es sich vor allem um hämische Kommentare. Nur eines ist seltsam: Sheen hat sich nicht auf irgendeiner obskuren Website zu einer Verschwörung geäußert oder im Offenen Kanal von Dortmund-Ben-

266

Charlie Sheen und der 11. September

ninghofen. Sheen äußerte sich im Abendprogramm von CNN, dem größten und mächtigsten Nachrichtenkanal weltweit.

Was war geschehen?

Während eines Radiointerviews mit Alex Jones befragte dieser Charlie Sheen zu seinen Ansichten in Bezug auf den 11. September. Nun muss man vorausschicken, dass sich Alex Jones selbst als radikal-demokratischen Journalisten bezeichnet. Problematisch ist, dass er zwar gerne gehört wird und viele Fans hat, sicher ist aber auch, dass in seinen Berichterstattungen Fakten und Phantasien Hand in Hand ineinander übergehen und dass er Gerüchte als wahre Nachrichten kolportiert, da es in seiner Berichterstattung keine Trennlinien gibt. Ein Besuch auf seiner Homepage *Infowars.com* gleicht einem Ausflug in eine Parallelwelt, in der ausschließlich Verschwörungen das Rad der Geschichte betreiben. Besagter Alex Jones hatte erfahren, dass Sheen seit einiger Zeit in Kontakt mit allerlei Verschwörungsanhängern stand, die sich mit den Geschehnissen des 11. Septembers auseinandersetzten. Auf seine Frage antwortete Sheen, er glaube einfach nicht, dass eine Hand voll mit Teppichmessern bewaffneter Amateure so gezielt Anschläge begehen könnte. Vor allem mit einer Trefferquote von 75 Prozent. Nein, Sheen gab offen zu, an eine Verschwörung zu glauben.

Alex Jones ist ein Journalist, den seine Kollegen normalerweise meiden wie der Teufel das Weihwasser, auch wenn er eine ihm treu ergebene Fan-Gemeinde besitzt. Dass nun ausgerechnet CNN auf Jones' Interview aufmerksam wurde und Sheen daraufhin einlud, in der Sendung „Showbiz Tonight" zu seinen Äußerungen Stellung zu beziehen, darf wahrhaftig als eine Überraschung betrachtet werden. Als eine noch viel größere Überraschung aber sollte sich herausstellen, dass CNN Sheen nicht demontierte oder ihn der Lächerlichkeit preisgab, wie man dies hätte erwarten dürfen. Verschwörungstheorien sind ein prekäres Thema. Man kann sich leicht die Finger daran verbrennen, nachvollziehbare Theorien und Fragen schweifen schnell ins Phantastische ab, der Grat zwischen Staunen und Kopfschütteln ist mehr als dünn. Daher fasst man Verschwörungsgeschichten entweder, wenn es sich nicht vermeiden lässt, nur mit spitzen Fingern an, oder aber man erklärt sie von Anfang an als absurd. Mit dieser Methode ist man im Mainstream auf jeden Fall erst einmal auf der sicheren Seite, ohne sich Vorwürfe anhören zu müssen, man habe sich – wenn man eine Theorie aufnimmt – gleich der Lächerlichkeit preisgegeben.

CNN sendete stattdessen einen etwa zehnminütigen Beitrag, in dem neben Sheen weitere Skeptiker zu Wort kamen. Das Ergebnis darf als handwerklich einwandfrei produzierter Bericht betrachtet werden. Neutral in seiner Präsentation, sachlich, ohne Wertung.

Was ist daran so sensationell?

Charlie Sheen und der 11. September

Es ist die Offenheit, mit der ein anderer als der offizielle Standpunkt zum 11. September 2001 in den USA publiziert wurde. In den Monaten nach den Anschlägen galt es schon fast als ein Vaterlandsverrat, an der Regierung Bush Kritik zu üben. Im Moment des größten nationalen Notstandes seit Pearl Harbor brauchte der amerikanische Präsident die Rückendeckung seines Volkes. Und die Medien stellten keine Fragen. Sie schalteten sich gleich und unterstützten das Vorgehen ihres Präsidenten in allen Belangen. Kritik? Gab es nicht!

Der Irak?

Hat den 11. September unterstützt.

Was heißt das?

Irak plattwalzen!

Saddam Hussein war als Staatspräsident kein netter Kerl. Er lud seine Nachbarn nicht zum Picknick ein oder ließ für sein Volk nette Freizeitparks bauen. Er begann einen fürchterlichen Krieg gegen den Iran, der über eine Million Menschen das Leben kostete, setzte Giftgas gegen die eigene Bevölkerung ein, überfiel Kuwait, unterdrückte die Kurden. Eines aber war er bestimmt nicht: ein Freund der Al Qaida. Dies wusste zumindest die kontinentaleuropäische Presse vor dem Krieg im Irak längst. In Europa wurden Fragen in Bezug auf die Authentizität der angeblichen Beweise für die Giftgasanlagen und die Verbindungen zur Al Qaida gestellt. In Europa wurde kontrovers über den Krieg im Irak diskutiert. In den USA fand eine solche Diskussion nicht statt. Stattdessen wurden so genannte „eingebettete Journalisten" mit den Truppen in den Krieg geschickt, Journalisten, die von der Front berichteten und den Krieg live über Satellit auch in die entlegensten Hillbilly-Nester Oklahomas schickten. Dass sie fast nie Leichen zeigten, wurde kaum hinterfragt. Und dass die amerikanische Luftwaffe das Gros der Arbeit erledigte, darüber berichtete seinerzeit Al-Jazeera, ein arabischer Nachrichtensender, der prompt als Zentralorgan der Al Qaida herabgewürdigt wurde, obwohl die meisten Journalisten des Senders in den USA oder Großbritannien ihr Handwerk erlernt haben. In den US-Medien fand all das nicht statt. Weder während des Krieges noch nach dem von Präsident George W. Bush medienträchtig auf einem Flugzeugträger verkündeten Ende des Krieges – der nach dem Ende mehr amerikanische Soldaten das Leben kostete als während der aktiven Kampfhandlungen.

Und dann, im März 2006, folgte der Auftritt von Charlie Sheen, einem Schauspieler, dessen größte Erfolge schon weit in der Ferne liegen. Er ist ein Darsteller von Sitcoms, kein George Clooney, kein Oliver Stone, kein Michael Moore. Er erhielt die Möglichkeit, seine Theorien zum 11. September 2006 über den Äther zu schicken. Ausgerechnet auf CNN, jenem Sender, der aufgrund seiner Reichweiten schon fast die Stellung des offiziellen Auslands-

Charlie Sheen und der 11. September

fernsehens der USA einnimmt und nach den WTC-Anschlägen einen sehr wohlwollenden Regierungskurs fuhr.

Charlie Sheen redete. Nun ja, könnte man nun sagen, ein B-Schauspieler, der sich wichtig machen will, erhält die größte Aufmerksamkeit, indem er sich produziert. Er kann in ein Dschungelcamp ziehen und sich 24 Stunden dabei beobachten lassen, wie er Maden frisst – oder er palavert über Verschwörungstheorien und erhält damit die Aufmerksamkeit, nach der es ihn dürstet.

Und dennoch hat Sheens Auftritt für Wirbel gesorgt. Nach dem Bericht wurden die Zuschauer von Moderator A. J. Hammer aufgefordert, an einer Onlineumfrage teilzunehmen und für oder gegen Sheen zu stimmen. Solche Umfragen sind natürlich immer mit Vorsicht zu genießen. Der gewöhnliche Paranoiker nimmt eher an einer solchen Befragung teil als ein konservativer Leser der *Zeit*. 53426 Internetsurfer loggten sich schließlich bei *CCN.com* ein und gaben ihr Votum ab. 83 Prozent unterstützten Sheens These, dass die US-Regierung der Öffentlichkeit Informationen vorenthalte.

In den USA schlug dieser CNN-Bericht ein. Tageszeitungen berichteten ebenso über Sheens Auftritt wie auch der TV-Sender FOX, der übrigens kein gutes Haar an Sheen ließ. Aber es wurde umfassend berichtet. Sheen, der zu den Skeptikern gehört, die glauben, eine kontrollierte Sprengung habe den Twin Tower den Rest gegeben, wurde dabei entweder zum Gespött der Moderatoren und Kommentatoren – oder durchaus ernst genommen. Nicht in Bezug auf seine Theorie, sehr wohl aber als eine Person, die den Anstoß gegeben hatte, die offiziellen Verlautbarungen der Regierung einmal genau zu hinterfragen. Wenn in Deutschland überhaupt über Charlie Sheen und seine neu entdeckte Liebe für die Welt der Verschwörungen berichtet wurde, geschah dies in Kurzmeldungen. *Der Spiegel* erkannte in dem Ergebnis die Anfälligkeit der Amerikaner für Verschwörungstheorien. Mit diesem Werturteil harkte das Hamburger Nachrichtenmagazin die Angelegenheit ab, die anderen Zeitungen und Magazine folgten.

Möglicherweise hat das Hamburger Nachrichtenmagazin mit dieser Bewertung der amerikanischen Psyche recht, nur möglicherweise vergaß der Autor des Artikels einmal zu hinterfragen, warum Sheens CNN-Auftritt solche Wellen schlug. Die Faszination an Verschwörungen allein reicht da als Erklärung nicht aus. Auch Charlie Sheen ist nicht gerade die Person, auf die die Welt hört. Er ist kein zweiter Gandhi, kein Michael Gorbatschow oder eine Mutter Teresa. Er ist ein Hollywood-Schauspieler, der in einer netten Villa lebt und am Film-Set einen persönlichen Assistenten gestellt bekommt, dessen Aufgabe darin besteht, den Schauspieler bei Laune zu halten. Ein Mietsklave quasi. Warum also auf die Theorien eines solchen Mannes hören?

Möglicherweise, weil er einen Nerv traf, als er die Frage stellte, ob die

269

Charlie Sheen und der 11. September

USA nach den Anschlägen den richtigen Weg gegangen sind? Na gut, diese Frage haben auch andere gestellt – warum dann also ausgerechnet der Hype um Charlie Sheen?

Weil er Teil einer Verschwörung ist!

Kein Wunder, dass es nur wenige Stunden dauerte, bis aus Charlie Sheens Fernsehauftritt Teil einer Verschwörungstheorie wurde. Die Theorie nämlich, dass mit seinem Auftritt verschiedene Gruppen versuchten, die Regierung Bush zu schwächen. Ein bisschen Zweifel hier, ein wenig Skepsis dort. Nach dieser Theorie war Sheen nur ein Rad im Getriebe, eine von vielen Stimmen, die gezielt eingesetzt wurde, um diesen Zweifel blühen zu lassen. Verschwörer sind wie Gärtner. Ein guter Gärtner weiß, dass eine schöne Pflanze ihre Zeit braucht, um zu blühen. Bevor sie blüht, bedarf sie sorgfältiger Pflege, Dünger und Wässerung. Demnach war Charlie Sheens Fernsehauftritt nur ein Tropfen, der helfen sollte, diese Pflanze wachsen zu lassen. Eine Stimme, die weitere Zweifel säte, ausgegossen von Teilen des Establishments, die sich von der Regierung Bush/Cheney nicht mehr repräsentiert sahen. Keine einfachen Leute von der Straße, wie sollten die auf CNN einen Bericht wie den über Charlie Sheen lancieren?

Noch im Februar 2006 versuchte die Regierung zu verheimlichen, dass ihr Vize-Präsident bei einem Jagdunfall einen Freund angeschossen hatte. Erst 24 Stunden später, nachdem einige Agenturen von dem Unfall Wind bekommen hatten, gab Dick Cheney zu, einen alten Freund offenbar mit einer Wachtel vertauscht zu haben. Der arme Kerl bekam eine volle Schrotladung ab, überlebte den Vorfall aber. Nach dem Unfall kam übrigens heraus, dass Cheney nicht die für die Wachteljagd vorgeschriebene Lizenz besaß – was ebenfalls unter den Tisch gekehrt werden sollte, weshalb wohl erst eine Woche später durch einen Zufall (?) Journalisten davon Wind bekamen. Was ist von einer Regierung zu halten, die schon solche Lappalien unter den Tisch kehrt?

Für den Präsidenten Venezuelas, Hugo Chavez, diente die Berichterstattung in den USA als Steilvorlage, um sich ins Gespräch zu bringen und Öl ins Feuer zu gießen.

Moment, was hat denn Venezuela jetzt mit dem 11. September zu tun?

Verbindungen zum Terrornetzwerk Al Qaida. Hieß es zumindest 2003 aus Kreisen der US-Regierung. Na gut, diese Verbindungen konnten nicht wirklich bewiesen werden, aber nachdem Chavez 2002 die Unverschämtheit besaß, einen offenbar von US-Kräften unterstützten Putschversuch gegen seine Person zu überstehen und sogar gestärkt aus ihm hervorzugehen, gehört er in den USA zu den eher unpopulären Staatschefs dieses Planeten. Venezuela ist zwar ein armes Land, aber 15 Prozent des in den USA benötigten Rohöls werden in Venezuela gefördert, wovon zum allergrößten Teil US-Firmen profitieren. Seit Chavez für sein Land ein Stück vom Kuchen abhaben

Charlie Sheen und der 11. September

will, steht er auf der Abschussliste: Während des Putschversuchs 2002, der in Form einer Protestwelle durch das Land schwappen sollte, um Chavez quasi aus seinem Palast zu schwemmen, wurde ein Teil des Funkverkehrs der Anti-Chavez-Bewegung über die US Navy abgewickelt! So erreichten die Amerikaner allerdings das Gegenteil: Statt Chavez aus dem Amt zu jagen, saß er plötzlich fester im Sattel als zuvor – denn wer einen von den USA unterstützten Putsch übersteht, muss ein harter Hund sein. Nachdem der bekannte US-Fernsehprediger Pat Robertson, der immerhin einmal für die US-Präsidentschaft kandidiert hatte, im August 2005 im Fernsehen zum Mord an diesem Staatsfeind Chavez aufrief, musste sogar die Administration Bush Jr. eine Entschuldigung aussprechen. Leise zwar, aber die Zeiten, in denen man unter dem Vorwand, den Vormarsch des Kommunismus stoppen zu müssen, auch demokratisch gewählte Präsidenten einfach mit einer gut gezielten Kugel aus dem Amt jagen konnte, wie 1973 in Chile, sind leider seit dem Ende des Kommunismus vorbei. Heute muss man intelligenter vorgehen.

Das Problem: Intelligenz ist kein amerikanisches Privileg. Auch Chavez ist ein cleveres Kerlchen und so verkündete der Präsident am 30. März 2006 – unter direkter Bezugnahme auf Charlie Sheen: Er wolle eine internationale Kommission zur Untersuchung des 11. Septembers 2001 einsetzen.

Was nun wiederum überrascht ist die Tatsache, dass just zufällig (?) in diesen Tagen Jimmy Walter und Willy Rodriguez auf persönliche Einladung von Hugo Chavez in Venezuela weilten. Jimmy Walter ist ein amerikanischer Millionär, der glaubt, dass die wahren Hintergründe des 11. Septembers noch längst nicht aufgeklärt sind und der einen siebenstelligen Betrag in Recherchen investiert hat. Willy Rodriguez arbeitete indes als einfacher Hausmeister im World Trade Center und rettete am 11. September unter Einsatz seines eigenen Lebens mehrere Menschen vor dem sicheren Tod, wofür er von George W. Bush mit einem Tapferkeitsorden ausgezeichnet wurde. Zwei Amerikaner in Südamerika, ein amerikanischer Schauspieler, der über Verschwörungen nachdenkt – und mittendrin der Präsident Venezuelas, der alle Diplomatie fallen lässt und in die Welt hinausruft: Die Amerikaner lügen in Bezug auf den 11. September, der 11. September ist eine einzige Verschwörung, die nur die internationale Gemeinschaft aufklären kann.

Ein brillanter Schachzug, wusste Chavez am 30. März 2006 doch ganz genau, dass eine solche Kommission niemals zustande kommen wird – oder würde eine deutsche, französische oder britische Regierung in einen solchen Ausschuss Vertreter entsenden?

Nein, aber die Gerüchteküche brodelt weiter.

Charlie Sheens Äußerungen mögen eine Fußnote im großen Reigen der 9/11-Verschwörungstheorien sein. Ohne Echo sind sie aber wahrlich nicht geblieben.

Charlie Sheen und der 11. September

QUELLEN:

Aust, Stefan und Cordt Schnibben (Hrsg.): „11. September 2001. Geschichte eines Terrorangriffs". Stuttgart: Deutsche Verlags-Anstalt, 2002.

Bröckers, Mathias und Andreas Hauß: „Fakten, Fälschungen und die unterdrückten Beweise des 11. September". Frankfurt: Verlag Zweitausendeins, 2003.

Bülow, Andreas von: „Die CIA und der 11. September". 4. Aufl. München: Piper, 2004.

Cziesche, Dominik und Jürgen Dahlkamp, Ulrich Fichtner, Ulrich Jaeger, Gunther Latsch, Gisela Leske, Max F. Ruppert: „Panoptikum des Absurden". In: *Spiegel*. Hamburg, September 2003.

Walther, Christian C.: „Der zensierte Tag". München: Heyne, 2004.

Wisnewski, Gerhard: „Operation 9/11. Angriff auf den Globus". München: Droemer Knaur, 2003.

CIA-AIR –
WILLKOMMEN AN
BORD

Für die Anhänger von Verschwörungstheorien war die Meldung, dass die CIA illegal im europäischen Luftraum operiert, ein alter Hut. Schon in den frühen 90er Jahren tauchten in den einschlägigen Foren des noch wenig verbreiteten Internets beziehungsweise in den Foren vergleichbarer Netzwerke erste Gerüchte darüber auf, dass der amerikanische Geheimdienst im europäischen Luftraum schalte und walte, wie es ihm beliebt.

Diese Paranoiker, immer für einen Scherz zu haben.

Man nahm die Berichte über „Phantomflugzeuge", die auf keiner Flugliste auftauchten, nicht weiter ernst. Offenbar konnten sich diese Linken nicht daran gewöhnen, dass der Kalte Krieg vorbei war. Für sie stand spätestens ab 1968 fest, dass hinter jedem Staatsstreich, hinter jeder politischen Intrige definitiv die amerikanische Regierung respektive die CIA stehen mussten. Die bösen, bösen Amerikaner, nur Verschwörungen im Kopf. Und dann in den 80ern ein Präsident wie Reagan. Ein konservativer Cowboy, der dieses seltsam unpolitische, bonbonfarbene Zeitalter doch stark prägte. Abgelöst wurde er vom ehemaligen Chef der CIA, George Bush. Noch Fragen?

Bush ging, Clinton kam, aber die Gerüchte blieben.

Diese Paranoiker, irgendwie süß.

Vor allem, da sie nie einleuchtend erklären konnten, weshalb die CIA im Luftraum über Deutschland, Belgien, Frankreich und anderen befreundeten Staaten ihr Unwesen trieb. Im Kalten Krieg mag es obskure Agentenaktivi-

273

CIA-Air – Willkommen an Bord

täten gegeben haben, die ein solches Handeln notwenig machten. Aber nach dem Ende des Kalten Krieges?

Warum also kreisten, laut den Paranoikern, unentwegt CIA-Flugzeuge über Europa? Etwa, um Spione aufzunehmen, Wirtschaftsspione? Oder sie illegal ins Land zu schmuggeln? Oder ging es wieder einmal um den internationalen Waffenhandel? Das Verschieben von Waffen über Europa in alle Teile der Welt? Möglicherweise ging es auch darum, ausländische Staatsbürger zu entführen, die für die USA gefährlich werden konnten? Ein Rechtsstaat, der Bürger fremder – verbündeter Staaten – entführt.

Ach je, sie sind schon nervig, diese Paranoiker.

Immer nur Verschwörung hier, Verschwörung da. Die Geschichte über angebliche CIA-Flüge gehörte schon Mitte der 90er Jahre zu jenen Internet-Verschwörungslegenden, die sporadisch immer wieder einmal in einem Forum oder auf einer Verschwörungswebsite auftauchten und getrost auch als „urbane Legenden" bezeichnet werden durften. Natürlich konnte sie sich nie mit Verschwörungstheorien à la Area 51 messen. Dafür war sie schlicht und ergreifend zu unspektakulär. Dennoch wurde immer wieder von Flugzeugen berichtet, die offenbar von nirgends kamen und im Nirgendwo wieder verschwanden.

Bis September 2001 handelte es sich um eine Verschwörungstheorie. Dann kam der 11. September und der veränderte die Welt. Auch die der Paranoiker (siehe auch DER 11. SEPTEMBER AUS DEUTSCHER VERSCHWÖRUNGSSICHT).

Über Flugzeuge, die immer wieder wie aus dem Nichts auftauchten und wieder im Nichts verschwanden, las man lange Zeit nichts mehr. Bis im Herbst des Jahres 2005 die Legende der CIA-Flugzeuge wieder aufgewärmt wurde. Niemand beachtete diese Geschichten zunächst, obwohl sie sich von den Ursprungslegenden aus den 90er Jahren deutlich unterschieden. Explizit wiesen die Verfasser der Berichte darauf hin, dass die Flugzeuge oft innerhalb weniger Tage an verschiedenen Orten gesichtet wurden, ja dass sie oft wie Lufttaxis durch Westeuropa hoppelten, von Flughafen zu Flughafen flogen, um dann irgendwann Kurs auf Ost-Europa zu nehmen, auf Polen, Ungarn, vor allem aber offenbar auf Tschechien, wo sie ihre Fracht umluden. Genannt wurde auch der in Deutschland gelegene Stützpunkt Rammstein, von dessen Flughafen aus immerhin Intercontinentalmaschinen aufsteigen und letztlich jeden Winkel auf diesem Erdball erreichen können.

Die Legende der CIA-Flugzeuge erlebte eine zarte Renaissance, bis sie sich zu einem handfesten Skandal entwickelte, der eine Verschwörung aufdeckte, die so ziemlich jede westeuropäische Regierung düpiert haben dürfte.

CIA-Air – Willkommen an Bord

In mehreren europäischen Ländern nämlich berichteten zeitgleich diverse Medien davon, dass die CIA durch Europa fliege, Terrorverdächtige entführe – und diese in Drittländer überführe.

Wieso in Drittländer?

Seit dem 11. September 2001 befinden sich die USA in einem permanenten Krieg gegen den Terror. Die Vereinigten Staaten haben geschworen, diesen Krieg zu gewinnen und dafür bereits Soldaten nach Afghanistan und in den Irak geschickt.

Aber wie soll man einen Krieg gegen einen Gegner gewinnen, der aus dem Hinterhalt operiert, der über keine organisierten Armeen verfügt, sondern bestenfalls über Netzwerke? Auf ihrem Stützpunkt in Guantánamo auf Kuba halten die Amerikaner mehrere Hundert Männer gefangen. Sie nennen sie Kombattanten. Es sind keine Kriegsgefangenen, argumentiert Washington, sondern Terroristen, für die keine internationalen Abkommen wie die Genfer Konvention gelten. Diese Männer sind der Schlüssel im Kampf gegen den Terror. Wenn sie ihr Wissen preisgeben, ist dies ein Schritt zum Sieg, glauben die Amerikaner. Diese Männer sind Muslime. Afghanen, Iraker, Jemeniten, Pakistani, aber auch Briten oder Australier. Viele von ihnen sind sicher Terroristen, die sich mit Freude in einer vollbesetzten U-Bahn in die Luft sprengen und Frauen, alte Menschen und Kinder mit in den Tod reißen würden, hätten sie dazu die Gelegenheit. Aber viele von ihnen sind auch unschuldig, waren einfach am falschen Tag am falschen Ort. Wie ein afghanischer Taxifahrer, der zwei Jahre in Guantánamo gefangen gehalten wurde – weil er den falschen Fahrgast chauffiert hatte.

Angeblich versuchte das US-Militär in Guantánamo auch durch den Einsatz von Folter Informationen aus den Gefangenen herauszupressen. Allerdings mit geringem Erfolg. Ein amerikanischer Soldat, der einmal im Auftrag von Vorgesetzten überprüfen sollte, ob die Foltervorwürfe der Wahrheit entsprächen und der als Gefangener in das Lager geschmuggelt wurde, wurde von amerikanischen Soldaten, die nicht wussten, dass er einer von ihnen war, derart zusammengeprügelt, dass er seither Epileptiker ist. Das war keine gute Presse, obschon nur wenige Medien über den Fall berichteten. Aber die, die den Fall aufschnappten, ließen kein gutes Haar an Guantánamo.

Überhaupt scheinen die Amerikaner in Sachen Folter kein glückliches Händchen zu besitzen. In einem Iraker Gefängnis namens Abu Graib wurden Gefangene von US-Soldaten gefoltert. Doch statt die Iraker still und heimlich in irgendwelchen Kellern zu malträtieren, fotografierten die Soldaten ihr Tun auch noch fürs Familienalbum. Als diese Fotos in die Medien gelangten, gab es eine richtig schlechte Presse ...

Nach diesem Skandal haben die Verantwortlichen offenbar eine effektivere Methode entdeckt, um mit Hilfe von Folter Ergebnisse zu erzielen: Sie

CIA-Air – Willkommen an Bord

lassen sie von denen durchführen, die sich damit auch wirklich auskennen.

Es ist unfair und ungehörig, in diesem Zusammenhang von „den Amerikanern" zu sprechen. Es sind nicht „die Amerikaner", die foltern. Es sind einige wenige Entscheidungsträger, die die Befehle geben und es sind einige Handlanger, die diese Befehle ausführen. Handlanger, die mit ihrem Handeln all die Werte, für die die Vereinigten Staaten in der Welt stehen möchten – Demokratie, Wahrung der Menschenrechte, Chancengleichheit – mit Füßen treten und die den amerikanischen Traum langsam ad absurdum führen.

Im Herbst 2005 berichteten die Medien nun davon, dass Terrorverdächtige über Europa in besagte Drittländer transportiert wurden, Drittländer, in denen Folter durchaus zur Informationserlangung eingesetzt wird. Länder wie Afghanistan, Ägypten, aber auch das gar nicht US-freundliche Syrien. Vermutlich hätte die ganze Affäre keine allzu hohen Wellen geschlagen, wenn die CIA einfach etwas gründlicher gearbeitet hätte. Doch bereits im Jahr 2004 wurde vermutlich der damalige deutsche Innenminister Otto Schily von amerikanischer Seite aus darüber unterrichtet, dass ein deutscher Staatsbürger libanesischer Herkunft entführt und in ein Verhörlager gebracht worden sei – wobei sich herausstellte, dass es sich um einen Irrtum gehandelt habe. Der Mann, ein gewisser Khaled el-Masri, sei wohl, mussten die US-Behörden zugeben, mit einem Mann ähnlichen Namens und Aussehens verwechselt worden.

Da spukte die deutsche Presse.

Und was tat die deutsche Politik (deren Spitzen seit einem Jahr schon von diesen CIA-Flügen und Entführungen wussten)?

Ja nix: Außenminister Steinmeier teilte den Medien mit, dass die Bundesregierung zunächst einmal die Fakten bewerten müsse und zu spekulativen Zeitungsberichten keine Stellung bezöge.

Ins Hochdeutsche übersetzt heißt das: Er versuchte, die Angelegenheit auszusitzen. Schließlich bestand die Berichterstattung größtenteils aus Vermutungen und Verschwörungstheorien. Zu seinem Pech aber platzte seinem britischen Amtskollegen Straw der Kragen und im Namen der EU forderte dieser die amerikanischen Behörden auf, die Affäre aufzuklären.

Seither ist bekannt, dass die USA tatsächlich Terrorverdächtige auf europäischen Boden entführt und in Drittländer transportiert haben.

Sie haben Menschen entführt, die zum Hass aufrufen und Gewalt säen. Aber auch Menschen, deren Namen zufällig so ähnlich klingen wie die von international gesuchten Terroristen.

Ob noch immer CIA-Flugzeuge durch Europa hoppeln?

Wer weiß.

Erhielten die amerikanischen Agenten Amtshilfe von europäischen Kol-

CIA-Air – Willkommen an Bord

legen, die ihrerseits an ihren Regierungen vorbei operierten?

Möglich wäre es.

Oder wussten die Regierungen gar vom Vorgehen der USA und ließen es zu, dass eigene Staatsbürger entführt wurden?

Eines lässt sich auf jeden Fall nicht leugnen: Mit den CIA-Flügen ist eine Verschwörungstheorie in der Realität angekommen.

QUELLEN:

o. A. (Zusammenfassung mehrerer Agenturtexte): „CIA-Flüge – Magere US-Auskunft enttäuscht EU-Parlamentarier". In: *Spiegel Online*, Hamburg 12. Mai 2006.

o. A. (Zusammenfassung mehrerer Agenturtexte): „Geheime CIA-Flüge". In: *Stern*, Hamburg 24. November 2005.

o. A. (AP-Agenturmeldung): „EU-Parlamentariern zufolge mehr als 1000 CIA-Flüge über Europa". *Yahoo*-Nachrichten 26. April 2006 (*http://de.news.yahoo.com/26042006/12/eu-parlamentariern-zufolge-1-000-cia-fluege-europa.html*).

Jansen, Frank und Matthias Meisner: „Außer Kontrolle". In: *Tagesspiegel*, Berlin 24. Februar 2006.

Müller, Reinhard: „Keine Sonderrechte für Amerikaner". In: *Frankfurter Allgemeine Zeitung*, 29. November 2005.

Wernicke, Christian: „Mehr als tausend geheime CIA-Flüge in Europa / Abgeordnete halten Entführungen für erwiesen". In: *Süddeutsche Zeitung*, München 27. April 2006.

23 – ABER WARUM NICHT 42?

Seit Douglas Adams' „Per Anhalter durch die Galaxis" kennen wir den Sinn des Lebens. 42 lautet er. In der Welt der Verschwörungen kann über diese Definition nur müde gelächelt werden. In diesem Netz aus Halbwahrheiten, Lügen und Intrigen gibt es nur eine Zahl, die im Mittelpunkt allen Daseins steht: die 23!

Ein paar Beispiele gefällig? Am 23. Mai 1923 wurde die sozialistische Internationale gegründet, am 23. Dezember 2012 endet der Maya-Kalender, weshalb an diesem Tag, der Überzeugung der Maya nach, das Ende der Welt ansteht. Der japanische Automobilkonzern Nissan vereinigt in sich die japanischen Wörter „Ni" (2) und „San" (3) = 23. Shakespeare wurde am 23. April 1556 geboren und starb am 23. April 1616, am 23. Dezember 1805 wurde Joseph Smith, der Gründer der Religionsgemeinschaft der Mormonen, geboren. Bono Vox ist Sänger von U2, U ist der 21ste Buchstabe des Alphabets, zählt man nun die 2 hinzu kommt 23 heraus. Der 11. September 2001 = 11.9.2001 = 11+9+2+0+0+1 = 23. Wenn der Durchschnittsraucher 23 Zigaretten am Tag raucht, kann es kein Zufall sein, dass eine einstmals sehr geschätzte Zigarettenmarke „Ernte 23" hieß. Klingonen haben 23 Rippen, Julius Cäsar wurde von 23 Messerstichen niedergestreckt. Glaubt man wiederum dem berühmten Linguisten und Gesellschaftskritiker Noam Chomsky, befindet sich über die Hälfte aller Verlage (und damit ihre angeschlossenen Medien) im Besitz von gerade einmal 23 Gesellschaften. Und so geht es weiter. Der schottische Volksheld William Wallace wurde an einem 23. geköpft, an einem 23. November im Jahr 1923 wurden in Deutschland die

23 – aber warum nicht 42?

NSDAP und KPD verboten und Jacques de Molay war der 23. und damit letzte Großmeister der Tempelritter!

Die 23 steht als Pseudonym für eine allgegenwärtige Verschwörung, eine Verschwörung, die darauf ausgerichtet ist, alles zu kontrollieren. Die Geschichte, die Menschheit, unsere Gedanken.

Die 23 ist wahrscheinlich eine der seltsamsten Verschwörungstheorien überhaupt. Dabei ist ihr Ursprung relativ simpel zurückzuverfolgen. Zu finden ist die Theorie in Robert Anton Wilsons „Illuminatus!"-Trilogie. Einen „Mindfuck", so nennt Wilson in dem Buch einen Vorgang, bei dem Menschen mit einer solchen Vielzahl an unterschiedlichsten, nicht miteinander verknüpften Informationen gefüttert werden, dass irgendwann der Punkt kommt, an dem es nicht mehr möglich ist, irgendwelche Zusammenhänge – oder simple Eselsbrücken – herzustellen. Das Ergebnis ist eine Art transzendentaler Drogenrausch: Das normierte, von der Gesellschaft geformte Bewusstsein kollabiert. Der von Wilson beschriebene positive Effekt besteht darin, den Geist und die Wahrnehmung von Ballast zu befreien und ihm die Fähigkeit zu verleihen, hinter die Schlagzeilen zu schauen, die Realität als das zu erkennen, was sie ist und nicht als das, als was wir sie wahrnehmen sollen, gesteuert von der Politik und den Medien.

Ein solcher Effekt kann natürlich auch negativ genutzt werden. Der menschliche Verstand sucht schließlich immer nach logischen Erklärungen für Daten und Fakten, die miteinander in Zusammenhang gebracht werden. Wenn sich Vincent van Gogh das Ohr abgeschnitten hat, was hat das mit dem Rücktritt Konrad Adenauers zu tun? Nichts? Oh bitte! Beides ist das Werk von Weltverschwörern. Wo der Beweis bleibt? Beide Begebenheiten ereigneten sich an einem 23.! Und schon ist der Verstand ausgetrickst. Man liest einen Text, der offenbar keinen rechten Zusammenhang ergeben will, achtet auf mögliche Verknüpfungen und – da! Prinzessin Leia wurde in Zelle AA23 festgehalten. Alles klar, wir haben einen Zusammenhang zwischen Prinzessin Leia, Adenauer und van Gogh. Das kann einfach kein Zufall sein!

Im Mittelpunkt der Trilogie, die Robert Anton Wilson zusammen mit Robert Shea 1975 veröffentlichte, steht (unter anderem) Captain Hagbard Celine, der in einem goldenen U-Boot namens Leif Erikson gegen die Illuminaten, die die Weltherrschaft an sich reißen wollen, kämpft. Dabei ist nicht nur die Zahl 23 ein Hinweis auf die Aktivitäten der Illuminaten, es sind auch die Zahlen 5 und 17. Das goldene U-Boot ist natürlich eine Anspielung auf das „Yellow Submarine", dessen Text heute im Allgemeinen als eine Metapher auf einen ziemlich intensiven Drogenrausch verstanden wird.

Die „Illuminatus"-Trilogie gilt heute als ein Meilenstein der Verschwörungsliteratur. Wilson hat einen Mix aus Fakten, Fantasien, Verdrehungen und letztlich auch Drogenerfahrungen in ein literarisches Rührgerät geworfen,

23 – aber warum nicht 42?

den Knopf eingeschaltet und ein ziemlich wildes literarisches Potpourri erschaffen, das in den USA schnell Kultstatus erlangte. Natürlich ist „Illuminatus" auch eine Satire auf Verschwörungstheorien und ein Frontalangriff auf die rechten Verschwörungstheoretiker. Verschwörungstheorien waren in den USA bis in die 70er Jahre hinein unter Rechtskonservativen weitaus weiter verbreitet als unter Linken oder Liberalen. Dies mag auf den ersten Blick irritieren, denn vom Kennedy-Intermezzo abgesehen bestimmten die Rechts-Konservativen seit 1953 die amerikanische Politik. Doch gerade der Vietnamkrieg stellte die Rechtskonservativen vor ein Problem: Wenn sie doch nur in Vietnam kämpften, um den Kommunismus aufzuhalten und dem vietnamesischen Volk zu helfen – so ihr Denken – warum war dann nicht nur die halbe Welt gegen sie? Warum demonstrierten dann auch in amerikanischen Städten junge Menschen gegen diesen Krieg – ja warum beteiligten sich sogar Kriegsveteranen an diesen Demonstrationen? Warum verrieten diese kommunistischen Liberalen ihr eigenes Land? Schuld daran waren die Medien mit ihrer Berichterstattung. Schuld daran waren die Soldaten, die einfach nicht einsehen wollten, dass sie für eine gute Sache starben. Schuld an der miesen Stimmung im Land war aber nicht nur der Krieg. Schuld waren auch diese Schwarzen, die auf die Straßen gingen, um ihre Bürgerrechte einzufordern. Bürgerrechte, die ihnen die Verfassung zusicherte.

Und schließlich wirkte die Kommunistenhatz nach. Zugegeben, die lag schon ein paar Jährchen zurück, aber McCarthy und seinen Schergen war es gelungen, ein Klima der Verunsicherung gerade unter den Rechten zu streuen, ihnen das Gefühl zu geben, ständig von irgendjemandem bedroht zu werden. Kommunisten, Gewerkschafter, Liberale, Schwule, Katholiken, Literaten, Journalisten, Staubsaugervertreter. Die Welt hatte sich gegen die Rechten und ihren American Way of Life verschworen.

Möglicherweise hat die „Illuminatus"-Trilogie aus diesem Grund in Europa nie funktioniert und konnte hier nie zum Kult avancieren. Populäre Verschwörungstheorien entstanden in Europa im Zuge der Studentenbewegung eher im linken Milieu. Man suchte die Verschwörer unter den Konservativen, den Bürgerlichen, den Angepassten. Die europäischen Konservativen indes verband höchstens eine leichte Paranoia in Bezug auf die Kommunisten und ihren (vermeintlichen) Versuch, die westliche Gesellschaft zu unterwandern. So betrachtet fehlte hierzulande einfach der Nährboden, auf dem die „Illuminatus"-Trilogie zu einem Kult hätte avancieren können.

Dennoch fand das Werk natürlich seine Fans. Vor allem unter Hackern entwickelte sich ein Hype um das Buch, denn Wilson gehörte zu den ersten Autoren, die sich ausführlich mit der Thematik der Meinungsmanipulation mit Hilfe von Computern und Netzwerken beschäftigten, andererseits zeigte er aber auch auf, wie moderne Technologien eben genau diese Manipu-

23 – aber warum nicht 42?

lation auch wieder aufdecken können. So trägt der Computer von Captain Hagbard Celine den Namen FUCKUP (First Universal Cybernetic-Kinetic Ultra-Micro Programmer).

Vollkommen fasziniert von Wilsons Buch war Karl Koch, der als 19-Jähriger 1984 den Hannoveraner Ableger des Chaos Computer Clubs gründete. 1979 hatte er von seinem Vater den zweiten Band der Trilogie geschenkt bekommen und dieses Buch gleich mehrfach gelesen. Die Geschichte einer Weltverschwörung, die seit Jahrhunderten die Geschicke der Geschichte beeinflusste, zog ihn in ihren Bann.

Koch war vermutlich ein Genie. Er war nicht nur hochbegabt, ihn zeichnete auch eine große Sensibilität aus, die mit seinem Intellekt kollidierte. Um Intelligenz und Sensibilität ins Gleichgewicht zu bringen, nahm er Drogen, woraus sich schnell eine Abhängigkeit entwickelte. Diese Mischung aus Intelligenz, Mitgefühl, Drogensucht sollte sich im Fall Karl Koch als verhängnisvoller Cocktail offenbaren.

Fasziniert von den Büchern Wilsons begann er bereits als Schüler, viele Dinge zu hinterfragen. Ist Geschichte das, was in Schulbüchern geschrieben steht? Oder gibt es nicht immer auch eine Geschichte hinter der Geschichte? Dieses an sich gesunde Interesse an geschichtlichen Entwicklungen steigerte sich im Fall Karl Koch allerdings ins Paranoide. Fasziniert von den Büchern Wilsons betrachtete er sie nicht nur als eine Form hintergründiger Unterhaltungsliteratur, er sah in der Trilogie vielmehr ein Buch der Wahrheit und projizierte Wilsons Phantasie in die Realität. Statt Geschichte zu erforschen, glaubte er schon bald, in nahezu jedem bedeutenden historischen Ereignis die Handschrift der Illuminaten, der Weltenverschwörer zu erkennen. Auch die Zahl 23 spielte in seiner Gedankenwelt eine wichtige Rolle. 23, glaubte er, sei der definitive Hinweis auf Verschwörungen, ebenso ihre Quersumme 5.

Wenn er sich als Computerhacker in fremde Netzwerke einloggte, betrachtete er dies nicht als eine Straftat. Er verglich sein Handeln mit dem von Wilsons Helden Hagbard Celine, dessen Namen er sich als Alias zulegte, der mit seinem Computer und dem FUCKUP die Welt immer wieder vor einem Dritten Weltkrieg bewahrte, da er die Verschwörer mit ihren eigenen Waffen schlug, ihre Verschwörungen umkehrte, die Wahrheit ans Licht brachte. Auch Karl Koch wollte mit seiner Arbeit verhindern, dass sich Informationen zu Waffen entwickeln konnten. Wenn nur die Amerikaner die Atombombe besessen hätten, so lautet eine Theorie, hätten sie diese auch nach 1945 wieder eingesetzt – vermutlich gegen die Sowjetunion. Da aber auch die Sowjetunion schließlich über die Technologie verfügte, setzte sie keine der beiden Seiten ein. Wenn Wissen also Macht ist, muss man dafür sorgen, dass möglichst viele Menschen über Wissen verfügen, um die Macht gerecht zu verteilen.

23 – aber warum nicht 42?

Dieses Denken verwickelte Karl Koch in einen der bizarrsten Spionage-fälle des Kalten Krieges. Der so genannte KGB-Hack sollte nämlich nicht nur bundesdeutsche Geschichte schreiben. Zusammen mit den Hackern DOB alias Dirk-Otto Brezinski und Markus Hess, genannt Urmel, gelang es ihm, sich in die Sicherheitssysteme von militärisch relevanten Computern der US-Army einzuloggen und Geheimnisse auszuspionieren. Allerdings stellten sie die so gewonnenen Erkenntnisse nicht etwa der Menschheit zur Verfü-gung, wie man dies von Idealisten erwarten sollte, die glauben, dass Wissen nur dann der Menschheit hilfreich sein kann, wenn möglichst viele von die-sem Wissen profitieren können. Sie verkauften ihre Ergebnisse vielmehr an den KGB. Ironischerweise hätte ihre Spionagekarriere um ein Haar an der Tür der sowjetischen Botschaft in Ost-Berlin ein Ende gefunden, denn dort hielt man die vier Jungs aus Westdeutschland (ihre Gruppe war inzwischen auf vier angewachsen) nur für pubertierende Teenager, die sich wichtig machen wollten. Jugendliche aus Deutschland knacken sicherheitssensible Computer in den USA? Was den besten KGB-Hackern nicht gelang, sollte ihnen gelungen sein? Ein Agent, der sich Sergej nannte, erkannte allerdings die Chance der Stunde und blieb mit ihnen in Kontakt.

Während Kochs Komplizen an dem KGB-Hack gutes Geld verdienten, denn der KGB zahlte schließlich in Deutscher Mark und nicht in Rubel oder Zloty, verlor sich Koch mehr und mehr in seiner Drogensucht. Der Zusam-menbruch folgte schließlich 1986 nach der Atomexplosion von Tscherno-byl. Koch glaubte, für diese Katastrophe verantwortlich zu sein, denn nur wenige Tage vor der Explosion hatte er sich in den Zentralrechner des Atom-kraftwerkes eingeloggt. Er ging fest davon aus, dass die Illuminaten ihn miss-braucht hatten, um über ihn Zugriff zum Zentralcomputer zu erhalten und um so den Super-GAU auszulösen.

Seine Komplizen betrachteten ihn fortan als Sicherheitsrisiko und schlos-sen ihn daraufhin aus ihrer Gruppe aus, Koch wurde in eine Klinik einge-wiesen, wo er sich auch befand, als die Gruppe zum ersten Mal ins Visier der Staatsanwaltschaft geriet. Der amerikanische Astronom Clifford Stoll war den Deutschen auf die Spur gekommen, als er als Computeradministrator an der Berkeley Universität arbeitete. Es ist vielleicht ein Zufall, dass ein Quer-ein-steiger, ein studierter Astronom und kein Informatiker, Markus Hess, dem Kopf der Gruppe, auf die Spur kam. Vielleicht aber war genau dies Stolls Vor-teil. Er improvisierte, hielt sich nicht immer an die Protokolle und dachte – salopp ausgedrückt – um die Ecke statt stringent. So kam er der deutschen Hackergruppe auf die Spur, als er dem Verbleib von 0,75 Dollar nachging. Er hatte festgestellt, dass jemand für 0,75 Dollar Rechenzeit verbraucht hatte. Die Suche nach diesem doch sehr geringen Betrag endete in Hannover. Stoll überlistete die deutschen Hacker schließlich, indem er Dokumente fälschte

282

23 – aber warum nicht 42?

und ihnen als Köder vorwarf. Da das deutsche Telefonnetz in den 80er Jahren noch fast vollständig analog funktionierte, brauchte die seinerzeit noch zuständige Bundespost einige Minuten Zeit, um mithilfe einer Fangschaltung Hess ausfindig machen zu können – was gelang, da der Download der gefälschten Dokumente einige Zeit dauerte.

Da die Fangschaltung aber illegal stattfand, wurde Hess (vorerst) nicht angeklagt.

Koch setzte diese Angelegenheit hart zu. Zwar ging es eine Zeit lang gesundheitlich mit ihm bergauf, aber von seiner Drogensucht kam er nicht frei. So konnte er sich nie ganz von Wilsons Büchern trennen und sie nur als ein literarisches Kunstprodukt akzeptieren. Koch geriet 1988 in Geldsorgen und bot Reportern des Norddeutschen Rundfunks an, vor laufenden Kameras den Rechner der Kernforschungsanlage in Jülich zu knacken, außerdem präsentierte er ihnen geheime Fahndungsunterlagen des Bundeskriminalamtes, die er allerdings nicht selbst gestohlen hatte. Nach der Aktion schaltete sich die Bundesstaatsanwaltschaft ein, der NDR musste eine höchst zweifelhafte Hausdurchsuchung über sich ergehen lassen – der Sender hatte schließlich nur bewiesen, dass die angeblich sicheren deutschen Datennetze von Atomkraftwerken und Behörden mehr Löcher aufwiesen als ein Schweizer Käse – am 5. Juli 1988 stellte sich Koch dem Verfassungsschutz und begann detailliert über seine Arbeit für den KGB auszusagen. Im Gegenzug für sein umfassendes Geständnis erhielt er Straffreiheit, seine Komplizen wurden zu Strafen zwischen 14 und 24 Monaten verurteilt. Den Prozess erlebte er nicht mehr. Im Mai 1989 wurde seine verbrannte Leiche in einem Wald bei Gifhorn gefunden. Es ist aus der Ferne schwer zu beurteilen, ob Koch an einer Paranoia litt. Seine Faszination für die Bücher von Wilson mag darauf einen Hinweis geben. Vielmehr aber hat vermutlich seine Drogensucht seinen Geist manipuliert. Dennoch halten sich bis heute hartnäckig die Gerüchte einer Mord-Verschwörung, der er zum Opfer gefallen sein soll. Hat er im Netz etwa Informationen entdeckt, die er nie hätte entdecken dürfen? Stellte sein Wissen um die Funktion von Computernetzen für die Geheimdienste hüben wie drüben eine Gefahr dar (er erschlich sich schließlich auch Zugang zu sowjetischen Rechenzentren) und wurde er deshalb aus dem Weg geräumt – aus Angst davor, dass seine nächste spektakuläre Aktion vor laufenden Kameras dieses Mal in den Kreml oder ins Pentagon hätte führen können?

Selbst in einem Lexikon wie Wikipedia steht wörtlich zu lesen, „… wobei sich vor allem in der Hackerszene Gerüchte über einen Mord an Koch nie legten, zumal es einige Hinweise darauf gab." Der Fall Karl Koch zeigt, dass Verschwörungstheorien kein Monopol der Amerikaner darstellen, sondern durchaus auch in Deutschland Legenden geknüpft werden. Die Frage, die sich natürlich stellt, wenn man liest „… zumal es einige Hinweise darauf gab", lau-

23 – aber warum nicht 42?

tet: Wie sahen diese Hinweise aus? Der genaue Todestag von Karl Koch lässt sich nicht ermitteln. Man geht vom 23. Mai 1989 aus, was nicht weiter überrascht. Der 23.! Im fünften Monat (zur Erinnerung: 5 ist die Quersumme von 23), und noch war Karl Koch 23, erst im Juli wäre er 24 geworden. Aus den Ermittlungsunterlagen geht hervor, dass sich Koch selbst verbrannt hat. An der Fundstelle seines Körpers waren Laub und Gras in einem Umkreis von etwa drei Metern verbrannt, was darauf hindeutet, dass Karl Koch sich mit Benzin übergoss, wobei ein Teil der Flüssigkeit auf den Boden floss und dort Feuer fing, nachdem er sich angezündet hatte. Neben seiner Leiche wurden die Reste des Benzinkanisters gefunden. Der auch in Wikipedia erwähnte Hinweis auf ein mögliches Verbrechen ist mit dem Fehlen seiner Schuhe zu erklären. Obwohl vollständig bekleidet, wurde sein Leichnam, mitten im Wald, ohne Schuhe gefunden. Aber auch Berichte wie „Der Computerkrieg hat begonnen. Auszüge aus einem Manifest des Hackers Karl Koch, der sich ‚Hagbard' nannte", erschienen im *Stern* am 22. Juni 1989, haben an der Legendenbildung ihren Anteil. In diesem Artikel wird Karl Koch dahingehend zitiert, er habe gesagt, die Bundesrepublik hätte aufgrund seiner Mission, die Informationsfreiheit, den Frieden und die Abrüstung zu unterstützen, ein Interesse daran, ihn verschwinden zu lassen, würde dies aber nicht tun, um ihn nicht zum Märtyrer zu machen.

Um Informationsfreiheit zu gewähren, müsse man ein Anarchist sein, erklärte Karl Koch und rechtfertigte damit, dass er sich in fremde Computer einhackte. Als Anarchist sah er sich jenseits des politischen Establishments stehen. Was auf den meisten Internetseiten, die sich heute mit Karl Koch beschäftigen und die nach wie vor die These vertreten, er sei das Opfer eines Mordkomplotts geworden, übersehen, ist, dass Karl Koch Mitglied der SPD war – und zum Zeitpunkt seines Todes gleichzeitig als Fahrer für die Landesgeschäftsstelle der niedersächsischen CDU in Hannover arbeitete. Arbeitete er dort etwa nur, um den potenziellen Feind auszuspionieren? Ganz ehrlich: Hätte die CDU Koch eingestellt, wenn die Partei von ihm eine Gefahr hätte ausgehen sehen? Man wusste schließlich, wer er war. Gegen eine Verschwörung sprechen auch Aussagen von Freunden, die erklärten, in den Tagen vor seinem Tod habe er oft einen verwirrten Eindruck gemacht und seltsame Dinge erzählt, wie Geschichten von außerirdischen Verschwörern.

Der Fall Koch schlug 1989 zwar durchaus Wellen, ging in der Nachrichtenlandschaft des Jahres 1989 dennoch etwas unter. Die Nachrichten wurden beherrscht von Montagsdemos in Leipzig, von Ungarn, die die Grenzen gen Westen öffneten und von Flüchtlingsmassen aus der DDR, die sich in westdeutsche Botschaften in Prag flüchteten oder über die nun Grüne Grenze zwischen Ungarn und Österreich dem Ostblock Adieu sagten.

1998 wurde Karl Kochs seltsame Lebensgeschichte von Hans-Christian

23 – aber warum nicht 42?

Schmidt in dem Spielfilm „23 – Nichts ist so, wie es scheint" ungemein erfolgreich verfilmt. „23" ist ein Film über einen jungen Mann, der nach und nach einer seltsamen Paranoia verfällt, bis er schließlich den Bezug zur Realität verliert. Der film-dienst lobte den Film in seiner ersten Ausgabe 1999 wie folgt: „Ein thematisch wie formal außergewöhnlich komplexer, im Godardschen Sinne auch politischer Film, der zugleich von der Verarmung im zwischenmenschlichen Bereich handelt. Ausgehend von einer tatsächlichen Begebenheit entstand ein Werk, in dem sich unerwartete Potenzen jenseits einer sich ansonsten in Belanglosigkeiten auflösenden, nationalen Kinematografie formulieren."

Belanglosigkeit.

Für Karl Koch war das, was er zu erkennen glaubte, alles andere als belanglos. 23. Immer wieder 23. Mag die 23 heutzutage auch ihren festen Platz in der Welt der Verschwörungstheorien besitzen, ist ihre Herkunft doch relativ simpel zu ergründen. Robert Anton Wilson und sein Co-Autor Robert Shea entlehnten die Zahl (vermutlich) einer Kurzgeschichte von William S. Burroughs, einem Autor, mit dem Wilson befreundet war, sie wären demnach nicht einmal selbst die Urheber dieser Verschwörungs-Zahl. Burroughs Kurzgeschichte „23 Skidoo" aus dem Jahr 1967 trägt die Zahl im Titel und hat Wilson inspiriert. Die Geschichte erzählt von einem Geheimdienst namens Department 23, der mit parapsychologischen Mitteln arbeitet und an Schaltstellen der Macht Agenten, so genannte Schläfer, sitzen hat, die nicht einmal wissen, dass sie Agenten sind. Eines Tages aber kommt es zu einer Panne und die Schläfer funktionieren nicht mehr so, wie vom Geheimdienst gewünscht.

Wie Burroughs selbst auf die Idee kam, die 23 als Verschwörungzahl zu nutzen, ist nicht genau bekannt, es gibt vielmehr drei Versionen, wobei es durchaus möglich ist, dass alle drei der Wahrheit entsprechen und sich gegenseitig ergänzt haben.

Burroughs lebte einige Jahre im marokkanischen Tanger, wo er eines Tages einen Fährkapitän namens Clark kennen lernte, der sich damit brüstete, 23 Jahre unfallfrei die Meere befahren zu haben. Am gleichen Tag erzählte jemand Burroughs dann die Geschichte eines Flugzeugabsturzes. Die Flugnummer des Flugzeuges war die 23, der Pilot hieß Clark. Dieser Zufall soll Burroughs bei der Titelgebung inspiriert haben. Möglich ist aber auch, dass „23 Skidoo" auf einem Slang-Ausdruck von amerikanischen Soldaten basiert, den sie während des Ersten Weltkrieges verwendeten, wenn eine Stellung nicht mehr zu halten war und sie sich zurückziehen mussten. Wenn es um Illuminaten geht, ist aber auch der Begründer des modernen Satanismus, Aleister Crowley, nicht weit. Das 23. Kapitel seines „Buches der Lügen" aus dem Jahr 1913 trägt den Titel „Skidoo".

23.

23 – aber warum nicht 42?

Mit diesem Mindfuck ist Robert Anton Wilson weltberühmt geworden. Selbst Menschen, die noch nie etwas von seinen Büchern gehört haben, wissen oft um die angebliche Bedeutung der Zahl. Wilson ist in der Welt der Verschwörungen eine bekannte Größe, ein Mann, der nicht unwesentlich die modernen Verschwörungstheorien mit seiner Trilogie beeinflusst hat. Selbst Romane wie Dan Browns „Sakrileg" oder „Illuminati" wären ohne den bahnbrechenden Erfolg seiner Bücher – zumindest in den USA – niemals möglich gewesen.

Egal, wie man zu seinen Büchern stehen mag, in einem sind sie sich einig: Misstraue Autoritäten! Seine Abneigung gegen Autoritäten erklärt sich aus seiner Lebensgeschichte heraus. Am 18. Januar 1932 in Brooklyn geboren (andere Quellen sprechen von Long Island), erkrankte Wilson an Kinderlähmung und wurde als unheilbar eingestuft. Er sollte sich damit abfinden, sein Leben schwerst behindert verbringen zu müssen. Seine Eltern suchten Rat bei einem Therapeuten, der die „Sister Kenny Methode" anwandte, um Kindern zu helfen. Elisabeth Kenny war eine australische Krankenschwester, die während einer Polio-Epidemie in ihrer Heimat 1910 ein Verfahren entwickelte, bei dem mit Hilfe von Wärmewickeln, Entspannungsübungen und Massagen der gelähmten Muskulatur die Funktionsfähigkeit wiedergegeben werden sollte. In den USA wurde diese Methode abgelehnt. Sie galt als ineffizient, keine Studie belegte ihre Erfolge, vor allem aber hatte sie eine Krankenschwester entwickelt, also eine Hilfskraft im Krankenbetrieb. Wilsons Eltern wurde von mehreren Ärzten dringend von dieser Therapie abgeraten. Robert Anton Wilson aber hatte nichts zu verlieren – und die Therapie schlug an.

Seine Abneigung gegen Autoritäten erklärt sich auch aus seiner Schulzeit heraus. Als Schüler einer Nonnenschule bestand seine Grundschulzeit vor allem aus Schlägen und Verboten. Als Jugendlicher besuchte er allerdings eine Schule, die ihre Schwerpunkte auf Mathematik und Naturwissenschaften legte. Wilson entwickelte sich zu einem hervorragenden Schüler, er studierte schließlich Mathematik. Allerdings begann er, in dieser Zeit auch Cannabis zu rauchen. Trotzdem gab er sich nach außen bürgerlich und hielt 1956 einen viel beachteten Vortrag zum Thema „Wissenschaft, Pseudowissenschaft und Science-Fiction".

Wilsons Stärke als Autor sollte eines Tages darin liegen, Phantasie und Rationalität miteinander zu verbinden. Als Mathematiker war es für ihn kein Problem, Gleichungen so aufzustellen, dass sie zumindest oberflächlich vollkommen logisch erscheinen würden. Wie die Geschichte des Mindfucks und der 23. Seine Faszination für Verschwörungen begann ab 1965, als er Leserbriefredakteur beim *Playboy* wurde! Angeblich sollen einige der Leserbriefe, die er in dieser Zeit bearbeitete, als Inspiration für die „Illuminatus!"-Trilo-

23 – aber warum nicht 42?

gie gedient haben. In dieser Phase lernte er auch Timothy Leary kennen, der sich als Psychologe einen Namen gemacht hatte, vor allem aber aufgrund seiner Drogenexperimente berühmt wurde. Leary, der glaubte, dass ein starker Geist mit Drogen neue Sphären erreichen könnte, war so populär, dass er von Richard Nixon zum Staatsfeind Nummer 1 erklärt wurde. Es wird bis heute gemunkelt, dass er für den Fund von zwei Haschkippen in seinem Auto 1969 nur deshalb zu zehn Jahren Haft verurteilt wurde, weil das Weiße Haus Druck auf den Richter ausübte. Dass Leary ein Jahr später aus der Haft floh und einige Jahre unbehelligt als anerkannter politischer Flüchtling in der Schweiz lebte, machte ihn unter seinen Anhängern natürlich nur noch populärer.

Auch lernte Wilson in dieser Phase Kerry Thornley kennen, einen Mitbegründer des Diskordianismus, den Wilson ebenso in seinen Büchern einbaute wie seine Drogenerfahrungen – ohne sie natürlich als solche zu kennzeichnen. Diskordianismus ist eine Art Pseudo-Religion, die über sich selbst sagt, ein „komplizierter Witz getarnt als Religion" zu sein. Oder „Religion, getarnt als komplizierter Witz". Robert Anton Wilsons (Anti-)Held Hagbart Celine ist übrigens ein Diskordier. Ihre Zahl ist die 5. Da jede Religion jemanden anbeten sollte, haben sich die Diskordianer für die griechische Göttin Eris bzw. ihr römisches Abbild Discordia entschieden, die Göttin der Zwietracht und des Streits. Ziel von Thornley war es Verwirrung zu stiften, zum Nachdenken anzuregen, aber auch starre Dogmen zu hinterfragen, also einen Blick hinter die Normen der Gesellschaft zu werfen – wem dies bekannt vorkommt, hat diesen Artikel aufmerksam gelesen. Das Ziel, auf das Diskordianer hinarbeiten, ist der Mindfuck, den Wilson bei Thornley abgeschrieben hat.

Übrigens, als Thornley 1998 starb, kamen 23 Trauergäste zu seiner Beisetzung ...

Wilson ließ sich, als er das Buch schrieb, auch vom Prinzip Zufall inspirieren. Ein Zufall ist zum Beispiel, dass sein Freund Kerry Thornley, der ihn so sehr inspirierte, 1959 in der gleichen Armeeeinheit diente wie der (vermeintliche?) Kennedy-Attentäter Lee Harvey Oswald, mit dem sich Thornley oft über Literatur und den Kommunismus unterhielt. Thornley glaubte, dass Oswald ein US-Agent war, der nur vorgab Kommunist zu sein, um andere Kommunisten aufzuspüren – eine Verschwörungstheorie, die an anderer Stelle diskutiert werden sollte.

Nach mehreren Jahren der kreativen Arbeit, in der Wilson und Shea ziemlich jede Verschwörungstheorie ergründet und in ihrem Roman verarbeitet hatten, erschien 1975 „Illuminatus!" und entwickelte sich zumindest in den USA zum Kult. Während Wilson im ersten Jahr des Erfolges gerne Interviews gab und – mal ernst und mal weniger ernst – über die Entstehung des Romans sprach, verschwand er 1976 von der Bildfläche: Im Oktober des Jahres ermordeten Einbrecher seine Tochter. Wilson zog sich vorerst aus der Öffentlichkeit

23 – aber warum nicht 42?

zurück, begann aber gleichzeitig gegen seinen Schmerz an zu schreiben, veröffentlichte ein Buch zusammen mit Timothy Leary und arbeitete gleichzeitig an der Trilogie „Schrödingers Katze", eine Art Einführung in die Welt der Quantenphysik für Nicht-Physiker.

Nach wie vor veröffentlicht Wilson Jahr für Jahr mindestens ein Buch. Und immer wieder sind es Verschwörungen, mit denen er sich auseinandersetzt. Mindfuck, die totale Verwirrung, sie scheint für den Amerikaner zum Lebensinhalt geworden zu sein. Inzwischen hat er sogar seine eigene Partei gegründet: Guns And Dope. GAD setzt sich dafür ein, dass jeder, der Waffen und Drogen besitzen will, dies auch tun soll, während die, die keine Waffen und keine Drogen wollen, auch keine kaufen müssen. Auch soll jeder Mensch Präsident werden können, weshalb sich jeder Besucher der eigenen Parteihomepage auch als Präsidentschaftskandidat anmelden kann. Er ist Begründer der Amöbe Logic Academy, auf der der Mindfuck akademische Würden erfährt. Auf seiner eigenen Homepage plädiert er derweil dafür, die amerikanische Regierung solle diesen Unsinn sein lassen, Kriege wie den im Irak zu führen. Sie soll sich endlich wieder auf die Tugenden der Vergangenheit besinnen, als unliebsame Staatschefs anderer Nationen – oder notfalls auch der eigene Präsident – einfach von bezahlten Attentätern aus dem Weg geräumt wurden.

QUELLEN:

Amman, Thomas mit Matthias Lehnhardt, Gerd Meißner und Stephan Stahl: „Hacker für Moskau". Reinbek: Rowohlt, 1989.

Stoll, Clifford: „Kuckucksei. Die Jagd auf die deutschen Hacker, die das Pentagon knackten". Frankfurt: Fischer Verlag, 1998.

Wilson, Robert Anton und Robert Shea: „Illuminatus – Das Auge der Pyramide". Reinbek: Rowohlt, 1997.

Wilson, Robert Anton und Robert Shea: „Illuminatus – Der Goldene Apfel". Reinbek: Rowohlt, 1997.

Wilson, Robert Anton und Robert Shea: „Illuminatus – Leviathan". Reinbek: Rowohlt, 1997.

Wilson, Robert Anton: „Das Lexikon der Verschwörungstheorien". München: Piper, 2002.

Wilson, Robert Anton: „Schrödingers Katze – Das Universum nebenan". Reinbek: Rowohlt, 2004.

http://www.uni-muenster.de/PeaCon/conspiracy/film23/Presse.htm – Pressespiegel zu Karl Koch

http://www.gunsanddope.com/

http://www.rawilson.com/

DIE DROGEN UND DIE AGENCY

Das puritanische Erbe lastet auf den Amerikanern wie ein Betonklotz am Fuße eines Mafia-Gangsters auf dem Grund des Hudson Rivers. Puritaner, die Gründerväter der heutigen USA, waren nicht gerade als Genussmenschen bekannt: kein Alkohol, kein Sex vor der Ehe, kein Tanz, keine Völlerei, nur ein Gott gefälliges Leben. Einzig die eine oder andere Hexenverbrennung brachte mal etwas Abwechslung in dieses eintönige Leben. Als in den 20er Jahren des 20. Jahrhunderts der Alkohol in den USA verboten wurde, verhalf diese so genannte Prohibition vor allem der italienischen Mafia zu ihrem Durchbruch. Sie organisierte den Alkoholschmuggel, kleine Vorstadtganoven und Abzocker wie Al Capone verwandelten sich über Nacht in gefürchtete Gangsterbarone, deren Namen noch heute nicht nur Angst und Schrecken verbreiten, sondern auch eine leise Bewunderung hervorrufen. Einer Legende nach wurde in den USA nie so viel gesoffen wie in den Jahren des Alkoholverbots.

Der Reiz des Verbotenen. Ob Kokain oder Heroin, in keinem anderen Land der westlichen Hemisphäre liegt der Drogenkonsum höher als in den USA: auch unter Berücksichtigung seiner Größe und seiner entsprechend hohen Einwohnerzahl. Würde man Raucher nicht fast wie Aussätzige behandeln, gäbe es nicht Bundesstaaten, in denen bis heute der Alkoholkonsum verboten oder zumindest stark eingeschränkt ist, würde man sich offen mit der Suchtthematik schon in der Schule befassen: Vielleicht sähe es dann in den USA etwas anders aus. Doch das puritanische Erbe, es lastet auf der Gesellschaft.

Die Drogen und die Agency

Tabus und Reglementierungen haben leider die Angewohnheit, das Verbotene für Jugendliche erst recht reizvoll zu machen. Jugendlichen, die noch keine 21 sind, ist es in den USA verboten, Alkohol zu trinken. Tja, dann ist der coolste Typ in der Clique wohl der, der mit 15 seine erste Alkoholvergiftung erlebt. Ach, und Raucher sind per se die Bösen unter der Sonne? Darauf erst einmal einen ordentlichen Lungenzug!

Das puritanische Erbe steht auf der einen Seite, der Reiz des Verbotenen auf der anderen. In dieser, in der westlichen Hemisphäre Extremsituation, die es zum Beispiel in Australien oder Kontinentaleuropa so nicht gibt, entsteht schnell das Gefühl, die Extreme herausfordern zu müssen. Auch und gerade mit Drogen.

Doch woher nehmen, wenn nicht stehlen?

Drogen sind illegal. Und das ist gut so. Wer je Zeuge der letzten Ölung eines Heroinsüchtigen wurde und mit ansehen musste, wie ein junger Mann von nicht einmal 25 Jahren auf einer Krankenhauspritsche lag und auf den Tod wartete, in der Hoffnung, im Tod endlich von seiner Sucht freizukommen, weiß, dass Drogenhandel vieles sein mag, aber ganz bestimmt kein Kavaliersdelikt.

Seit Jahren führen die USA einen Krieg gegen die Drogen. Nicht nur im eigenen Land und an den eigenen Küsten. Amerikanische Soldaten und Militärberater führen einen unerklärten Krieg in Kolumbien und Bolivien. Auch aus anderen südamerikanischen Staaten werden immer wieder Zwischenfälle gemeldet, in die amerikanische Soldaten verwickelt sein sollen.

Dass es bei diesen Einsätzen, die vielleicht nicht öffentlich gemacht, aber auch nicht bestritten werden, nicht nur um Drogen geht, ist sogar ein offenes Geheimnis. Die so genannte Monroe-Doktrin, benannt nach dem gleichnamigen Präsidenten, besagt, dass die USA den restlichen amerikanischen Kontinent als eine Art Hinterland betrachten. Sie sind die Hegemonialmacht, die für Sicherheit und Stabilität sorgt. Das war es zwar nicht, was Monroe 1823 genau meinte, als er einen Plan vorlegte, nach dem die USA außenpolitisch auf dem amerikanischen Kontinent gestärkt werden sollten. Präsident Theodore Roosevelt aber interpretierte die Ziele der Doktrin in dieser Weise und rechtfertigte damit mehrere amerikanische Interventionen unter anderem auf Haiti und Kuba, die an dieser Stelle nicht weiter diskutiert werden sollen. Es war die Zeit vor dem Ersten Weltkrieg, in der Roosevelt diese Doktrin entsprechend interpretierte und es gab sicherlich nicht nur machtpolitische Gründe, die einige dieser Interventionen durchaus rechtfertigen. Aber wie gesagt, dies ist nicht die richtige Stelle, um diese fast 100 Jahre in der Vergangenheit liegenden Geschehnisse zu bewerten.

Obwohl sich die Zeiten änderten, hielten die Amerikaner an der Doktrin fest und wenn heute amerikanische Soldaten in Kolumbien gegen Dro-

Die Drogen und die Agency

genhändler vorgehen, ist dies auch eine Demonstration von Machtpolitik.

Eine Verschwörungstheorie besagt nun, dass die CIA aktiv in den Schmuggel von Opium in die USA beteiligt ist, ein Schmuggel, in dem der amerikanische Militäreinsatz in Südamerika nur eine Art Ablenkungsmanöver bietet. Es mag sein, dass das amerikanische Militär nicht öffentlich über seine Arbeit in Südamerika Stellung beziehen mag, die Nachrichten aber, die immer wieder an die Medien durchsickern, schaden seinem Ruf auch nicht. Im Gegenteil: Sie beweisen, dass die Army hart gegen Drogenhändler vorgeht. Das nennt man letztlich „gute Presse" – und wer garantiert eigentlich, dass die Nachrichten, die regelmäßig durchsickern, nicht sogar von den Geheimdiensten lanciert werden? Die Blicke der Öffentlichkeit werden auf Südamerika gelenkt.

Auf der anderen Seite fördert die CIA den Anbau von Opium indirekt an einem ganz anderen Ort auf diesem Planeten, nämlich in Afghanistan, und sorgt dafür, dass der Rohstoff in den USA auf den Markt kommt. Das Geld, das bei diesem Deal eingeht, versickert zu einem Teil auf CIA-Konten und verschafft dem Geheimdienst Autonomie – diese Gelder existieren de facto ja nicht, was am Ende übrig bleibt, kommt verschiedenen Einrichtungen in Afghanistan zugute. Der Staat kassiert, die Clanchefs, ja sogar bei den einfachen Bauern kommen ein paar Dollar an. Inoffiziellen Schätzungen zufolge – und die entstammen keiner Verschwörungstheorie – bringt der Drogenhandel Afghanistan jedes Jahr Einnahmen von drei Milliarden Dollar. Bis zu 75 Prozent allen Opiums, das auf diesem Planeten produziert wird, soll demnach aus Afghanistan stammen. Das halbherzige Vorgehen der afghanischen Regierung gegen die Drogenbauern im eigenen Lande ist augenscheinlich. Würde sie die Felder zerstören, würde sie gleichzeitig eine der wichtigsten Einnahmequellen des bitterarmen Landes ruinieren. Armut aber treibt Menschen seit jeher in die Arme von Rattenfängern, die Besserung versprechen. Man denke an die Taliban, deren Einfluss auch nach der amerikanischen Invasion nicht vollständig gebrochen werden konnte.

Natürlich hat jede Verschwörungstheorie eine Vorgeschichte. Die Geschichte der Verwicklungen der CIA mit dem global agierenden Drogenhandel lässt sich sogar konkret belegen. Sie nimmt ihren Anfang in Südostasien, aber nicht direkt in Vietnam, sondern in Kambodscha und Laos. Der Vietnamkrieg begann schleppend. Es gab keinen konkreten Zwischenfall, der den Krieg ausgelöst hätte, es gab auch keine Kriegserklärung. Der Krieg begann vielmehr bereits in den späten 40er Jahren, die Kontrahenten zu dieser Zeit waren die Vietnamesen und die Kolonialmacht Frankreich. Aus einer Gruppe von unorganisierten Guerillas, die gegen die französische Besatzungsmacht einen blutigen, aber wenig erfolgreichen Kleinkrieg kämpften, formte der vietnamesische Dissident Ho Chi Minh im Laufe der Jahre eine

Die Drogen und die Agency

schlagkräftige Dschungelarmee. Er nutzte dabei die Fähigkeiten, die sich viele der Gruppen in der Zeit des Zweiten Weltkrieges im Kampf gegen die Japaner angeeignet hatten und integrierte sie in ein Gesamtkonzept, das die Franzosen schlicht und ergreifend unterschätzten. Nach dem Sieg über die Franzosen wurde Vietnam allerdings geteilt: in den kommunistischen Norden und den demokratischen Süden, wobei Demokratie in Südvietnam als relativer Begriff angesehen werden musste. Um ihre Macht vor allem gegenüber dem ungemein populären Ho Chi Minh nicht zu verlieren, wurden in Süd-Vietnam systematisch Menschenrechte verletzt, wurden ganze Dörfer, die im Verdacht standen mit dem Norden zu kooperieren, ausgelöscht. Im Kalten Krieg jedoch gesellte sich Süd-Vietnam auf die Seite der Amerikaner. Und die Amerikaner, voller Sorge, dass der Kommunismus von ganz Südostasien Besitz ergreifen könnte, sandten Militärberater nach Süd-Vietnam. Es folgten Soldaten, welche die Berater schützten. Ausbilder, die das Militär schulten, Patrouillenboote, die die Küsten kontrollierten – und eines Tages befanden sich die USA in einem Krieg, den sie nicht gewinnen konnten, denn auf diesen Krieg waren sie einfach nicht vorbereitet.

Da der Norden, der Vietcong, sich oft in die Grenzgebiete zu Kambodscha und Laos zurückzog, setzte die amerikanische Administration die dortigen Regierungen unter Druck ihnen zu helfen und zog sie mehr und mehr in den Krieg hinein. Mit Rücksicht auf Verbündete wie Süd-Korea oder die Philippinen, die, was heute kaum noch bekannt ist, auch mit Truppen in Vietnam stationiert lagen, aber auch mit Rücksicht auf das an Vietnam grenzende, mit den USA befreundete Thailand, mussten die USA subtil bei ihrer Arbeit in Kambodscha und Laos vorgehen. Es sollte bei den Verbündeten nicht der Eindruck entstehen, dass man Südostasien nur als einen Spielplatz für die Großmachtinteressen betrachtete. Um also von laotischer und kambodschanischer Seite agieren zu können, wurde die „Air America" ins Spiel gebracht, eine Fluglinie, die sich im Besitz der CIA befand. Sie schmuggelten zunächst einige Militärberater und Agenten ins Land, viele von ihnen Einzelgänger, deren Aufgabe darin bestand, Soldaten für einen illegalen Krieg zu rekrutieren. Besonders die Meo standen dabei im Fokus des Interesses. Das kleine laotische Volk hatte im ersten Indochinakrieg loyal auf französischer Seite gekämpft. Einer von ihnen, Vang Pao, hatte es in der französischen Armee sogar bis zum Major gebracht und als einer der Letzten versucht, in der Entscheidungsschlacht des Indochinakrieges die in Dien Bien Phu eingeschlossenen französischen Truppen zu befreien. Dies gelang jedoch nicht, das Debakel von Dien Bien Phu beendete den Krieg zugunsten der Truppen um Ho Chi Minh.

Die Amerikaner warben also die Meo als Söldner an und der heimliche Krieg in Laos und schließlich auch Kambodscha nahm seinen Anfang.

Die Drogen und die Agency

Geheime Kriege haben die dumme Angewohnheit, dass sie auch geheim bleiben müssen. Oder, ganz profan ausgedrückt: Sie dürfen nicht in den Büchern verzeichnet werden. Hinter jedem Krieg sitzt eine Buchhaltung, welche die Ausgaben kontrolliert. Die Agenten und Berater hinter den offiziellen Linien mussten also einen Weg finden, um sich an diesen Büchern vorbei zu finanzieren – und fanden ihre Geldquelle im Drogenhandel.

Der Drogenhandel stellt seit jeher ein Problem des so genannten Goldenen Dreiecks zwischen Thailand, Vietnam und Kambodscha dar, durch die Logistik, die die Amerikaner nun den Opiumbauern vor Ort bieten konnten, explodierten Anbau und Handel. Vor allem für die Anführer der Söldnertruppen entwickelte sich der Drogenhandel zu einem ungeahnten Erfolg. Nicht wenige Offiziere verdienten ein Vermögen damit, dass sie den Transport durch den Dschungel organisierten und gleichzeitig die Bauern anstachelten, mehr zu produzieren. Dass dies nicht nur mit netten Worten geschah, braucht kaum erwähnt zu werden. Innerhalb kürzester Zeit entstand somit im Goldenen Dreieck eine regelrechte Opiumindustrie, mit Bauern, Spediteuren und Laboratorien, die den Rohstoff direkt in Heroin verwandelten. Aus einem Krieg der Ideologien, Ost gegen West, entwickelte sich ein Drogenkrieg. Aus den Söldner-Offizieren wurden Drogenbarone und nicht selten kam es vor, dass sie ihre Soldaten nicht gegen den Vietcong ins Feld schickten, sondern gegen einen Konkurrenten, der möglicherweise bessere Geschäfte mit den Amerikanern machte, weil er bessere Transportwege oder fähigere Wissenschaftler besaß. Gleichzeitig wurden die Bauern ausgenutzt. Wer den Ansprüchen der neuen Herren nicht genügte, wurde unter Druck gesetzt, gefoltert oder getötet. Dass viele Bauern schließlich untertauchten und sich den kommunistischen Rebellen im eigenen Lande anschlossen, kann fast als eine natürliche Reaktion auf die Geschehnisse betrachtet werden. Der Vietnamkrieg entwickelte sich zu einem Südostasienkrieg.

Der heimliche Krieg blieb von der Weltöffentlichkeit nicht unentdeckt. Wie viele Menschenleben er forderte ist nicht bekannt, 1968 aber erklärte sogar ein CIA-Berater einem Journalisten gegenüber, dass es Probleme bei der Rekrutierung von Meo-Soldaten gäbe. Von den 300 neu rekrutierten Männern waren zwei Drittel jünger als 17 Jahre, das dritte Drittel rekrutierte sich vor allem aus Männern jenseits der 45. Andere Jahrgänge ließen sich nicht rekrutieren: Es gab schlicht und ergreifend keine anderen Jahrgänge mehr.

Was als ein Guerillakrieg begann, entwickelte sich zu einem halboffiziellen Krieg, da sich vor allem laotische Offiziere ganz offiziell an den Aktionen beteiligten, um ihr Stück vom Opiumkuchen abzubekommen. Und mittendrin stand „Air America" und sorgte dafür, dass die Drogen vor allem nach Saigon, Manila und Bangkok kamen. Ein Teil dieser Drogen gelangte über

293

Die Drogen und die Agency

gewöhnliche Kriminelle nach Europa, ein Teil der Drogen aber verblieb in der Region. Deren Hauptkonsumenten waren amerikanische Soldaten, Soldaten, die in Vietnam ihren Dienst verrichteten und den Schrecken des Krieges mit Drogen zu verdrängen suchten. Sie ahnten nicht, dass ihr eigener Geheimdienst in diesem Krieg als Dealer auftrat.

Natürlich hat der Geheimdienst zu diesen Vorkommnissen nie offiziell Stellung bezogen. Anklagen hat es entsprechend auch niemals welche gegeben, obwohl der Geheimdienst gegen unzählige Gesetze verstoßen hatte. Er finanzierte nach dem Völkerrecht illegale Aktionen durch den Verkauf von Drogen, dessen Anbau er selbst förderte. Allein dieser Anklagepunkt, juristisch wohl formuliert, hätte ausreichen müssen, um die Verantwortlichen für die nächsten 500 Jahre ins Gefängnis zu schicken. Abgesehen davon, dass der Geheimdienst aktiv eine Verschwörung betrieb, indem Gelder an den offiziellen Staatsstellen vorbei organisiert wurden, die nur auf illegale Weise beschafft werden konnten. Abgesehen von der Anwerbung von Söldnern verschwor sich der Geheimdienst aber auch mit Angehörigen der laotischen Armee, die aus reiner Profitsucht einen illegalen Krieg unterstützten und dabei gegen die eigene Regierung arbeiteten, die sich im Vietnamkonflikt neutral verhielt.

In der Spätphase des Vietnamkrieges gelangte eine Geschichte an die Öffentlichkeit, die für Furore sorgte: der Fall von Colonel Anthony Poshepny. Poshepny gehörte zu den Soldaten, die im Auftrag der CIA in Laos Söldner anwerben sollte. Zwar gehörte er zur US-Army, doch bereits seit den 50er Jahren stand er im Sold des Geheimdienstes, der ihn vor allem aufgrund seiner Kaltschnäuzigkeit gerne für illegale Aktionen einsetzte. Allein die Tatsache, dass ein Auslandsgeheimdienst einen Angehörigen des Militärs nach Belieben für illegale Aktionen einsetzen konnte, trägt schon Züge einer Verschwörung.

Noch bevor der durch Drogen finanzierte Krieg in Laos organisiert wurde, sandte die CIA Poshepny nach Kambodscha, wo er Rebellen ausbildete, die gegen den amtierenden König kämpften. Der König war zwar kein Freund der Kommunisten – im Gegenteil –, aber er unterstützte auch die Amerikaner nicht in ihrem Bestreben, die Napalmindustrie anzukurbeln. Und wer kein Freund war, war 1963 ein Feind. In diesem Jahr betrat Poshepny erstmals kambodschanischen Boden. Wie kaum ein anderer hat er hinter den Linien Söldner angeheuert. In Laos bildete er Offiziere aus. Er bereitete dem Drogenschmuggel seinen Weg und knüpfte einen großen Teil der Kontakte, über die später die Drogen außer Landes gebracht wurden. Besagter Anthony Poshepny begann eines Tages jedoch, seine eigenen Gesetze zu schreiben. Er zog sich mit seinen Leuten in den Norden von Laos zurück, wo er sich als Gott anbeten ließ. Er inthronisierte sich als König (ja sogar

Die Drogen und die Agency

Gott), und um seine Macht zu festigen ließ er von der US-Luftwaffe Lebensmittel für seine Untertanen abwerfen. Seine Feinde erhielten hingegen Napalm zum Frühstück. Er missachtete Befehle, führte seinen ganz eigenen Krieg gegen den Kommunismus und überquerte mit seinen Leuten sogar die Grenze zur Volksrepublik China, was selbst die US-Regierung in Erklärungsnotstand brachte. Enttäuscht davon, dass ihn die CIA schließlich abziehen wollte, da er sich zu einem Sicherheitsrisiko entwickelte, installierte er in seinem Dorf schließlich einen eigenen Radiosender und verbreitete über ihn Tag für Tag seine Geschichte – inklusive solch prekärer Details wie der Drogengelder der CIA.

Obwohl die CIA nachweislich mindestens zweimal versucht hat Poshepny umzubringen, wurde ihm 1975 eine Medaille für seine Verdienste verliehen! Bis zu seinem Tod 2003 rechtfertigte er sein Handeln damit, dass der Kommunismus bekämpft werden musste, egal, welcher Preis dafür letztlich zu zahlen war: also auch die Verwandlung eines Geheimdienstes in einen Drogenkurierdienst!

Wem die Geschichte Poshepnys zumindest in Teilen bekannt vorkommen mag, liegt so falsch nicht: Auch wenn Francis Ford Coppola es stets bestritten hat, so diente das Leben Poshepnys ihm zumindest in Teilen als Vorlage für die Figur des Colonels Kurtz in „Apocalypse Now".

Verwicklungen in Drogengeschäfte werden der CIA nicht nur aktuell wieder vorgeworfen. Heute handelt es sich dabei nur um eine Verschwörungstheorie, der es letztlich an Fakten fehlt, um sie zu erhärten. Natürlich ist es auffällig, dass in Afghanistan Truppen aus den unterschiedlichsten Ländern stationiert sind, um den Frieden im Land zu garantieren. Und unter den Augen all dieser Truppen hat sich Afghanistan dennoch zum Opium-Lieferanten Nummer 1 entwickeln können. Andererseits: Auch der Opiumabbau hat seine Geschichte und Afghanistan steht nicht unter Kriegsrecht. Ganz offiziell ist es sogar eine Demokratie, eine Demokratie garantiert seinen Bürgern Freiheit – und es ist nicht gesagt, dass nur ehrliche Menschen diese Freiheiten nutzen. Abgesehen davon, dass in den ärmsten der armen Regionen des Landes die Menschen auf den Opium-Anbau angewiesen sind, um selbst überleben zu können und sich keine Gedanken darüber machen, was mit ihrer Ernte letztlich angefangen wird.

Dass die CIA immer wieder in den Verdacht gerät, an Drogengeschäften beteiligt zu sein, verdankt sie nicht nur ihrem Engagement in Südostasien, wo es erwiesen ist, dass mit Hilfe von CIA-Agenten Drogen angebaut und exportiert wurden. Auch in Bezug auf den Staat Panama und einige Geschehnisse, die sich dort Anfang der 80er Jahre abgespielt haben, lassen vermuten, dass der amerikanische Geheimdienst mit Drogenhändlern paktiert hat.

Es ist keine Theorie, sondern ein Fakt, dass Anfang der 80er Jahre CIA-

Die Drogen und die Agency

Agenten panamesische Dissidenten in Costa Rica ausgebildet haben, um den panamesischen Diktator Omar Torrijos Herrera abzusetzen. Nun gibt es verschiedene Arten von Diktatoren. Die miesen Drecksäcke, die ihr Volk unterdrücken, auspressen, abschlachten, in verheerende Bürgerkriege führen und schließlich in den USA, der Schweiz, Frankreich oder einem arabischen Land um Asyl ersuchen, und dann gibt es die anderen. Diese findet man selten, aber immerhin: Hier und da gibt es sie. Omar Torrijos Herrera war ein solcher Diktator. Gut, auch Torrijos war offenbar nicht ganz unbestechlich, aber er führte ebenfalls soziale Reformen durch, die explizit den Armen in seinem Land zugute kamen. Er war kein Schlächter und selbst seine Gegner attestierten ihm sein Bemühen um etwas mehr soziale Gerechtigkeit im Land. Es ist ein zweischneidiges Schwert, wenn man behauptet, ein Staatsmann, der sich an die Macht geputscht hat, würde sich darum bemühen, etwas soziale Gerechtigkeit walten zu lassen, schließlich brauchen auch Diktatoren Unterstützung und indem man den Armen hier und da einen Knochen vorwirft, findet man auf ihrer Seite nicht selten auch treue Unterstützer. Man darf aber nicht vergessen, in welcher Zeit Torrijos sein Land regierte. In den 70er Jahren zeichneten sich mittelamerikanische Diktatoren normalerweise dadurch aus, ihre Völker zu unterdrücken und Todesbrigaden durch die Lande zu schicken. Man denke an El Salvador oder Guatemala, zwei Staaten, die besonders unter Diktatoren dieser Art litten. Im Vergleich dazu gab Torrijos seinem Land Stabilität. Vor allem aber war er kein lauter US-Kritiker. Dennoch geriet er aufgrund des Drogenschmuggels, der über Panama lief, ins Visier der amerikanischen Geheimdienste.

Moment, aber ist das jetzt nicht eine ganz andere Geschichte als in Südostasien? Wenn Drogenschmuggler ihre Drogen über Panama verschifften hat doch die CIA damit nichts zu tun. Also, was hat die CIA angeblich mit Panama zu tun?

Alles der Reihe nach: Die Hauptfeinde Torrijos auf amerikanischer Seite kamen – zumindest in den frühen 70er Jahren – aus dem Lager der Exilkubaner, um ganz genau zu sein aus jenem Personenkreis, der beste Kontakte zur CIA unterhielt und unter anderem am 17. April 1961 an der CIA-gestützten Invasion Kubas beteiligt war. Diese Invasion endete in dem so genannten Schweinebuchtdesaster, bei dem die Invasoren eine fürchterliche Niederlage erlitten und die letztlich dazu beitrug, Fidel Castros Macht in Kuba endgültig zu manifestieren. Nach diesem Desaster nahm Präsident Kennedy die Schuld für das Scheitern auf sich, gleichzeitig machte er der kubanischen Gemeinde in den USA klar, dass es keine weiteren Aktionen geben würde. Damit aber ließen sich die radikalsten Gegner Castros nicht abspeisen. Sie planten weiter seinen Sturz und erhielten angeblich – womit wir wieder bei der Verschwörungstheorie wären – Hilfe aus Kreisen der Agency. Dieser

Die Drogen und die Agency

waren die Hände gebunden, da sie keine eigenen Gelder in den kubanischen Widerstand stecken konnte, sehr wohl aber half sie den Kubanern beim Erschließen neuer Geldquellen und deckte deren Drogengeschäfte.

Wenn im weiteren Verlauf dieses Textes von Exilkubanern gesprochen wird, muss man sich vor Augen halten, dass es sich dabei um eine kleine Gruppe von Personen handelte, die in keiner Form repräsentativ für all jene Menschen sind, die im Laufe der Jahrzehnte aus Kuba flüchteten. Es handelt sich um eine Gruppe von vielleicht 100 oder 200 Personen, die in ihrem fanatischen Kampf bereit waren, alle Gesetze von Ethik und Moral zu brechen.

Während das sozialistische Kuba 1961 oder 1962 noch auf tönernen Füßen gestanden haben mag und eine Invasion durchaus möglich gewesen wäre, dachte spätestens 1970 niemand mehr an eine Invasion oder plante ähnliche Aktionen. Dafür saßen Castro und seine Männer viel zu fest in ihren sozialistischen Diktatorensesseln, außerdem war Kuba als Symbol für eine erfolgreiche sozialistische Revolution für Moskau von einer solchen Wichtigkeit, dass der Schutzschirm, unter dem es sich Castro und Konsorten bequem machen konnten, direkt vom Kreml aus gespannt wurde.

Die Drogentransporte der Exilkubaner aber liefen dennoch weiter, obwohl das Ziel, das sie verfolgten, in weite, weite Ferne gerückt war. Als Transportstrecke war Panama wichtig, nur der Herr Diktator tanzte nicht nach ihrer Pfeife. Was taten sie also: Sie baten ihre alten Freunde beim CIA um Hilfe. Diese setzten Torrijos auch tatsächlich auf die Abschussliste. In linken Kreisen wird Torrijos heute noch als sozialistisch angehauchter Staatschef gesehen (vor allem, da er Sympathien für die Sandinisten bekundete, die in Nicaragua einen sozialistischen Staat aufbauten), aber letztlich stand er wohl weder rechts noch links, sondern er versuchte, einen Mittelweg zu finden. Dennoch soll von US-Seite in den frühen 70ern mindestens ein Anschlag auf sein Leben mit Hilfe von CIA-Agenten ausgeübt worden sein. Ein Anschlag, den er aber überlebte.

Danach verläuft sich die CIA/Drogen-Spur erst einmal im Sande, denn 1977 unterzeichnete der panamesische Staatschef mit Präsident Jimmy Carter den „Torrijos-Carter-Vertrag", der die Rückgabe des Panama-Kanals, der zu dieser Zeit noch unter amerikanischer Kontrolle stand, an Panama beinhaltete. Ein Staatschef, der im Weißen Haus empfangen wurde, gehörte zu den Unantastbaren. Dies änderte sich, als der Diktator 1981 bei einem Flugzeugabsturz ums Leben kam (siehe auch JAPANER, AMERIKANER UND EIN PANAMESISCHER PRÄSIDENT).

Zwei Jahre nach seinem Tod putschte sich der ehemalige Geheimdienstchef Manuel Antonio Noriega an die Macht. Der pflegte beste Verbindungen zur CIA, seit Mitte der 70er Jahre stand Noriega definitiv im Sold der Agency, andere Quellen sprechen sogar von 1959 als Jahr seiner Anwerbung.

297

Die Drogen und die Agency

Aber Noriega war nicht nur ein Informant der USA: 1971 plante das Bureau of Narcotics and Dangerous Drugs Noriega in den USA wegen Drogenschmuggels vor Gericht zu stellen, jedoch kam es nie zu einer Anklage. Es sollte eine Zeit kommen, in der Noriega zum Staatsfeind Amerikas mutierte, doch 1971 galt er als Freund. Außerdem achtete er als Chef des panamesischen Geheimdienstes darauf, dass Panama keinen anti-amerikanischen Kurs einschlug. Angeblich, so lautet das Gerücht, hielt der Chef der CIA seine Hand über Noriega. Wie gut die Beziehungen zwischen der CIA und Noriega aussahen, darüber berichtete *Die Zeit*: 1976 reiste Noriega nämlich in die USA, um sich mit dem damaligen CIA-Chef persönlich zu treffen. Der Name dieses CIA-Chefs lautete übrigens George Bush (sen.).

Aber zurück in die 80er Jahre, um genau zu sein ins Jahr 1983, in dem Noriega seinen Vorgänger Paredes aus dem Amt putschte und die Führung des kleinen, aber strategisch so wichtigen mittelamerikanischen Landes übernahm. Noriega gab sich nicht nur US-freundlich, er öffnete Panama amerikanischen Agenten, die das Land als Umschlagplatz für Waffen nutzten, die dann nach Nicaragua transportiert und dort den Contras übergeben wurden, die in Nicaragua gegen die sozialistisch ausgerichtete Staatsführung einen blutigen Bürgerkrieg führten.

Als treuer Verbündeter der USA, so heißt es in der Verschwörungstheorie zum Thema Noriega und die CIA, schaute der US-Geheimdienst gnädig beiseite, als Noriega begann, Geschäfte mit dem Medellinkartell zu machen. Das Medellinkartell, das mit Abstand mächtigste Drogenkartell der 80er und 90er Jahre auf der Welt, saß in Kolumbien – und 90 Prozent der von ihr produzierten Drogen gingen in die USA, wo die Chefs des Kartells Milliardenbeträge umsetzten. Das Kartell nutzte (und dies ist erwiesen und keinesfalls eine Theorie) Panama als sicheren Hafen, organisierte von hier aus die Transporte in die USA und erhielt dafür Rückendeckung von Noriega. Rückendeckung, die dieser sich gut bezahlen ließ.

In der Verschwörungstheorie heißt es nun, die CIA ließ diese Transporte nicht nur laufen, sie warnte Noriega sogar, wenn amerikanische Drogenfahnder einem Transport auf der Spur waren. Ob dies mehr als nur eine Theorie ist?

In einer zweiten Version dieser Verschwörungstheorie heißt es, dass die CIA aktiv am Drogenverkauf mitverdiente und das so erwirtschaftete Geld von Noriega waschen ließ, der es dann weiter an die Contras in Nicaragua leitete. Diese Theorie wird vor allem in Europa kolportiert.

Die Drogen und die Agency.

Die Verschwörungstheorie, die CIA würde aktiv am afghanischen Opium-Anbau partizipieren, ist ein schönes Beispiel dafür, wie Verschwörungstheorien entstehen, die munter von Buch zu Buch und von Internet-

Die Drogen und die Agency

forum zu Internetforum getragen werden, obschon es keinen Beweis für ihre Wahrhaftigkeit gibt.

Da sind die realen Verwicklungen der CIA in den Drogenschmuggel in Südostasien zur Zeit des Vietnamkrieges. Verwicklungen und Verstrickungen, die belegen, dass die Agency einen illegalen Krieg mit illegalen Geldern finanziert hat.

Da sitzt ein mittelamerikanischer Staatschef und macht Geschäfte mit einem Drogenkartell; gleichzeitig ist er ein treuer Vasall der USA und dient ihnen als Brückenkopf im Kampf gegen einen Feind. Beweise dafür, dass amerikanische Agenten seine Drogengeschäfte gedeckt haben, um ihre eigenen Aktivitäten zu schützen, gibt es zwar nicht, doch wer beweist das Gegenteil? Vor allem Noriegas Drogenverstrickungen vor seiner Machtübernahme und die nicht zustande gekommene Anklage gegen ihn Anfang der 70er Jahre sprechen nicht gerade für den US-Geheimdienst.

Die Vereinigten Staaten führen einen Krieg mit Afghanistan, verhelfen dort einer neuen Regierung nach dem Krieg zusammen mit einer alliierten Schutztruppe ins Amt und langsam etabliert sich zumindest in den Städten des geschundenen Staates eine zarte Demokratie, während auf dem Land der Opiumanbau blüht und unter den Augen der Alliierten Afghanistan zur Drogenweltmacht aufsteigt.

Wenn 1+2 eine glatte 3 ergibt, steht also fest, dass die USA den Drogenanbau und auch den Handel in Afghanistan schützen und von ihm profitieren. Sie mögen damit kein Geld verdienen wie seinerzeit in Südostasien, doch sie halten ihre Verbündeten bei Laune. Schon in den 80er Jahren, während der Zeit der sowjetischen Besatzung, sollen CIA-Agenten gnädig über afghanische Drogentransporte hinweggeschaut haben, wenn die so erwirtschafteten Gelder in den Kampf der Afghanen gegen die sowjetischen Besatzer flossen. Warum sollten sie dann heute gegen Drogenbarone in Afghanistan vorgehen, wenn diese den Alliierten als Verbündete zur Seite stehen, gegen den gemeinsamen Feind: den internationalen Terrorismus.

Das ist nur eine Verschwörungstheorie. Verschwörung deshalb, weil die Geheimdienste in einem Bündnis mit fremden Mächten gemeinsam die Bemühungen ihrer eigenen Polizei in der Heimat bei der Drogenbekämpfung bewusst behindern würden. Eine Konspiration der Geheimdienste und der Drogenhändler gegen die Anti-Drogenbehörden.

Das klingt so, als wolle man den Teufel mit dem Beelzebub austreiben.

Übrigens: Manuel Noriega wurde 1989 von einer amerikanischen Invasionsmacht aus dem Amt gejagt, am 3. Januar 1990 stellte er sich den amerikanischen Behörden. Er wurde wegen Drogenhandels in den USA zu 40 Jahren Haft verurteilt, die Strafe wurde jedoch auf 30 Jahre verkürzt.

Die Drogen und die Agency

QUELLEN:

Leggewie, Claus: „Die amerikanische Paranoia". In: Michel, Karl Markus und Tilman Spengler: „Kursbuch Heft 124 – Verschwörungstheorien". Berlin: Rowohlt, 1996.

Levy, Joel: „Conspiracies – 50 Reasons To Watch Your Back". Crows Nest (Australien): A & U, 2005.

Perkins, John: „Bekenntnisse eines Economic Hit Man". München: Riemann, 2005.

Rimscha, Robert von: „Die Bushs. Weltmacht als Familienerbe". Frankfurt: Campus Verlag, 2004.

Schmid, Thomas: „Eine gerechte Sache". In: *Die Zeit*, Hamburg, 3. April 2003.

DIE GLÜHLAMPEN-VERSCHWÖRUNG

Verschwörungen dienen oft ganz profanen wirtschaftlichen Interessen. Die erste Demokratie im Iran wurde zum Beispiel das Opfer einer Verschwörung, weil der Westen seine Öl-Interessen gefährdet sah (siehe OPERATION AJAX). Auch der 2003 begonnene Krieg im Irak hat – vorsichtig ausgedrückt – nicht nur dem Ziel gedient, das Land von einem fiesen Diktator zu befreien. Als die amerikanischen Truppen Bagdad einnahmen, sicherte die US Army das Öl-Ministerium des Landes, als handelte es sich um den Heiligen Gral. Dass zur gleichen Zeit nur einige hundert Meter entfernt das Nationalmuseum von marodierenden Banden, aber auch gut vorbereiteten international agierenden Kunsträubern geplündert wurde und historische Artefakte verschwanden, die für die Geschichte der Menschheit einen unschätzbaren Wert besitzen – nun ja, darum konnte sich die US Army ja nicht kümmern. Es ging schließlich darum, die Schätze der Gegenwart zu sichern und die Aktionäre in den USA glücklich zu stimmen. Öl, dafür werden gerne Kriege geführt oder Regierungen gestürzt. Auch für Gold, Gas, Edelsteine.

Aber für Glühbirnen? Und es geht wirklich nur um ganz normale Glühbirnen, nicht um Halogenlampen, Neonröhren und was der Markt sonst noch an Lampen aufbietet.

Also bitte. Glühbirnen. Eine Verschwörung der Glühlampenhersteller? Bitte.

Obwohl andererseits … In jeder Wohnung, in jedem Zimmer stehen oder hängen Lampen. Diese leuchten nicht einfach so, sie brauchen eine Lichtquelle – eine Glühbirne, wie sie im Volksmund genannt wird. Es gibt über 459

301

Die Glühlampen-Verschwörung

Millionen EU-Bürger, es gibt 298 Millionen US-Amerikaner. 127 Millionen Japaner gibt es auch noch oder 1,3 Milliarden Chinesen. Gut, in China gibt es noch nicht in jedem Haushalt tatsächlich Strom, aber wenn „nur" 1,1 Milliarden Chinesen hin und wieder einmal eine neue Glühlampe brauchen – da läppert sich eine hübsche Summe zusammen. Eine einfache Durchschnitts-Glühlampe mag weniger als einen Euro kosten, aber in ihrer Gesamtheit betrachtet ergeben sie ein phantastisches Geschäft. Vorausgesetzt, sie leben nicht zu lange. Wenn eine kleine Glühbirne zehn Jahre Licht spendet, ist das ein schlechtes Geschäft für die Glühbirnenindustrie.

Und genau an dieser Stelle beginnt die Verschwörungstheorie.

Vor der Theorie steht das Faktum der Gründung eines Glühlampenkartells. Am 24. Dezember 1924, tatsächlich an einem Heiligen Abend, also dem Tag, an dem der Menschheit ein Licht aufgehen sollte, trafen sich in einem Hotel in Genf Vertreter führender Glühlampenhersteller. Unter ihnen befanden sich Mitarbeiter von Osram (Deutschland), International (USA), Associated Electric Industries (Großbritannien), Tungsram (Ungarn), Philips (Niederlande) und anderen mehr. Sie gründeten ein Kartell, das vor einem Problem stand: Sie hatten eine viel zu gute Arbeit geleistet!

Das Funktionsprinzip einer Glühbirne (Physiker mögen verzeihen, dass an dieser Stelle der umgangssprachliche Begriff benutzt wird) ist eigentlich relativ simpel: Sie besteht aus einem Glaskolben, einem Sockel, über dem die Stromzuführung stattfindet, und einem Glühfaden. Der wird durch Stromdurchfluss erhitzt. Dabei wird eine Spannung aufgebaut, so hoch, dass der Faden zu glühen beginnt, aber nicht so hoch, dass er reißt. Da er an der Luft sofort zu Pulver verglühen würde, wird er durch den Kolben von der Außenluft abgeschirmt.

Na gut, nun tritt eine ganze Reihe von physikalischen Gesetzen auf den Plan, die aber an dieser Stelle weitestgehend vernachlässigt werden können.

Bereits Anfang des 19. Jahrhunderts erkannten Physiker das Prinzip der Glühlampe, schon 1809 präsentierte der Chemiker (!) Humphry Davy der staunenden englischen Öffentlichkeit eine Lichtquelle, die auf Basis von Elektrizität Licht erzeugte, aber erst Thomas Alva Edison entwickelte 1880 ein Prinzip, nach dem Glühbirnen industriell am Fließband produziert werden konnten. Nach Edisons bahnbrechender Entwicklung ging es Schlag auf Schlag. Edisons Erfindung wurde verfeinert und nochmals verfeinert. So lange, bis zumindest in Europa, Nordamerika, Australien und Japan die Nacht der Vergangenheit angehörte. Als sich die Glühlampenhersteller 1924 trafen, lag Edisons Durchbruch gerade einmal 44 Jahre zurück. Klassische Lichtbringer wie Petroleumlampen standen bereits in den Museen, Kerzen galten nur mehr als Dekorationsobjekte, nicht aber der tatsächlichen Lichterzeugung.

Das Kartell legte auf seinem Gründungstreffen am Heiligen Abend 1924

Die Glühlampen-Verschwörung

zum Beispiel den Sockelstandard aller Glühlampen fest. Verschiedene Hersteller stellten verschiedene Sockel her, so blieben oft Fassungen und Lampen nicht kompatibel. Festgelegt wurde der Sockel E27 als internationaler Standard und Maß aller Dinge – und das ist er in den meisten Teilen der Welt bis heute so, außer in Großbritannien und Frankreich, wo andere, wie der so genannte Bajonett-Sockel benutzt werden. Die technischen Standards wurden internationalisiert, Phoebus wurde das Kartell getauft.

Doch hinter den verschlossenen Türen diskutierten die mächtigen Herren des Lichts über ihr bereits angesprochenes größtes Problem: ihre viel zu hochwertige Qualitätsarbeit. Glühlampen hielten einfach viel zu lange, es ließ sich nichts mehr mit ihnen wirklich verdienen. Die ständigen Verfeinerungen an dem kleinen Lichtbringer hatten dazu geführt, dass sie langsam aber sicher als unzerstörbar galten. Sie leuchteten über 2000 Stunden, und das bei einem minimalen Stromverbrauch. Bevor eine Glühlampe ausgetauscht werden musste, vergingen Jahre. Jahre, in denen die Industrie viel Geld verlor.

Also entschlossen sich die Herren des Lichts, ihre Qualitätsstandards zu senken und zukünftige Generationen von Glühbirnen so herzustellen, dass sich ihre Brenndauer langsam verringern sollte. Der „werkseitige eingebaute Brennschluss" sollte nach und nach auf maximal 1000 Stunden festgelegt werden, je nach Netzspannung erreichen viele Glühlampen heute schon nach 750 Stunden ihren finalen Stromdurchlauf.

Nicht alle Konferenzteilnehmer wollten sich, heißt es, an diesem Nepp beteiligen, aber die großen, mächtigen Hersteller standen hinter diesem Plan wie eine Eins. Sie setzten die kleineren Hersteller unter Druck, bis auch diese den Anforderungen des Kartells nachkamen. Die Brenndauer wurde langsam abgesenkt, um die Öffentlichkeit auf das Vorgehen der Hersteller nicht aufmerksam zu machen. Von 2000 Stunden ging es zunächst auf 1500 herunter, von 1500 auf 1000 – heißt es in der Verschwörungstheorie.

Im Gegensatz zu vielen anderen Verschwörungstheorien ist diese gar nicht einmal weit hergeholt. Das Kartell ist nun einmal tatsächlich 1924 gegründet worden. Sie ist kein Produkt einer Paranoia. Und die unterschiedlichen Brennzeiten von Glühbirnen sind keine Fiktionen. Und noch einmal: Es geht gar nicht um die verschiedenen Arten von Glühlampen, es geht um das Standardmodell, jene stinknormale, von einem gewöhnlichen Glaskolben ummantelte Durchschnittsleuchte, die das Gästeklo ebenso mit Licht ausfüllt wie die Gute Stube. Bereits in den 30er Jahren fiel auf, dass Glühbirnen in der Sowjetunion viel länger Licht spendeten als ihre Genossen im Westen. In der Zeit des Kalten Krieges lebten 60-Watt-Glühbirnen aus der Sowjetunion und aus Ungarn in der Regel doppelt so lang wie ihre Gegenstücke in Deutschland, Italien oder den USA, obwohl sie allesamt im Grunde auf den gleichen Standards beruhten. In der Volksrepublik China leuchtet noch heute eine solche

Die Glühlampen-Verschwörung

Glühbirne in der Regel 5000 Stunden, bevor sie in die Dunkelheit abtaucht.

In Großbritannien hält sich bis heute das Gerücht (man könnte es auch eine urbane Legende nennen), dass mehrere Lampenhersteller versuchen, in den Besitz von Glühbirnen zurückzugelangen, die während und nach dem Zweiten Weltkrieg in Großbritannien und den USA produziert worden sind. Während diese in den USA ausschließlich ans Militär oder staatliche Einrichtungen (Polizei, Feuerwehr, Heimatschutz) geliefert wurden und relativ unauffällig nach und nach aus dem Verkehr gezogen werden konnten, gelangten viele von ihnen in Großbritannien auch in den Handel. Aufgrund der Energie- und Materialknappheit während des Krieges stellten die Produzenten Lampen her, deren Lebensdauer nicht auf 1000 Stunden beschränkt sein, sondern weitaus länger ihren Truppen den Weg weisen sollten. Im Gegensatz zu den Geschäftsführern, die natürlich nie das Ziel der Gewinnmaximierung aus den Augen verloren und ihre Arbeit mehr oder minder als Kundenservice betrachteten (der Staat brauchte schließlich Unmengen an Kriegsmaterial, da konnte man es sich als Kundenservice quasi erlauben, einen kleinen Artikel wie eine Glühlampe kundenfreundlicher zu gestalten), taten die Techniker ihr Bestes – als Patrioten, deren Söhne und Brüder schließlich in diesem Krieg kämpften. Sie taten also ihre patriotische Pflicht, ihren Landsleuten die bestmögliche Arbeit zu liefern, die sie zu produzieren in der Lage waren. Mit dem unerwünschten Nebeneffekt, dass noch heute in einigen Werkstätten und Küchen in Großbritannien Glühbirnen leuchten sollen, die bereits ihre Arbeit verrichteten, als der britische Premierminister noch Winston Churchill hieß.

Um zu verhindern, dass diese Lampen von unabhängigen Experten einmal genauer unter die Lupe genommen werden, sind die Hersteller angeblich bereit, große Summen an die Besitzer der kleinen Wunderwerke zu bezahlen, um diese Ewigkeitslampen ein für allemal von der Bildfläche verschwinden zu lassen. Und noch immer steht Phoebus auch über 80 Jahre nach seiner Gründung hinter den Machenschaften der Lichtindustrie, auch wenn das Kartell offiziell 1941 aufgelöst wurde.

Die Geschichte einer Ewigkeitslampe mag sich etwas weit hergeholt anhören – doch ihre Existenz ist bewiesen. In der Feuerwehrwache #6 an der 4550 East Avenue im kalifornischen Livermore brennt eine 104 Jahre alte Glühbirne. Ab 1901 versah die Lampe ihren Dienst im Gerätehaus der Feuerwehr – und irgendwann fiel den Feuerwehrleuten auf, dass die Lampe leuchtete und leuchtete. Als das Gerätehaus 1976 aufgegeben wurde, war die Geschichte der Ewigkeitslampe längst in den gesamten USA bekannt, denn 1972 wurde über das Phänomen der Ewigkeitslampe sogar in einer Fernsehshow mit dem Titel „Believe-it-or-not" („Glauben Sie es oder nicht") berichtet. Nach dem Umzug wurde die Lampe nicht aus dem Dienst entlassen, sondern in eine neue Fassung gedreht – wo sie inzwischen 24 Stunden am Tag leuchtet und leuchtet.

Die Glühlampen-Verschwörung

Wer es mit eigenen Augen sehen will: unter *www.centennialbulb.org/cam.htm* kann man sie 24 Stunden am Tag anschauen, denn seit einigen Jahren ist eine Webcam auf die Lampe gerichtet und lässt die Welt am Wunder teilhaben.

Ein Wunder, das gar keines ist. Hergestellt hat die Lampe die Shelby Eletric Company in Ohio, die bereits in den 50er Jahren des 19. Jahrhunderts höchst erfolgreich Vorläufermodelle der späteren Edison-Glühlampen produzierte und vor allem in den frühen Jahren des 20. Jahrhunderts Wert auf die allerbeste Verarbeitung ihrer Produkte legte. Zu viel Wert, wie viele Konkurrenten später monierten, denn Shelby-Produkte mochten zwar etwas teurer als die der Konkurrenz sein, andererseits: Eine Lampe, die über 100 Jahre leuchtet, sollte ein paar Cent teurer sein dürfen.

In Deutschland hätte derweil kurz nach der Wiedervereinigung ein neues Zeitalter der Glühlampenherstellung beginnen können. Das heißt, die Geschichte begann eigentlich bereits 1975, als der damals 37-jährige Uhrmacher Dieter Binninger vom Berliner Senat den Auftrag erhielt, die so genannte Mengenlehreuhr zu bauen, die heute als Touristenattraktion am Europa-Center leuchtet. Der Gag dieser Uhr besteht darin, dass die Anzeige der Zeit nach dem Prinzip der Mengenlehre erfolgt, die in den 70er Jahren jeder bundesdeutsche Grundschüler erlernen musste. Stunden und Minuten werden durch leuchtende „Segmente" in vier waagerecht untereinander angeordneten Streifen aufgezeigt, und diese „Segmente" werden durch leuchtende Glühlampen dargestellt. Die Uhr spiegelt zwar den Zeitgeist wider, entpuppte sich in den 70ern aber als Fiasko, da die Kosten explodierten. Nicht zuletzt aufgrund der Wartungsarbeiten, die entstanden, da ständig durchgeknallte Glühbirnen ausgetauscht werden mussten. Binninger begann sich mit diesem Problem zu beschäftigen und entwickelte schließlich seine eigene Ewigkeitslampe, die nicht nur bedeutend weniger Strom verbrauchen sollte, sondern statt der üblichen 1000 Stunden 150.000 Stunden Licht spenden sollte. Das sind 17 Jahre! Nach der Wiedervereinigung fand er tatsächlich Geldgeber, die sich an seinem Plan, die DDR-Lampenfirma Narva zu kaufen, beteiligen wollten. Hier sollte die Ewigkeitslampe hergestellt werden. Die Verhandlungen mit der Treuhand verliefen schwierig, bevor sie zu einem Abschluss kamen, starb Binninger bei einem Flugzeugabsturz. Zwar kann man die Funktionsweise der Ewigkeitslampe heute unter anderem bei Wikipedia recht detailliert nachlesen, doch am Erwerb des Patents hat offenbar niemand ein Interesse.

QUELLEN:

Drösser, Christoph: „Das ewige Licht". In: *Die Zeit*, Hamburg, Ausgabe 33/1999.

Wilson, Robert Anton: „Das Lexikon der Verschwörungstheorien". München: Piper, 2002.

HÄFEN UND SELTSAME FREUNDSCHAFTEN

In Europa ist es vollkommen normal, dass amerikanische Investorengruppen sich nicht nur in Firmen oder Konzerne einkaufen. In der Stadt Recklinghausen im nördlichen Ruhrgebiet gehört beispielsweise das Abwasserkanalnetz der Stadt amerikanischen Investoren. Die haben es im Rahmen eines Cross Border Leasings gekauft. Das heißt, sie haben es eigentlich nur für 99 Jahre gepachtet, sind nun aber die Herren des Recklinghäuser Abwassers. Nach der Unterschrift unter den Pachtvertrag vermieteten die Investoren dieses Kanalnetz an die Stadt Recklinghausen weiter. Recklinghausen hat das Netz also von den Amerikanern geleast, wie es Neudeutsch so schön heißt. Wenn deutsche Unternehmen so agieren, würde man dies ein Scheingeschäft nennen und die Staatsanwaltschaft auf sich aufmerksam machen. Da diese Art des Geschäftemachens 2003 aber, als Recklinghausen das Netz verpachtet hat, in den USA vollkommen legal war, sahen viele deutsche Kommunen vor allem den warmen Geldsegen, der ihnen ins Haus stand, denn die Amerikaner ließen sich den Kauf der Kanalnetze viel Geld kosten. Sie hatten dazu auch allen Grund: Im amerikanischen Steuerrecht galt dieser Deal als Auslandsinvestition und führte zu massiven Steuernachlässen, während die Pachtverträge in einigen Jahren richtig Geld abwerfen werden, sobald die (in den USA) steuerlich begünstigten Investitionen amortisiert sein werden. Damit erwies sich die deutsche Scheiße als Goldgrube für die Investoren, welche die amerikanischen Finanzämter um Millionen von Dollar erleichterten.

Häfen und seltsame Freundschaften

Ganz legal, denn die Gesetze erlaubten ihnen dieses Vorgehen schließlich. Abgesehen davon, dass die amerikanischen Investoren die deutschen Kommunen, die ihre Kanäle, Straßenbahnen oder was auch immer verpachteten, ziemlich über den Tisch gezogen haben. Die Amerikaner waren nämlich so schlau, als Gerichtsplatz im Falle von Streitigkeiten jeweils ihren Standort – in den meisten Fällen New York – anzugeben. Zwar bestreiten alle deutschen Stadtkämmerer, die diese Geschäfte abgeschlossen haben, dass den deutschen Kommunen im Streitfall Nachteile entstünden, unabhängige Wirtschaftsforscher sehen das aber anders. Bis heute ist dieser Streitfall nur noch nirgendwo eingetreten.

Die amerikanische Regierung hat diese Cross Border Geschäfte inzwischen verboten. Die alten Verträge sind von diesem Verbot allerdings ausgenommen. Verboten wurden sie nicht etwa, weil die amerikanische Regierung die Sorgen der deutschen Gegner dieser seltsamen Geschäfte teilten, die bei Eintritt eines Streitfalles unter anderem die Abwasserentsorgung einer Stadt wie Recklinghausen ernsthaft gefährdet sahen. Das Gesetz wurde gestrichen, da dem amerikanischen Fiskus Milliarden Dollar verloren gingen. Und wenn es um Geld geht, hört die Freundschaft bekanntlich auf.

Wenn es also darum geht, im Ausland in Abwasser- oder Verkehrssysteme zu investieren, in für die betroffene Bevölkerung sensible Einrichtungen, deren Existenz im öffentlichen Interesse liegt, stehen amerikanische Investoren gerne bei Fuß, um ihr Geld dort anzulegen. Wenn aber auf der anderen Seite ausländische Investoren in solch sensible Einrichtungen in den USA investieren möchten, dann könnte es ein Problem geben. Ein gutes Beispiel dafür hat sich im ersten Quartal des Jahres 2006 abgespielt, als eine Firma aus dem arabischen Emirat Dubai, die Dubai Ports World (DP World) sechs amerikanische Häfen kaufen wollte. Keine kleinen Häfen, in denen der gehobene Mittelstand seine Segeljachten stolz vor Anker legt, nein, unter anderem standen die Häfen Baltimore und New York auf dem Einkaufszettel der Scheichs – zwei der mit Abstand wichtigsten Häfen der Vereinigten Staaten von Amerika.

Das war für demokratische und republikanische Senatoren zu viel: der arabische Halbmond über dem Hafen von New York?

Nein, so weit durfte es nicht kommen. Man lief Sturm gegen diese Entscheidung.

Moment – Demokraten und Republikaner gehen geeint gegen einen Verkauf vor? Wie soll denn da eine Verschwörungstheorie entstehen? Sagen wir es einmal so: Gut Ding will Weile haben! Also, zurück zur Politik.

Häfen an arabische Investoren zu verkaufen, das hieß, argumentierten die Gegner des Verkaufs ganz unverblümt und keinesfalls hinter vorgehaltener Hand, den Terroristen Tür und Tor zum amerikanischen Festland zu eröff-

Häfen und seltsame Freundschaften

nen. Schließlich kamen ja zwei Terroristen des 11. Septembers aus dem Emirat, womit sich weitere Beweise über die unlauteren Absichten der Investoren erübrigten. Hillary Clinton, sonst eher als liberale, weltoffene Politikerin bekannt, erklärte, man dürfe die nationale Sicherheit nicht in die Hände von Ausländern legen, sondern müsse solch sensible Einrichtungen wie Häfen in amerikanischer Hand belassen. Damit gab sie sich noch vergleichsweise moderat im Vergleich zum (demokratischen!) Bürgermeister von Baltimore, der erklärte, solange er atme, werde er sein Land nicht den Arabern ausliefern. Die Republikaner jubelten ob solcher Töne aus dem demokratischen Lager auf und setzten noch einen drauf: alle ausländischen Investoren raus aus für die amerikanische Infrastruktur sensiblen Bereichen! Also, raus aus Häfen, E-Werken, Staudämmen, Straßenbahnbetrieben, Kanalnetzen (äh, war da nicht etwas mit Recklinghausen in Deutschland? Egal ...)!

Eine ungewöhnliche Koalition bahnte sich an, die fast geschlossen – nur zwei Senatoren enthielten sich des Aufschreis – gegen den Verursacher dieses geplanten Verkaufs vorging: George W. Bush, Präsident der Vereinigten Staaten von Amerika.

George W. Bush ist kein Freund der Liberalen. Diese sehen in ihm nicht gerade einen politischen Gegner, sondern eher so etwas wie den Antichristen. Unter seiner Präsidentschaft wurden Gefangene gefoltert, der Patriot Act hat die ach so hochgelobten Bürgerrechte ausgehebelt, die NSA spionierte Amerikaner aus. Dies sind keine Verschwörungstheorien, sondern Fakten. Ausgerechnet die liberale Presse, wie zum Beispiel das streng auf Anti-Bush-Kurs eingeschworene öffentlich-rechtliche Fernsehen der USA, stellte sich in diesem Fall offen auf seine Seite. Er habe, verkündeten sie fast schon im Ton einer halbamtlichen Nachrichtenagentur, sehr wohl die nationalen Sicherheitsinteressen beim Verkauf berücksichtigt. So blieben alle hoheitlichen Aufgaben selbstverständlich in amerikanischer Hand, es ging einzig und allein um ein Geschäft, bei dem ein international agierendes Unternehmen einen Hafen – gleichfalls ein Privatunternehmen in den USA – kaufen wollte. Ein einfacher Deal zweier Geschäftspartner. Dass in diesem Fall eines der beiden Unternehmen in der arabischen Welt seinen Sitz habe, argumentierten die überraschend freundlich eingestellten Bush-Unterstützer, könne diesem Unternehmen nicht angelastet werden.

Überhaupt Dubai. Wie auch Katar bemüht sich Dubai seit Jahren, als Brückenkopf zwischen der westlichen und arabischen Welt zu fungieren. Immerhin: In Dubai wurde für die indischen Gastarbeiter ein Hindu-Tempel errichtet, was in anderen arabischen Staaten undenkbar wäre. Die Bevölkerung gilt als gebildet, seit Jahren schon investiert der Staat in Europa und auch den USA in Zukunftsindustrien. Tatsächlich erwirtschaftet das Emirat nur noch 13 Prozent seines Bruttoinlandsproduktes aus der Öl-Industrie und trotzdem flo-

Häfen und seltsame Freundschaften

riert die Wirtschaft. Dass ausgerechnet zwei der Attentäter vom 11. September aus diesem Land stammen, ist tragisch, denn gerade der Fundamentalismus wird von Dubai bekämpft und hat innerhalb der Bevölkerung nur wenig Rückhalt.

Mit diesen Argumenten unterstützte auch die liberale Presse ihren sonst von ihr nicht allzu sehr geliebten Präsidenten und machte die Öffentlichkeit darauf aufmerksam, dass es hier um ein Milliardengeschäft ging – Geld, das zu einem großen Teil wiederum den Häfen und ihrer Infrastruktur zugute kommen sollte. Sprich: Hier stand einmal ein Investor vor der Tür, der nicht etwas kaufen und Arbeiter feuern wollte, sondern einer, der sogar Arbeitsplätze schaffen wollte.

Die liberale und die linke Presse unterstützten Bush aber auch in seinem (überraschenden) Bestreben, einen Verbündeten der USA nicht vor den Kopf zu stoßen. Welchen Eindruck würde es wohl auf die arabische Welt machen, wenn ein seriöser, global agierender Konzern von einem Geschäft in den USA ausgeschlossen wurde, weil seine Eigentümer aus einem arabischen Land stammen, wenn andererseits US-Konzerne den halben Irak leer kauften?

Was würde die arabische Welt wohl denken, wenn man Konzernmanager, die zum größten Teil in den USA und Großbritannien ihre Ausbildung erfahren hatten und die nun in den USA investieren wollten, daran nicht nur hinderte, sondern auch noch mit Terroristen in einen Topf warf?

Bush befand sich in einem Dilemma: Er befürwortete den Verkauf, aber einen solchen Verkauf gegen 98 Prozent der Senatsmitglieder durchboxen, das kann sich nicht einmal ein US-Präsident so einfach erlauben. Bush wartete ab, hoffte auf eine Lösung – und hatte Glück. Da sich der potenzielle Hafenkäufer aus Dubai in Staatsbesitz befindet und der Emir des kleinen Emirats auf gute Beziehungen zu den USA Wert legt, zog er das Kaufangebot zurück. Der Emir erwies dem Präsidenten damit einen mehr als großen Gefallen, zog ihn aus dem Fadenkreuz der Kritik und vereitelte, ohne dies zu ahnen, den finsteren Plan des amerikanischen Präsidenten, die Apokalypse über die Sündenpfuhle des amerikanischen Traumes zu bringen, diesem Stachel im Fleisch von Gottes eigenem Land ...

Äh, wie war das gerade?

Es gibt sie tatsächlich, die Verschwörungstheorie, die den im Jahr 2006 geplanten, aber dann doch geplatzten Verkauf der Häfen an einen arabischen Investor als Teil eines Planes betrachtet, der nur dazu dienen sollte, die liberalen, demokratischen Hafenstädte des Landes – insbesondere New York – der Gewalt der Terroristen auszuliefern.

Dies muss erst einmal vorsichtig analysiert werden: Indem der US-Präsident den vielleicht wichtigsten Hafen der USA, den Hafen von New York, an einen arabischen Konzern verkaufen wollte, hätte er also willentlich gleich-

309

zeitig Terroristen die Tore zum Land geöffnet und damit indirekt sogar aufgefordert, in New York ihr am 11. September 2001 begonnenes Werk zu vollenden?

– Ja, das sagt diese Verschwörungstheorie aus, die man hier und da in Internetforen antrifft.

– Sie sagt damit auch aus, dass arabische Geschäftsleute allesamt Terroristenhelfer sind und Staaten wie Dubai nur das Ziel verfolgen, die westliche Welt zu vernichten. Damit ist diese Theorie rassistisch.

– Ist sie zweifellos.

– Dennoch kommt diese Theorie aus dem eher liberalen Bürgertum heraus?

– Ja.

– Aber das ist unlogisch. Ein amerikanischer Liberaler ist stolz auf seine Toleranz und Weltoffenheit.

– Stimmt auch. Aber Hillary Clinton ist auch eine Demokratin und ihr Mann hat einen Frieden zwischen Jordanien und Israel vermittelt; während seiner Präsidentschaft kamen sich sogar Israelis und Palästinenser für einen glücklichen Moment in ihrer ansonsten traurigen gemeinsamen Geschichte für einen Augenblick näher.

– Dennoch will diese Theorie einfach keinen wirklichen Sinn ergeben. Sie ist einfach unglaublich konstruiert. Man wartet förmlich darauf, dass der Verbreiter dieser Theorie sagt, dass Bush den potenziellen Attentätern auch noch die notwendigen Waffen liefern würde, um ihr apokalyptisches Werk Wirklichkeit werden zu lassen – ja, man wartet darauf, dass der Verbreiter dieser Theorie sagt, dass sich hinter den arabischen Geschäftsleuten in Wahrheit CIA-Agenten verbargen, die den Deal durchziehen wollten, um New York zu sprengen, was sie dann wieder der arabischen Welt in die Schuhe schieben könnten.

– Stimmt ebenfalls. Aber möglicherweise sollte man einmal einer Wahrheit ins Auge blicken: Verschwörungstheorien folgen nicht unbedingt dem Pfad der Logik.

– Gut, aber selbst eine in sich nicht schlüssige Theorie muss davon ausgehen, dass der vermeintliche Verschwörer ein Ziel verfolgt. Und was soll das in diesem Fall genau sein?

– Die Ausrottung der Demokraten (im Sinne von Wählern der demokratischen Partei der USA). In St. Louis hat dies ja auch ganz gut geklappt.

– St. Louis?

– Wir erinnern uns an die Geschehnisse im August 2005, als ein gigantischer Hurrikan die Stadt St. Louis förmlich untergehen ließ. Dämme brachen, eine Großstadt von internationaler Bedeutung stand unter Wasser, über 1000 Menschen starben. Die Versorgung der Bevölkerung brach zusammen,

Häfen und seltsame Freundschaften

es dauerte mehrere Tage, bis die bestausgerüstete Armee der Welt sich endlich in der Lage sah, Hilfe zu senden. Mehrere hunderttausend Menschen, die vor der Flut geflüchtet waren, sind nach dieser Katastrophe nicht nach St. Louis zurückgekehrt, sondern haben sich inzwischen in anderen Bundesstaaten angesiedelt. Die meisten von ihnen waren bei Wahlen Wähler der Demokraten. Diese Katastrophe sollte also Beweis genug dafür sein, dass der Präsident eine ähnliche Katastrophe in New York provozieren wollte, dieses Mal nur mit Hilfe von arabischen Terroristen.

– Ja nee, iss klar.

Genau das! Es mag sein, dass die Regierung im Fall von St. Louis vollkommen versagt hat, aber mit einer Verschwörung hat dies wenig zu tun, denn die Welt schaute bei diesem Desaster zu und war fassungslos ob der Hilflosigkeit, mit der die Regierung auf diese Katastrophe reagierte. Aus der Sicht eines präsidentialen PR-Beraters dürfte diese Katastrophe für das Ansehen des Präsidenten der Super-GAU gewesen sein. So schlecht, wie Bush in diesen Tagen dastand, will einfach kein US-Präsident dastehen müssen: unfähig, hilflos, zaudernd.

Dennoch ist es keine Zeitverschwendung, sich einmal etwas genauer mit dieser Verschwörungstheorie auseinanderzusetzen und sich darüber Gedanken zu machen, wie es um eine Gesellschaft bestellt ist, in der solche Theorien überhaupt entstehen können. Eine solche Theorie kann schließlich nur auf fruchtbaren Boden fallen, wenn es Menschen gibt, die an sie glauben. Menschen, die letztlich jeden Glauben an ihren Staat verloren haben. Einen demokratischen Staat, der doch von sich behauptet, die Bürgerrechte zu wahren und zu verteidigen – oder?

Es ist eine Theorie, die aber auch aufzeigt, wie rassistisches Gedankengut als solches gar nicht mehr erkannt wird. Wahrscheinlich sind sich diejenigen, die diese Theorie entworfen haben, letztlich über das, was sie mit ihr aussagen, gar nicht im Klaren. In ihrem Hass auf George W. Bush haben sie einen solchen Tunnelblick entwickelt, dass sie gar nicht mitbekommen, wie sie eine ganze Religion in dem Moment denunzieren, in dem sie George W. Bush eine Verschwörung andichten wollen. Ihre Verschwörungstheorie geht ja nur dann auf, wenn man sich darauf verlassen kann, dass arabische Geschäftsleute auch allesamt bitteschön Terroristen sind. Solche Ressentiments treffen nicht nur Top-Manager von Weltkonzernen, die solche Vorwürfe normalerweise von sich abprallen lassen wie eine heiße Pfanne einen Schneeball. Solche Ressentiments fallen schließlich auch auf die einfachen Menschen muslimischen Glaubens im eigenen Land zurück: die Lehrer, Bauarbeiter, Notärzte, Ladenbesitzer, Polizisten, die einfach nur ihren Jobs nachgehen und ein anständiges Leben führen wollen.

Wie würden Sie sich fühlen, wenn Sie nur aufgrund ihrer Herkunft, ihrer

311

Religion, ihrer Hautfarbe angegriffen würden?

Eine Pointe zum Schluss: Die Häfen, die der aus Dubai stammende Konzern PD World übernehmen wollte, gehörten dem britischen Unternehmen P & O.

– Und?

– Ja was – und? Gab es da nach den Anschlägen vom 11. September nicht noch ein versuchtes Attentat, bei dem ein Terrorist mit Sprengstoff, den er in seinen Schuhen versteckt hatte, ein Flugzeug sprengen wollte, was nur daneben ging, weil der Sprengstoff nicht zündete? Dieser Terrorist – die Presse nannte ihn „Schuhbomber" – war der nicht britischer Staatsbürger?

– War er!

– Und trotzdem befinden sich einige der wichtigsten Häfen der Vereinigten Staaten in der Hand von Briten?

QUELLEN:

Dowideit, Anette: „Riskantes Anlegemanöver". In: *Die Welt*, Berlin 25. Februar 2006.

Löw, Raimund: „Aufstand gegen Hafen-Übernahme durch Araber". Radiobericht von „Ö1 Inforadio". 22. Februar 2006 (*http://oe1.orf.at/inforadio/61512.html?filter=4*).

Trankovits, Laszlo: „Arabische Käufer für US-Häfen: Täterprofil des Terrors?" *dpa*-Bericht vom 1. März 2006, in der Fassung der Website des TV-Senders N24.

Wolterdorf, Adrienne: „Abgeordnete kippen Bushs Hafen-Deal". In: *taz*, Berlin 10. März 2006.

ICH GEBE IHNEN MEIN EHRENWORT

Es ist beruhigend zu wissen, dass es in der Bundesrepublik Deutschland keine Verschwörungen gibt und auch nie gegeben hat. Zugegeben, da gab es 1952 einmal eine Organisation, die sich gegen die junge Bundesrepublik Deutschland verschwor und eine Todesliste aufstellte, auf der sich viele hochrangige SPD-Politiker wiederfanden, die man prophylaktisch mal aus dem Weg räumen wollte, falls die Sowjetunion irgendwann einmal auf die Idee hätte kommen können, die Bundesrepublik zu überfallen. Aber wer erinnert sich heute noch an diese Verschwörung? Es wurde niemand ins Gefängnis gesteckt, die Geschichte hat sie vergessen, warum also sollte man dann solch olle Kamellen wieder aufbereiten, nur weil sie belegen, dass es einmal in der Geschichte der BRD eine Verschwörung gegeben hat (siehe auch TECHNISCHER DIENST PLANT DEN WIDERSTAND)? Schließlich gibt es keine Regel ohne Ausnahme und die so genannten Verschwörer von einst bekamen letztendlich keine Möglichkeit, ihre Konspiration wirklich auszuleben. Sie wurden später enttarnt.

Andererseits: Gab es da nicht einmal eine Geschichte, die in Schleswig-Holstein ihren Anfang nahm und in einem Hotelzimmer in Genf endete? Moment, das war doch keine Verschwörung. Nur eine Affäre ...

Ja ja, die deutsche Sprache. Sie ist wahrlich eine unterschätzte Sprache. So dehnbar, so formbar. Früher wurden Arbeitnehmer „entlassen", heute werden „Arbeitsprozesse optimiert" / „Mitbewerber" nannte man früher „Konkurrenten" / „Bildungsferne Schichten" hießen einst „arme Leute" / und „zukünftige Beitragszahler" wurden im Allgemeinen „Kinder" genannt.

Ich gebe Ihnen mein Ehrenwort

Und wenn sich etwas in der deutschen Politik wider die Norm verhält, dann ist dies stets eine Affäre, niemals aber eine Verschwörung, denn wir wissen bereits: Worüber es in einer deutschen Amtsstube keine Aufzeichnungen gibt, das gibt es auch in der Realität nicht. So fand 1987 in Schleswig-Holstein keine Verschwörung statt, als ein Ministerpräsident in den Verdacht geriet, die Demontage seines politischen Mitbewerbers – oder Gegners, je nach Wortwahl – anhand von Lügen und falschen Anschuldigen betrieben zu haben. Was sich 1987 in Kiel abspielte, war im schlimmsten Fall eine Intrige, in der zwei Politiker letztlich keine gute Figur abgaben.

Die insgesamt drei Hauptdarsteller waren:
Dr. Dr. Uwe Barschel, Ministerpräsident des Landes Schleswig-Holstein, CDU
Björn Engholm, SPD-Spitzenkandidat für das Amt des Ministerpräsidenten
Reiner Pfeiffer, Medienreferent der Kieler Landesregierung, CDU.

Schleswig-Holstein meerumschlungen. Noch im 19. Jahrhundert ein heiß umkämpftes Land zwischen Deutschen und insbesondere Hanseaten auf der einen Seite und den Dänen auf der anderen. Kriege wurden um das Land zwischen Ost- und Nordsee geführt, die Hansestadt Lübeck galt als eine der wichtigsten deutschen Städte überhaupt. Doch die Zeiten änderten sich und spätestens mit der Gründung der Bundesrepublik Deutschland verfiel das Land in einen Dämmerschlaf. Was nicht boshaft gemeint ist. In Schleswig-Holstein verlief das Leben einfach etwas ruhiger als in den Ballungsräumen Deutschlands. Und diese Ruhe färbte auch auf die Politik des Landes ab. Im Land regierte die CDU mit einer respektablen Mehrheit, die vier kreisfreien Städte Flensburg, Kiel, Neumünster und Lübeck befanden sich derweil in SPD-Hand. Die CDU respektierte die Stadtmehrheit der Sozialdemokraten und die Sozialdemokraten arrangierten sich damit, auf dem Land nun einmal keine Mehrheiten erreichen zu können. Der Politikstil der beiden Volksparteien im Umgang miteinander wurde gemeinhin als fair bezeichnet. Die politischen Journalisten vor Ort spotteten nicht selten, der Kieler Landtag sei derart langweilig, dass die Parlamentsredner betont leise sprachen, um ihre schlafenden Parlamentskollegen nicht zu wecken.

Doch dann, im Jahr 1987, geschah etwas Überraschendes. Die SPD schickte sich an, die respektable Mehrheit der CDU zu knacken. Probleme in der Agrarwirtschaft, Ärger mit der Atomkraftlobby und die Krise der Werften forderten ihren Tribut; die Schuld für diese Probleme lastete das gemeine Volk nicht einmal den Kieler Christdemokraten an, vielmehr fühlte man sich von Bonn im Stich gelassen und in Bonn regierte nun einmal die CDU, was auf die CDU im Lande negativ zurückfiel.

Ich gebe Ihnen mein Ehrenwort

Nun besaßen die Christdemokraten in Schleswig-Holstein allerdings einen Faustpfand: Uwe Barschel. Wie kaum ein Ministerpräsident in Deutschland stand Barschel für einen anständigen Politikstil. Zumindest nach außen hin wirkte er so – in den Augen der konservativen Wählerschaft. 1944 geboren, konnte sich seine Karriere sehen lassen: Er hatte nicht nur Rechtswissenschaften und Politik studiert, Barschel war ebenfalls promovierter Pädagoge. Er arbeitete seit 1971 als Rechtsanwalt, gleichzeitig agierte er als Landesvorsitzender des Deutschen Paritätischen Wohlfahrtsverbandes und setzte sich für die Rechte der Benachteiligten ein. Im Kreistag Lauenburgs sammelte er erste politische Erfahrungen, als Landtagsabgeordneter galt sein besonderes Interesse der Jugend. Von 1973 bis 1979 leitete er die CDU-Landtagsfraktion, 1979 wurde er im Kabinett Stoltenberg Innenminister. Als Ministerpräsident Stoltenberg 1982 ins Bundesfinanzministerium wechselte, galt Barschels Wahl zum neuen Landesvater als reine Formsache. Und das mit gerade einmal 38 Jahren. Barschel galt selbst unter seinen politischen Gegnern als integre Persönlichkeit. Der vierfache Vater brachte frischen Wind in die Kieler Staatskanzlei, die Presse nannte ihn den „Kennedy des Nordens". Barschel galt zwar als betont nachdenklich und Mann der leisen Worte, aber bei Weitem nicht so steif wie sein Vorgänger im Amt. Gerade unter den Gegnern von Bundeskanzler Helmut Kohl in den eigenen CDU-Reihen wurde Barschel als Hoffnungsträger der Zukunft gehandelt, denn noch unterschätzte man auch in den Reihen der CDU das Sitzfleisch des Saumagen-Genießers aus der Pfalz, der wider Erwarten bis 1998 Bundeskanzler bleiben sollte.

Barschel galt als Wunschkandidat vieler CDU-Größen für höhere Ehren als „nur" den Ministerpräsidentenposten in Kiel. Gerne wurde dabei die Tatsache verdrängt, dass Barschel dem rechtskonservativen Spektrum seiner Partei angehörte und keinesfalls als Freund der liberalen oder gewerkschaftlich orientierten Kräfte der CDU galt. Schon sein erster Auftritt in der Öffentlichkeit sorgte für einen handfesten Skandal: Im Januar 1963 lud er als 18-jähriger Schulsprecher Großadmiral Karl Dönitz zu einer Schulveranstaltung ein, um mit ihm über den 30. Januar 1933 und seine Folgen zu diskutieren. Nun war Dönitz nicht irgendein Admiral, am 1. Mai 1945 setzte Adolf Hitler Dönitz testamentarisch als Nachfolger im Amt des Reichspräsidenten ein. Noch am gleichen Tag forderte er über Rundfunk eine Fortsetzung des Krieges im Osten, bevor er am 8. Mai 1945 endlich die bedingungslose Kapitulation erklärte. Mit der Einladung des ehemaligen Reichspräsidenten wäre Barschel möglicherweise noch durchgekommen, dass die Veranstaltung aber auch noch am 30. Januar 1963, auf den Tag 30 Jahre nach der Machtergreifung Hitlers stattfinden sollte, das war jener Tropfen, der das Fass zum Überlaufen brachte. Die Medien berichteten über den Schülersprecher Uwe Barschel, der die Aufmerksamkeit, die ihm zuteil wurde, sehr wohl als Werbung für die eigene Person zu nutzen verstand.

Ich gebe Ihnen mein Ehrenwort

Sein akkurates Auftreten in der Öffentlichkeit, seine klare Sprache, sein soziales Engagement, seine hervorragenden Beziehungen zur Wirtschaft (ohne als deren Steigbügelhalter zu gelten), gaben ihm ein weltmännisches Image; das Bild, das er vermittelte, übertünchte den darunter befindlichen, erzkonservativen Kern.

So galt Barschel in Schleswig-Holstein lange Zeit als sichere Bank, ohne Konkurrenz in den eigenen Reihen und erst recht ohne Konkurrenz aus den Reihen der Opposition. Bis die SPD überraschend Björn Engholm als Spitzenkandidat der Wahlen 1987 ins Rennen schickte, überraschend, da er bereits 1983 gegen Barschel angetreten war und haushoch verloren hatte. Nun ist es schwierig, Volksparteien in Links-Rechts-Schemata pressen zu wollen. Es gibt nicht *den* CDU-Wähler, ebenso wenig *den* SPD-Wähler. Vor allem werden regionale Unterschiede in der allgemeinen Wahrnehmung oft nicht genügend bewertet. Die SPD in Baden-Württemberg ist zum Beispiel weitaus offener und liberaler in ihrer Ausrichtung als ihr Pendant in Schleswig-Holstein. Schleswig-Holstein gilt unter Politikwissenschaftlern als ein sehr konservativ ausgerichtetes Land. Wenn man oft darüber scherzt, dass in Bayern die Katholische Kirche mitregiert, weil nun einmal 75 Prozent der Bevölkerung katholisch sind (oder waren), sind in Schleswig-Holstein weit über 80 Prozent der Bevölkerung dem protestantisch geprägten Milieu zuzuordnen. Und der hanseatisch geprägte Protestantismus ist in seinen Fundamenten stockkonservativ.

Im Gegensatz zu Barschel, der aus einem gutbürgerlichen Milieu stammte, kam Engholm aus einfachen Verhältnissen. Das Abitur machte er auf dem Zweiten Bildungsweg, erlernt hatte er den Beruf des Schriftsetzers. Nach einem Soziologie- und Volkswirtschaftsstudium in Hamburg kehrte er nach Schleswig-Holstein zurück und arbeitete in der Erwachsenenbildung, seine politische Karriere verlief zunächst eher unauffällig, als Abgeordneter seiner Heimatstadt Lübeck zog er in den Bundestag ein, wo er als ernsthafter Arbeiter auf sich aufmerksam machte. 1977 holte ihn der damalige Bundeskanzler Helmut Schmidt als Parlamentarischen Staatssekretär ins Ministerium für Bildung und Wissenschaft. Schmidt, selbst Hanseat und ein wertkonservativ ausgerichteter Sozialdemokrat, förderte Engholms Karriere ganz bewusst. Als das Amt des Bundesministers für Bildung und Wissenschaft 1981 vakant wurde, da Amtsinhaber Jürgen Schmude ins Justizministerium wechselte, übernahm Engholm das Amt und wurde Bundesminister.

Integer, hanseatisch-zurückhaltend, dennoch charmant und geistreich, so beschrieben ihn nicht nur politische Freunde. Nach dem Ende der sozialliberalen Koalition in Bonn und dem Ende der Regierung Schmidt, blieb Engholm Bundestagsabgeordneter, gleichzeitig wurde er zum Herausforderer Barschels bei den Landtagswahlen 1983 gewählt – und er verlor deutlich

316

Ich gebe Ihnen mein Ehrenwort

gegen den beliebten CDU-Mann. Doch in der Niederlage wusste Engholm zu punkten. Im Gegensatz zu vielen Bundespolitikern, die sich Ministerpräsidentenwahlen stellen und die dann, nach einer Niederlage, ohne sich der aus einer Niederlage erwachsenen Verantwortung zu stellen in die Bundeshauptstadt zurückkehren, gab Engholm seinen sicheren Listenplatz im Bundestag auf und nahm auf dem weniger weichen Sessel des Oppositionsführers im Kieler Landtag Platz.

Die Tatsache, sich seiner Niederlage und der damit verbundenen Verantwortung gestellt zu haben, brachte ihm Respekt ein. Engholm entwickelte in den vier folgenden Jahren ein landespolitisches Profil – und es gelang ihm das Unvorstellbare: Er holte in der Wählergunst auf! Als konservativer Sozialdemokrat sprach er auch Wählerinnen und Wähler an, die der SPD ansonsten nicht allzu nahe standen. Dennoch ist es in Deutschland bis heute keine Selbstverständlichkeit, dass sich ein Wahlverlierer ein zweites Mal zur Wahl stellt. Engholm aber wurde ein zweites Mal zu Barschels Herausforderer ernannt.

Auftritt Reiner Pfeiffer.

Reiner Pfeiffer ist kein Hanseat. Gebürtig stammt er aus dem westfälischen Lünen. Ursprünglich wollte er Priester werden, doch stattdessen wurde er Polizeireporter, zur Freude des Vaters, einem leitenden Polizeibeamten. Er, der CDU-Anhänger, arbeitete nach der Ausbildung zum Reporter bei der *Westfälischen Rundschau*, einer in Dortmund ansässigen, SPD-nahen Tageszeitung. Mit der Zeitung aber überwarf er sich, vieldeutig wird von „journalistischen Differenzen" gesprochen. Es folgten Stationen im Öffentlichkeitsreferat von Krupp in Essen und beim Bremer Flugzeugbauer VFW, 1976 rutschte er dann die Karriereleiter steil hinauf und wurde Chefredakteur des *Weser Reports*, einer CDU-nahen Zeitung. Zeitgleich sprach er als Pressereferent für die CDU Bremen. Ebenso, wie Helmut Kohl Freundschaften zu SPD-Politikern ausschloss (sein Motto: „Soz' bleibt Soz'"!), ließ Pfeiffer keine Gelegenheit aus, die SPD heftigst anzugreifen. Nun gehört es zu den Aufgaben eines Pressesprechers, den politischen Gegner auch harsch anzugehen, aber Pfeiffer galt selbst unter konservativen Kollegen als extrem. 1983 traten schließlich auch beim *Weser Report* „journalistische Differenzen" auf, Pfeiffer arbeitete daraufhin unter anderem in der Eisdiele seiner Frau und als Grabredner!

Doch Pfeiffer gab nicht auf. Er verfügte innerhalb der CDU schließlich über gute Kontakte. Es ist wichtig zu erwähnen, dass Pfeiffer sich allerdings auch damit brüstete, hinter den Kulissen ebenfalls über beste Kontakte zur SPD zu verfügen. Diese sollten Jahre später noch für einen der seltsamsten Skandale der deutschen Nachkriegsgeschichte sorgen. Aber dazu später mehr.

Nach dem Abgang beim *Weser Report* und der Durststrecke im Anschluss

317

Ich gebe Ihnen mein Ehrenwort

erkannte der Springer-Verlag die Qualitäten des Mannes aus dem nordöstlichen Ruhrgebiet. Das Zugpferd des Spinger-Verlags, die *Bild*-Zeitung, gilt unter Journalisten, die sich selbst als überparteilich bezeichnen würden, nicht gerade als Abbild des parteilich unabhängigen Journalismus: Seit jeher ist die *Bild* konservativ, die Präferenz liegt eindeutig bei der CDU. Und auch Springers bürgerlich ausgerichtete *Die Welt* hat sich erst in den letzten Jahren vom Image eines CDU-Parteiorgans befreien können.

Pfeiffer erhielt nicht nur die Möglichkeit, wieder als Journalist zu arbeiten, der Verlag „lieh" Pfeiffer de facto auch an die Kieler Staatskanzlei als Medienreferent aus. Dort sollte er Uwe Barschel unter die Arme greifen, denn im langsam anlaufenden Wahlkampf für das Jahr 1987 brauchte Barschel Unterstützung. Seine absolute Mehrheit schwand dahin und das trotz seiner Popularität bei großen Teilen der Bevölkerung. Mit Engholm sandte die SPD einen Mann ins Rennen, der gleichfalls über hohe Popularitätswerte verfügte und als mindestens ebenso integer wie sein Herausforderer galt und der die konservative Landbevölkerung genauso anzusprechen verstand wie die Menschen in den Städten. Da es Barschel nicht gelang, die Probleme des Landes in der Agrar- und Werftindustrie in den Griff zu bekommen, schienen sich auch konservative Wähler durchaus vorstellen zu können, Engholm eine Chance zu geben. Er sprach ihre Sprache.

Am 31. Mai 1987, kurz vor dem offiziellen Startschuss des Wahlkampfes, stürzte Uwe Barschel mit einem Flugzeug beim Landeanflug auf den Flughafen Lübeck-Blankensee ab. Die Republik war schockiert. Alle Insassen der Maschine kamen ums Leben – bis auf Barschel, der wie durch ein Wunder relativ unverletzt überlebte. Beim Anflug auf Blankensee mussten Flugzeuge früher, bei ungünstigen Wetterverhältnissen, kurzzeitig über Staatsgebiet der DDR fliegen. Diese Tatsache sollte für diverse Verschwörungstheorien noch wichtig werden, denn eine solche Theorie besagt, dass die DDR-Staatssicherheit versucht habe, Barschel im Mai 1987 umzubringen. Warum?

Nun, auch dazu später mehr, gehen wir zunächst weiter chronologisch vor und werfen einen Blick auf den Wahlkampf. Wie die meisten Wahlkämpfe, die bis dato in Schleswig-Holstein stattgefunden hatten, verlief auch der Wahlkampf des Jahres 1987 eher langweilig. Beide Volksparteien verzichteten auf allzu heftige Attacken in Bezug auf den Gegner, man versuchte mit Sachargumenten für sich zu werben. Nach außen hin. Hinter den Kulissen arbeitete Pfeiffer, wie er später behaupten sollte, daran, Björn Engholms Reputation zu vernichten. Eigenem Bekunden nach ging es nicht darum, nach einem Fauxpas im Leben des Ministerpräsidentenkandidaten zu suchen, den man gegen ihn ausspielen konnte, jene kleinen Verfehlungen, die herrlich dazu geeignet sind, den politischen Gegner zu zwacken. Laut Pfeiffer ging es darum, Engholm als Menschen fertig zu machen. Hinter den Kulissen

318

wurde eine der fiesesten Schlammschlachten vorbereitet, die die deutsche Nachkriegspolitik je erleben musste.

Die Wahlen sollten am 13. September 1987 stattfinden. Am 12. September ließ *Der Spiegel* in Form einer Vorabmeldung eine Bombe platzen, die als die „Barschel-Affäre" in die deutsche Geschichte eingehen sollte, oder auch als „Waterkantgate", in Anspielung auf den Versuch des amerikanischen Präsidenten Nixon, seine politischen Gegner auszuspionieren, was ihn schließlich selbst das Amt kosten sollte.

Der Spiegel meldete, die Kieler Staatskanzlei habe versucht, Björn Engholm als Person zu diskreditieren, ihn durch fingierte Meldungen und Beweise politisch und gesellschaftlich zu vernichten. Der Kronzeuge des Nachrichtenmagazins: Reiner Pfeiffer. Der Schock saß tief. Werden Wahlkämpfe heutzutage bis zur letzten Sekunde vor der Schließung der Wahllokale geführt, galt in den 80er Jahren noch der Ehrenkodex, am letzten Tag vor der Wahl den Wahlkampf ruhen zu lassen. Die Fernsehsender verzichteten sogar darauf, in den letzten Tagen vor einer Wahl die Wahlkämpfer zu Wort kommen zu lassen, um nicht in den Geruch zu gelangen, meinungsmachend in den Wahlkampf einzugreifen. Dass *Der Spiegel* seine Geschichte einen Tag vor den Wahlen in Schleswig-Holstein vorab veröffentlichte, brachte ihm stante pede den Vorwurf ein, die Wahlen zugunsten Engholms zu manipulieren. Sicher kann man sich darüber streiten, ob der Zeitpunkt gut gewählt war und ob nicht schon ein früherer Veröffentlichungstermin möglich gewesen wäre. So aber schlug die Bombe vollkommen unvorbereitet ein und offenbarte einen schier unglaublichen Skandal, der nun nicht mehr zu stoppen war.

Reiner Pfeiffer erklärte, sein Auftrag habe darin bestanden, zunächst Informationen über Björn Engholm zu beschaffen. Über Verfehlungen, Widersprüche etc. Als jemand, der sich nicht mit Nuancen aufhält, schien Pfeiffer für diesen Job der richtige Mann zu sein. Er sollte im Dreck wühlen und all die fiesen Details über das Doppelleben Engholms zutage fördern. Jeder Spitzenpolitiker hat seine Leiche im Keller liegen, man muss nur tief genug graben, um diesen Kadaver an die Oberfläche zu schaffen, ihn der Sonne auszusetzen, ihn ordentlich stinken zu lassen. So tief Pfeiffer aber auch grub, nichts von dem, was er an die Oberfläche trug hätte ausgereicht, um Engholm auch nur ansatzweise schaden zu können.

Wenn es also schon keine Leichen im Keller Engholms gab, dann musste man eben selbst einige Leichen in seinem Keller platzieren. Es reichte aus, Engholm bis zum 13. September dem Verdacht auszusetzen, hinter der Fassade des Saubermanns ein ganz unanständiger Genosse zu sein. Wären danach Ungereimtheiten ruchbar geworden, wen hätte es interessiert? Die Aufmerksamkeitsspanne der Öffentlichkeit endet in der Regel dann, wenn eine Person des öffentlichen Lebens ihrer Schuld überführt wird. Wenn sich im Nachhinein die Unschuld der Person herausstellt, interessiert dies niemanden mehr. Unschuld ist im Vergleich zur Schuld ein ziemlich langweiliger Tatbestand und außerdem: Selbst wenn die Unschuld einer Person bewiesen werden sollte, heißt das im Zweifel nicht, dass sie auch unschuldig ist. Es heißt möglicherweise ja auch nur, dass sie einen verdammt guten Anwalt gehabt hat ...

So erhielt Pfeiffer den Auftrag, die Leichen im Keller Engholms zu positionieren.

Zunächst wurde eine anonyme Steueranzeige lanciert, die Engholms Steuerehrlichkeit diskreditieren sollte.

Im zweiten Schritt wurden Detektive angeheuert, die Engholms Sexualleben ausspionierten. Dieser Schritt ging einher mit Gerüchten, die über Engholm gestreut wurden. Es ging bei diesen Gerüchten entweder um Engholms angebliche Homosexualität (1987 hätte dies das Ende seiner Karriere bedeutet) beziehungsweise um Frauengeschichten. Sogar eine mögliche AIDS-Infektion wurde ins Spiel gebracht. Ja, hinter der Fassade des Biedermanns verbarg sich ein Sexmaniac – sollte die Öffentlichkeit zumindest glauben.

Pfeiffer sollte außerdem eine Abhörwanze besorgen und diese im Diensttelefon Barschels platzieren, wo sie dann natürlich gefunden werden sollte. Man stelle sich die Empörung vor: Politischer Gegner spioniert Ministerpräsidenten aus. Welch ein Skandal.

Ein Skandal wurde vielmehr die Aufdeckung dieser Intrige, die nicht gezündet hatte, nun aber ein politisches Buschfeuer entfachte. Während Bundes-CDU und Bundes-SPD sofort anfingen, aufeinander einzuprügeln (die SPD machte die CDU für den Skandal verantwortlich, die CDU nannte den Skandal dummes Zeitungsgeschwätz), verhielt sich Engholm geschickter. Er erklärte, sofern die Gerüchte der Wahrheit entsprächen, sei er schockiert, ansonsten aber wolle er abwarten und zunächst einmal die Fakten prüfen. Am 13. September fanden die Wahlen in einer eigenartigen Atmosphäre statt. Die meisten Schleswig-Holsteiner waren sich der Tragweite der Affäre noch gar nicht im Klaren; im Gegensatz zur Gegenwart, in der Dutzende von TV-Sendern, Radiostationen, Internetdiensten auch am zeitungsfreien Sonntag rund um die Uhr berichten würden, befand sich die tatsächliche Berichterstattung über den Skandal in Kiel am 13. September noch in seinen Startlöchern – und mit Hängen und Würgen gelang es der CDU, zusammen mit ihrem designierten Koalitionspartner FDP, eine Mehrheit von einem Mandat im Vergleich zur SPD zu erringen. Die CDU hatte nicht nur ihre absolute Mehrheit verloren, de facto war die SPD die stärkste Partei im Land. Gewonnen hatte die CDU nur dank ihres Koalitionspartners FDP, der ihr die erforderliche Mehrheit verschaffte. Theoretisch zumindest. Doch in Schleswig-Holstein ticken die Uhren ein bisschen anders. Der Südschleswigsche-Wähler-

Ich gebe Ihnen mein Ehrenwort

verband SSW, die Vertretung der dänischen und friesischen Minderheit, ist nämlich von der 5-Prozent-Klausel befreit. Um mit mindestens einem Abgeordneten in den Landtag einziehen zu können, benötigt der SSW etwa 25.000 Stimmen, was im Schnitt der Zahl an Stimmen entspricht, die ein Direktkandidat in Schleswig-Holstein benötigt, um ohne Listenplatz in den Landtag einziehen zu können. Und so saß 1987 Karl Otto Meyer für den SSW im Landtag. Der SSW, der in und um Flensburg seine Wähler findet, galt unter der Führung Meyers, der seit 1971 im Landtag saß, als politisch neutral. In Flensburg tendieren die SSW-Wähler bei Bundestagswahlen eher zur SPD, auf dem Land eher zur CDU. Diesen Ausrichtungen zollte Meyer seinen Tribut, indem er sich als Minderheitenvertreter bei entscheidenden Abstimmungen, bei denen er als Zünglein an der Waage hätte fungieren können, enthielt, um eine neutrale Position einzunehmen. Bis zum 13. September 1987 hatte man außerhalb Schleswig-Holsteins den SSW kaum wahrgenommen, am 14. September 1987 wurde Karl Otto Meyer der meist interviewte Politiker Deutschlands, denn von ihm hing die Zukunft der Regierung Barschel ab. Gerade die CSU aus Bayern verhielt sich in dieser Situation politisch in etwa so filigran wie ein Elefant im Porzellanladen und polterte gen Norden, es sei ein Unding, dass der SSW eine entscheidende Rolle spiele, denn seit wann würde ein deutsches Bundesland von Kopenhagen aus regiert?

Mit dem Erscheinen des aktuellen *Spiegels* am 14. September, der nun die ganze Geschichte beinhaltete, brachen endgültig die Dämme. Es wurde vom größten Politskandal der Nachkriegsgeschichte geredet. Pfeiffer galt zwar nicht gerade als der vertrauenswürdigste Informant, die Hinweise, die er lieferte, schienen aber so hieb- und stichfest, dass man ihm keine Geltungssucht vorwerfen konnte. Vielmehr erhärteten sich in den nächsten Tagen die Hinweise darauf, dass in Kiel Dinge geschehen waren, die mit einer normalen politischen Arbeit in Deutschland nicht viel zu tun hatten. Am 18. September stellte sich Barschel den Kameras und hielt eine der berühmtesten Reden der deutschen Nachkriegspolitikgeschichte. Er erklärte nicht nur, von den Machenschaften Pfeiffers nichts gewusst zu haben, er sagte wörtlich: „Ich gebe Ihnen mein Ehrenwort, ich wiederhole, mein Ehrenwort!"

Dies beruhigte die Öffentlichkeit nicht – und im Kieler Landtag entschied sich der SSW dafür, mit der SPD zu stimmen und damit seine traditionelle Neutralität in solch wichtigen Entscheidungen wie der Wahl einer neuer Landesregierung, aufzugeben. Um das politische Chaos nicht noch weiter anzustacheln, erklärte Barschel einige Tage später seinen Rücktritt vom Ministerpräsidentenamt. Er erklärte damit, die Verantwortung für die Vorkommnisse in der Staatskanzlei zu übernehmen. Er beteuerte zwar, von diesen Intrigen nichts gewusst zu haben, doch er zog die Konsequenzen seines Versagens als Dienstherr.

Ich gebe Ihnen mein Ehrenwort

Barschels Rücktritt am 2. Oktober 1987 hinterließ eine zwiegespaltene Öffentlichkeit. Auf der einen Seite standen jene, die ihm kein Wort glaubten und ihn für den Drahtzieher der Affäre hielten, der sich nun nur aus der Verantwortung stahl, auf der anderen Seite standen jene, die in ihm ein Opfer machtgeiler Ministerialbeamter sahen, die alle politischen Manieren abgestreift und die demokratische Streitkultur der Bundesrepublik mit Füßen getreten hatten.

Bis zu diesem Punkt handelt es sich bei der „Barschel-Affäre" in erster Linie um eine Intrige, um die arglistigen Machenschaften einiger weniger gesichtsloser Beamter und Angestellter, von denen einer schließlich kalte Füße bekommen und ausgepackt hatte. Dies ist noch keine richtige Verschwörung. Natürlich gibt es Berührungspunkte zu einer Konspiration, denn die Grenzen zwischen Intrigen und Verschwörungen sind oft schwammig und wenn sich politische Beamte zusammenschließen, um durch das Streuen von Gerüchten einen Politiker zu diskreditieren, dann sind die verschwörerischen Tendenzen ihres Tuns nicht von der Hand zu weisen. Mit dem Rücktritt Barschels sollte die Affäre aber nicht enden beziehungsweise in etwaigen Untersuchungsausschüssen totgeredet werden. Barschel verschwand nach seinem Rücktritt vielmehr von der Bildfläche. Er stand weder Journalisten für Fragen zur Verfügung noch eigenen Parteifreunden, die definitiv nicht wussten, wie sie mit der Situation umgehen sollten – vor allem im Hinblick darauf, dass das Landesparlament von Kiel mit dem Rücktritt des Ministerpräsidenten nicht mehr handlungsfähig war.

Am Nachmittag des 11. Oktobers unterbrachen dann die deutschen TV-Sender ihre Programme und berichteten, Uwe Barschel sei tot in einem Hotelzimmer in Genf aufgefunden worden. Reporter der Illustrierten *Stern* hatten Barschel im Genfer Hotel „Beau Rivage" aufgespürt. Als sie an die Zimmertür der Suite 317 klopften, öffnete sich diese. Kurzerhand taten sie das, was jeder neugierige Journalist in einem solchen Moment tun würde: Sie traten ein. Später wurde der *Stern* von vielen Seiten dafür gerügt, unbefugt das Hotelzimmer betreten zu haben. Solch einen Unsinn musste sich das Hamburger Magazin ebenso anhören wie die Kritik an der Veröffentlichung des Fotos, das die Reporter vom toten Ministerpräsidenten gemacht hatten. Barschel lag voll bekleidet in der Badewanne des Zimmers, sein Kopf auf ein Handtuch gelegt. Augen und Mund waren geschlossen. Er sah aus, als wäre er sanft eingeschlafen.

Das Handtuch, hieß es, sei ein Hinweis auf einen sorgfältig geplanten Selbstmord. Barschel, spekulierte man, habe Tabletten genommen und sich in die Badewanne gelegt. Das kalte Wasser senkte die Temperatur seines Körpers, während die Medikamente den Körper langsam vergifteten. Indem er seinen Kopf auf das Handbuch legte, verhinderte er abzurutschen und qual-

Ich gebe Ihnen mein Ehrenwort

voll zu ertrinken sobald er die Besinnung verlor beziehungsweise verhinderte er an Erbrochenem, hätte er sich denn erbrochen, zu ersticken.

Der Mix aus Tabletten und der Kälte des Wassers habe ihn sanft und schmerzlos entschlafen lassen. Klingt durchaus nachvollziehbar – aber warum hat er sich dann in der Schweiz umgebracht? Befand er sich auf der Flucht und wurde von seinem Gewissen schließlich eingeholt? Barschel hatte vier minderjährige Kinder und galt nicht als jemand, der vor Problemen davonlief. Sein Rücktritt vom Amt des Ministerpräsidenten sollte lediglich eine verfahrene, politische Situation entschärfen, stand doch fest, dass weder SPD noch SSW eine Landesregierung unter einem Ministerpräsidenten Barschel toleriert hätten.

Was nach seinem Tod in der Schweiz geschah, erinnert in erschreckender Weise an die Ermordung des schwedischen Ministerpräsidenten Palme (siehe TÖDLICHER KINOBESUCH) oder die Ermordung Präsident Kennedys 1963 in Dallas: Die Ermittlungen in Genf verliefen erschreckend unkoordiniert, die Tatortsicherung verlief dilettantisch.

Moment – Tatortsicherung?

Natürlich. Man findet eine Leiche in einem Hotelzimmer, voll bekleidet in einer Badewanne liegend. Die Ermittlungen sollten in einem solchen Fall dann ja wohl also in alle Richtungen offen verlaufen – Mord, Selbstmord, Unfall. Doch die Ermittlungen liefen zunächst ausschließlich in Richtung Selbstmord; Ermittlungsunterlagen widersprachen sich, dem öffentlichen Druck aus Deutschland begegnete die zuständige Staatsanwaltschaft in Genf wenig souverän mit Trotz, Kritik wurde ebenso als unerwünscht zurückgewiesen wie das Angebot aus Deutschland, Amtshilfe zu leisten.

Im Januar 1988 kam ein (erster) Untersuchungsausschuss des Kieler Landtages zu dem Ergebnis, dass Uwe Barschel Auftraggeber der Intrige gegen Björn Engholm gewesen sei. Eines der Hauptargumente für diese Feststellung: Barschel hatte drei Mitarbeiter gezwungen, eidesstattliche Erklärungen abzugeben, die seine Unschuld bezeugen sollten.

Damit stand letztlich auch fest, dass Barschel aus Scham Selbstmord begangen habe. Obschon – die Todesumstände konnten im Januar 1988 ebenso wenig hundertprozentig geklärt werden wie heute. Die Ermittlungsunterlagen aus der Schweiz sagten alles und nichts aus. Barschel hat Tabletten genommen, dies ist unbestritten und nachgewiesen, doch schon in Bezug auf diese Tatsache gibt es Widersprüche. In Barschels Blut wurde ein Medikamentenmix nachgewiesen, zu dem das Schlafmittel Cyclobarbital gehörte. In diesem Punkt aber begann bereits der Expertenstreit, so erklärte der deutsche Toxikologe Hans Brandenburger, anhand der Analyse der Rückstände in seinem Körper müsse davon ausgegangen werden, dass Barschel dieses Medikament als letztes eingenommen habe. Was aber nicht sein könne, da er

Ich gebe Ihnen mein Ehrenwort

zu diesem Zeitpunkt aufgrund der Einnahme der anderen Medikamente längst nicht mehr handlungsfähig gewesen sei. Viele seiner Kollegen teilten diese Meinung allerdings nicht.

Überhaupt: Was tat Barschel eigentlich in Genf?

Nach dem Rücktritt vom Ministerpräsidentenamt behielt Barschel sein Landtagsmandat. Jedoch wurde er dazu gedrängt, auch dieses Mandat niederzulegen. Wie sich später herausstellte, befand sich Barschel am 9. Oktober noch auf Gran Canaria, wohin er mit seiner Familie „geflüchtet" war, um dem Trubel der Heimat zu entgehen. Statt aber den Aufforderungen seiner Parteifreunde nachzukommen, den nächsten Flieger nach Hamburg zu nehmen, um die Geschichte zu einem Ende zu bringen und ins Privatleben abzutauchen, flog Barschel nach Genf. Angeblich, um einen Mann namens Roloff oder Robert Oleff zu treffen. Angeblich handelte es sich dabei um einen Mann, der seine Unschuld bezeugen konnte. Wer dieser Mann ist? Warum er Barschels Unschuld hätte bezeugen können? Dies sind nur zwei der vielen ungeklärten Fragen der so genannten „Barschel-Affäre".

Wenn Barschel also in Genf ermordet wurde und keinen Selbstmord begangen hat – wer hätte einen Grund dafür gehabt, den ehemaligen Ministerpräsidenten zu ermorden?

Da gibt es einmal die Iran-Verschwörung.

Barschel soll in Waffengeschäfte verwickelt gewesen sein, sagt diese Verschwörungstheorie aus. Demnach traf sich Barschel am Tag vor seinem Tod in Genf mit dem Waffenhändler Kashoggi. Da stellt sich natürlich die Frage, was ein schleswig-holsteinischer Ministerpräsident mit dem internationalen Waffenhandel zu tun haben sollte? Dafür finden die Anhänger dieser Theorie natürlich schnell eine Antwort: Barschels Ambitionen auf höhere Ämter waren bekannt, der Posten des Ministerpräsidenten war für ihn nur ein Zwischenstopp auf dem Weg nach ganz oben. Barschel knüpfte also international Kontakte, um auch weltweit auf sich aufmerksam zu machen und sich ins Gespräch zu bringen. Möglicherweise hat er, so die Verfechter dieser Verschwörungstheorie, dabei einigen falschen Leuten einen Gefallen getan. Am 9. Oktober 1987 hielt sich auch Ahmed Khomeini, der Sohn des iranischen Revolutionsführers Ajatollah Khomeini, in Genf auf. Ahmed Khomeinis Verstrickungen in den Iran-Contra-Deal sind belegt, bei diesem Deal ging es, wie bereits mehrfach in diesem Buch erwähnt, um ein Waffengeschäft, bei dem die CIA dem amerikanischen Erzfeind Iran Waffen verkaufte, die so eingenommenen Gelder nach Nicaragua umleitete, um dort die Contras, die rechtsgerichteten, gegen die sozialistische Regierung kämpfenden Rebellen am amerikanischen Kongress und am Senat vorbei zu finanzieren. War Barschel in diesem Deal verstrickt? Angeblich gibt es sogar Fotos, auf denen Barschel zusammen mit Oliver North zu sehen ist, auf amerikanischer Seite die

324

Ich gebe Ihnen mein Ehrenwort

Personifizierung des illegalen Waffendeals. Suchte Barschel nach Freunden in amerikanischen Militär- und Geheimdienstkreisen, um seine Bedeutung in der deutschen Politik auszubauen? Diese Verschwörungstheorie klingt gar nicht so unglaubwürdig, wenn man an Barschels Ambitionen denkt. Gute Beziehungen zu den USA haben noch keinem Politiker geschadet und noch weniger schadet es einem deutschen Politiker, wenn die USA bei ihm in der Schuld stehen! Mag also diese USA-Iran-Verbindung auf den ersten Blick absurd erscheinen, verliert sich ihre Absurdität, wenn man den Gedanken einfach einmal etwas weiterspinnt und ihn aus der Perspektive eines ambitionierten Machtmenschen wie Barschel betrachtet.

Nur hat diese Verschwörungstheorie natürlich auch ihre Fehler: Warum sollte ein Deal wie der zwischen den USA, dem Iran und den Contras über Schleswig-Holstein gelaufen sein? Selbst wenn man annimmt, Barschel hätte irgendwann einmal zu einem hochrangigen US-Diplomaten gesagt: „Jung, wenn ihr mal ein Problem habt, für das ihr einen sicheren Hafen jenseits des Radars benötigt, in Kiel findet ihr immer einen sicheren Ankerplatz" – warum hätten die Amerikaner diesen Deal dann über Deutschland laufen lassen sollen? Je mehr Mitwisser, desto größer die Gefahr, dass er auffliegt. Gut, der Iran-Contra-Deal ist aufgeflogen, aber wie viele krumme Geschäfte dieser Art fliegen nicht auf? Schon im Iran-Contra-Geschäft gab es letztlich zu viele Mitwisser im amerikanischen Militär, im Geheimdienst und definitiv auch im Weißen Haus. Es gab Mitwisser im Iran, es gab Mitwisser in Nicaragua. Das ist schon eine ziemlich große Gruppe von Personen und der Deal ist schließlich auch aufgeflogen, eben weil die Gruppe der Mitwisser zu groß gewesen ist und irgendwann Informationen an die Presse durchsickerten. Welchen Grund hätten die Abwickler dieses Geschäftes gehabt, noch weitere Mitwisser ins Boot zu holen?

Und wenn es Fotos gibt, die Barschel und Oliver North zusammen zeigen, stellt sich die Frage: Wer hat diese Fotos warum gemacht? Verschwörer legen keine Erinnerungsfotoalben an, mit Kommentaren wie: „Uwe und ich in Washington, 13.5.1987, Strandspaziergang." Und wenn diese Fotos existieren: Warum hat sie dann, abgesehen von einigen äußerst ominösen Zeugen, nie jemand zu Gesicht bekommen?

Gut, vielleicht handelte es sich bei dem Deal, in den Barschel verstrickt gewesen sein könnte, gar nicht um die Iran-Contra-Affäre, sondern eine ganz andere Verschiebung von Waffen und Geld. Was zur zweiten Verschwörungstheorie passen würde: der Mossad-Theorie.

Keine Verschwörungstheorie ohne den israelischen Geheimdienst.

Viktor Ostrovsky, ein Ex-Agent des Mossad, berichtete 1994, Barschel sei das Opfer eines israelisch-iranischen Waffendeals geworden. Angeblich belieferte Israel den Iran in den 80er Jahren regelmäßig mit Waffen und diese

Ich gebe Ihnen mein Ehrenwort

Lieferungen wurden über Kopenhagen abgewickelt. Warum sollte Israel Waffen an ein Regime liefern, das die Existenzberechtigung Israels in Frage stellte und die Auslöschung des jüdischen Staates forderte? Tja – warum haben die Amerikaner Waffen an den Erzfeind Iran geliefert, während der sich zeitgleich mit dem Irak im Krieg befand, dessen Machthaber Saddam Hussein wiederum zur gleichen Zeit massive Hilfen aus Washington erhielt, um seinen Kampf gegen den Iran fortführen zu können? Jener Saddam Hussein, der nach dem Ende des Krieges dann zum Staatsfeind Nummer 1 der USA erklärt wurde?

Sollte da vielleicht nur ein Krieg am Kochen gehalten werden, um die Machthaber in Bagdad und Teheran daran zu hindern, andere Ziele zu verfolgen? Lieferte Israel Waffen an das verhasste Regime in Teheran, um sich so ein wenig Ruhe an den eigenen Grenzen zu erkaufen?

Wer weiß, wer weiß.

Auf jeden Fall, so die Theorie, gab es eines Tages in Kopenhagen Probleme. Wodurch die hervorgerufen worden sein sollen, ist nicht überliefert. Israel suchte nach einem neuen, ruhigen Hafen, um den Deal dennoch durchziehen zu können und fand diesen Hafen in Kiel. Zum Ärger von Uwe Barschel, der den rechtsstaatlich schlicht und ergreifend illegalen Deal unterband, weshalb der Mossad aus Rache die Barschel-Pfeiffer-Affäre aus dem Hut zauberte und Reiner Pfeiffer erpresste, seine Behauptungen in Bezug auf Barschel aufzustellen. Nach seinem Sturz drohte Barschel den Israelis nun damit, ihre krummen Geschäfte auffliegen zu lassen. Also bestellten sie ihn über ihre BND-Verbindungen nach Genf, wo sie ihn dann ermordeten.

Tatsächlich hat die Theorie eine gewaltige Schwachstelle, auf die noch eingegangen werden soll, jedoch: Die BND-Verbindung zum Hotel in Genf, die gibt es und am Todestag Barschels stand ein Agent des Bundesnachrichtendienstes auf der Gästeliste des Hotels „Beau Rivage", vor dem 1898 übrigens Kaiserin Elisabeth von Österreich und Ungarn, besser bekannt als Sissi, von einem Anarchisten ermordet wurde!

Sogar der Name des Agenten ist bekannt: Werner Mauss. Der Name Mauss wird immer wieder im Zusammenhang mit Geiselnahmen im Libanon erwähnt, wo er als Vermittler tätig gewesen sein soll; er soll maßgeblich am Auffinden des Seveso-Giftes beteiligt gewesen sein, alles in allem lassen die Geschichten, die über seine Tätigkeiten kolportiert werden, ihn in einem guten Licht erscheinen. Er ist vielleicht kein Feingeist, sondern ein Mann fürs Grobe, der eingesetzt wird, wenn das Kind bereits in den Brunnen gefallen ist und jemand gesucht wird, der noch retten kann, was zu retten ist. Das macht ihn allerdings durchaus sympathisch, denn Mauss ist niemand, der sich hinter Akten und Verordnungen versteckte, sondern der an vorderster Front die Eisen aus dem Feuer holte, wenn Not am Mann war. Bekannt wurde

Ich gebe Ihnen mein Ehrenwort

Mauss unfreiwillig, als er am 17. November 1996 zusammen mit seiner Frau in Kolumbien verhaftet wurde. Sie wollten zusammen mit einem Deutschen das Land verlassen, der zuvor von einer Guerilla-Organisation entführt worden war. Bei seiner Arbeit hinter den Kulissen scheint Mauss einige Vertreter der kolumbianischen Justiz gewaltig verärgert zu haben, die ihn dann kurzerhand ins Gefängnis sperren ließen. Mauss wurde zwar in allen Anklagepunkten schließlich frei gesprochen, aber seither ist sein Gesicht bekannt. Und ein Agent, dessen Gesicht bekannt ist, ist ein verbrannter Agent.

Dieser Mann, Werner Mauss, befand sich am gleichen Tag in dem Hotel in Genf, in dem Barschel tot aufgefunden wurde. Der BND bestreitet, dass sich ein Agent in Genf aufhielt, Mauss selbst ist da weniger zurückhaltend, gibt seine Anwesenheit ganz offen zu und spricht von einem dummen Zufall. Seltsam, dass der betreffende Agent über seine Anwesenheit ganz offen spricht, der Bundesnachrichtendienst seine Anwesenheit jedoch dementiert. Oder befinden wir uns in der Welt der Haarspaltereien? Befand sich kein Agent des BND (also ein Angestellter mit Pensionsanspruch) in dem Hotel, da Mauss als Freiberufler gar nicht offiziell für den BND tätig war? Oder hat der BND Dreck am Stecken, den er am liebsten vertuschen möchte?

Zumindest wenn man der Mossad-Verschwörungstheorie glauben schenken will, müsste man dies annehmen, schließlich wird in dieser Verschwörungstheorie die Beteiligung des Bundesnachrichtendienstes explizit erwähnt. Der BND hielt dem Mossad, heißt es, den Rücken frei – und griff nicht ein, als Barschel ermordet wurde.

Eine unglaubliche Geschichte für die nicht gerade verschwörungsgläubigen Deutschen, die tatsächlich auch einen gewaltigen Schwachpunkt aufweist, zumindest in der Fassung, in der sie kolportiert wird: Diese Schwachstelle stellt die angebliche Drohung Barschels gegenüber dem Mossad dar, vor einem Untersuchungsausschuss auszusagen und die ganze Geschichte auffliegen zu lassen. Man stelle sich einmal vor, man ist Ministerpräsident eines Landes, verhindert einen von einem fremden Geheimdienst eingefädelten, illegalen Waffendeal auf dem eigenen Staatsterritorium und bekommt stante pede eine Affäre angedichtet, die die politische Karriere zerstört: In diesem Moment steht für den Betroffenen fest, sich mit einem ziemlich fiesen, aber auch mächtigen Gegner angelegt zu haben. Das Szenario, das nun davon berichtet, wie der Ministerpräsident diesem Gegner droht, erinnert an einen zweitklassigen Agentenroman, in dem ein Politiker einem verschwörerischen Agenten ins Gesicht sagt, „ich lasse dich auffliegen, du Wurm", und sich dann wundert, dass der Wurm lieber nicht darauf wartet, dass er auffliegt – sondern den Politiker abserviert. Natürlich mag es sich auch um eine fehlerhafte Überlieferung handeln. Es ist natürlich auch denkbar, dass Barschel im Hintergrund Nachforschungen anstellen ließ, der Mossad davon Wind bekam und

Ich gebe Ihnen mein Ehrenwort

ihn dann in eine Falle lockte, um die Affäre endgültig zu beenden. Was aber wiederum auch nicht ganz einleuchten will ist die Erklärung, die ganze Affäre sei ein israelischer Racheakt gewesen – warum nimmt man an Barschel Rache, nicht aber an den dänischen Behörden, mit denen es vorher Ärger gegeben haben muss, denn man erinnere sich daran: Angeblich gab es in Dänemark Probleme, weshalb der Mossad nach einem neuen, sicheren Hafen Ausschau halten musste.

Der Mossad ist kein Geheimdienst, der vor der Bespitzelung von Freunden zurückschreckt, wie sogar der größte aller Israel-Freunde, die USA, erleben mussten, als vor einigen Jahren in ihren Geheimdienstreihen ein israelischer Spion enttarnt wurde, der jahrelang vertraulichste und geheimste Informationen der CIA an den Mossad weitergeleitet hatte. Auch hat der Mossad bislang nicht davor zurückgeschreckt, zum Beispiel Führer der radikal-islamischen Hamas in die Luft zu jagen. Und auch Einbrüche in die geheimsten Forschungsstätten amerikanischer Flugzeugbauer gehen offenbar auf das Konto des israelischen Geheimdienstes. Aber der Mord an einem deutschen Ministerpräsidenten wäre ein anderes Kaliber. Würde eine solche Geschichte – aus welchen Gründen auch immer – publik, und zwar ganz offiziell, indem tatsächliche Beweise ans Tageslicht kämen und nicht nur das Wort eines Agenten im Raume stünde: Der politische Skandal wäre gigantisch. Und das für ein paar Waffen, die im Rahmen eines illegalen Deals an den Iran geliefert werden sollten – und einigen iranischen Flugschülern, die, wie es heißt, in Schleswig-Holstein vom Mossad Flugstunden erhielten.

Erstaunlich ist an den beiden bislang genannten Verschwörungstheorien allerdings die Tatsache, dass es in beiden Fällen um Waffen und den Iran geht, sodass beide Theorien letztlich auf der Annahme aufbauen, dass Barschel in Waffengeschäfte verwickelt gewesen ist! Dies überrascht nicht, denn in den 80er Jahren wurden über die Kieler Staatskanzlei U-Boot-Geschäfte mit Südafrika abgewickelt, die in den Augen vieler Menschenrechtsaktivisten gegen Sanktionen der UNO verstießen, mit denen dem damaligen Apartheidsstaat der Kauf von Waffen erschwert werden sollte. Geschäfte wie diese liefen immer wieder über Kiel, in Sachen Waffenhandel war Barschel definitiv kein Unschuldslamm; es verwundert also nicht, dass der Tod des Ministerpräsidenten immer wieder mit dem internationalen Waffenhandel in Verbindung gebracht und dass hier immer wieder nach Schuldigen für einen möglichen Mord gefahndet wird.

In Bezug auf den ehemaligen Mossad-Agenten Ostrovsky muss man übrigens erwähnen, dass er nie über den Status eines Agenten in Wartestellung hinausgekommen ist.

Auch in der dritten Verschwörungstheorie geht es um Waffen, nur sitzen in diesem Fall die Verschwörer in Ost-Berlin. Oder besser gesagt: Sie saßen in der Hauptstadt der DDR. Die DDR gab es 1987 schließlich noch. Die Regierung Helmut Kohls fuhr gegenüber der DDR eine Art Doppelstrategie. In der Öffentlichkeit trat die Bonner Regierung selbstbewusst gegenüber der Staatsführung in Ost-Berlin auf und ließ keine Gelegenheit aus, die sozialistische Diktatur im Osten in der Öffentlichkeit anzuprangern, hinter den Kulissen aber gab es durchaus Annäherungen. CSU-Parteichef Strauß vermittelte der DDR zum Beispiel einen überlebensnotwendigen Milliardenkredit, es wurden Wirtschaftsbeziehungen ausgebaut, Staats- und Parteichef Erich Honecker wurde gar mit militärischen Ehren in Bonn begrüßt. Uwe Barschel soll hinter den Kulissen eine nicht unbedeutende Rolle in den Beziehungen zur DDR gespielt haben, angeblich wurde er im Geheimen über die Grenze geschickt, um mit der Staatsführung zu verhandeln. Im Rahmen dieser Gespräche wurde Barschel immer wieder, heißt es, auf seine Verstrickungen in den internationalen Waffenhandel angesprochen. Der DDR missfiel, dass über Kiel Waffen auch an Feinde des Sozialismus geliefert wurden. Barschel, heißt es nun, soll diese gegen ihn persönlich gerichteten Vorwürfe nicht weiter ernst genommen haben, bis DDR-Spionagechef Markus Wolf den Auftrag erhielt, der Bundesrepublik einen Warnschuss vor den Bug zu setzen und Barschel aus dem Verkehr zu ziehen. So soll schon der Flugzeugabsturz, den Barschel nur wie durch ein Wunder überlebte, das Werk des DDR-Auslandsgeheimdienstes gewesen sein.

Diese Theorie wurde von der Gauck-Behörde 1994 aufgegriffen und tatsächlich wurde nach Anhaltspunkten oder Unterlagen in den Archiven der Staatssicherheit und des Auslandsgeheimdienstes gesucht, die diese Theorie hätten bestätigen können. Gefunden wurden allerdings keine.

Zu dieser Verschwörungstheorie gibt es derweil eine Art Untertheorie, die besagt, die DDR-Theorie sei nur eine Finte des Mossads, der die Gerüchte in die Welt gesetzt hat, nachdem er selbst 1994 ins Visier der Fahnder geraten war. Jawohl, der Fahnder, denn in den Jahren 1993 und 1994 überschlugen sich die Ereignisse in Kiel ein weiteres Mal und der Fall Barschel wurde neu aufgerollt.

Hauptdarsteller der Narretei zweiter Teil:
Reiner Pfeiffer, Journalist und ehemaliger *Spiegel*-Informant
Björn Engholm, Ministerpräsident des Landes Schleswig-Holstein und Vorsitzender der Bundes-SPD
Günter Jansen, SPD-Sozialminister, Vertrauter Engholms
Klaus Nilius, ehemaliger Pressesprecher der SPD

Nach dem Tod Barschels 1987 fiel Schleswig-Holstein in eine politische Krise. An eine Regierungsbildung war gar nicht zu denken, die Patt-Situa-

Ich gebe Ihnen mein Ehrenwort

tion im Landtag machte das Land schlicht unregierbar. Eine große Koalition kam nicht in Frage, zu tief saß das Misstrauen der SPD gegenüber der CDU, es blieb nur ein Ausweg: eine Neuwahl. Und so errang Björn Engholm einen Kantersieg mit 54 Prozent der Stimmen. Engholm, bis dato eher ein Politiker der leisen Töne, erreichte mit einem Mal höchste Popularitätswerte, bis er gar den Thron bestieg und Bundesvorsitzender der SPD wurde. Aus der Barschel-Affäre waren viele Menschen als Verlierer hervorgegangen: Reiner Pfeiffer, der all seine journalistischen Reputationen verlor, das Land Schleswig-Holstein, deren politische Landschaft sich von einer Oase des gegenseitigen Respekts in eine stinkende Jauchenkuhle verwandelt hatte – und natürlich Uwe Barschel, der sein Leben verlor. Auf der anderen Seite gab es allerdings auch einen Sieger: Björn Engholm. Sein kometenhafter Aufstieg vom Oppositionspolitiker zum Ministerpräsidenten und 1991 sogar an die Spitze der größten Partei der westlichen Welt, wäre ohne diese Affäre niemals zustande gekommen. Die Herrlichkeit des Björn Engholm endete jedoch jäh am 3. Mai 1993, als er von all seinen Ämtern zurücktrat und ins Privatleben abtauchte.

Nach dem Tod Uwe Barschels erhielt Reiner Pfeiffer 40.000 Mark aus der Schublade des Engholm-Vertrauten Günter Jansen. Das Geld übergab ihm derweil der damalige SPD-Pressesprecher Klaus Nilius in zwei Raten. Als „Schubladen-Affäre" ging dieser Vorgang in die deutsche Geschichte ein, denn Jansen entnahm das Geld „einer seiner Schubladen". Nun neigen Politiker nicht selten dazu, öffentliche Gelder mit beiden Händen zum Fenster hinaus zu werfen, aber Geld in Schreibtischschubladen zu bunkern dürfte selbst unter deutschen Politikern ungewöhnlich sein.

Der ganze Fall Barschel erschien plötzlich in einem ganz neuen Licht und nun war es die CDU, die die SPD als Reinkarnation des Antichristen beschimpfte. Die Affäre, ein Manöver der SPD, um die CDU im Lande zu vernichten?

Jansen erklärte zunächst, Pfeiffer das Geld aus Mitleid gegeben zu haben. Pfeiffer sei über seinen eigenen Ehrgeiz gestolpert; indem er sich aber dem Nachrichtenmagazin *Der Spiegel* offenbart hatte, verhinderte er zumindest einen Erfolg der Intrige. Bei allem Schaden, den das Land genommen hatte, ohne Pfeiffers Offenbarungen hätte alles möglicherweise noch viel schlimmer kommen können. Da die CDU Pfeiffer ebenso fallen ließ wie der Springer Verlag, wollte Jansen ihm nur helfen.

So viel soziales Engagement in der Politik? Und dann noch parteiübergreifend? Das ist ja herzallerliebst und die Medien wollten die Geschichte nicht wirklich glauben – und wie sich herausstellte, wusste Björn Engholm bereits vor den Veröffentlichungen des *Spiegels* über die gegen ihn gesponnene Verschwörung Bescheid. Als er am 12. September 1987 vor die Kameras trat und sein Entsetzen über die geplante Verschwörung äußerte, war er über ihre Hintergründe längst informiert und auf die Berichterstattung in den Medien bestens vorbereitet. Es konnte Engholm nie nachgewiesen werden, aber es ist wahrscheinlich, dass all die gegen ihn gesponnenen Intrigen nicht funktionierten, da er letztlich rechtzeitig informiert worden war und Gegenmaßnahmen ergreifen konnte.

Die harsche Kritik, die Engholm von vielen Parteigenossen einstecken musste, kommt jedoch von einem sehr hohen Ross. Stellen Sie sich einmal vor, Sie seien Spitzenkandidat einer Partei in einem x-beliebigen Wahlkampf. Ihr Gegner ist eine nach außen hin absolut integre Persönlichkeit, eine Person mit Charisma, untadeligem Charakter, beliebt bei Freunden, geachtet von seinen Gegnern: Und nun erfahren Sie, diese Person plant, Sie zu diskreditieren. Nicht als Politiker, damit können Sie umgehen. Nein, er versucht Sie fertig zu machen, als Person. Er versucht Ihnen Sexaffären zu unterstellen, Sie als Steuerbetrüger darzustellen, Ihre Reputationen zu vernichten. Sie wissen, dass er dies plant, dass es gar Personen gibt, die an der Umsetzung dieses Plans arbeiten. Was tun Sie?

Sie laden ihn zum Kaffee ein und reden mit ihm offen über die Affäre?

Um es mit den Worten des großen Ruhrgebietsdramatikers Atze Schröder zu sagen: Ja nee, iss klar.

Sie gehen zur Presse?

Herzlich Glückwunsch, Sie haben gerade Ihre politische Karriere nicht nur vernichtet, sie wurde gerade von einem gigantischen Tsunami fortgeschwemmt und anschließend in die dunklen Tiefen des Ozeans gesaugt.

Wer, bitte schön, soll Ihnen diese Geschichte glauben? Zur Erinnerung: Ihr politischer Gegner ist eine Person von absolut tadellosem Ruf (der in diesem Fall auch noch beste Beziehungen zu dem Verlag unterhält, der die größte Boulevardzeitung des Landes herausgibt). Die ganze Affäre würde als Ihr Hirngespinst dargestellt, der Bösewicht wären Sie, da Sie versuchen, Ihren politischen Gegner infam zu diffamieren. Ohne konkrete Beweise haben Sie keine Chance!

Die einzige Chance, die Ihnen letztlich bleibt, ist mitzuspielen – um ihn an dem Tag, an dem er Sie angreift, eiskalt ins Messer rennen zu lassen.

Das klingt grausam und gemein. Aber Hand aufs Herz: Wie würden Sie handeln?

Der Fall Barschel wurde zunächst vom Landtag neu aufgerollt, zweieinhalb Jahre lang versuchte der so genannte zweite Kieler Untersuchungsausschuss die Rolle der SPD in der Kieler Affäre zu klären. In diesem Untersuchungsausschuss wurde festgestellt, dass Engholm nach einem Treffen mit Pfeiffer am 7. September 1987 im Lübecker Hotel „Lysia" von der Intrige gegen seine Person erfahren haben musste. In der SPD wurden sofort Gegenmaßnahmen ergriffen, „Koordinator" war Klaus Nilius.

Die Alleinschuld Barschels wurde im neuen Untersuchungsausschuss aufgeweicht, Heinz-Werner Arens, der Ausschussvorsitzende, erklärte nach 241 Sitzungen (!), dass die Intrige definitiv von der Staatskanzlei ausging, die Urheberschaft Barschels konnte jedoch nicht mehr einwandfrei belegt werden. Das Statement mag überraschen, denn Arens ist SPD-Mitglied. Zwar blieben die SPD im Allgemeinen und Björn Engholm im Besonderen die Opfer der Intrige, jedoch musste Arens konsternieren, wehrlos waren sie nicht.

Die neuen Erkenntnisse des Jahres 1993 riefen schließlich auch die Lübecker Staatsanwaltschaft auf den Plan. Die beobachtete ziemlich genau, was im Kieler Landtag vor sich ging. Während der Untersuchungsausschuss tagte und tagte, um Licht in die Intrige zu bringen, explodierte (literarisch betrachtet) die vom israelischen Ex-Agenten Victor Ostrovsky gezündete Behauptungsbombe, der Mossad hätte Barschel ermordet. Die Staatsanwaltschaft tat das, was eine gute Staatsanwaltschaft in einem solchen Fall tun sollte: Sie leitete ein „Ermittlungsverfahren gegen Unbekannt wegen Verdachts des Mordes an Dr. Dr. Uwe Barschel" ein.

Die Ermittlungen zogen sich über einen Zeitraum von fast drei Jahren hin. Wie viele Aktenordner an Materialien im Laufe der Jahre gesammelt wurden, ist nicht bekannt, 250 Seiten wurden jedoch in Form eines Abschlussberichts freigegeben und offenbaren, dass die Ermittler vor allem die Verschwörungstheorien sehr ernst nahmen und eine Vielzahl von Spuren und Verdachtsmomenten verfolgten, von denen sich jedoch keine wirklich erhärten ließ.

Zwar mag die Lübecker Staatsanwaltschaft die Ermittlungen schließlich eingestellt haben, das bedeutet aber nicht, dass der Fall für alle Zeiten zu den Akten gelegt worden ist, denn: Da Mord nicht verjährt, ist eine Neuauflage bei neuen Hinweisen jederzeit möglich. Die Staatsanwaltschaft ist sich zwar weitestgehend sicher, dass Barschel Selbstmord begangen hat und sie ist sich ebenso sicher, dass alle Spuren im In- und Ausland sorgfältigst verfolgt und aufgearbeitet wurden – dennoch bleibt ein klitzekleiner Restzweifel. Und sollte eines Tages jemand an der Tür der Staatsanwaltschaft mit neuen Indizien klopfen, die auf eine Ermordung des Ministerpräsidenten hinweisen, würde sofort eine neue Untersuchung angeordnet, denn es gibt einige unbeantwortete Fragen und seltsame Indizien:

Die Staatsanwaltschaft fand handschriftliche Notizen Barschels für Verabredungen nach seinem Selbstmord in Genf. Warum soll ein Mann, der die Absicht hat, sich umzubringen, noch Termine notieren, die definitiv nach seinem Suizid stattfinden sollten?

Da gibt es einen von der Genfer Polizei fotografierten Fußabdruck am Tatort, der weder zu Barschel noch zu den *Stern*-Reportern gehört, dessen

Herkunft aber von der Genfer Staatsanwaltschaft nicht weiter verfolgt wurde.

Eines der von Barschel eingenommenen Medikamente gab es 1987 über den Arzneihandel nicht mehr in Westeuropa zu beziehen, sehr wohl aber in Ost-Europa oder im Nahen Osten.

Die Ermittlungen der Staatsanwaltschaft wurden von der SPD-Landesregierung in Kiel offenbar nicht mit viel Enthusiasmus begleitet. Die in Koblenz erscheinende *Rhein-Zeitung* (RZ) hat zum Beispiel eine Chronologie der Ereignisse aufgestellt, in der unter anderem zu lesen steht: „23. Januar 1997: Justizminister Gerd Walter (SPD) verhindert, dass Generalstaatsanwalt Heribert Ostendorf die Ermittlungen zum Todesfall Barschel an sich zieht. (...) 14. April 1997: Ostendorf erklärt seinen Rücktritt und begründet dies mit ‚maßgeblich politisch motiviertem Eingreifen' des Ministers."

QUELLEN:

Bölsche, Jochen (Hg.): „Waterkantgate – Die Kieler Affäre". Göttingen: Steidl Verlag, 1987.

Bott, Gerhard: „Aufstieg und Fall des Uwe Barschel", ARD-Dokumentation ausgestrahlt am 24.03.1988.

Gembella, Gero: „Politik als schmutziges Geschäft", ZDF-Dokumentation ausgestrahlt am 30.06.1996.

Grefe, Mareke: „Die Barschel-Affäre". Internetveröffentlichung ohne Ortsangabe, *http://www.re-hash.de/christian/facharbeiten/homepage/Facharbeiten/mareke.htm*

Schleswig-Holsteinischer Landtag, Der Kieler Untersuchungsausschuss II. Kiel: Verlag und Druckerei Schmidt & Klaunig, 1996.

Schnibben, Cordt und Volker Skierka: „Macht und Machenschaften". Hamburg: Rasch und Röhring, 1988.

Ostrovsky, Victor: „Geheimakte Mossad". München: Goldmann, 1994.

Pötzl, Norbert: „Der Fall Barschel". Reinbek: Rowohlt, 1988.

Zschaler, Mathias: „Barschels Affäre". In: *Die Welt*, Berlin 6. Juni 2003.

JAPANER, AMERIKANER UND EIN PANAMESISCHER PRÄSIDENT

In seinem Buch „Bekenntnisse eines Economic Hit Man" beschreibt der ehemalige Agent John Perkins eine ganze Reihe von Wirtschaftsverschwörungen, die im Auftrag der US-Regierung vollzogen wurden (wenn seine Aussagen so stimmen). Perkins war kein Agent, der mit einem Martini in der Rechten und einer Walther PPK in der Linken hin und wieder den Weltfrieden retten musste. Perkins arbeitete in der Wirtschaft, er erhielt von der US-Regierung offiziell keinen Lohn, sein Job bestand vielmehr darin, amerikanische Wirtschaftsinteressen durchzusetzen, indem er beispielsweise Prognosen zinkte und die Wirtschaft eines Landes (oft handelte es sich um Staaten der Dritten Welt) mit falschen, viel zu positiven Prognosen ins Straucheln brachte. Sinn und Zweck dieser Übungen war es, dass die USA in der nun folgenden Krise als Freund eingreifen konnten, um die Wirtschaft des Landes in ihrem Sinne zu manipulieren.

In seinem Buch geht Perkins allerdings auch auf den panamesischen Ex-Staatschef Omar Torrijo Herrera ein, der in den 70er Jahren Panama als Diktator beherrschte (siehe auch DIE DROGEN UND DIE AGENCY). Torrijo galt als charismatisch, den USA gegenüber trat er selbstbewusst auf, er pochte auf die Einhaltung von Menschenrechen in Mittelamerika und auf die Autonomie der Staaten. Er galt den USA gegenüber als unbequem, den-

Japaner, Amerikaner und ein panamesischer Präsident

noch nicht als abweisend oder gar feindlich gesonnen. Ein Beispiel: Als der Schah von Persien, ein Verbündeter der USA, 1979 aus dem Iran flüchten musste, führte ihn seine Flucht über Ägypten, Marokko, die Bahamas und Mexiko im Oktober 1979 in die USA, wo er sich in New York einer Krebsbehandlung unterzog. Die Islamische Revolution im Iran richtete sich von Anfang an nicht nur gegen den verhassten Kaiser, sie richtete sich im Besonderen auch gegen amerikanische Einrichtungen (siehe OPERATION AJAX). Als der verhasste Kaiser ausgerechnet in den USA Unterschlupf fand, war dies der Tropfen, der das Fass zum Überlaufen brachte. Am 4. November 1979 stürmten iranische Studenten die US-amerikanische Botschaft in Teheran und nahmen die amerikanischen Botschaftsangehörigen als Geiseln. In dieser mehr als heiklen Situation bot sich Torrijo als Helfer an. Er gewährte dem Schah und seiner Familie Asyl in Panama und befreite die Vereinigten Staaten von der Last der Anwesenheit des Schahs.

Allerdings half er damit der Regierung Carter und in gewisser Weise befand er sich bei Carter in der Schuld. Der Panama-Kanal stand unter amerikanischer Aufsicht, 1977 unterzeichneten Jimmy Carter und Torrijo einen Vertrag, der die Rückgabe des Kanals an Panama regelte.

Laut Perkins Buch und einem Radio-Interview, das er 2004 gegeben hat, stand Torrijo nach diesem Deal bei den amerikanischen Wirtschaftsfalken auf der Abschussliste. Indem die USA Panama den Kanal übergeben wollten, trennten sie sich von einem höchst lukrativen Geschäft. Als Torrijo dann mit japanischen Investoren über einen Ausbau beziehungsweise sogar über eine (teilweise) Verlegung des Kanals auf Meereshöhe zu verhandeln begann, verärätzte dies die neue Regierung in den USA. Nach der Abwahl Jimmy Carters hatte Ronald Reagan das Zepter in die Hand genommen und dem war Panama, wie der Rest Mittel- und Südamerikas, ziemlich egal. Also überließ er die Außenpolitik seinem Außenminister George Shultz. Der hat bis heute eigentlich den Ruf, eine Taube unter Falken gewesen zu sein. Wo Reagan und seine Mannen oft rücksichtslos Nachbarn brüskierten und mit einer „Amerika zuerst"-Politik auch Freunde verärgerten, galt Shultz im Vergleich zu den Falken als gemäßigt, liberal und dialogbereit. Das heißt nicht, dass Shultz ein Heiliger gewesen wäre. Er forcierte den Kampf gegen die Sandinisten in Nicaragua, andererseits galt er als erbitterter Gegner der Iran-Contra-Affäre (siehe WEINBERGERS SCHWEDENREISEN). Zwischen 1974 und 1981 leitete Shultz den Bechtel-Konzern, einen Bauriesen, der auch am Panama-Kanal tätig war. Sein Chefberater zu Bechtel-Zeiten hieß Caspar Weinberger. Und wer war Weinberger 1981? Verteidigungsminister der USA.

Perkins schreibt in seinem Buch, die beiden Minister hätten Torrijo versucht dazu zu drängen, einen neuen Kanal-Vertrag auszuhandeln und die Gespräche mit den Japanern abzubrechen. Torrijo weigerte sich jedoch. Am

Japaner, Amerikaner und ein panamesischer Präsident

1. August starb Torrijo bei einem Flugzeugabsturz. Laut Perkins befand sich Sprengstoff in seinem Feuerzeug. „Das war's."

Sollte es sich so abgespielt haben, kann nur eine Person aus Torrijos Umfeld den Sprengstoff platziert haben. Und dies wäre der klassische Fall einer Verschwörung.

Seit seinem Tod hat es immer wieder Verhandlungen gegeben, in denen die USA versucht haben, die Macht über den Kanal zurückzuerlangen. Bislang aber mit mäßigem Erfolg, denn obwohl sogar schon Verträge geschlossen worden waren, wurden diese bislang immer wieder annulliert, da sie im Geheimen ausgehandelt worden waren und gegen die Verfassung Panamas verstießen.

Übrigens: Bücher über Verschwörungen geraten immer leicht in den Geruch, anti-amerikanische Ressentiments zu schüren. Dies ist keine Absicht. Nur bietet die amerikanische Politik eine solche Masse an Widersprüchlichkeiten, Einmischungen und Lügen, dass Verschwörungstheoretiker in den US-amerikanischen Administrationen eine solche Masse an Material für ihre Theorien erhalten, dass es nicht verwundern dürfte, dass immer wieder die USA im Fokus des Interesses stehen. Dass aber auch amerikanische Einrichtungen nicht davor gefeit sind, Opfer von Verschwörungen zu werden, zeigt eine Geschichte, die sich ebenfalls in Panama abspielte: Am 7. Januar 1964 hissten Schüler von amerikanischen Schulen in der Kanalzone die US-Flagge. Dies aber war verboten, denn die amerikanische Regierung hatte den Kanal de facto nur gepachtet und mit Rücksicht auf die Souveränität Panamas, dessen Regierungen in der Regel sehr US-freundlich agierten, vermied es die Regierung in Washington penibel, in einer Art und Weise zu agieren, die den Panamesen das Gefühl vermittelt hätte, die Amerikaner wären als Besatzer im Land. Daher durften außerhalb von Militäranlagen keine amerikanischen Flaggen gehisst werden. Dass die Bevölkerung dennoch das Gefühl bekam, in einem besetzten Land zu leben, ist nicht von der Hand zu weisen. Panama war zweigeteilt, erst seit den späten 50er Jahren gab es überhaupt eine Brücke, welche die beiden Teile des Staates wieder miteinander verband. Hinzu kam die Armut, in der der größte Teil der Bevölkerung lebte.

Vor allem im Kalten Krieg stellte der direkte Zugriff auf den Kanal für die Amerikaner einen Machtfaktor dar. Insbesondere nach der Revolution auf Kuba und der Zuwendung der Republik gen Ostblock wollte die amerikanische Regierung keine zweite Republik im „Hinterhof der USA" verlieren. In der Regel gelang ihr dies, indem sie blutrünstige Diktatoren unterstützte, im Fall von Panama aber war das nicht nötig. Trotz der sozialen Schieflage im Land herrschte Ruhe.

Oft entzünden sich Streitereien und Aufstände an Kleinigkeiten – an Symbolen, die als Provokationen bewertet werden und schließlich einen

Japaner, Amerikaner und ein panamesischer Präsident

Funken in ein Pulverfass fliegen lassen. Die amerikanische Flagge war ein solches Symbol.

Was die Jugendlichen dazu veranlasste, gegen dieses Verbot zu verstoßen, ist nicht bekannt. Jugendlicher Leichtsinn, Überheblichkeitswahn gegenüber den hispanischen Einwohnern, wer weiß das zu sagen. Angeblich beobachteten dies kubanische Agenten, deren Aufgabe darin bestand, in Panama Aufstände zu schüren, um eine sozialistische Revolution zu provozieren. Sie streuten nun ihre Beobachtungen unter das Volk. Vor allem unter Studenten fanden sie aufmerksame Zuhörer.

Bis heute ist nicht sicher, ob tatsächlich kubanische Provokateure die Unruhen auslösten, die Theorie liegt jedoch nah, denn die angeblich spontanen Demonstrationen wirkten sehr wohl organisiert. Vor allem aber erscheint es aus heutiger Sicht so, als wären die Demonstrationen einer sorgfältig geplanten Dramaturgie gefolgt. Zunächst kam es zu friedlichen Protesten, die offenbar das Verhalten der Amerikaner austesten sollten. Denen folgten zwei amerikanische Reaktionen. Der Vertreter der US-Regierung vor Ort reagierte auf die Proteste nur insofern, dass er die Armee in Alarmbereitschaft versetzte, keinesfalls aber den Grund für die Proteste beseitigte: die Flaggen. Die zweite Reaktion stellte das erneute Hissen der US-Flagge an mehreren Orten gleichzeitig dar. Die Schüler hatten als junge Amerikaner schließlich gelernt, immer und überall im Recht zu sein. Die Kuba-Krise lag erst einige Jahre zurück und in dieser Krise hatte es Amerika der Welt gezeigt: Wenn die USA Atomraketen in der Türkei an der sowjetischen Grenze aufstellen, ist dies ihr Recht. Andererseits hätten sie diese Raketen fast gezündet, als die Sowjetunion Raketen auf Kuba stationieren wollte.

Also wähnten sich die Jugendlichen schlicht und ergreifend auf der sicheren Seite. Stars'n'Stripes befanden sich auf ihrer Seite.

Die Amerikaner unterschätzten die Demonstrationen. Die Demonstranten kamen nicht nur mit Worten, sie kamen auch mit Handgranaten und Gewehren. So starben nicht nur über 20 Panamesen, auch vier US-Soldaten bezahlten diese vollkommen unterschätzten Unruhen mit ihrem Leben. Die USA und Panama brachen die gegenseitigen diplomatischen Beziehungen ab, über 2000 amerikanische Staatsbürger mussten aus Panama flüchten.

Wenn die Unruhen tatsächlich von kubanischen Provokateuren ausgelöst wurden, bedienten sie sich der gleichen Mittel, die auch die Amerikaner immer wieder einsetzten. Sie sondierten die Lage, hielten nach Verbündeten unter der einheimischen Bevölkerung Ausschau und suchten schließlich nach einem Vorwand, um Unruhen zu provozieren. Dies ist das Wesen einer Provokation, dies wäre aber auch eine politische Verschwörung, da verschiedene Interessengruppen aus verschiedenen Staaten miteinander paktierten, um eine Regierung ins Wanken zu bringen – in diesem Fall die Regierung

337

Japaner, Amerikaner und ein panamesischer Präsident

Panamas. Die Hoffnung der Verschwörer war: den Austausch der demokratischen Regierung durch eine sozialistische nach kubanischem Vorbild.

Ob es wirklich Kubaner waren, die die Situation eskalieren ließen, ist nur eine Theorie. Aber eine, die auch in Geschichtsbüchern bis heute als ernstzunehmende Vermutung überliefert wird. Neben der panamesischen Regierung hätte eine tatsächliche Machtverschiebung natürlich auch die Amerikaner bis ins Mark getroffen. Sie wären Pächter eines Kanals inmitten eines zweiten Kubas geworden. Oder aber sie hätten einen Linksrutsch im Falle anhaltender Unruhen durch eine Militärintervention verhindert - und dadurch möglicherweise einen ähnlichen Flächenbrand in Mittel- und Südamerika ausgelöst wie in Südostasien mit dem Vietnamkrieg.

Dass der Flaggenstreit innerhalb eines Monats beigelegt werden konnte und die USA und Panama schnell wieder diplomatische Beziehungen aufnahmen, ist der Vermittlung der Organisation Amerikanischer Staaten (OAS) zu verdanken, die vor allem die aufgebrachte Regierung Panamas beruhigte und die Amerikaner davon überzeugte, auf Straf- oder ähnliche Aktionen zu verzichten.

QUELLEN:

Harenberg, Bodo: „Die Chronik des 20. Jahrhunderts". Dortmund: Chronik Verlag, 1982.

Perkins, John: „Bekenntnisse eines Economic Hit Man – Unterwegs im Dienst der Wirtschaftsmafia". München: Riemann, 2005.

Weinberger, Caspar: „Fighting for Peace: 7 Critical Years at the Pentagon". London: Joseph, 1990.

DER KÖNIGLICHE RIPPER

Im Herbst 1888 erschütterte eine einmalige Mordserie die Stadt London. Im Stadtteil Whitechapel tötete ein Unbekannter fünf Prostituierte. Die Morde von Whitechapel stellen den ersten von der Polizei und der Presse dokumentierten Fall eines Serienkillers dar. Das heißt nicht, dass es nicht schon vor dem Mann, der als Jack the Ripper in die Geschichte eingehen sollte, Serienkiller gegeben hätte. Jedoch handelt es sich um den ersten Fall, der mit Methoden der modernen Kriminalistik untersucht wurde. Und immer wieder die Medien: Sie haben aktuell berichtet, sie sandten Reporter und Fotografen aus, machten aus dem Fall ein Medienereignis. Das hatte es zuvor tatsächlich noch nicht gegeben. Sogar Zeitungen im Ausland berichteten tagesaktuell über die Geschehnisse in London. In der britischen Hauptstadt entstand etwas, das man heute als einen Medienhype bezeichnen würde. Doch trotz der Berichterstattung und trotz der intensiven Fahndung von Scotland Yard gelang es niemals, Jack the Ripper habhaft zu werden. Ebenso plötzlich, wie die Mordserie begann, endete sie auch wieder. Jack the Ripper hörte einfach auf zu morden – und ging als spektakulärer, ungeklärter Mordfall in die Kriminalgeschichte ein.

In Filmen wird Whitechapel stets als eine Art Slum dargestellt, über dem ein ständiger Nebel hing. Diese Darstellungen sind keine Hollywood-Phantasien. Whitechapel galt selbst unter den Bewohnern armer Stadtteile Londons als die Adresse, in der man nicht enden wollte. Whitechapel stand als Pseudonym für Prostitution, für Armut, für Verbrechen – wobei eins das andere bedingte. Vor allem der Niedergang der Hafendocks machte White-

Der königliche Ripper

chapel zu schaffen. Nach einer Zeit des ungebremsten Wachstums folgte eine, wie man heute sagen würde, Zeit der Konsolidierung. Schon damals bedeutete dies, dass man sich von überschüssigen Produktionskapazitäten trennte – und das waren 1887 vor allem jene Arbeiter, die die niedrigsten Arbeiten verrichteten. Ein großer Teil von ihnen stammte aus Whitechapel. Neben der Armut breiteten sich dort Krankheiten aus. Ob Syphilis oder andere Infektionskrankheiten, all diese Erreger fanden in dem armen Londoner Stadtteil einen immerwährenden Übertragungsherd.

Eine Tatsache mutet jedoch seltsam überraschend an: Trotz der hohen Kriminalitätsrate in Whitechapel, zu der auch Gewaltverbrechen zählten, blieb Mord die Ausnahme. Im Gegensatz zu amerikanischen Großstadtslums der Zeit, wo Mord auf der Tagesordnung stand, scheuten selbst als gewalttätig bekannte Verbrecher den letzten Schritt. Die für ihre Zeit relativ hohe Aufklärungsrate mag da manch einen Straftäter abgeschreckt haben. Vielleicht aber lag es auch daran, dass es für die Banden in dem Gewirr von engen Gassen ein leichtes Unterfangen darstellte, nach einem Raub unterzutauchen. Ein Raub, einem Opfer eine Uhr oder eine Geldbörse zu entreißen, um dann im Gassengewirr unterzutauchen, das ging einfach schneller, als ein Gewaltverbrechen mit all seinen unabschätzbaren Risiken zu begehen. Schusswaffen gab es in London so gut wie keine – und bei einer Messerattacke konnte die Reaktion des Opfers überraschend ausfallen. Opfer hatten nämlich schon damals die Angewohnheit, sich zu wehren. Wenn es dennoch zu Todesfällen kam, handelte es sich in der Regel um Bandenrivalitäten, um Schlägereien, die ein Bandenmitglied schließlich leider mit dem Leben bezahlte. Der Prostituierten-Mord an Mary Ann Nichols, geborene Walker (genannt: „Polly"), am 31. August 1888 wurde daher schnell von den Medien aufgenommen. Nicht nur, weil Morde relativ selten geschahen: Es war die Art und Weise, wie der Mörder zugeschlagen hatte, die die Presse auf den Plan rief. Der Mörder hatte die 43-jährige Mutter von fünf Kindern nicht einfach nur umgebracht: Er hatte sie abgeschlachtet. Aber nicht etwa in einem Anfall von Wut. Der Täter war fast schon filigran vorgegangen, beinahe so, als wäre er einem Plan gefolgt.

So gewalttätig der Täter vorgegangen sein mochte, es waren die Schnitte auf dem toten Körper, die die Polizei erstaunten: keine blindwütigen Einstiche, wie bei Gewaltverbrechen normalerweise üblich, sondern chirurgische Eingriffe. Zwar mit großer Gewalt ausgeübt, aber dennoch präzise gesetzt. Der Mörder kannte die menschliche Anatomie definitiv recht genau, also besaß er ein Mindestmaß an Bildung – die meisten Männer in Whitechapel konnten derweil kaum lesen und schreiben.

Am 8. September schlug der Mörder ein zweites Mal zu. Sein Opfer dieses Mal: die 47-jährige Annie Chapman, geboren als Eliza Ann Smith.

Die „Lange Liz", eine Schwedin namens Elizabeth Stride, geborene Gus-

Der königliche Ripper

tafsdottir, ermordete der Schrecken von Whitechapel am 30. September 1888. Elisabeth (so die schwedische Schreibweise ihres Vornamens) war 45 Jahre alt. In derselben Nacht tötete er außerdem Catherine Eddowes, auch bekannt als Kate Conway. Die 46-jährige Catherine Eddowes war fürchterlich zugerichtet. Und sie gab Jack the Ripper seinen Namen!

Nach dem zweiten Mord überschwemmten Hunderte von anonymen Briefen Scotland Yard und auch die Medien. Hunderte von „Scherzbolden" bezichtigten sich der Morde, machten sich eine perverse Freude daraus, die Ermittler auf falsche Spuren zu hetzen. Bereits am Donnerstag, den 27.9.1888, war bei einer Nachrichtenagentur „The Boss Central News Office City London" ein Brief eingegangen, in dem sich ein Mann, der sich Jack the Ripper nannte, mit den ersten beiden Morden rühmte und versprach, der Polizei nächstes Mal ein Souvenir zu hinterlassen: Er werde einem seiner nächsten Opfer ein Ohr abschneiden. Als Scotland Yard die Leiche von Catherine Eddowes untersuchte, entdeckten die Ermittler, dass der Täter ihr ein Stück von einem Ohr abgeschnitten hatte. Nicht zufällig, wie die Verletzung zeigte, sondern gezielt – als wollte er damit ein Zeichen geben.

Jack the Ripper kommunizierte offenbar mit der Presse und der Polizei. Drei Briefe werden heute allgemein als authentisch angesehen. Ob Jack the Ripper, wie er in seinem ersten Brief schreibt, tatsächlich gefasst werden wollte, oder ob die Briefe nur als Ablenkung dienten, als eine perverse Freude daran, mit den eigenen Taten zu prahlen – niemand weiß es.

Bevor wir nun zur Verschwörungstheorie kommen: Insgesamt hat Jack the Ripper fünf Morde begangen, die ihm definitiv zugeschrieben werden können. Sein fünftes Opfer aber, Mary Jane Kelly, passt nicht in sein übliches Tätermuster. Jack the Ripper bevorzugte Prostituierte jenseits der 40. Keine der Frauen galt als besonders hübsch, das Leben in Whitechapel hatte sie gezeichnet. Anders sah dies im Fall der Mary Jane Kelly aus. Sie behauptete aus Wales zu stammen, um ihre tatsächliche irische Herkunft zu verschleiern. Iren standen in Whitechapel auf der untersten Stufe der sozialen Skala. Es ist relativ wenig über Mary Kelly bekannt, aber vieles von dem, was im Laufe der Zeit zusammengetragen werden konnte, passt nicht zu den anderen Opfern des Killers. Mary Kelly scheint im Alter von 16 oder 17 Jahren als Dienstmagd gearbeitet zu haben, was zumindest auf eine halbwegs ordentliche Schulbildung hinweist. Mary entdeckte allerdings sehr bald ihre Schönheit – und die Tatsache, dass sich mit Schönheit viel Geld verdienen ließ. Auf welchen Wegen sie schließlich in einem Edelbordell landete, ist nicht bekannt. In diesen Edelbordellen verkehrten keine Hafenarbeiter, sondern die Spitzen der Gesellschaft. Die Mädchen mussten nicht nur hübsch und willig sein, auch auf eine gewisse Etikette wurde höchster Wert gelegt. Entweder brachten die Mädchen diese Bildung mit oder sie mussten sie erlernen.

Der königliche Ripper

Mary Kelly interessierte schließlich einen offenbar gut betuchten Geschäftsmann für sich, der sie zu seiner Mätresse machte und mehrfach mit nach Paris nahm. Ein Gentleman der Londoner Oberschicht hätte auf solchen Reisen kaum eine zahnlose Prostituierte aus Whitechapel als Begleitung akzeptiert.

Mary Kellys Problem bestand offenbar darin, ihre Finger nicht von exklusiven Drogen lassen zu können: Kokain, Laudanum, Opium. Ihre Drogenexzesse warfen sie aus der Bahn, ihr Gönner ließ sie fallen, Mary Kelly, mittellos, möglicherweise von ihrem irisch-katholischen Elternhaus verstoßen, landete in Whitechapel. Am Tag ihrer Ermordung war sie ca. 25 Jahre alt. Im Gegensatz zu den anderen Frauen, denen der Mörder in den Gassen Whitechapels auflauerte und die er ermordete, tötete er Mary Kelly in ihrer Wohnung.

Zwar gibt es Vermutungen, der Mörder habe nach Mary Kelly noch weitere Morde begangen, belegen lässt sich dies aber nicht. So beschließt der Mord an Mary Kelly die unheimliche Mordserie von Whitechapel.

Per Definition bezeichnet man einen Mörder als Serienkiller, sobald er aus purer Mordlust, zur Befriedigung seiner Triebe, drei oder mehr Menschen ermordet. Normalerweise begeht er seine Taten nicht in einem solch engen Zeitrahmen wie Jack the Ripper, aber nur weil dieses Vorgehen ungewöhnlich ist, ist es nicht einmalig. Dennoch, an dieser Stelle setzt die Verschwörungstheorie ein, die behauptet, Jack the Ripper sei gar kein Serienkiller gewesen. Tatsächlich ging es um einen einzigen Mord: den Mord an Mary Kelly. Um die Ermittler auf eine vollkommen falsche Spur zu führen, ermordete der Täter vier weitere Frauen, er manipulierte die Medien, indem er mit ihnen kommunizierte und sich den Namen Jack, der Schlitzer (Jack the Ripper) gab. Der Name ist griffig, relativ simpel, aber irgendwie unheimlich. Jack ist ein Allerweltsname, der Schlitzer hingegen eine Bezeichnung, die einem einen eiskalten Schauer über den Rücken jagt. Eine Werbeagentur könnte einen solchen Namen kaum besser kreieren.

Aber wenn es nur um diesen einen Mord ging – warum dann die anderen Frauen?

Die Antwort: um die Öffentlichkeit irre zu führen. Die geschickteste Verschwörung ist immer noch die, die vor aller Augen abläuft, ohne als solche erkannt zu werden. Vier Morde, um einen fünften Mord zu vertuschen. Fünf tote Frauen, allesamt Prostituierte. 1888 unterschied niemand die Opfer nach Herkunft oder Bildung, um neben dem offensichtlich Verbindenden, Whitechapel und die Prostitution, nach dem zu suchen, was sie trennte.

Obschon Scotland Yard mit dieser Behauptung Unrecht widerfährt, denn tatsächlich scheint Scotland Yard bereits 1888 einer Spur nachgegangen zu sein, die sie in die höchsten Kreise Großbritanniens führte: Eine Spur, die heute als Kern der Verschwörungstheorie gilt, die sich um Jack the Ripper rankt.

Demnach ist der Mörder der Frauen Albert Victor Christian Edward von Sachsen-Coburg-Gotha, Herzog von Clarence und Avondale, Sohn von Prinz Albert Eduard, Prinz von Wales, und somit Anwärter auf den Thron des Vereinigten Königreichs!

Albert Victor war Enkel von Königin Victoria, sein Vater Prinz Albert Eduard (Edward) wurde unter dem Namen Edward VII. König von England.

Das ist harter Tobak. Ein möglicher Thronfolger –> Jack the Ripper?

Wie soll das gehen? Es gab zwar noch kein Fernsehen und auch Zeitungen brachten nur wenige Bilder – dennoch kannte nahezu jeder Brite das Gesicht des Thronfolgers. Es ist daher auf den ersten Blick unwahrscheinlich, dass er den Straßenstrich von Whitechapel aufsuchte, um sich zu vergnügen – geschweige denn, dass er mit einem Skalpell bewaffnet durch die Straßen zog und Prostituierte ermordete.

Nun, sollten sich die Verschwörungstheoretiker mit ihrer Behauptung im Recht befinden, Albert Victor sei Jack the Ripper, dann hat er natürlich nicht selbst die Morde begangen, sondern einen Lakaien mit der Tötung beauftragt, eine Person, die dem Königshaus treu ergeben war und alles getan hätte, um den guten Namen des Königshauses zu erhalten – zum Beispiel Sir William Whitey Gull. Der Sohn eines einfachen Binnenschiffers, der sich sein Medizinstudium hart erkämpfen musste, erlangte Berühmtheit, als er 1869 den an Typhus erkrankten Prinzen von Wales – Prinz Albert Eduard – behandelte und heilte. Königin Victoria ernannte ihn daraufhin nicht nur zum Sir, sie berief ihn außerdem zu ihrem Hofarzt und baute zu ihm ein sehr enges, persönliches Verhältnis auf. Victoria schätzte den aus einfachen Verhältnissen stammenden Arzt, seinen Scharfsinn, seine Kombinationsgabe. Und Gull liebte seine Königin. Die alte Floskel des „treu ergebenen Dieners", auf ihn traf sie zu.

Tatsache ist, dass Albert Victor weder über den Intellekt seiner Großmutter noch über ihre Intelligenz verfügte. Er galt als Bruder Leichtfuß, besuchte nachgewiesenermaßen gerne Bordelle und vergnügte sich nicht selten mit Mädchen niederen Stands. Dies wurde ihm, vermuten die Verschwörungsanhänger, zum Verderbnis. Er suchte den „Kick", indem er sich mit Mädchen jenseits der üblichen Edelbordelle vergnügte – hübschen Mädchen wie Mary Kelly. Als sie jedoch schwanger wurde, geriet er in Panik. Eine irisch-katholische Prostituierte als Mutter eines präsumtiven Thronfolgers? Ein solcher Skandal hätte das gesamte Empire in seinen Fundamenten erschüttern können. Zumindest 1888.

So musste gehandelt werden. Es kam nicht in Frage, den Geheimdienst einzuschalten, um die Anzahl der Mitwisser so gering wie nur eben möglich zu halten. Da die Zeit rann, musste es schnell gehen. Innerhalb von Wochen. So hieß es: Improvisieren – und es wurde der Plan ersonnen, vier Morde zu begehen, um mit ihnen die wahren Absichten eines fünften Mordes zu vertuschen.

Was für diese Theorie spricht: Der Prinz vergnügte sich, wie bereits gesagt, gerne mit Prostituierten auch aus einfachen Verhältnissen. Und würde eine Polizeibehörde wie Scotland Yard 1888 in Richtung Königshaus ermittelt haben – ohne konkrete Hinweise zu besitzen? So konkrete Hinweise, dass sie diese nicht ignorieren konnte – wenn sie das Recht nicht beugen wollten?

Was gegen die Theorie spricht: Eine Schwangerschaft Mary Kellys wird nicht erwähnt (weshalb es vielleicht auch „nur" um eine Vertuschung einer Affäre ging – oder, wie auch angenommen wird: Das Kind war längst geboren; was aus ihm dann allerdings geworden ist, ist unbekannt). Es ist nahezu ausgeschlossen, dass der Prinz selbst das Messer geschwungen haben könnte. Für die Tatzeit eines Mordes besaß er ein Alibi, außerdem kannte sich der Mörder mit der menschlichen Physiologie bestens aus. Es wurde allerdings schon angesprochen: Der Prinz stand in dem Ruf, zu den intelligentesten Vertretern seiner Zunft zu gehören. Somit also käme Sir William Withey Gull wieder ins Spiel – als Auftragsmörder im Namen seiner zukünftigen Majestät. Die Beschaffenheit des menschlichen Körpers war Gulls Spezialgebiet. Was gegen ihn als Auftragskiller spricht: 1888 war er 72 Jahre alt.

Allerdings: Als Gull am 29. Januar 1890 starb, hinterließ er seinem Sohn und seiner Tochter ein nicht unbedeutendes Vermögen. Mag er im Laufe seines Lebens durchaus zu einem gewissen Wohlstand gekommen sein, starb er als Millionär. Woher kam das Geld?

Prinz Albert Victor bestieg derweil niemals den Thron des Vereinigten Königreiches. Am 14. Januar 1892, nur sechs Tage nach seinem 28. Geburtstag, starb er vollkommen überraschend nach einem Jagdausflug an einer „plötzlich auftretenden" Lungenentzündung.

Seltsam: Als Thronfolger des Thronfolgers trug Albert Victor einer 1362 begonnenen Tradition folgend den Titel Herzog (Duke) von Clarence. Seit seinem Tod wird dieser Titel nicht mehr verliehen. Etwa, um die Erinnerung an einen bestimmten Herzog von Clarence auszulöschen?

QUELLEN:

Cornwell, Patricia: „Wer war Jack the Ripper?" München: Goldmann, 2005.

Fisham, William J.: „East End 1888". Nottingham: Five Leaves, 2005.

Harrison, Shirley: „Das Tagebuch von Jack the Ripper". Bergisch Gladbach: Bastei Lübbe, 1998.

Levy, Joel: „Conspiracies – 50 Reasons To Watch Your Back". Crows Nest: Allen & Unwin, 2005.

Außerdem: *www.jacktheripper.de*

DAS MÄRCHEN VOM BIMBES

In seinen 16 Jahren als Bundeskanzler hat Helmut Kohl Deutschland geprägt. Eine ganze Generation von Komikern und Kabarettisten lebte davon, sich über den Historiker aus Ludwigshafen-Oggersheim lustig zu machen. Und doch: Wer sich 16 Jahre an der Macht hält, kann kein Idiot sein, egal, wie oft man ihn auch der Lächerlichkeit preisgeben und sich über ihn lustig machen mag.

Er trat 1982 an, die Arbeitslosigkeit zu bekämpfen. Eine Million Arbeitslose bezeichnete er als eine Schande für Deutschland. Er rief die „geistig moralische Wende" aus, benannte das deutsche Sozialwesen als einen kollektiven Freizeitpark, sprach von der sozialen Hängematte. Eines der ersten verabschiedeten Gesetze der Koalition aus CDU und FDP bestand darin, den Zivildienst auf zwei Jahre zu verlängern, was deutlich Kohls Verhältnis zur Jugend widerspiegelte: Angepasste Ja-Sager und Golffahrer mochte er, alle anderen, wie diese jungen Männer, die statt zum Bund zu gehen lieber etwas fürs 80er-Jahre-Allgemeinwohl taten und alten, kranken Omis die Hintern puderten – igitt!

Nein, Kohl war kein Kanzler, der es darauf anlegte, sich Freunde zu machen. Gut, Deutschland erlebte am Anfang seiner Regierungszeit einen Aufschwung. Kein Wunder, denn die Regierung Kohl plünderte die noch gefüllten Staatskonten, bediente sich in den Rentenkassen, leitete Gelder zweckentfremdet um. Und trotz allem bekam auch die Regierung Kohl die Arbeitslosigkeit nicht in den Griff. Noch vor der deutschen Einheit wurde die Zweimillionen-Marke durchbrochen. Aber das ärgerte Helmut Kohl

Das Märchen vom Bimbes

nicht. Er bastelte stattdessen an Europa herum, hielt Händchen mit französischen Staatspräsidenten, ließ sich im Ausland als großen Staatsmann feiern, um davon abzulenken, dass der Laden „Deutschland" nur lief, da die deutsche Wirtschaft allen Problemen zum Trotz funktionierte. Trotz der Regierung.

Kohl hielt sich betont aus Arbeitskämpfen heraus, um ja keine Stellung beziehen zu müssen, er verweigerte intelligenten Nachrichtenmagazinen wie *Der Spiegel* Interviews, da er stets befürchten musste, auf intelligente Fragen keine vernünftigen Antworten geben zu können. Oh, Kohl gab Interviews. Gerne sogar im Fernsehen. Aber Kohl ging ja nicht zu „Monitor" vom WDR. Er ging zum Bayerischen Rundfunk. Oder zum ZDF. Dort, wo man ihn mit Respekt behandelte und keine allzu bohrenden Fragen stellte.

Obwohl all dies bekannt war, konnte sich Kohl länger als jeder andere Kanzler an der Macht halten. Da es in Deutschland keine Wahlmaschinen wie in den USA gibt, die man relativ leicht manipulieren kann, kann dies nur eines bedeuten: Helmut Kohl ist vom deutschen Volk immer und immer wieder zum Bundeskanzler gewählt worden.

Wie ist das möglich?

Na ja, er war ja nicht überall unbeliebt. Abgesehen von den bis zu 20 Prozent Glaubenswählern, die die CDU wegen des „C"s (= christlich) einst wählten, gefiel Kohl vielen Menschen als Typ. Er galt als bodenständig, er redete Tacheles, er kannte gegenüber „dem einfachen Mann auf der Straße" keinerlei Berührungsängste, er wirkte volkstümlich. Dies kam bei vielen Wählern an. Bei all seinen Fehlern galt er beim „einfachen Volk" darüber hinaus als ehrlich. In einem Meer aus Lobbyistentum, Mauscheleien, Korruption stand er, allen Anfeindungen zum Trotz, als aufrechter Politiker da.

Mit dem Fall der Berliner Mauer und der Wiedervereinigung erlangte er schließlich den größten Triumph seiner politischen Karriere. Er hätte bei der Wahl zum Deutschen Bundestag 1990 gar keinen Wahlkampf machen müssen. Er hätte nur sagen müssen: „Ich war's" – und er wäre gewählt worden. Er war der Kanzler der Einheit – und dieser Status bescherte ihm, dem Historiker, den Platz, den er sich immer gewünscht hatte: den Platz in den Geschichtsbüchern. Nicht als Fußnote, sondern als eine Hauptfigur in einem der bedeutendsten Momente des 20. Jahrhunderts. Obwohl bereits vier Jahre nach der Einheit feststand, dass seine Versprechungen von „Blühenden (Wirtschafts-)Landschaften" im Osten eine Utopie bleiben würden, gewann er auch die nächsten Bundestagswahlen. Als Einheitskanzler stand er auf einem Sockel aus Granit. Selbst als er 1998 die Bundestagswahlen verlor, änderte dies nichts an seiner herausragenden Stellung in der jüngeren deutschen Geschichte.

Was ist von diesem Bild übrig geblieben – außer einem Haufen zerbröselten Granits?

Das Märchen vom Bimbes

Schon während seiner Regierungszeit nahm es Kohl nicht immer so ganz genau mit der Wahrheit. Da gab es 1991 zum Beispiel ein Panzergeschäft mit Saudi-Arabien, das sich auf umgerechnet ca. 223 Millionen Euro belief, wovon 100 Millionen irgendwo versandeten. Das Geschäft war nicht ganz illegal, aber es war diplomatisch höchst problematisch. Doch Helmut Kohl zog es durch, obwohl klar war, dass ein Großteil des Geldes nur benutzt werden sollte, um Verantwortliche zu schmieren. Aber was soll's: Von diesen Geschäften profitierte im System Kohl stets auch die Partei. Seine Partei. Bimbes nannte Kohl diese Gelder abschätzig. Er mochte es nicht, aber dies hinderte ihn nicht daran, es reichhaltig in die Parteikassen fließen zu lassen.

Es gab auch noch die so genannte Leuna-Minol-Affäre. Eine große, ehemalige DDR-Raffinerie der Firma Minol ging da in den Besitz des französischen Konzerns Elf Aquitaine über, der dafür, dass er in der ehemaligen DDR investierte, als Dankeschön eine Milliarde Euro an Subventionen kassierte. Wenn man heute behauptet, Elf Aquitaine sei die Geldwaschanlage der französischen Regierung Mitterrand gewesen, die selbst gerne mit Bimbes arbeitete, ist das keine unbestätigte Behauptung: Immerhin wurde der ehemalige Konzernchef Loik Le Floch-Prigent für die Machenschaften im Rahmen des Deals von der französischen Justiz Jahre später zu drei Jahren Haft verurteilt. Eines Deals, den Helmut Kohl übrigens persönlich mit der französischen Staatsführung ausgehandelt hatte. Die Bevorzugung des französischen Konzerns füllte nicht nur dessen Kassen ordentlich, auch CDU-nahe Lobbyisten kassierten ein paar Milliönchen Abfindungen. Insgesamt ging die französische Staatsanwaltschaft von 38,11 Millionen Euro aus, die von Frankreich aus an Kohlianer weitergereicht wurden, um den Deal nicht zu gefährden. In Deutschland hat es diesbezüglich natürlich keine Anklagen gegeben. Allerdings: Panzer- oder Raffineriegeschäfte, solche Skandale konnten an Kohls Platz in den Geschichtsbüchern nicht rütteln. Als im September 1998 offenbart wurde, dass beim Verkauf von 117.000 Eisenbahnerwohnungen 5,9 Millionen Mark Spenden an die CDU geflossen waren – zufällig von einem der potenziellen Käufer – war der Skandal im Oktober schon wieder vergessen. Kohl besaß das begnadete Talent, selbst die größten Skandale auszusitzen, vom Tisch zu fegen, einfach zu ignorieren, bis sie niemanden mehr interessierten. Die Gelder kamen schließlich der Partei zugute, Kohl bereicherte sich an diesem Bimbes finanziell ja schließlich nicht selbst.

Umso erstaunlicher, dass ein vergleichsweise kleiner Verstoß gegen Sitten und Anstand seinen Ruf ramponieren sollte. Im November 1999 begann alles mit einem kleinen Skandälchen, als der ehemalige CDU-Schatzmeister Walther Leisler Kiep beschuldigt wurde, eine Eine-Million-Mark-Spende des Waffenhändlers Karlheinz Schreiber aus dem Jahr 1991 nicht richtig versteuert zu haben. Sollte es sich bei diesem Betrag – umgerechnet 500.000

Das Märchen vom Bimbes

Euro – etwa um Bestechungsgelder an die CDU gehandelt haben?

Nachdem Kohl die Vorwürfe zunächst vehement bestritt, übernahm er am 30. November 1999 vollkommen überraschend die Verantwortung für die Führung verdeckter Parteikonten. Am 16. Dezember das nächste Geständnis: Zwischen 1993 und 1998 habe er zwei Millionen Mark Spenden, also eine Million Euro, illegal angenommen. Aber er habe dem Spender sein Ehrenwort gegeben, ihn nicht zu verraten.

Ein Ehrenwort. Soso ...

Eigentlich handelt es sich bei der Kohl-Affäre auf den ersten Blick gar nicht um eine Verschwörung, sondern einfach nur um Korruption. Auf den zweiten Blick sieht dies anders aus. Durch die Absprachen mit dem unbekannten Spender (oder den unbekannten Spendern) hat sich Helmut Kohl gegen die Bundesrepublik Deutschland verschworen. Juristen mögen dies anders sehen, aber in dem Moment, in dem sich beide Seiten entschieden, durch die Zahlung eines Geldbetrages und die Annahme desselbigen, politische Entscheidungen zu manipulieren, haben sie einen Pakt geschlossen, der sich gegen die Interessen des Volkes richtete. Interessen, die normalerweise in einem demokratischen Prozess definiert werden und nicht an einem Kaffeetisch, unter dem Geldkoffer hin- und hergeschoben werden. Wenn demnach dieser demokratische Entscheidungsprozess umgangen wird, handelt es sich um eine Verschwörung gegen das Volk!

Welche Ziele mit dieser Verschwörung verfolgt wurden, ist ebenso unbekannt wie der Name des Spenders.

Die Ehrenwort-Affäre schlug schließlich hohe Wellen. Gut, vielleicht glaubte Kohl, er würde diese Affäre wie all die anderen auch aussitzen können. Während seiner Kanzlerschaft fand er stets einen Sündenbock für falsche Entscheidungen. Notfalls machte er die Presse verantwortlich. Auch dieses Mal drosch er auf die kritischen Medien ein. Jedoch: Er selbst war es dieses Mal, der sich ins Abseits drängte. Sein Beharren auf sein Ehrenwort wirkte nach einigen Wochen der öffentlichen Diskussion enervierend. Große Teile der Bevölkerung – auch Kohlfreunde! – fühlten sich verschaukelt. Ein Ehrenwort? Warum? Wieso? Weshalb? Kohl mag geglaubt haben, tatsächlich ehrenhaft zu handeln, aber verhielt sich sein Spender ehrenhaft? Wenn Kohl schon bereit war, seinen Ruf für ein Ehrenwort aufs Spiel zu setzen – hätte dann nicht irgendwann der anonyme Spender auftreten und Kohl seines Wortes entbinden müssen? Ein aufrechter, ehrlicher Spender, der möglicherweise nur kein Aufsehen um die nicht unbeträchtliche Spende machen wollte, hätte sich vor eine Kamera stellen können und sagen: „Ich habe das Geld gespendet, um der Partei bei ihrer Arbeit zu helfen. Es tut mir Leid, dass meine Spende diesen Skandal verursacht hat, ich danke Herrn Dr. Kohl für das Opfer, das er für mich erbringen wollte."

Möglich, dass Kohl aus einem solchen Auftritt sogar als strahlender Sieger hervorgegangen wäre.

Was für ein aufrechter Charakter.

Stattdessen verwandelte er sich in eine 140-Kilo-Lachnummer und ließ allerlei Spekulationen freien Lauf. Mit wem hat er sich denn weswegen verschworen? Ging es um Waffen? Kam das Geld aus den Medien? Aus dem Hause des Fernsehmoguls Kirch vielleicht, dessen TV-Sender Helmut Kohl treu ergeben waren? Dies wurde oft gemutmaßt.

CDU-Generalsekretärin Angela Merkel ging als erste Spitzenpolitikerin auf Distanz zu Kohl und servierte ihn nur zwei Tage vor Weihnachten 1999 eiskalt ab. Sie entriss ihm seine Macht und zerschlug letztlich die Netzwerke, die seine Macht gesichert hatten. Mit einem solchen Schritt schien Kohl nicht gerechnet zu haben, schon gar nicht von seinem Mädchen, wie er Merkel so gerne nannte. Merkel riskierte mit diesem Schritt ihre eigene Karriere, denn viele Politiker folgten ihrem Beispiel nicht, offenbar aus Angst vor der noch immer vorhandenen Macht des alten Kanzlers; erst im August 2000 folgten weitere hochrangige Politiker – da ihnen nicht entgangen war, dass Merkel mit ihrem Putsch die Macht an sich gerissen und die alten Garden in die Wüste geschickt hatte. Und wer jetzt nicht in die Wüste ziehen wollte, musste sich wohl auf Merkels Seite schlagen.

Gegen Kohl wurde ermittelt, aber wie immer bei solchen Ermittlungsverfahren kam dabei nicht viel heraus. Kohl erklärte sich bereit, eine Geldbuße in Höhe von 150.000 Euro zu bezahlen, damit wurde das Verfahren zu den Akten gelegt.

Übrigens: Mit seinem Ehrenwort gegenüber dem anonymen Spender ist Kohl in einen direkten Konflikt zu seinem Amtseid geraten, der sagt, er müsse allen Schaden vom deutschen Volk abhalten. Doch seine illegalen Machenschaften haben dem Volk geschadet. Nun ist ein Eid ein Eid. Und wenn sich zwei Ehrenwörter in die Quere kommen, wie entscheidet man, welches man einhält und welches man bricht? Im Fall Helmut Kohl stellt sich diese Frage nicht: Er legte seinen Amtseid nämlich vor Gott ab („so wahr mir Gott helfe") – und ein Ehrenwort gegenüber Gott wiegt in jedem Fall mehr als das Ehrenwort gegenüber einem Menschen. Wenn sein zweiter Eid also mit dem ersten Eid kollidierte, wovon auszugehen ist, hätte Kohl seinen zweiten Eid gegenüber seinem großzügigen Spender brechen müssen, da Gott nun einmal mehr als ein anonymer Spender zählt. Wenn Kohl schon das deutsche Volk nicht an der Wahrheit teilhaben ließ, was wird er dann eines Tages dem Schöpfer berichten, wenn er vor ihn treten muss? Da wird er sich dann wohl kaum mit 150.000 Euro vom Fegefeuer freikaufen können.

Das Märchen vom Bimbes

QUELLEN:

o. A.: „Chronik – Kohl und die Affäre". In: *Spiegel online*, Hamburg 11. September 2000.
http://www.spiegel.de/politik/deutschland/0,1518,92846,00.html
Casdorff, Stephan-Andreas: „Kohl und der Bimbes". In: *Der Tagesspiegel*, Berlin, 24. November 1999.
Engelmann, Bernt und Eckart Spoo: „Schwarzbuch Helmut Kohl, Wie alles begann". Göttingen: Steidl, 2000.
Müller, Achatz von: „Bimbes – Der Kanzler der Einheit und die politische Ökonomie". In: *Die Zeit*, Online-Archiv 2000.
http://www.zeit.de/archiv/2000/3/200003.kohl_.xml?page=all
Pflüger, Friedbert: „Ehrenwort. Das System Kohl und der Neubeginn". München: Deutsche Verlags Anstalt, 2000.

OPERATION AJAX

Operation Ajax ist die Mutter aller CIA-Verschwörungen. Sie ist relativ gut dokumentiert, sie verliert sich nicht in Hypothesen oder Vermutungen. Die Hauptbeteiligten sind bekannt. Sie gilt als der größte Erfolg ihrer Zeit und als Katastrophe in Bezug auf ihre Auswirkungen, die heute noch zu spüren sind. Operation Ajax hat Geschichte geschrieben. Vor allem aber hat die Operation das Gesicht einer Region verändert. Ihr Erfolg hat die amerikanische Außenpolitik geprägt. Der Einsatz der Geheimdienste wurde zu einem wichtigen Instrument der amerikanischen Einmischungen in die Belange anderer Staaten, von ihrem eigenen Erfolg begeistert veränderten sich auch die Einsatzgebiete der CIA: Vom reinen Spionagedienst, der vor allem hinter den so genannten feindlichen Linien Informationen sammeln sollte, entwickelte sich der Dienst zu einem Handlanger amerikanischer Wirtschaftsinteressen, denn die amerikanische Wirtschaft ging als der große Sieger aus der Operation Ajax hervor. Dabei begann die Geschichte als ein Konflikt zwischen dem Iran und Großbritannien.

Die Anglo-Iranian-Oil-Company (AIOC) wurde im Jahr 1901 als ein halbstaatliches Unternehmen in Teheran gegründet. 49 Prozent der Anteile gehörten Persien, 51 Prozent britischen Anlegern. Auf den ersten Blick sieht diese Aufteilung nicht unfair aus. Zwar lag das Öl unter iranischer Erde, aber die Briten waren es, die die entscheidenden Investitionen tätigten und das gesamte Know-how zur Verfügung stellten. Doch die Zahlen lügen, denn trotz der 49 Prozent, die der Staat Iran an der Gesellschaft besaß, wurden die jährlichen Zahlungen nicht einfach in britischen Pfund ausgezahlt, der Iran erhielt lediglich Tantiemen an den Verkäufen, die von den Briten natürlich heruntergerechnet wurden. Statt also 49 Prozent der Einnahmen aus den jährlichen Gewinnen zu erhalten, wurde der Iran mit einem Bruchteil abgespeist.

Operation Ajax

Der Einfluss Großbritanniens im Nahen Osten erreichte nach dem Ersten Weltkrieg und dem Zusammenbruch des Osmanischen Reiches seinen Höhepunkt. Jordanien gehörte zum Empire, vor allem aber der Irak bescherte London Milliardeneinkünfte aus dem Öl-Geschäft. Als Kolonialherren konnten sie schalten und walten, wie es ihnen beliebte. Nicht so im Iran. Dem Iran war es gelungen, sich den imperialen Gelüsten der umgebenden Kolonialreiche zu widersetzen. Ob Russland, das Osmanische Reich und das britische Empire: An Teheran bissen sich die Kolonialreiche die Zähne aus. Dies ging aber nur dank geschicktem Paktieren und dem Abschluss von Bündnissen, welche die Souveränität garantierten. Es entstanden Vertragsabschlüsse, in denen die Iraner nicht selten gewaltige Zugeständnisse vor allem an Großbritannien machen mussten, um einer Annektierung zu entgehen. Großbritannien interessierte sich vor allem für die iranischen Ölfelder und gründete daher die AIOC, um auf dem Umweg eines komplizierten Vertragswerkes einen direkten Zugriff auf das iranische Öl zu erhalten. Gerade in der Zeit des Zweiten Weltkrieges standen die persischen Förderanlagen niemals still und versorgten die britischen (und sowjetischen) Truppen mit Treibstoffen. Der Iran blieb während des Krieges neutral, daher geriet auch die Öl-Förderung nie aus dem Tritt. Sie lief und lief und lief.

Die Unzufriedenheit der Iraner mit den Verträgen, die sie zu Gästen auf ihren eigenen Öl-Feldern degradierte, fand nach dem Zweiten Weltkrieg ihre Stimme in Mohammed Mossadegh, dem Premierminister der Pfauenrepublik. Mossadegh galt als Exzentriker. Er schlief oft lang und führte sogar Staatsgespräche im Morgenmantel. Sein exzentrisches Auftreten ließ ihn oft harmlos erscheinen, doch hinter der Fassade verbarg sich ein hochintelligenter Mann, der in Großbritannien studiert hatte und den Westen gut kannte. Politisch galt er als gemäßigt, seine Unterstützung der Alliierten während des Zweiten Weltkrieges verschaffte ihm im Westen Kredit und Respekt. Während des Zweiten Weltkrieges hatte sich der Iran mit seiner Kritik an den Verträgen zurückgehalten. Die Unterstützung des Westens war wichtiger als nationale Interessen. Nach dem Krieg aber wuchs der Unwillen, an den Verträgen festzuhalten, die ursprünglich bis 1993 laufen sollten. Mossadegh sprach sich offen für eine Revision der Verträge aus und nannte die Briten ganz offen Ausbeuter. Die Unabhängigkeitsbewegung in Indien, die das britische Empire bis in ihr Mark erschütterte, veränderte das Verhältnis auch der arabischen Kolonien gegenüber London. Der Iran erkannte seine Chance. London war viel zu sehr damit beschäftigt, die eigenen Kolonien zusammenzuhalten – da konnte sich Großbritannien nicht auch noch einen Streit mit dem Iran erlauben. Der Iran gehörte schließlich nicht zum Empire – und vor allem konnte Teheran auf einen Verbündeten zählen: die USA.

Seit dem Ende des Krieges ging es nicht nur um West gegen Ost. Es ging vor allem um Einflusssphären. Wer im Nahen Osten das Sagen hatte, besaß einen direkten Zugriff auf die Öl-Quellen. Das Gros der iranischen Bevölkerung lebte in Armut, es gab allerdings eine kleine gebildete Mittel- und eine fast ausnahmslos im Westen ausgebildete Oberschicht. Vor allem in der kleinen Mittelschicht galt Moskau als Alternative zum Pfauenthron. Formell regierte der Schah das Land, Reza Pahlavi, doch er beschränkte sich weitestgehend auf repräsentative Aufgaben sowie die Einsetzung des Premierministers und seiner Regierung. Der Iran befand sich auf dem Weg, eine Demokratie nach westlichem Vorbild zu werden.

Mossadegh suchte Ende der 40er, Anfang der 50er Jahre einen engeren Kontakt zu den Vereinigten Staaten und deren Präsident Harry Truman, der Mossadegh in seinem Streben, endlich gerecht an den Öl-Einnahmen des eigenen Landes beteiligt zu werden, durchaus unterstützte, sehr zum Missfallen der Briten, die Mossadegh am liebsten aus dem Amt gejagt hätten. Die USA aber unterstützten Mossadeghs Ziele. Mossadegh war ein Gegner des Kommunismus, nicht aber gegen die Beteiligung der Bevölkerung am Volkskapital. Was, fragte er, treibe denn die Menschen in die Arme Moskaus? Armut, fehlende Bildung, fehlende Perspektiven: Nur eine aufgeklärte, demokratische Gesellschaft sei in der Lage, Freiheit zu garantieren.

Solche Worte hörte man in Washington zu dieser Zeit noch gerne. Der Iran diente, wie bereits erwähnt, auch sowjetischen Truppen während des Zweiten Weltkriegs als strategisch wichtiger, da neutral gelegener Rückzugsort. Direkt nach der Kapitulation Japans im August 1945 und dem damit einhergehenden endgültigen Ende des Zweiten Weltkrieges, streckte Moskau ganz offiziell die Fühler in Richtung Iran aus. Die im Iran stationierten Truppen wurden nicht zurückbeordert, im Norden stritt Moskau mit Teheran um Förder-Konzessionen. Die Standhaftigkeit Irans gegen Moskau imponierte vor allem der Regierung Truman, die einen brachialen Anti-Kommunismuskurs in der amerikanischen Außenpolitik etablierte, der als Kalter Krieg in die Geschichte eingehen sollte.

Die Rückendeckung aus Washington änderte nichts daran, dass Teherans Wunsch nach Neuverhandlungen 1948 zwar von London widerwillig entsprochen wurde, während dieser Verhandlungen versuchten die Briten, die Iraner jedoch schlichtweg abzuzocken. Sie versuchten sich jedes Zugeständnis doppelt zurückzahlen zu lassen, die Verhandlungen verliefen schließlich im Sande, es blieb beim Status quo.

Noch 1950 unterstützte Washington Teheran ohne Wenn und Aber. Obschon Großbritannien als wichtigster Verbündeter im Westen galt und sich eine beispiellose Allianz entwickelte, die bis zum heutigen Tag andauert, so fanden Washington und London in Bezug auf den Iran keine gemeinsame Linie. Im Gegenteil: Ungewöhnlich scharf kritisierte Washington London und warf Großbritannien vor, sich einfach nicht eingestehen zu wollen, dass ihrem Kolonialreich die Götterdämmerung bevorstand.

Am 20. März 1951 platzte der Regierung in Teheran der Kragen. Trotz der Bereitschaft, Großbritannien nach wie vor den Löwenanteil an der eigenen Öl-Industrie zuzugestehen und die britischen Investoren vor anderen, ausländischen Interessenten zu schützen, beharrte London auf der Unveränderlichkeit der Verträge. Unabhängige Beobachter berichteten, Londons Auftreten sei arrogant gewesen, man habe die iranischen Unterhändler wie Bittsteller betrachtet und ihre Anliegen schlicht und ergreifend nicht ernst genommen. Am 20. März kündigte Teheran die Verträge auf und verstaatlichte mit einem Federstrich die gesamte Erdöl-Industrie des Landes.

Der radikale Schritt drängte nun Washington in die Enge. Das Auftreten Londons in den Verhandlungen galt auch in Washington als inakzeptabel, andererseits war London der treueste Verbündete der USA. Außerdem fürchteten die Amerikaner, andere Staaten würden dem iranischen Beispiel folgen und ihrerseits die Investoren – vor allem die vielen, vielen amerikanischen – aus dem Land werfen. Wider ihrer eigenen Überzeugung in Bezug auf Teheran half Washington nun London, einen Boykott von iranischem Öl zu organisieren. Wider ihrer eigenen Überzeugung, da Washington befürchtete, mit einem Boykott erst recht die Armen im Lande zu treffen. Den Amerikanern bereitete vor allem die Tudeh-Partei Kopfschmerzen, ein linkes Bündnis, das aus seiner Nähe zu Moskau keinen Hehl machte. Tudeh galt als vorbildlich organisiert und die Partei brauchte sich über mangelnden Zulauf nicht zu beklagen.

Trotz des Boykotts knickte Teheran nicht ein. Die amerikanische Presse verfolgte den Verlauf des Streits sehr aufmerksam und selbst konservative Blätter kamen nicht umher zugeben zu müssen, dass Mossadegh einen Widerspruch der amerikanischen Politik offenbarte. Auf der einen Seite fuhr die Regierung in Washington einen streng antikommunistischen Kurs, auf der anderen Seite beteiligte es sich an dem Boykott eines Staates, welcher der amerikanischen Linie folgte. Statt den Iran zu vergrätzen, forderte, wie gesagt, selbst die konservative Presse, eine Unterstützung Teherans. Als unabhängiges, freien Land mit freien Bürgern, Bildung und einer gesicherten Zukunft, so die Argumentation, sei der Iran geradezu geschaffen, für andere Staaten der Region ein Vorbild zu werden.

Hätte man doch auf diese Mahner gehört. All das Gerede über die Unterstützung von demokratischen Kräften im Nahen Osten wäre heute möglicherweise nicht notwendig, hätte man einfach diese Ideen aufgenommen. Dies aber geschah nicht, denn am 4. November 1952 wählten die Amerikaner ihren Kriegshelden Dwight D. Eisenhower zu ihrem Präsidenten.

Was Eisenhower letztlich dazu bewog, die Linie seines Vorgängers Truman zu verlassen, der einem Mossadegh-freundlichen Kurs folgte, ist nur schwer zu erklären. Ob es tatsächlich der Druck der Öl-Industrie war, wie heute oft gemunkelt wird, die im Iran ein Milliarden-Geschäft witterte, das sie nicht den Briten, oder noch schlimmer – den Iranern – überlassen wollte? Als Eisenhower acht Jahre später aus dem Amt schied, wandte er sich in einer dramatischen Rede ein letztes Mal ans amerikanische Volk und warnte es vor dem Einfluss des militärisch-industriellen Komplexes und prägte damit einen Ausdruck, der später zum festen Sprachrepertoire aller linken Gruppierungen der 68er Bewegung werden sollte. Doch im Jahr 1953, kurz nach seiner Amtseinführung, war von militärischen oder industriellen Komplexen in den Reden Eisenhowers nichts zu hören. In seiner Antrittsrede vom 20. Januar 1953 sprach er vielmehr von der „world leadership" der USA und bekräftigte den Führungsanspruch der Vereinigten Staaten nicht nur in der westlichen Hemisphäre. „Eines Soldaten Tornister", so Eisenhower, „ist nicht so schwer wie die Kette des Gefangenen", erklärte er weiter und machte damit klar, dass die amerikanische Politik auch die militärische Intervention nicht scheut.

Die erste republikanische Regierung seit rund 20 Jahren brach mit einigen demokratischen Errungenschaften – wie den Lohn- und Preiskontrollen. Sie erklärte klar, amerikanischen Verbündeten großzügiger als bisher helfen zu wollen, gleichzeitig aber verkündete sie auch, Gegner entsprechend härter anzufassen. Die Welt wurde letztlich in Schwarz und Weiß aufgeteilt.

Eine militärische Intervention stand im Iran von amerikanischer Seite aus nie zur Diskussion. Britische Schiffe hatten zwar bereits Kurs auf die iranischen Küsten gesetzt und vor Ort warteten quasi Tausende von Soldaten auf ihren Einsatzbefehl, aber London machte eine militärische Intervention von der Kooperation mit den USA abhängig. Die Regierung Truman aber ging auf die britischen Bitten nicht ein, sondern suchte eine diplomatische Lösung. Die Regierung Eisenhower mochte zwar einen radikalen Kurswechsel in der Außenpolitik betreiben, doch auch für die Republikaner stand ein militärisches Abenteuer außerhalb jeder Diskussion aufgrund des zur gleichen Zeit wütenden, vollkommen festgefahrenen Korea-Krieges, der sich Monat um Monat hinzog und keine Lösung im Sinne eines Waffenstillstandes oder gar Friedensabschlusses andeutete.

Statt also im Iran zu intervenieren, wurde die Operation Ajax ins Leben gerufen, die Vorbild für viele, viele Nachfolgeaktionen werden sollte. Statt eine Bomberstaffel gen Teheran zu schicken, wurden Agenten ins Land gesandt, die hinter den Kulissen eine Verschwörung gegen den Ministerpräsidenten organisieren sollten. Mossadegh, der Freund der USA, wurde von besagten USA eiskalt fallengelassen und sogar als „Irrer" bezeichnet.

Am 19. Juli 1953 schickte die CIA einen Agenten namens Kermit Roosevelt in den Iran. Roosevelt war der Enkel des legendären Präsidenten Theodore Roosevelt. Sein Auftrag war simpel formuliert: Er sollte die Absetzung der Regierung Mossadegh organisieren und eine Regierung einsetzen, die den USA treu ergeben war. Die Aktion war mit Großbritannien abgesprochen. Roosevelt konnte sich also auf seinen Präsidenten und Premierminister Winston Churchill berufen. Der Präsidenten-Enkel ließ sich von Kontaktleuten in den Kaiserpalast schmuggeln und nahm direkte Gespräche mit dem Schah, Reza Pahlavi, auf. Er erklärte dem Kaiser, dass die USA und Großbritannien es nicht dulden würden, eine Regierung zu tolerieren, die sich nicht klar auf ihre Seite stellte. Die neue Administration in Washington betrachtete Mossadegh als einen Wackelkandidaten und befürchtete, er könne ins Moskauer Lager überlaufen. So zumindest schreiben dies die heutigen Quellen. Rückblickend betrachtet muss aber auch den Amerikanern 1953 klar gewesen sein, dass Mossadegh möglicherweise mit Moskau drohen mochte (er tat dies, indem er die Angst vor einem möglichen Umschwung im Lande erklärte, wenn das Volk nicht langsam am Wohlstand des Öls beteiligt würde – als Vorbild sah er dabei Saudi-Arabien, wo die USA gleichfalls große Investitionen getätigt hatten, die sich 1953 für Amerikaner wie Saudis finanziell gleichermaßen auszahlten). Möglicherweise aber herrschte in Washington 1953 tatsächlich eine solche Angst vor dem Kommunismus, dass die Entscheidungsträger, die den Einsatz Roosevelts verantworteten, sogar glaubten, das Richtige zu tun. Man wird es wohl nie erfahren.

Der Schah entpuppte sich als schwieriger Gesprächspartner. Er war von der Dickköpfigkeit Mossadeghs nicht begeistert, dennoch hielt er sich als politischer Entscheidungsträger zunächst im Hintergrund. Die Position seines Volkes ihm gegenüber galt als schwierig. Warum?

Mohammed Reza Pahlavi, 1921 geboren, versuchte zu dieser Zeit noch als eine Art Integrationsfigur das Land und seine verschiedenen Interessensgruppen zusammenzuhalten. In der Schweiz erzogen, pflegte er einen westlichen Lebensstil. Bis 1941 wurde das Land von Reza Schah Pahlavi, seinem Vater regiert, der den ärmlichsten Verhältnissen entstammte und als Offizier in der russischen Armee eine beispiellose Karriere machte, die ihren Höhepunkt fand, als er die seit über 200 Jahren in Persien allein regierende Dynastie der Kadscharen stürzte und sich selbst zum Kaiser ernannte. Auf ihn geht auch die Umbenennung von Persien in Iran zurück, was „Land der Arier" bedeutet. Um den britischen Einfluss auf sein Land zu unterlaufen, suchte er auch Kontakte zu den Achsenmächten, zeitweise arbeiteten bis 1941 sogar deutsche Berater im Land. Selbst der Druck der Briten nach Kriegsbeginn 1939 ließ ihn nicht auf seine deutschen Berater verzichten, erst mit dem Angriff Deutschlands auf die Sowjetunion änderte sich das Bild. Die Sowjetunion, nun Verbündeter Großbritanniens, übte massiven Druck auf den Iran

Operation Ajax

aus und drohte sogar mit militärischen Schritten. Die Situation eskalierte und der Schah erkannte, dass er eine möglicherweise militärische Eskalation nur durch einen (erzwungenen) Rücktritt entspannen konnte. Zugunsten seines Sohnes Reza, der mit gerade einmal 23 den Thron übernahm, dankte er 1941 ab. Er ging ins Exil nach Südafrika, wo er einige Jahre später starb.

Vor allem seine unnachgiebige Haltung gegenüber der Sowjetunion verschaffte dem jungen Schah im Volk Respekt, auch sein Umgang mit den Geistlichen zeugte zunächst von Fingerspitzengefühl. Im Gegensatz zu seinem Vater, der, ähnlich der Türkei unter Atatürk, einen knallharten Westkurs fuhr und beispielsweise die Verschleierung von Frauen unter Strafe stellte, weichte der junge Schah dieses Verbot auf.

Nach europäischem Vorbild hielt er sich in den nächsten Jahren als Monarch im Hintergrund und überließ die Politik den Politikern. An sich ein geschickter Schachzug, denn trotz des Respekts, den er sich in Sachen Sowjetunion erarbeitet hatte, galt er doch als ein Regent von britischen beziehungsweise westlichen Gnaden. In seinen Händen lag dennoch das Wohl und Weh der Regierung, denn er besaß die Macht, die Regierung ohne Begründung absetzen zu können.

Kermit Roosevelt versuchte den Schah davon zu überzeugen, dass ein Kompromiss in der Iran-Frage mit Ministerpräsident Mossadegh nicht zu machen sei, da weder Washington noch London weiterhin bereit seien, mit ihm zu verhandeln. Der Schah willigte schließlich ein, Mossadegh zu entlassen und durch einen neuen Ministerpräsidenten zu ersetzen. Am 15. August des Jahres unterzeichnete er das entsprechende Dekret. Nun war die CIA in Sachen Umsturzverschwörungen noch ein Neuling im Geschäft, daher gelang es Kermit Roosevelt nicht, seine Spuren hundertprozentig zu verwischen. Sein Aufenthalt in Teheran blieb dem iranischen Geheimdienst nicht verborgen, Mossadegh wurde alarmiert – und der mobilisierte ihm treu ergebene Armeeeinheiten, welche die Übergabe der Entlassungsurkunde verhindern sollten. Was sogar gelang.

Der Schah erkannte, dass er sich innenpolitisch selbst isoliert hatte und floh nach Bagdad und später nach Rom. Die Amerikaner begingen nun einen Fehler, indem sie das Dekret des Schahs selbst veröffentlichten. Präsident Eisenhower in höchst eigener Person unterrichtete die Presse über den „Putsch" in Teheran, wonach der Schah vom Ministerpräsidenten entmachtet worden sei. Der Nationalist Mossadegh habe damit die Macht an sich gerissen, der Westen sei empört.

Gar nicht empört waren die Iraner, denn wie bereits erwähnt, gehörte der Schah nicht unbedingt zu den beliebtesten Prominenten im Land und seine Flucht nach Bagdad sahen vor allem die republikanischen, nationalen Kräfte im Land sehr gerne.

Operation Ajax

In den offiziellen Quellen heißt es nun, die Amerikaner hätten einfach ein wenig improvisiert, um ihr Ziel doch noch zu erreichen. Kermit Roosevelt konnte aus einem Budget von rund einer Million Dollar nach Ermessen Gelder für weitere Aktionen entnehmen. Es gibt allerdings eine weniger offizielle Geschichte, wonach nach der Flucht des Schahs Operation Ajax in eine Krise geriet, da sich der gesamte Plan um den Schah drehte. Er sollte, so war es geplant, nach der Absetzung Mossadeghs als starker Mann den Iran beherrschen, doch der Schah befand sich nicht mehr im Land und soll auch kein Bedürfnis empfunden haben, nach Teheran zurückzukehren. Daher nahm die CIA Gespräche mit ihm auf, in denen er, so heißt es, klare Forderungen an die Amerikaner stellte. Er wollte als Gegenleistung Geld und Logistik für den Aufbau von Schulen, Sozialsystemen, Verkehrswegen und mehr. Möglich, dass diese Geschichte nur die Imagekampne einer Marketingagentur darstellt, die den Schah in einem guten Licht zeigen wollte, die offizielle Geschichtsschreibung ist in Bezug auf diesen Part der Geschichte auf jeden Fall äußerst zurückhaltend und skeptisch, vor allem im Hinblick darauf, wie sich die Geschichte in den nächsten Jahrzehnten entwickeln sollte.

Aber noch schreiben wir das Jahr 1953. Roosevelt arbeitete weiter im Untergrund und suchte nach einer Möglichkeit, Unruhen im Lande zu organisieren. Vor allem die kommunistisch orientierte Tudah-Partei erlebte in den Tagen nach dem Sturz des Schahs einen regen Zulauf. Genau in diesem Zulauf sah Roosevelt seine Chance gekommen. Er engagierte Provokateure, deren Aufgabe darin bestand, bei Demonstrationen der Tudah-Partei – als vermeintliche Mitglieder von Tudah – Gewalttaten zu provozieren, die dann den kommunistisch orientierten Demonstranten angelastet werden konnten. In der Welt der Verschwörungen nennt man solche Falschspieler „agents provocateurs". Einige Jahre später benutzte übrigens Kuba den gleichen Trick, um die USA in Panama in Schwierigkeiten zu bringen (siehe auch JAPANER, AMERIKANER UND EIN PANAMESISCHER PRÄSIDENT).

Roosevelts Kontaktleute bei den anderen Parteien und in der Armee spurten. Die politische Lage wirkte gespannt, Mossadeghs Regierung geriet ins Straucheln, doch hielt sich bis zum 19. August 1953 an der Macht. An diesem Tag lieferte Roosevelt sein Meisterstück ab und ließ einen riesigen Demonstrationszug gen Parlament auflaufen. Die Demonstranten ahnten nicht, wer die Fäden in der Hand hielt. Stattdessen gelang es Roosevelt mit Hilfe seiner V-Männer, republikanische und Schah-treue Kräfte zu vereinen, obwohl die republikanischen Kräfte bis dato Mossadegh unterstützt hatten, der seinerseits, wie bereits erwähnt, als Nationalist galt. Durch das Erstarken der Tudah-Partei innerhalb nur weniger Tage und aufgrund der Gewalt, von der ihre Demonstrationen begleitet wurden, sahen beide Gruppierungen die Souveränität des Irans gefährdet. Sie ahnten nicht, dass die Gewalt von den

Operation Ajax

gleichen Personen organisiert worden war, die nun auch ihre Gegen-Demonstrationen logistisch und finanziell unterstützten. Kermit Roosevelt entpuppte sich als begnadeter Puppenspieler. Er zog mit seinem CIA-Geld und seinen Kontaktleuten die Fäden im Hintergrund und erreichte sein Ziel: Mossadegh dankte ab. Nur erfolgte diese Abdankung nicht ohne Blutvergießen. Zum Anführer der Anti-Mossadegh-Demonstranten sah sich Fazlollah Zahedis berufen, der Mann, den der Schah als neuen Ministerpräsidenten einsetzen wollte. Als General der Armee hatte er in jungen Jahren treu unter Reza Pahlavis Vater gedient, der Fazlollah Zahedi später in seinen engsten Beraterstab rief: als Freund, Berater – und aufgrund der Tatsache, dass er nicht wie der Schah aus ärmlichsten Verhältnissen stammte, sondern einer der seit Jahrhunderten einflussreichsten Familien des Irans angehörte. Mit seiner Hilfe sicherte sich der Schah die Unterstützung der Oberschicht des Landes.

Am Tag der Abdankung kam es zu heftigen Gefechten rund um den Sitz Mossadeghs, in deren Verlauf schätzungsweise 300 Menschen ihr Leben verloren. Anhänger Mossadeghs sahen noch eine Möglichkeit, die Schlacht zu gewinnen, indem sich Mossadegh über das Radio ans Volk wenden sollte, ebenso wie Fazlollah Zahedi dies getan hatte, als er Mossadegh kurzerhand für abgesetzt erklärte. Mossadegh aber erkannte seine Niederlage. Er wusste, dass die Aufrührer Unterstützung aus Washington und London erhielten und dass diesem Aufruhr weitere Unruhen folgen würden. Er verzichtete auf eine Radioansprache, indem er seinen Getreuen erklärte, es seien bereits zu viele Menschen gestorben. Einige Tage nach den Geschehnissen rund um seinen Amtssitz wurde er verhaftet und schließlich zu drei Jahren Haft verurteilt. Bis zu seinem Tod 1967 wurde er unter Hausarrest gestellt.

Der Schah kehrte in den Iran zurück, Roosevelt hatte bewiesen, dass die CIA perfekt Umstürze organisieren kann und die Regierung der Vereinigten Staaten tat dann genau das, was sie seit 1953 immer macht, wenn sie eine Regierung destabilisiert und durch eine neue ersetzt hat: Sie gratulierte der neuen Regierung und sagte ihr zu, ihr bei der Stabilisierung der politischen Verhältnisse großzügig helfen zu wollen.

Operation Ajax wurde als voller Erfolg gewertet, die Arbeit von Kermit Roosevelt als beispielhaft gepriesen. Vor allem sein Improvisationstalent beeindruckte seine Auftraggeber. Die Art und Weise, wie er selbst unerwartete Wendungen wie den Zulauf, den die Tudeh-Partei erhielt, quasi im gleichen Moment für die Ziele der Verschwörer nutzbar zu machen verstand – brachte ihm Achtung ein.

Beispielhaft für eine Verschwörung ist in diesem speziellen Fall die Tatsache, dass sich Verschwörungen nie genau vorherplanen lassen. Nach der Flucht des Schahs aus dem Iran ging man in den USA zum Beispiel klar davon aus, dass eine Diffamierung Mossadeghs den Ministerpräsidenten beim Volk

Operation Ajax

diskreditieren würde, man unterstellte ihm schließlich Machtmissbrauch, Amtsanmaßung, letztlich bezichtigte man ihn indirekt des Putsches. Nur das Volk reagierte anders als erwartet, große Teile des Volkes applaudierten ihm nämlich, statt gegen ihn zu demonstrieren. Dass die Verschwörung dennoch die von den Amerikanern und Briten erwünschten Ergebnisse lieferte, ist der Person Roosevelts zu verdanken (oder anzulasten, je nach politischem Standpunkt), der die politische Situation weitaus besser überblickte als seine Chefs in Virginia und Washington.

Was ist für eine erfolgreiche Verschwörung unabdingbar? Diese Mutter aller CIA-Verschwörungen zeigt es: Geld, ein klarer Auftrag und ein möglichst kleiner, involvierter Personenkreis. Als finanzielle Mittel standen Roosevelt eine Million Dollar zur Verfügung. Das klingt aus heutiger Sicht betrachtet nicht unbedingt nach einem Vermögen, aber wir befinden uns im Jahr 1953 – und 1953 war eine Million Dollar verdammt viel Geld. Der Auftrag: die Absetzung des Ministerpräsidenten und die Einsetzung einer Marionettenregierung. Der Personenkreis: der Stab um Präsident Roosevelt, Churchill, der Schah, Fazlollah Zahedi, einige namenlose Agenten sowohl von CIA als auch ihrem britischen Schwesterunternehmen MI6 (die aber vermutlich nicht in die Details eingeweiht waren) und Kermit Roosevelt als Koordinator, bei dem letztlich alle Fäden zusammenliefen. Zwar erhielt Roosevelt direkte Unterstützung von einem Agenten namens Donald N. Wilber, der als Nummer zwei der Aktion in die Geschichtsbücher eingehen sollte, die Entscheidungen aber traf Roosevelt. Er wäre auch für ein Scheitern verantwortlich gewesen, was seine Helfershelfer von der Last der Verantwortung befreite.

Vor allem aber koordinierte Roosevelt die Operation nicht von einem Büro in der CIA-Zentrale in Langley aus, sondern er befand sich vor Ort und konnte entsprechend schnelle Entscheidungen treffen.

Das Problem an erfolgreichen Verschwörungen stellt die Tatsache dar, dass sie nicht mit der Inthronisierung enden. Wäre Operation Ajax ein Grimm'sches Märchen, hieß es wahrscheinlich: „Und der Schah regierte fortan weise, fand eine Prinzessin, heiratete sie und lebte mit ihr glücklich bis ans Ende ihrer Tage."

Operation Ajax ist aber kein Grimm'sches Märchen. Und so nahm die Geschichte einen weniger harmonischen Verlauf. Tatsächlich beging die amerikanische Regierung im Iran den gleichen Fehler wie im Irak in unseren Tagen: Sie begann einen Krieg, ohne sich über die Nachkriegsordnung wirklich Gedanken zu machen. Letztlich ist die Verschwörung, die Mossadegh zu Fall brachte, nichts anderes als der Vollzug einer Kriegserklärung gewesen. Nur wurde Mossadegh keine Depesche überstellt, in der ihm offiziell der Krieg erklärt worden wäre. Stattdessen wurden Agenten eingesetzt, die ihn stürzen sollten, Attentäter, die statt des Gewehrs die Intrige zum Sturz ihres Opfers einsetzten.

Ebenso klar wie ihr Sieg ausfiel, ebenso klar fehlte es der Regierung Eisenhower an einem Konzept, wie es politisch nach dem Sturz Mossadeghs weitergehen sollte. Nach der Rückkehr aus seinem kurzen Exil in Bagdad und Rom wurde der Schah von den Amerikanern direkt zurück auf den Pfauenthron gesetzt und dazu gedrängt, größere Verantwortung zu übernehmen. Statt einer konstitutionellen Monarchie nach europäischem Vorbild vorzustehen, in der der Monarch in erster Linie die Repräsentation des Volkes ausübt und die Politik den Politikern überlässt, übernahm der Schah selbst die Rolle des Staatsführers. Die Macht des Ministerpräsidenten wurde dramatisch eingeschränkt. Die zarte Pflanze der Demokratie, die sich in den Jahren nach dem Zweiten Weltkrieg im Iran zu entwickeln und vorsichtig zu blühen begann, wurde plattgetrampelt und im Laufe der Zeit samt ihrer Wurzeln gänzlich aus dem Boden gerissen. Die Versprechungen, die der Schah nach seiner Rückkehr aus dem Exil abgegeben hatte – Wirtschafts- und Bildungsreformen gehörten dazu – hielt er nicht ein. Zu Beginn seiner „zweiten Amtszeit" lassen sich rückblickend Reformansätze finden, aber die verschwinden eines Tages im Schwarzen Loch der guten Vorsätze.

Durchaus möglich, dass die Geschichte anders verlaufen wäre, hätte sich die amerikanische Wirtschaft nach den Wochen des Umsturzes im Iran etwas mehr im Hintergrund gehalten. Auch wenn Roosevelt und seine Kollegen die Verschwörung mit der Eleganz eines Bolschoi-Balletttänzers vorbereitet und verwirklicht hatten, so bewegte sich die amerikanische Wirtschaft auf der Bühne des Irans wie ein fetter, an Gleichgewichtsstörungen leidender Elefant in der Porzellanfabrik. Die Manager der Öl-Industrie fielen über den Iran her wie eine Ameisenkolonie über ein von der Picknickdecke gefallenes Stück Zucker. Es gab neue Öl-Verträge mit dem Iran zu schließen. Freundlich gesagt: Aufgrund der veränderten Machtstrukturen im Iran wurden die Verteilungs- und Förderrechte der neuen politischen Situation angepasst, wobei die alten Verträge geachtet und in die neuen Verträge integriert wurden. Demnach erhielt der ehemalige Hauptvertragspartner des Irans AIOC eine großzügige Einmalzahlung als Entschädigung für mögliche Verluste und wurde selbstverständlich als Partner in die neuen Verträge aufgenommen, was die Aktien der AIOC steigen ließ. Auf Hochdeutsch: Die Amis forderten vom Schah ihr Honorar dafür ein, dass sie ihn zum alleinigen Machthaber katapultiert hatten und schlugen dabei zwei Fliegen mit einer Klappe: Unter dem Vorwand, dass ein britisches Engagement im Iran nach dem Boykott aus politischen Gründen nicht mehr durchsetzbar sei, zogen sie ihre Helfershelfer aus dem Vereinigten Königreich über den Tisch und gestanden ihnen nur mehr den Status eines Juniorpartners zu. Um der neuen Situa-

Operation Ajax

tion einen internationalen Anstrich zu geben holten sie überraschenderweise noch französische und niederländische Investoren mit ins Boot, auch wurde der Iran weitaus großzügiger an den Verträgen beteiligt als dies vor 1953 der Fall gewesen sein mochte. Das aggressive Auftreten der Amerikaner erinnerte die Iraner allerdings verdächtig an das Auftreten der Briten einige Jahre zuvor. Die Amerikaner ließen keinen Zweifel daran, dass sie die neuen Herren des Erdöls waren und der Schah nur eine Figur in ihrem Schachspiel.

Schach ist bekanntlich ein persisches Spiel, das Wort leitet sich sogar von „Schah" ab - und die Iraner erkannten sehr schnell den Bluff, auf den sie hereingefallen waren. In diesem, von der CIA aufgestellten Schachspiel war der Schah kaum mehr als ein Bauer. Ihm wurde zwar eine Krone aufgesetzt, seine Züge bestimmte jedoch Washington. Seine Macht stand auf wackligen Beinen. Um ihn zu füttern zeigten sich die USA in Sachen Militär- und Wirtschaftshilfe großzügig. Die Wirtschaftshilfe aber kam nicht dort an, wo sie eigentlich landen sollte, nämlich in der Wirtschaft. Stattdessen wurden alle Ministerposten mit loyalen Günstlingen besetzt, die ihrerseits ihre Beamtenposten mit Günstlingen belegten und so weiter. All diese Beamten und Politiker schworen dem Schah ihre Treue - und achteten darauf, dass die Wirtschaftshilfen auf ihrem Weg zum Volk zunächst einmal auf ihren Konten vorbeischauten und einen kleinen Anteil hinterließen. Von so manch einem Scheck verlor sich auf diesen Umwegen jede Spur. Gleichzeitig entstand ein Geheimdienst, dessen Hauptaufgabe darin bestand, das eigene Volk zu bespitzeln. Richtete sich dessen Arbeit zu Beginn hauptsächlich gegen kommunistische und religiöse Gruppierungen, folgten bald schon Demokraten, Nationalisten und Vertreter nationaler Minderheiten. 1960 setzte der Schah eine Liberalisierungskampagne an, förderte Pressefreiheit, schien einige Fehler der vergangenen Jahre korrigieren zu wollen, doch 1963 beendete der Schah diese Kampagne. „Damit waren nicht nur die demokratischen Strukturen beseitigt, auch die Idee der Demokratie hatte im Iran schweren Schaden erlitten, da der Westen das autokratische Regime des Schahs aus durchsichtigen machtpolitischen Gründen stützte", schreibt die deutsche Professorin Monika Gronke in ihrem Buch „Geschichte Irans". In einem Essay, das er für *Die Zeit* geschrieben hat, nennt der Historiker Jürgen Martschukat den Schah einen der meistgehassten Diktatoren der islamischen Welt - bis heute! Die Amerikaner interessierte dies allerdings nicht, denn das Schahregime garantierte den freien Fluss des Erdöls. Als die OPEC 1973 der westlichen Welt den Ölhahn zudrehte, liefen die Förderpumpen im Iran weiter auf Hochtouren.

Operation Ajax war ein voller Erfolg – aus amerikanischer Sicht. Bis sich 1979 das Blatt wendete. Es kam im Iran zur Revolution, der Schah musste das Land verlassen, der Öl-Fluss versiegte nicht, nur die Amerikaner verdienten nun nichts mehr am Öl, weil die Iraner fortan selbst am Öl verdienen

Operation Ajax

wollten – und ganz nebenher wurde von Teheran aus auch noch die Idee der islamischen Revolution in die Welt getragen. Zum Missfallen der Amerikaner, die augenblicklich in dem irakischen Diktator Saddam Hussein einen Freund fanden, der sich, mit der Aussicht auf einen gewaltigen Anteil am Öl-Fass Iran, bereiterklärte, gegen den verhassten Nachbarn im Osten in den Krieg zu ziehen. Eine Million Tote später befanden sich die Öl-Quellen des Irans immer noch im Besitz Irans. Und als Saddam Hussein das ebenfalls an Öl reiche Kuwait überfiel, war auch er kein Freund der Amerikaner mehr. Also wurde ein erstes Mal ein Krieg gegen ihn geführt, dem längst ein zweiter folgte. Wie viele Menschen ihnen zum Opfer fielen? Hunderttausend? Zweihunderttausend?

Niemand weiß es genau.

Operation Ajax.

Eine Verschwörung – entstanden, um einen unliebsamen und streitbaren Politiker elegant aus dem Weg zu räumen.

Das Resultat: ein voller Erfolg.

Mit Nachwirkungen, die noch heute zu spüren sind.

QUELLEN:

Harenberg, Bodo (Hrsg.): „Chronik des 20. Jahrhunderts". Dortmund: Chronik Verlag, 1982.

Herm, Gerhard: „Amerika ist an allem schuld". München: Heyne, 1980.

Lohse, Eckart: „Schurken, Helden und viel Nationalismus". In: *Frankfurter Allgemeine*, 17. April 2006.

Martschukat, Jürgen: „So werden wir den Irren los". In: *Die Zeit*, Hamburg 14. August 2003.

Außerdem: *http://www.cia.gov/cia/publications/factbook/geos/ir.html* – offizielle Seite der CIA über den Iran

STALIN, DER AMERIKANISCHE FREUND

Die Beziehung von Josef Stalin zu den USA ist eine widersprüchliche Beziehung. In der Bewertung seiner Beziehung zur Großmacht auf der anderen Seite des Globus werden heutzutage fast ausschließlich die Jahre nach 1945 herangezogen, die Jahre, in denen der Kalte Krieg begann und sich zwei Systeme unversöhnlich gegenüberstanden. Amerika war Stalins Feind, der Kommunismus der Feind Amerikas. Man vergisst im Rahmen dieser Bewertung nicht selten die Jahre vor 1945. Ohne amerikanische Waffenhilfe hätte Stalin den Krieg gegen das Dritte Reich kaum überstehen können. Die sowjetische Armee, die vor allem davon lebte, Massen an Soldaten an die Front zu schicken, brauchte amerikanische Hilfe. Und die bekam sie. Doch bereits vor dem Krieg gab es durchaus Momente, in denen Stalin eine gewisse Bewunderung für Amerika durchblicken ließ. So holte er in den 20er Jahren amerikanische Architekten ins Land, die nach amerikanischem Vorbild ganze Straßenzüge in Moskau neu errichten sollten. Deshalb gibt es heute in der russischen Hauptstadt tatsächlich einige Viertel, deren architektonischer Baustil den Besucher eher an Brooklyn oder Chicago erinnert denn an den Betonsozialismus sowjetischer Prägung.

Vor allem wusste Stalin, was er Franklin Delano Roosevelt, dem amerikanischen Präsidenten, zu verdanken hatte. Roosevelt war bestimmt alles andere als ein Freund des Kommunismus und schon gar nicht von Diktator Stalin, als sich die Welt jedoch im Krieg gegen den Faschismus befand, da kam Roosevelt Stalin zu Hilfe. Es war Roosevelt, der Stalin zu einem Alliierten machte. Zugegeben, es handelte sich um ein Zweckbündnis, aber der amerikanische Präsident zögerte nicht, dieses Bündnis einzugehen.

Stalin, der amerikanische Freund

Nach dem Ende des Zweiten Weltkrieges in Europa kam Stalin daher auch einer Aufforderung der Amerikaner nach – und erklärte Japan den Krieg. Obwohl Japan als Verbündeter Deutschlands im Pazifik seinen Weltmachtinteressen nachging, hatte Japan der Sowjetunion nie den Krieg erklärt und andersherum die Sowjetunion sich gegenüber Japan stets neutral verhalten. Diesbezüglich hatten sie sogar einen Vertrag miteinander geschlossen. Bis zum Ende des Krieges in Europa hielt sich Stalin an den Vertrag, dann erklärte er Tokio den Krieg, um Druck auf Japan auszuüben.

Zu dieser Zeit war Franklin D. Roosevelt, dem Stalin dieses Versprechen gegeben hatte, bereits tot, sein Nachfolger Harry S. Truman dankte der Sowjetunion zwar für ihre Hilfe, in den Hinterzimmern des Weißen Hauses wurde allerdings bereits an der Vorbereitung des Kalten Krieges gearbeitet, im August 1945 ließ Truman dann zwei Atombomben auf Japan werfen, beendete den Krieg und demonstrierte gleichzeitig, dass die USA fortan die Vormachtstellung im Pazifik für sich beanspruchten. Damit war die Sowjetunion im Pazifik ausgepunktet.

Stalin fühlte sich von den Amerikanern vorgeführt. Und daraus machte er keinen Hehl. Aber nicht nur das: Stalin war der festen Überzeugung, dass das amerikanische Vorgehen nur Teil einer westlichen Verschwörung gewesen sei, die es sich zum Ziel gesetzt hatte, die Sowjetunion auszubooten, um die Weltherrschaft an sich zu reißen. Eine Verschwörung, deren Wurzeln nicht einmal nur im Weißen Haus zu suchen waren, sondern vor allem in London, in der Downing Street No. 10.

In einem Interview mit Elliott Roosevelt, dem Sohn des ehemaligen Präsidenten, behauptete Stalin, Roosevelts Vater sei einem Komplott zum Opfer gefallen. Elliott Roosevelt war kein Mann, der sich mit irgendwelchen abstrusen Geschichten wichtig machen musste, um einmal aus dem Schatten seines übermächtigen Vaters treten zu können. Er war selbst eine schillernde Persönlichkeit. Als er 1990 80-jährig starb, konnte er auf fünf Ehen zurückblicken, aus denen acht Kinder hervorgegangen waren. Als Kriegsheld war er hochdekoriert, als Pilot hatte er maßgeblich den D-Day vorbereitet und Fotos der französischen Küstenabschnitte besorgt, an denen schließlich die Invasion stattfinden sollte. Er besaß eine Radiostation in Texas, politische Karriere machte er als Bürgermeister von Miami Beach, er schrieb recht erfolgreich Kriminalromane und arbeitete eben auch als Journalist.

1946, nach seinem Ausscheiden aus dem Militär, schickte das *Look*-Magazin Roosevelt zu Stalin, um ihn zu interviewen. Der Kalte Krieg befand sich in seiner Aufwärmphase, amerikanische Journalisten gehörten nicht gerade zu den beliebtesten Personen im politischen Moskau, *Look* ging allerdings davon aus, dass Stalin dem Sohn von Präsident Roosevelt ein Interview nicht abschlagen würde. Und so geschah es tatsächlich. Stalin gab Elliott Roosevelt ein Interview

Stalin, der amerikanische Freund

– und behauptete während des Gesprächs, Elliotts Vater sei ermordet worden. Roosevelt war sich sicher, dass Stalin tatsächlich auch glaubte, was er sagte. Stalin zeigte sich verärgert über Elliotts Mutter Eleanor, der er vorwarf, die Mörder gedeckt zu haben. Tatsächlich sandte Stalin kurz nach Roosevelts Tod seinen Botschafter in die USA, den späteren sowjetischen Außenminister Andrej Gromyko, zu Eleanor Roosevelt, der ihr nicht nur sein Beileid aussprechen sollte. Gromykos Auftrag bestand vielmehr darin, von der Witwe die Erlaubnis einzuholen, selbst einen Blick auf den toten Präsidenten werfen zu dürfen. In Moskau zweifelte man die Geschichte an, Roosevelt sei an einer Gehirnblutung gestorben. Eleanor aber verweigerte Gromyko diese Bitte.

Interessanterweise suchte Stalin die Verschwörer nicht im engsten Umfeld des US-Präsidenten. Wörtlich nannte er die „Churchill-Bande" als Urheber der Verschwörung. Churchill, der ungeliebte, aber im Krieg so erfolgreiche Ex-Premier, hatte im Unterschied zum amerikanischen Präsidenten nie einen Zweifel daran aufkommen lassen, dass er Stalin nur als Mittel zum Zweck betrachtete. Der Feind meines Feindes ist mein Freund, heißt es. Und Churchill betrachtete Stalin nur als den Feind eines anderen Feindes. Ihre Beziehung war gespannt.

Stalin glaubte auf jeden Fall fest an diese Verschwörung. Für ihn war sie nicht nur eine Theorie. Für ihn stand darüber hinaus fest, wie er Elliott Roosevelt anvertraute, dass die „Churchill-Bande" auch ihn mit Gift umbringen wollte. Elliott Roosevelts Reaktion auf die „Enthüllungen" Stalins sind leider nicht überliefert. Auf jeden Fall ist der Sohn den Vorwürfen des Diktators nicht weiter nachgegangen.

Stalins Konspirationsthese stellt eine wenig populäre Verschwörungstheorie dar. Ein Schlächter wie Stalin, an dessen Händen das Blut von Millionen Menschen klebte, bietet sich nun einmal nicht auch als Identifikationsfigur einer Verschwörung an. Er als Opfer? Na und?

Roosevelt hingegen, als der Präsident, der Amerika aus der Depression der Zwanziger Jahre geführt hatte, ist da von einem anderen Kaliber. Er als Opfer einer Verschwörung?

Natürlich ranken sich um seinen Tod Legenden. Dass er am 12. April 1945, weniger als einen Monat vor dem Ende des Zweiten Weltkrieges in Europa starb, ist für viele Paranoiker natürlich ein Zeichen dafür, dass er einer neuen Weltordnung im Wege stand. Tatsache ist: Roosevelt ist der einzige amerikanische Präsident, der mehr als zwei Amtszeiten regiert hat. Wie ist das möglich, sieht die amerikanische Verfassung doch nur zwei Amtszeiten vor?

Nun, das ist einfach zu erklären: Das Gesetz, wonach ein US-Präsident nur zwei Amtszeiten regieren darf, wurde erst 1951 unterzeichnet. Bis dahin galt die Amtszeitbeschränkung als eine informelle Angelegenheit, sprich: Es handelte sich um ein ungeschriebenes Gesetz. Roosevelt sah sich an dieses ungeschriebene

Stalin, der amerikanische Freund

Gesetz nicht gebunden. Während eine Wirtschaftskrise das Land erschütterte und gleichzeitig ein Krieg am Horizont seine Schatten vorauswarf, wollte er der Politik Kontinuität verleihen und stellte sich einfach auch nach Ende seiner zweiten Amtszeit mal zur Wahl. Das Volk unterstützte ihn – und er regierte somit länger als irgendein anderer US-Präsident sein Land.

Stalins Theorie ist nicht die einzige, die sich um den Tod des amerikanischen Präsidenten dreht. In einer anderen Verschwörungstheorie in Bezug auf seinen Tod wird eben jener Stalin als Drahtzieher beschuldigt. Diese Theorie ist in den 50er Jahren entstanden, in der Zeit der Kommunistenhatz, in der die Vereinigten Staaten die möglicherweise dunkelste innenpolitische Periode ihres Bestehens durchleiden mussten, als nämlich der Senat auf die Idee kam, ein „Komitee für unamerikanische Aktivitäten" zu gründen, in dem die Kommunistenhatz zum Staatsziel erklärt wurde und jeder Mensch, der im Verdacht stand, der Kommunisten-Partei der USA nahezustehen, sofort vor den Ausschuss gezerrt werden konnte. Den Vorsitz des Ausschusses führte ein letztlich vollkommen durchgeknallter Senator aus Wisconsin, Joseph McCarthy, ein religiöser Eiferer und Kommunistenhasser. Obschon man dem Senator mit dieser Beschreibung nicht gerecht wird. Er war kein Kommunistenhasser. Er war ein Kommunisten-, Liberalen-, Demokraten-, Freidenker-, Andersdenkender- und Künstlerhasser. Wenn man sich heute fragt, woher die Faszination (oder Angst?) der Amerikaner für Verschwörungen herrührt, kommt man an McCarthy nicht vorbei. Leider erhielt dieser von jeglichem Anstand und Moral befreite Brachialparanoiker 1948 den Vorsitz über diesen Ausschuss. Aufgrund seiner ständigen Medienpräsenz, der Erschaffung eines Klimas der Angst, der Schuldigsprechung von Menschen, die vor dem Ausschuss aussagen mussten, noch bevor sie ihre Aussage getätigt hatten, sie verschafften McCarthy Macht. Vor allem die Tatsache, dass er auch vor hochrangigen Politikern nicht Halt machte, brachte ihm eine Zeit lang sogar Respekt ein – weit über die republikanischen Parteigrenzen hinaus.

Als verheerend stellte sich dabei für die Vernunft und die Meinungsfreiheit in den USA der Fall Alger Hiss heraus. Hiss gehörte zu den engsten Vertrauten von Präsident Roosevelt. Hiss arbeitete ab 1944 für eine Sektion des Außenministeriums, deren Aufgabe darin bestand, die Nachkriegsordnung zu planen. Er war Mitglied der Konferenz von Dumbarton Oaks, wo der Grundstein der späteren Vereinten Nationen gelegt wurde, weshalb man Hiss durchaus als einen Vater der UNO bezeichnen darf. Bei der Konferenz von Jalta 1945 gehörte Hiss zum persönlichen Stab von Präsident Roosevelt, bei der ersten noch provisorischen UNO-Versammlung in San Francisco agierte er, quasi kommissarisch, als Generalsekretär.

Hiss geriet 1946 allerdings in Schwierigkeiten, als im Zuge einer internen Ermittlung des Außenministeriums nach dem Verbleib von Unterlagen Hiss als ihr Besitzer identifiziert wurde. Diese Unterlagen befassten sich unter anderem mit dem zukünftigen Kurs der Vereinigten Staaten gegenüber China, außerdem ging es um neue Anwendungsmöglichkeiten der Atomwissenschaften. Hiss war nicht befugt, diese Akten einzusehen. Um einen Skandal – auch für das Außenministerium – zu vermeiden, kündigte Hiss und wurde Präsident der Carnegie-Stiftung für internationalen Frieden.

Doch 1948 musste Hiss vor dem Ausschuss aussagen. Ein Redakteur des *Time*-Magazins hatte ihn beschuldigt, ein Spion der Sowjetunion zu sein. Hiss wurde öffentlich angeklagt, er selbst ging in die Offensive und erschien vor dem Ausschuss – was er nicht hätte tun müssen. Als ehemaliger Mitarbeiter des Außenministeriums genoss er bestimmte Privilegien. Er kam der Aufforderung dennoch nach. Leider hatte seine Frau, wie sich während des Verhörs herausstellte, als Studentin Kontakt zu sozialistischen Gruppen. Damit war Hiss' Reputation angeschlagen. Als Hiss den Redakteur des Rufmordes beschuldigte, präsentierte dieser Redakteur, der tatsächlich Mitglied der amerikanischen Kommunisten gewesen war, geheime Unterlagen, die Hiss ihm angeblich in den 30er Jahren hatte zukommen lassen – und die er, der Redakteur, dann dem sowjetischen Geheimdienst weitergab. Diese Unterlagen waren mit Hiss' Schreibmaschine des Typs Woodstock abgetippt worden. Zwar wurde Hiss nicht des Landesverrats angeklagt, da der angebliche Verrat bereits verjährt war, doch Hiss fiel ins Nichts und arbeitete schließlich als Vertreter für – welch böse Ironie – Schreibwaren.

Während des Hiss-Skandals entstand die Verschwörungstheorie, Stalin habe Roosevelt ermorden lassen. Die Nähe von Hiss zu Roosevelt, das Vertrauen, das der Präsident seinem Berater geschenkt hatte – sie waren Beweis dafür, dass der sowjetische Geheimdienst NKDW direkten Zugriff auf den Präsidenten der Vereinigten Staaten besaß. Eine ganze Reihe von konservativen amerikanischen Zeitungen berichtete daraufhin vom „Mord" an Roosevelt und sahen es als eine Tatsache an, dass ihr Präsident einer kommunistischen Verschwörung zum Opfer gefallen war. Das Schlimmste daran stellte die Tatsache dar, dass Amerikaner in diese Verschwörung verwickelt waren. Beweise für einen Mord gab es keine.

Die Verschwörungsbefürworter übrigens sahen ihre Annahme auch dadurch bestätigt, dass liberale Zeitungen und auch die visuellen Medien eine solche Mord-Verschwörungstheorie schlichtweg als Humbug bezeichneten.

Im Gegensatz zu anderen Verschwörungstheorien, die oft eine lange Lebenszeit besitzen, ist diese Verschwörungstheorie im Laufe der Zeit aus dem öffentlichen Bewusstsein verschwunden. Noch in den 60er Jahren ist sie von konservativen Kreisen oft zitiert worden, was durchaus erstaunlich ist. Im Gegensatz zu den Konservativen, die zumeist den Republikanern nahe stehen, war Roosevelt schließlich ein Demokrat. In den 70er Jahren aber verlor sich die Theorie im Abgrund der Geschichte.

Stalin, der amerikanische Freund

Moment – ausgerechnet in den 70er Jahren verschwand sie in diesem Abgrund? Ausgerechnet in jenem Jahrzehnt, in dem ein amerikanischer Präsident einem Amtsenthebungsverfahren nur zuvorkam, indem er zurücktrat? Ausgerechnet in jener Zeit, in der die Watergate-Affäre das Land in seinen Grundfesten erschütterte und eine Verschwörungstheorie zur bitteren Wahrheit avancierte? Genau, denn eben dieser Präsident, Richard M. Nixon, war jener Staatsanwalt, der als Mitglied des besagten Ausschusses Alger Hiss angeklagt und ihn als Spion überführt hatte! Er war der Politiker, der die Beweise vorgelegt hatte, die belegten, dass Alger Hiss, Befürworter der in den USA gar nicht geliebten UNO, ein sowjetischer Spion war. US-Präsident Nixon, der seinen rasanten politischen Aufstieg dem Fall Hiss verdankte, entpuppte sich als – Verschwörer. Er hatte seine Agenten losgeschickt, um in das Wahlkampfhauptquartier der Demokratischen Partei einzubrechen und diesen auszuspionieren. Er hatte eine Verschwörung gegen seinen politischen Gegner gestrickt.

Und dies ist keine Verschwörungstheorie, dies ist eine Tatsache!

Wer also kann belegen, dass Nixon nicht auch in eine Verschwörung gegen einen Politiker wie Hiss verstrickt war, in welcher der Ruf eines Mannes absichtlich vernichtet wurde, um zu beweisen, dass sich auch hinter den Fassaden der angesehensten Politiker Schurken verbergen können? Eine Verschwörung, mit welcher der Ausschuss seine Arbeit rechtfertigte und den Beweis erbrachte, wichtig zu sein. Getreu dem Motto: Wenn wir schon keine kommunistischen Agenten entlarven, weil es keine gottverdammten Kommis in der Regierung gibt: Lass uns doch einfach einen erschaffen und damit unsere eigene Existenz rechtfertigen.

Die Verschwörungstheorie, Stalin hätte Roosevelt ermorden lassen, verlor ganz einfach ihre Nährquelle, denn Hiss kehrte auf die Bildfläche zurück und verlangte nun Einsicht in Ausschuss-Unterlagen, die ihm bislang verwehrt geblieben war. Da Hiss einen berechtigten Zweifel an Nixons Arbeit als Staatsanwalt vorbringen konnte, wurde ihm Einsicht gewährt. Nach der Aktensichtung stand fest: Ein FBI-Agent, der vor Gericht ausgesagt hatte, es sei unmöglich, das Schriftbild einer Schreibmaschine zu fälschen, hatte gelogen. In Wahrheit wurden FBI-Agenten seit den 40er Jahren genau in dieser, für Staatsdiener und Gesetzeshüter eher etwas ungewöhnlichen Disziplin ausgebildet. Einige der als Beweise gegen Hiss eingebrachten Dokumente entpuppten sich als Fälschungen. Ein Privatdetektiv, der für Hiss gearbeitet hatte und Beweise für seine Unschuld sammeln sollte, war ein Informant des Ausschusses, der somit die Verteidigungsstrategie von Hiss kannte. Hiss belegte so, selbst das Opfer einer Verschwörung geworden zu sein. Eine vollständige Rehabilitierung erlebte er trotzdem nicht, denn obwohl er seine Anwaltszulassung zurückerhielt, verweigerte ihm der oberste Gerichtshof der USA eine

Stalin, der amerikanische Freund

Entschuldigung. Kein Wunder, die meisten Richter hatte nämlich Nixon eingesetzt und sie wollten nun ihrem Gönner nicht in den Rücken fallen.

Mit den Beweisen, die Hiss 1975 vorlegen konnte, versank die Verschwörungstheorie um eine Ermordung von Roosevelt also im Abfallkorb der Geschichte. Aber nicht ganz. 1992 wurde der Fall Hiss aufgewärmt, als ein KGB-Offizier namens Dmitri Volkogonov erklärte, nach Sichtung von NKDW-Akten stehe fest, dass Hiss kein Agent der Sowjetunion gewesen sei. Dem gegenüber stehen die 1996 freigegebenen „Venona-Papiere". 1996 gab die US-Regierung diese frei, wobei es sich um Botschaften der russischen Nachrichtendienste während der 40er Jahre handelt, die einen sehr detaillierten Einblick in die sowjetischen Geheimdienstaktivitäten der Zeit liefern und ihrerseits bestätigen, dass es im US-Außenministerium sehr wohl einen Spion an prominenter Position gab, den seine Kontaktleute „Alex" (an anderer Stelle „Ales") nannten und dessen biografische Daten durchaus zu Hiss passen würden.

Für die, für die Hiss schuldig war, ist dies natürlich Wasser auf die Mühlen. Damit wäre auch die Verschwörungstheorie um die Ermordung von Roosevelt durchaus wieder im Rennen. Wie glaubwürdig aber ist die These überhaupt, Roosevelt sei ermordet worden? Strahlte Roosevelt als Präsident etwa das blühende Leben aus?

Es ist nicht zu leugnen: Roosevelt vermittelte den Menschen Zuversicht, mit seinem Charisma zog er Freunde und Feinde gleichermaßen in seinen Bann. Jedoch: Die Kriegsjahre verbrachte er im Rollstuhl sitzend. Roosevelt litt seit seinem 40. Lebensjahr an Poliomyelitis, Kinderlähmung. So geht ein Teil der Faszination, den er auf das amerikanische Volk ausübte, von der Tatsache aus, dass sein Körper krank war. Roosevelt vermittelte den Menschen das Gefühl, dass in einem kranken Körper ein gesunder Geist stecken kann und dass Krisen nicht dazu da sind, sich unterkriegen zu lassen, sondern bewältigt werden müssen. Er konnte nicht mehr laufen – na und: Dann fuhr er eben im Rollstuhl. Nichts konnte seine Tatkraft einschränken. Da sollten die Amerikaner doch eine Wirtschaftskrise überwinden können. Nichtsdestotrotz, Roosevelt war ein kranker Mann, der seinen Körper weit über die Grenzen der Belastbarkeit hinaus strapazierte. Als Oberbefehlshaber der amerikanischen Truppen aber konnte und wollte Roosevelt den Menschen ein Vorbild sein und ignorierte alle Warnungen seiner Ärzte.

QUELLEN:

Weinstein, Allen: „Perjury: The Hiss-Chambers Case". New York: Random House, 1997.

Wilson, Robert Anton: „Das Lexikon der Verschwörungstheorien". München: Piper, 2002.

TECHNISCHER DIENST PLANT DEN WIDERSTAND

1952 Das Wunder von Bern lag noch in weiter Ferne. In den deutschen Kinos zelebrierten die Filmemacher eine heile Welt und ließen das „Schwarzwaldmädel" auf die deutsche Öffentlichkeit los. In Bonn regierte ein alter Mann namens Konrad Adenauer. Die Demokratie war noch jung, aber sie war nicht fragil. Viele Demokraten befürchteten in den Jahren nach dem Krieg, die junge Demokratie könne von braunen Stiefeln ein zweites Mal zertreten werden. Oder von roten Stiefeln. Deutschland nannte sich ja nicht zum ersten Mal eine Demokratie. Nur hatten die Deutschen die erste Demokratie abgewählt und durch Hitler ersetzt. Ein Land, das zu solchen Entscheidungen fähig war, dem war einfach alles zuzutrauen.

Doch der preußische Gehorsam funktionierte nach 1945 überraschend gut für die Demokratie. Von den Amerikanern vernichtend geschlagen, taten die Deutschen, was die Alliierten im Westen verlangten: Werdet gute Demokraten, verdammt noch mal! Im Osten funktionierte es übrigens genauso gut, nur hieß es dort, werdet gefälligst Sozialisten.

Langsam aber sicher ging es mit Westdeutschland wieder aufwärts. Der Ruck, der 1954 durch das Land gehen sollte, ließ zwar noch auf sich warten, aber es gab viel zu tun. Die Wirtschaft litt noch unter den Kriegsfolgen, gleichzeitig schufen diese Kriegsfolgen aber auch Arbeit. Schließlich musste noch immer aufgebaut werden, was die Bomben vernichtet hatten. Je mehr Arbeit

Technischer Dienst plant den Widerstand

vorhanden war, desto mehr Geld floss in die Volkswirtschaft zurück. Die Zeiten, in denen deutsche Wohnwagenkolonnen über die Alpen gen Süden zogen und die Deutsche Mark zum Statussymbol avancierte, diese Zeiten sollten zwar erst noch kommen, Anfang der 50er Jahre aber wurden die Grundsteine für diese Entwicklung gelegt. Adenauer wird heutzutage oft dafür gescholten, sich nicht ausreichend mit den Verbrechen der Jahre 1933 bis 1945 auseinandergesetzt zu haben, doch bevor man ihn dafür verdammt, muss man die Situation betrachten, in der er sich befand: Sein Job bestand darin, einen Staat neu aufzubauen, Wohnraum zu schaffen, Fabrikschornsteine wieder zum Rauchen zu bringen, die Demokratie zu etablieren. Auf diesem Weg ging er manch einen faulen Kompromiss ein, doch werfe der den ersten Stein, wer behauptet, in seiner Situation nicht durchaus ähnlich gehandelt zu haben.

In dieser Zeit erschütterte eine Konspiration die Republik, die von der Zeit vergessen wurde. Eine Verschwörung, die so straff organisiert war, dass es nur einem Zufall zu verdanken ist, dass sie je aufgedeckt werden konnte. Sie ist der Beweis dafür, dass Verschwörungen nicht nur in den Köpfen von Paranoikern entstehen, sondern reale Bedrohungen darstellen können. Obwohl die Verschwörung 1952 für Schlagzeilen sorgte, ist sie bereits in den Jahren nach ihrer Enttarnung nicht nur aus den öffentlichen Schlagzeilen vollkommen verschwunden. Auch in Geschichtsbüchern findet sie nur sehr selten eine Erwähnung. Ganz so, als sei sie nur eine unbedeutende Fußnote in den Gründerjahren der Bundesrepublik Deutschland, die höchstens einige spezialisierte Historiker interessieren dürfte.

Die Rede ist von der Verschwörung des „Technischen Dienstes des BDJ". Heute steht die Abkürzung BDJ für „Bund deutscher Juristen", aber die haben mit dieser Verschwörung nun wahrlich nichts zu tun. BDJ stand 1952 als Abkürzung einer Organisation mit dem Namen „Bund deutscher Jugend": Dieser Bund erschien auf den ersten Blick nicht kriminell oder gar staatsumstürzlerisch veranlagt. Schon in seiner Charta grenzte sich der BDJ zu Jugendorganisationen, die zwischen 1933 und 1945 das Denken der Kinder und Jugendlichen manipulierten, ab und gab sich als demokratisch. Man darf nicht vergessen, dass konfessionelle Jugendorganisationen in den frühen 50er Jahren sehr viel weiter verbreitet waren als sie es heute sind und zum Beispiel das Pfadfindertum hohes Ansehen genoss. Der BDJ stellte sich nach außen ebenfalls als eine solche Jugendorganisation dar, allerdings stand sie allen Jugendlichen offen, war nicht konfessionell gebunden wie das Gros der Jugendorganisationen jener Zeit.

Der Bund Deutscher Jugend teilte sich in Landesverbände auf und verfügte in fast allen Bundesländern über Niederlassungen. Die Mitgliederschaft unterteilte sich in Jungen- und Mädelgruppen (über 18 Jahre) und Junggruppen (14–17 Jahre). Bis zu diesem Punkt erschien nichts an dieser Vereinigung

Technischer Dienst plant den Widerstand

verdächtig, seltsam aber hätte dem einen oder anderen Verfassungsschützer die Tatsache erscheinen sollen, dass das Durchschnittsalter der Funktionäre bei weit über 30 Jahren lag, es auf lokaler Ebene de facto keine Führungspersonen zwischen 20 und 30 gab, wie in anderen Jugendorganisationen durchaus üblich. Der zweite Blick hätte dann eigentlich zu mehr als einem Stirnrunzeln Anlass geben müssen: Bei den Führungskräften der Organisation handelte es sich in der Regel um ehemalige Wehrmachts-Offiziere und Offiziere der SS. Es ist gar nicht auszuschließen, dass dem einen oder anderen Verfassungsschutzmitarbeiter diese Verbindungen frühzeitig auffielen und manch ein aufrechter Demokrat in den Reihen der deutschen Verfassungsschutzorgane ein flaues Gefühl bekam, wenn er sich den BDJ etwas genauer anschaute. Der von den Amerikanern initiierte deutsche Geheimdienst BND aber rekrutierte sich nach dem Krieg vor allem aus dem Führungspersonal, das qualifiziert genug erschien, einen Geheimdienst aufzubauen und zu leiten. Und woher bekam man nach 1945 solche Leute? Aus den Reihen, die schon vor 1945 in den Geheimdiensten ihren Dienst erledigt hatten. Es gilt heute als bewiesen, dass der BDJ über sehr gute Kontakte zur Politik und auch zu den verfassungsschützenden Organen verfügte und definitiv aus diesen Gremien Deckung erhielt.

Da der BDJ als Dachorganisation seriös auftrat und alles daran setzte, um nicht negativ aufzufallen, wurde als eine Abteilung der „Technische Dienst" gegründet. „Technischer Dienst" klingt unverdächtig. Jedes Krankenhaus verfügt über einen technischen Dienst, jede Stadtverwaltung verfügt über Techniker, die die Technik überwachen. Niemand ahnte, dass im Fall des BDJ die Bezeichnung „Technischer Dienst" nur als Tarnung galt. Tatsächlich verbarg sich hinter der Bezeichnung eine paramilitärische Einheit, die im Fall eines Einmarsches sowjetischer Truppen in Deutschland den Widerstand hätte organisieren sollen. Wie bei jeder Schutztruppe von eigenen Gnaden aber hätte sich der Widerstand nicht darauf beschränkt, feindlichen Truppen das Leben schwer zu machen, tatsächlich verfügte der Technische Dienst 1952 bereits über eine nicht zu unterschätzende Karteikartensammlung von Personen in der Bundesrepublik, die im Falle eines möglichen Einmarsches fremder Truppen in der Bundesrepublik als mögliche Kollaborateure beseitigt hätten werden sollen. Prophylaktisch, um ihnen erst gar nicht Zeit zu geben, sich eine mögliche Kollaboration zu überlegen. In diesem Fall zahlte es sich für die Ermittler aus, dass ein Teil der Verschwörer eine SS-Vergangenheit hatte. Schließlich wurden auch bei der SS über Verbrechen, Menschenrechtsverletzungen und andere Gräueltaten penibel Akten angelegt. Und so wurden die Pläne, die der Technische Dienst verfolgte, nicht nur konspirativ mündlich weitergegeben, es existierten tatsächlich schriftlich fixierte Pläne und eben Personen- und Organisationskarteien. Die Planung sah wie

Technischer Dienst plant den Widerstand

folgt aus: Im Falle eines Einmarsches sowjetischer Truppen sollten sich die BDJ-Mitglieder kampflos überrollen lassen und darauf warten, dass ein Waffenstillstand erzielt würde. Erst ab diesem Moment sollten sie mit gezielten Terroranschlägen, zum Beispiel auf Versorgungsanlagen und Brücken, einen Guerillakrieg beginnen. Statt offener Konfrontation wurde der Kampf aus dem Hinterhalt propagiert. Einem Hinterhalt, der sich aber eben auch gegen mögliche Kollaborateure richten sollte, weshalb der BDJ bereits 1952 Akten nicht nur über mögliche Kommunisten angelegt hatte. Der weitaus größere Teil ihrer Unterlagen richtete sich gegen SPD-Mitglieder und eher sozialdemokratisch geprägte Institutionen. Unter anderem standen auf den Tötungslisten der damalige Hamburger Bürgermeister Max Brauer, Annemarie Renger, die damalige rechte Hand von Kurt Schumacher, der hessische Kultusminister Ludwig Metzger, Herbert Wehner, diverse Bundestagsabgeordnete der SPD, aber auch der Chefredakteur der Deutschen Presseagentur Fritz Sänger fand sich auf diesen Listen, ebenso Gewerkschafter wie Adolf Arnold, Vorsitzender der Eisenbahnergewerkschaft. Offenbar warnte jemand den BDJ über die bevorstehenden Hausdurchsuchungen, weshalb Unterlagen vernichtet werden konnten. So zum Beispiel die Unterlagen über Erich Ollenhauer, den damaligen Vorsitzenden der SPD, dessen Name sich zwar auf einem Ordner befand, nur war der Ordner leer.

Der hessische Ministerpräsident August Zinn trat am 8. Oktober 1952 vor den Landtag und informierte die Abgeordneten über die Aktivitäten des BDJ wie folgt: „Nach einer Besprechung, die ich am Freitag, dem 3. Oktober, mit Herrn Bundeskanzler Dr. Adenauer in Frankfurt am Main gehabt habe, und nach einer Rücksprache mit dem Stellvertreter des Hohen Amerikanischen Kommissars, Mister Reber, die heute in meinem Dienstzimmer stattfand, habe ich dem Hohen Hause Folgendes mitzuteilen: Am 9. September 1952 erfuhr eine Außenstelle des hessischen Verfassungsschutzamtes von dem Bestehen einer Geheimorganisation, die etwa Ende 1950/Anfang 1951 von Führern des Bundes Deutscher Jugend unter der Bezeichnung ‚Technischer Dienst des BDJ' gegründet wurde. Die Organisation war als eine politische, bewaffnete Widerstandsbewegung gedacht. Sie ist mit Wissen und unter Mitwirkung des ersten Vorsitzenden des BDJ, Paul Lüth, aufgebaut worden. Der eigentliche Leiter war der zweite Vorsitzende des BDJ, Gerhard Peters in Frankfurt. (...) Innerpolitisch war nach dem Geständnis eines der Hauptbeteiligten und nach dem im Verlaufe der polizeilichen Maßnahmen beschlagnahmten Material die Organisation gegen die KPD, vor allem aber gegen die SPD gerichtet.

Nachdem das Bestehen der Organisation bekannt geworden war, wurden am 18. September 1952 schlagartig mehrere der Hauptbeteiligten festgenommen und die Räume des BDJ in Frankfurt am Main durchsucht. Der

Technischer Dienst plant den Widerstand

Leiter des Bundesamtes für Verfassungsschutz wurde von den Vorgängen in Kenntnis gesetzt. Gegen die Festgenommenen erging Haftbefehl. Die beiden Vorsitzenden des BDJ waren nicht aufzufinden. Die Sache wurde von der Staatsanwaltschaft in Frankfurt am Main an den Herrn Oberbundesanwalt abgegeben, der am 1. Oktober 1952 die Entlassung aus der Untersuchungshaft anordnete, weil die Beschuldigten angaben, dass diese Organisation auf Anweisung amerikanischer Dienststellen geschaffen worden sei. Da es zur Tarnung der Organisation auch zu Fälschungen von Ausweispapieren gekommen war und der Verdacht bestand, dass ein Kriminalbeamter in Frankfurt sich habe bestechen lassen, sind insoweit hier weitere Ermittlungen angestellt worden. Dabei hat sich ergeben, dass der Organisation eine wesentlich höhere Bedeutung zukommt, als ursprünglich angenommen werden konnte."

Die Amerikaner?

Man möchte einmal über eine Verschwörung schreiben, in der Begriffe wie Washington, Pentagon oder CIA gar nicht erst vorkommen. Aber leider, leider gehört diese Verschwörung nicht dazu. Mit einer Organisation wie dem BDJ wollten amerikanische Geheimdienstler für den Fall eines Einmarsches sowjetischer Truppen in Deutschland eine Partisanenarmee erschaffen. Vorbei an den Staatsorganen, denen man offenbar misstraute, bestehend aus einer eingeschworenen Gemeinschaft aus Antikommunisten. Im weiteren Verlauf seiner Rede im Hessischen Landtag erklärte der Ministerpräsident den erstaunten Abgeordneten, wie der Technische Dienst organisiert war: „An der Spitze der Organisation stand ein Stab. Innerhalb des Stabes bestand ein Referat If, dem ein von der Organisation aufgezogener illegaler ‚Abwehrdienst' unterstand. Nach dem Geständnis des Leiters des Abwehrdienstes war auch ein Sachbearbeiter für Liquidierung eingesetzt."

Ein Sachbearbeiter als Killer? So kann man eine solche Person auch nennen.

Der BDJ war hervorragend organisiert, vor allem verfügte er über enorme finanzielle Mittel. Finanziert wurde der BDJ aus Geldern der CIA, pikanterweise erhielt er aber auch hohe Zuschüsse aus dem Gesamtdeutschen Ministerium. Man darf nicht vergessen, dass die Bundesrepublik Deutschland die DDR nie offiziell als Staat anerkannt hat. Ältere Semester erinnern sich an die Berichterstattung in der konservativen Presse, in der DDR stets in Anführungszeichen gesetzt wurde (bis zum Fall der Mauer 1989, erst danach entfielen sie). Das Gesamtdeutsche Ministerium (im Fachjargon: Ministerium für Gesamtdeutsche Fragen) sollte den Anspruch der Bundesrepublik als einzigen Vertreter Deutschlands manifestieren. Da die Vertriebenen zu Beginn der 50er Jahre noch eine gewichtige Rolle in der bundesrepublikanischen Politik spielten, bevor sich Anfang der 60er Jahre die vollständige Integration in die Gesellschaft des neuen Westdeutschlands vollzogen hatte, stellte das

Technischer Dienst plant den Widerstand

Ministerium klar, die Interessen Deutschlands in seinen Grenzen von 1939 zu vertreten, also inklusive jener Gebiete, die nach dem Krieg an Polen und Russland gefallen waren. Als Vertreter der Millionen Vertriebenen verfügte das Ministerium über eine nicht zu unterschätzende Macht in der Regierung Adenauers, vor allem die Stimmen der Vertriebenen entschieden in der Bundesrepublik Wahlen – und Anfang der 50er Jahre wählte der größte Teil von ihnen die konservativen Kräfte. Adenauer war also auf sie angewiesen, daher ließ er das Ministerium an der langen Leine agieren.

Es ist somit anzunehmen, dass innerhalb des Ministeriums Mitarbeiter saßen, die wussten, welche Ziele der BDJ verfolgte und genau aus diesen Gründen den Technischen Dienst großzügig unterstützten. Das heißt, dass Mitarbeiter (Bundesbeamte) eines deutschen Ministeriums mit einem fremden Geheimdienst am eigenen Kabinett und an der eigenen Regierung vorbei eine paramilitärische Organisation aufzubauen halfen. Wenn dies keine Verschwörung auf deutschem Boden nach 1945 darstellt, was ist dann eine Verschwörung?

Neben den Geldern vom CIA und aus dem Gesamtdeutschen Ministerium erhielt der BDJ großzügige Spenden aus der Wirtschaft, sowohl von amerikanischen als auch von deutschen Unternehmen. Daher konnte es sich die Organisation erlauben, ihren direkten Mitarbeitern bis zu 1000 Mark im Monat zu bezahlen, für das Jahr 1952 war dies eine Menge Geld. Mit dem Geld erkauften sich ihre Hintermänner natürlich auch die Treue ihrer Vasallen. Anti-Kommunismus hin oder her: Mit 1000 Mark ließ sich 1952 eine Menge anstellen.

Während der BDJ als Dachorganisation für das seriöse Auftreten in der Öffentlichkeit sorgte, stellte der Technische Dienst nach und nach seine Partisanenarmee auf. Dazu der hessische Ministerpräsident: „In Waldmichelbach im Odenwald erwarb die Organisation ein (Haus), in dem Lehrgänge abgehalten wurden, die als Partisanenlehrgänge bezeichnet wurden. In diesen Lehrgängen sind etwa 100 Mitglieder politisch geschult, im Waffengebrauch und in Taktik ausgebildet worden. Die tatsächliche Mitgliederzahl der Organisation soll sich zwischen 1000 und 2000 bewegen, wobei angenommen werden kann, dass ein Teil der Mitglieder nicht wusste, welchen Charakter die Organisation hatte. Die Mitglieder der Organisation waren zum größten Teil ehemalige Offiziere der Luftwaffe, des Heeres und der Waffen-SS." Interessant ist in diesem Zusammenhang die politische Ausrichtung. Obschon ein Großteil der Führungsmitglieder des Technischen Dienstes Nationalsozialisten waren, waren neofaschistische Tendenzen unerwünscht. Es ist ein offenes Geheimnis, dass die Amerikaner bei der Auswahl ihrer Verbündeten nach dem Krieg nicht wählerisch gewesen sind. Heißt es normalerweise, die Kleinen hängt man und die Großen lässt man laufen, sah dies nach 1945 ausnahms-

Technischer Dienst plant den Widerstand

weise einmal anders aus. Während zumindest einige Größen des Nazi-Regimes ihr Ende am Strang fanden, gingen ihre Helfershelfer weitestgehend straffrei aus. Mit den Ministern konnte man nichts mehr anfangen. Ihr Regime war zusammengebrochen, sie selbst galten als Kriegsverbrecher und es hätte einfach einen schlechten Eindruck auf die überfallenen Völker, die alliierten Soldaten und sogar auf die ausgebombten Deutschen gemacht, einen Göring wieder auf freien Fuß zu setzen. Interessanter waren für die Geheimdienste eher die Ministerialbeamten, die Staatsanwälte der Nazis, die Agenten, die Leute aus der Zweiten Reihe – mit ihren Verbindungen, ihrem Wissen, ihrer Skrupellosigkeit. Skrupellos, da viele von ihnen „nur" Mitläufer gewesen waren und nicht unbedingt überzeugte Nationalsozialisten. Deutschnationale vielleicht. Oder Rechtskonservative. Aber eben keine hundertprozentigen Nationalsozialisten, sondern eher Mitläufer der widerlichsten Sorte, jene skrupellosen Karrieristen, die ihre Fähnlein in jeder Gesellschaft in den Wind hängen und für ihre Herren nicht nur gute, sondern beste Arbeit erledigen, jene Intriganten, die gar nicht an die Spitze wollen, sondern auf ihren Pöstchen ein gutes Leben führen. Natürlich gibt es auch unter ihnen Überzeugungstäter, die ihre politischen Ansichten durchsetzen wollen, aber das Gros besteht eben nicht aus Herren, sondern Dienern. Bis 1945 dienten sie den Nazis, nach 1945 eben den Amerikanern. Ob der deutsche Geheimdienst, der von solchen Bürokraten aufgebaut wurde, das deutsche Justizwesen, überhaupt ihr Einfluss auf die Politik. Überall waren in den Gründerjahren – und darüber hinaus – diese Mitläufer zu finden, die die hohen Posten gerne honorigen Personen überließen, wie einem Konrad Adenauer, der zwar einen ruppigen Politikstil vertrat, aber keine Details über eine braune Vergangenheit zu befürchten hatte, die eines Tages hätten ans Licht kommen können. Als Oberbürgermeister von Köln und Mitglied der Zentrumspartei war er 1933 aus dem Amt entfernt worden, weil er sich geweigert hatte, einer Nazi-Größe beim Besuch der Stadt die Hand zu schütteln. Er galt also als integer. Dafür saßen die nicht ganz so integren Beamten in den Ministerien und einige von ihnen schützten den BDJ und arbeiteten aktiv an seiner Aufstellung als paramilitärische Geheimorganisation mit. Zu dieser Arbeit gehörte es auch, dass Hinweisen aus der Bevölkerung auf die Aktivitäten des Technischen Dienstes schlicht und ergreifend nicht nachgegangen wurde. Einen Vertuschungsfall deckte die *Welt am Sonntag* auf: Im Juli 1952 fuhren amerikanische Armeelastwagen in die Wälder rund um das Ausbildungszentrum des BDJ. Sie transportierten wasserdichte Kisten mit Waffen, Munition und Sprengstoff, die im Wald vergraben werden sollten – als Stille Reserve für die Zeit nach einer sowjetischen Invasion. Mehrere Augenzeugen berichteten von seltsamen Aktivitäten und meldeten diese sogar dem Verfassungsschutz. Eine Untersuchung der Beobachtungen blieb aber aus. Ein Hinweis

Technischer Dienst plant den Widerstand

darauf, dass die Seilschaften der Organisation funktionierten.

„Um den Bürobetrieb, den Postverkehr und den Kurierverkehr zu tarnen", so der Ministerpräsident in seiner Rede vor den Abgeordneten, „wurde eine Tarnfirma gegründet. Das Geld floss durch fingierte Aufträge einer angeblichen amerikanischen Stelle in die Firma. (...) Die Geldmittel und die Waffen wurden von einem Amerikaner zur Verfügung gestellt, der die Lehrgänge überwacht hat. Ihm sind auch Durchschläge der Karteiblätter des Abwehrdienstes zugeleitet worden." Jene Karteiblätter, die im BDJ-Jargon Proskriptionslisten genannt wurden und die deutschen Ziele im Falle einer Invasion auflisteten. Was der Ministerpräsident damit in aller Öffentlichkeit erklärte, klingt unglaublich: Aber demnach war der amerikanische Verbindungsmann des BDJ darüber informiert, dass der Technische Dienst plante, deutsche Politiker und Gewerkschafter im Falle einer Invasion zu ermorden. Und dieser amerikanische Verbindungsmann deckte den BDJ. Später dann wurde dieser Mittelsmann durch einen anderen Agenten abgelöst, der nachweislich Beweismaterialien nach dem Auffliegen des Technischen Dienstes verschwinden ließ und dem Zugriff nicht nur der deutschen Staatsanwaltschaft entzog. Auch den in Deutschland ansässigen amerikanischen Behörden wurde dieser Zugriff verweigert. Dass die mit amerikanischen Geldern mitfinanzierte Gruppe überhaupt auflog, ist letztlich auch amerikanischen Mitarbeitern des Hohen Kommissars zu verdanken, die im Gegensatz zu ihren CIA-Kollegen die Gefahr erkannten, die vom Technischen Dienst ausging – und zwar für die bundesdeutsche Demokratie.

Wie bereits erwähnt, mochten neonazistische Tendenzen im Technischen Dienst unerwünscht gewesen sein. Und doch waren sie allgegenwärtig. Im Gegensatz zu den Schreibtischtätern, die den Technischen Dienst deckten und die sich ideologisch längst vom Ballast ihrer braunen Vergangenheit befreit hatten, sah dies an der Basis, bei denen, die mit der Waffe in der Hand Deutschland im Untergrund verteidigen sollten, anders aus. Vor allem die ehemaligen SS-Mitglieder und nationalistisch eingestellte Wehrmachtsoffiziere nutzten den Technischen Dienst zur Reorganisation. Zwar bestand der Technische Dienst bundesweit „nur" aus 1000 bis 2000 Mitgliedern, doch der Anteil ehemaliger SS-Mitglieder und von Wehrmachts-Offizieren lag weit über dem von ehemaligen, einfachen Soldaten, davon abgesehen, dass Jugendliche in dieser Abteilung der „Jugendorganisation" faktisch gar nicht vorkamen.

Der Plan der amerikanischen Chefstrategen und Initiatoren des Technischen Dienstes wies eine Schwachstelle auf: Der BDJ sollte nicht nur nach außen hin seriös erscheinen und keinen Rückschluss auf die tatsächlichen Ziele des ihm untergeordneten Technischen Dienstes zulassen, auch seine Mitglieder sollten ein unauffälliges, bürgerliches Leben führen. Der Sinn und

Technischer Dienst plant den Widerstand

Zweck einer Geheimarmee besteht schließlich darin, geheim zu bleiben. Gerade die SS-Leute und die nationalistischen Wehrmachtsoffiziere aber verpönten diese Normalität. Die Offiziere waren daran gewöhnt, Befehle zu geben und in klaren Befehl- und Gehorsamstrukturen zu handeln – wobei sie die Befehle gaben. Für eine demokratische Zivilgesellschaft fehlte ihnen jegliches Verständnis. Im Gegensatz zu Tausenden von einfachen Offizieren, die sich nach dem Krieg in die Zivilgesellschaft einordneten und ein Teil dieser Gesellschaft wurden, verweigerten sich die im Technischen Dienst aktiven Offiziere ganz bewusst der neuen Staatsform, wie sie und ihresgleichen es bereits in der Weimarer Republik getan hatten. Bei den SS-Männern spielten weitere Faktoren eine Rolle. Bis 1945 verfügten sie über erhebliche Macht, je nach Dienstrang über Leben und Tod. Als SS-Offiziere befanden sie sich in einer Welt jenseits der Gesetze, die für die normalen Menschen galten. Der nationalsozialistischen Idee des überlegenen Übermenschen kamen sie am nächsten. In ihrer Gedankenwelt.

In der Nachkriegsrealität sah es so aus, dass sie zu nichts zu gebrauchen waren, denn de facto hatten die wenigsten von ihnen vernünftige Berufe erlernt. Sie waren weder Landwirte, Automechaniker, Verwaltungsfachwirte, Bergleute. Im Gegensatz zu den Schreibtischtätern mit ihren fundierten Ausbildungen ließen sich die SS-Offiziere nur schwer in die Zivilgesellschaft integrieren. Dass viele über ihre Netzwerke wieder zu Amt und Würden kamen, darüber braucht an dieser Stelle gar nicht diskutiert werden. Das Gros der Offiziere fiel letztlich weich, tatsächlich wurde nur ein Bruchteil von ihnen strafrechtlich verfolgt oder floh ins Ausland. Im Technischen Dienst fanden solche SS-Offiziere eine Heimat, die nicht weich gefallen und nie in der Bundesrepublik angekommen waren. Sie wurden ebenso ein Teil der Verschwörung wie jene Überzeugungstäter, die im Technischen Dienst die Chance sahen, die Gesellschaft wieder „auf den rechten Weg" zurückzuführen. Aus diesem Gemisch entwickelte sich ein höchst explosiver Sprengstoff, denn sie agierten nicht nur im Untergrund, um eine Partisanenarmee aufzubauen, die im Invasionsfall aktiv werden sollte. „Viel wesentlicher ist es, dass derartige jeder deutschen Kontrolle entzogenen Geheimorganisationen (...) der Ausgangspunkt für eine illegale, innerpolitische Zielsetzung sind, wie es sich bereits bei dieser Organisation gezeigt hat", so Ministerpräsident Zinn. Ähnlich einer terroristischen Organisation bereiteten Mitglieder des Technischen Dienstes offenbar Terrorakte gegen Kommunisten, vor allem aber gegen Sozialdemokraten, vor. Sie nutzten die Verschwörung, der sie angehörten, um ihre eigene kleine Verschwörung zu planen. Der Technische Dienst drohte zur Keimzelle einer Terrororganisation zu werden, gedeckt durch Helfershelfer in der Politik und die verfassungsschützenden Organe finanziert mit amerikanischen Dollars und bis an die Zähne bewaffnet.

Technischer Dienst plant den Widerstand

Die Konspiration drohte aus dem Ruder zu laufen, angeblich deckte ein Aussteiger die Verschwörung auf. Ein Aussteiger, der erschrocken war von den Plänen, die ein Teil der potenziellen Partisanen aussheckte – und der offenbar einen gewaltigen Druck auf jene Mitglieder ausübte, die bei ihren Spielchen nicht mitmachen wollten. Die Staatsanwaltschaft Frankfurt reagierte. Es ist nicht auszuschließen, dass Agenten der CIA den Technischen Dienst zumindest in Teilen erhalten wollten, um ihn weiterhin zur Partisanenarmee aufzubauen, die amerikanischen Behörden in Deutschland aber nutzten die Gunst der Stunde und ließen den Technischen Dienst fallen. „Die Hohe Amerikanische Kommission hat", berichtete Ministerpräsident Zinn den hessischen Landtagsabgeordneten, „was ich mit Genugtuung feststelle, in aller Form ihr Bedauern über diese Vorgänge ausgesprochen und aufs Schärfste verurteilt, die Hohe Amerikanische Kommission und die maßgebenden Stellen der Armee haben mir in überzeugender Weise dargelegt, dass ihnen die innenpolitische Tendenz dieser Organisation nicht bekannt gewesen sei und dass sie von ihnen auf das entschiedenste missbilligt wird. Sie haben den deutschen Stellen jegliche Unterstützung zugesagt, nicht nur um diese Angelegenheit in vollem Umfange aufzuklären und die letzten Reste dieser Organisation zu beseitigen, sondern auch um jede Wiederholung zu verhindern. (...) Der Hohe Amerikanische Kommissar hat mir heute morgen durch seinen Stellvertreter, Mister Reber, erklären lassen, dass er meine Auffassung über den militärischen Unwert dieser Organisation und über die Gefahren, die ihre Aktionen für die deutsche Zivilbevölkerung in einem sowjetisch besetzten Gebiet mit sich bringen, ebenso teile wie meine Ansicht, dass solche Organisationen der Ausgangspunkt für innerpolitischen Terror sind."

Dass der Hohe Kommissar bereits vor Oktober 1952 um die vom BDJ ausgehende Gefahr wusste, belegt die Tatsache, dass bereits im Mai 1952 dessen Auflösung bis September des Jahres beschlossen worden war, aber offenbar am Widerstand des amerikanischen Geheimdienstes scheiterte. Für die CIA stellte der Technische Dienst einen straff organisierten, treuen Partner im Kampf gegen den Kommunismus dar. Offenbar verkannte der Geheimdienst die Gefahr, die von dem BDJ auch für die amerikanischen Interessen ausging. Im Kalten Krieg brauchten die USA ein starkes, demokratisches Deutschland als Verbündeten im Kampf gegen den Kommunismus. Eine innenpolitisch destabilisierte, von Terror erschütterte Bonner Republik konnte daher auf keinen Fall geduldet werden. Im Gegensatz zur CIA, die sich offenbar nicht eingestehen wollte, einen gewaltigen Fehler begangen zu haben, nutzten die Behörden vor Ort die Gunst der Stunde und ließen den BDJ auffliegen. Wen würde es wundern, wenn der Aussteiger gar kein Aussteiger gewesen sein sollte, sondern seinerseits ein Mitarbeiter des Hohen Kommissars? Aber das ist nur eine durch nichts zu beweisende Spekulation.

Technischer Dienst plant den Widerstand

Was für eine Geschichte: eine Verschwörung auf deutschem Boden mit CIA-Agenten, SS-Leuten und Wehrmachtsoffizieren, mit Helfershelfern in deutschen Ministerien und beim Verfassungsschutz – und darüber hinaus die geplanten Ermordungen von demokratischen Politikern, Gewerkschaftern und Journalisten. Dies ist nicht einfach nur eine Verschwörung, dies ist die Geschichte eines geplanten, wenngleich auch vereitelten Putsches gegen die demokratische Grundordnung der Nachkriegszeit. Dies ist keine Verschwörungstheorie, sondern ein Stück deutscher Nachkriegsgeschichte. Da sollte es erlaubt sein, eine Frage zu stellen: Warum ist die Geschichte des BDJ und seines Technischen Dienstes heute vergessen?

Weil es vor Gericht zu keinen Verurteilungen kam!

Die Amerikaner gaben der hessischen Landesregierung das Versprechen, ihr alle in Bezug auf den BDJ relevanten Akten zu übergeben – und kamen diesem Versprechen auch prompt nach. Aus den Akten ging ganz klar die Zielsetzung hervor, eine Partisanenarmee für den Kampf gegen den Kommunismus aufzubauen, die im Falle einer Invasion tätig werden sollte. Aus den Akten ging des Weiteren die Zahl von etwa 130 militärisch ausgebildeten BDJ-Mitgliedern hervor, die von amerikanischen Agenten mit Waffen ausgerüstet worden waren.

Anhand der amerikanischen Akten erstellte der hessische Innenminister einen Bericht, in dem es hieß: „Aus den Beweisurkunden (...) kann wohl mit Sicherheit behauptet werden, dass kein anderer Jugendverband in der Bundesrepublik über so ausgezeichnete Beziehungen zu höchsten Staatsdienststellen, Wirtschaftsverbänden und früheren Militärs verfügte wie der BDJ."

Beziehungen, die seinen Mitgliedern vor Gericht halfen?

Trotz des Verbots des BDJ und der Inhaftierung einer Reihe von Mitgliedern kam es zu keiner einzigen Verurteilung. Der Bundesgerichtshof sah sich außerstande, aus der Aktenlage heraus eine Verschwörung gegen den Staat zu erkennen. Zwar galt es auch 1952 bereits nicht gerade als ein Kavaliersdelikt, eine Geheimarmee zu gründen, über diesen Tatbestand sahen die Richter in Karlsruhe allerdings gnädig hinweg. Außerdem bezeugten die amerikanischen Akten ja, dass die Geheimarmee nur im Falle einer sowjetischen Invasion tätig werden sollte. Von terroristischen Aktionen gegen die eigene Bevölkerung, ja von der Ermordung demokratischer Politiker, stand in den amerikanischen Unterlagen nichts zu lesen. Da es in Deutschland keine Verschwörungen gibt, sondern nur Fakten, die sich auch anhand von Akten nachweisen lassen, ging die Bundesstaatsanwaltschaft diesen Anschuldigungen nicht weiter nach.

Bleiben noch die Ministerialbeamten, die offenbar die Tätigkeit einer verfassungsfeindlichen Organisation unterstützten und ohne Einverständnis ihrer Vorgesetzten mit dem Geheimdienst einer fremden Macht kooperierten, um auf deutschem Boden eine Geheimarmee aufzubauen (deren Existenz ja auch aus den amerikanischen Akten zweifelsfrei hervorging). Was ist mit denen passiert?

Nichts.

Die möglicherweise spektakulärste Verschwörung auf deutschem Boden nach 1945 – sie verlief eines Tages ganz einfach im Sande und der Wind des Vergessens beseitigte all ihre Spuren.

Quellen:

Ganser, Daniele: „Nato`s Secret Armies". London: Frank Cass, 2005.

Lehmann, Hans Georg: „Deutschland Chronik 1945–1995". Bonn: Bouvier, 1995.

Müller, Leo A.: „Gladio – Das Erbe des Kalten Krieges. Der Nato-Geheimbund und sein deutscher Vorläufer". Hamburg: Rowohlt, 1991.

Die Zitate der Rede von August Zinn stammen aus dem Archiv der sozialen Demokratie, Friedrich Ebert Stiftung; Online-Informationen gibt es beim „antifaschistischen pressearchiv und bildungszentrum berlin e.v."

TÖDLICHER KINOBESUCH

Als die Telefone am 1. März des Jahres 1986 gegen 0.30 Uhr zu klingeln begannen, standen die wenigen Mitarbeiter des staatlichen schwedischen Hörfunks vor einem Rätsel. Aus dem ganzen Land riefen besorgte Mitbürgerinnen und Mitbürger in Stockholm an, um zu erfahren, ob die Nachricht, die sie gerade gehört hatten, tatsächlich der Wahrheit entspräche. Welche Nachricht – war die erste Reaktion der Mitarbeiter. Es war nach Mitternacht, die einzelnen Radiostationen sendeten Dudelfunk, die schwedischen Agenturen vermeldeten keine Nachrichten, die Nachrichtenticker standen still.

Und doch: Ob aus Stockholm, Uppsala, Malmö, von überall her kamen die Anrufe. Und alle Anrufer stellten die Frage, ob ihr Ministerpräsident Olof Palme tatsächlich einem Attentat zum Opfer gefallen sei.

Das Attentat auf Olof Palme gilt heute als ein Meisterstück schlampiger Polizeiarbeit. Es ist eine Geschichte von Vertuschungen, von Peinlichkeiten und von Pannen, die, und dessen sind sich die meisten Schweden bis heute sicher, einfach keine Aneinanderreihung von Zufällen darstellen kann. Und daher glauben sie nach wie vor, dass Olof Palme einer Verschwörung zum Opfer gefallen ist. Einer Verschwörung von Politikern, Polizisten, Geheimdienstlern und Militärs, wie sie ihresgleichen in der westeuropäischen Nachkriegsgeschichte sucht.

Die Schüsse, die Olof Palme niederstreckten, fielen am 28. Februar 1986 um 23.23 Uhr vor einem Kino in der Innenstadt Stockholms. Palme und seine Frau hatten sich gerade den schwedischen Spielfilm „Bröderna Mozart" von

Tödlicher Kinobesuch

Suzanne Osten angeschaut und befanden sich auf dem Heimweg. Sie waren zu Fuß unterwegs und wollten mit der U-Bahn nach Hause fahren.

Ein Premierminister, der mit der U-Bahn nach Hause fährt? Was für die meisten Europäer (und erst recht Amerikaner) unvorstellbar erscheint, gehörte in Schweden bis 1986 zur Normalität. Ein Politiker wie Olof Palme verstand sich als Repräsentant seines Volkes und nicht als ein von seinem Volk losgelöster Führer. Natürlich hatte Palme Anrecht auf Personenschutz und in seinem Stab befanden sich auch ausgebildete Personenschützer, die ihn zu bestimmten Anlässen – zum Beispiel zu Staatsbesuchen – begleiteten. Doch wenn Palme als Privatmann auftrat, empfand er die Anwesenheit von Bodyguards als unangenehm und unangemessen. Er wollte den Menschen zeigen, dass es auch für einen Premierminister ein Leben jenseits des Regierungssitzes gab, er wollte ein Mann aus dem Volk sein, für jedermann ansprechbar, für jedermann ein Partner. Daher hatte er am Abend des 28. Februar 1986 seine Personenschützer nach Hause geschickt, um sich mit seiner Ehefrau Lisbet einen gemütlichen Abend zu machen. Zeugenaussagen nach näherte sich der Attentäter dem Ministerpräsidenten nach dem Kinobesuch in aller Ruhe, zog seine Waffe und feuerte dem Ministerpräsidenten aus gerade einmal zwanzig Zentimetern Entfernung zwischen die Schulterblätter, bevor er auf Palmes Ehefrau schoss, diese aber verfehlte. Im Chaos der augenblicklich einsetzenden Panik flüchtete der Attentäter – und zwar zu Fuß! Weder wartete auf ihn ein Komplize mit einem Wagen, auch agierte er nicht aus dem Hinterhalt heraus. Er erschoss den Premierminister vielmehr aus nächster Nähe.

Natürlich wurden sofort der Rettungsdienst und die Polizei alarmiert, doch im Gegensatz zum Notarzt, der innerhalb kürzester Zeit am Tatort eintraf und umgehend Reanimierungsmaßnahmen einleitete, ließ die Polizei auf sich warten. Zwei belegte Anrufe bei der Polizei verpufften förmlich im Telekomunikationsnirvana, erst der dritte Anruf setzte den Stockholmer Polizeiapparat in Bewegung. Seltsam ist allerdings, dass nicht einmal eine Minute nach den Schüssen mehrere Zeugen einen Polizeiwagen nur wenige Hundert Meter vom Tatort entfernt gesehen haben wollen, in dem, darin sind sich Zeugen ausnahmslos einig, ein Polizist saß. Eine Nachtstreife bestand aber auch 1986 bereits stets aus zwei Polizisten. In den Einsatzplänen der Stockholmer Polizei ist in dieser Nacht aber kein Vermerk zu finden, nachdem sich ein einzelner Polizist in dieser Nacht auf Patrouille befunden hätte. Ebenfalls berichteten einige Zeugen direkt im Anschluss an das Attentat, an diesem Abend mehrere Personen mit Funkgeräten gesehen zu haben. Heute würden Verschwörer einfach ihre Handys aus den Taschen holen und ganz offen und ungeniert miteinander telefonieren, Handys aber stellten 1986 noch eine Phantasie des Sci-Fi-Kinos dar. Und so fielen die Männer mit den Funkgeräten natürlich auf. Seltsamerweise ist die schwedische Staatspolizei SÄPO die-

Tödlicher Kinobesuch

sen Zeugenaussagen nie wirklich nachgegangen. Wie überhaupt die Suche nach den Tätern mehr als nur schleppend voranging. Statt den Tatort abzusperren geschah erst einmal gar nichts! Statt den U-Bahn-Verkehr zu stoppen und Straßensperren zu errichten, wie man dies in anderen Ländern nach politischen Attentaten macht, lief in dieser Nacht zunächst einmal alles seinen gewohnten Gang.

Ein Zeuge wiederum, der einen kühlen Kopf behalten und den Attentäter tatsächlich verfolgt hatte, verlor diesen zwar in einem angrenzenden Stadtviertel aus den Augen, alarmierte aber stante pede die Polizei, die sich jedoch erst einmal dafür entschied, den Anruf nicht ernst zu nehmen. Auch beschloss die Polizei der Aussage einer Zeugin nicht nachzugehen, die wenige Minuten vor den Schüssen auf den Ministerpräsidenten vor dem Eingang eines Geschäftes am Sveavägan eine mehr als nur seltsame Beobachtung gemacht hatte: Dort erkannte sie einen Mann, der hin und wieder im gleichen Fitnessstudio wie sie trainierte. Sie sprach ihn an, woraufhin der Mann erschrak und versuchte sein Gesicht zu verdecken und über Funk die Anweisung erhielt, sich unauffällig zu verhalten. Der Funkspruch sei auf Finnisch erteilt worden, ganz so, als hätte der Sprecher auf jeden Fall verhindern wollen, verstanden zu werden. Pech nur für den unbekannten Befehlsgeber, dass die Zeugin aus Finnland stammte und ihn sehr wohl verstand. Dabei ist es durchaus nachvollziehbar, dass mögliche Attentäter, die quasi öffentlich über Funk miteinander kommunizieren, dafür eine Sprache wählen, die möglichst wenige Menschen in ihrem Umfeld verstehen. Da Finnisch und Schwedisch nicht miteinander verwandt sind und Finnisch darüber hinaus schwer zu erlernen ist, bietet sich diese Sprache durchaus an. Es reicht ja aus, einige Phrasen und Begriffe zu erlernen, um im Rahmen einer im Vorfeld straff organisierten Aktion dennoch ausreichend miteinander kommunizieren zu können.

Ein Streit entbrannte derweil an den Zuständigkeiten. Mord fiel in den Zuständigkeitsbereich der Stockholmer Polizei, politische Straftaten in den der SÄPO. Der Zwist der beiden Behörden in Bezug auf die Zuständigkeit wurde erst mehrere Tage nach dem Mord endgültig zugunsten der SÄPO geklärt.

Irgendwann in der Nacht, Stunden nach dem Tod des Premierministers, kam die Polizei schließlich auf die phänomenale Idee, den Tatort abzusperren und Spuren zu sichern. Zu diesem Zeitpunkt gab es jedoch keine zu sichernden Spuren mehr. Selbst die Patronen blieben zunächst unauffindbar. Ein indischer Tourist entdeckte sie später zufällig in der Nähe des Tatorts.

Und während kurz nach Mitternacht in ganz Europa – Ost und West wohlgemerkt – die Radioprogramme unterbrochen wurden, um den Menschen mitzuteilen, dass Olof Palme ermordet worden sei, sendete das schwe-

Tödlicher Kinobesuch

dische Radio noch Dudelfunk. Jene Hörerinnen und Hörer, die schließlich die Agenturen und Radiostationen in Schweden anriefen, hatten von der Ermordung ihres Ministerpräsidenten in der Regel über ausländische Radiosender erfahren.

Olof Palme.

Geboren am 30. Januar 1927 in Stockholm, verkörperte Palme im Ausland das sympathische Gesicht Skandinaviens. Er entstammte einer wohlhabenden Familie niederländischen und baltisch-deutschen Ursprungs. Trotz der streng-konservativen Ausrichtung seiner Familie trat er der Sozialdemokratischen Partei Schwedens bei. Er galt als Musterschüler und strebsamer Student, 1947 erhielt er die Möglichkeit, als Stipendiat in die USA zu reisen und dort zu studieren. Als atemberaubend kann man das Tempo bezeichnen, mit dem er nach seiner Rückkehr politische Karriere machte. Er wurde 1952 Vorsitzender der Schwedischen Hochschülerschaft, 1953, mit gerade einmal 26 Jahren, ernannte ihn der damalige Premierminister Tage Erlander zu seinem Sekretär. Erlander förderte Palme und ebnete ihm den Weg für höhere Aufgaben. 1965 bekleidete Palme erstmals ein Ministeramt im Kabinett des Premiers. Als Tage Erlander 1969 von seinem Amt zurücktrat, wurde Palme zu seinem Nachfolger gewählt.

In den 50er und 60er Jahren erfasste die Ideologie der „starken Gesellschaft" Schweden. Um als kleines Land international bestehen zu können, wurde zum Beispiel massiv in Bildung und Ausbildung investiert. Damit einher ging die Idee eines Wohlfahrtsstaates, der es auch den Schwachen ermöglichen sollte, in der Gesellschaft zu bestehen. Politische Probleme sollten im Konsens („Konsenspolitik") gelöst werden, Arbeitnehmer und Arbeitgeber, die sich bereits 1938 – seinerzeit ein absolutes Novum – auf eine Sozialpartnerschaft geeinigt hatten, schritten diesen Weg weiter fort. Die Regierung Tage Erlanders feierte mit ihrer Politik große Erfolge und der Name Palme wurde eng mit diesen Erfolgen verknüpft.

Außenpolitisch blieb Schweden neutral und schloss sich, im Gegensatz zu den Nachbarn in Norwegen und Dänemark, nicht der NATO an, obschon sich Schweden stets als Teil des westlichen Wertekanons betrachtete. Stattdessen engagierte sich Schweden stark in der UNO und erlangte auf diese Art und Weise Gehör.

Eine der schillerndsten Persönlichkeiten dieser Phase war der Politiker Dag Hammarskjöld, der sich als zweiter UN-Generalsekretär ab 1953 aktiv als Friedensstifter einsetzte. 1954 gelang es ihm nach hartnäckigen Gesprächen mit der kommunistischen Führung in China, amerikanische Kriegsgefangene des Korea-Krieges freizubekommen, als der Konflikt um die freie Durchfahrt des Suezkanals 1956 drohte in einen internationalen Krieg zu münden, gelang es ihm mit einer internationalen Friedenstruppe, die er

Tödlicher Kinobesuch

innerhalb von 48 Stunden zusammenstellte, diesen Krieg zu verhindern. Als er im September 1961 bei einem Flugzeugabsturz in der vom Kongo abtrünnigen Provinz Katanga, der heutigen Demokratischen Republik Kongo, starb, wurde er einen Monat später posthum mit dem Friedensnobelpreis ausgezeichnet. Mit seinem Tod im Auftrag des Friedens manifestierte er Schwedens Ruf als „Moralische Supermacht".

Als Tage Erlander von seinem Amt zurücktrat, übernahm Palme einen gepflegten Garten. Oft aber überwiegt der Schein das Sein und unter der gepflegten Oberfläche gärte es. Die Wirtschaft klagte über eine zunehmende Bürokratisierung, was nicht weiter verwundern sollte. Da der Staat sich in fast alle Belange des Lebens einmischte – wenn auch in bester Absicht – benötigte er dafür auch eine entsprechende Anzahl an Mitarbeitern. Diese Mitarbeiter kosteten den schwedischen Staat viel Geld, nur erwirtschafteten sie in dem Sinne keine Einkünfte. Um das System am Leben zu erhalten wurden also die Steuern angehoben. Das gefiel der Wirtschaft natürlich nicht. Solange der Laden aber noch lief, zahlten die Unternehmen ihre Steuern ebenso wie die Arbeitnehmer, denn der Lebensstandard war verglichen mit dem anderer Staaten sehr hoch.

Mit der Ölkrise 1973 aber geriet die auf Export orientierte Wirtschaft ins Stocken, Schweden schlitterte in eine Krise. Vor allem der strenge Zentralismus erwies sich als Hemmnis, schnell und effektiv zu handeln, der aufgeblähte Beamtenapparat zeigte sich überfordert. Trotz seiner Beliebtheit beim Volk und seinem hohen Ansehen im Ausland wurde Palme 1976 als Premierminister abgewählt.

Ungeachtet seiner Niederlage zog sich Palme nicht aus der Politik zurück, wie andere abgewählte Staatschefs dies zu tun pflegen. Er engagierte sich vielmehr in der Sozialistischen Internationale und entwickelte sich zum Leitbild der Linken innerhalb der europäischen Sozialdemokratie. Seine harsche Kritik am Vietnamkrieg während seiner Zeit als Premierminister verlieh ihm Glaubwürdigkeit. Selbst unter den 68ern genoss er Respekt. Als Sondersandter vermittelte er Anfang der 80er Jahre im Krieg zwischen dem Iran und dem Irak, daheim bereitete er sich derweil auf seine zweite Amtszeit als Ministerpräsident vor, denn bei den Wahlen von 1982 galt er als Favorit. Palme war ein gewiefter Taktierer. Er stellte die Erfolge seiner Arbeit in den Mittelpunkt, er griff neue Themen wie den Umweltschutz auf und erhob sich gleich zum Wortführer der grünen Bewegung in Schweden. Er sprach sich gegen Atomkraft aus (seinerzeit ein ungeheuer populäres Thema). Und er holte viele junge Politiker in sein Team. Palme wirkte dynamisch, verbreitete eine neue Aufbruchstimmung und wurde gewählt.

Als die tödlichen Schüsse vor dem Kino fielen, galt Palme als ein Mann mit vielen Freunden und nicht weniger vielen Feinden. Freunde fand er im

Tödlicher Kinobesuch

schwedischen Volk en masse, Menschen, die in ihm einen Garanten für ihren Wohlstand sahen. Unkorrumpierbar, aufrecht, ehrlich. Auch unter den Zuwanderern genoss er allerhöchstes Ansehen, galt Schweden doch als extrem tolerant und weltoffen. Und für die jungen Schweden stand er auf einem Podest. Feinde fand er jedoch in den unterschiedlichsten Positionen. Unter den Konservativen etwa, die seine strikte Neutralitätspolitik als puren Antiamerikanismus geißelten. In der Wirtschaft, die sich von der Palme-freundlichen Bürokratie gegängelt fühlte. Sogar innerhalb seiner eigenen Partei gab es Gruppierungen, die ihn mit Argusaugen beobachteten. Seine Sympathie für den Kreml ging ihnen zu weit, sie befürchteten, vor allem mit Blick auf die jungen Garden, ein Wegdriften von der Sozialdemokratie hin zum Sozialismus.

Vor allem das sich immer und immer wiederholende Auftauchen von sowjetischen U-Booten vor der schwedischen Küste (siehe auch das Kapitel WEINBERGERS SCHWEDENREISEN) setzte ihn innen- und sicherheitspolitisch unter Druck. Sein zögerliches Handeln bot seinen politischen Gegnern Zündstoff, um diesem auszuweichen sah er sich nicht selten dazu gezwungen, Entscheidungen gegen seine eigenen Überzeugungen zu treffen.

Als weltoffenes Land bot Schweden unter Palmes Führung vielen Menschen aus aller Welt eine neue Heimat. Nicht nur Gastarbeiter strömten nach Schweden. So haben sich in Schweden viele syrische und türkische Christen niedergelassen, die sich in ihrer Heimat verfolgt fühlten. Auch die kurdische PKK, die sich in der Türkei im Krieg mit der Regierung befand, betrachtete Schweden als eine Art Rückzugsgebiet in ihrem Kampf gegen die türkische Regierung. Gerade in Bezug auf die PKK geriet Palme in die Kritik. Angeblich nutzte die PKK Schweden nicht nur als sicheren Hafen, hier liefen auch sämtliche Fäden zusammen, die die Logistik und damit den Kampf der PKK finanzierten. Dies ging schließlich auch Palme zu weit und er unterzeichnete eine Verfügung, nach der die Bewegungsfreiheit der PKK in Schweden eingeschränkt wurde und deren Anführer Öcalan Einreiseverbot erhielt.

Nach Tagen ohne eine einzige Spur präsentierte Fahndungschef Hans Holmér einen Verdächtigen: die PKK. Holmér galt, trotz der Schlamperei der Ermittler, als integre Persönlichkeit. Mit 22 in den Polizeidienst eingetreten, arbeitete er als einfacher Streifenpolizist, bis er mit Ende 20 ein Studium der Rechtswissenschaften aufnahm. Was folgte, kann man als Bilderbuchkarriere bezeichnen: Staatsanwalt in Stockholm, Ministerialdirektor der Polizei, Chef des Inlandsgeheimdienstes, Polizeipräsident der Hauptstadt – und 1983, quasi zwischendurch – Leiter der staatlichen Drogenkommission, persönlich berufen von Olof Palme.

Tödlicher Kinobesuch

Um aber zurück auf die PKK zu kommen: Eine im Guerilla- und Bergkampf ausgebildete Untergrundarmee, die in der Türkei politische Gegner in der Regel durch den Einsatz von Autobomben aus dem Weg zu räumen pflegte, sandte also einen Attentäter in die Großstadt Stockholm, in der dieser mit chirurgischer Präzision den Ministerpräsidenten an einem Tag, an dem er ohne Personenschutz unterwegs war, mit einer einzigen Kugel niederstreckte, um dann inmitten der Panik zu Fuß zu flüchten.

Klingt etwas seltsam, oder? Wenn man den Pfad der Polemik einmal verlässt, birgt diese Geschichte einige eklatante Schwächen: Die PKK war in ihrem Kampf gegen die türkische Regierung auf den Rückzugsort Europa angewiesen. Sie operierte vor allem von Schweden aus, da sie sich hier relativ offen bewegen konnte. Man stelle sich folgendes Szenario vor: Der Attentäter schleicht sich an Palme an und schießt. In der entstehenden Panik versucht er zu flüchten. Doch eine panisch auseinanderdriftende Menschenmenge ist unkalkulierbar. Er stößt auf seiner Flucht mit einem Passanten zusammen, fällt und verliert seine Waffe. Ein mutiger Augenzeuge packt sich den Attentäter, es kommt zu einem Kampf, weitere Personen stürzen sich auf den Attentäter und überwältigen ihn.

Ein Zufallsszenario, sicherlich, aber nicht vollkommen undenkbar.

Nun wird der Attentäter als PKK-Mann identifiziert, der Kampf der PKK wäre von einem Moment auf den nächsten verloren. Und das alles aus simpler Rache?

Abgesehen davon wies die PKK-Spur von Anfang an eine zweite Schwäche auf: Auch wenn niemand den Attentäter richtig gesehen hatte, sprach keiner von einem südländischen Typen. Man sprach von einem Schweden. Oder zumindest Mitteleuropäer. Seltsamerweise wurden diese Aussagen ignoriert, als Verdächtiger kam einzig und allein die PKK in Frage und schließlich wurden mehrere PKK-Aktivisten verhaftet.

Die Monate zogen ins skandinavische Land, ein neuer Ministerpräsident führte nun die schwedische Regierung, nur leider kehrte Schweden nicht einfach zur Normalität zurück. Morde an Politikern haben nämlich leider die Angewohnheit, nach ein oder zwei Wochen nicht einfach vergessen zu werden. Schweden, in zwei Weltkriegen neutral, ein Land mit einer langen pazifistischen Tradition, wirkte traumatisiert. Es verlangte eine Aufklärung. Vor allem nachdem sich alle verhafteten PKK-Aktivisten längst wieder auf freiem Fuß befanden, da in keinem Fall die vorgelegten Beweise auch nur annähernd ausreichten, um sie in irgendeiner Form mit dem Mord in Verbindung zu bringen. Reporter begannen zu wühlen und von einem Tag auf den anderen verpuffte die PKK-Spur im Nirwana, denn wie die Polizei kleinlaut zugeben musste, gab es weder aus der Bevölkerung noch aus der Ermittlungsarbeit heraus auch nur einen einzigen ernstzunehmenden Hinweis auf die

Tödlicher Kinobesuch

PKK als Auftraggeber des Mordes. Die gesamte PKK-Spur entpuppte sich (vorerst) als eine Luftnummer und deckte gleichzeitig einen Privatkrieg auf, den einige Ermittler des schwedischen Geheimdienstes seit Jahren offenbar gegen die PKK führten, um sie aus dem Land zu schmeißen. Diesen Ermittlern kam der Mord an Palme offenbar gerade Recht. Wäre es ihnen gelungen, der PKK den Mord in die Schuhe zu schieben, wäre sie in Schweden – und ganz Westeuropa – diskreditiert gewesen.

Das (vorläufige) Entlarven der PKK-Spur als Phantasienummer sorgte für lautstarke Empörung in der schwedischen Öffentlichkeit. Staatsanwälte nahmen die Ermittlung nun gegen die Polizei auf, da der Verdacht der Beweismanipulation in der Luft lag - und sie wurden fündig. Im Fokus der Ermittlungen standen sehr bald Hans Holmér und Per-Göran Näss, der Chef der SÄPO. Die Staatsanwaltschaft konnte nachweisen, dass Holmér und Näss unterstellte Beamte Beweismaterial manipuliert und Zeugenaussagen verdreht hatten, um somit die PKK-Spur zu konstruieren. Dies alleine hätte ausgereicht, um die Öffentlichkeit in einen Schock- und Wutzustand zu versetzen. Es kam allerdings noch dicker. Im Rahmen ihres kleinen Privatkrieges gegen die PKK hatte die SÄPO nicht nur PKK-Aktivisten unerlaubterweise Wanzen untergeschoben, sie hatte auch einen gewissen Pierre Schorri abgehört und dieser Pierre Schorri war kein Sympathisant der PKK, sondern Staatssekretär im Kabinett Olof Palmes und Mitglied seines engsten Beraterkreises.

Diese Enthüllung schlug ein wie eine Bombe.

Sollten sich schwedische Polizisten verschworen haben, um ihren eigenen Ministerpräsidenten zu ermorden?

Hans Holmér und Per-Göran Näss traten nach diesen Enthüllungen von ihren Ämtern zurück. Während Näss von der Bildfläche verschwand, geriet Holmér ins Visier der Fahnder. Als Chef der Stockholmer Polizei hatte er sich ausgerechnet in der Nacht des Palme-Mordes nicht in der Stadt befunden. Nur wo hatte er diese Nacht eigentlich verbracht? Holmér war beim Wasalauf, dem größten Volksskilauf Schwedens. Bevor er dies jedoch beweisen konnte, wurde von unbekannter Seite her die Nachricht verbreitet, der Stockholmer Polizeichef hätte sich in Bezug auf seinen Aufenthaltsort in der Tatnacht in Widersprüche verwickelt. Obschon er einwandfrei das Gegenteil beweisen konnte, wird die Geschichte vom sich widersprechenden Polizeichef bis heute auf Verschwörungsseiten im Internet kolportiert, was Holmér nach wie vor wie einen Verschwörer aussehen lässt.

Holmér ging de facto ins Asyl nach Österreich, wo er noch bis 1989 als Drogenexperte für die UNO arbeitete. Als er sich 1989 endgültig aus dem Staatsdienst verabschiedete, tat er dies mit einem Knall. Er veröffentlichte das Buch „Tod in Stockholm – Der Mordfall Olof Palme", in dem er unter ande-

Tödlicher Kinobesuch

rem die PKK-Theorie noch einmal aufwärmte und darüber berichtete, wie seine Nachforschungen unter anderem von der SÄPO behindert worden waren. Nach heftigen Anfeindungen vonseiten verschiedener Polizeibehörden in Schweden, die ihn beschuldigten, sie als Rechtsradikale zu bezeichnen, wurde das Buch in seiner Heimat wieder vom Markt genommen. Losgelassen hat Holmér der Fall Palme bis zu seinem Lebensende 2002 – und sogar darüber hinaus – nicht. Kurz vor seinem Tod übergab Holmér angeblich einem norwegischen Privatdetektiv namens Tore Sandberg Tonbänder, die dieser 2003 der dänischen Boulevardzeitung *Se og Hør* verkaufte. Auf diesen Bändern sind angeblich zwei kurdische Männer zu hören, die sich über das Palme-Attentat unterhalten und während des Gespräches zugeben, für Palmes Tod verantwortlich zu sein. Pech nur, dass die Tonbänder auf illegale Art und Weise entstanden sind, wie Sandberg behauptet.

Also ist der Palme-Mord doch die Tat kurdischer Separatisten?

Wenn es doch nur so einfach wäre. Eben die Tatsache, dass Beweise gefälscht wurden, machen die angeblichen – illegalen – Beweise nicht glaubwürdiger. Letztlich bleiben sie ebenso glaubwürdig beziehungsweise unglaubwürdig wie all die anderen Theorien, die im Laufe der Jahre ersponnen wurden.

Da gab es zum Beispiel die Südafrika-Connection. Aufgrund seines Engagements gegen die Apartheid in Südafrika galt Palme in der Kap-Republik als Persona non grata. Vor allem nach der Verleihung des Friedensnobelpreises an den südafrikanischen Geistlichen Desmond Tutu 1984 machte dies die skandinavischen Länder in Südafrika nicht beliebter. Schon kurz nach dem Attentat keimten in Stockholm erste Gerüchte auf, Killer des südafrikanischen Geheimdienstes hätten den Mordanschlag verübt. Zu dieser Theorie passt die Aussage eines südafrikanischen Geheimdienstoffiziers 1998 vor der so genannten Wahrheits- und Versöhnungskommission Südafrikas. Seiner Aussage nach hat der südafrikanische Geheimdienst tatsächlich ein Killerkommando nach Stockholm geschickt und Olof Palme ermordet. Leiter der Kommission, die die Aufgabe hatte, Verbrechen des Apartheid-Regimes aufzuklären und die geständigen Tätern Amnestie gewährte, war wiederum Desmond Tutu, der 1998, nach Bekanntwerden der Aussage von schwedischen Journalisten, förmlich belagert wurde. Tutu erklärte, die Aussage sei tatsächlich vor der Kommission getätigt worden, nur ließen sich in den Archiven des Geheimdienstes keinerlei Anhaltspunkte für die Wahrhaftigkeit dieser Aussage finden.

Über die Ausbildung, einen solchen Mord auszuführen, verfügten die südafrikanischen Agenten sicherlich, als Kaukasier wären sie unter den anderen Kinobesuchern auch nicht weiter aufgefallen. Diese Theorie aber hat genau so wie das PKK-Komplott eine Schwachstelle: Um einen solchen Mord zu planen – und sich nicht erwischen zu lassen – bedarf es einer gewissen Logistik. Man muss sein Opfer ausspähen, es studieren, seine Gewohnheiten kennen. Vor allem aber braucht man auch Kontaktleute im Umfeld des Opfers.

Der einzige Geheimdienst, der international dafür bekannt ist, auch ohne solche Kontaktleute in der Lage zu sein, Attentate wie das in Stockholm tatsächlich auch ohne logistische Unterstützung aus dem Opfer-Umfeld präzise durchzuführen, ist der israelische Mossad. Es wird vermutlich niemanden überraschen, dass auch der Mossad in den Verdacht geriet, Palme ermordet zu haben. Die Frage nach dem „Warum" aber hat niemand je erklären können. Nur weil Palme gute Kontakte zur PLO pflegte und sich auch für die Rechte der Palästinenser einsetzte, unterzeichnete er damit nicht sein Todesurteil. Wenn der Mossad in den 70er und 80er Jahren jeden Staatschef liquidiert hätte, der sich kritisch in Bezug auf den israelischen Umgang mit den Palästinensern geäußert hatte, wären die Agenten irgendwann an totaler Erschöpfung selbst tot zusammengebrochen.

Der Iran, genau, der Iran wurde auch noch als Täter hinter der Tat vermutet. Palme vermittelte in dem Krieg zwischen Iran und Irak. Der Irak erhielt in diesem Krieg übrigens amerikanische Unterstützung, schließlich kämpfte die irakische Armee gegen ein Regime, das im Westen in erster Linie als das Böse unter der Sonne betrachtet wurde. Einer der wenigen hochrangigen Politiker, der sich um einen Ausgleich auch mit dem Iran bemühte, war Olof Palme. Und genau aus diesem Grund ließen ihn also die Iraner erschießen? Ehrlich gesagt klingt das nicht sonderlich plausibel.

1988 präsentierte die schwedische Polizei vollkommen überraschend einen Verdächtigen: Christer Pettersson, einen drogenabhängigen Sozialhilfeempfänger, der den Mord schließlich sogar zugab. Es sei nie seine Absicht gewesen, den Ministerpräsidenten zu ermorden, rechtfertigte er seine Tat. Vielmehr habe er einen Dealer, mit dem er im Clinch lag, erschießen wollen.

Der Mord an Olof Palme – das Resultat einer tragischen Verwechslung? Seltsamerweise klang die Geschichte 1988 sogar, wenn auch auf eine seltsame Art und Weise, schlüssig und ergab zunächst sogar einen Sinn: Ein zugedröhnter Junkie stört sich nicht zwingend an möglichen Zeugen seiner Tat. Durch die Drogen aufgeputscht hält er sich eh für unangreifbar. Er weiß, wo sich sein Opfer am Abend des 28. Februar aufhalten wird, geht zu ihm und erschießt es. Leider aber verwischen die Drogen seine Wahrnehmungsfähigkeit. Ob gerade sein ausgesuchtes Opfer vor ihm steht, der Ministerpräsident oder ein zwei Meter großer Osterhase: Er kann sie nicht wirklich voneinander unterscheiden. Aber egal: Er drückt ab und rennt weg.

Pettersson wurde am Tatort gesehen, das stand fest. Er war einschlägig vorbestraft, galt als gewalttätig. Sein Alibi stellte sich als falsch heraus, nach diversen Befragungen durch die Sicherheitskräfte gab er schließlich zu, der Mörder Olof Palmes zu sein. Die einzige verlässliche Augenzeugin der Tat-

Tödlicher Kinobesuch

nacht war Lisbet Palme. Sie wurde zu einer Gegenüberstellung geladen und identifizierte Pettersson als den Mörder ihres Mannes.

Welch eine Ironie: Der spektakulärste Mordfall Schwedens seit 200 Jahren entpuppte sich als Tat eines Drogensüchtigen. Keine südafrikanischen Killer, keine Mossad-Attentäter, nein, ein gewöhnlicher Krimineller entpuppte sich als Mörder und brüskierte einen ganzen Polizeiapparat. Hätte dieser Apparat seine Arbeit von Anfang an ordentlich verrichtet, hätte er den Mord möglicherweise auch nicht verhindern können, aber Schweden wären drei Jahre der Selbstzerfleischung erspart geblieben. Das politische Klima war rauer geworden, der Respekt vor dem Staatsapparat sank auf ein nie gekanntes Niveau. Ob SÄPO und andere Polizeistellen in den Mord tatsächlich verwickelt waren, wie viele glaubten, oder einfach nur unfähig, ihre Arbeit ordentlich zu erledigen, das Vertrauen in den Staat befand sich auf dem Nullpunkt.

Doch nun war die Zeit gekommen, um aufzuatmen. Der Täter gab nach langen Verhören die Tat zu und wurde schließlich zu einer lebenslangen Haftstrafe verurteilt.

Die Akte Palme wurde geschlossen.

Ein halbes Jahr.

Dann folgte der Knall.

Pettersson legte Berufung ein, behauptete, unter Druck gesetzt worden zu sein – und gewann. Nicht etwa, weil er als besonders glaubwürdiger Zeuge auftrat. Während der Gegenüberstellung mit anderen Männern wurde Lisbet Palme besonders auf Pettersson hingewiesen. Ihn möge sie sich genau anschauen, baten sie die Fahnder und beeinflussten damit ihre Aussage.

Christer Pettersson entwickelte sich daraufhin in den folgenden Jahren zu einem beliebten Objekt der schwedischen Presse. Mal empfing er Reporter in seiner Sozialwohnung freundlich und erklärte ihnen, wie schlimm ihm die Fahnder zugesetzt hätten. So hart, dass er alles gestanden hätte, nur um den Verhören zu entfliehen. Andere Journalisten empfing er mit Fausthieben und Beschimpfungen, stand er unter Drogen prahlte er damit, wie clever er gewesen sei, als er nicht nur den Ministerpräsidenten erschoss, sondern mit dieser Tat auch noch durchkam. Ob er selbst die Wahrheit kannte, ist ungewiss. Möglicherweise glaubte Pettersson tatsächlich, Olof Palme erschossen zu haben. Sein Auftreten, seine Lügen und die Widersprüche, in denen er sich regelmäßig verstrickte, haben ihm einen mehr als zweifelhaften Platz in der jüngeren schwedischen Geschichte verschafft. Am 29. September 2004 starb er im Alter von 57 Jahren an den Folgen seiner Drogensucht. Er stürzte, zog sich schwere Kopfverletzungen zu und starb 13 Tage später in einem Krankenhaus. Dass es natürlich die Theorie gibt, dass er nicht ganz freiwillig stürzte, liegt auf der Hand.

Tödlicher Kinobesuch

Für einen Teil der schwedischen Bevölkerung ist Pettersson der Mörder von Palme. Doch der weitaus größere Teil glaubt nicht daran, dass Pettersson den Mord begangen hat. Für sie war er nur ein Bauernopfer, mit dem die Öffentlichkeit ruhiggestellt werden sollte. Die These des Einzeltäters ist so wunderbar beruhigend. Verschwörungen? Die gibt es nur im Kino, nicht aber in der Realität. In der Realität erfährt jedes Verbrechen eine vollkommen rationale Aufklärung. Niemals würden sich Polizisten, Militärs oder Geheimdienstler eines westlichen Landes miteinander verbünden, um einen politischen Mord zu begehen. So etwas geschieht vielleicht in Afrika, aber nicht in einem aufgeklärten Land Europas, in dem die Menschen frei über ihre Führer entscheiden dürfen. Genau dies aber bezweifeln viele Menschen und das Trauma Palme ist bis heute nicht vergessen.

Wie auch? Der Mord an Außenministerin Anna Lindh am helllichten Tage in einem Kaufhaus im Jahr 2003 hat alte Wunden neu aufgerissen. Vor allem die Parallelen zwischen den Fällen schockierten das Land. Die Außenministerin wurde in ihrer Freizeit ermordet. Ohne Personenschutz hatte sie ein Kaufhaus betreten, wie im Fall Palme gelang es dem Täter unerkannt zu entkommen – bis er einige Tage später überführt werden konnte. Ein psychisch kranker Einzeltäter, ohne politische Kontakte, ein unbeschriebenes Blatt, der sich am falschen Tag am falschen Ort befand.

Im Jahr 2005 erschien auch in Deutschland der Roman „Zwischen der Sehnsucht des Sommers und der Kälte der Nacht" von Leif GW Persson, einem anerkannten Kriminologen. Bei Perssons Roman handelt es sich auf den ersten Blick um einen Politthriller, der die Geschichte eines Mordes im Stockholm des Jahres 1986 erzählt, dessen Opfer ein amerikanischer Journalist wird. Was als Fiktion beginnt, entwickelt sich zu einem Spiel mit der Realität, denn dieser Mord führt direkt zu einem zweiten Mord: dem Mord an Olof Palme. Leif GW Persson ist davon überzeugt, dass Palme das Opfer eines Komplotts wurde. Persson aber glaubt, dass die Geschichte noch viel komplizierter ist, als bislang vermutet. Palme studierte 1947 in den USA und dort wurde er vom amerikanischen Geheimdienst angeworben – ist sich Persson sicher. Palme sollte in Schweden Karriere machen, um den Neutralismus der Schweden zu knacken. Sein Job bestand darin, den Geheimdienst US-freundlich auszurichten. Palme tat wie ihm geheißen und erschuf ein Netzwerk aus Informanten, Günstlingen, Profiteuren, Karrieristen, die allesamt einander Gefallen schuldig waren. Er erschuf ein regelrechtes Staatssicherheitsnetz, das nicht davor zurückschreckte, die eigenen Bürger zu durchleuchten, wenn es darum ging, an Informationen, egal welcher Art, zu kommen. Erst als das Monstrum, das er selbst mit erschaffen hatte, außer Kontrolle geriet, wollte Palme seine Macht beschränken. Zu spät, wie die Schüsse vom 28. Februar 1986 beweisen.

„Ja, ich denke, das ist unserem Ministerpräsidenten passiert", so der Autor im Gespräch mit dem *Stern*. Palme, ein Spion der Amerikaner? Wie viel von Perssons Buch ist Fiktion? Wie viel tatsächlich Realität? Und wie passt zu diesen Vermutungen, dass eben diese Amerikaner verhindern wollten, dass Palme Ministerpräsident wurde (siehe WEINBERGERS SCHWEDEN-REISEN), das wäre dann ein Widerspruch zu Perssons Theorie.

Wenn der Mord an Präsident Kennedy bis heute ein amerikanisches Trauma darstellt, ist der Mord an Olof Palme das schwedische Trauma. Ein Mord an einem Staatsmann, der nie aufgeklärt wurde und vermutlich noch in 20 Jahren Anlass für manch ein Rätsel geben wird.

QUELLEN:

Adam, Bo: „Eine Spur führt zu den Spurensuchern – Zehn Jahre nach dem Mord an Schwedens Premier Olof Palme gibt die Polizei auf". *Berliner Zeitung*, 27. Februar 1996.

Duve, Freimut (Hrsg.): „Olof Palme. Er rührte an die Herzen der Menschen. Reden und Texte". Reinbek: Rowohlt, 1986.

Kanger, Thomas: „Wer erschoß Olof Palme?" Kiel: Neuer-Malik Verlag 1988.

Künzel, Wolfgang: „„Der Abend, als Schweden seine Unschuld verlor". *N24.de*, München, 27. Februar 2006.

o. A. „Abhör-Tonbänder sorgen für neue Theorie zum Mord an Olof Palme". Netzeitung, *Berlin*, 26. September 2003.

Persson, Leif GW: „Zwischen der Sehnsucht des Sommers und der Kälte der Nacht". München: Btb., 2005.

Tunander, Ola: „The Secret War Against Sweden – US and British Submarine Deception in the 1980s". London & New York: Frank Cass (Naval Policy and History) 2004.

Vukovic, Dusko: „Ein Mord ohne Täter". *Stern*, Hamburg 17. September 2003.

VÖGEL DES SCHRECKENS

Vogelgrippe, Vogelgrippe. Es ist aber auch ein Kreuz mit dieser Krankheit, man wird ihr einfach nicht Herr. Wenn irgendwo die Schweinepest ausbricht werden die armen Säue einfach gekeult, 20.000, 30.000 – und die Geschichte ist erledigt. Bei der Rinderseuche geht es nicht minder drastisch zu. Da hat die Kuh das Nachsehen und der Schlachter legt Sonderschichten ein. Bei Vögeln ist das nicht ganz so einfach. Bricht die Vogelgrippe in einem so genannten Nutztierbestand aus, werden die armen Hühner vergast, aber wild lebende Vögel, ja ganze Schwärme, die kann man nicht einfach so vom Himmel holen. Da wird die Taube auf dem Dach zum Vogel des Schreckens und der Spatz in der Hand zum Todesboten: Ein Biss des kleinen Piepmatzes und schon heißt es: Sayonara, auf Wiedersehen, machet jut!

Also sollte man diese kleinen Biester vielleicht doch vom Himmel holen? Das ist eine schwierige Idee. Der große Vorsitzende Mao Zedong zum Beispiel hatte eines Tages in den 50er Jahren die Idee, die Meise zum Staatsfeind zu erklären. Die Meise nämlich flog über die frisch bestellten Felder und pickte gerade erst gesäte Saatkörner aus dem Boden. Damit verhinderte sie, dass aus diesen Körnern Getreide entstand, das der Mensch dann zu diversen Lebensmitteln weiterverarbeiten konnte. Also ordnete Mao an, dass die Meise als Gegner des Sozialismus ausgerottet werden sollte. Die Chinesen folgten ihrem großen Vorsitzenden und schlachteten Millionen von Meisen ab. Leider jedoch erfreute dies nicht nur den Großen Vorsitzenden, sondern auch Regenwürmer und Heuschrecken, die im Jahr nach dem Meisenmord das Paradies auf Erden erlebten. Ihr Hauptfeind, die Meise – ausgerottet. So bil-

Vögel des Schreckens

deten Milliarden Regenwürmer und Heuschrecken die Allianz der Saatvernichter und innerhalb kürzester Zeit fraßen sie ganze Landstriche kahl. Zum Schrecken der Bauern, von denen Hunderttausende, wenn nicht mehrere Millionen, an Hunger starben. Mao hätte auf seine Berater hören sollen, die genau dies vorausgesagt hatten. Aber Beratungsresistenz ist ja bekanntlich ein Markenzeichen vieler Staatsmänner.

So müssen wir mit der Vogelgrippe wohl leben. Wenn ein Schwan also tot im See liegt: Nicht anfassen, er könnte verseucht sein. Die tote Taube in der Regenrinne? Ein Fall für die Seuchenspezialisten. Ein halbes Hähnchen auf dem Teller? Man sollte es sich überlegen ...

Was aber hat die Vogelgrippe in einem Buch über Verschwörungen zu tun? Abwarten.

Der Begriff Vogelgrippe, die seit Anfang des Millenniums immer wieder durch die Wolken geistert, ist sehr schwammig, denn er umfasst verschiedene Formen der Vogelgrippe. Es gibt zum Beispiel jene Formen, die nur Vögel betreffen. Gut, die haben nicht viel zu lachen, wenn sie erkranken, denn die Todesrate liegt bei fast 100 Prozent, andere Lebewesen aber müssen nicht in Panik verfallen, es handelt sich schließlich um eine Vogelkrankheit. Problematisch wird es, wenn Vögel an der Variante H5N1 erkranken. Dieser fiese kleine Erreger hat nämlich die Angewohnheit, auch andere Lebewesen infizieren zu können. Die Chance, dass es passiert, ist relativ gering. Aber sie besteht. In Vietnam und China starben 2003 mehrere Menschen an dieser Variante der Vogelgrippe, in der Türkei starben im Januar 2006 mehrere Kinder an diesem Erreger, in Deutschland wurden mehrere Katzen und ein Marder von dem Virus getötet, aus ostasiatischen Zoos weiß man, dass mehrere Wildkatzen an der Krankheit verendeten. Diese kleine Mutation des Ur-Erregers ist demnach wirklich nicht ganz ungefährlich, allerdings ist es rein statistisch betrachtet in Deutschland eher wahrscheinlich, in einer Fußgängerzone mitten am Tag von einem Mofa angefahren und tödlich verletzt zu werden, als an diesem Virus zu erkranken. Alle Menschen, die an dem Virus starben, lebten in engem Kontakt mit Federvieh, zumeist Hühnern und Enten. Es handelte sich in der Regel um Kleinbauern. Im Fall der türkischen Kinder spielten diese offenbar sogar mit den Tieren, wodurch eine ungewöhnlich intensive Nähe zu den Tieren entstand.

Dass Wissenschaftler diese Krankheit mit Argusaugen beobachten, ist durchaus verständlich und hat nichts mit Verschwörungen oder übertriebener Vorsicht zu tun. Im Jahr 2003 wiesen Forscher anhand von Gewebeproben, die Toten aus Alaska entnommen worden waren, nach, dass die Spanische Grippe mit dem H5N1-Virus verwandt ist. Und das ist übel. 1918/19 wütete die Spanische Grippe als erste globale Pandemie über unseren Globus. Nach neuesten Schätzungen starben 50 Millionen Menschen an dieser Grippe, darunter der brasilianische Präsident, der deutsche Soziologe Max Weber und der österreichische Maler Egon Schiele. In Deutschland, schätzt man, waren zwei von drei Menschen an der Grippe erkrankt, die meisten Toten waren Männer und Frauen zwischen 20 und 40 Jahren, was ungewöhnlich ist, da normale Grippen vor allem in den Spitzen nach unten und nach oben ihre Opfer suchen, der Durchschnittserwachsene allerdings nicht unbedingt zu den typischen Opfern zählt.

Dennoch ist die Panik und Medienhysterie, die teilweise mit dem Auftauchen der Vogelgrippe verbunden ist, übertrieben. Wurde zum Beispiel im Jahr 2004 von deutschen Boulevardzeitungen in fetten Lettern darüber berichtet, dass zwischen 8000 und 10.000 Menschen der Grippe zum Opfer gefallen sind?

Die ganz normale Grippe, die jedes Jahr in leicht veränderter Form über die Lande schwappt, ist schließlich auch nicht nur eine leichte Erkältung. Obwohl Forscher jedes Jahr einen neuen Grippe-Impfstoff auf den Markt bringen, erkranken Menschen und sterben auch an der Grippe. Im Durchschnitt sind es pro Jahr 8000, sie werden nur nicht wahrgenommen, da es sich zu einem sehr großen Teil um alte Menschen handelt, die schlicht und ergreifend aus der öffentlichen Wahrnehmung herausfallen. Dass die Zahlen – in Deutschland wohlgemerkt – auch anders aussehen können, zeigt die Grippesaison 1995/96, in der zwischen 20.000 und 30.000 Menschen gestorben sind. Die letzte große Pandemie, die Hongkonggrippe 1986, forderte weltweit bis zu zwei Millionen Tote.

Im Vergleich dazu ist die Vogelgrippe mit ihrer an einer Hand abzuzählenden Anzahl an Opfern ein Witzvirus – gäbe es eben nicht die begründeten Sorgen der unabhängigen Forscher, wie denen vom Robert-Koch-Institut, die einfach wachsam sind, da sie verhindern wollen, dass sich möglicherweise miteinander vereint, was sich einfach nicht vereinen sollte, nämlich ein menschlicher Grippevirus und der Vogelgrippevirus.

Womit wir bei den Verschwörungen wären. Warum eigentlich diese Medienhysterie? Schließlich kann aus einer Vielzahl von unglücklichen Vereinigungen ein Grippevirus entstehen, der in einer neuen Pandemie enden könnte. Dass sich H5N1 mit einem menschlichen Virus vereinigt und aufgrund dieser Vereinigung dann auch ein Supergrippevirus entsteht, ist eines von sehr, sehr vielen Szenarien. Szenarien, über die Forscher Stunden um Stunden berichten könnten. Merkwürdigerweise rauben diese niemandem den Schlaf. Liegt aber ein harmloses Rotkehlchen tot am Wegesrand, wird der Katastrophenschutz gerufen, über die betreffende Region wird der Quarantänezustand verhängt, abends berichten darüber die Hauptnachrichtensendungen.

Die Panik zu schüren liegt im Interesse der Pharmaindustrie, sagen die Anhänger der Verschwörungstheorien, denn je unbehaglicher das allgemeine

Vögel des Schreckens

Befinden, desto besser der Verkauf der Impfstoffe. Dabei geht es nicht darum, Bürgerinnen und Bürger fürs Impfen zu sensibilisieren – was durchaus noch Sinn machen würde und gar nicht so verwerflich wäre. Damit lassen sich im Vergleich zu den eigentlichen Absichten der Industrie nur Peanuts verdienen. Viel lukrativer ist es schließlich, gigantische Medikamentenbestände an den Staat zu verkaufen, oder im deutschen Fall an die Bundesländer, die im Fall einer Epidemie die Massen-Impfungen verantworten würden. Den Ländern muss also klargemacht werden, dass sie vorbereitet sein müssen. Nicht 20 oder 30 Prozent der Bevölkerung sollen einen Schutz erhalten. 100 Prozent müssen geimpft werden. Und welcher Politiker will sich schon nachsagen lassen, nicht gehandelt zu haben, wenn das Kind denn in den Brunnen gefallen ist. Also wird gekauft und gekauft. Abgesehen davon, dass der Staat in Forschung investiert und die Unternehmen großzügig mit Forschungsgeldern füttert.

Da kein Politiker von sich aus solche Massen an Medikamenten kaufen würde, musste er im Vorfeld sensibilisiert werden. Schlaue Männer mit Titeln, am besten Professoren, wurden also en masse vor die Kameras gezerrt, wo sie mit sorgenvoller Miene die deutsche Impfmüdigkeit bemängelten und das Horrorszenario Vogelgrippe an die Wand malten. Dies geschah vor allem im Herbst 2005, also zu jener Zeit, in der die Vögel das Land verlassen hatten, um sich in Asien mit der Grippe zu infizieren. Nun musste die Berichterstattung aufrechterhalten werden. Hier ein Bericht, dort ein neues Forschungsergebnis. Vor allem die Tatsache, dass wir seit 2003 wissen, dass die Spanische Grippe und das H5N1-Virus miteinander eng verwandt sind, sollte als Indiz dafür ausreichen, um zu warnen: Es ist nur noch eine Frage der Zeit, bis eine neue Pandemie dieser Zeit über uns hereinbrechen wird.

Und so geschah, was geschehen musste: Die Vögel kehrten heim. Ganz ihren Instinkten folgend, erhoben sie sich wieder in die Lüfte, um nach Europa zurückzukehren. Millionen über Millionen, in gigantischen Schwärmen.

Welch ein Schauspiel.

Ein Schauspiel des Schreckens.

Tagelang waren die Flugmeldungen in den Nachrichten. Es gab Berichte über Vogelgrippefälle in der Türkei, Bulgarien, Polen, Russland. Es war nur noch eine Frage der Zeit, bis endlich (?) das erste Vogelgrippeopfer von der Insel Rügen gemeldet wurde: Einen Schwan hatte die Grippe dahingerafft.

Seltsam, führen die Anhänger der Verschwörungstheorie ins Feld, sei dabei die Tatsache, dass der tote Schwan ein so genannter Höckerschwan gewesen ist – ein Vogel, der nicht in die Fremde fliegt, sondern in Deutschland überwintert. Ausgerechnet ein Höckerschwan? Und warum eigentlich all die toten Vögel auf der Insel Rügen, während auf dem Festland und den umliegenden Inseln keine an der Vogelgrippe verendeten Vögel gefunden wurden. Sollte hier, so der Verdacht, die Wahrheit manipuliert werden? War der erste Fall der Vogelgrippe nur eine geschickte Inszenierung?

Der Ort würde passen. Die Insel Rügen ist nicht gerade das Herz der Republik, sondern nur ein durch einen Damm mit dem Festland verbundenes Eiland. Hier konnte man die Grippe schnell eindämmen, sodass keine Panik aufkam. Schließlich ging es bei dieser Aktion nicht darum, Panik zu schüren, sondern eher ein Gefühl der Ungewissheit zu erzeugen, eben jene Form des Zweifels, der ausreicht, um Politiker handeln zu lassen. Handeln bedeutete in diesem Fall: Die Portemonnaies der Länder wurden geöffnet, um Impfstoff einzukaufen und die Hersteller mit Millionen aus dem Steuersäckel bei ihrer Forschungsarbeit zu unterstützen. Wäre die Vogelgrippe zunächst in, sagen wir, Hannover ausgebrochen, wäre der Aufschrei viel zu laut gewesen. Mitten in einer Großstadt mit einem Bahnhof, von dem aus Menschen in Windeseile in alle Teile Deutschlands ausströmen können? Nein, das hätte nur Zank und Streit gegeben und Bund und Länder hätten möglicherweise überhastet gehandelt.

Nein, so wie es gelaufen ist, ist es für die Profiteure genau richtig geschehen.

Die Vogelgrippe – ein Marketing-Gag der Pharmaindustrie? Vielleicht nicht nur von denen. Da die Käfighaltung von Nutztieren in der EU von Jahr zu Jahr stärker reglementiert wird, brachte die Vogelgrippe vor allem den großen Nutztieranstalten, wo Zehntausende von Hühnern auf engstem Raum in ihren Legebatterien existieren, einen Pluspunkt. Im Gegensatz zu den Haltern von Freilandnutzvögeln brauchten sie keine Panik zu bekommen, um von der Grippe getroffen zu werden. Ihre Vögel kamen ja nicht in Kontakt mit wilden Tieren. Kein Bussard, der mal eben auf einen Hühnersnack vorbeischaut, keine Wildgänse, die auf einen Snack bei ihren domestizierten Artgenossen vorbeisegeln. Die über Jahre hinweg propagierte Freilandhaltung von Nutzgeflügel ist somit über Nacht ins Hintertreffen gegenüber der Legehennenlobby geraten. Ein Virus, zwei Profiteure.

Natürlich gibt es auch die amerikanische Karte im Reigen der Verschwörungstheorien. Warum nämlich gibt es in Europa und Asien die Vogelgrippe, warum müssen hier wie dort Hunderttausende von Nutztieren gekeult werden, während die Amerikaner ihre Chickenburger weiterhin global vertreiben, ohne dass in den USA ein Fall von Vogelgrippe auftreten würde? Bekommen Vogelschwärme etwa keine Green Card mehr für den amerikanischen Arbeitsmarkt? Werden sie von wild gewordenen Grenzschützern vom Himmel geholt, getreu dem Motto: amerikanischer Luftraum für amerikanische Vögel?

Nein! Auch in den USA hat es in den letzten Jahren immer wieder Fälle von Vogelgrippe gegeben. Und die Medien dort haben ebenso eine Hysterie geschürt wie die Medien in Europa und Asien. Mehr noch: In den USA hat sie sogar einen Spitznamen – Rummy-Flu, benannt nach US-Verteidigungs-

Vögel des Schreckens

minister Donald Rumsfeld, der als Großaktionär des Impfstoffherstellers Gildead Science ein großes Interesse am Verkauf eines Impfstoffes haben dürfte. Also schon wieder eine amerikanische Verschwörung?

Selbstverständlich gibt es auch eine anti-israelische Theorie. Sie kommt in diesem Fall aus Syrien. In der Regierungszeitung „al-Thaura" erklärte ein Mann namens Abd al-Rahman Ghunajm, dass die USA und Israel daran arbeiteten, einen Virus herzustellen, der alle Menschen töten solle, außer die Angehörigen der weißen Rasse natürlich. AIDS sei demnach nur entwickelt worden, um den afrikanischen Kontinent zu entvölkern (die amerikanischen und europäischen Erkrankten seien demnach nur Kollateralschäden), der H5N1-Virus sei derweil in erster Linie dazu konstruiert worden, Asien zu treffen: China, aufgrund seiner wirtschaftlichen Macht, aber auch Länder wie Indonesien, wo der Virus eindeutig dazu ausgesetzt worden sei, um Menschen zu töten. Weshalb das Virus auch entwickelt worden sei, um Menschen zu töten, Menschen arabischer Herkunft. In Indonesien seien schließlich viele Menschen arabischer oder jemenitischer Abstammung.

Tja, schade nur, dass Israelis und Syrer durchaus auf gleiche Wurzeln zurückblicken können. Es mag zwar schon ein paar Tausend Jährchen her sein, dass sich ihre Wege kreuzten, aber dennoch gibt es diese Wurzeln. Würde also Israel wirklich an einem solchen Kampfvirus arbeiten, hätten die Israelis ein echtes Problem: Sie würden schließlich an ihrer eigenen Ausrottung forschen. Damit gehört diese Theorie in den Papierkorb der Geschichte.

Immerhin gibt es auch eine anti-europäische Verschwörungsthese, aufgestellt vom Bürgermeister der türkischen Stadt Adana. Er hat verlauten lassen, dass die Vogelgrippe einer Verschwörung der Europäer gegen den Import von türkischem Geflügel sei.

Übrigens: Zum ersten Mal wurde die Vogelgrippe 1878 von einem italienischen Arzt beschrieben. So steht zumindest fest, dass sie kein Kind unserer Zeit darstellt und in ihrer Ur-Form nicht in einem Labor gezüchtet wurde.

QUELLEN:

Davis, Mike: „Zur gesellschaftlichen Produktion von Epidemien". Frankfurt/Main: Assoziation A., 2005.

Dietz, Gerald: „Geflügel darf nicht raus". In: *Märkische Allgemeine*, Potsdam 22. April 2006.

Lanka, Stefan: „Die Vogelgrippe – Der Krieg der USA gegen die Menschheit". Stuttgart: Klein Verlag, 2006.

Zinkant, Kathrin: „Nicht alarmierend". In: *Die Zeit*, Hamburg 2006 (Onlinebericht).

Zinkant, Kathrin: „Da kommt noch mehr". In: *Die Zeit*, Hamburg 20. Februar 2006.

WEINBERGERS SCHWEDENREISEN

Von einer politischen Absicht hin zu einer Verschwörung bedarf es oft nur eines kleinen Schrittes. Eine politische Absicht aller amerikanischen Regierungen nach 1945 war es, die Verbündeten auf den gemeinsamen Feind, den Warschauer Pakt, einzuschwören. Dies gelang den Amerikanern mit Zuckerbrot und Peitsche. Zuckerbrot, das war zum Beispiel gleich nach dem Krieg der Marshall-Plan, bei dem die amerikanische Regierung Milliarden von US-Dollar in die durch den Zweiten Weltkrieg zerstörten Industrien Europas pumpte, um ihr wieder auf die Beine zu helfen. Auch der ehemalige Kriegsgegner Deutschland wurde in diesen Plan mit einbezogen, zumindest der westliche Teil des Landes. Vereint in einem prosperierenden Wohlstand, der nicht zuletzt erst dank des Marshall-Plans überhaupt gedeihen konnte, entwickelte sich in Europa somit jenes Gefüge, das schließlich im Volksmund der „Westen" genannt wurde und das im nordatlantischen Militärbündnis NATO später auch eine Klammer erhielt. Sogar Deutschland, das über Jahrzehnte hinweg vor allem dafür bekannt gewesen war, seine Nachbarn zu überfallen und Unfrieden in der Welt zu stiften, entwickelte sich zu einem verlässlichen Partner dieses Bündnisses. Nun wurden jedoch nicht alle westeuropäischen Staaten auch NATO-Mitglieder. Die Schweiz enthält sich bis heute allen Bündnissen, da dies gegen den Staatskodex der absoluten Neutralität verstoßen würde. Österreich durfte der NATO aufgrund eines nach dem Krieg geschlossenen Abkommens mit den Alliierten nicht beitreten, da sie sich im Gegenzug für die Wiederherstellung ihrer Souveränität nach dem Krieg dazu verpflichteten, neutral zu bleiben. Und die Franzosen mochten die NATO überhaupt nicht, da sie ihre eigenen politischen Süppchen zu kochen pflegten und nur wenig Interesse daran hatten, sich in einem Bündnis von Amerikanern oder – noch schlimmer: Briten – etwas sagen zu lassen. Dass die genannten Länder dennoch fest im Westen verwurzelt waren, daran zweifelte niemand, auch die US-Amerikaner nicht, die seit Beginn des Kalten Krieges von der Panik erfüllt waren, der Kommunismus könne sich im Dominoprinzip verbreiten: Wenn sich ein Land zum Sozialismus bekannte, so ihre Panik, dann würden die Nachbarstaaten in Windeseile mitziehen und schon bald würden von den Regierungspalästen in aller Welt nur noch Hammer und Sichel die vorbeiziehenden Massen grüßen. Bis zum Ende des Kalten Krieges verfolgten die Amerikaner daher das Ziel, ihre Verbündeten streng auf Kurs zu halten, um auch schon den Hauch eines Abweichens zu verhindern. Und wehe, es gab einen Widerspruch.

Einer der glühendsten Verfechter der Domino-Theorie war der ehemalige amerikanische Verteidigungsminister Caspar Weinberger. Der 1917 in San Francisco geborene Kalifornier diente während des Zweiten Weltkrieges als Soldat im Pazifik. Als angehender Anwalt mit Harvard-Examen wurde der Geheimdienststab um General Douglas Mac Arthur auf den jungen Mann aufmerksam. Man berief ihn in den Geheimdienststab. Nach dem Krieg legte er dann eine politische Bilderbuchkarriere vor. Er wurde ein erfolgreicher Anwalt, ging in die Politik, wo er einen gewissen Ronald Reagan kennen lernte und diesen auf dessen Weg an die Spitze als treuer Partner begleitete. Nur als er Generalstaatsanwalt in Kalifornien werden wollte, musste er sich einem Konkurrenten geschlagen geben.

Einen vorläufigen Karrierehöhepunkt erlebte der Republikaner schließlich als Minister für Gesundheit, Bildung und Wohlfahrt von 1973 bis 1975. Seine große Stunde sollte allerdings erst 1981 schlagen, als ihn sein alter Weggefährte und inzwischen zum US-Präsidenten gewählte Ronald Reagan zum Chef des Pentagons berief. Weinberger wurde Verteidigungsminister der Vereinigten Staaten von Amerika.

Etwa zur gleichen Zeit ärgerte einige Tausend Kilometer weiter westlich der ehemalige Premierminister eines ansonsten gut befreundeten Staates die amerikanische Regierung, indem er sich einfach nicht auf Kurs bringen ließ und bei jeder sich bietenden Gelegenheit einen Sonderweg für sein Land einforderte. Er war Sozialdemokrat mit einem Hang zum Träumen. Er wollte, dass es den Menschen gut ging, vor allem den Arbeitern, und den Armen. Daher galt er als glühender Verfechter des Wohlfahrtsstaates, in dem ein jeder Mensch gleiche Chancen haben sollte. Der Staat sorgte für Ausbildung, für Medikation, für die Dinge des täglichen Lebens. Natürlich hatte dieser Ex-Ministerpräsident nicht nur Freunde. Um sein Arbeiterparadies zu finanzieren, benötigte er während seiner Amtszeit natürlich auch Geld. Viel Geld. Das erhielt er über Steuern – und deshalb mussten die, die etwas mehr Geld in den Taschen hatten als die anderen, hohe Steuern zahlen. Der Ex-Ministerpräsident hieß Olof Palme, sein Land war Schweden (siehe auch TÖDLICHER KINOBESUCH).

Nun hätte den Amerikanern Olof Palmes Sozial- und Steuerpolitik herzlich egal sein können. Abgesehen davon, dass dieser Herr Palme ein Ex-Ministerpräsident war, der sich zwar mediengerecht zu verkaufen verstand, der aber eben nicht mehr an den Schaltern der Macht waltete. Jedoch besaß Palme beim

Weinbergers Schwedenreisen

Volk eine unglaubliche Popularität und trotz seiner Abwahl als Ministerpräsident 1976 wollte er es noch einmal wissen. 1982 standen erneut Wahlen in Schweden an und Palme galt längst als Favorit. Was die Amerikaner gewaltig störte, war Olof Palmes Entspannungspolitik gegenüber dem Ostblock während seiner Zeit als Ministerpräsident, sein Schmusekurs mit dem Kreml, seine offenen Sympathien für eine Art demokratischen Sozialismus und seine lautstarken Forderungen nach einem nuklearwaffenfreien Europa. Abgesehen davon, dass er während des Vietnamkrieges nicht nur politische Protestnoten geschrieben hatte, sondern tatsächlich zum Demonstrieren auf die Straße gegangen war.

Nun war Schweden nicht das erste Land, das einen Entspannungskurs mit dem Ostblock einem starren Verharren in der Ost-West-Konfrontation vorzog. Die Entspannungspolitik Willy Brandts und der sozial-liberalen Koalition in Deutschland ist bis heute legendär. Brandt traf sich mit den Führern des Ostens, bat das polnische Volk für deutsche Verbrechen der Vergangenheit um Verzeihung, richtete eine ständige Vertretung in Ost-Berlin ein. Im Gegensatz zu den Schweden aber hatten sich die deutschen Unterhändler für die Verhandlungen mit dem Osten zuvor Rückendeckung aus Washington geholt. Zwar unterstützten die Amerikaner die Bemühungen Deutschlands nicht, sie legten den Deutschen allerdings auch keine Steine in den Weg – getreu dem Motto: Scheitern die Deutschen, ist es ihre Schuld, haben sie Erfolg, profitieren alle davon.

Weinberger war ein Verfechter eines harten Kurses gegenüber dem Ostblock. Nur aus einer Position der Stärke, sagte er einmal, könne man mit Moskau über Abrüstung verhandeln. Knallhart setzte er die Pläne seines Präsidenten, den Verteidigungshaushalt zu erhöhen, um und steigerte diesen in zuvor nie gekannte Dimensionen. Er ließ die Neutronenbombe bauen, vergrößerte das so genannte Kleinwaffenarsenal beträchtlich und entwickelte sich schließlich zum geistigen Vater der Strategic Defense Initiative, besser bekannt als das „Star-Wars-Programm", bei dem die Amerikaner ein im Weltraum stationiertes Satellitenschutzschild errichten wollten, um ihr Land zu schützen – was zu gewaltigen Verstimmungen mit ihren Bündnispartnern führte, da diese zwar Geld in das Projekt stecken sollten, ohne dafür jedoch an dem angedachten Schutz beteiligt zu werden.

Ausgerechnet nach Schweden führte Weinberger nun 1981 eine seiner ersten Auslandsreisen. Er präsentierte sich als ein Verteidigungsminister zum Anfassen, lobte bei jeder Gelegenheit Schwedens vorbildliche Demokratie und den Eintritt des Landes für die Menschenrechte weltweit – und ganz nebenher traf er sich mit einigen hochrangigen schwedischen Militärs zum Meinungsaustausch. Was er mit diesen hinter verschlossenen Türen besprach, sobald die Fernsehkameras keinen Zutritt mehr besaßen, ist nicht bekannt. Doch kurz nach Weinbergers Abreise begann eines der seltsamsten Kapitel des Kalten Krieges: Vor der schwedischen Küste tauchten bis zum Ende des Kalten Krieges in regelmäßigen Abständen immer und immer wieder sowjetische U-Boote auf.

Weinbergers Schwedenreisen

Es ist schon seltsam: Während das Nicht-NATO-Mitglied Finnland keine Besuche erhielt und die ebenfalls an der Ostsee gelegenen NATO-Staaten Deutschland und Dänemark gleichfalls von solch ungebetenen Besuchen verschont blieben, gaben sich vor der schwedischen Küste die U-Boot-Kommandanten die Ruder in die Hand. Immer und immer wieder tickerten Meldungen über die Fernschreiber der Nachrichtenagenturen, die davon kündeten, dass schon wieder ein sowjetisches U-Boot in schwedischen Gewässern gesichtet worden sei.

Ausgerechnet Schweden. Warum war Schweden für die Sowjets so interessant? Um die aktuellsten Ikea-Kreationen zu erspähen, bevor sie in Europa auf den Markt kamen? Natürlich besaß auch Schweden militärische Geheimnisse, die aufzuspüren sich durchaus lohnten, aber das plumpe Vorgehen der Sowjets irritiert rückblickend betrachtet sehr wohl.

Dabei hat sich tatsächlich ein dokumentierter Zwischenfall vor dem Besuch Weinbergers ereignet, der sehr genau bezeugt wurde: Nahe Karlskrona, der schwedischen Marinezentralbasis, lief das sowjetische U-Boot U-137 auf Grund. Doch schon der Begriff „nahe" stimmt so nicht: Immerhin befand es sich 30 Kilometer von der Basis entfernt. Kapitän Pjotr Guschtschin, ehemaliger Kapitän der U-137, bleibt bis heute bei seinem Standpunkt, er hätte einen Navigationsfehler begangen und dadurch diesen Zwischenfall verursacht. Inzwischen haben die Russen allerdings selbst 1996 zugegeben, durchaus die Küste Schwedens ausspioniert zu haben, jedoch in der Regel mit kleineren U-Booten und nicht mit großen Unterseeschiffen wie der U-137, da diese, so die Militärführung, viel zu leicht zu orten gewesen seien.

Dieser Selbstaussage aber steht die offizielle Geschichtsschreibung im Weg, die davon berichtet, wie es die Sowjets nach diesem Vorfall regelrecht darauf anzulegen schienen, von schwedischen Militärs geortet zu werden. Gut, wenn sie Spaß daran hatten, mit den Schweden Katz und Goldfisch zu spielen, war das ihre Sache, mag man sich da denken – was macht diese Angelegenheit aber zu einer Verschwörung?

Die Tatsache, dass es sich in den allermeisten Sichtungsfällen gar nicht um sowjetische, sondern amerikanische U-Boote gehandelt haben soll! Im Jahr 2000 gab Caspar Weinberger dem schwedischen TV-Sender SVT ein Interview, währenddessen er direkt auf diese Vorfälle angesprochen wurde. Freimütig gab Weinberger zu, dass die sowjetischen U-Boote gar nicht in der Lage gewesen seien, sich so nah an die Küsten heranzutasten wie die amerikanischen U-Boote. Diese Aussage an sich hätte schon genügend Zündstoff für allerlei Vermutungen beinhaltet. Weinberger aber ging noch weiter und sprach freimütig darüber, dass es sich in den meisten Fällen wohl um amerikanische U-Boote gehandelt habe, die aber keinesfalls illegal operierten. Vielmehr seien die meisten Einsätze mit dem schwedischen Militär abgesprochen worden.

Die U-Boot-Sichtungen: eine große Show – und eine Verschwörung von amerikanischen und schwedischen Militärs gegen, ja, gegen wen eigentlich? Gegen Olof Palme.

Nicht nur innerhalb der US-Regierung wurde das Treiben Palmes argwöhnisch von vielen Seiten aus betrachtet. Palme hatte nicht nur politische Gegner, er hatte regelrechte Feinde. Zum Beispiel die Konservativen, die Palmes Schmusekurs gegenüber dem Ostblock ebenso wenig gut hießen wie seine Einwanderungspolitik, die Schweden - in ihren Augen - zu einem Einwanderungsland deklarierte. Die Tatsache, dass Palme selbst der Sohn einer einstmals aus den Niederlanden eingewanderten Familie entstammte und seine Mutter baltisch-deutscher Herkunft war, förderte sein Ansehen in diesen Kreisen nicht. Weitere Feinde fanden sich in der Wirtschaft. Palmes Politik als Premierminister hatte der Wirtschaft eine enorme Steuerlast hinterlassen - und diese Steuerlast kratzte an der internationalen Wettbewerbsfähigkeit Schwedens. Und dann gab es da auch noch diese Jungpolitikerin, die Palme unterstützte und die mit ihren Forderungen das Fass zum Überlaufen brachte. Die Vorsitzende der Jugendorganisation der Sozialdemokraten Schwedens forderte Anfang der 80er Jahre ganz offen die Verstaatlichung der schwedischen Industrie nach osteuropäischem - sozialistischem - Vorbild, wofür sie von Teilen der Partei auch noch Applaus erhielt. Die Vorsitzende, Anna Lindh, wurde rund 20 Jahre später Außenministerin und erlangte international traurige Berühmtheit, als sie im September 2003 von einem angeblich Geisteskranken ermordet wurde. Sie distanzierte sich übrigens im Laufe der Zeit von ihren sozialistischen Ideen. Feinde hatte Palme aber auch in der Armee, die Palmes Entspannungspolitik und strikte Neutralitätspolitik, die nicht selten in Antiamerikanismus mündete, nicht unterstützten. So klein Schweden im Vergleich zu den USA oder der Sowjetunion sein mochte, so stolz waren und sind die Schweden auf ihre Rolle in der Weltpolitik als ein Land, dessen Stimme Gehör fand und findet. Seit jeher stellen schwedische Soldaten ein Rückgrat vieler UN-Friedensmissionen. Um eine solche Position einzunehmen, bedarf es eines geschickten Taktierens. So musste Schweden nach außen hin natürlich Neutralität bewahren, ohne in den Stallgeruch zu gelangen, nur eines anderen Statthalter zu sein. Gleichzeitig betrachteten sich die Schweden, auch wenn sie kein NATO-Mitglied sein mochten, wenn nicht als Teil der westlichen Allianz, so doch zumindest als ein verlässlicher Freund, dem andere Freunde im Fall der Fälle zu Hilfe kommen würden. In den Augen der Militärs torpedierte Palme ihre durchaus erfolgreiche Arbeit und stieß mit seiner Politik die westlichen Quasi-Verbündeten vor den Kopf. Aber nicht nur das: Indem er auch auf Schmusekurs zu Organisationen wie der PLO oder den kurdischen Separatisten ging, von denen während seiner Amtszeit viele ihre Büros in Schweden eingerichtet hatten, sahen sie letztlich sogar die innere Sicherheit gefährdet.

Ola Tunander, ein Osloer Professor für Friedensforschung, hat im Auftrag der schwedischen Regierung einen Bericht erstellt, in dem er zu dem Schluss kommt, dass amerikanische und schwedische Militärs schließlich zusammengearbeitet haben, um durch fingierte U-Boot-Sichtungen ein Klima der Unsicherheit in Schweden zu erschaffen und damit die Regierung Palme, die, allen Feindschaften zum Trotz, über eine stabile Mehrheit im Parlament verfügte, zu schwächen. Was den Verschwörern auch gelang. Während sich 1981 nicht einmal 7 Prozent der Bevölkerung von der Sowjetunion bedroht fühlten, stieg ihr Anteil im Laufe der nächsten Jahre auf über 45 Prozent. Der Ruf nach einem Überdenken der Entspannungspolitik wurde lauter, auch innerhalb der sozialdemokratischen Partei wurde nach und nach Kritik an Palmes unschlüssiger Haltung in Bezug auf die „sowjetische Bedrohung" laut.

Tunander belegt seine Untersuchung auch mit Aussagen schwedischer Militärangehöriger wie dem Brigadegeneral Lars Hansson, der maßgeblich für das Aufspüren der fremden U-Boote verantwortlich war. Hansson erklärte, dass er mehrfach mit Gewalt gegen die eingedrungenen U-Boote vorgehen und die U-Boote aufbringen wollte und auch – in letzter Konsequenz – vor einem Versenken nicht Halt gemacht hätte. Doch jedes Mal, wenn er zuschlagen wollte, wurde ihm dies von vorgesetzter Stelle ohne eine Angabe von Gründen verboten. Dennoch kam es zu einem spektakulären Zwischenfall, als am 11. Oktober 1981 ein U-Boot vor einem Stützpunkt in eine Mienensperre geriet, eine 600-Kilogramm-Miene explodierte und definitiv ein U-Boot schwer beschädigte. Dennoch ist bis heute nicht bekannt, wer dort mehr als nur einen Schuss vor den Bug erhielt. Untersuchungsunterlagen verschwanden, das Interesse der Militärführung an einer Aufklärung der Angelegenheit scheint mehr als nur gering ausgefallen zu sein.

Wenn die U-Boote tatsächlich aus den USA und nicht der Sowjetunion kamen mochten sie ein Gefühl der Unsicherheit schüren, es gelang den Amerikanern und ihren schwedischen Verbündeten nicht, die Wiederwahl Palmes 1982 zu verhindern. Sollten sie geglaubt haben, die Schweden würden eher eine konservative – und damit sowjetkritische – Regierung in einer Zeit vorziehen, in der eben genau diese Sowjetunion offenbar ihre Küsten ausspionierte, schlug dieser Plan fehl. Palme wurde ein zweites Mal Ministerpräsident.

Sehr zum Missfallen nicht nur der Amerikaner, auch die britische Premierministerin Margret Thatcher outete sich als Anti-Palme-Fan! Dies ist besonders im Hinblick darauf interessant, dass die Briten den Amerikanern Rückendeckung bei ihrem Vorhaben, Palme zu destabilisieren, verschafft haben sollen. Thatcher und Weinberger verband darüber hinaus eine enge persönliche Beziehung, die sich vor allem während des Falkland-Krieges in ein Nibelungenbündnis verwandelte. Obschon die Amerikaner sich offiziell in den Krieg nicht einmischten, nahmen sie hinter den Kulissen eindeutig für Großbritannien Stellung und übten massiv Druck auf die argentinische Militärjunta aus, die noch bis zur Besetzung der Falkland-Inseln von Washington gestützt worden war.

Die Verwicklung der britischen Streitkräfte in diese doch höchst seltsame

Weinbergers Schwedenreisen

Angelegenheit beruht eher auf Mutmaßungen, die sich an dem politischen Klima der Zeit orientieren, und weniger an Fakten oder gar Geständnissen wie die des ehemaligen amerikanischen Verteidigungsministers Caspar Weinberger.

Was Weinberger dazu verleitet haben mag, sich dem schwedischen Fernsehen zu offenbaren, ist aus der Ferne betrachtet schwer zu bewerten. Wollte er nur sein Gewissen erleichtern? Wohl kaum, denn im Vergleich zur Iran-Contra-Affäre, in die er direkt verwickelt war, erscheint die U-Boot-Affäre eher wie eine kleine humoreske Fußnote des Kalten Krieges. Die so genannte Iran-Contra-Affäre gelangte im Oktober 1986 an die Öffentlichkeit. Einnahmen aus geheimen Waffenverkäufen an den Iran verwendete die amerikanische Regierung dazu, um rechtsgerichtete Rebellen, die Contras, in Nicaragua zu unterstützen, die gegen die dortige sozialistische Regierung einen Guerilla-Krieg führte. Die Unterstützung der Contras stellte übrigens einen direkten Verstoß gegen einen Kongressbeschluss dar, das illegal erworbene Geld sollte wiederum ursprünglich dazu verwendet werden, um amerikanische Geiseln im Libanon freizukaufen. Abgesehen davon, dass ein Verkauf von Waffen an den Iran die amerikanische Nahost-Politik jener Zeit, in der der Iran aus amerikanischer Sicht so etwas wie das Böse unter der Sonne darstellte, ad absurdum führte.

Obwohl Caspar Weinberger wegen dieser Affäre 1987 zurücktrat – offiziell trat er zurück, da seine Frau erkrankt war, inoffiziell aber nahm ihm diese Begründung niemand ab – und er sogar einer Anklage der Bundesstaatsanwaltschaft im Jahr 1992 nur entging, da ihn der damalige US-Präsident George Bush sen. kurzerhand amnestierte, hat sich Weinberger in Bezug auf diese Affäre stets uneinsichtig gezeigt. Von Läuterung keine Spur.

Auch werden seine Bemerkungen beim schwedischen Militär bei einigen Personen für Kopfschütteln gesorgt haben, schließlich belastete er mit seinen Äußerungen auch seine Helfer und Helfershelfer in der schwedischen Armee, selbst im Hinblick darauf, dass sich die meisten Entscheidungsträger der 80er Jahre im Jahr 2000 längst in Pension befunden haben dürften, weshalb sich eine Aufklärung der Affäre per se schwierig gestaltet hätte beziehungsweise schwierig gestaltet hat. Es wurden schließlich Untersuchungen angestellt, nur verhaftet oder zur Rechenschaft gezogen wurde niemand.

Bis heute wird die U-Boot-Affäre U-Boot-Affäre genannt, dabei handelt es sich um eine lupenreine Konspiration. In konspirativer Absicht unterstützten schwedische Soldaten schließlich das Vorhaben eines anderes Staates, ihren eigenen Premierminister zu schwächen. Wenn das keine Verschwörung ist?

Der Erfolg dieser Verschwörung ist schwierig zu bewerten. Es gibt durchaus Politikwissenschaftler, die in Bezug auf die U-Boot-Affäre von einer der erfolgreichsten Operationen des Kalten Krieges sprechen. Dies dürfte allerdings etwas übertrieben sein, obschon sie sicherlich zu den medienwirksamsten Affären der Zeit zählen dürfte. Erfolgreich war die Verschwörung jedoch in Bezug auf die Person Palmes. Der schwedische Premierminister geriet nämlich innenpolitisch gehörig unter Druck, da seine zögerliche Haltung in Bezug auf die Eindringlinge selbst von Parteifreunden stark kritisiert wurde. Auch außenpolitisch verlor Palme an Gewicht, seine innenpolitischen Probleme schwächten ihn auch auf der Welt-Bühne. Während Palme international weiterhin Wortführer einer Kampagne für ein nuklearwaffenfreies Europa blieb, veränderte sich sein Ton dennoch merklich. Er wurde unverbindlicher; vor allem innerhalb der europäischen Sozialdemokratie, in der Palme noch in den 70er Jahren sein Licht als Leuchtfeuer der Linken in die Welt getragen hatte, verlor er gegenüber den konservativeren Kräften – wie den deutschen Sozialdemokraten – an Einfluss, trotz seiner engen Freundschaft zu sozialdemokratischen Legenden wie Willy Brandt und Bruno Kreisky.

Mit dem Tod von Olof Palme 1986 – er wurde von einem bis heute unbekannten Attentäter nach einem Kinobesuch in Stockholm erschossen – verlor die Bewegung für ein atomwaffenfreies Europa seinen prominentesten Fürsprecher. Wenn es ein Ziel der Verschwörung gewesen ist, Palme zu schwächen, wäre mit Palmes Tod der Augenblick gekommen gewesen, die Aktion zu beenden. Nicht von einem Tag auf den anderen, allein schon, um Verschwörungstheoretikern keine Plattform für „abstruse" Theorien zu geben, wohl aber in einem überschaubaren Zeitrahmen. Palme war tot, mit ihm starb das Experiment des schwedischen Über-Wohlfahrtsstaates und der strikten Neutralität. Doch obwohl sich die Situation in Schweden 1986 vollständig verändert hatte, hörten die U-Boot-Sichtungen erst mit dem Zusammenbruch des Warschauer Paktes 1990 auf.

Möglicherweise hätte der amerikanische Ex-Verteidigungsminister Caspar Weinberger das Warum erklären können, doch Caspar Weinberger starb am 28. März 2006 in Bangor im US-Staat Maine im Alter von 89 Jahren, ohne sich noch einmal zu dieser Affäre geäußert zu haben.

Es ist also nicht verwunderlich, dass heute mit Mutmaßungen jongliert wird. Fakten wie die Aussagen amerikanischer U-Boot-Kommandanten, die in BBC-Dokumentationen lachend darüber berichten, wie sie die gesamte skandinavische Marine gefoppt haben, gibt es keine. Und wie das mit Verschwörungen nun einmal so ist: Fakten und Mutmaßungen laufen irgendwann zusammen und ergeben eine Mixtur wildester Spekulationen. Fernsehsender haben über diese Affäre ausführlich berichtet. Dennoch wird sie bis heute in Deutschland als eine höchst spekulative Geschichte betrachtet. Ganz im Gegensatz zu den Ländern Skandinaviens. Dort gilt sie heute als historisches Faktum!

QUELLEN:

Tunander, Ola: „The Secret War Against Sweden – US and British Submarine Deception in the 1980s". London & New York: Frank Cass (Naval Policy and History), 2004.

50 POTPOURRI DER VERSCHWÖRUNGS-THEORIEN

Wer beherrscht die Welt? Sind es die Vereinigten Staaten von Amerika? Die Banken? Die Börsen? Amerikanische Öl-Imperialisten? Der Vatikan? Mumpitz. Einzig und allein die Illuminaten (siehe auch WWW.ILLUMINATI.COM). Die Illuminaten sind es, welche die Geschicke der Menschheit bestimmen, die an den Hebeln der Macht sitzen, die Regierungen unterwandern, die hinter den Kulissen des Dow Jones' die Fäden ziehen. Vor allem aber befinden sie sich in einem ewigen Krieg mit der Katholischen Kirche, weshalb viele Illuminaten eine enge Verbindung zu den Templern pflegen (siehe auch DIE BRUDERSCHAFT VOM BERGE ZION). Ihre Abneigung gegen die Katholische Kirche ist mit ihrer Gründung zu erklären. Die Illuminaten wurden am 1. Mai 1776 von Adam Weishaupt, einem seinerzeit gerade einmal 28-jährigen Professor für Kirchenrecht und Praktischer Philosophie an der Universität von Ingolstadt gegründet. Weishaupt war ein Anhänger der Aufklärung – im Gegensatz zu den Kirchen, die in der Aufklärung einen Angriff auf den christlichen Glauben zu erkennen glaubten. Wenn man stets nur mit dem Finger auf die Katholische Kirche zeigt, übersieht man leicht, dass auch viele evangelische Glaubensrichtungen in früherer Zeit keinen allzu großen Drang verspürten, die Säkularisierung der Gesellschaft voranzutreiben und dass viele evangelikale Glaubensrichtungen unserer Zeit weit davon entfernt stehen, als liberal oder weltoffen bezeichnet werden zu können.

Potpourri der Verschwörungstheorien

Die Anhänger der Aufklärung, wie Weishaupt, traten nicht nur für ein vernunftgemäßes Denken ein, sie förderten nicht nur Wissenschaft und Bildung, sie forderten auch eine Vernunftreligion, die es den Menschen ermöglichen sollte, sich bewusst für oder gegen Glauben zu entscheiden. Die Illuminaten waren keine Feinde des Glaubens und der Katholischen Kirche, wie dies oft kolportiert wird, sie kämpften vielmehr entschieden gegen den religiösen Aberglauben, denn der Aberglaube, so ihre Argumentation, verhinderte das Entstehen des aufgeklärten Menschen.

Wer solche Forderungen aufstellt, macht sich Feinde – nämlich bei denen, an deren Macht sie kratzen. Die Kirchen brauchten den Aberglauben (oder Volksglauben), um die Menschen an sich zu binden, ihnen Angst vor der Dunkelheit zu machen – und den Glauben als Heilmittel gegen die Angst verkaufen zu können.

Wäre Weishaupt nicht in Ingolstadt aktiv gewesen, sondern an einer protestantischen Hochschule, möglicherweise wäre es zum Konflikt mit der Evangelischen Kirche gekommen. An der Universität von Ingolstadt hielten jedoch katholische Hochschullehrer das Zepter fest in der Hand und die Katholische Kirche verfügte über erheblichen Einfluss: Fast alle Professoren beriefen sich auf eine jesuitische Ausbildung. Die jesuitisch geprägte Professorenschaft schloss Weishaupt aus ihren Zirkeln aus, verdammte seine aufwieglerischen Gedanken und sorgte dafür, dass die Aufklärung keinen Platz in den Hörsälen ihrer Universität fand. Weishaupt ertrug ihre Anfeindungen mit Gleichmut, es erzürnte ihn allerdings die Tatsache, dass auch die Studenten unter dem Klima der Anfeindungen litten. Studenten, die sich der Aufklärung anschlossen, brauchten sich keine Hoffnung auf eine akademische Zukunft zu machen. Es regierte das Diktat der Kirche, Fragestellungen, welche die Kirchendoktrin hinterfragten, wurden nicht gewünscht.

Es ist gar nicht ausgeschlossen, dass Weishaupt an einer leichten Paranoia gelitten haben mag. Er sah sich schließlich ausschließlich von Verschwörern und Intriganten umgeben – und übersah dabei, dass es in Ingolstadt auch andere Kräfte geben musste, schließlich wäre er ohne deren Protegierung vermutlich niemals Professor geworden. Aber wie sagte Kurt Cobain einst so passend: „Nur weil ich paranoid bin, heißt das nicht, sie wären nicht hinter mir her."

Weishaupt gründete als Gegengewicht zu den mächtigen Jesuiten den „Bund der Perfektibilisten" (perfectibilis = „zur Vervollkommnung befähigt"). Symbol ihrer Vereinigung wurde die Eule der Minerva (Minerva = römische Göttin der Weisheit). Es bildeten sich unter ihrem Schutz Lesezirkel, die gewährleisteten, dass die Studenten an Literatur partizipieren konnten, die verpönt oder gar verboten war. Da der Orden im Verborgenen agierte, entwickelte er sich zu einem Geheimorden. Franz Xaver von Zwack, ein

Schüler Weishaupts, organisierte den lockeren Bund 1778 um und gab ihm den Namen „Bund der Illuminaten". Mit dem Eintritt des Aufklärers Adolph Freiherr Knigge, der als Autor des Benimmführers „Knigge" weltberühmt werden sollte, gewann der Orden an Einfluss unter Intellektuellen. Seinen Durchbruch erlebte er schließlich 1782. Seit 1776 befand sich die Freimaurerei in Deutschland in einer schweren Krise. Dem Freimaurer Karl Gotthelf von Hund und Altengrotkau war es gelungen, die Freimaurer-Logen unter einem Dach zu einen, da er die Behauptung aufgestellt hatte, in Kontakt mit einem „unbekannten Oberen" zu stehen, der den Einfluss der Freimaurer stärken wollte. 1776 starb er – und sein Lügengebäude stürzte zusammen, denn es gab keinen „Unbekannten Oberen". Seltsamerweise hält sich dieses Gerücht dennoch bis zum heutigen Tag. Nach wie vor glauben viele Menschen, hinter den Freimaurern stünde eine Geheimorganisation, die verschwörerisch nach Macht strebe. 1782 gelang es Knigge, das entstandene Machtvakuum innerhalb der Freimaurerbewegung für sich zu nutzen. Er gewann einige als Radikal-Aufklärer bekannte Freimaurer für die Illuminaten, die natürlich ihre Anhänger mit in den Orden einbrachten.

Zwei Jahre später kam es jedoch zum Bruch zwischen Weishaupt und Knigge, da Letzterer seine ungemein erfolgreiche Arbeit nicht genügend gewürdigt sah. Immerhin: Aus einem Ingolstädter Studentengeheimbund war unter Knigge ein Orden mit einflussreichen Mitgliedern der Aufklärungsbewegung entstanden. Unter ihnen der einflussreiche Herzog Ernst von Sachsen-Gotha sowie Johann Wolfgang von Goethe, der sich allerdings in den Augen der Illuminaten für die Bund-Strukturen und weniger für die Ziele des Ordens interessierte. Vom Streit geschwächt, erlebten die Illuminaten ihren nächsten Rückschlag, als ihre Arbeit in einigen deutschen Fürstentümern eingeschränkt, die Anwerbung von neuen Mitgliedern gar unter Androhung der Todesstrafe verboten wurde. Die Illuminaten waren innerhalb weniger Jahre zu einer mächtigen Geheimorganisation herangewachsen. Zum Missfallen vieler absolutistischer Landesfürsten und natürlich der Kirchen im Lande. Die Kirchen, insbesondere die Katholische Kirche, begannen die Staatsmacht gegen die Illuminaten aufzuhetzen, es gab Verhaftungen, Verbote, Hausdurchsuchungen. Den Todesstoß versetzte den Illuminaten allerdings die Französische Revolution von 1789. Die Revolution verdankte ihren Erfolg nicht nur der Not im Land, die den Menschen kaum eine andere Wahl ließ als die Herrschenden zu stürzen – sie verdankte ihren Erfolg auch der Aufklärung, dem sich die Anführer verpflichtet sahen. Nun wurde den Illuminaten der Garaus gemacht, aus Angst, ihre aufklärerischen, ja revolutionären Gedanken könnten auch in deutschen Ländern Anhänger finden.

Aber wurden die Illuminaten wirklich vernichtet? Aktiv waren die Illuminaten vor allem in Bayern, Weimar und Gotha. Hier wurden sie ebenso

Potpourri der Verschwörungstheorien

wie in den anderen deutschen Ländern verboten. Doch ein Rückzugsgebiet blieb ihnen: die Schweiz. (Achtung: Nach dem historischen Exkurs beginnt hier die Verschwörungstheorie.) Hier fanden die letzten Illuminaten eine Zufluchtsstätte und konnten sich ungehindert reorganisieren. Sie nutzten die damals schon sprichwörtliche Verschwiegenheit der Schweizer Banken, um ihre Finanzen auf Vordermann zu bringen – und erkannten in ihrem Verbot eine Chance. Ihr Verbot war aus der Angst der Herzöge und Fürsten entstanden, dass sich auch in den deutschen Ländern französische Verhältnisse etablieren würden. Die Fürsten hatten – Angst. Angst vor Machtverlust. Und ihre Angst war nicht unbegründet, denn auch in Deutschland stand längst eine neue Elite auf dem Sprung, die alten Machtverhältnisse umzukrempeln. Sie waren keine Intellektuellen, wie die Illuminaten, es waren die Industriellen, die Pioniere der Industrialisierung. In Großbritannien hatte sich die Gesellschaft seit Erfindung der Dampfmaschine 1712 bereits grundlegend verändert, Männer waren zu Macht und Einfluss gelangt, ohne der Aristokratie anzugehören. Die Kirche spielte in diesen Kreisen gar keine Rolle mehr.

Die Illuminaten erkannten ihre Chance und begannen ihr Vermögen in den neuen Industrien zu investieren, förderten massiv die Wissenschaft und Technik, um gleichzeitig Schlüsselpositionen in der Industrie einzunehmen. Aus der gewonnenen Wirtschaftsmacht entstand nun politische Macht. Schon früh, heißt es, erkannten die Illuminaten die Chancen, die sich ihnen in den USA boten. Das Land wuchs und wuchs – und erwirtschaftete Renditen, von denen man in Europa kaum zu träumen wagte. Die Illuminaten erkannten in den USA ihr eigenes Land und unterwanderten nicht nur die Wirtschaft. Sie unterwanderten ebenso die Freimaurerlogen und mächtige Studentenverbindungen wie Skull & Bones, denen heute unter anderem George Bush und George W. Bush angehören, und somit üben sie nicht erst seit heute einen direkten Einfluss auf die Staatsgeschäfte der Vereinigten Staaten von Amerika aus. Als Weishaupt den Orden gründete, wollte er Bildung und Aufklärung fördern und diese den Menschen zugänglich machen. Heute hätten die Illuminaten die Macht, die Armut auf der Welt zu bekämpfen und Frieden über die Menschheit zu bringen. Stattdessen forcieren sie die Verarmung ganzer Kontinente, manipulieren US-Präsidentenwahlen, bekämpfen die Meinungsfreiheit und führen nach wie vor ihren geheimen Krieg gegen die Katholische Kirche. Daher dulden sie es nicht, dass ihrem Land, den USA, ein Katholik vorsteht. Aus diesem Grund gab es in der Geschichte der amerikanischen Geschichte bis zum heutigen Tag auch nur einen katholischen Präsidenten: Kennedy. Und der wurde erschossen.

Andererseits ist es aber auch möglich, dass die Illuminaten Ende des 18. Jahrhunderts tatsächlich einfach verboten wurden und heute wirklich nicht mehr existieren. Man muss diese Möglichkeit ebenso in Betracht ziehen wie die Vorstellung, dass zum Beispiel Prinzessin Diana 1997 einfach „nur" tödlich verunglückte. Am 31. August 1997 kam die beliebte britische Ex-Prinzessin bei einem Autounfall in Paris ums Leben. Mit ihr starben ihr Fahrer und ihr Freund, Dodi Al Fayed.

Zugegeben, im Blut ihres Fahrers Henri Paul wurde Alkohol nachgewiesen. Aber Prinzessinnen der Herzen sterben nicht an Brückenpfeilern, weil ihre Fahrer zu viel Alkohol getrunken haben und zu schnell gefahren sind. Nein, ihr Tod kann einfach kein profanes Unglück gewesen sein. Da wäre beispielsweise ihr Leibwächter, der den Unfall schwer verletzt überlebte und heute behauptet, sich an die entscheidenden Sekunden überhaupt nicht erinnern zu können. Ausgerechnet die entscheidenden Sekunden. Das ist schon verdächtig. Wurde er unter Druck gesetzt? Durfte er der Öffentlichkeit nicht mitteilen, was wirklich geschehen war? Dass nämlich der britische Geheimdienst MI6 hinter dem Unfall steckte.

Prinzessin Dis Freund Dodi war nämlich nicht nur der Sohn eines Milliardärs aus Ägypten, der für die britische Staatsbürgerschaft, die er unbedingt haben wollte, sogar vor Gericht zog – Dodi war auch ein Moslem. Wäre Prinzessin Di nun von ihm schwanger geworden – vielleicht war sie sogar schon schwanger – hätte dies bedeutet, dass der Bruder oder die Schwester des zukünftigen Königs von England und Oberhaupt der Anglikanischen Kirche ein Moslem beziehungsweise eine Muslima gewesen wäre. Um dies zu verhindern, inszenierte der Geheimdienst den Unfall.

Möglicherweise widerfährt dem Geheimdienst mit dieser Behauptung auch Unrecht und der Unfall spielte sich ganz anders ab. Lady Di, Liebling aller Klatschreporter, hatte nicht nur unter den Damen der Gesellschaft, die ihre große Popularität verabscheuten, Feinde. Die Waffenlobby hasste sie. Mit ihrem Namen unterstützte sie die Anti-Landminen-Aktivisten und verschaffte ihnen Gehör. So viel Gehör, dass Landminen in vielen Ländern inzwischen geächtet sind. Prinzessin Di hat vielen Land- und Personenminenproduzenten ganz schön das Geschäft vermiest – also ließ man sie in Paris gegen einen Brückenpfeiler fahren. Dumm nur für die Verschwörer, die natürlich mit der französischen Polizei kooperierten, dass die Anti-Minen-Aktivisten im Jahr des Todes der Prinzessin den Friedensnobelpreis verliehen bekamen, was den Produzenten, trotz ihres höchst erfolgreichen Coups in Frankreich, nachträglich doch noch ihre Bilanzen vor allem in Asien und Afrika verhageln sollte.

Seltsamerweise gibt es im Bezug auf den Tod von Prinzessin Diana keine halbwegs ernsthafte Mossad- oder CIA-Verschwörungstheorie. Wenn der Begriff „Waffenhandel" fällt, ist der Mossad eigentlich immer ein möglicher Protagonist (siehe auch ICH GEBE IHNEN MEIN EHRENWORT), und geht es um seltsame Unfälle, ist die CIA nie fern (siehe JAPANER, AME-

Potpourri der Verschwörungstheorien

RIKANER UND EIN PANAMESISCHER PRÄSIDENT). Dabei wird die Bedeutung der CIA oft überbewertet. Die Central Intelligence Agency ist nämlich nur der Auslandsgeheimdienst der USA. Die wirkliche Macht über die sagenhafte Technik der US-Spionage (dazu gehören eigene Satelliten) liegt in den Händen der NSA. Und in den Augen der konservativen Amerikaner ist die CIA längst von liberalen Linken unterwandert, denn seit der Irakkrieg mit dem Ziel begonnen wurde, Massenvernichtungswaffen zu vernichten, die dann nicht existierten, ist man beim CIA vorsichtig im Umgang mit Informationen und deren Weitergabe geworden. Gerade anhand von CIA-Berichten wurde der Krieg geplant, später stellte sich heraus, dass die Berichte das Papier nicht wert waren, auf dem sie gedruckt standen. Da die CIA nun vorsichtig im Umgang mit ihren Unterlagen und deren Weitergabe an Neokonservative geworden ist, die CIA-Berichte nur zu gerne für ihre politischen Ziele missbrauchen, ist die CIA also inzwischen eine linke Gruppierung in den Augen eben jener Neokonservativen. Wer hätte das gedacht?

Dass auch die CIA schnell das Opfer einer Verschwörung werden kann, belegt die AIDS-Verschwörung. AIDS soll in den USA künstlich erzeugt worden sein, um das Virus in Afrika auszusetzen – als Pest des 20./21. Jahrhunderts. Afrika besitzt Bodenschätze. Unter der Oberfläche einiger der ärmsten Länder auf Erden befinden sich einige der wichtigsten Rohstoffe. Der Kongo, arm, von Kriegen zerrüttet, besitzt Erdöl, Gas, Edelsteine in Mengen, die ausreichen würden, den Kongo zu einem der reichsten Länder auf Erden zu machen. Ebenso, wie Kriege von außerhalb geschürt werden, um Afrika zu destabilisieren, wurde das HIV-Virus nur entwickelt, um Afrika zu schwächen. AIDS frisst viele Staaten förmlich auf – und während die Hilfsorganisationen verzweifeln, stopfen sich die multinationalen Großkonzerne, die Afrikas Bodenschätze mithilfe der CIA ausplündern, die Taschen voll. 1983 wurde die AIDS-Verschwörungstheorie innerhalb von Stunden in 25 Sprachen in insgesamt 80 Ländern verbreitet. Teilweise sogar von Nachrichtenagenturen. Inzwischen vermutet man, dass hinter der Verbreitung der Geschichte der sowjetische Geheimdienst KGB gestanden hat. Dafür spricht die professionelle Verbreitung der Nachricht über diverse Agenturen sowie die Schaltung der Meldung in mehreren Sprachen gleichzeitig. Dass eine solche Meldung in Afrika auf einen fruchtbaren Boden fiel, sollte niemanden überraschen. Vor allem der Kongo leidet seit Generationen unter europäischer und amerikanischer Einmischung. Von 1885 bis 1960 wurde das Land von Belgien verwaltet – aber nicht als „normale" Kolonie, sondern als Privatbesitz des belgischen Königs. Man schätzt heute, dass 10 Millionen Kongolesen in diesen 75 Jahren ermordet wurden. Der erste Präsident des freien Kongos, Patrice Lumumba, wurde das Opfer einer CIA-Intrige, aber auch der schwedische Generalsekretär der UNO, Dag Hjalmar Agne Carl Hammarskjöld soll angeblich von der CIA ermordet worden sein (siehe auch TÖDLICHER KINOBESUCH). Nach Lumumbas Tod kam es im Land zu Unruhen, es drohte zu zerfallen, Hammarskjöld wollte vermitteln und mischte sich somit in die Interessen von amerikanischen, belgischen und südafrikanischen Konzernen ein. Am 18. September 1961 stürzte sein Flugzeug ab – und bis heute wird eine CIA-Verschwörung hinter dem Absturz vermutet (parallel zu einer möglichen belgischen, südafrikanischen oder einer gemeinschaftlichen amerikanisch-belgisch-südafrikanischen Verschwörung).

Wollte die Sowjetunion 1981 den Papst ermorden lassen und engagierte dafür einen gedungenen Killer?

Hat es das Mittelalter nie gegeben und wurden 300 Jahre Geschichte gefälscht?

War Fidel Castro ein amerikanischer Agent, der ein unpopuläres Regime stürzen sollte und sich dann gegen seine eigenen Auftraggeber wandte?

Verschwörungstheorien.

Viele sind reine Phantasie oder blanker Unsinn, andere indes Streiflichter verborgener Wahrheiten.

Und ist das, was wir wissen, oftmals nicht absurder als manches, was wir nur vermuten?

Quellen:

Brown, Dan: „Illuminati". Bergisch Gladbach: Bastei Lübbe, 2003.

Keith, Jim: „Secret an Suppressed". Portland: Feral House, 1993.

Kossy, Donna: „Kooks". Portland: Feral House, 1994.

Levy, Joel: „Conspiracies – 50 Reasons To Watch Your Back". Crows Nest: Allen & Unwin, 2005.

Vankin, Jonathan & John Whalen: „The 60 Greatest Conspiracies of All Time". Secaucus: Citadel Press, 1996.

Wilson, Robert Anton: „Everything Is Under Control – Conspiracies, Cluts, And Cover-Ups". New York: HarperPerennial, 1998.

Wilson, Robert Anton und Robert Shea: „Illuminatus – Das Auge der Pyramide". Reinbek: Rowohlt, 1997.